KB213669

살인하는 여자들

살인하는 여자들
WOMEN WHO KILL

압제를 걷어차고 나쁜 결말을 맺는
평범한 자들의 이야기

앤 존스
마정화 옮김

열화당

내 어머니, 베레니스 루프스폴트 슬라그스폴과
살해당한 버니를 기리며.

오 아담의 종족이여, 겁낼 것 없다
끓어 넘치는 태양의 그릇에서 익명의 죽음을 놓쳤더라도,
휘파람 부는 우주에서 정신을 놓은 채로
괴물 같은 무한에게 네 작은 숨결을 내주고 길을 잃었더라도
너 그 서 있는 자리에서 파멸을 이룰 터이니,
친밀한 싸움에서, 네 형제의 손에서.
— 에드나 세인트 빈센트 밀레이

인간 권리에 대해 해야 할 새로운 주장은 없다.
— 엘리자베스 케이디 스탠턴

죽은 자를 위해 기도하라,
산 자를 위해 지옥에 있듯 싸워라.
— 마더 존스

차례

개정판 서론

『살인하는 여자들(Women Who Kill)』은 홀트 라인하트 앤드 윈스턴 출판사에서 1980년 처음 발간되었다. 그때는 서론과 여섯 개의 장으로 되어 있었다. 지금 이 책의 마지막 장인 일곱번째 장은 1981년 페이퍼백을 처음 출간할 때 출판사의 요청으로 덧붙인 후기에서 시작되었다. 출판사는 당시 뉴욕 신문 기사 헤드라인을 점유하고 있던 딱 그 동네의 '선정적인' 이야기에 관해 써 주길 바랐다. 누가 보더라도 단정한 교장 선생님이었던 진 해리스가, 자신의 오랜 연인이자 약물 중독으로 연관되었던 허먼 타노어를 살인한 죄로 기소된 사건. 1979년 출판한 책으로 '스카스데일 다이어트 의사'라는 명예 비슷한 걸 얻은 바로 그 허먼 타노어 말이다. 더 중요한 건, 출판사의 말로는 『살인하는 여자들』의 초판은 "제대로 끝난 게 아니었다"는 거였다.

난 끝났다고 생각했다. 그 책은 자신을 학대하는 남편을 죽이고 살인죄로 복역하고 있는 여성의 말을 인용하며 끝났다. 스스로의 목숨을 구하려다 살인을 저지른 가정 폭력 피해 여성, (진 해리스가 아니라) 그녀가 바로 우리 시대의 전형적인 살인 동기를 가진, 전형적인 살인마 여성이었다. 그녀와 나는 아내 구타를 어떻게 멈출지 이야기했고, 나는 남자가 자신의 딸을 학대한다는 걸 알게 되면 어떻게 할지 물었다. 그 대답이 나한테는 중요하게 다가왔는데, 굴하지 않겠다는 의미로서 그녀 자신의 정체성과 용기와 힘을 너무나 명확하게 보여줬기 때문이었다. 그녀는 물론, 힘든 방식으로, 자신의 남편을 희생해서 그 자신감을 얻었다. 하지만 그 분명한 자신감이, 그 단단함이 너무나 감동적이라 나는 여섯번째 장, 그리고 책을 그 말로 끝맺었었다. "그냥 그 남자를 옆으로 데려가 비폭력에 대해 이야기를 좀 할 것 같아요. 그런 다음에 내가 누구인지를 말할 거예요." 출판사는 그건 적절한 결말이 아니라 협박 같은 맺음이라고 했다.

『살인하는 여자들』은 베트남전쟁의 그늘 속에서 미국을

11

재검토하려는 학자들과 작가들의 결단과 강렬한 명료함이 존재했던 바로 그 역사적 순간의 산물이었다. 1960년대는 전쟁과 반전 운동만 나온 시대가 아니라 흑인 인권을 위한 긴 투쟁과 페미니즘의 거대한 두번째 물결, 동성애자 인권을 위한 첫 싸움, 재소자와 미국 원주민의 인권을 위한 강력한 운동, 성적 지향과 '가족'을 재정의하고자 하는 직관적이면서 매력적인 반체제 문화, 그리고 가장 뛰어난 정치적, 대중적 음악이 생산된 시대였다. 나중에, 보수적 수정주의 역사가들은 1960년대의 '정신을 놓고 약에 취했던 문화'에 초점을 맞출 것이다. 그러나 섹스, 마약, 로큰롤보다 훨씬 더 다양한 모습을 지닌 게 1960년대였다. 우리는 조직을 만들고, 정치를 하고, 언론, 글쓰기, 학술연구도 또한 열심히 했다. 갑자기, 또는 갑자기인 것처럼, 흑인의 역사와 여성의 역사, 그리고 미국 원주민의 역사가 존재했다. 닉슨 시절의 환멸로 가득한 침체기, 그의 임기보다 더 길게 지속되었던 바로 그 시기에 일은 계속 이루어졌다. 닉슨의 1970년대가 끝난 1980년에 역사가인 하워드 진은 『미국 민중사(A People's History of the United States)』[1]라는 필독서를 출판했고 이 소란스러운 나라의 끊이지 않는 봉기에 역사를 부여함으로써 폭도들과 그들의 다양한 모습이 압제를 떨쳐 버리고자 하는 하나의 마음에서 비롯되었다는 걸 명확하게 해 주었다.

　　『미국 민중사』에는 「내밀히 억압받는 자들(The Intimately Oppressed)」이라는 제목의, 여자에 관한 장이 있다. 그 장에서 진은 여자들이 받는 '종속'이라는 '강력한 교육'을 묘사하며 "그럼에도 불구하고 여자들이 반란을 일으킨 것은 놀랍다"고 적었다.[2] 십구세기만 하더라도 여자들은 공장 파업을 조직하고, 고등 교육을 요구하고, 학교를 설립하고, 노예제를 폐지하고자 하는 개혁 운동에 참가했고, 금주를 주창하고, 여자를 향한 '잔혹 행위'를 중지시켰고, 건강 보험을 개선하고, 여성의 문맹률을 낮추고, 여성의 의복을 현대화하고 성매매 여성을 구조했으며, 1848년에는 세계 최초로 여성인권대회 세니커폴스(Seneca Falls)를 개최했다. 오랫동안 나도 여성의 역사와 불가능한 일을 이룬 여성들, 주부에서 위대한 지도자가 된 엘리자베스 케이디 스탠턴 같은 여성들에 대해 생각해 왔다. 그렇지만 역사를 읽으면 읽을수록, 지도자가 될 기회라도 가지는, 하다못해 스스로 공공의 골칫거리라도 되어 버리는 여성조차도 거의 없는 것처럼 보였다. 그러려면 케이디 스탠턴처럼 아들을 가지는 축복을 받지 못한 힘있는 아버지가 있거나 애비게일 애덤스처럼 영향력있는 남편이 있거나, 아니면 아주 최소한도로나마 그림케 자매나 피보디 자매처럼 자매들의 강력한 지지라도 있어야만 했다. 평균적인 미국 여자는, 내가 찾아본 한에는, 내밀한 억압으로 시들어 갔다. 그들은 자신의 상황을 내밀한 억압이었다고 부르지도 못한 채, 그걸 삶이라 부르며 그 안에서라도 최선을 다하려 애쓰다 시들어 버렸다. 많은 여자들은 그조차도 그만큼 잘하지 못했다. 그렇지만 분명히 그런 여자들의 삶에도 교훈이 있었다. 나는 압제를 걷어차고 나쁜 결말을 맺는 평범한 여자에 관한 여자의 역사책을 쓰겠다고 생각했다.

그래서 하워드 진이 강력하고 건설적인 방식으로 가부장제의 체계적 종속화에 대항해 함께 싸우는 여자들의 이야기를 쓰는 동안, 나는 칼이나 독을 사용했던 고립된 여자들의 이야기를 썼다. 우리의 책은 거의 동시에 나왔다. 몇 년이 지나 진은 인터뷰에서 『미국 민중사』를 쓰면서 '조용한 혁명'을 불러내고 있었다고 말했다. "아래에서 위로 가는 혁명. 권력을 장악한다는 고전적 의미의 혁명이 아니라 제도 안에서 사람들이 권력을 갖기 시작하는 혁명. 직장에서, 노동자들이 자신의 삶의 조건을 제어할 수 있는 권력을 가지게 되는 혁명."[3] 페미니스트로서, 『살인하는 여자들』을 쓰면서 나는 유사한 의도를 갖고 있었다. 나도 또한 직장에서, 집에서, 그리고 정부 부처에서 여자들이 스스로 삶의 조건을 제어하는 권력을 갖기를 원했다. 그것이 바로 처음 이 책을 내며 맨 끝에 인용한 여성의 말에서 내가 들은, 힘을 가진다는 의미였다. "그냥 그 남자를 옆으로 데려가 (…) 그런 다음에 내가 누구인지를 말할 거예요."

진 해리스에 관해 후기를 쓴 건 어쨌든 새로운 사건은 여성에 대한 압제와 부당함이라는 면에서 미국사의 새로운 국면을 드러내기 때문이었다. 나중에, 비컨 프레스에서 1996년 다시 책을 내면서 난 그 부분을 더 썼고 후기는 「여자들의 권리와 잘못」이라는 제목의 일곱번째 장으로 커졌다. 살인에 대해서 말하면 항상 할 말이 더 생기는데 다른 시대가 되면 다른 이유로 다른 종류의 피해자가 선택되기 때문이다. 살인에는 유행이 있고, 정의도 그러하다. 또 다른 십 년을 포함한다는 것은 역사에 대한 장기적인 전망을 연장하는 것이고 그 장기적인 전망은 독특한 지침을 제공한다. 우리 시대에 갇혀, 우리가 가진 관념의 옳음과 우리의 근거가 지닌 정당함에만 갇혀 있게 되면, 역사적 진보의 거대한 파도 끝자락에서 우리 스스로 앞으로 헤쳐 나가고 있는지 보고 싶어진다. 그러나 미국의 여성사를 장기적으로 바라본다면 저류, 격랑, 역류를 볼 수 있을 것이고 만조 때 멀리 해안까지 밀려와 차오르는 파도는 가끔가다 드러날 뿐이다.

이 책은 북아메리카 대륙에 처음 유럽인들이 정착했을 때 시작해서 이십세기 말 즈음에 끝난다. 각각의 시기마다 서로 다른 사람들이 여자에게 무엇이 좋은지에 대해 서로 다른 의견을 가지고 있다. 여자의 '영역', 여자의 자리, 여자의 권리, 여자의 참정권, 여자의 '페미니즘'에 대한 각자 다른 학파의 사상이 있고 그 모든 사상이 살인을 저지르는 여자들에 관한다. 여자들끼리만 의견이 다른 게 아니다. 당연히 법이 끼어들고, 과학과 의학, 심리학, 종교, 철학이 견고하고 둔감한 의견을 낸다. 성과학이나 골상학, 피해자학처럼 새롭게 유행을 타는 학문은 지금 보면 코미디의 재료나 될 것 같은 과학적인 이론을 내놓았다. 그러나 여자들끼리 의견이 다른 건 힘든 문제였는데 왜냐하면 이러한 이견들은, 여자들이 스스로의 생각으로 받아들이도록 하는, 지배적 엘리트 계층에서 고안한 이념적 통제의 효과를 너무나 명백하게 보여주기 때문이었다. 언제나 다른 여자들을 '교화'해서 여자들이 있어야 할 적절한 자리에 '적응'토록 도우려는 선한 여자들이 있다. 일상적으로 피해자화되는 것에 맞서라고 여자들을 야단치고 피해자가 된 것에 대해 스스로를 탓하도록 하는 이 자신감 넘치는 여자들. 어떠한 압제를 겪더라도 여자의 역할을 '비이성적으로' 해내는 반동적인 자유사상가들. 무엇보다도 여자들을 전혀 좋아하지 않았던 여자들. 과거의 이러한 싸움을 만나면서 우리는 우리 자신의 시대에 있는 그들을 더 잘 알아보고 어느 편을 고를지 더 잘 알게 된다.

우리는 어쩌면 반대편을 더 잘 알아보게 될 수도 있다. 이 책에서 유죄 판결을 받은 여자들이 사형대나 집행 의자로 급하게 끌려가는

14

동안 그만큼의 죄를 지은 다른 이들은 비굴한 사과로 풀려나온다. 이토록 명백한 법과 정의의 비일관성은 만약 우리가, 장기적인 안목에서, 이 모든 결정을 이끄는 유일하게 흔들리지 않는 일관성을 보지 못한다면 혼란스러울 수 있다. 바로 스스로를 지키고자 하는 가부장제의 권력 말이다. 한물간 페미니스트의 미친 헛소리까지는 아니더라도 젊은 여자들에게는 가부장제에 대한 언급이 기껏해야 고리타분하게 여겨질 거라는 걸 잘 알고 있지만 사실 가부장제는 여전히, 비정치적인 내 표준 사전에 적힌 대로, 남자가 "불균형적일만큼 커다란 몫의 권력"을 제어하는 정치, 경제, 사회, 가족 체제를 묘사하는 가장 정확한 단어이다. (만약 우리가 살고 있는 체제를 가장 잘 특징짓는 유일한 단어가 이상하거나 고리타분해 보인다면, 그런 생각을 하도록 함으로써 누가 이익을 보는지 생각해 보면 좋을 것이다.) 여자에 대한 통제를 유지하고자 뭐든 하려 하는 남자들의 손에 정의가 달려 있다는 역사적인 증거는 너무 많다. 결국 법정이란 데가 원래 제퍼슨과 함께, "모든 **남자**들(men)은 평등하게 창조되었다"고 믿는 소수의 돈 많은 남자 백인들이 쓴 헌법에 대한 복종을 해석하고 집행하려는 도구일 뿐이지 않는가.

내가 이걸 쓸 때, 남녀평등권의 옹호자로 초창기 경력을 이룬, 루스 베이더 긴즈버그 판사는 주로 여자에게 영향을 끼치는 고등 법원의 결정에 종종 이견의 목소리를 내고 있었다. 릴리 레드베터가 장기 임금 차별에 대해 고소한 사건인 '레드베터 대(對) 굿이어 타이어 앤드 러버 컴퍼니'[4] 같은 사건에서 긴즈버그 판사의 반대 의견이 아니었다면 여자들은 어떠한 대표자도 갖지 못했을 것이다. 적어도 레드베터 사건에서는 이 이견으로 국회를 움직여 법이 계속해서 인정해 온 뻔뻔한 부당함을 입법화를 통해 수정하도록 할 수 있었다. 긴즈버그 판사가 법정을 떠날 때, 지금까지 44명의 남성으로 이어져 온 대통령 중 어느 누가 또 다른 여자를 임명해야 할 필요[5]를 알 거라고 말할 수 있을까. 2006년, 조지 W. 부시 대통령은 1981년에 임명된 첫 여성 판사이자 긴즈버그 판사의 동료인 샌드라 데이 오코너 판사를 새뮤얼 얼리토 판사로 대체했고, 그는 그다음 해 릴리 레드베터에 대한 판결을 부정하는 최종 판결을 작성했다. 얼리토는, 임명 당시 재직하고 있던

4명의 다른 판사들(백인 셋, 흑인 하나)과 마찬가지로 보수적인 가톨릭 남자였고, 다섯 남자의 다수 의견에 속하기 전부터 이미 법정에서 '불균형적인 큰 몫의 권력'을 즐기고 있었다. 마치, 한 명의 여자도 지나치게 많다는 듯이.

우리의 법정과 법률 체계가 여전히 섬기는 근본적인 불평등에도 불구하고, 이 책이 처음 출판된 이후 삼십 년 동안 법과 법 집행에는 의미있는 변화가 생겨 왔다. 오늘날 경찰, 법정, 배심원단, 법대와 정부에는 더 많은 여자들이 있다. 그리고 비록 여전히 소수이긴 하지만, 그들은 긴즈버그 판사처럼 차이를 만들어낸다. 페미니스트와 공평무사한 법관들은 동일 범죄로 기소된 여자와 남자에게 주어지는 선고의 오래된 격차를 많이 줄이는 데 성공했다. 이 책의 초판 서론에서 묘사한 차별 말이다. 비록 여전히 판사들은 여자의 범죄에 종종 지침보다 더한 형량을 주고 있지만 말이다. 요즘 아내나 여자친구를 죽인 남자들보다 남편이나 남자친구를 죽인 여자들이 더 짧은 형량을 받는 것은 성차에 의한 차이가 아니라 범죄의 차이 때문이다. 계획적 살인과 정당방위의 차이.[6]

심지어 지금은 여자에 대한 폭력을 처벌하는 포괄적인 법이 있는데도 여전히 몇몇 여자들은 살인을 저지를 수밖에 없게 된다. 학대받는 여자들과 그들의 변호인들이 몇 년 동안 국회를 압박하고 나서야, 가족폭력예방및실행법령이 종합적인 아동학대예방및치료법령의 일부로 1984년 처음 제정되었다. 공동체에 기반한 가정 폭력 프로그램과 단체를 위한 적절한 수준의 재정 지원에 대한 승인이었다. 그리고 십 년 동안 그게 끝이었다. 옹호자들은 좀 더 요구했다. 1990년, 상원 법사위원회에서 사 년간 지속되어 온, 여성을 향한 폭력에 관한 청문회를 시작했다. 그때 상원 의원이었던 조 바이든 의원실이 법령 초안을 만들었고, 국회가 통과시켰으며, 빌 클린턴 대통령이 1994년 9월 13일 여성대상폭력방지법(Violence Against Women Act, 이하 VAWA), 공법 103-322에 서명했다.

VAWA는 편중되고 무관심한 형사 사법 제도가 여성에 대한 폭력적인 범죄를 조사하고 처벌하도록 하는 게 목적이었다. VAWA는 경찰들, 검사들, 판사들이 학대받는 여성의 변호인들과 함께 제도를 소생시켜 피해자들을 위한 서비스를 제공하는 데 협조할 수 있도록 각 주와 아메리카 원주민 부족들에게 정부 기금을 제공했다. 사법부 안에 여성 대상 폭력 부서를 새로 두고 수백만 달러의 정부 기금을 집행하여, 오랫동안 그들을 제대로 돕지 못한 단순한 형사 사법 제도가 아니라 VAWA가 폭력의 피해자인 여성들과 그 자녀들을 도울 수 있도록 규정했다. 이에 앞서, 1993년 국회는 여성에 대한 폭력 관련 정보를 취합할 수 있는 국립 센터를 세울 예산을 책정했다. 그래서 VAWA 기금이 각 주에 처음으로 닿았을 때, '협업'이라는 핵심 단어로 연계된, 국립가정폭력지원센터를 포함한 네 곳의 전문 기관이 프로젝트를 고안하고 법령을 해석하는 과정에서 형사 사법 기관과 여성의 변호인을 돕기 위해 이미 설립되어 있었다.

이렇게 주의 깊게 만들어진 연방 프로그램의 결과는 너무나 놀라울 정도라 의회는 2000년에 VAWA를 재승인했고, 2005년에 지속 확장할 수 있는 기금과 함께 다시 승인했다. 사회 문제의 반대편에 있는 적끼리의 협업을 요구함으로써, 즉 한편은 권력으로, 한편은 경험으로, 해답을 만들어냈다. 그리고 목숨을 구했다. 여성과 자녀 들은 피난처, 복지 서비스, 나아진 법 집행의 혜택으로 안전하게 탈출해 새로 출발할 수 있었다. 하지만 VAWA의 주된 수혜자는 오히려 남자였다. 그 법이 학대받은 여자들에게 더 나은 길로 나갈 수 있도록 해 주지 않았다면 죽었을지도 모르는 남자들. VAWA에 관한 책의 한 장은 '더 이상은 죽이지 않아도 되는 여자들'이라고 제목을 달 수도 있을 것이다.

1976년부터 2005년까지 삼십 년 동안 친밀한 사이에서의 살인율이 놀랄 만큼 감소하는 게 보였다. 즉, 배우자, 전 배우자, 여자친구와 남자친구 말이다. 그러나 가장 극적인 사실은 미 법무부 통계에서 밝혀진 "친밀한 사람에 의해 [살해당한] 남성의 수가 75퍼센트 떨어졌다"는 것이다. 백인 남성은, 수치가 61퍼센트였다. 흑인 남성의 경우, 믿기지 않겠지만 놀랍게도 83퍼센트였다. 이 수치들을 자신의 아내나 여자친구에게 살해당한 흑인 남성의 수를 나타내는 시각적인 도표와 선으로 옮겨 보면 알파인 스키 슬로프같이 푹 꺼질 것이다. 1976년 친밀한 사이였던 사람에게 살해당한 흑인 남성의 수는 2005년에 비해 스무 배가 많았다. 그렇게까지 극적이진 않았지만 같은 시기 친밀한 사이였던 사람에게 살해당한 백인 남성의 수도 하락했다. 지난 삼십 년 동안 50만 명이 넘는 사람들이 미국에서 살해당했다. 정확히는 594,276명이었다. 그러나 남성 살인 피해자의 3퍼센트만이 부인, 전 부인, 여자친구에 의해 살해당했다.[7]

그 도표에 전국에 세워진 학대 여성을 위한 피난처와 가정 폭력 비상 전화 시설을 나타내는 다른 선을 포개 놓으면 으스스하게 뒤집어진 유사성을 보게 된다. 피난처와 비상 전화의 선이 올라가고 또 올라갈수록 친밀한 관계의 사람에게 살해당한 남성 피해자의 수는 거의 소실점까지 내려간다. 당연히 다른 요소도 작용할 것이다. 대부분의 배우자 살해에서 선택되는 무기인 권총에 대한 더 엄격해진 통제도 의심할 여지없이 생명을 구하는 데 도움이 되었다. (1996년 통과된 로텐버그법[8]은 가정 폭력으로 기소되었거나 접근 제한 명령을 받은 사람은 경찰과 군인을 포함해서, 누구건 간에, 총기나 탄약류를 소지, 배송, 운송하거나 사용하는 것을 불법으로 규정했다.) 더 나아진 경제 상황 덕분에 여성들은 스스로를 부양할 수 있는 일자리를 찾아 가정을 벗어나기 쉬워졌을 것이다. 그리고 진보한 시민권에 의해 백인 여성들만큼이나, 아프리카계 미국 여성, 라틴계 미국 여성, 아시아계 미국 여성들도 VAWA를 통한 지원과 서비스를 받을 수 있게 되었다. 회의론자들조차도 여성 변호인들이 오랫동안 논의해 온 점이 사실이라고 인정했다. 나쁜 상황에서 나갈 수 있는 더 나은 길을 제공받은 여성은 그 선택을 잡는다는 것 말이다.

VAWA 프로그램을 통한 개선에는 법적인 보조, 직업 상담과 훈련, 주거 지원, 그리고 여성의 자립을 돕는 것을 목표로 하는 모든 방식이 점차 포함되었다. 사회학자들은 삶의 세 국면, 즉 경제, 정치, 법 분야에서 여성이 남성과 어느 정도 동등한지를 측정하는 성평등지수라고 하는 것을 개발했다. 1970년대, 소위 '여성 해방'이라고 불리는 것의 출현으로 겁에 질린 반(反)페미니스트들은 끔찍한 결론을 예상했다. (초판 서론에서도 논의했지만) 여성이 남성과 평등해지면 여성들 가운데에서도 남성과 같은 수의 폭력적인 범죄자가 생긴다는 주장을 담은 이론이 대중적으로 큰 영향을 끼쳤다. 법 집행부와 교도소 관계자들은 이러한 '젠더적 수렴' 현상이 양산할 폭력적인 여성 범죄자들을 대비했다. 십오 년 후에도 그들은 여전히 기다리고 있으며 사회학자들은 "가장 높은 수치의 성평등을 유지한 주는 (…) 또한 여성에 의한 살인율이 가장 낮은 주이고 '젠더적 수렴 가설'[9]이 예상했던 것과 반대라는 걸" 눈치채기 시작했다. 많은 이들이 미국에서는 종종 부정되는 명백한 사실의 이러한 증거에 대해 진심으로 놀라는 것 같다. 폭력을 증가시키는 것은 **불평등**이라는 사실 말이다.

1976년부터 2005년까지 친밀한 관계의 여성을 살해하는 남성의 비율 또한 낮아졌지만 여성만큼 낮아지진 않았다. 남편과 남자친구에게 살해당하는 흑인 여성의 수는 52퍼센트까지 떨어졌다. 하지만 살해당하는 백인 여성의 수는 실제로는 십 년 동안 꾸준히 증가하다 1993년 이후 몇 년 동안 떨어졌고, 그런 다음 다시 증가해서 2005년이 되자 1976년보다 겨우 6퍼센트 낮아진 지점에 머물렀다. 이걸 어떻게 설명할 수 있을까? 만약 VAWA가 남성을 구하는 데 그만큼 많은 일을 했다면 어째서 여성을 구하는 데는 그렇게까지 실패할 수 있었을까? 그 대답은 가까운 사람을 살해하는 남성과 여성의 동기가 전혀 다르다는 데 있었다. 남편이나 남자친구를 죽이는 여성의 전형적인 경우는 정당방위로, 대개는 점점 세지는 폭력의 반복되는 공격 다음에 일어나며 죽일 의도를 갖고 있지 않았다. 하지만 아내나 여자친구를 죽이는 남성의 전형적인 경우는 자신이 여성에 대한 통제를 잃어 간다고 생각할 때 행한 고의적 살인이었다. 이 살인들은 여성이 이혼을 요구하거나, 변호사를 고용하거나, 자기 어머니에게 가거나 또는 그저 단순히 직장을 구하거나 학교로 돌아갈 때 일어났다. 달리 말한다면, 여성을 탈출하도록 도운 바로 그 행동이, 그리고 그렇게 해서 남편을 덜 다치도록 할 것 같은 그 행동이 남성의 폭력을 구타에서 살인으로 넘어가도록 만든 것이다. 이렇듯 치명적인 남성의 공격성에 대한 명백한 증거에도 불구하고 가정 폭력을 연구하는 사회과학자들은 학대하는 남성이 아니라, 학대받는 여성을 연구하고 학대받는 여성의 마조히즘과 공의존[10], 무력감과 낮은 자존감에 대해 수십 년간 떠들어댔다. 그들의 인기있는 피해자 탓하기 이론, 국립정신건강연구소로부터 지원받은 세금으로 이루어진 넉넉한 기금으로 발전시켜 온 바로 그 이론은, 학대받는 여성들 수천 명이 사실상 그냥 죽을 만큼 겁에 질려 있고, 겁에 질릴 만하다는 사실을 흐려 버린다. 자신의 남편이나 남자친구가 자신을 죽일 거라고 했을 때 그 여자의 말은 거의 틀림없이 맞았다는 걸 형법 체계가 깨닫기 시작하는 데만도 오랜 시간이 걸렸다. 그렇게 이십 년 넘게, 자신들도 알아차리지 못한 채로 피난처와 비상 전화가 남자들을 죽여야만 할 필요성을 깨달은 여자들로부터 **남자**들을 보호하는 동안, 형법 체계는 여전히 살해하겠다고 협박하는, 그리고 살해하는 남자들로부터 여자들을 보호하는 데 실패했다.

오늘날까지도 암울한 통계[11]는 그대로이다. 여성 피해자를 나타내는 도표의 선도 내려가지 않는다. 백인들 사이에서는 심적 외상을 입은 군인들이 십 년의 전쟁에서 돌아오면서 아내와 전처에 대한 살인이 다시 늘었다. 그리고 삼십 년 동안 여자친구 살해도 증가하고 있다. 예전보다 동거 중인 백인 여자친구가 많아졌기 때문에 그렇기도 하지만 형법 체계가 더 이상 그들을 보호할 수도 없고, 보호하고자 하지도 않기 때문에 그렇기도 하다. 흑인들 사이에서는, 여자친구 살해 비율이 66퍼센트 감소했음에도 불구하고, 여자친구가 여전히 친밀한 관계에서 일어나는 살인 중에서 가장 큰 비율을 차지하는 피해자로 남아 있다. 또 다른 음울한 사실은 모든 인종에서 현재 배우자와 예전 배우자 들은 대부분 총으로 살해되지만 여자친구는 '힘'으로 살해된다는 것이다. 즉, 맞아 죽는다. 오늘날 십대의 교제 폭력은 최근 일어난 어떤 래퍼의 분노처럼 도표에서 치솟듯 상승 곡선을 그린다. 유명 연예인이 자신의 여자친구를 때리면 십대 소녀 팬들은 그 여성을 탓하려고 몰려들 것이다. 소녀들은 위협을 다루는 스스로의 태도를 바꾸는 것으로 상황을 제어하려 애쓴다. 남자가 질투하게 하지 마. 남자를 화나게 하지 마. 또 다른 세대를 불평등으로 묶어 둘 '사랑'의 교훈을 배우면서 말이다.

살아 나오지 못하는 여성들이 가장 치명적인 남성과 최악의 환경에 갇혀 있다는 사실을 알아내기 위해 사회과학자가 될 필요는 없다. 이제야 사법 통계국은 살인의 피해자가 된 여성의 삼분의 일이 친밀한 관계의 사람에게 살해당한다고 말한다. 평균 수치다. 아주 어린 여성에서 노년의 여성까지 다 아우르는 수치. 하지만 이십오 세에서 오십 세 사이의 살해된 여성만 본다면, 40퍼센트가 넘는 여성이 친밀한 관계의 사람에게 살해당한다. 수치는 지역에 따라서도 다양하다. 도시 바깥 지역과 비도시 지역 중에서도 총기 휴대가 빈번한 주에서는 거의 70퍼센트에 달한다. 그리고 여성 피해자들 중에서, 남편이나 남자친구에게 살해당한 비율은 점점 증가하고 있다. 이런 환경이라면, 수천의 여성들이 죽을 것이다. 그리고 어떤 여성들은 살인을 저지를 것이다.

VAWA의 가장 중요한 조항은 제3장[12]으로 다음과 같이 단언한다. **"미국 내 모든 사람은 성차에 의해 야기되는 폭력 범죄로부터 자유로울 권리를 갖는다."** 비록 이 조항이 성차 중립적이긴 하지만, 이 몇 마디 말로 연방 정부가 드디어 여성(그리고 남성)의 시민권이 성차로 인해 일어나는 폭력으로부터 자유로워야만 한다고 인정한 것이다. 마치 삼십 년 전에 연방 정부가 모든 시민의 시민권이 인종으로 인해 일어나는 폭력으로부터 자유로워야만 한다고 인정한 것처럼 말이다. 사반세기의 시간과, 성별로 인한 폭력적인 범죄의 무수한 생존자들을 포함한 수천 명의 여자들과 많은 남자들의 힘으로 이러한 변화가 만들어졌다. 성별로 인해 일어난 폭력이 시민권을 침해한다는 인식, 각 주들이 피해자들에게 동등한 보호를 제공할 수 없었거나 제공하고 싶어 하지 않았었다는 인식, 그러므로 국회는 피해자들에게 그들의 권리인 동등한 법의 보호를 제공하려는 정당한 개선책을 마련하는 주를 연방 시민권으로 지원해야만 한다는, 공공 정책의 과제로서의 인식의 발전 말이다.

  VAWA의 시민권 개선 방안에 대한 반대는 잉크가 마르기도 전에 시작됐다. 반대는 판사협회에서 거세게 일어났는데 대부분은 원래 영국 관습법에서부터 시작되어 시간이 지나면서 점점 그럴듯하게 낡아 버린 논쟁에 기반하고 있었다. 바로 사적인 문제를 공적인 관심사로부터 아주 편리하게 가르는 선(또는 장막)에 관한 논의였다. 사적이라는 말은 집안일이라는 뜻이고, 집안일이란 건 어쨌든 여자와 관련이 있었다. 대법원의 수석 판사 윌리엄 렌퀴스트는 VAWA가 통과되면 연방 법원은 가사 사건으로 뒤덮일 거라는 이유로 반대했다.

여자를 그저 미비한 가사 분쟁의 소송 당사자로만 본 수석 판사와
수많은 그의 추종자들에게, 동등한 시민으로서의 여자는 보이지
않는 것 같았다. 전미여성기구(National Organization for Women,
NOW)의 법적대응및교육기금은 강력한 메시지를 전달하는 VAWA의
시민권 조항을 지지하기 위해 다음과 같이 썼다. "성별로 인한 폭력은
단순히 개인적인 범죄나 사적인 상해가 아니라 공유된 평등 이념에
대한 공격이자 차별의 한 형태이다." 그러나 2000년, '미국 대 모리슨'
사건[13]에서, 대법원은 미국 제4구역 항소 법원이 내린, 여성은 이러한
"성차로 인한 폭력 범죄로부터 자유로울 권리"를 갖고 있지 않다는
판결을 지지했다. 요컨대, 대법원은 평등의 개념에 반대를 표명한
것이다.

　　힘들게 얻어 짧게 누렸던, 성차로 야기된 폭력에서 자유로울
여성의 시민권을 내던져 버린 사건에 모리슨의 이름이 붙여진 건 법의
역사에서는 너무 안타까운 일이다. 그 사건이 모리슨에 관해 말해
주는 모든 사실들은 그 남자가 비열한 마초였고 위험한 사람이었다는
것을 가리킨다. 크리스티 브론칼라라는 이름의 젊은 여성은 1994년
9월 버지니아공과대학교에 입학하자 곧 안토니오 모리슨과 친구
제임스 크로퍼드를 만났다. 남자들은 대학의 미식축구 선수였다.
크리스티 브론칼라의 말에 따르면 만난 지 삼십 분 만에, 그들은 그녀를
폭행하고 반복해 강간했다. 강간 이후 수개월 동안, 안토니오 모리슨은
학내 식당에서 여자들에게 어떻게 하고 싶은지를 너무나 자주 큰
소리로 떠들어댔고 "충격을 받은" 수석 판사 윌리엄 렌퀴스트는 법률
의견서에서 그 언급들을 삭제하고 이를 점잖은 생략 부호로 대체해야만
했다.

　　크리스티 브론칼라는 화가 났고 낙담했다. 그녀는
학교징계위원회에 고발했고 모리슨은 유죄 판결을 받았다.
(크로퍼드는 아무런 설명 없이 사건에서 사라졌고 그 지역의 법률
집행 기관에 불려 갔거나 고발된 기록이 없다.) 대학 측은 처음엔
모리슨에게 두 학기 정학 처분을 내렸지만, 그런 다음 철회했다. 아무
일도 없었던 것처럼 안토니오 모리슨이 학교로 돌아왔다는 걸 알게
된 크리스티 브론칼라는 학교를 그만두었다. 그녀가 연방 평등권

위반으로 고소장을 제출한 게 그때였다. 크리스티 브론칼라도, 그리고 강간당하고 폭행당하고 얻어맞은 그 어떤 여성들도 그들이 주장하는 평등권을 갖고 있지 않다고 대법원이 말할 기회를 잡은 것도 그때였다.

왜? 왜냐하면, 대법원에 따르면, 의회는 헌법 아래에서 그러한 법을 만들 아무런 힘을 갖고 있지 않기 때문이다. 의회는 하나도 아니고 두 군데에서 헌법을 인용해 근거로 삼았다. 우선 의회는 주와 주 사이의 통상에 영향을 미칠 수 있는 모든 행위에 관해 법 제정이 가능해지도록 권한을 부여받은 통상 조항을 인용했다. 미국이 "가정 폭력으로 인한 의료 서비스, 사법 제도, 그리고 다른 사회 비용으로 일 년에 50억에서 100억 달러"의 비용을 쓴다는 수치[14]를 포함해, 이의를 제기하는 데이비드 수터 대법원 판사가 "여성에 대한 폭력이 주간 통상에 미치는 영향을 보여주는 (…) 자료의 산"이라고 부르는 걸 사 년의 청문회 끝에 상원 법사위원회가 만들어냈다. 수석 판사 윌리엄 렌퀴스트는, 최종 판결문에서, 의회는 "비경제적이고 폭력적인 범죄 수행", 즉 "주간 통상에 포함된 대행 기관, 유통 수단, 상품을 겨냥하지 않은 비경제적이고 폭력적인 범죄 수행"을 규제할 수 없다고 말했다. 다른 말로 한다면, 공공 시장을 겨냥하지 않은 사적 수행을 규제할 수 없다는 것이다.[15] 뻔하고 오래된 '비경제적 폭력'으로부터 시민을 보호하는 것은, 그의 말로는, 의회가 아니라 주의 소관이란 것이다.

그다음, 의회는 "적절한 입법화로 조항의 약관을 실행할 힘"이 의회에 주어진다는 수정 헌법 제14조 5항을 인용했다. VAWA를 통해 평등권 개선을 실행하고자 하는 약관은 1항의 중요한 항목이었다. **"[어떠한 주도] 그 관할 구역에서 어떤 누구에게도 법의 동등한 보호[16]를 부인하지 않는다."** 또 잘못되었다고, 렌퀴스트는 말했다. 그는 "우리의 헌법에 굳건히 박혀 있도록" 자신도 힘을 보탠 동등한 보호 조항의 해석은 말하자면 '주'의 행위로만 시민을 보호할 수 있다는 의미라고 단언했다. 그는 이렇게 썼다. "그 개정은 어떠한 사적인 수행에 대해서는, 잘못되었거나 또는 범죄라 할지라도 어떤 방패막도 세우지 않는다." 내가 다른 데서 말했듯 법학자들은, 가정 폭력은 테러리즘의 한 종류로 피해자가 비자발적인 노예 상태에 이르도록 강제하며, 여성은 법이 아니라 남편이 '다루어야' 한다는 종속적 유부녀의 신분에 대한 오래된 관습법의 권한을 수행하는 것이며, 전체 계급(여성)을 종속된 채로 둘 수 있는 위협의 수단이며, 그리고 진정으로 사법 제도, 보건 서비스, 복지 서비스와 통상의 비용에 거대한 영향을 미친다고 주장했다. 요약한다면, 여성에 대한 폭력은 어떤 형태이건 공공 관심사이지 사적인 문제가 아니라는 것이다. 그러나 렌퀴스트와 그의 동료 대부분은 고집스럽게 여성에 대한 폭력은 '단순한 사적인 수행'이라는 개념에 집착했다. 이에 반대하는 스티븐 브라이어 판사는 존 폴 스티븐스 판사와 합세하여 물었다. "그렇지만 의회는 왜 사적인 행위자에 대한 개선책을 제공할 수 없는가?"[17] 바로 그게 여자들이 알고 싶어 하는 내용이었다.

　나아가 렌퀴스트는 또한 연방제 아래에서는, 형사 사건('…**에 대한 폭력**'과 같은)과 가사 사건('**여성**'에 관한과 같은) 둘 다 연방 정부가 아니라 주에 속한다고 주장했다. 주는 반대했다. 주 법원에서 다루기 힘든 여자에 관한 사법적 편견을 지적하면서, 사법 제도에는 연방 차원의 개선이 필요하다고 이야기했다. 가정폭력대책위원회가 스물한 개 주에서 주 공무원과 주 법정이 편견에 사로잡혀 여성을 동등하게 보호하지 않았다는 엄청난 증거를 제공하면서 VAWA를 지지하는 보고서를 올렸다. 마흔한 개 주의 검찰 총장이 의회에 VAWA의 통과를 촉구하는 편지에 서명했고, 모리슨에 반대하는 논지를 입증하는 많은 법정 조언자의 의견서가 대법원에 제출되었다. 그러나 안토니오 모리슨은 주의 권리라는 측면에서 논지를 펼쳤고, 그리고 그가 이겼다. 기이하게도 몇 달이 지나지도 않아 동일한 다수의 보수파가, 모리슨 사건으로 주의 권리를 그렇게 격렬하게 보호했던 렌퀴스트, 스컬리아, 오코너, 케네디, 그리고 토머스가 그 결정을 번복하고, 보수주의자 동료인 조시 W. 부시에게 대통령직을 가져다 준 사법적 쿠데타인, '조지 W. 부시 외 대 앨버트 고어 주니어 외' 사건[18]에서 플로리다 주 법을 해석하는 플로리다 주 대법원의 권리를 부정하게 된다.[19]

　렌퀴스트 판사는 여성에 대한 폭력의 문제를 다시 주로 던져 버리면서, 만약 모리슨의 '폭력적인 공격'에 대한 크리스티 브론칼라의 주장이 진실이라면, "어떠한 문명화된 사법 체계도 그녀에게 개선책을 제공하지 않을 수 없을 것이다. (…) 그러나 그 개선책은 미국이 아니라 [해당 주]에 의해서 제공되어야만 한다"라고 썼다.[20] 그 속뜻을 알아들은 뉴욕은 그 해가 가기 전에 그러한 법을 통과시켰다. 2002년에는 캘리포니아 주가 그 뒤를 따라 VAWA의 평등권 조항을 바탕으로 한 법을 통과시켰다. 그러나 모리슨 판결 이후 거의 십 년이 지난 지금까지도, 이러한 법을 채택하는 걸 고려라도 하고 있는 주의 수는 한 손으로 꼽을 수 있을 정도다. 그들의 무력함이야말로 연방 법원이 허락하지 않는 연방 차원에서의 개선책이 필요하다는 명백한 증거이다. (마치 여성에게 동등한 보호를 제공할 근거를 헌법에서 찾아내지 않겠다는 대법원의 거절이, 거의 한 세기 전인 1921년에 처음 발의되어 1982년 비준에 실패한 이래 줄곧 의회 위원회에 처박혀 버린 동등권 수정안이 통과되어야 할 필요성을 명백하게 보여주는 것처럼 말이다.) 대부분의 미국인들은 아마 폭력적으로 공격당하는 시민에게 "어떠한 문명화된 사법 체계도 (…) 개선책을 제공하지 않을 수 없을 것이다"라는 렌퀴스트의 말에 동의할 것이다. 그러나 미국의 제도는 폭력적으로 공격당한 시민이 여성일 경우, 바로 딱 그렇게 하는 데 실패해 왔다. 비록 지금은 이 실패가 좀 덜하긴 하지만, 우리는 어떤 여성들이, 때로 스스로를 위해 폭력적인 개선책을 찾는 것에 놀라선 안 된다.

VAWA는 오래전에 마련되었어야 하는 필수적인 것이자, 본질적으로 여성의 위치와 삶에 대한 물질적인 조건을 근본적으로 바꿔야만 변화할 수 있는 사회적인 문제를 고치려는 법적 실행이다. 말이 안 되는 것처럼 보이지만, VAWA는 그 자체로 작동하는 법령조차 아니라 그저 1994년의 폭력범죄규제및법집행법률의 일부였으며, 극단적으로 퇴보적이기에 여성의 옹호자들의 반대를 받은 법과 명령 조항으로 넘쳐나는 법령이었다. 여성의 옹호자들은 형사법 제도가 해야 할 일을 하라고 촉구했지만, 즉 공격을 행한 남성을 체포, 기소하고 합당하게 처벌할 것을 촉구했지만, 그러면서 그들은 의도치 않게도 비대한 우익 법령과 명령 조직의 일부가 되어 버렸다. 레이건, 부시 시절에 굴러 들어와서, 클린턴 정부 아래 가속화되어 조지 W. 부시에 의해 굳건해진, 재소자의 권리를 줄이고 사형 선고를 확장시킨 우익 조직 말이다. 여성 옹호자들은 당장의 목표인 여성을 위한 안전을

VAWA가 만들어낼 길을 모색했다. 그러나 더 큰 목표는 언제나 사회 정의였다. 모리슨 사건으로, 두 목표 다 여태까지보다 더 멀어져 버렸다.

　올 게 더 있었다. VAWA 시행 이 년 후, 1996년 8월 22일, 조지 오웰식 신어[21]로 이루어진 작은 걸작인 1996년의 사적책임및노동기회조정법이 제정되었다. 이 법은 수많은 여성 대상 폭력 생존자와 그 자녀들이 회복해서 새로운 삶을 세울 수 있도록 임시적 지원을 무제한으로 제공하는 뉴딜 프로그램 '부양아동가족부조'를 없앴다. 대체 지원인 '빈곤가정임시원조'[22]는 빈곤 상태를 멈추고 일자리를 찾도록 이 년의 기간을 주었다. 여성들은 노력했지만 많은 이의 경우 최저 임금 일자리에 갇혀 버렸다. 클린턴 행정부는 가난한 여성들을 책받침 삼아 그 위에서 예산의 균형을 맞췄다. 그러면서, '복지 명부'에서 여성들이 없어진 걸 성공으로 간주했다. 그러나 일 년 안에, 50만에 달하는 가족이 '극빈곤'으로 떨어지면서, 다시 절반이 일반적 빈곤 계층의 사람들만큼 가난해졌다. 여성 가구주 가정이 가장 심한 타격을 받았다. 십 년 후인 2007년, 아동보호기금이 1,330만 명의 가난한 아동들을 찾았다. 빈곤선 밑으로 살고 있는 거의 600만에 달하는 인구 가운데, 6명 중 1명이 아동이었고, 극빈곤 계층으로 살고 있는 13명 중 1명이 아동이었다. 그들 중 거의 절반이 여성 가구주 가정에 살고 있다. 이 여성들 중 많은 이가 폭력을 피해 자녀를 데리고 집에서 도망쳐 가난으로 빠져들었다. 그리고 가난은, 경제적 불평등은 더 많은 폭력의 씨를 낳는다. 아동보호기금은 이 숫자들이 "가족들이 불황의 충격을 완전히 직면하면서" 더 올라갈 것으로 예상한다.[23]

그러다 구일일이 왔다. 어떤 기준으로 보더라도 국가의 역사에서 가장 중요한 변환의 순간이었다. 조지 W. 부시 정부가 애국주의 같은 명분들을 대고 이라크와의 선제 전쟁인 아프가니스탄과의 전쟁과 테러와의 끝모를 세계 전쟁으로 나라를 이끌자, 남자들은 전술, 병력, 첩보, 심문, 무기, 물고문, 전략, 임무 그리고 그보다 더한 논쟁들로 미디어를 채웠다. 몇몇 예외를 빼곤, 티브이 해설자, 싱크 탱크 전문가,

기명 칼럼니스트, 정치 리포터, 국제 정세와 국가 정책 분석가로서의 여성들은 공공 토론에서 거의 사라졌다.[24] 그와 함께 여성에 대한 폭력은 말할 것도 없고, 동일 임금, 직장 내 차별, 아동 빈곤처럼 특히 여성과 관련이 깊은 이슈들도 더 긴박한 전쟁의 필요성에 의해 옆으로 치워져 사라졌다. 마치 우리 군인들 스스로 전쟁을 시작하기로 결정해 온 것마냥, 온 나라가 무장된 채 우리에게 행정부에 의문을 갖지 말고 우리의 군대를 지원하라고 상기시키려는 듯 노란 리본으로 뒤덮였다. 더 큰 평등과 더 적은 폭력을 향해 가끔이라도 발작하듯 움직여 오던 나라는 그렇게 기반을 잃어버렸고, 새로운 세기의 첫 십 년은 오로지 가부장제에만 속하게 되어 버렸다. 전쟁을 만든 부유한 백인 남자들은 자신들을 정당화하는 법을 만들었고, 자신들을 위해 싸우는 군대를 착취했고, 자신들의 일을 처리하기 위해 공공의 재원을 마구 써댔고, 자신들의 계급을 더욱 부유하게 할 사적인 계약에 서명했다.[25] 미국의 전쟁은 무슬림 세계의 억압받는 여성들에게, 미국의 여성들에게는 주어지지 않던 '그 권리'와 아마 유사할 '동등한 권리'를 수여할 것이라는 헛소리를 퍼뜨렸다. 그 당시에도 정부에 여성(그리고 비백인 남성)은 약간 있었고 이라크와 아프가니스탄의 군대에는 많이들 있었지만 현대 역사는 더 열악한 이들을 고려하느라 여성(그리고 비백인)과 그들의 관심사는 거의 고려하지 않았다. 무슬림 세계의 여성들로 말한다면, 비록 그들의 권리는 전쟁 동안 서류에 새겨져 있었지만, 대부분의 아프가니스탄 여성들은 전처럼 복종과 빈곤 속에서 살았고, 많은 이라크 여성은, 그 이전에 아랍 세계에서 가장 선진적이었던 그 여성들은 강제로 그 이전 세기의 전통으로 되돌아갔다.[26]

　　그리고 이제 전쟁은 집으로 돌아왔다. 두 번, 세 번, 또는 네 번의 복무 기간 동안 이라크나 아프가니스탄으로 보내졌던 남성 군인들은 그들이 '변했다'고 여기는 부인들과 그들을 거의 알아보지 못하는 아이들에게 돌아왔다. 수만 명이 끔찍한 신체적 상해를 입은 채로, 외상 후 스트레스 장애(PTSD)로 심하게 손상된 채로, 부족한 기금의 무능력한 재향 군인 복지 체계와 좋은 군인은 도움을 구하지 않는다는 믿음을 가진, 무조건 견디라는 하사들에게로 돌아왔다.

가장 좋은 시절에도 여성에 대한 폭력 사건은 민간보다 군대에서 훨씬 많이 일어났다. 그리고 전쟁 후에는 더 나빠졌다. 학대받는 여성을 위한 운동에서 한때 내세운 슬로건이 있다. "세상의 평화는 집에서 시작한다." 그들은 폭력으로부터 자유로운 가정의 사례에서 평화를 배울 수 있고 더 넓은 세상으로 평화가 전달될 수 있다고 생각했다. 이는 1869년 정치 철학자 존 스튜어트 밀이 제시한 개념인데, 그는 자신이 가정에서 '여성의 복종'이라고 지칭한 어떤 것이 영국의 정치적 삶에 영향을 끼치는 독재와 폭력의 습관을 불러일으키고 해외에서 수행하는 국가적 행위를 망치게 된다고 확신했다. 그러나 상황을 똑바로 보자면, 폭력은 바로 집에서 시작한다. 폭력을 지켜보았거나 집에서 학대를 당한 어린이들은 폭력이 얼마나 효과적인지를 배운다. 그리고 누가 누구에게 무엇을 하는지를 보는 것만으로, 그들은 성적 불평등을 배운다. 그들은 그 폭력을 학교로 가져가고, 거리로, 교제와 '사랑'으로, 그리고 폭력이 착취당하고 확장되는 무장한 군대로 가져간다. 그런 다음 그들은 바로 자기 자식들에게 가르치려고 다시 집으로 폭력을 가져온다.

아프가니스탄 전쟁의 첫 참전 용사들은 2002년 노스캐롤라이나 주의 브래그 요새로 돌아왔다. 6월 11일, 중사 리고베르토 니에베스는 침실에서 아내 테리사를 쏜 다음 자신을 쏘았다. 6월 29일, 병장 윌리엄 라이트는 아내 제니퍼를 목 졸라 죽여 숲속에 시신을 묻었다. 7월 9일, 병장 라몬 그리핀은 별거하고 있는 아내 매릴린을 오십 번 이상 칼로 찌르고 그녀의 집에 불을 질렀다. 7월 19일, 라이트 병장이 아내의 사망으로 기소되어 있을 때, 특수부대의 반테러 부대인 델타 포스의 중사 브랜던 플로이드는 아내 앤드리아를 쏜 다음 자살했다. 살해당한 아내 중 최소한 3명은 별거나 이혼 중이었다. 『뉴욕 타임스(New York Times)』 기자가 특수부대의 또 다른 상사에게 이 사건들에 대한 의견을 묻자, 그 남자는 이렇게 말했다. "특수부대원들은 감정적인 일에 대해 이야기하는 걸 좋아하지 않습니다. 우리는 어제 자 뉴스를 대하듯이, 그냥 그런 건 날려 버리는 A형[27] 성격의 사람들입니다." 살인은 계속되었다. 2005년 2월 육군 특수부대 신병인 리처드 코코란은 별거 중인 아내 미셸과 다른 군인에게 상해를 입히고 총으로 자살했다. 그는

브래그 요새 가정 폭력 살인 사건의 기나긴 행렬에서 열번째 사망자가 되었다.[28]

　2009년 1월 『뉴욕 타임스』는 2005년과 2008년 사이에 콜로라도 카슨 요새의 제4여단 전투 부대 군인 9명이 이라크에서 돌아온 후에 살인으로 기소되었다고 보도했다. 2008년에만 다섯 건의 살인이 일어났다. 그리고 그에 더해, 기지 안에서 "가정 폭력, 강간, 성폭력에 대한 기소"들이 가파르게 증가했다. 2005년 스티븐 셔우드는 이라크에서 돌아와 아내에게 치명상을 입힌 다음 스스로를 쏘았다. 2008년 9월 자살 시도에 실패한 이후 의료상 제대한 훈련병 존 니덤은 자신의 여자친구를 때려 죽였다. 2008년 10월, 육군 상등병 로버트 마르코는 온라인에서 만난 십대 발달 장애인, 주딜리아나 로런스를 강간하고 살해했다. 『뉴욕 타임스』는 재향 군인들이 저지른 모든 종류의 폭력 범죄를 광범위하게 보도하며 "그 주제에 관한 국가적 관심은 일시적"이라고 언급했다.[29] 그러나 2008년 2월 『뉴욕 타임스』는 2001년 10월 전쟁이 시작된 이래 "현역 군인과 퇴역 군인 들이 연루된, 미국 내에서의 죽음에 이르는 가정 폭력이나 [죽음에 이르는] 아동 학대 사건이 백오십 건이 넘는다"고 보도했다.[30] 더 이전인 2000년 4월, 켄터키의 캠벨 요새에서 3명의 군인이 자신들의 아내를 살해한 사건이 시비에스 텔레비전 프로그램인 「식스티 미니츠(60 Minutes)」에 나온 이후 국방부는 가정 폭력에 대한 대책 본부를 세웠다. 군인들은 자신들의 아내를 강간하거나 구타하고도 거의 어떠한 대가도 치르지 않는다는 사실이 드러났다. 여자친구의 경우는 아예 논외였다. 게다가 군인들은 사실상 군 기지를 피신처 삼아 민간 보호 명령을 피할 수 있었다. 삼 년의 업무 끝에, 대책 본부는 자신들의 조사 결과와 권장 사항을 의회에 보고했다. 그 날짜가 2003년 3월 20일이었고, 그날 미국은 이라크를 침공했다. 하원 군사위원회의 의원들은 보고서의 증언이 진행되고 있는 청문회장에서 뛰쳐나와 이 새로운 전쟁이 어떻게 될 것인지를 보러 갔다.

　몇 년이 지나도 군대는 여전히 그 결과를 부정하고 있다. 소용없다고 오래전에 알려진 '분노 조절' 수업이 아내를 폭행하는 남자들을 위해 만들어졌다. 구타범들은 이미 자신들의 분노를 아주 잘 조절하고 있어서 '아주 선택적으로' 상급 병사나 다른 힘있는 사람들에게는 거의 맞서지 않지만 아내와 여자친구들을 일상적으로 협박했다. 브래그 요새의 열번째 살인 사건의 자살 폭행범인 특수부대 신병 리처드 코코랜은 분노 조절 수업을 듣고 나서 곧장 아내를 쏘러 갔다. 군대는 군인의 정신 건강을 평가한다. 군대는 상등병 로버트 마르코(십대 여성을 강간, 살해한 카슨 요새의 보병)의 정신 건강을 세 번이나 평가했고 매번 그가 전투에 적합하다고 단언했다. 그의 기록에 따르면, 스물한번째 생일에 자신이 절반은 사람이고 절반은 공룡인 '블랙 랩터'로 변신할 거라고 믿었음에도 말이다. 카슨 요새의 아홉번째 살인 사건 이후, 군대는 그곳에서 수사를 시작했다. 수사 책임자인 장군은 자신들이 "이 일에 원인을 제공할지도 모를 [살인자들의] 생활 속에서 일어났을 수 있는 무언가를, 특정한 경향을 찾고 있다"고 말했다. 카슨 요새의 전직 장교인 군검찰관은 "이런 공격성은 어디서 나오는 것일까? (…) 이라크에 뭔가가 있었을까?"라고 물었다.[31]

여성 군인들의 이야기는 전혀 다르다. 국방부는 여전히 여성들이 미국 군사 작전을 '지원하기 위해'서만 복무한다고 주장하지만 이라크와 아프가니스탄 전쟁에서 '지원'과 '전투'는 종종 같은 상황이었다. 비록 제이차세계대전 당시 단 1명의 여성이 수여받은 후 처음으로 2명의 여성, 리 앤 헤스터 병장(이라크 전쟁)과 모니카 브라운 상등병(아프가니스탄 전쟁)이 '전투 중 세운 무공'에 대한 표창으로 은성 훈장을 받기는 했지만, 여성 군인들은 목숨 걸고 전투했다는 공을 인정받지 못하면서 목숨 걸고 전투를 한다. 2001년 9월 11일부터 2008년 중반까지 193,400명의 여성이 미국 전투 작전을 '지원하기 위해' 배치되었다. 이라크에서만 585명이 부상당했고 97명이 사망했다. 같은 상황에서의 남성 군인들처럼 수천의 여성 군인들이 복무 조건으로 인해 심각한 외상 후 스트레스 장애로 고통받으며 이라크와 아프가니스탄에서 돌아왔다. 그들은 다른 여성들과 함께 훈련받았지만 주로 남성들과 배치되었다. 전장에서 저항할 경우 자신들의 경력을 망칠 수 있는 상관과 동료 병사 들에게 일상적으로 괴롭힘을 당하고 강간당했다.[32] 2009년 3월 국방부는 지난해 2,923건의 성폭력 사건이 있었고, 이라크와 아프가니스탄에서 복무한 여성들이 고발한 폭력 사건이 25퍼센트 증가했다는 것을 인정했다. 더 심각한 건 국방부가 강간 사건의 80퍼센트는 보고되지 않은 채로 지나갔다고 추정했다는 점이다. 이 새로운 데이터를 인용하면서 『뉴욕 타임스』의 칼럼니스트 밥 허버트는 이렇게 논평했다. "군대는 군대 문화의 이런 면을 개선할 생각이 전혀 없다. 민간인이건 군인이건, 젊건 나이가 들었건, 모든 여성을 오로지 성적 대상으로만 보아 온 경향이 압도적인, 극단적 마초 환경이다."[33] 재향 군인으로 집에 돌아온 여성 군인들 역시 가정 내 살인 사건에 연루되는 것은 마찬가지이다. 대개는 살인자가 아니라 피해자로 말이다.

윌리엄 에드워즈 병장과 그의 아내 에린 에드워즈 병장이 각각의 임무 이후 이라크에서 텍사스 주의 후드 요새로 돌아온 직후인 2004년, 윌리엄 에드워즈는 아내를 공격했다. 에린 에드워즈 병장은 기지를 나가 두 자녀를 자신의 어머니와 머물도록 보내고 남편을 고발한 뒤, 보호 명령을 얻어 남편의 지휘관으로부터 동반 담당관 없이는 남편이 기지를 떠나지 못하도록 하겠다는 보장을 받았다. 그녀는 자신이 보좌관으로 함께했던 여단장에게 도움을 받아 뉴욕에 있는 기지로 옮겨 갈 준비를 했다. 그러나 그녀가 떠나기 전인 2004년 7월 22일 윌리엄 에드워즈는 분노 조절 수업을 빼먹고, 혼자 기지를 떠나, 에린 에드워즈의 집으로 차를 몰고 가서, 싸움 끝에 그녀의 머리를 쏘고, 그다음 자신에게 총을 겨누었다. 사건 담당 형사는 언론에 이렇게 말했다. "그를 기지에 억류하고 추적 관찰했다면 그 여성은 그의 손에 죽지 않았을 거라고 믿습니다."[34]

다시 노스캐롤라이나 주로 돌아가자. 브래그 요새 근처 르전 캠프의 해병대 기지 인근에서, 2007년 12월에서 2008년 9월 사이 남성 군인들이 4명의 여성 군인을 살해했다. 임신 팔 개월이었던 해병대 일병 마리아 로터바흐는 동료 해병인 상병 시저 로린이 자신을 강간했다는 증언을 하기 얼마 전 2007년 12월 르전 캠프에서 실종되었다. 1월, 수사관들은 로린의 집 뒤뜰 얕은 무덤에서 로터바흐의 불탄 시신을 발견했다. 로린은 이미 그때 본국인 멕시코로 달아난 뒤였고, 거기서 체포되었지만, 멕시코는 사형 언도를 받은 본국 시민을 인도하지 않는다. 2008년 6월 21일, 임신 칠 개월의 상등병 메건 투마의 썩어 가는 시신이 브래그 요새 근처의 모텔 방에서 발견되었다. 7월, 유부남이자 태아의 친부인 에드거 파티노 병장이 체포되고 살인죄로 기소되었다. 7월 10일, 간호사 홀리 위멍 소위가 브래그 요새 근무지에 나타나지 않았고 이웃이 그녀의 아파트가 불타고 있음을 알렸다. 며칠 후 그녀의 그을린 시신이 르전 캠프 근처에서 발견되었다. 그녀는 별거 중인 남편, 존 위멍 해병대 상병과 이혼 절차를 밟고 있었고 남편은 접근 금지 명령을 받은 상태였다. 소위의 남편과 그의 친구 카일 라이언 올던 일병은 살인, 방화, 중범죄 모의로 기소되었다. 9월 30일, 당시 육군 병장 크리스티나 스미스는 남편 리처드 스미스 병장과 브래그 요새 근처 페이엣빌의 동네를 걷던 중 목에 칼이 꽂히는 공격을 받았다. 리처드 스미스와 그에게서 살인을 청부받은 열여덟 살 일병 매슈 크바필이 살인과 공모 혐의로 기소되었다.[35] 친밀한 관계에서 일어나는 이러한 살인에서 너무나도 놀라운 점은 그들이 보여주는 친밀함의 결여이다. 살인자들은 군사적 공격 전략과 같은 무자비하고 용의주도한 계획을 짜고 실행했다. 임신으로 걸리적거리는 연인과 환영받지 못한 아이를 제거하거나, 통제를 벗어나려는 여성에 대해 극단적 통제를 가하기 위해 모든 것이 정확하게 설계되었다. 그리고 누군가는, 좋은 군인답게, 그저 친구를 도우려 참전한다. 군대 웹사이트에서는 '쌍년'들을 영웅적으로 쳐낸 살인자 남성들에게 보내는 동료의 지지 댓글을 아주 많이 읽을 수 있다.

내가 언급한 이 모든 일들, 여성의 동등한 권리와 여성에 대한 동등한 보호를 부인한 대법원, 가난한 가족을 위한 재정 지원의 연방 예산 삭감, 빈곤하게 살고 있는 여성과 어린이들의 점점 증가하는 숫자, 미국인들의 군사화된 삶, 공공 토론에서 잇달아 제외되는 여성들, 불평등을 유지하고 여성혐오를 증폭하는 체제 안에서의 여성 군인과 남성 군인에 대한 착취, 해외에서는 죽이라고 가르치며 세뇌시킨 군인들을 국내에서는 무심히 방치하는 것. 이 모든 일들이 국가의 재정적 붕괴와 짝을 이뤄 더 심한 폭력이 생겨날 수 있는 물질적 조건과 이상적 환경을 만들어낸다. 이미 여자들은 올라오는 급류에서 자신들을 보호하려고 애쓰고 있다. 이라크에서 해병으로 복무한 폭력적인 남편을 총으로 쏘아 다치게 한 얼리샤 바솔로뮤가 저지른 것과 같은 범죄들이 분명 더 많이 일어날 것이다. 2008년, 켄터키 주 배심원은 정당방위를 근거로 그녀의 살인 미수 혐의를 불기소했다.

공정하려면 정당방위가 아닌 다른 종류의 비전형적 살인을 저지르는 여자들에 대한 언급을 해야만 한다. 1977년 사형 집행이 복원된 이래, 그들은 무거운 대가를 치렀다. 2005년 63명의 여성이 사형을 선고받았고 11명이 처형되었으며, 그중 몇은 연쇄 살인범이었다.[36] 남자친구가 그와 함께 오토바이를 즐겨 타는 친구와 그의 여성 친구를 때려 죽이는 데 동참한 젊은 마약 중독자 칼라 페이 터커는 1998년 텍사스 주에서 처형되었다. 주디아스 부에노아노는 24만 달러의 보험금을 위해 남편, 아들, 남자친구를 죽였고 1998년 플로리다 주에서 처형되었다. 메리 케이 플랜츠는 생명 보험금 30만 달러를 위해 자신의 십대 남자친구와 그의 친구를 통해 남편을 죽였고 2001년 오클라호마 주에서 처형되었다. 증손자까지 두었던 예순두 살의 할머니인 베티 루 비츠는 자신의 다섯 남편 중 둘을 총으로 쐈고 뜰에 묻었다. 경찰이 그녀가 자신의 아버지에게 강간을 당해 왔고 '거의 모든' 남편들에게서 학대받아 왔다고 보고했지만, 그녀는 2000년 텍사스 주에서 처형되었다. 예순한 살의 루아 나딘 스미스는 자기 아들의 예전 여자친구를 죽인 죄로 2001년 오클라호마 주에서 처형되었다. 이 사형 집행의 물결 속에서 최초로 처형된 첫 흑인 여성인 완다 진 앨런은 1명의 여성을 죽여 복역한 뒤 자신의 연인이었던 두번째 여성을 죽인 죄로 2001년 오클라호마 주에서 사형에 처해졌다. 자신의 어린 자식 둘을 질식사시킨 스물여덟 살의 크리스티나 마리 리그스는 2000년 아칸소 주에서 처형되었다. 그녀는 자살을 시도했지만 실패했다. 한때 동물보호협회 자원봉사자였던 쉰네 살의 린다 라이언 블록은 우익 '애국 운동'에 가담해 앨라배마 주 오펠리카의 월마트 주차장에서 경찰관을 총으로 쐬 죽였다. 그녀는 2002년 앨라배마 주의 전기의자에서 죽었다. (오류였지만) '미국의 첫번째 여성 연쇄 살인마'로 널리 알려진 에일린 워노스는 '고속도로의 창녀'를 차에 태워 준 7명의 남자를 전부 살해한 죄로 2002년 플로리다 주에서 독살형으로 처형되었다.[37] 마약 판매상인 남편과 두 자녀를 쏘고 기소된 흑인 여성,

프랜시스 뉴턴은 2005년 텍사스 주에서 처형되었다.

이 책의 마지막 장에서 나는 우리의 법정이 우리의 이름으로 승인하고 우리의 정부가 수행한, 최근 감염처럼 번지는 이런 살인으로 1984년에 처음 처형당한 여성인 벨마 바필드에 관해 썼다. 그녀의 사건 기록 또는 처형된 다른 여성들의 사건 기록을 들여다본다면 어린 시절의 방치, 학대, 강간, 근친상간, 폭행, 착취, 술, 약(불법이거나 처방받은 약물들), 정신적 외상을 초래하는 머리의 부상, 뇌의 이상 기능, 지적 장애, 빈곤, 최저 수준의 교육, 유기, 상실, 수치심, 산산조각난 희망, 자살 시도로 이어지는 목록을 발견할 수 있는 한편, 그 과정에서 단 하나의 단단한 인간관계도 찾아볼 수 없다는 사실을 알게 될 것이다. 사형 집행대에서 마무리되는 너무나 많은 남자들의 삶에서 그러하듯 이런 삶을 사는 모든 사람들에겐 끔찍하게 엇나간 일들이 있다. 그들은 가장 위험한 사람들이라서 사형에 처해지는 것이 아니다. 그들을 감옥에 잡아 둘 수도 있었을 것이다. 어떤 여성들이 바깥의 삶보다 더 안전하고 도움이 된다고 여기는 감옥 말이다. 그들은 국가가 후원하는 폭력에 말 그대로 무방비로 맞부딪히기 때문에 사형에 처해진다.

아주 많은 사람이 이 사실을 이해한다. 일평생 학대받은 텍사스 주의 증조할머니 베티 루 비츠의 임박한 사형 집행에 공개적인 이의를 제기하기 위해 2000년 유럽 연합 의회 의장은 그 당시 주지사였던 조지 W. 부시에게 편지를 썼다. "세번째 천 년을 맞이하는 전야에, 세계에 상당한 영향력을 행사하는 미국과 같은 거대한 문명국이 이러한 야만적인 관행을 끝내야 하는 시간이 [유럽의 국가들과 마찬가지로] 자신들에게도 다가왔다는 것을 아직도 깨닫지 못하는 상황은 도덕적으로 용납할 수 없으며, 폐기해야 할 겁니다."[38] 부시는 그 전갈을 무시했다. 이 년 후, 그의 동생인 플로리다 주 주지사 젭 부시는 사형 집행 유예를 해제해서 주 정부가 가장 악명 높은 재소자인 에일린 워노스의 생명을 거둬 갈 수 있도록 했다. 사형수 수감동에서 십 년을 지내는 동안, 그녀는 자신의 인생보다 더 기괴하게 커져 버린 상징적 인물이 되었다. 그녀는 남자들에게 악몽 같은 환상이 되었다. 남성 연쇄 살인마들이 여자를 살인할 때 그러듯 남자를 죽이면서 흥분을 느끼는,

그런다고 자신들이 상상하는, 부치 레즈비언. 한편, 그녀가 강간이나 살인으로부터 자신을 지키기 위해 살인을 했다고 믿은 많은 여성에게 그녀는 복수를 감행하는 영웅이었다. 마치 1991년의 고전 영화 「델마와 루이스(Thelma & Louise)」의 루이스 같지만 실제로 존재하는 영웅. 「워노스(Wuornos)」라는 오페라를 쓰고 작곡한 카를라 루세로가 이렇게 말했을 때 그녀는 많은 여성을 대변했을 것이다. "이런 일이 더 일찍 일어나지 않은 게 놀랍죠. 살인을 용서하자는 건 절대 아니지만, 이상하지 않나요? 왜 이렇게 오래 걸렸지?"[39] 하지만 워노스 이야기가, 평생에 걸친 성적 학대와 방치된 인간의 이야기로서 영화 산업으로 나아갔을 때, 할리우드는 '괴물'이 그저 심하게 손상된 인간일 뿐이라는 걸 명백하게 보여준 배우 샬리즈 세런에게 오스카상을 주었다.[40] 이는 살인을 북돋자는 것이 아니라 그 반대로 예술을 북돋고, 인간을 이해하고, 어쩌면 자비를 갖도록 하고자 그런 것이었다.

그것은 삼십 년 전에 사회 변화의 거대한 물결처럼 보이는 파도에 관해 이 책을 쓰면서, 사회 정의를 전하고자 내가 마음먹었던 일이기도 했다. 그때 난 그 여파인 썰물을 대비하진 않았다. 아이젠하워 대통령이 우리에게 경고한, 군사, 산업, 의회 복합체 아래의 다른 나라에 살고 있다고 쓰는 지금, 나는 대비하고 있다. 그 복합체는 가부장제를 위한 다른 이름이다. 힘을 가진 남성들의 이익, 그들의 탐욕, 그들의 폭력을 위한 연대이고 그들을 보호하기 위해 배치해 놓은 제도 말이다. 가부장제에서 공정하거나 민주적인 것은 아무것도 없다. 어떤 것도 동등하지 않다. 가부장제는 많은 이의 비용으로 소수의 이익을 옹호한다. 가부장제는 국가가 공언한 이념과 여자, 어린이, 그리고 자유, 정의, 평화를 위해 지배욕을 기꺼이 맞바꿀 모든 남자들의 안녕과 정반대되는 것이다. 그러나 가부장제는 살아남는다. 단순히 힘에 의해서가 아니라 남아 있는 우리의 공모를 쟁취하는 이념적 제어 장치로써의 상징과 구호를 사용하는 공포, 거짓말, 위선에 의해 살아남는다. 신이 미국을 축복하길. 미국식 생활 방식. 아메리칸 드림. 가장 위대한 국가. 테러와의 전쟁. 신의 이름으로. 한번 해 봐![41] 아, 참 그리고 「섹스 앤드 더 시티(Sex and the City)」, '이상적인 남자(Mr. Right)', 사랑은 모든 걸 극복한다(Love Conquers All), 포스트페미니즘.

임무 완수. 에일린 워노스가 말했다고 보도된 것처럼 말이다. "우리한테 이야기해 줬어야지."

　　미국이 이제 새로운 운영 체계 아래에 놓였다는 사실에 나도 세상의 다른 사람들만큼 안도하고 있지만, 앞서 썼듯이 버락 오바마 행정부의 희망찬 나날들 가운데에서도 가부장제는 굳건히 서 있다. 하워드 진이 역사의 교훈을 다시 상기시켜 준다. 민주주의는 위에서부터 오지 않는다. 평등도 그렇게 오지 않는다. 변화는 우리에게 달려 있는 것처럼 보인다. 『살인하는 여자들』에서 나는 이 나라 남자와 여자의 서로 유리되고 불평등한 삶에서 일어나는, 너무나 다르고 너무나 예상 가능한, 살인 사건 유형에 관해 썼다. 삼십 년 후 그 숫자는 변했지만 유형은 변하지 않았다. 그렇다면 나는 "이 살인 사건의 유형은 심각한 문화적 기형의 그림자일 수 있다"고 제안한다. 우리는 그게 뭔지 잘 알고 있다. 여성혐오, 불평등, 빈곤, 차별, 폭력. 우리는 바꿀 수 있다, 하고자 한다면.

2009년 3월
오사보 섬에서
A. J.

서문

오 년 전 여성 문학 세미나에서 『각성(The Awakening)』 『환락의 집(The House of Mirth)』 『벨 자(The Bell Jar)』를 읽다가 낙담한 학생이 이런 불평을 했다. "자살하는 거 말고 여자한테 다른 길은 없는 거예요?" 분위기를 가볍게 하려고 "언제든 다른 사람을 죽여도 된단다"라고 농담을 하는 순간 난 그게 사실이라는 걸 깨달았다. 그때부터 이 책을 썼다.

말하기 난감한 주제다. 살인을 저지르는 여성들에 관한 책을 쓰고 있다고 말하면, 사람들은 '레이디 킬러'에 대한 농담을 하거나 "별나네"라고 혼잣말을 하며 자리를 피한다. 살인은 죽인 자와 죽은 자 양쪽에게 상황을 개선시키지도 돌이키지도 못하는 행동이지만, 그걸 심각하게 받아들이는 사람은 없는 것 같다. 트루먼 커포티의 『인 콜드 블러드(In Cold Blood)』나 노먼 메일러의 『사형집행인의 노래(The Executioner's Song)』처럼 살인을 이해하려는 진지한 의도를 지닌 몇몇 예외를 제외한다면 살인에 관한 책은 대개 두 범주에 속한다. 범죄 유형을 도식화하고자 하는 무미건조한 범죄학 이론서와 범죄 예방에 도움을 준다는 가정 하에 잔인하고 재미있는 살인 사건의 일화를 에드먼드 레스터 피어슨[1]이 미국에 대중화시킨 것과 같은 맥락으로 소개하는 경우. 대중 범죄 작가들이 '팜므 파탈'이나 '치명적인 종족들'처럼 구미를 당기는 제목의 책으로 '살인녀들(murderesses)'을 묘사하는 반면, 대부분의 학술 이론서는 여성을 무시한다. 하지만 한 번만이라도 생각해 본다면 여성의 살인은 '다르다'는 것을 깨닫게 될 것이다. 술에 취해 드잡이를 하다 초면의 타인을 칼로 찌르거나 고성능 소총을 들고 폭주해 버리는 경향이 있는 남성과 달리 여성은 주로 아주 가까운 사람을 죽인다. 우리는 우리의 아이들, 남편, 연인을 죽인다. 이 사실은 재밌지 않다. 그러나 이러한 살인 유형은 심각한 문화적 기형의 그림자일지도 모르고 따라서 진지하게 고찰해 볼 만하다. 많이들 그렇게 생각하지는 않는 것 같지만 말이다.

하지만 웃어넘기는 것은, 알고 있겠지만, 사람들이, 당신과 내가, 살인을 할 수도 있고 살해당할 수도 있다는 부정할 수 없는 사실에 대한 심리적 방어일 뿐이다. 우리는 무서워서 웃는다. 정말 그렇다. 그리고 이 책은 주로 두려움에 관한 것이다. 자신들이 이 사회를 빚어내고 있으면서도 마음속 깊이 여자들이 너무 무서워서 그들을 정해진 방만 오갈 수 있게 하는 세상을 만드는 남자들의 바로 그런 두려움 말이다. 또한 이것은 그 방이 너무나 좁고 문조차 열리지 않는다는 걸 알고는, 누워서 기다리거나 불을 질러 버리는 여자들의 두려움에 관한 책이다.

그렇지만 그런 여자들이 진지한 역사적(여성의 역사라고 해도) 연구에 걸맞은 주제가 될 수 있을까? 역사학자들은 종종 여자들이 의미있는 행동의 주체가 되기보다는 그 대상이 되어 왔다고 여긴다. 여자들은 역사를 이어 붙이는 거대한 반죽 덩어리이다. 그래서 우리가 가진 책에는, 가치있고 올바른 책일지라도, 여자들이 의학, 심리학, 자본주의, 법, 대학으로부터, 그리고 심지어는 우리의 어머니로부터 어떻게 억압당하고 사취당해 왔는지 나와 있다. 또 다른 역사학자들은, 일부 여자들이 행동의 주체가 되었다고 믿으며, 그로 인해 일깨워진 이해타산에 기반해 우리에게 노예 제도 반대 운동, 여성 참정권 운동, 노동 운동 속의 여자들을 보여준다. 자신과 다른 사람들을 위해 위대한 일을 말하고 행한 그림케 자매, 수전 앤서니, 케이디 스탠턴, 에마 골드먼, 크리스털 이스트먼, 마더 존스와 같은 여자들 말이다. 그러나 우리에게 위대한 여자는 그렇게 많지 않다. 올해도 판사석에 임명될 여자보다 자신의 아이를 죽일 여자가 더 많을 것이다. 국회에 앉아 있는 여자보다 남편을 죽이는 여자가 더 많을 것이다. 내일 태어날 여자아이가 자신을 공격한 남편을 부엌칼로 찌르는 어른으로 클 수는 있지만, 대통령으로 자라날 기회는 너무 희박해서 통계적인 의미를 갖지 못한다. 살인하는 여자들의 이야기는 다름 아닌 여자들의 이야기이다.

이 책은 직선으로 나아가지 않는다. 이 책은 서로 다른 각도에서 여자와 살인이라는 주제에 접근하는, 주로 역사적으로 접근하는 일련의 연구로 구성되어 있다. 잘못된 개념을 배제하면서 여성, 사회, 살인 사이의 연관성을 검토하고자 했다. 이 책의 목적은 주제를 완결하는 것이 아니라 주제에 가닿는 것이었다.

그 자체로는 아주 흥미롭지만 그 사건이 일어난 시대를 제대로 드러내 주지는 못해서 묻혀 버린 사건들을 일부러 찾아내지는 않았다. 그 대신 사회의 신경망을 확실하게 강타한 유명한 사건들에 관해 주로 썼다. 보든이 아버지를 죽인 것과 같은 개별 사건들을 서술했는데, 그런 사건들은 역사적인 이정표이거나 또는 루스 스나이더나 앨리스 크리민스 사건에서처럼 만연해 있는 사회적 우려를 상징하기 때문이었다. 또한 영국 식민지 시절의 유아 살해나 우리 시대 여성의 정당방위처럼 중요한 한 가지 주제로 모이는 일련의 사건들을 다루었다.

사건들을 제시하면서 자료와 독자들 사이를 중재해야만 했다. 그건 복잡한 일인데, 왜냐하면 살인과 관련된 경우 사람들은 단지 망각하고 오해할 뿐만 아니라 우리 모두 최선의 상황에서도 그렇듯이, 많은 거짓말을 한다. 할 수 있는 한 다양하고 많은 서술을 비교해 가장 진실에 가까운 판본을 제시했지만, 내가 페미니스트의 입장에서 역사를 읽고 다시 이야기한 것이라고 말하는 게 정당할 것이다. 상황상 '진실'을 꿰뚫는 게 불가능할 때면 불가능하다고 말했다. 어떤 이야기도 만들어내지 않았다. 사실 살인은 너무나 쉽게 선정적이거나 감상적이 되어 버릴 수 있기 때문에, 있는 그대로의 사실만 고수하고자 애를 썼다.

몇 가지 정의는 필요하다. 나는 이 책에서 내내 '페미니스트'라는 용어를 자신들을 그렇게 규정하고 여성의 권리를 위해 발언하는 여성들을 언급하는 데 사용했다. 페미니즘은 아주 넓은 범위의 의견을 포함하지만 사람들이 흔히 모든 페미니스트들을 한데 뭉뚱그려 버리기 때문에 그 차이를 구분하는 것은 대개 유용하지도 필수적이지도 않다. 특정 그룹의 관점이나 목소리를 인용할 경우 명시했지만, 대부분의 경우 페미니스트라는 용어는 여성의 권리를 지지해 왔거나 지지하고자 하는 생각을 가진 여성에게 적용했다. 종종 '사회의 아버지'라는 용어도 그렇게 넓은 방식으로 썼다. 즉, 사회 안에서 개인적으로나,

또는 하나의 목소리로 권위와 영향력을 지닌 위치에서 공적인 태도와 정책을 형성하는 사람들, 주로 남성들을 지칭할 때 말이다. 나는 사회가 한 줌의 힘있는 남자들에 의해 이끌어진다고는 생각하지 않는다. 다만 수사학적인 편의성을 위해, 그리고 특정 사회 제도, 특히나 법과 같은 것들이 실제로 대개 상류층인 엘리트, 주로 백인 남성의 영향력 아래에서 결정된다는 사실을 제시하기 위해 이 용어를 사용했다.

최근 출간된 여성의 역사에 관한 책들을 읽으면서, 여성에 대한 압제에서 남성들의 공모라는 개념을 전부 부인하고자 하는 흐름이, 특히 학계 역사학자들과 문학사학자들 사이에서 유행이라는 걸 알았다. 몇몇 책에선 "집단으로서의 남성이 집단으로서의 여성에게 뭔가 불쾌한 일을 했다는 인상은 전적으로 오해인데 왜냐하면 작가는 그런 일을 절대 의도하지 않았기 때문이다"라고 말하는 게 작가의 의무처럼 여겨지는 것 같다. "내 경우에는," 윌리엄 로이드 개리슨의 문장으로 말해야만 하겠다. "그런 철학을 존중할 준비가 되어 있지 않다. 나는 죄에 대해서는, 죄인에게 책임이 있다고 믿는다. 절도는 당연히 도둑에게, 노예 제도는 당연히 노예주에게 책임이 있다. 잘못한 일은 그러므로 잘못을 저지른 사람에게 책임이 있다고 본다. 그리고 만약 이 국가의 남성들이 자신들이 강탈죄, 그것도 잔인한 강탈의 죄를 저지르고 있다는 것을 여성들을 통해 보지 못한다면, 진보는 이루어지지 않을 것이라고 믿는다." 만약 여성들을 계속 아래에 두고자 남성들이 공모한다는 인상을 이 책을 통해 받는다면, 그게 바로 정확하게 내가 전달하고자 하는 것이다. 왜냐하면 남성들이 일치단결해서 그러려 하지 않았다면 이만큼 성공하지 못했을 거라고 나는 믿기 때문이다.

1979년 8월
뉴욕 주 뉴욕에서
A. J.

초판 서론

피치[1]는 너무 작아서 화분 뒤에 숨을 수 있었다. 이십이 구경 권총으로 은행의 손님들을 제압할 수 있었으면서도 바깥에서는 그녀를 볼 수 없었다. 하지만 피치도 바깥을 볼 수 없었으므로 문이 열리는 소리를 들었어도, 조지 모어록이 로비 중앙으로 와 시야에 들어올 때까지 기다릴 수밖에 없었다. "거기 딱 멈춰." 피치는 말하면서 총으로 그를 찔렀고 그는 돌아서서야 그녀를 알아차렸다. 하지만 모어록은 잘 듣지 못했고 제대로 알아듣지 못했다. 그는 피치를 향해 몸을 움직였고 피치는 다시 경고했고 그가 계속 다가오자 그녀는 방아쇠를 당기고 또 당겼다. 몇몇 손님은 비명을 질렀다. 피치와 공범 중 1명은 은행에서 달려 나가다 마침 예금을 하러 온 비번인 경찰과 부딪쳤다. 그들은 달아나면서 경찰을 길에 자빠뜨리려 했으나 그 부딪침으로 도주는 지연되었다. 겁에 질린 운전자는 도주 차량의 시동을 꺼뜨렸고 두번째 차로 옮겨 탔을 땐, 그들 뒤로 돈이 흩어지고 있었고, 경찰이 그들을 추격 중이었다. 경찰의 총알이 뒤쪽 창문을 산산조각 냈고 멋대로 움직인 차는 주차된 다른 차를 박고 판유리 창을 뚫고 충돌했다. 경찰은 피치 위긴스와 2명의 남자 공범, 그리고 7,157달러를 주웠다. 3명의 은행 강도 모두 살인 혐의로 기소되었다. 그들은 유죄 판결을 받고 1969년 펜실베이니아 주에서 전기의자 사형 집행을 선고받았다. 피치 위긴스는 열일곱 살이었다.

펜실베이니아 주에는 여성을 위한 사형수 감방이 없었기 때문에 그녀는 이 년을 혼자, 처음 일 년은 가장 삼엄한 경비 속에서, 그다음은 교도소 의무실에 수감되었다. 그런 다음 새 재판에서 그녀와 친구들은 종신형을 받았고 피치는 교도소의 일반 재소자들과 함께 수감되었다. 그때부터 두 번 감형이 고려되었지만 결과적으로 두 번 다 거부되었다. 그녀는 두 번 탈옥했는데 한 번은 자발적으로 되돌아왔고, 한 번은 삼 년의 자유 이후 붙잡혔다. 그리고 탈출할 때마다 추가 형량이 더해졌다.

41

그녀는 지금 살인으로 인한 종신형, 강도로 부정기형에서 이십 년 형, 음모죄로 부정기형에서 삼 년 형, 총기 소지법 위반으로 부정기형에서 이 년 형, 한 번의 탈옥으로 부정기형에서 오 년 형, 그리도 또 한 번의 탈옥으로 부정기형에서 이 년 형을 복역 중이다.[2] 전부 더하면 최대 형량은 종신형에 삼십이 년이 추가되고 가석방의 기회는 희박하다. 피치는 젊다. 흑인이다. 무장 강도 중에 사람을 죽였다. 그리고 반복해서 감옥에서 탈출했다. 피치는 최근 들어 우리가 점점 많이 듣게 되는 그런 여성들 중 하나처럼 보인다. 흔히 이야기하는 폭력적인 신종 여성 범죄자 중 하나.

최근 몇 년간 여성 범죄의 급증과 범죄를 저지른 폭력적인 여성들이 신문 기사와 책에서 깜짝 놀랄 만큼 많이 묘사되고 있지만, 그들이 처음으로 폭넓게 알려진 것은 1975년 논리적 오류 때문에 유명세를 탄 범죄학자 프리다 애들러의 책『죄의 자매들(Sisters in Crime)』을 통해서였다. 재개된 여성 운동과 여성에 의한 범죄의 경이적인 증가가 눈에 띌 정도로 상응한다는 걸 알아차린 애들러는 하나의 조류가 다른 조류의 원인이 된다고 결론짓는 오류를 범했다. 그녀의 말에 따르면, 여성에 의한 범죄의 재빠른 증가는 그저 '해방 운동의 그늘진 면'일 뿐이고, 점점 더 많은 '여성 해방 운동가'가 남성, 즉 유일하게 '완전한 인간'인 남성의 범죄 선례와 경쟁하려고 뛰어들수록 우리는 해방된 범죄의 바다에 휩싸이게 될 것이었다.[3]

몇몇 교도소가 폭력적인 여성의 유입을 예상하며 새로운 시설을 계획하는 동안, 범죄학과 형법 제도 안의 페미니스트들은 애들러에게 설득력있는 논점을 토대로 신속히 답했다. 그들은 여성이 저지르는 범죄가 너무 적기 때문에, 바로 그 이유에서 애들러의 수치는 오독이라고 올바른 주장을 펼쳤다. 범죄의 건수가 적으면 단지 몇 건만 늘어나도 증가율이 가파르게 상승하는데, 애들러는 이 비율의 깜짝 놀랄 만한 증가를 낮은 절대 수치의 기록 없이 인용했다. 애들러는 1960년에서 1972년 사이에 강도로 체포된 여성의 비율이 충격적이게도 277퍼센트 증가했다고 지적했지만, 1973년 에프비아이(FBI) 『통합범죄보고서(Uniform Crime Reports)』는 9만 5천 명의 남성에 비해, 그해 강도로 체포된 여성은 5,700명이라고 보고했다. 전체적으로 볼 때 체포된 여성은 1973년에 일어난 모든 범죄의 약 15.3퍼센트를 차지했다. 여성이 전체 인구의 절반이 넘는 집단이라고 본다면 이는 높은 비율이 아니었고, 분명 놀랄 만한 수치는 아니었다.[4] 또한 애들러의 주장에 반대하는 사람들은 여성이 범한 폭력 범죄에는 증명할 수 있을 정도로 뚜렷한 증가가 **없다**는 점도 지적했다. 여성 범죄에서 가장 크게 증가한 것은 절도와 사기, 특히 복지 제도 관련 사기였다. 그리고 이러한 범죄는 폭력적인 범죄가 아니라 경제적인 범죄였고, 대부분 키워야 할 아이를 데리고 있는, 가난한 여성들의 재정적 필요성이 늘어나는 데서 쉽게 원인을 찾을 수 있었다. 애들러를 비판하는 다른 사람들은 남성과 여성 모두의 경우에서 만연해 가는 약물 중독 때문에 경제 범죄가 증가하고 있다는 사실을 증거로 주목했다. 어떤 경우이건 이른바 새로운 여성 범죄자들은 예전의 여성 범죄자들처럼, 젊고 가난하고 흑인이거나 히스패닉일 경우가 많았다.[5]

　애들러가 두 가지 현상, 여성 운동과 여성 범죄 행위가 함께 상승했다고 한 것은 정말 맞는 말이지만 애들러의 가정처럼 그 둘이 원인과 결과의 관계는 아니었다. 그저 한쪽의 존재가 다른 쪽의 공포를 촉발할 뿐이었다. 여성의 권리에 대한 불안은 여성과 남성 모두에게 사회에서 여성의 타당한 위치에 대한 엄청난 우려를 촉발시킨다. 그리고 사회의 한 요소를 '가져가는' 것이 다른 요소를 '내주어야' 하는 것처럼 보이기 때문에, 전체 사회 질서의 안전에 대한 엄청난 우려도 촉발시킨다. 그 불안감은 많은 방식에서 존재를 드러낸다. 여성이 '자신들의 여성성을 벗어던진다'는 두려움은 차례로 여성용 바지를 불법화하고, 퇴보하는 '여성다움'을 '완전한 여성성'으로 올려치고, 임신 중단을 범죄 행위로 만드는 캠페인을 불러일으킨다. 가족이 해체된다는 두려움은 여자 대학, 이혼, 동성애, 여성 노동력, 연방 차원에서 지원을 받는 탁아소, 성 중립 화장실에 대한 악의에 찬 공격을 불러일으킨다. 전통적인 제약에서 풀려난 여성이 고삐 풀린 사악함, 파괴, 살인으로 돌아설 것이라는 그 두려움으로 인해 말이다. 원래부터 마초적이었던 성인 포르노 잡지 『위(Oui)』조차도 1975년 "오늘날의 여성 범죄자들은 남성 사회에 특별한 공포, 환상과 과민 반응을 촉발하는 것처럼 보인다"[6]고 평했다.

상상 속의 범죄 증가에 대한 과민 반응[7]은 쉽게 법 집행의 증가라는 형태를 취해 버린다. 항상 그렇다. 종종 법은 주류 밀매업자나 성매매 여성, 도박꾼, 주차 금지 구역에 주차한 운전자들을 일제 단속한다. 일제 단속은 그저 법 집행이 늘어난 것뿐이지만, 범죄가 늘어난 것처럼 보일 때가 있다. 미국 역사에서 법 집행이 늘어났던 고전적인 사례가 세일럼의 마녀 재판[8]이다. 더 이상 마녀로 인한 곤란을 겪지 않는 우리에게, 세일럼의 그 어두운 고난이 심각한 문화적 신경증인 '집단 공포'로부터 자라났다는 점은 쉽게 보인다. 당시 세일럼에 기존 사회 질서의 안전을 우려할 충분한 정치, 경제적 이유가 있기는 했겠지만, 종교적 사고방식에서 해방된 우리는 세일럼이 마녀 자체보다 마녀에 대한 공포로 더 고통받았다는 걸 알 수 있다. 여전히 우리는 헤아릴 수 없을 만큼 엉킨 사회, 정치, 경제적 요소로 힘들어지곤 하고, 위협적인 변화나 파괴가 다가오면 그런 상황에 대한 손쉬운 희생양을 찾으려는 습성을 놓지 못한다. 사회 질서에 관한 그러한 불안은 깊고, 변하지 않으며, 종종 세일럼에서 취해졌던 것과 같은 형태로 미국 사회의 표면에 떠오른다. 바로 여성 범죄에 대한 갑작스러운 주목 말이다.[9]

그게 아마 오늘날 일어나는 일일 것이다. 절대적인 수치로 볼 때, 여성에 의한 범죄는 남성에 의한 범죄와 대략 같은 수준으로 증가하고 있다. 여성이 저지른 폭력 범죄는 전체 폭력 범죄의 약 10퍼센트 정도로, 지난 이십 년간 두드러지게 증가하지 않았다. 몇몇 수치에 따르면 감소하고 있다. 여성이 저지른 살인은 누가 어디에 적은 기록을 보더라도 계속해서 전체 살인의 15퍼센트로 남아 있다.[10] 하지만 1967년에서 1976년 사이 모든 범죄의 체포율[11]은 남성은 15퍼센트, 여성은 64퍼센트 증가했다. 여성 청소년 체포는 68퍼센트 증가했다. 범죄의 통계 수치를 기록하는 방식이 너무나 일관성이 없는 데다 오해의 소지마저 있어 실제 여성의 '범죄성'을 측정하는 것이 불가능할 정도지만 법은 일제 단속을 실행해 나가고 있었다. 그리고 그 단속은 확실히 여성 운동과 많은 연관이 있다. 미국시민자유연맹 국가 교도소 프로젝트의 연구자들은 1979년 비록 "폭력적 여성의 '신종'은 명백히 없지만 (…) 범죄를 다루는 사법 체계 안에서 여성을 향한 새로운 태도는 거의 분명하게 있다"고 보고했다.[12] 법 집행관들이 반복적으로 리타 사이먼에게 말했듯이 말이다. "이 여자들이 원하는 게 평등이라면, 우리가 제대로 갖게 해 주지."[13]

우리를 겁먹게 할 게 아니라면, 범죄학은 여자와 범죄에 관해 어느 정도의 유용한 정보를 제공할 수 있어야 하지만, 사실 남자가 뭘 하는지에 관해서만 집중해 온 범죄학은 여자에 대해 제대로 아는 것이 없다. 초점이 그렇게 맞춰진 것은 꽤 합당한 이유에서였지 단순한 성별 편견 탓은 아니었다.[14] 왜냐하면 역사의 모든 기간 동안 모든 나라에서 남자는 인구의 절반도 채우지 못함에도 불구하고 범죄, 특히 폭력적인 범죄를 훨씬 더 많이 저질러 왔다. 남자로 꽉 차 있으니, 범죄학자들은 범죄율의 차이가 보여주는 어려운 문제를 다루기보다는 차라리 여자를 무시하는 쪽을 선택했다. **본성적**으로 남자보다 여자가 덜 폭력적이라는 암묵적인 추측은 여자가 본래 도덕적으로 우월하다는 걱정스러운 결론, 남자가 더 이상 받아들이고 싶지 않은 결론으로 이끈다. 그리고 여자는 사회화로 인해 덜 폭력적일 수 있는 것이라는 또 다른 대안은 남자를 좀 더 여자들처럼 키우도록 사회를 개선해야 한다는 더 소름 끼치는 가능성을 불러일으킨다. 그럼에도 불구하고, 이 문제를 지나치게 면밀히 살필 경우 겪게 될 명백한 위험에도 불구하고, 여성의 범죄성을 연구하는 흔치 않은 용맹한 범죄학자는 자기 뒤로 문명의 상식을 담은 양동이를 끌면서, 페미니스트적 동요의 걱정스러운 철야에 동참하게 된다. 현대 범죄학[15]의 표면적 '아버지'인 이탈리아 과학자 체사레 롬브로소는 사위인 윌리엄 페레로의 도움을 받아, 헨리크 입센의 '노라'가 유럽 가부장제의 문을 쾅 닫고 나가 버린 지 십 년이 채 안 된 1893년 여자에 관한 자신의 최종 저작 『여자 범죄자(La Donna Delinquente)』를 냈다. 미국에서는 여성 참정권 싸움의 마지막 나날 속에서 롬브로소의 영향을 받은 윌리엄 토머스가 첫 연구 저작인 『성과 사회(Sex and Society)』를 펴냈고, 막 참정권 싸움에서 이긴 1923년, 두번째 저작 『적응하지 못하는 여자(The Unadjusted Girl)』를 냈다. 그리고 아직까지도 현대의 결정적인 연구로 여겨지는 오토 폴락의 『여자들의 범죄성(The Criminality of Women)』은 불만스러운 리벳공 로지[16]를 때 이르게 은퇴시켜 교외로 막 떠나보낸 1950년에

등장했다. 이 연구들의 뒤를 따라 당시 페미니즘 물결이 이는 와중에
애들러의 『죄의 자매들』이 출간되었다. 각각의 연구들은 사회가 여자의
위치에 대해 크게 불안해하는 시기나 여자의 권리를 위한 운동에
반대하는 절대적인 반발 속에서 나왔다. 각각의 책들은 만연한 문화적
고정 관념의 수렁에 굳건히 빠진 채로 '과학적인' 결론을 제시한다.
그리고 각각의 연구는 그 연구에 주어진 관심을 따라 반페미니스트
백래시(backlash)의 중요한 일부가 되었다.

　　이 이상한 상황은 어쨌든 범죄학이 꽤 새로운 학문이라는
사실과 더불어, 근본적으로 쓸데없는 경고를 남발하는 반동적이고
오류투성이인 반페미니스트적 '전문 지식'이라는 작은 실체를 남겨
주었다. 그 전문가들은 여전히 부정할 수 없는 영향력을 갖고 있으며,
사회학자들 사이에서 아직까지도 꽤 진지하게 받아들여지고 있다.
이 공은 모든 걸 시작한 체사레 롬브로소에게 돌려야 한다. 생물학을
공부한 롬브로소는 십팔세기 범죄학계의 첫번째 공헌자들인 영국의
개혁가 겸 공리주의 철학자 제러미 벤담과 이탈리아의 경제학자 겸
법학자 체사레 베카리아의 범죄에 대한 철학적 사색에 불편함을
느꼈다. 범죄의 법적 정의를 바꾸는 게 마땅치 않았던 롬브로소는
불변의 견고한 과학적 범주를 찾는 데서 출발했다. 그리고 범죄를
범죄자들 자체에게서 찾는 것보다 더 잘 찾을 수 있는 방법이 어디
있겠는가? 롬브로소는 품위있는 중상류층 이탈리아 숙녀인 '보통
여자'에게서 그가 '천부적인 여성 범죄자'라고 부르는 부류를 구분하는
걸 시작하기에 앞서 남성에 관한 몇 가지를 연구했다. 상식과
롬브로소 자신의 경험으로 그는 세상에는 오로지 이러한, 즉 나쁜
여자와 좋은 여자, 두 종류의 여자만이 있다는 걸 알고 있었지만,
그는 누가 봐도 좋은 여자가, 예기치 않은 어떤 순간에 나쁜 여자로
변해 버릴 수 있다는 공포에 홀린 것 같았다. 그래서 그는 자기 연구의
많은 부분을 그 둘 사이의 결정적인 차이를 알아내는 데 바쳤다.
롬브로소의 말에 따르면, 좋은 여자에게 사랑은 '일종의 노예제'이다.
좋은 여자는 사랑하는 사람을 위해 기꺼이 자신의 '모든 인간성'을
희생하고 죽음이나 다른 이유로 그를 잃을 경우에는 고결하게
자살한다. 그와 반대로 범죄형의 여자는, 거의 여자라고도 할 수

없다. "여성 범죄자들은 일반적인 여자라기에는 남자에 더 가깝다. (…) 특히 봉합선에 있는 눈썹활에서, 아래쪽 턱뼈와 후두부의 특징에서 그러하다."[17]

롬브로소는 자신의 편견에 기대어 쉬고 있을 남자가 아니었다. 그는 계속해서 부지런하게 이탈리아의 교도소를 가득 채운 시칠리아 출신 재소자들을 찾아가 (자신이 살았던 시대의 사회적 편견대로) 혹과 돌출부의 길이를 재고, 반복적으로 찾아낸 숱 많은 검은 머리와 눈썹을 기록하며, 자신의 편견을 과학으로 개종하는 데 필요한 모든 데이터를 끈기있게 모았다. 일단 그 일을 끝내자 가장 희박한 증거만으로도 그는 모든 여자의 미래를 예측할 수 있게 되었다. 아홉 살 루이즈의 사건에서, 롬브로소는 그 어린이를 단 한 번도 직접 보지는 못한 채로 사진을 전해 받았고 구 년의 인생사를 전해 들었다. "세 살에 도둑이 되었고, 어머니의 돈, 가게의 물건, 모든 것에 손을 댔다. (…) 다섯 살에 체포되어 경찰에게 인도되었고, 완강한 저항 후에 (…) 비명을 지르고, 양말을 찢고, 인형을 배수로에 던지고 길에서 자신의 치마를 들어 올렸다."[18] 롬브로소의 동료들은 그 어린이의 얼굴에서 어떠한 '병적인 특징'도 알아차리지 못했지만 롬브로소는, 흐릿한 사진을 보고도, '타고 태어난 범죄자의 정확한 형태'를 확인할 수 있었다. "그녀의 얼굴 생김새는 몽골 인종으로 턱과 광대뼈가 거대하며, 전두동이 크고, 납작한 코에 아래턱이 돌출되어 있으며, 얼굴이 비대칭이고, 무엇보다도 표정이 조숙하고 남성적으로 정력적이다. 성인 여자처럼, 아니, 성인 남자처럼 보인다."[19] 루이즈의 사진은 아직도 거기 롬브로소의 누렇게 바래 가는 노트 안에 있다. 버림받은 어린 소녀의 사진.

윌리엄 토머스에게는 생물학보다 더 큰 문제가 걸려 있었다. 모든 젊은이는, 그의 말에 따르면, 네 가지 인간적 소망에 반응한다. 그 네 가지 욕망은 첫째, 새로운 경험, 둘째, 안전, 셋째, 응답, 넷째, 인정에 대한 것이다. 그러나 토머스가 이 일반적인 소망을 논의하기 시작하면서, 이 소망들은 결국 그렇게까지 일반적이지는 않다는 사실이 드러났다. 그는 "남자들은 흥분에 열광한다"고 말하면서, "그리고 모든 경험은 흥분되는데, 경험에는 인류의 이전 삶을 규정하는 특징인 추구,

도주, 체포, 탈출, 죽음과 일정 수준의 유사성이 내재하기 때문이다. (…) '모험'이야말로 어린 소년이 원하는 것이다"라고 설명했다. 그와 달리, 여자는, "본래, 아주 어린 시절부터 죽기 전까지 인간의 아기에 대한 관심을 어느 정도 품도록 되어 있다"고 말했다. 토머스는 자기 말의 비일관성에 눈 하나 깜박하지 않으면서, "너무나 많은 매혹을 제시하는 더 넓은 세계에서 즐거움, 모험, 예쁜 옷, 호의적인 주목, 명성, 자유를 갖고자 하는 충동", 간단히 말한다면 남자들이 자연스럽게 '열광'하고 '사람들'이 바라는 그 모든 것으로부터 '소녀들의 범죄의 시작'을 발견했다.[20]

범죄학 분야의 새로운 '자유주의자'인 토머스는 범죄자들이 처벌이 아니라 갱생을 위해 개별적으로 다루어져야만 한다고 주장했다. 그러므로 토머스의 표현을 빌려 아직 적응을 하지 못한 여자들, 즉 '더 넓은 세계에서의 자유'를 바라는 여자들은 정해지지 않은 기간 동안 억류되어야 하고 타고난 '인간의 아기에 대한 어느 정도의 관심'을 되찾도록 심리적으로 교화되어야만 했다. 다행스럽게도 여자들은, 마치 어린이들처럼, 진정한 도덕적인 삶을 살 정도로 지적이지 않았다. 그래서 여자에게 도덕성이란 단순히 '여성의 인간성을 남성에게 맞추어 적응시키는' 걸 의미했다. 그리고 '보통의 소녀'는 '삶에 대한 일반적인 태도를 생각할 만한 상상력'을 갖지 못했으므로, 멋대로 구는 여자들은 마치 태엽을 감는 장난감처럼 강제적이고 기계적인 '적응'을 통해 전통적인 여자 역할로 바로잡을 수 있었다.[21]

폴락은 롬브로소와 토머스처럼 자신이 여자의 본성에 대해 '아는' 것을 견지하고 그 편견을 유지할 증거를 찾았지만, 롬브로소가 끈기있게 안와 위의 굴곡과 두개골의 봉합선을 측정하는 동안 폴락은 그냥 '가면을 쓴 범죄'를 발명했다. 여성의 범죄성에 대한 이러한 개념은 다시금 여자의 일탈적인 성적 특징에 기반한 것이었지만 이번에는 자료가 아니라 자료의 부재를 통해 입증되었다. 여자의 범죄는 거의 발견되지도, 보고되지도, 기소되지도 않기 때문에 사법 체계에서 누락된다는 것이 폴락의 주장이었다. 그의 주장에 따르면, 여자도 최소한 남자만큼 많은 범죄를 저지르지만, 여자의 범죄는 기록에 남길 방법을 찾지 못했다는 것이다. 여자는 남자를 조종하고 부추겨서 많은

범죄를 저지르게 하고 그 대가를 치르도록 한다. 한편으로는, 물건을
사거나 요리를 하면서 여자들은 스스로 훔치거나 독을 쓸 많은 기회를
즐긴다. 매달 하는 월경을 교묘하게 숨기고 언제나 오르가슴을 꾸밀
줄 아는 여자들은, 폴락의 주장에 따르면, 무슨 일에서건 거짓말을
할 수 있다는 것이다. 그리고 "남자가 될 수 있을지도 모른다는
자신들의 희망"[22]을 영원히 날려 버린 첫번째 월경의 정신적 충격으로
고통받으며 모든 여자는 앙심을 품는다. 즉, 항상 거짓말하고 속이고
둘러대고 조종하고 죽일 준비가 되어 있다는 것이다.

　　폴락의 독창적인 이론, 증거의 부재에 기반해 여자라면 무조건
남자만큼 폭력적이고 범죄적이라는 이론은 그만큼 사변적이고
그만큼 의미심장한 다른 이론들로 이어졌다. 그는 남자의 기사도가
법적 처벌에서 여자를 방어해 준다는 십구세기의 대중적 개념을 집어
들었다.[23] 그리고 그 오래된 생각을 자신의 이론에 결합시켜 과학적
권위를 부여했다. 지금도 일반 대중과 사법 제도 안에서 일하는
사람들에게는 막대한 수의 여자들이 범죄를 저지르고도 기사도의
작용으로 인해 체포되지도, 기소되지도, 또는 유죄 판결을 받거나
온당한 죗값을 치르는 형을 받지도 않고 벗어나 버렸다는 이야기가
널리 믿기고 있다. 그리고 기사도가 유죄를 전제했으므로, 범죄
혐의에서 무죄를 선고받은 여자들은 진정한 사면을 받은 게 아니라
뭔가 있지만 달아나 버린 걸로 여겨졌다.

　　사법 체계의 전문가들은 사법 체계가 괴상하게 작용한다고
오랫동안 불평해 왔다. 중상류층 백인 피의자들 중 일부는 더 나은
변호사를 고용할 수 있기 때문에, 그리고 일부는 '정의'를 집행하는
자들과 같은 사회적 그룹에 속해 있었기 때문에 더 나은 대접을 받는
것처럼 보인다. 그 유리함은 한쪽 성별에 대한 편향이 아니라 계급적
편향의 결과이다. 최근의 주된 수혜자는 리처드 닉슨과 워터게이트[24]
공모자들이었고, 백인들의 법정이 하층 계급의 유색인 여성에게
이러한 '기사도'를 발휘하는 경우를 찾는 건 사실상 어려울 것이다.
가난한 비백인 여성들은 (같은 사회적 집단의 남성들처럼) 사법 체계
과정의 모든 국면에서 과도하게 대표되고 있다. 그래서 기사도마저,
그래봤자지만, 정의의 저울을 기울게 하는 더 커다란 인종과 계급 편견

체계의 일부인 것처럼 보일 것이다. 기사도는 분명 여자가 덕을 보도록 일관되게 작용하는 정책은 아니지만 여자와 사법 체계 사이에서 실제로 진행되는 뭔가를 흐릿하게 덮어 주는 편리한 베일이기는 하다.

　기사도는 비공식적이며 개인적인 선택으로 행해지기에 그 효과를 직접적으로 확인할 수는 없다. 그럼에도 그 기사도라는 것이 존재한 적이 있다면, 그것이 이미 오래전에 죽었다는 걸 보여주는 증거들이 점점 많아지고 있다. 체포율이 급등하고 있고[25] 1967년과 1971년 사이 연방 법정이 내린 여성에 대한 유죄 판결은 남성에 대한 유죄 판결이 20.3퍼센트인 것에 비해 62.4퍼센트까지 올라갔다. 1970년과 1975년 사이에 연방 교도소에서 여성의 수는 81퍼센트 증가했다.[26] 많은 범죄에서 여자와 남자는 같은 형량을 받는 것처럼 보이기도 하지만 전통적으로 '남성적'으로 여겨지는 범죄, 예를 들어 무장 강도나 중죄 모살[27]과 같은 범죄에서 여자는 남자보다 **더 무거운** 형량을 받는 경향이 있다.[28] 더 가벼운 형량을 받거나 유예를 받는 여자들은 일반적으로 기사도적인 대접이 아니라 법적인 이유로 그런 결과를 얻는다. 예컨대 여성 범죄는 덜 심각하고 덜 폭력적이며, 초범인 경우가 더 많고, 어머니의 투옥으로 응징당하게 될 부양 아동이 있는 여성들도 있었다. 하지만 여자들이 이렇게 큰 비율로 계속해서 체포되고 유죄 판결을 받는다면, 최종 분석에서 범죄자 수는 수용 가능한 감방 수로 결정되기 때문에, 더 많은 여자들이 방면되어야 했을 것이다.

　많은 주에서 법 자체는 여자에게 더 엄격한 처벌을 가하고 있다.[29] 예를 들어, 아이오와 주에서 여자는 경범죄로 오 년까지 형을 선고받을 수 있다. 남자는 일 년 이상을 받지 않는데 말이다. 다른 주도 유사한 차별적 법령을 두고 있고, 최소 열네 개 주는 최장 기한 안에서 형량을 정하지 않은 부정기형을 여자에게 내리고 있어서 여자들은 결과적으로 같은 범죄로 유죄 판결을 받는 남자들보다 더 오래 수감된다. 몇몇 주의 경우, 남자들은 더 약한 형량을 받을 수 있는 범죄에 대해 여자는 최대한의 형량을 선고받아야만 한다고 법령에 명시되어 있다. 이러한 법에 따라 1966년 펜실베이니아 주에서 강도를 저지른 제인 대니얼은 처음에 일 년에서 사 년의 형량을 선고받았으나 이것이 위법이라는 판결을 받고 다시 최대 십 년의 형량을 재선고받았다. 같은 법으로

데이지 더글러스와 그의 남자친구 리처드 존슨이 강도로 기소되었을
때, 강도로 이미 여섯 번의 유죄 판결을 받은 기록이 있는 존슨은 징역
삼 년에서 십 년을 선고받았지만 몇 번의 성매매로 인한 체포 기록만이
있었던 더글러스는 받을 수 있는 최고형인 이십 년을 선고받았다.
데이지 더글러스와 제인 대니얼은 여성에게 최대한의 형량을
요구하는 소위 '먼시 법령'이 미국 수정 헌법 제14조인 동등한 보호를
거부한다는 것을 근거 삼아 펜실베이니아 주 대법원에 제기한 공동
소송에서 자신들의 선고를 뒤집는 데 성공했다. 그러나 펜실베이니아
주 입법부는 이 주 후 먼시 법령을 약간 개정된 형태로 다시 제정했다.
그밖의 다른 주 법원에서는 아예 차별적 형량에 아무런 오류가 없다고
주장하고 있다. 여성은 '심리학적으로' 남성과 다르기 때문에 그들은
'재활에 더 순응적이고' 따라서 스스로를 위해 더 길게 수감될 수
있다는 게 변하지 않는 논지이다.

　　마치 여성을 위하는 보호자인 양 구는 이러한 주장은 여성 청소년
범죄자들에게도 적용된다. 범죄학자들은 여성 청소년들이 '범죄자'
전력의 더 이른 단계에서 더 쉽사리 기소되고, 그러한 소녀들이
소년들보다 더 긴 형량을 선고받는다는 것을 오랫동안 알고 있었다.
대부분의 여성 청소년 범죄자들이 성인이나 소년이 저질렀다면
범죄로 여겨지지 않았을 가출이나 무단결석, 반항과 같은 경범죄로
수감되는데도,[30] 그들은 소녀들이 갱생되고 있다고 말한다. 사실
이러한 소녀들 중 아주 많은 수가 세월이 흐르면서 남자의 범죄로
인해 수감된다. 1934년 매사추세츠 주 비행 여성 500명에 대한 고전
범죄학 연구는 '그 소녀들' 중 100명은 "비관습적인 성적 관행에
자발적으로 참여하지" 않았다는 걸 발견했다.[31] 1920년 뉴욕 주의 비행
소녀 연구에서는 여섯 살에서 열 살 사이의 소녀들을 다수 포함한
연구 대상자 가운데 거의 사분의 일이 강간당했다는 걸 발견했다.[32]
1923년 윌리엄 토머스는 일리노이 주 소년원에 있는 47명의 소녀들이
가족의 일원에 의해 강간당해 왔다는 걸 발견했고,[33] 법원 기록에서는
추가로 일흔여덟 건이 밝혀졌다. 그중 마흔세 건에서 그 '비행 소녀들'은
"자신들의 아버지로 인해 (…) 이러한 식으로 잘못"되었다고 기록되어
있었다. 1966년 범죄학자 기젤라 코노프카는 '비행' 소녀들에게

근친상간이 보통 추정하는 것보다 훨씬 더 자주 일어난다고 밝혔고,[34]
(펜실베이니아 주) 먼시 여성 교도소의 예전 부소장이었던 수전 리드는
근친상간의 피해자로서 자신들의 '범죄'를 시작하게 된 여성이 현재
교도소 수감자의 최소 삼분의 일이라고 추정한다.[35]

아는 척하면서 자신들의 편견을 과학적 사실로 승격시킨 롬브로소와
토머스, 폴락이 그렇게까지 영향력이 크지 않았더라면, 이 모든 것이
살짝 재미있었을지도 모른다. 오늘날 롬브로소가 다윈의 격세유전에
대해 이야기한 것은 그의 학문 분야에서는 부끄러운 일이 되었지만,
범죄학자들은 여전히 범죄자들을 기록하고 측정하는 과정에서 여성의
범죄성을 성적 본성으로 위치시키며, 심지어는 여성 범죄자들이
남성적이고 심리적 부적응자이거나 사악하게 엇나간다는 최신 연구
결과도 있다. 또한 범죄학자들은 여성과 소녀 들은 기사도 정신을 통해
처벌을 모면한다는 개념을 영속화한다. 그리하여 가끔 여자에 관한
일제 단속의 시간이 오면, 법 집행의 물결이야말로 바로 여자들이 계속
떠들어 온 평등 중에서 그들이 유일하게 용인해 줄 수 있는 평등인
것처럼 군다. 이 범죄학 연구 자체가 여성에 대한 일제 단속의 일부라는
건 부정하기에는 너무 빤해 보인다. 가끔 학자들의 초연한 가면이
미끄러지면 과학자의 가면 뒤에 서 있는 남자가 드러난다. 롬브로소는
여자들을 '남성화하는' 교육에 대해 통렬히 비난하고 독립적이고
지적인 여자들을 '도덕적으로 미쳤다'고 진단하며 그런 여자들은
자살하라고 조언했다.[36] 토머스는 여성의 사회적 위치가 조금이라도
바뀐다면 여자들의 위태로운 '적응'은 부서져 버릴 것이라고 경고했다.[37]
그리고 폴락은 남자들이, 자신들의 "사회적 우월성이 너무나 명백한
상태"에서도 언제나 "여자 쪽에서 생길 복수나 반역의 가능성"을
두려워한다고 인정했다.[38]

문제는 여성 범죄학이 단순히 편협하거나, 또는 어떤 페미니스트
비평가가 지적했듯이 '뒤처져'[39] 있다는 점이 아니다. 문제는 여성
범죄학이 단 한 번도 제대로 된 질문을 한 적이 없다는 것이다. 미국의
범죄학은 일반적으로 롬브로소의 주도로 범죄자한테서 범죄를 찾아

왔다. 롬브로소의 측경기로부터 남성 범죄학을 구해냈다고 일컬어지는 급진적인 사회학자들조차도 범죄자의 눈썹에서 간신히 관심을 돌린 정도였을 뿐이다. 미국 범죄학의 주된 경쟁은 줄곧 범죄성의 장소로 염색체와 폭력적인 하위문화 사이, 유전학과 환경 사이에 있어 왔지만 누구의 염색체와 누구의 빈민가가 토론되고 있는지는 언제나 분명했다. 범죄를 법인체로 규정했던 베카리아와 벤담의 고전 범죄학과 달리, 미국 범죄학은 단 한 번도 범죄와 사회 간의 철학적 관계를 탐구하지 않았다. 그러나 여성 범죄의 경우에는, 남성의 범죄와 항상 다르게 정의되므로, 이 질문을 묻는 게 훨씬 생산적이다. 누가 그 행위를 범죄로 명명했고, 왜 했는가? 이 나라에 소년원이 세워진 이래, 어린 소녀들은 '성적 비행(sexual misconduct)'으로 수감되어 왔고 범죄학자들은 여전히 수감된 소녀들을 인터뷰하며 그 성적 비행이 십대 소녀들의 주된 범죄 중의 하나라고 결론짓는다. 페미니스트만이 왜 십대 소녀들의 성적 행동이 범죄인지를 물었고, 여전히 묻고 있다.

　이것은 전문가들이 한 번도 물어보지 않은 질문들이다. 하인이 혼외 자녀를 가지는 게 왜 범죄였는가? 소녀가 집에서 달아나는 게 왜 범죄인가? 왜 '비합법적 모성'으로 여성은 감옥에 보내지는가? 왜 흑인 여성의 절도는 백인 여성의 도벽인가? 왜 생활 보호 대상 여성이 연인을 가지는 것이 범죄인가? 왜 자신의 아버지에게 강간을 당한 게 범죄인가? 1876년 수전 앤서니[40]는 투표를 했다고 체포되어 벌금형을 받았다. 이십세기의 정신과 의사는 앤서니를 남성적이고 성적으로 잘못 적응된 여자라고 소급 진단했다.[41] 범죄학자에게 이것은 왜 그녀가 범죄자인지를 설명할 것이다. 하지만 남성에게는 시민의 의무인 투표가 왜 여성에게는 범죄 행위인지를 우리에게 말해 주진 못할 것이다.

왜 사람들이 그렇게 행동하고, 왜 그 행동이 범죄로 여겨지는지는 두 개의 별개의 질문이지만 여자의 경우에는 두 질문이 모두 사회에서의 그녀의 자리와 관련있게 된다. 그 자리는 언제나 여자의 본성과 여자의 적절한 영역에 관한 편견으로, 그리고 민법과 형법이라는 진짜 장벽으로 둘러쳐 왔다. 나아가 여자는 종종 법적인 제재로 인해 교육과 직업을 뺏겨 왔고 자신들만의 권리로 여겨지는 것을 주장할 법적인 수단마저도 뺏겨 왔다. 많은 여자들이 이러한 상황에 적응했다. 하지만 다른 여자들은 그러지 않았다. 어떤 여자들은 미쳐 갔다. 어떤 여자들은 자신들의 상황에 대한 정치적인 분석을 진행하고 페미니스트가 되었다. 어떤 여자들은 전(前)정치적 폭력의 극단적 행동으로 향했다. 바로 그들이 살인을 저지른다. 수 세기에 걸쳐, 법과 관습의 변화는 그 유형을 변형시켰지만, 놀라울 만큼 거의 그대로였다. 그리고 어떤 여성들을 페미니즘으로 이끈 똑같은 사회적이고 법적인 박탈이 어떤 여성들은 살인으로 밀어냈다.

피치 위긴스가 그랬다. 그녀는 살인이 아니라 강도를 저지르는 것에서 시작했고, 방아쇠를 당긴 순간 겁에 질린 어린아이였다. 빈민가에서 자라난 피치는 혼외 자녀였다. 어린이였을 때조차도 일을 하지 않을 수 없을 정도로 가난했지만, 성매매를 하기엔 너무나 영리했던 그녀는 그 대신 강도와 장물을 받는 일을 택했다. 마틴 루서 킹의 암살에 뒤따른 폭동의 밤, 누군가 피치에게 운동 용품점을 털고 훔친 총들을 건넸다. 그 때문에 피치는 이제 자신을 중범죄로 이끈 것은 마틴 루서 킹 주니어라고 빈정대곤 한다. 그녀는 그 총 중 하나를 은행 강도에 사용했다. 여성 운동과는 전혀 연관 없는 그 범죄는 빈곤, 쓸모없었던 학교, 희박한 기회, 불가능한 희망, 그리고 멤피스의 발코니에서 살해당한 꿈, 그 모든 것과 연관되어 있다. 범죄학자들은 피치를 폭력적인 하위문화의 일부라고 볼 수도 있을 것이다. 왜냐하면 살인죄로 복역한 그녀의 아버지도 살해당했고, 그녀가 보호하려고 애썼던 어린 여동생은 이 년 전 남편에게 살해당했기 때문이다. 하지만 그녀의 공동체, 특히 그 가족 안에 폭력이 만연했다는 사실이 왜 열여섯 살 피치가 자신의 어머니, 할머니, 어린 여동생을 돌봐야만 한다고 생각했는지, 또 그렇게 하기 위해 왜 자신의 뛰어난 지능, 야망, 분노를 무장 강도로 돌렸는지를 설명하지는 않는다.

피치 위긴스의 범죄는 독특하지 않다. 1789년 보스턴에서 목매달린 레이철 월에서부터 보니 파커까지 언제나 여성 무장 강도는 있었다.[42] 하지만 피치의 범죄는 평범치 않다. 모든 면에서 그녀는 성매매 여성이 되었어야만 했다. 교도관으로 십칠 년을 근무했던 수전 리드는 오늘날 교도소에 있는 전형적인 여성을 이렇게 묘사했다.

54

그녀는 집에서 도망쳐 나와 임신한 채로 열두 살 정도에 교도
시설로 들어옵니다. 아이는 뺏기고 자신은 끔찍한 사람이라는
이야기를 듣습니다. 일 년이나 이 년 정도 갇혀 있습니다. 그런
다음 나가서 자기 아이를 되찾으려고 시간을 보내고, 가끔
성공하기도 하죠. 그러다 다시 임신하고 뭔가 경미한 범죄로
다시 수감됩니다. 사고 치지 말고 순하게 있으라고 소라진[43]으로
절여지고 다시 자신이 얼마나 끔찍한 사람인지 듣게 됩니다.
아이들은 뺏기죠. 그때쯤이면 열아홉 살이 되고 어쩌면 3명의
아이와 헤로인 중독을 얻었을 테고 아이들과 자신을 지탱해 줄
요령을 부리죠. 그러다 자신이 레즈비언이라는 이야기를 듣습니다.
열두 살 때부터 인생의 스물네 달 중 열여덟 달을 여자들과 갇혀
지냈고 남자와 접촉한 순간이라곤 그가 자기를 임신시켜 시간
낭비를 하도록 만들었을 때 말고는 없으니까요. 이런 인생을 살 수
있는 한 살아 나가게 되겠죠. 하지만 첫 범죄, 처음 이런 인생으로
자신을 밀어 넣은 첫 범죄는 그저 여자로 태어났다는 겁니다.[44]

이러한 여성들에게 사법 체계는 소년원에서 구치소, 교도소로 지나가다
가끔 바깥세상으로 짧게 그들을 뱉어내는 회전문이다. 그러나
피치에겐, 모든 희망이 사라진 것처럼 보일 때 스스로에게 만들어 준
탈옥이라는 단 한 번의 기회를 제외하고는 회전문조차 없었다.
　　그녀는 여성에게 흔치 않은 범죄인 중죄 모살을 저질렀고, 그녀가
한 말에 따르면 더 이상 미안해할 수도 없을 만큼 후회하고 있다.
그러나 그 범죄는 범죄학자 애들러가 예고한 것처럼 자유주의 이후
나타난 새로운 범죄의 물결의 일부로 보이기에, 교도관들의 긍정적인
추천에도 불구하고 그녀의 형량이 감형될 가능성은 매우 적다. 마지막
감형 신청 이후 피치는 아무래도 선거가 있는 해라서 풀어줄 수는
없다는 주지사의 비공식적 통보를 받았다. 그래서 자신의 여동생이
거리로 나서는 걸 막고 싶었던 야심 찬 아이 피치 위긴스는, 기이하게도
펜실베이니아 주 교도소에서 최근에야 간신히 들었을 뿐인 여성 운동에
대한 회비를 내고 있다.[45] 이 불안하고 복잡한 시대에 또 다른 종잡을 수
없고 예상치 못한 연결이 우리를 한데 모아, 좋든 싫든 여성성의 연대로

묶고 있다.

　사회는 페미니스트와 살인자 양쪽을 두려워한다. 왜냐하면 그들 각자는 각자의 방식으로 기존의 사회 경계를 시험한다. 놀랍지 않게도 페미니스트와 살인자의 이익은 가끔 일치한다. 지난 세기에 루시 스톤[46]이 리지 보든에게 같은 성별의 사람들로 구성된 배심원에게 재판 받을 권리를 보장해 주어야 한다고 주장했듯, 글로리아 스타이넘은 조앤 리틀의 정당방위를 위한 권리를 주장했다. 페미니즘이 불러일으키는 공포와 여성 범죄에 대한 경고가, 마치 무슨 계획에 의한 것처럼 거의 완벽하게 일치하는 것은 놀랍지 않다. 우리가 자유로운 사람들은 위험하지 않다는 진실을 파악할 수 있을 때까지 여성 범죄를 주목하는 파도는 페미니즘의 모든 파도에 천둥을 울리며 따라오고 분명 계속해서 그럴 것이다.

　위험한 사람들은, 다른 한편으로는 우리가 생각하는 만큼 아주 그렇게 별난 사람들은 아닐 것이다. 이니드 배그놀드는 "살인하는 여자는 그저 화가 난 보통 여자일 뿐이다"[47]라고 썼다. 그 경박함에도 불구하고, 이 말은 살인이 종종 상황적이라는 진실을 제시한다. 똑같은 상황이 주어진다면 우리 중 누구라도 살인할 수 있다. 다양한 여성 교도소의 교도관으로 일하면서 많은 살인자들을 알았던 플로렌스 모너핸은 "그들은 그냥 보통의, 매일 만나게 되는 여자들이다. (…) 대부분의 경우 나쁜 상황에서 벗어나려 총을 쏘는 것보다 더 나은 해결책을 생각해낼 수조차 없는, 무력하고 무능한 여자들이다"[48]라고 썼다. 수천 명의 여자들이 매일매일 좀 더 평화로운 방법으로 대처해 나가는 문제에, 살인하는 여자들은 극단적인 해결책을 찾는다. 그래서 그 여자가 누구를 죽였는지, 언제, 왜 죽였는지, 그리고 그녀의 공동체가 그 범죄를 어떻게 여겼는지 모색하는 일을 통해 우리는 미국의 사회적인 삶에서 변화하는 여성의 위치에 대해 많은 것을 배울 수 있다. 나라가 시작되던 바로 그 처음부터, 그 엉클어진 끄트머리에 있었던 여자들은 사회 구조의 모양을 분명하게 그려내 보여주었다.

1
미국을 세운 어머니들: 여러 음란한 여자들

1

마거릿 니컬슨[1]이라는 이름의 재봉사가 세인트제임스궁으로 가는 정원 입구에서 조지 3세 왕이 마차를 타고 돌아오기를 기다리고 있었다. 장갑을 낀 손에 왕에게 쓴 '청원서'를 쥐고 그 밑으로 긴 칼을 감추고 있었다. 마차가 도착하고, 왕이 내리고, 그리고 마거릿 니컬슨은 자신의 청원서와 일격을 가할 칼을 내밀며 앞으로 돌진했지만, 왕은 지나치게 세련된 예법 덕에 무사했다. 왕은 종이를 들어 올리며 니컬슨 양에게 고개를 깊이 숙여 인사했고 그렇게 일격을 피했다. 왕을 지키는 호위병들이 다행히 재빨리 '그녀의 의도'를 파악하고 무장 해제시켰다. 심문에서 니컬슨은 왕을 죽이려는 의도가 아니라 단지 겁을 줘서 청원을 들어 주게 하려는 의도였다고 주장했다. 그러나 그 종이는, 백지였다. 그녀가 사는 곳의 영주들이 니컬슨이 혼잣말을 많이 한다고 증언했을 때 왕은 그 가여운 여성에게 혀를 차고는, 관대하게도 기소하지 않은 채로, 자신의 칙서 송달관 중 1명에게 얼마간 그녀를 구금하라고 명했다. 송달관은 달리 그녀를 어떻게 할 수 없어 하프문가에 있는 자신의 집으로 데려갔다. 별 달리 뭘 할 수 있겠는가. 1786년이었고, 영국이 오랫동안 귀찮은 사람들을 던져 두던 미국으로 보내기에는 안타깝게도 몇 년이 늦어 버렸으니 말이다.

식민지 아주 초기부터 영국은 (다른 어디보다도) 북아메리카를 편하게 쓸 쓰레기 투척장으로 보았다. 봉건제에서 상업 경제로 급격한 변화를 겪으면서 영국에는 살기 위해 범죄로 향하는 가난한 떠돌이라는 거대 계급이 생겨났다. 대부분 가게에서 좀도둑질을 하거나 소매치기를 하는 자잘한 범죄였지만 십칠세기 영국 자산가들은 겁에 질렸고, 법은 이러한 경범죄를 포함한 삼백 개가 넘는 범죄를 중대 흉악 범죄로 규정해 죽음으로 처벌할 수 있도록 했다. 곧 온 나라가 흉악범으로 넘쳐날 듯했지만 식민지 미국이 출구를 제공했다. 흉악 범죄자들을 신세계로 강제 이송함으로써 세 가지 뚜렷한 이익이 생겨난다고 그 정책을 지지하는 사람들은 주장했다. 영국의 범죄 인구를 배출하고, 범죄자 개개인에게 일자리를 줘서 인성을 개선하고, 식민지를 유지하는 데 필요한 노동력을 제공할 수 있게 된다는 것이었다.

제임스 1세는 1615년 "바깥의 새로 발견된 땅이나 바다 건너 다른 일에 고용되기에 적당하고"[2] 스스로 식민지로 이송되고자 하는 건장한 흉악범들의 형 집행을 유예할 권한을 추밀원 의원들에게 부여하면서 이 정책을 추진했다. 그해에 20명의 죄수들이 처음으로 형 집행을 유예받아 동인도 제도로 이송되기 위해 동인도 회사의 총독 토머스 스미스 경에게 넘겨졌다. 그다음 이십 년 동안 스미스는 국왕으로부터 죄수를 받아 버지니아 주로 운송했다. 몇 년에 걸쳐 성가신 법적 절차를 몇 번 바꾸며 조건부 사면을 형식적 절차로 만들었다. 집행관들이 집행유예를 받은 중범죄자들을 식민지로 데려갈 상인들에게 직접 건네 주면 상인들은 그들을 법에서 요구한 대로 칠 년간 도제 계약된 하인으로 팔아 버렸다. 십칠세기 중반에 중범죄자 운송은 개인 기업, 수익 좋은 사업이었다.

식민지 지도자들이 사회의 안녕을 우려할 정도로 많은 중범죄자들이 이송되었다. 중범죄자들의 도덕성이 대서양 이쪽에서 저쪽으로 옮겨진다고 해서 필요한 만큼 개선되지 않는다는 건 누가 봐도 알 수 있었다. 조지아 주 신탁 통치위의 한 위원은 이렇게 개탄했다. "영국에서 쓸데없던 수많은 가난한 자들은 조지아 주에서도 마찬가지로 쓸데없어진다."[3] 주인의 집을 불태우고, 주인의 재산을 훔치고 주인을 살해한 죄수 하인에 대한 사건이 난무하는 식민지의 법정 기록[4]은, 영국에서 범죄자였던 많은 사람이 미국에서도 자신들의 범죄 경력을 이어 나갔다는 사실을 알려 준다. 1751년 『펜실베이니아 가제트(Pennsylvania Gazette)』는 당시 죄수들이 일으킨 일련의 강도와 살인 사건들을 분노와 함께 언급했다.

우리의 신문이 계속해서 **유럽**에서 이송되어 온 범죄자들이 저지르는 대담무쌍한 강도, 가장 잔인한 살인, 그리고 끝없이 이어지는 다른 사악한 범죄로 가득 차고 있으니, 얼마나 더 음울하고, 얼마나 더 끔찍한 수치스러움이 그로 인해 생겨나야만 하는지! (…) 자신들의 **감옥**을 우리의 정착지에 비워내는 것보다 더 심한 경멸을 **영국**이 우리에게 보여줄 수 있겠는가? 우리의 식탁에 자신들의 오물을 비워낼 게 아니라면 말이다.[5]

그리고 벤저민 프랭클린은 1767년 또는 1768년 의회에 중범죄자 이송을 멈춰 달라고 청원하면서 죄수들은 "자신들이 해 온 사악한 행동을 계속하며" 그리고 "수많은 침입 강도, 노상강도, 살인을 저지르며 사람들에게 커다란 공포를 준다"고 주장했다.[6]

매사추세츠 만(灣) 식민지는 1640년에 이단적인 종교적 관점과 사악한 품성을 지닌 사람들을 배척하고자 이민을 제한했다. 이어서 코네티컷 주는 1660년 '정직한 교제'를 하는 사람들만을 허가했다. 남부 식민지는 농업 노동자가 절실하게 필요했지만, 죄수들이 조장했다고 추정되는 글로스터 카운티의 하인 봉기 이후 버지니아 주는 그곳의 평화가 "영국의 여러 교도소에서 이송된 많은 수의 중범죄자와 될 대로 되라는 식의 다른 악한들로 인해 너무 많이 위험하고 위태로워진다"고 생각했고, 1676년 메릴랜드 주 또한 "유죄 판결을 받은 사람을 이 지역으로 수입하는 것에 반하는 법령"을 통과시켰다.[7] 그러나 죄수 거래는 시작조차 되지 않은 것이나 다름없었다.

1717년 의회는 매질이나 낙인을 받아야만 하는 중죄인들에 대해 칠 년간의 이송으로 형 집행을 대신할 수 있도록 하는 "노상강도, 침입 강도 및 다른 중범죄를 예방하고 중범죄자들을 좀 더 효과적으로 이송하기 위한 법령"을 통과시켰다.[8] 달리 말해, 이송은 더 이상 범죄 처벌의 **대안**이 아니었다. 이송은 그 자체로 처벌이 되었다. 더불어, 사형 선고를 받은 죄인들도 징역 기간이 칠 년에서 십사 년으로 연장되긴 했지만 여전히 이송되는 쪽을 선택할 수 있었다. 이후 육십 년 동안 식민지는 중범죄자 수입을 반대하는 법을 제정했지만 의회 법은 식민지 법령을 대체하거나 무효화할 수 있었으므로 영국은 그 모든 법을 불허했다. 프랭클린은 보답으로 미국의 중범죄자를 스코틀랜드로 보내고 미국 방울뱀은 조지 3세의 정원으로 보내자고 제안했다. 독립전쟁 이후 새로운 국가는 간신히 죄수 이송을 멈출 수 있게 되었다. 인원이 넘쳐나는 교도소로 인해 위기를 맞이한 영국[9]은 결국 오스트레일리아 보터니 만으로 죄수를 실어 보낼 수 있게 될 때까지 십이 년 동안 남아도는 죄수들을 보낼 일시적 새 유형지로 시에라리온과 수상 감옥선을 이용했다.〔하지만 그곳에선 너무 많은 탈출(디킨스의 매그위치[10]처럼)이 있었다.〕 그러나 혁명 전까지 영국은 계속해서 죄수들을 미국으로 이송했고 미국인들은, 이건 말해 두어야만 하는데, 노동력을 사 오기를 계속했다.

다른 국가들도 정책을 시작했다. 펜실베이니아 주 의회는 1755년 주지사에게 "독일인 수입은 당분간 그 나라에서 버린 쓰레기 같은 사람들의 거대한 혼종으로 구성되고 (…) 우리에게 짐만 되는 이 보급품에게는 단지 감옥만이 제공될 것이다"[11]라고 조언했다. 프랑스는 1682년 이송을 공식적인 정책으로 만들면서 그보다 더 일찍 죄수들을 수출했고, 1719년 신세계의 프랑스 식민지 거주를 책임진 서인도 회사의 수장, 추잡한 스코틀랜드인 존 로에게 파리 최악의 감옥과 병원을 개방했다.[12] 곧 루이지애나 주는 프랑스 창녀와 악당의 마지막 피난처로 악명을 드높였다.

독립전쟁으로 인해 이송이 끝날 때쯤, 3만 5천 명에서 5만 명의 죄수들이 미국으로 보내졌다. 그중 약 삼분의 일이 여성이었다.[13]

기록은 파악하기 어렵고 단편적이지만, 조각과 파편을 모아 보면 나타나는 그림이 있다. 9명의 여성 중범죄인이 1635년 버지니아 주로 수송되었다. 십칠세기와 그다음 세기 내내 이러한 수송은 계속되었다.[14] 1692년 너시서스 러트럴은 "버지니아 주로 향할, 리스에 정박한 배에, 치안 판사의 명령으로 빈민 교정소에서 나온 50명의 음란한 여자와 밤 열시 이후 거리를 다닌 30명의 여자들이 승선해 있다"고 기록했다. 1719년에서 1721년 동안 여섯 번의 수송으로 400명이 넘는 죄수들이 메릴랜드 주로 보내졌고 그중 삼분의 일이 여자였다. 1723년 이 사업의 악명 높은 계약자 조너선 포워드는 거의 절반이 여자인 66명의 중범죄자를 운송하면서 인당 사 파운드를 받았다. 포워드가 1730년에 뉴게이트에서 메릴랜드 주나 버지니아 주로 데려온 한 척당 70명의 죄수 중 삼분의 일이 여자였다. 1731년 7월 17일 실어 온 32명의 중범죄자 삼분의 일, 그리고 1732년 10월 26일 실어 온 118명의 중범죄자 중 거의 절반이 여자였다. 1758년 6월

스노 유진호(號)는 메릴랜드 주로 '폐하의 칠 년짜리 승객'[15]인 51명의 남자와 18명의 여자를 데려왔다. 1774년 10월, 미국으로 수송된 마지막 사람은 아마 그래프턴 공작의 사촌처럼 굴며 '여러 사람을 속여' 기소된 사기꾼, 엘리자베스 그리브 부인[16]일 것이다.

영국의 가혹한 재판으로 인해, 적어도 몇 명의 여자들은 수송되는 편이 분명 기뻤을 것이다. 십칠세기와 십팔세기 타이번(Tyburn)의 여성 공개 교수형은 흥겨운 정기 행사였다. 끔찍한 사례로 종종 인용되는 메리 존스는 남편이 해군에 징용된 뒤 자신의 두 아이들을 먹이려고 빵을 훔치다 1772년 기소됐다. 그녀는 목매달렸다. 좀 더 '무거운' 범죄로 기소된 여성들은 그에 걸맞은 처벌을 받았다. 실링 동전을 위조해 경제 질서를 파괴하고 남편을 살해해 경반역죄로 분류될 만큼 사회적 질서를 파괴한 자들은 화형 집행을 받아야 마땅했다. 따라서 캐서린 헤이스는 1726년 타 죽었다. 이저벨라 콘던은 1779년, 피비 해리스는 1786년, 마거릿 설리번은 1788년, 그리고 그렇게 처벌받은 마지막 사람이었던 크리스틴 보먼은 1789년에 화형당했다. 사형 집행인은 죄수의 목에 딱 맞게 감을 작은 끈을 고안했다. 그 끈으로 불길이 닿기 전에 인도적으로 여자 목을 졸라 불에 탈 때는 이미 감각이 없거나 죽어 있을 수 있었다. 아주 자주 이 교살 장치가 작동하지 않았다.[17]

죽음을 벗어난 여성 죄수들은 교도소에서 고통받았다. 영국의 감옥은 질병과 절망을 있는 대로 퍼뜨리는 악명 높은 지하 감옥이었다. 1697년 여름, 뉴게이트 교도소는 수송을 기다리는 여자들로 넘쳐났다. 책임자들이 미국과 서인도의 식민지와 협상을 하는 동안 악취가 너무 심해 근처 주민들이 시 관리들에게 불평을 할 때까지 여자들은 뉴게이트에서 기다렸다. 수송은 대부분의 식민지로부터 거절당했는데, 그래도 뉴욕은 여자들이 "젊고 일하기 적당했더라면"[18] 받아들였을 거라고 말해 줬다. 결국 악취 나는 여자들은 리워드 제도로 보내졌다.

여자들은 무슨 일을 했을까? 디포의 몰 플랜더스[19]가 "지금의 시장은 우리 여자들에겐 불리하다. 젊은 여자가 아름다움, 출신, 양육, 재치, 분별력, 예의범절, 정숙함 등 이 모든 걸 극한으로 갖추고 있다고 해도, 돈이 없다면 그녀는 아무도 아니다. (…) 남자들은 모든 걸 쥔 채로 게임에 임한다"20라고 판단한 건 꽤 옳았다. 십칠세기와 십팔세기 내내 문제는 주로 숫자였다.21 십육세기 영국 상류층 여성 중 평생 결혼을 하지 않은 여성은 5퍼센트 정도였지만 십팔세기에 미혼 여성은 20-25퍼센트였다. "성별의 숫자는 비율이 맞지 않았다"라고 디포의 주인공은 지적했다. "그러니 여성들은 불리했다."22 상류층 미혼 여성들은, 메리 울스턴크래프트가 지적했듯이, "조금의 연금을 가진 채, 교양이 부족한 상태로, 기쁨 없는 고독으로 은퇴할"23 수 있지만 가난한 미혼 여성들은 취업의 부재로 인해 성매매로 밀려갔다. 몰의 계급에 속한 여성에겐 단지 두 가지 일만 머리에 떠오르는데, 각각의 요구 조건이 분명했다. "창녀에겐 잘생기고 매끈한 몸과 좋은 태도, 우아한 행동거지가 필수 조건이었다. (…) 아내에겐, 환상을 깨뜨릴 기형이 없어야 했고 의견에 사악함이 없어야 했고 무엇보다도 돈이 가장 중요했다."24

만약 돈이 있다면 여자는 자신의 관리인이 되거나 거대한 짐이 될 수도 있는 직함있는 남자와 합병을 할 수 있었고 둘 중 어느 쪽이든 그녀에겐 천직이었다. '얼굴'은 있지만 돈이 없다면, 그녀는 몰이 그러했듯, 그 일이 무엇인지 이름 붙이는 걸 미뤄 두고 일시적인 일관성만을 지닌 채로, 한 줄로 재빠르게 이어지는 많은 남자들의 '친구'가 될 수 있었다. 그리고 몰과 같은 여성은 그런 삶을 사는 도중에 사기나 소매치기처럼 도움이 되는 기술을 얻어 가곤 했다. 이러한 여성은, 다시 몰처럼, 수송되었을 것이다.

수송을 두번째 기회라고 환영했던 이러한 여성들마저 두 달 또는 그 이상 걸리는 힘든 횡단으로 고생했다.25 사슬로 묶여, 선창에 갇힌 채로, 마른 콩, 소금에 절인 돼지고기, 진 정도만을 배급받았던 죄수들은 병에 걸리고 죽었다. 죄수를 판 돈은 선장의 주머니로 들어가므로 죄수선의 선장들은 승객을 살려 두고 싶어 했다. 여전히 죄수들은 153명에서 61명, 108명에서 37명, 50명에서 15명, 61명에서 20명, 87명에서 30명, 95명에서 38명이 도매로 팔려 나가듯 죽었다. 무슨 이유에선지 여자들이 남자들보다 더 잘 살아남는 것 같았다. 더 많은 여성이 항해에서 살아남았고 상륙하고 나서, 절반의 남성이 죽는 동안 여성 중 거의 삼분의 이는 살아남았다. 몇몇 역사가들은 완전히 무절제한 남성 중범죄자들이 수송 과정에서 '질병투성이'가 되었다고 설명했다. 하지만 뉴게이트의 자포자기한 악취투성이 여성들이 더 건강했으리라고 보기는 힘들다.

여성들은 여전히, 제물로 목숨을 뺏겼을 때를 제외하고, 살아남았다. 이피게네이아처럼, 여성들은 때때로 신이나 인간을 달래기 위해 살해되었다.[26] 1654년 채러티호의 승객인 메리 리라는 이름의 나이든 여성은 '마녀들의 악의'로 일어났다고 여겨지는 폭풍을 달래기 위해 목매달려 바다로 던져졌다. 1658년 엘리자베스 리처드슨은 메릴랜드 주로 향하는 다른 배에서 마녀술을 행했다고 처형당했다. 1659년 캐서린 그레이디는 버지니아 주로 향하다 마녀로 판결되어 바다에서 목매달렸다.

영국에서 수송된 여자들 가운데에는 궁핍으로 좀도둑질을 할 수 밖에 없었던 빈민도 있었다. 유혹당하고 버려진 소녀들도 있었고, 집에서 환영받지 못한 혼외 출생자들도 있었다. 그러나 대부분은 런던의 성매매 여성이거나 도둑, 장물 팔이 또는 가게에서 물건을 훔치다 걸린 이들이었다. 살인자도 있었다. 1787년 오스트레일리아로 보내지는 첫 죄수 함대 중 프렌드십호에 승선해 항해 일지를 쓴 클라크라는 이름의 장교의 표현에 따르면 그들은 "극악무도하고 문란한 무리"였다. 밤에 여자들을 가둬 두자, 그들은 남자와 갈라 놓고 있는 벽을 뚫어 버렸다. "제멋대로 구는 뻔뻔한 자들"을 경멸한 클라크는 혼곶에서 프렌드십호에 양 떼와 여물을 싣기 위한 공간을 만들기 위해 여자들을 다른 배로 옮겼을 때 환호했다. "나는 정말 기쁘다"라고 그는 썼다. "그들은 남자들보다도 훨씬 더 큰 골칫거리였다." 그는 양이 "여자들보다 훨씬 더 온순한 동료 선원이란 걸 곧 알게 될 것이다"라고 썼다.[27]

미국의 식민지에서 도망간 도제 계약 하인들[28](그중 많은 이들이 죄수였다)을 찾는 잦은 광고는 그 세계에 잘 적응한 여자들을 묘사하고 있다. 제인 셰퍼드. "키 약 백육십 센티미터, 흰 피부, 꽤 살이 쪘고 기운이 좋음. 검은 머리에 스물세 살 (…) 담배를 많이 피우는 편이며 아랫니가 검다." 앤 영. "서른 살로 추정. 천연두로 얼굴이 얽음. 보통

키에 날씬함 (…) 여러 번 도망침. 이름난 남자들을 아주 많이 알고 있음." 해나 보이어. "여자 죄수 하인 (…) 스물세 살. 천연두로 많이 얽었음. 한쪽 눈썹 밑에 흉터가 있으며, 체구가 그렇게 크지 않지만 힘이 세고, 머리를 새로 물들였음. 튼튼하고 남자 같은 계집 (…) 한쪽 다리에 자물쇠와 사슬을 걸고 있음."

    미국에 온 다른 여성들은 좀 더 다행스러운 상황이었다. 플리머스 플랜테이션(Plymouth Plantation)과 매사추세츠 만에 처음 정착했을 때부터 아내들은 남편들과 같이 왔거나 곧이어 따라왔다. 메이플라워호는 1620년 29명의 여성과 75명의 남성을 데려왔고 그 이후 수십 년간 매사추세츠 주에 도착하는 거의 모든 배는 여성과 어린이 들을 데려왔다. 그중 몇 명은 마지못해 왔다. 윈스럽 부인은 남편 존이 거의 참지 못할 때까지 매사추세츠 만에서 그와 조우하는 여행을 계속 미뤘다. 다른 여자들은 도착하고 마음을 바꾸었다. 젊은 기혼 여성 도러시 브래드퍼드가 황량한 플리머스 해안에 정박한 메이플라워호에서 떨어져 죽은 건 거의 확실히 사고가 아니었다. 하지만 십칠세기 첫 오십 년 동안 여성이 매사추세츠 주에 정착하는(또는 정착하려다 죽는) 일은 흔치 않았다. 어쩌면 이들은 1650년 이전 자발적으로 미국에 온 유일한 영국 여성들일 것이다. 대부분의 여성들은 속았거나 강제로 끌려왔다. 그들은 이민이 아니었다. 그들은 이송되었다.

    처음으로 탁송된 90명의 미혼 여성들[29]은 전직 노상강도로 버지니아 회사(Virginia Company)의 재정관이 된 에드윈 샌디스 경의 요청에 따라 1620년 버지니아 주의 제임스타운으로 보내졌다. 매사추세츠 주 플랜테이션과 달리 제임스타운은 범죄자와 투기꾼 무리가 세운 곳이었다. 샌디스는 아내와 가족에 대한 애착이 결여된 플랜테이션은 불안해지고 쉽게 '와해'되어 버린다는 존 스미스[30]의 의견에 동의했다. 여자들은 "영국으로 되돌아가지 않고 거기 남아 있도록 하는 장애물이 되어 (믿을 만한 보고에 따르면) 남자들을 덜 옮겨 다니고 더 머무르도록" 해 준다. 여성이 결혼할 때, 다들 도착하면 곧 그렇게 되었는데, 새 남편들은 여성들의 횡단 비용으로 좋은 담뱃잎 백이십 파운드 한 통을 지불해야만 했다. 이 젊은 여성들은

'좋은 추천'을 통해 보내졌다고 보고되었고, 1621년 '월등한 선택으로 고른 아내용 38명의 처녀들'이 보내졌을 때 그들의 가격은 담배 백오십 파운드로 올랐다. 남자들은 기꺼이 판매가를 지불했다. 1622년 수송된 미혼 여성들은, 모두 약 147명이었고, 결혼했다.(1625년 질병과 인디언의 공격으로 그중 사분의 삼이 사망했다.)

이렇게 '젊고 타락하지 않은' 여성들을 지도에 나오지도 않는 나라로 위험한 여행을 해 보자고 어떻게 설득했을까? 역사학자 칼 브리든보는 "그들을 모으기 위해 사용된 방식은 유괴에 가까웠다"고 밝혔다. 그는 1618년 영국 국새를 위조해 유죄 판결을 받은 공문서 보관청 서기 윌리엄 로빈슨의 사건을 예로 들었다. 그의 부정한 돈벌이는 "부유한 자유민의 딸들을 데려와(또는 지불하도록 몰아붙여) 폐하께 봉사하도록 버지니아 주에서 번식하게 하는" 데 이 가짜 위임장을 사용하는 거였다. 로빈슨은 목이 매달리고, 시신이 사 등분으로 찢겼다. 자유민의 딸들이 어떻게 되었는지는 기록되어 있지 않다. 추밀원의 공문서 송달관이었던 오언 에번스도 유사한 사업을 경영하고 있었다. 왕의 위임을 받은 것처럼 가장해, 돈을 강탈하거나 버지니아 주와 버뮤다로 미혼 여성들을 강제로 보냈다.[31] 많은 아버지들은 딸을 지키려 돈을 뺏기느니 자기 딸을 파는 쪽을 기꺼이 택했다. 남아도는 딸들은 계속해 부계를 보장해 줄 여분의 아들들을 위해 남성들이 지불해야만 하는 가격이었고, 영국은 개신교 국가가 되었으므로 아버지들은 딸들을 가톨릭에서 그래왔듯이, 밀턴이 "시들어 가는 딸들을 위한 그들의 편리한 적하장"이라고 본 수녀원에 더 이상 던져 놓을 수 없었다.[32] 관습적으로, 남아도는 딸들은 상당한 지참금으로 남편을 사 오거나 할 일 없는 독신 생활을 지원해 주어야만 했다. 가족을 묶는 기본적 연대가 애정이 아니라 현실이었던 십칠세기 영국에서 부유한 자유민들은 제국의 이익과 딸을 맞바꾸는 애국적 대안을 당연히 환영했을 것이다. 브리든보는 버지니아 회사의 모집 방식이 "회사에 악명을 주었다"고 결론지었다. 그는 이렇게 썼다. "1629년 이후 상당한 수의 여성들을 미국으로 이송한 책략과 술수는 영원히 밝혀지지 않을 것이다."[33]

프랑스인들은 그렇게까지 까다롭지 않았던 것 같다. 프랑스 정착민들의 아내가 되기 위해 루이지애나 주로 수송된 여성들[34]은 개별적으로 '모집'된 게 아니라 넘쳐나는 파리의 감옥에서 무더기로 보내졌다. 1706년 루이 14세는 루이지애나 총독에게 20명의 '소녀'들을 선물로 보냈다. 그들이 '흠 없는 명성과 정직한 삶'을 살았다는 공식 기록은 예의상 만들어낸 허구임이 거의 확실하다. 나중에 그 가식은 떨어져 나갔다. 1715년 캐딜락 총독은 당국에 솔직하게 써 보냈다. "방종한 태도를 지닌 모든 여자를 내보낸다면, 남아 있는 여자가 없을 것이고 이는 운영하는 관점과도 맞지 않을 것입니다." 1717년 존 로와 그의 서인도 회사에 루이지애나 주 거주권을 할당하도록 왕의 허가가 내려진 후, 로는 투기꾼이었던 수백 명의 루이지애나 주 시민의 수를, 유괴와 속임수를 통해, 감옥에서 긁어모은 죄수들을 더해 수천 명으로 증가시켰다. 1717년 8월에서 1721년 6월 사이 그는 적어도 7,500명의 '버림받은 사람들'을 루이지애나 주로 데려왔다. 수천 명에 이르는 그들은 가난하거나, 아프거나, 또는 악명 높은 살페트리에르 감옥에서 수송해 온 여성 범죄자들이었다.

성매매 여성, 범죄자, 하인, 고아, 미혼 여성, 그들 모두 신세계로 왔다. 이민이 늘고 대륙 횡단이 땅 끝에서 한 발짝 내미는 것보다는 조금 나아 보이면서, 여성들은 자발적으로 도제 계약을 맺은 하인으로서, 선주가 오 년에서 칠 년간의 노동력으로 팔 수 있는 조건으로 돈을 내지 않고 배를 탔다. 스스로 도제 계약한 하인들은 성매매 여성이나 중범죄자만큼 나쁜 처우를 받았다. 영국으로부터의 이민을 좌절시키려 고안된 방식으로 유지되었기 때문이었다. **"스스로 도제 계약을 맺어 버린 가난한 이들이 가장 불쌍했다. 그들은 영국으로부터 버지니아 주로 수송된 이전의 중범죄자들과 유사한 대접을 받았다."**[35] 그리고 스스로 도제 계약을 맺은 여성들은, 범죄자 자매들처럼, 쉽게 불행해졌다. 겨울이 다가오면서, 엘리자베스 스프리그는 1756년 9월 '볼티모어 타운'에서 '도리를 다하지 않는다'며 자신을 이런 예속 상태로 내친 런던의 아버지에게 옷가지를 간청하려 편지를 썼다.

불운한 우리 영국인들이 여기서 얼마나 고통받는지는 영국에

계신 분들께서 생각하실 수 있는 이상이며 저는 그 불운한 숫자 중
하나라 낮과 밤을 거의 다 일하며 말에게나 시킬 험한 일을 주로
하고 '나쁜 년 시킨 일을 절반도 못했으니, 묶어 놓고 동물에게도
하지 않을 매질을 하겠다'는 위로나 들으며, 먹을 거라곤 인디언
옥수수와 소금밖에 받지 않고 주인들은 그마저도 아까워한다고
말씀드리고 싶어요, 많은 흑인 노예들이 더 나은 대접을 받아요,
거의 벌거벗은 채로 신을 양말도 신발도 없이 주인님 즐거우시라고
노예처럼 일한 뒤의 위안, 구할 수 있는 휴식이란 담요로 몸을
감고 땅에 누워 있는 것뿐이랍니다, 당신의 가여운 베티가 견디는
애처로운 상황이 이러합니다….[36]

가여운 베티는 드문 경우가 아니었다. 메릴랜드 주의 다른 하인들도
견딜 수가 없기는 마찬가지였다. 앤 본은 가위로 자기 목을 베고 배를
찔렀다. 앤 비틀은 주인에게 맞고는 스스로 물에 빠져 죽었다.[37] 곧이어
그녀는 "고의로 자신을 살해하려고 했다"고 검시 배심원단에 의해
기소당했다.

　하지만 고난에도 불구하고, 남자와 자신의 처지에 시달리면서도,
여자들은 법적인 아내, 스스로 도제 계약을 한 하인, 유괴와 강요의
피해자, 성매매 여성, 도둑, 사기꾼과 살인자로서 계속해서 식민지로
왔다. 이들이 미국을 세운 어머니들이었다.

신세계에서 올드 베일리는 잊힐 수 있었다. 영국의 결혼 시장에서 차고
넘치는 결혼 적령기 여자들은 식민지에서는 귀중한 상품이었는데,
이는 단지 살아남기 위해 해야 하는 일이 너무 거대해서 혼자 하기엔
너무 힘들었기 때문이었다. 이익을 취한 건 여자를 하인과 아내로
사고 파는 남성들이었지만 많은 여성도 그 교환 덕분에 영국에서 해
왔던 것보다 더 나은 결과를 얻었다. 많은 여자에게 신세계에서의
결혼은 구세계에서의 성매매나 범죄, 서서히 굶어 죽게 되는 일에 대한
대안이었다.

　식민지에서는 몰 플랜더스의 영국이나 유럽 대륙과 달리, 남편을
사려고 여자가 큰돈을 들일 필요가 없었다. 사들여야 하는 건 여자

쪽이었다. 1705년『버지니아 주의 역사와 현재(History and Present State of Virginia)』를 쓰면서 로버트 베벌리는 첫 정착민들에게 재빠르게 "아내가 없는 불행에 대한 인식이 자라났다"[38]고 기록했다. 또한 정숙한 여자는, "다른 모든 면에서 적당히 갖추어져 있다면, 재산이 전혀 없더라도, 요즘에는 아주 잘 결혼할 수 있다. 아니, 첫 농장주들은 여자에게 돈까지는 전혀 기대하지 않아서 그들은 자격있는 아내를 백 파운드에 사는 게 흔한 일이고 흡족한 거래를 했다고 믿게 된다"고 썼다. 메릴랜드 주 식민지의 조지 올솝은 어떤 여자건, 미인이건 아니건, 결혼할 수 있다는 걸 알아차렸다. 그는 다음과 같이 썼다. "이 지역에 하인으로 오는 여성들은 바깥세상 어디보다도 여기에서 가장 좋은 행운을 거머쥔다. 왜냐하면 그들은 해안에 닿자마자 결혼의 결합으로 들어가는 구애를 받는다. 이들 중 몇은 (내가 잘 알고 있는데) 처녀성만으로는 이런 시장으로 들어오지도 못해 곰팡이가 필 때까지 혼자 간직하고만 있었을 것이다."[39]

여자들은 종종 재혼했다. 사는 건 힘들고 이른 죽음은 흔했지만 배우자는 쉽게 대체할 수 있었다. 플리머스 플랜테이션에서의 첫 결혼은 사별한 지 십이 주 된 수재나 화이트와 사별한 지 칠 주 된 에드워드 윈즐로의 결합이었다. 세 번 결혼하는 것도 드문 일은 아니었고 많은 사람이 네 번, 다섯 번, 여섯 번까지도 결혼했다. 남자들은 종종 아이를 낳다 죽은 어린 아내를 몇 주나 며칠 만에 다른 아내로 대체했다. 더 건강한 여자들은 남편을 묻고 재빨리 다른 남편을 취했다. 여자들을 원하는 데가 너무 많아 어떤 나이의 여자라도 결혼을 계속할 수 있을 듯했다. 잃어버린 젊음은 늙은 여자가 여러 번 사별하며 쌓아 올린 영지 크기로 보상받고도 남았다. 그러므로, 약간의 웃음기를 섞어, 1771년 3월 15일『버지니아 가제트(Virginia Gazette)』는 기사를 냈다. "어제 헨리코에서 존 카터 씨의 삼남인 스물세 살의 윌리엄 카터 씨가, 고 제러드 엘리슨 씨의 과부로 3천 파운드의 재산을 지닌, 여든다섯 살의 기운찬 말괄량이 세라 엘리슨 부인과 결혼했다."[40]

보통 요구되는 '정숙함'에 대한 명성 없이도 여자는 분명 동등하게 결혼을 누릴 수 있었다. 과거에 범죄자나 성매매 여성이라고 알려졌던 여자조차도 결혼해서 존경받는 시민이 될 수 있었다. 그들 중 대부분은 분명 그랬던 것 같다. 수백 명의 성매매 여성들이 버지니아 주로 이송되었지만 정작 1720년 11월 윌리엄 버드가 성매매 여성을 찾아 윌리엄스버그를 뒤졌을 때는 1명도 찾을 수가 없었다. 아마도 다들 은퇴해 남편과 함께 집에 있었을 것이다.

식민지에서의 아내 수요는 너무나 커서, 행동거지에 대한 이중 잣대는 제쳐 두어야만 했다. '타락한' 여자들은 유럽에서 그랬듯, 그렇게 숙이고 있지 않았다. 메릴랜드 주의 엘리노어 스핀크 사건[41]은 이에 대해 많은 것을 알려 준다. 엘리노어 스핀크가 소송에서 루크 바버 박사에 대해 불리한 증언을 하자, 박사는 그녀를 창녀라고 부르는 걸로 보복했다. 그는 엘리노어를 "뉴게이트의 악당과 창녀, 교도소에서 왔거나 태형 기둥에서 데려온 자들" 중 하나로 원래 영국에서 매릴랜드 주로 데려왔다고 주장했다. 그는 엘리노어가 "그들 중 가장 뻔뻔한 창녀"였다고 고발했다. 더구나 그는 그녀가 톰 휴스와 침대에 있는 걸 봤다고까지 덧붙였다. 그러나 엘리노어의 남편 헨리 스핀크는 엘리노어를 옹호했고, 헨리 스핀크는 바버가 자신의 아내를 중상했다고 당장 고소했다. 헨리 스핀크는 식민지에서 오 년을 보내는 동안 엘리노어가 "행동, 말, 그리고 태도에서 시기심으로 트집 잡힐 만한 천박함의 작은 얼룩도 없는" 좋은 명성을 유지했다고 말했다. 그녀의 명성이 박사로 인해 더럽혀졌고 "그녀가 창녀였던 것이 알려졌기" 때문에 법정은 헨리 스핀크에게 3만 파운드의 담배로 그 손해를 보상했다. 헨리는 또 엘리노어가 예전에 영국에서 "정직하고 겸손하고 예의 바른" 삶을 살았다고도 주장했지만 그 진상에 대한 증거는 엘리노어의 말과 박사의 말밖에 없었으므로 법정은 엘리노어의 짧지만 존경받을 만한 메릴랜드 주의 명성에 기반을 두고 손해를 보상한 것으로 보인다. (판결은 항소에서 뒤집어졌고 양측은 소송 비용을 나누라는 명령을 받았지만 이는 법적 절차의 결함에 기반해서 일어났지 스핀크 부인의 인격 때문이 아니었다.)

불행하게도, 도제 계약을 맺은 하인들은 번성하는 결혼 시장에서 이익을 취하는 것이 법으로 금지되어 있었다. 그들은 고용 기간이 끝날 때까지 결혼할 수 없었다. 이 법과 잔인한 주인의 부당한 처우로 인해 많은 여자들이 더욱 박차를 가해 이러한 고용으로부터 도망쳤다. 많은 이들이 주인의 옷을 입고 도망간 것[42]으로 보아 분명 더 나은 삶을 마음에 두고 있었던 것 같다. 조지아 주의 메리 홀랜드는 "여주인에게서 훔쳐낸 붉은 재질의 드레스와 초록색 페티코트를 입고, 흰색 꽃무늬 보닛을 쓰고, 아래 머리를 크게 말고, 고급 아마사 앞치마를 입고, 꽃무늬 손수건을 들고" 도망갔다. 버지니아 주의 앤 배럿은 "네덜란드식 줄무늬 드레스와 누빔 모직 페티코트를 입고, 여러 겹으로 된 머리 장식을 쓰고, 주름 장식 목 가리개와 앞치마를 걸치고, 빨간 굽의 새 구두를 신고" 달아났다. 세라 윌슨[43]이 그중에서도 가장 야심이 컸다. 예전에 여왕을 모셨던 자를 모신 그녀는 왕실의 거처에서 보석을 훔치는 바람에 1771년 강제 노동을 하도록 팔려 메릴랜드 주로 이송되었다. 훔친 장물과 궁중 드레스, 그리고 여왕의 작은 세밀 초상화를 챙겨 올 수 있었던 그녀는 캐롤라이나 주로 달아나 여왕의 자매인 수재나 캐롤라이나 마틸다 공주로 위장했다. 거기서 그녀는 관직과 승진을 신나게 약속하며 그 대가로 "남쪽 식민지의 가장 높은 지위의 몇 사람들에게서 큰 기부금"을 받아 일 년 이상을 편안하게 지냈다. 결국 그녀는 발각되어 강제 노역으로 다시 끌려갔다. 거기서부터 그녀는 역사에서 사라진다.

　세라 윌슨, 일명 수재나 캐롤라이나 마틸다 공주는 예외적으로 모험적인 여성이었지만, 전체적으로, 유럽에서보다 훨씬 더 나은 전망을 갖고 있다 해도, 이러한 모험을 위한 출구는 기회의 땅에서도 여전히 제한적이었다. 감옥과 대서양 횡단에서 운 좋게 살아남은 이송된 여자들 대부분은, 아마 자신들이 두 배로 운이 좋아 버젓한 결혼을 한다고 여겼을 것이다. 그러나 식민지의 삶은 힘들고 위험했다. 성매매 여성으로 반복해서 팔리는 대신 아내로 한 번이나 두 번 스스로를 판 많은 여성들은 자신들이 더 나은 거래를 한 것이 맞는지 의아해졌을 것이다. 남자들은 미국이 '여자를 위한 땅 위의 천국'[44]이라고 주장했다. 그렇게 생각했다고 알려진 여자는 없다.

2

도러시 탤비에게 매사추세츠 주는 좀 더 지옥 같았다. 그녀는 세일럼 교회의 헌신적인 일원이었고 윈스럽 총독의 말에 따르면 '신실한

신앙심'의 명성을 유지했지만 남편과 싸웠고 점차 의기소침하고
우울해졌다. 힘들 때 그녀는 (신을 믿는 모든 청교도들이 그러듯이)
열심히 신의 목소리에 귀를 기울였고, 신은 먹지 말고 남편과 아이들도
먹지 못하도록 하라고 말했다. 교회 장로들이 때때로 훈계했지만
그녀는 듣지 않았다. 그리고 폭력적으로 굴기 시작했다. 1637년 4월
세일럼에서 계절마다 열리는 법정이 개정되었을 때, 그녀는 남편을
공격했다는 고발에 답하라는 명령을 받았지만 출석하지 않았다. 3명의
치안 판사 중 첫번째 판사로, 세일럼 마녀 재판을 주관한 일로 역사에
자신만의 페이지를 얻은 아들을 두게 되는 해손 판사는 다음과 같이
명령했다.

> 도러시는 존 탤비의 아내이나, 둘 사이에 있어야만 하는 평화와
> 사랑을 깼을 뿐만 아니라 남편에게 자주 손을 대 생명을 위협하며
> 폐하의 평화를 폭력으로 중단시켰고 출석 명령에도 오지 않음으로
> 권위를 무시했다. 그러므로 자유롭게 내버려둔다면 범할지도
> 모를 앞날의 악을 막고자 그녀가 저지른 비행에 대해 다음과 같이
> 명한다. 행동에 변화를 보일 때까지 바깥으로 나가거나 남편을
> 해할 수 있는 자유를 구속하도록 기둥에 사슬로 묶어 둔다.
> (…) 신의 법을 즐길 수 있을 때만 신을 경배하는 곳으로 오도록
> 허락한다.⁴⁵

도러시는 분명 경배를 위한 장소를 방문하지 않고도 신과 대화하는
자신만의 회선을 찾기를 택한 것 같았고, 교회 장로들은 그녀를
파문하기로 결정했다. 도러시는 그들에게 등을 돌려 걸어 나갔지만
장로들은 그녀를 무력으로 붙잡아 파문 명령을 읽었다. "그녀가 더
나빠졌기 때문에"라고 윈스럽 총독은 썼다.⁴⁶ 1638년 7월 법정은
"남편에 대한 비행"에 유죄를 선고하고 공개적 태형을 명했다.⁴⁷ 그녀는
11월까지 "한동안 교화되어 남편에게 더욱 도리를 다한" 후에, 다시
한번 "영적 망상"에 빠져 악마의 유혹을 신의 목소리로 착각했다. 그
악마의 설득으로 도러시는 자신이 '디피컬트'⁴⁸라는 불운한 이름을 준
세 살된 딸을 '미래의 고통'에서 해방시켜 주기로 결정했다. 그녀는

아이의 목을 부러뜨렸다.

　　윈스럽 총독과 그녀의 이웃이 보기에 도러시 탤비는 악마에 홀린 게 분명했고 사실 도러시는 끝까지 아주 못되게 굴었다. 판사들이 사형을 선고하겠다고 협박할 때까지도 그녀는 자신의 죄를 고백하지 않았다. 선고를 듣기 위해 일어서는 걸 거부해서 강제로 일으켜 세워야만 했다. 그리고 단 한 번도 후회와 반성을 하지 않았다. 1638년 보스턴에서 교수형에 처해졌을 때 그녀는 얼굴을 덮어 두는 천을 잡아채 벗어 줄이 잡아당겨지면서 오는 고통을 줄이려고 올가미 밑에 댔다. 그리고 "한두 번 몸을 크게 흔들"기까지 해서 "사다리를 잡았다"고 윈스럽은 썼다.[49]

　　도러시 탤비에겐 죽는 것조차 투쟁이었다. 정말 인생이 그랬다. 육 년 후 존 탤비는 죽으면서 남은 세 자녀에게 '인디언 옥수수 이십 부셸'[50]과 '카누'를 재산으로 남겼다.[51] 좀 더 있지만 많진 않았다. 양동이 하나, 통 하나, 오래된 도끼 하나, 십 실링짜리 '침구와 의복', 그리고 한때 도러시의 것이었을 게 분명한 물레 하나. 탤비 가족은 사실 아주 가난했고 도러시 탤비는 궁핍과 스스로의 신앙심에 내몰려 그녀를 '구하고자' 한 사람들을 괴롭히다 결국에는 윈스럽이 직접 봤듯이 '우울증'과 '망상'으로 미끄러져 들어갔다.

　　그럼에도 불구하고 그녀는 살인을 범했고, 그 범죄에 대한 처벌은 신의 말로도 규정되어 있다. "사람을 쳐 죽인 자는 반드시 죽일 것이다"라고 출애굽기 21장 12절은 말한다. "더구나, 살인의 죄를 지은 살인자의 생명 말고는 아무런 배상을 받지 말고, 반드시 죽일 것이다"라고 민수기 35장 31절은 말한다. "사람의 피를 흘리면 그자의 피도 흐를 것이다. 이는 신이 자신의 형상으로 그를 만드셨기 때문이다"라고 창세기 9장 6절은 말한다. 잠언 28장 17절에서는 "사람의 피를 흘린 자는 함정으로 달려갈 것이니 어느 누구도 그를 막지 말지니라"라고 명령한다. 출애굽기 20장 13절은 간단하게 말한다. "살인하지 말라." 성경은 이렇게 말하고 있으며, 이 문제에 관해 식민지 법은 영국 보통법의 언어를 따라 성서에 씌어져 있지 않은 고의, 악의, 잔학함, 정당방위, 우발적 살인과 같은 개념을 빌려 오고 있지만, 실질적으로는 성서와 같았다. 그리고 보통법과 성경이 충돌하면, 초기 매사추세츠 주 법은 성경을 따랐다. 보통법에서, 순간의 격한 감정으로 범한, 고의가 아닌 살인으로 규정되는 과실치사는 꼭 사형을 선고받을 필요는 없었지만 매사추세츠 주 법은 레위기 24장 17절[52]과 민수기 35장 20절, 21절[53]을 엄격하게 따라 빠져나갈 어떤 핑계도 받아들이지 않았다. "누군가가 다른 사람을 갑자기 **분노**나 **잔학함** 등의 격한 감정으로 인해 살해한다면, 그는 사형에 처해질 것이다."

매사추세츠 주 법에는 "만약 누군가 어쩔 수 없는 정당방위나 단순한 사고가 아니라, 미리 품은 악의, 증오, 잔인함으로 피해자의 의지에 반해, 고의로 **살인**을 범한다면, 그는 사형에 처한다"고 적혀 있다.[54] 악명 높은 분쟁꾼이자 싸움을 일삼았던 존 빌링턴이 1630년 이웃을 총으로 쏘고 플리머스 플랜테이션의 첫번째 살인자가 되었을 때, 장로들은 식민지 행정관으로서 그를 처벌할 수 있는 자신들의 **법적** 권리에 대해 스쳐 지나가는 의심은 있었지만, 단 한 번도 살인자가 목매달리는 것을 보는 **도덕적** 의무를 의심하지는 않았다. 십팔 년 뒤, 앨리스 비숍이 네 살 딸인 마사 클라크의 목을 베었을 때, 재판관들은 "앨리스 비숍이 앞서 말한 마사 클라크를 흉악하게 살해한 혐의에서 유죄라는 걸 알아내"[55]고 그녀도 목을 매달았다. 신의 법, 그리고 그에 따른 매사추세츠 주의 형법은 남자와 여자에게 동등한 엄격함으로 적용되기 때문이었다. 그때도 지금처럼 여자는 남자보다 살인을 훨씬 덜했지만, 하게 되면 같은 사형 집행인을 만났다.

식민주의자들이 성 평등을 믿어서 그런 건 아니었다. 그 시대의 어느 남자도 창조된 순서에서 여성이 남성 자신과 동등하다고 상상조차 하지 않았다. 천사보다 아주 약간 아래에 두도록 남자를 만드신 위대한 신께서 여자는 그보다 약간 더 열등하게 만들었다고 신학, 사회 철학, 그리고 시인들이 각각의 논리로 남자들에게 확실하게 말해 주고 있다. 그럼에도 불구하고 일정 정도의 종교적 요인과 필요성의 결합으로 형법은 양성이 대략 동등한 처벌을 받을 수 있도록 보장했다.

청교도 식민지에서 여자는 타고난 본래의 권리로 신과 서약한 교회의 일원일 뿐이었지만, 그리스도 우인회(퀘이커 교도)는 여자와 남자의 영혼이 평등하다는 걸 인정하고 여성을 종교적 지도자로 받아들였다. 신의 법과 청교도의 사회적 관행은 아내가 남편의 지배에 순종할 것을 요구했지만 여자의 영혼은 스스로의 것이었다. 남편들은 아내더러 (도러시 탤비처럼) 자신을 굶기지 말라고 법적으로 요구할 수 있었지만, 아내의 종교적인 삶에 간섭할 수는 없었다. 아내를 교회에 가지 못하게 하거나 남편의 책임을 방관하는 남자는 교회의 위원회로부터 경고를 들었고, 계속해서 나쁜 행동으로 교회에 항거하면 파문당할 수도 있었다. 여자는 여자답게 굴어야만 한다고 굳게 믿으며 앤 허친슨이 여자라서 논쟁하기를 거부했던 윈스럽 총독마저도 자기 아내의 사적인 영적 삶을 인정했고, 영국에서 미국으로 떠나면서 "어떤 남편보다도 더 많이"[56] 그녀를 사랑하는 신의 가호에 아내를 맡긴다는 애매한 말을 남길 정도였다. 그리고 윈스럽 총독은 도러시 탤비가 지켜야 할 기독교도의 의무를 촉구하면서도 그녀의 사형을 사건으로 기록하는 것 말고는 아무것도 하지 못했다. 모든 여자는 모든 남자처럼 저마다 스스로를 구원할 책임이 있었고, 도러시 탤비는 지옥으로 가기를 선택했다.

민사상의 판례, 특히 뉴잉글랜드 지역의 판례에서는 나중에 잃어버리게 될 여자의 자율성을 어느 정도 인정했다. 매사추세츠 만에서는 스물한 살 미만의 결혼하지 않은 사람은 모두 다 공동체의 안정을 위해 가족 내 가장의 통치 아래에서 살도록 되어 있었다. 그러나 법에는 구체적으로 이렇게 명시되어 있었다. "이 법은 좋은 평판을 지닌 미혼 여성이 생계를 위해 고용이나 합법적인 거래의 실행을 하지 못하도록 해석되어서는 안 된다. (…) 이에 반하는 어떠한 법, 활용, 관습에도 불구하고 그래서는 안 된다."[57] 식민지 시절 내내 여자는 비혼이건 결혼했건 사별했건, 가게를 지키고, 술집과 여관을 꾸려 나가고, 방앗간과 양조장을 운영했다. 그들은 시를 썼고, 아픈 사람을 치료했고, 신문을 인쇄했고, 교파를 만들었고, 인디언과의 조약을 협의했고, 배로 상품을 수송했고, 집에서 아이들의 도움을 받아 직물 산업을 발전시켰다.[58] 식민지의 긴급한 삶은 모두의 노동을 필요로 했으므로 뉴잉글랜드 법과 사회적 관행은 (도러시 탤비와 같은) 개개인을 나태의 죄로부터 구원해 공동체를 보존하기를 목표로 했다. 뉴암스테르담의 네덜란드인, 펜실베이니아 주의 독일인, 뉴저지

주와 델라웨어 주의 스웨덴인과 같은 식민지 사람들은 남자와 여자가
똑같이 힘든 일을 하는 자신들 고유의 전통을 가져왔다. 십칠세기
내내 그리고 십팔세기 대부분, 여자들은 식민지에서 알려진 모든
종류의 일에 참여했고 제조업은 거의 여자들에 의해서만 이행되었다.
식민지의 존경받는 설교자였던 존 코튼은 구세계에서는 남자들이
여자가 '**필요악**'이라며 '경멸하고 헐뜯는' 경향이 있었다고 말했지만,
신세계에서 여자들은 '**필요선**, 남자에게 없어서는 안 될 좋은 것'이
되었다. 코튼은, 여자에 대해서도 "정부에 대해 말하는 그것이
진리이다. **없는 것보단 나쁜 게 낫다**"[59]라고 주장했다.

　이론적으로, 영국 식민지에서 여자는 중세 법인 '남편과
아내(baron et femme)'를 따르고 있었다. 이 법은 결혼한 여자는
'은폐된 여성(femme covert)', 즉 여자는 말 그대로 남편에 의해
'은폐된(covered)' 존재이며 따라서 모든 관습과 법적인 의도에서
존재하지 않는다고 간주한다. 하지만 영국 보통법의 그 엄격한 원칙은
이미 영국에서도 기혼 여성의 (다른 많은 권리 중에서도) 재산권을
보호하기 위해 오래된 불균형을 조정하는 에퀴티(형평법)[60]를 따르는
판결로 완화되어 있었다. 그리고 식민지 사람들은 신세계의 연약한
플랜테이션을 보존하기 위해, 새로운 장소의 필요에 부합하고자,
공평함 쪽으로 더 다가가도록 오래된 법을 구부렸다.

　그들은 버지니아 회사의 초기 실패로부터 미혼의 남성 투기꾼들은
불안하고 정착하지 않는 무리들이라는 걸 배웠다. 대부분의 식민지는
유괴되거나 탁송된 '처녀들'을 받았을 뿐만 아니라, 구세계에 알려지지
않은 기회[61]를 제공하겠다며 다른 여성들 역시 꾀어냈다. 많은 식민지가
남성과 마찬가지로 미혼 여성이건 기혼 여성이건 여성에게도 즉각적인
땅의 양도 증서를 제공했다. 그리고 도제 계약을 맺었던 자들도, 성별에
상관없이 고용이 끝나면 대부분 이렇게 땅을 할당받았다. 초창기부터
버지니아 주는 직물 생산처럼 기술이 필요한 직종에는 동일 노동에
동일 임금을 제공했다. 어떤 식민지에서는 결혼한 이후에도 여성이
재산을 상속받고 소유할 수 있었다. 다른 곳에서도 남편과 결혼 전후의
계약[62]을 맺거나 신탁을 세워서 자신들이 선택한 방식으로 재산을
증여하거나 관리할 수 있었다. 식민지의 이혼 조례에는 아내가 자신의

재산을 가지고 갈 수 있다고 명시된 경우가 종종 있었다. 식민지의 검인 기록과 증서 기록부에는 많은 여성이 재산을 소유하고 자신의 판단에 따라 처분했다고 나온다. 그리고 재산 소유자로서 여성은 (적어도 그 지역의 문제에는) 투표를 할 수 있었고,[63] 배심원이 되었고, 공무를 수행했다. 법과 관습은 식민지마다 차이가 커서, 뉴잉글랜드 지역과 뉴욕 주, 펜실베이니아 주처럼 중부에 위치한 식민지가 여성에게 가장 동등한 대우를 했고, 최남부의 식민지들이 가장 최소한의 평등을 제공했다. 하지만 버지니아 주처럼 먼 남부에서까지도 여성의 가치는 인정되었고 동등한 대우가 강조되었다. 1619년 7월 버지니아 주 하원은 "새로운 플랜테이션에서 남성과 여성 중 누가 더 필요할지는 알려지지 않았기 때문에"[64] 자신들뿐만 아니라 자신들의 아내들에게도 버지니아 회사가 땅을 배당해야 한다고 청원했다.

노동 시장과 민법 용어에서 여성이 남성과 일정 수준의 평등을 즐기는 곳에서는, 마찬가지로 형법에서도 동등한 처분을 따라야만 했다. 공동체의 책임있고 생산적인 일원으로 그 가치를 인정받게 된 여성들은 또한 범죄를 저지르게 되면 죗값이 있는 범죄자로 여겨졌고, 그에 따른 처벌을 받았다. 뉴잉글랜드 법은 간음과 간통[65]을 저지른 남성과 여성을 똑같이 처벌했다. 범죄를 저지른 공범자들은 허리까지 벗겨 같은 수의 매질로 공개 태형에 처하거나, 양쪽 다 벌금을 물거나, 교수대에 세워 놓는다. 1643년 매사추세츠 주에서 제임스 브리튼이라는 자가 간통죄를 고백하고 자신의 상대자로 메리 레이섬이라는 '열여덟 살 정도의 양갓집 젊은 여자'를 지목했을 때, 둘은 같이 벌을 받았다.[66] 이러한 범죄에 대한 처벌은 시대와 그 범인의 유명세와 범죄 전과에 따라 다양했지만 범죄자의 성별에 따라 달라지지는 않았다.

여성에게도 남성처럼 형틀을 씌우고 차꼬를 채웠다. 공개적으로 매질을 당했고 종종 '마차 뒤에 꼬리처럼 매달려' 거리를 끌려 다니며 매질을 당했다. 불구로 만들어 낙인을 찍고 강제로 물속에 밀어 넣었다. 버지니아 주에서 그들은 배 뒤에 매달려 강에서 끌려 다녔고 어떤 때는 화형당했다. 모든 범죄자들이 받은 형벌은 오늘날 보기에 매우 중세적이다. 1639년 뉴헤이븐 식민지에 들어선 새로운 정부의 첫 공식 법령은, 네파우펙이란 이름의 미국 원주민을 살인죄로 재판에 회부하고 유죄 판결을 내리고 처형하고 참수하게 했다.[67] 그 후 막대기에 꽂은 그의 머리를 시장터에 전시했다. 백오십 년 후, 당시 예전의 뉴헤이븐 플랜테이션을 포함한 코네티컷 주는 딸기를 두고 다툰 여섯 살 소녀를 살해한 혐의로 기소되어 있던 해나 오퀴시의 사건에서도 똑같이 엄격했다.[68] 1787년 뉴런던에서 목매달렸을 때 그녀는 열두 살이었다.

식민지 미국의 엄격한 법과 질서는 신 스스로의 손길이라고 여겨졌다. 천국이 아니라 지상에 재화를 쌓는 데 주로 관심이 있었던 식민지에서조차, 즉 버지니아 주, 메릴랜드 주, 캐롤라이나 주에서도 사회적 질서는 신이 창조 순서를 답습했다. 신의 뜻에 완벽하게 사회를 일치시키고자 의식적으로 애쓰던 매사추세츠 만에서 창조의 질서는 끝없이 논의되었다. 대양 한가운데에서 윈스럽은 아르벨라호 청교도들에게 이 주제에 관해 설교했다.

> 가장 신성하고 현명하신 섭리로 전능하신 신께서는 인류의
> 조건을 언제나 누군가는 부자로, 누군가는 빈자로, 누군가는
> 힘과 고귀함으로 높고 탁월하도록, 누군가는 천하고 복종하도록,
> 그렇게 마련해 두셨습니다.[69]

천하고 복종해야 할 사람들에게 종종 일깨워 주려 하듯, 이 질서의 목적은, "다양하고 서로 다른 창조물을 통해 신의 지혜에 영광을, 전체를 보호하고 이롭게 하고자 이 모든 다름에 질서를 부여하는 신의 권위에 영광을, 그리고 신의 위대함에 영광을 드러내"[70]는 것이었다. 이에 따라 삶의 주어진 자리에서 '높고 고귀한' 판사와 성직자가 해석해 주는 규칙을 기쁘게 따르면서 그 규칙들이 신으로부터 직접 오는 거라 이해하는 게 모든 남자와 여자, 어린이의 의무가 되었다.

무엇보다도 이 규칙에서 가장 중요한 것은 다섯번째 계율, "네 아버지와 네 어머니를 공경하라"라는, 가족뿐만 아니라 교회와 동네를 지배하는 법이었다. 존 코튼 목사는 어린이들을 위한 교리 문답에서 물었다. "여기[다섯번째 계율]에서 아버지와 어머니는 누구를 뜻하는가?"[71] 그리고 아이들은 이렇게 답하도록 배웠다. "가족, 학교, 교회, 그리고 주를 이루는 공동체의 모든 어른입니다." 코튼의 저명한

손자인 코튼 매더도 같은 방식으로 다섯번째 계율을 해석했다. "**가족**뿐만 아니라 **공동체**에도 **부모**가 있다. 교회에도 부모가, 학교에도 부모가 있다."[72] 사회는 이러한 '자식'에게 '부모', 아랫사람에게 윗사람, 천한 자에게 높은 자, 복종해야 하는 자에게 고귀한 자와의 관계로 세워졌다. 이러한 관계 중 많은 것이 삶의 일부분만을 차지했고, 이는 현대 사회학자들이 '역할'이라 부르는 것에 해당했다. 그러나 가장 중요한 관계들은 삶을 다 채워 버렸는데 하인과 주인, 어린이와 부모, 아내와 남편과 같은 관계들은 한 사람이 다른 사람에게 온 시간 내내 복종하기를 요구했기 때문이다. 그리고 그들 사이에서 행동 기준은 신에 의해 세워졌다. 이러한 관계들은 때가 되면 끝날 수 있다. 하인은 자유인이 되고 아이는 고아가 되고 아내는 남편과 사별한다. 하지만 관계는 바뀔 수 없었다.

사회적 질서는 신의 규칙에 따라 사람들이 역할을 연기하는 걸 봄으로써 유지되었다. 그 임무는 끊임없는 감시를 요구했다. 사람들은 내버려 두면 재빨리 야만적으로 되어 섬세한 사회 구조를 갈기갈기 찢어 버리기 때문이다. 몇 번이고 계속해서 신문과 이야기와 설교에서, 장로들은 한 가지 주제, 자제의 필요성에 대해 계속 이야기했다. 존 코튼은 다음과 같이 썼다. "사람의 마음은 팽팽하게 긴장되어 있어 가끔 신께서 다시 잡아 주시지 않으면 너무 다잡았던 마음이 닳아 버립니다."[73] 그리고 윈스럽은 "부자와 권세있는 자들이 가난한 자를 다 먹어 치워서는 안 되는 것처럼, 가난하고 경멸받는 이들도 일어나 윗사람에게 대들고 자신들의 멍에를 벗어던지지" 않도록 사악한 자를 "조절하고 다시 당기는" 일을 함으로써 신은 사람들 사이에 있는 차이를 통해 "당신의 성령이 하시는 일을 드러낼 더 많은 기회"를 가진다고 주장했다.[74]

매사추세츠 주는 힘있는 자들을 법적으로 통제했다. 매사추세츠자유법령(Massachusetts Body of Liberties)은 남편들은 아내에게 '신체적 교정이나 매질'을 가하는 것을 금지했는데[75] 이는 영국 법에선 알려지지 않았지만 매사추세츠 주에서는 매우 엄격하게 강화된 규칙이었다. 학대가 반복되는 경우 치안 판사들은 남편의 구속 아래에서 아내를 데려와 아내를 다른 집에 있게 하라고 남편에게

명령할 수 있었다. 또한 혼인 무효와 이혼을 허가할 수 있었고 여성의
고발에 따라 대부분 허가했다.[76] 비슷한 법이 잔인한 주인으로부터
하인이 다른 사람에게 고용될 수 있도록 보호해 주었고 그 기록은 공공
금고로 갔다. 어떤 식민지에서는 주인이 하인이나 노예를 강간하거나
때려 죽이면 처벌받았다.[77] 어린이들 또한 학대받거나 방치되면 법적인
보호를 받았다.

　　그러나 모든 식민지에서 치안 판사들이 그토록 두려워한 건 사실
힘있는 자들의 남용이 아니었다. 바로 가난하고 경멸받는 자들의 봉기,
하인, 아내, 어린이 들의 봉기였다.

　　이런 일에 대한 가부장들의 불안은 선조들이 끄적거린 메모와 긴
설교 모두를 관통하는 어두운 밧줄처럼 흘러내린다. 그들은 어린이의
불복종, 하인의 무례, 아내의 잔소리, 간단히 말하면 윈스럽이 '모든
형태의 정부 중에서 가장 천박하고 최악'[78]이라고 부른 민주주의라는
혐오스러운 위협을 두려워했다. 그래서 그들은 자신들에게 심각하게
맞설 수 있는 이들을 몰살할 권리를 스스로에게 부여할 수 있도록,
자신들의 두려움을 토대로 법을 만들었다.

남편에 대한 여성의 사랑이란, 남편을 섬김으로써 신을 섬기게 된다는
것을 기꺼이 만족스럽게 여겨야만 하는 것이었다. 윈스럽이 이상적인
결혼 관계로 묘사했듯이 말이다. "여자 스스로의 선택으로 (…) 남자는
그녀의 남편이 된다. 그렇게 선택됨으로써, 그는 여자의 주인이 되고
여자는 그에게 순종해야만 한다. 그러나 이는 자유의 방식이며 속박이
아니다. 진정한 아내는 자신의 복종을 자신의 명예이자 자유라고
여기고, 남편의 권위에 복종하지 못한다면 안전하고 자유롭다고
생각하지 않을 것이다."[79] 그러나 권한은 스스로 제어되어야만 한다고
주장한 존 코튼은 아내를 너무 꽉 잡아매는 일의 위험성을 지적했다.
"모든 힘과 권한이 남편에게 있다는 것을 아내가 인정하고 남편이
아내의 영광을 인정해 주는 것은 좋지만 더도 말고 덜도 말고 딱
신께서 주신 그만큼만 주어져야 한다. 신이 주신 자유만큼 주어져야
한다. 그보다 더 주면, 구덩이를 파 덫을 놓는 자신을 보게 될 것이고
덜 준다면 그들의 영혼을 방해하는 것이다. 완전한 자유가 주어지지

않는 곳에 평화는 결코 없을지니, 완전한 자유보다 더 많이 주어진 곳에 안정된 평화가 결코 없는 것처럼 말이다."[80] 윈스럽과 코튼 둘 다 시민 정부와 시민과의 관계에 대해 말하고 있지만 사실은 모든 시민이 그런 구덩이를 집에서 팔 수 있다는 걸 알고 있었기 때문에, 식민지의 성직자들이 종종 그러했듯, 결혼 관계를 비유로 들었다.

모두 탤비 사건을 알고 있었다. 그녀는 남편을 먼저 공격했고, 한 차례 이상 그랬다. 만약 남편의 목을 부러뜨릴 수 있을 정도로 힘이 셌다면, 딸을 죽이지 않았을 것이다. 뉴잉글랜드의 다른 지역 여성들은 남편을 때린 죄로 칼에 채우거나 형틀에 묶이는 벌을 받았다. 플리머스의 조앤 밀러는 "남편을 때리고 욕하고 아이들에게 도와 달라고 부추기며 남편의 머리를 때리라고 시키고 음식이 그의 목에 걸리길 바란" 죄로 기소되었다.[81] 그리고 단 몇 년 뒤인, 1644년 메인 주 아코메니티커스 근처 강에서 코니시라는 이름의 남자가 발견되었다. 머리를 맞고서 그때까지도 옆구리에 박혀 있던 막대기로 찔린 게 분명했다. 근처에서 강 밑의 진흙에 빠진 그의 카누가 발견되었다. '음란한 여자'로 잘 알려졌고 그 '음욕'으로 전에 훈계를 들은 적이 있는 코니시의 아내를 시체 앞으로 데려오자 시체는 "엄청난 피를 흘렸다."[82] 여자의 연인으로 추정되는 풋맨이라는 이름의 남자를 데려오자, 시체는 다시 피를 흘렸다. 그렇지만 또 다른 증거를 찾지 못해 풋맨은 기소될 수 없었다. 반면 코니시 부인은 살인죄로 기소되고 시장과 다른 관리들에 의해 재판에 회부되어 '강력한 추정'으로 유죄 판결을 받아 사형을 선고받았다. 그녀는 살인에 대해서는 끝까지 부인했지만 시장인 로저 가드를 포함한 "많은 사람과 간통의 죄로 살았다"고 자의로 고백했다. 이 고발은 증인들과 미혼인 시장에 대한 '육욕적인 남자'라는 평판으로 뒷받침되었다. 그는 부인했고, 코니시 부인은 처형되었다.

처음부터 기록된 적이 없거나 나중에 손실된 많은 식민지 시대의 재판 기록 가운데 남편을 살해한 죄로 기소된 다른 아내의 사건도 있겠지만, 아내들이 어느 정도의 자유와 존중을 누렸던 십칠세기 뉴잉글랜드에서는 어쩌면 코니시 부인이 유일한 남편 살해자였을 수도 있다. 확실한 건 그녀가 플리머스와 매사추세츠 만의 사법 관할 안에서 이러한 범죄로 처형당한 유일한 여성이라는 것이다. 그러나 훨씬 더 남쪽으로 가면, 백인 아내들은 영국 스튜어트 왕조 시대부터 실행되어 온 관습으로 인해 더욱 많은 제약 속에서 살아야 했고, 노예 축첩제와 늘어나는 강간 사건으로 인해 생겨난 그곳 고유의 신분 강등은 백인 여성과 흑인 여성 모두에게 고통을 주었다. 남부의 여성 하인과 여성 노예들은 결혼이 거의 불가능했고, 남부의 여성 자유민들은 이혼이 거의 불가능했다. 그렇게 여자들을 통제한 중부와 남부의 지도자들에게는 두려워할 이유가, 반항적인 아내와 하인 들을 극한까지 벌할 이유가 있었다.

남편에 맞서 일어나 남편을 죽이는 아내와 주인에 맞서 일어나는 하인 또는 노예에겐 사형이란 극한이 있었다. 이곳의 식민지 입법자들은 남편이나 주인을 살해하는 것을 경반역죄[83]로 보는 영국 보통법으로 후퇴했다. 보통법에서 말하길, 남편은 아내의 '주인'이므로 아내가 남편을 죽이는 것은 비록 규모가 작긴 하나 왕을 살해하는 것에 비할 만한 반역이었다. 버지니아 주 판사는 범죄의 심각성을 이렇게 규정했다. "다른 범죄는 사사로운 개인에게 해를 가하지만 이것은 공공의 재해이자 종종 모든 시민 정부의 뿌리에 일격을 가하는 일이다."[84] 이 범죄의 경우, 자신의 주인이나 교회의 장로를 죽인 남자는 처형장으로 끌려와 매달렸다. 그러나 남편이나 주인을 죽인 여자의 형벌은 달랐다. 십팔세기 보통법의 주된 옹호자였던 윌리엄 블랙스톤은 "여성의 본래적 정숙함은 그 몸을 드러내고 공개적으로 손상하는 것을 금하고 있기 때문에, 그들은 (…) 교수대로 끌고 와, 거기서 산 채로 불태우는 형에 처한다"[85]고 설명했다. 영국 보통법은 켈트족의 드루이드교로부터 여성을 불태우는 관습을 물려받아 미국 식민지로 전해 주었다. 그래서 1731년 '본래적 정숙함'을 약간 존중해 주기 위해서, 델라웨어 주는 캐서린 베번[86]이라는 여성을 산 채로 태워 죽였다.

예순 정도로 추정되는 남자 헨리 베번이 델라웨어 주 뉴캐슬에 있는 자신의 집에서 죽었을 때 이웃들은 수군댔다. 헨리 베번은 자신이 아내 캐서린과 젊은 하인 피터 머피에게 학대를 당하고 있다고 이웃들에게 불평해 왔다. 몇몇은 베번이 넌지시 한 말들을 미루어 캐서린과 하인의 관계가 원래 그래서는 안 되는 관계라고 추측했다. 하지만 캐서린 자신도 쉰이 넘었고 너무 오래 같이 살아 온 부부들이 대개 그렇듯 자주 싸우는 건 있을 수 있는 일로 보였다. 그러나 장례식에 초대받은 손님 중 한 사람인 지방 치안 판사는 베번의 갑작스러운 죽음에 의혹을 품었고 닫힌 관을, 조문객이 도착하기도 전에 못을 박아 닫은 관을 의심스러워했다. 그는 관을 열라고 명령했고, 조문객들은 서로서로 바라보며, "끔찍한 광경에 모두 놀랐다." 헨리 베번은 누구라도 알아차릴 만큼, 아주 심하게 멍이 들어 있었다. 시체를 보기 위해 검시 배심원단이 소집되었고 베번이 폭력적이고 잔혹한 죽음으로 죽었다는 결론이 빠르게 내려졌다. 캐서린은 연인으로 추정되는 피터 머피와 함께 체포되었다. 둘 다 베번을 가해하지 않았다고 부인했지만 따로 구금하고 스스로의 죄로 안달이 날 만한 시간이 주어지자, 머피는 모두가 바라던 대로 했다. 여자를 고발했다.

　　그는 자신의 여주인이 자기를 뉴캐슬로 보냈다고 말했다. "쥐약을 사 오라고, 만약 구하지 못하면, 황산구리를 사 오라고 했다. 쥐약을 구할 수 없어 황산구리를 사 오자 그녀는 포도주에 녹여, 마시라고 남편에게 주었다. 하지만 늙은이가 즉각 토하자, 원하는 효과가 나지 않을까 걱정하면서 남편을 침대에 눕히고 하인더러 주인을 마구 때리라고, 특히 가슴을 때리라고 했고, 남편이 심하게 약해져서 스스로도 다룰 수 있게 되자 하인은 나머지를 맡겨 두고 나갔다." 벤저민 프랭클린의 『펜실베이니아 가제트』가 보도한 머피의 자백에 따르면 이렇다. "그 늙은이가 설 수 없을 때까지 때린 다음 긴 의자에 눕혔는데, 그의 아내가 목을 조르려 손수건을 감고 비틀었다. 그리고 동시에 하인을 좀 떨어진 이웃에게 보내 남편이 발작이 일어나 그로 인해 죽을 것 같아 여주인이 무서워하고 있으니 곧장 집으로 와 달라고 말하라고 했다. 하인은 이웃들이 오기 전에 돌아왔고 여주인은 '네가 간 사이에 늙은이와 두 번의 힘든 싸움을 했고 그는 두 번 다 나한테는 너무 강한 상대였지만 결국엔 내가 잠재웠다'고 말했다." 피터 머피는 되풀이해서 이렇게 말했다. 캐서린 베번은 이 모든 걸 부인했다.

　　머피는 재판에서 자기 이야기를 반복했고 그와 캐서린 베번은 남편을 살해한 죄로 유죄 판결을 받았다. 머피는 살인으로 유죄 판결을 받아, 교살형을 받았고, 캐서린 베번은 경반역죄로 산 채로 불태워졌다. 처형 전에, 머피는 캐서린 베번에 대해 자신이 한 말은 위증이었으며 "그녀에게 많이 잘못했다. (…) 그녀는 남편 목에 손수건을 감지 않았고 (…) 법정에서 낸 증거는 거짓이다"라고 인정했다. 그는 캐서린 베번이 살해에 '동의'했고 '일어난 모든 일을 선동'했다고만 주장했다. 캐서린 베번은 이 혐의 또한 단호하게 부인했고, 1731년 6월 10일 처형장에 도착해선 캐서린도, 이미 너무 많은 말을 한 젊은 머피도 더 이상 할 말이 없었다. 프랭클린의 신문은 "남자는 회개하는 듯 보였지만 여자는 냉정해 보였다"고 보도했다. 또한 신문은 죽음을 다루는 식민지 시대 특유의 무심함으로 캐서린 베번의 마지막을 기록했다. "불이 그녀에게 닿기 전 목을 졸라 죽이도록 계획되었지만 첫번째 붙은 불이 곧장 목을 감은 밧줄을 향하는 바람에 밧줄이 순간적으로 타 버렸고, 그녀가 불길 속에 산 채로 떨어져 버둥대는 게 다 보였다."

　　몇 년 전 코튼 매더는 썼다. "우리 눈앞에서, 단지 몇 사람만을 잡아채는 '신의 심판'으로 인해 우리를 두렵게 해서 그다음 심판에 잡히지 않도록 하는 것이다. (…) 만약 신의 심판이 단 하나의 죄인만을 골라내어 벌한다 할지라도, 그 목소리로 우리 모두 두려울지니!"[87] 모든 죄인에 대한 교훈은 이러했다. "떨고 회개하라, 너희 모두가 이처럼 멸하지 않으려거든." 불길 속에서 죽어 가는 캐서린 베번의 몸부림은 분명 강력한 교훈이었을 것이다. 정말 살인하려는 생각을 회개하는 아내도 있었을 것이다. 그렇지 않은 아내들은 나중에 좀 더 은밀히 남편을 없앴을 것이다. 그리고 얼마 후 법은 화형을 폐지했다. 그러므로 캐서린 베번은 미국 식민지 시대에 심판의 불길로 죽은 유일한 백인 여성이었던 걸로 보인다.

흑인 여성의 이야기는 다르다. 식민지 시대 사회 질서에 대한 가장 큰 위협은 직접적인 가족의 바깥에 존재하던 하인, 특히 노예로부터 오기 때문이었다. 그들은 남편이 아니라 주인을 죽여야 경반역죄 처벌로 고통받았다.

　　하인과 노예는 처음부터 말을 듣지 않았다. 일찍이, 하트퍼드에 정착한 지 겨우 삼 년 뒤인 1639년 흑인 하인이 주인을 살해했다.[88]

1674년 고용 계약을 맺은 2명의 백인 하인 로버트 드라이버와 니컬러스 피버는 도끼로 주인을 살해하고 보스턴에서 목매달렸다. 훈계 없이는 단 한 순간도 그냥 지나치질 못하는 코튼 매더는 "그의 오만이 그의 독이었다"라고 말하면서 유죄 판결을 받은 이 중 한 사람이 가끔 이렇게 생각했다면서 그 문장을 인용했다. "나도 내 주인처럼 피와 살로 이루어져 있다. 그러니 내가 그에게 복종하듯이 왜 내 주인이 나에게 복종하면 안 되는지 그 이유를 모르겠다."[89] 매더는 너무나 쉽게 빠져들 수 있는 오만의 죄에 대해 하인들 앞에서 경고했다. "많은 **하인**의 오만한 마음이 스스로의 섬기는 상태를 불만스럽게 여기도록 합니다. 마땅히 해야 할 **복종**인데 그로 인해 매우 투덜대게 되며 불만으로 던져지는 겁니다." 이 오만은 "처음으로 지옥의 모든 **악마**를 만들었던 바로 그 죄"였다. "그 오만한 성령인 **악마**들은 신께서 명하신 그런 상태로 하인이 되는 걸 견딜 수 없었다. 그리고 이러한 그들의 **오만**으로 인해 전능하신 신께서는 그들을 저주하시고 **지옥으로 떨어뜨리셨다**."[90] 매더의 신이 정하신 사회적 질서와, 왜 자신들의 주인이 자신들처럼 복종해서는 안 되는지를 이해할 수 없는 남자와 여자의 논리 사이에 화해는 있을 수 없었다. 하인을 훈계하면서 매더는 골로새서 3장 23절을 인용했다. "**무엇을 하건, 주님께 하듯 진심으로 하라**."[91] 하인들과 노예들은 진심으로 항거했다.

　모든 식민지에서, 노예제가 별로 인기 없었고 꽤 온건하게 유지되었던 식민지에서까지도, 성문 노예 규정[92]이 있었다. 식민지마다 약간의 차이는 있었지만 일반적으로 노예는 무기를 소지하거나 술을 마시거나 3명에서 5명 이상 모이는 것이 금지되었고, 다른 집의 노예에게 설교하는 걸, 특히 백인이 같이 있지 않는 경우엔 절대로 할 수 없었다. 노예는 서명 허가 없이는 주인의 땅을 떠날 수 없었다. 그들은 랜턴 안에 촛불을 켜지 않고는 밤에 걸어 다닐 수 없었다. 그리고 그들은 개를 길들일 수 없었다.

　이 엄격하게 강화된 규제가 노예들의 모의를 저해했을 것이다. 비록 그랬어도 가브리엘 프로서[93]와 덴마크 베시[94], 냇 터너[95]의 경우가 생겼지만 말이다. 하지만 단순하고 개인적인 살인에는 그렇게 많이 상관하지 않았을 것이다. 가끔 하인들과 노예들은 순간적인 격정이나 억눌린 분노를 분출하며 우발적으로 살인했다. 로버트 드라이버와 니컬러스 피버는 말싸움 중에 주인을 때렸다. 그리고 신문에 실린 몇몇 기사에는 이런 갑작스러운 착란의 경우가 나온다. "코네티컷 주 윌링퍼드에서, 흑인 여성이 주인의 두 딸이 누워 있는 방으로 올라가서 그중 1명의 배에 칼을 찔러 넣었지만 갈비뼈가 칼이 몸에 들어가는 걸 막았다. 그렇지만 다른 딸의 목을 베었고 그녀는 곧장 죽었다."[96]

　　살인을 하고 붙잡힌 흑인 하인이나 노예는 재빨리 처리되었다. 경반역죄를 저지른 하인들은 자신들이 누린, 얼마 되지 않는 법적 안전망을 부여한 바로 그 사회적 유대를 무효화한 것이므로 대부분 배심 재판 없이 '엉터리 청문회(kangaroo hearing)'만 열렸다. 1737년 『버지니아 가제트』는 도끼 살인자의 운명을 간단명료하게 요약했다. "낸스먼드에서 최근 여주인을 살해한 흑인 여자는 재판에서 그 사실을 자백하고 사형 선고를 받았고 그 이후 불에 태워졌다."[97] 1769년 사우스캐롤라이나 주의 찰스턴에서 또 다른 간략한 보고가 있었다. "독약을 제조한 흑인 남자와 그 재료를 구한 흑인 여자가 유죄 판결을 받고 지난 금요일 구빈원 근처의 초원에서 산 채로 화형당했다."[98] 이브라는 이름의 또 다른 노예 여성은 1745년 버지니아 주에서 주인을 독살했다는 혐의로 "오래된 법원 인근의 오렌지 카운티 높은 언덕에서" 산 채로 불태워졌고, "이브가 불타는 연기가 그 지역에 넓게 퍼지는 게 보였다."[99]

　　독살 같은 범죄[100]는 예측할 수도 없는 데다 그 명백한 사전 모의가 차라리 모른 척하고 싶은 백인에 대한 적의를 암시하므로 더 끔찍했다. 엄청난 흑인 인구가 살고 있는 남부 식민지의 백인들은 많이 두려워했고 십팔세기에는 흑인들이 백인들에게 '약을 투여하는' 걸 중범죄로 정했다. 따라서 어떤 노예들은 주인의 갑작스러운 자연사에도 자신들의 목숨을 대가로 바쳐야만 했다.

　　물론 아무도 모르게 주인을 살해한 하인과 노예도 있었을 것이다. 바로 그런 완벽한 범죄에 고무된 필리스와 마크는 엉망으로 일을 망쳤고 서로를 비난했다. 동기와 계획에서 그들이 저지른 범죄는 노예들이 저지른 살인을 대표할 것이다. 우리가 좀 더 알고 있다는 데서 그 범죄는 다른 범죄와 많이 다른데, 왜냐하면 경반역죄로 고발된 다른 남부 노예와 달리 필리스와 마크는 처형되기 전에 재판을 받았기 때문이다.

필리스와 마크[101]는 매사추세츠 주의 찰스타운에서 '검소한 마구 제조인이자 선장, 상인'으로 알려진 존 코드먼 선장이 소유한 여러 노예 중 2명이었다. 코드먼 선장은 여성 노예를 입주 하인으로 쓰고 남성들은 자신의 가게에서 일을 시키거나 인부로 빌려 주었다. 노예들은 그를 좋아하지 않았다. 1749년 필리스와 마크는 손실을 벌충하려 코드먼이 자신들을 더 나은 주인에게 팔지 않을까 하는 생각에 그의 작업장에 불을 놓았다. 그 계획은 자포자기에 가까운 방법이었다. 방화 역시 매사추세츠 주에서는 사형을 받을 수 있는 중범죄였고 실제로 그 일 때문에 마리아[102]라는 여성 노예 1명이 화형당하기도 했기 때문이다. 필리스와 마크가 놓은 불로 작업장이 소진되었지만 코드먼은 노예들을 계속 데리고 있었다.

　육 년 후, 1755년 6월의 마지막 날, 코드먼은 딸 베티가 차린 미음 한 그릇을 먹고는 아팠다. 열다섯 시간을 '고통스러워하다' 7월 1일 죽었다. 당장 노예들이 의심받았고 바로 그다음 날 검시 배심원단은 코드먼이 '하인인 흑인 남자 마크가 구한 독약으로' 죽었다고 선고했다. 체포되고 신문을 받자, 마크는 보스턴에 있는 어떤 의사의 노예로부터 '가루'를 얻어 필리스에게 줬을 뿐이라고 했다. 그는 그녀가 돼지 세 마리를 죽이려는 줄 알았다고 말했다.

　한편, 필리스는 마크를 탓했다. 필리스의 말에 따르면 전에 일어난 방화처럼 독살은 모두 그의 생각이었다. "새먼 씨의 흑인 노예들은 그를 독살했고 절대 밝혀지지 않아 좋은 새 주인을 갖게 되었으며 우리도 그럴 수 있다"고 말해 주며 자신을 돕도록 설득하려 했다고 했다. 그 외에, 그녀의 말에 따르면, 마크는 성경을 전부 읽어 봤는데 피를 흘리지만 않으면 코드먼을 죽이는 게 죄가 아니라는 걸 찾았다고 주장했다. 결국 필리스 말로는, 마크는 다른 노예, 피비가 독살을 직접 실행하도록 설득했다고 했다. "피비가 저에게 첫 가루를 줬어요"라고 필리스는 주장했다. "그런 다음 피비가 주인의 초콜릿에 가루를 넣었어요. 다시 피비가 그다음 수요일 아침에 초콜릿에 넣었어요. (…)

그다음 금요일 (…) 피비가 초콜릿에 좀 더 넣었어요."

필리스는 자신이 한 일이라면, 그도 코드먼의 미음에 비소를 한 번 넣었지만 그러고 나서 "사악하다고 느껴져 내다 버리고, 새 미음을 만든 뒤 그 안에 아무것도 넣지 않았다"고 말했다. 필리스가 검찰관 에드먼드 트로브리지와 변호사 테디어스 메이슨에게 7월 26일 그리고 8월 2일 신문을 받았을 때 그녀의 모든 증언은 다음과 같았다.

질문: 앞서 말한 약병의 액체를 누가 초콜릿에 쏟았습니까?
대답: 피비가 그랬어요. 그리고 주인이 그 후에 먹었어요.
질문: 누가 약병의 액체를 혼합물에 쏟았습니까?
대답: 피비가 그랬어요.
질문: 누가 약병에 두번째 가루를 넣었습니까?
대답: 피비가 넣었어요.

하지만 마지막에 가서 필리스는 마크 스스로 사서 녹말 죽에 섞어 넣은 흑연 독으로 코드먼이 죽었다고 주장했다.

대배심원은 코드먼이 비소로 독살당했고 딸이 차려 놓은 미음이 마지막 치명타로, 필리스가 만든 것이라 결론지었다. 서로의 짓이라는 필리스와 마크의 상호 비난은, 그럴 의도는 아니었겠지만, 공동 자백이나 다름없었다. 8월 대배심원은 필리스에 대해서는 경반역죄로, 마크 그리고 그와 공모해 주인의 약품에서 비소를 훔친 또 다른 노예 로빈은 종범으로 정식 기소장을 통해 평결했다.

당국과 협력한 것으로 추정되는 피비는 기소되지 않았지만 서인도 제도로 수송된 것으로 보인다. 음모를 꾸미는 걸 도왔거나 거절했던 다른 이들의 증언이 더해지면서, 필리스와 마크는 상급 법원에서 유죄 판결을 받고 1755년 9월 18일 오후 케임브리지에서 처형되었다. 『보스턴 이브닝 포스트(Boston Evening Post)』는 처형장에서 "둘 다 자신들을 처벌에 이르게 한 범죄에 대해 유죄를 인정했고, 선고가 정당하다고 받아들이며 매우 뉘우치는 채로 죽었다"고 보도했다.

교살 후 마크의 시신[103]은 다시 내려져 찰스타운의 케임브리지가에 사슬로 걸렸다. 정말 기이하게도, 삼사 년 후 케일럽 레이 박사라는

사람이 거길 지나치다 시신의 살갗이 '거의 망가지지 않은 채로'
여전히 거기 매달려 있는 걸 발견했다. 다른 반항적인 하인들을 저지할
교훈으로 교수대에 걸린 마크의 시신은 그 지역의 명소가 되었다. 처형
이십 년 후, 폴 리비어[104]는 렉싱턴으로 가는 길에 시신을 지나갔고 다시
이십 년 후에, 매사추세츠 주 역사학회로 보내는 편지에서 그 유명한
여정을 묘사하면서 리비어는 '마크가 사슬로 걸려 있던' 지점을 지나간
것을 여전히 기억하고 있었다. 필리스는, 그러나, 아무것도 남아 있지
않았다. 경 반역죄로 유죄 판결을 받아 산 채로 태워졌으니까.

사슬로 걸어 놓은 마크를 지나치는 사람들이 뭘 배웠는지 누가
말할 수 있을까? 반항적인 여성 노예들이 필리스의 타들어 가는 살갗,
또는 이브의 탄내를 기억하고 겁에 질렸기에 주인들이 살아남은 걸까?
마음이 흔들렸던 아내들이 캐서린 베번이 불길 속에서 버둥대던 걸
기억해서, 그래서 갑자기 겁을 먹은 나머지 남편들이 살아남았을까? 그
시대의 치안 판사들은 그렇게 믿었고, 사람들에게 예시가 되고 방지가
되도록 법 문구를 계속 강화했다. 그리고 실제로 남편이나 주인을 죽인
여자의 숫자는 비교적 적었던 것 같았다.

그러나 여자들 사이에는 더 사악하고 훨씬 더 흔한 범죄가 있었다.
주로 여자들이 고발되고 유죄 판결을 받아 목매달리는 살인 혐의,
그것은 '혼외아의 죽음을 은폐하는' 일이라 불렸다.

3

혼외아 출산은 처음부터 문제였다. 여자가 기혼이건 미혼이건, 주변에
여자는 충분치 않았고 많은 남자들은 자신들의 법적 아내가 아닌
여자들을 욕망했다. 나중에 정직한 시민이 된 많은 젊은 부부들이,
그렇게 추정되는 증거가 나온 후에 혼전 간음으로 벌금을 내거나
매질을 당했다. 칠삭둥이 말이다. 서로 결혼할 수 없는, 결혼하지 않은
다른 죄인들은 때로 증인이 내민 증거로, 또는 혼외아와 같은 정황
증거로 인해 간음과 간통으로 재판을 받았다. 혼외아 출산 자체가
어디에서건 범죄였고 점점 늘어가는 흔한 범죄였다.[105]

정착지의 규모가 작고 비슷한 부류의 사람들이 모여 있던
십칠세기 동안 도덕적 기준은 더 쉽게 강화될 수 있었고, 간음과 혼외아

출산은 엄격하게 처벌받았다. 하지만 십칠세기 말, 모든 논평가들은 공중도덕이 심각하게 쇠퇴하고 있다고 언급했다. 도시는 너무나 빨리 성장했고[106] 성매매와 일반적인 성적 방종을 포함한 도시 고유의 문제들이 마구 생겨났다. 그러는 동안, 지방에서도 자리잡힌 사회적 기관의 부재로 인해 유사한 방종이 생겨나고 있었다. 법적인 결혼을 수행할 권한을 가진 이들이 없는 곳에서 가정 내의 관계는 스스로 정리되었다. 십팔세기 중엽 사우스캐롤라이나 주 벽지를 여행하던 우드메이슨 목사는 거주민들의 '파렴치한 도덕성과 방탕한 규칙'에 충격받았다. 그는 수백 명이 "첩을 두고 살고 있으며, 자신들의 아내를 가축처럼 맞바꾼다"고 보고했다.[107]

  법은 혼외아 출산을 엄격하게 처벌하면서 한편으로는 조장했다.[108] 법은 공공연하게 고용 기간 동안 하인의 결혼을 금지하고 혼외 출산을 한 하인은 공개 태형에 처했고, 일하지 못한 채 잃어버린 시간을 주인에게 보상하도록 일 년, 어떤 식민지에서는 이 년의 추가 고용으로 하인을 묶어 두었다. 일에서 겨우 며칠 빠졌을 뿐인데도 말이다. 버지니아 주와 같은 식민지에서는 담배 천 파운드나 2천 파운드의 벌금을 내는 선택을 제공하기도 했지만 그것은 고용 하인이 구할 도리가 거의 없는 벌금이었다. 법이 주인의 시간을 하인의 임신으로 보상해 주자 너무나 많은 파렴치한 주인들이 강간으로 하인들을 몇 년 더 묶어 두었고, 버지니아 주는 재빨리 법을 바꿔 주인이나 주인 아들의 혼외아를 낳은 여자 하인은 추가 고용 기간에 다른 데로 팔고 그 판매 수익금은 교회로 가도록 했다. 주인은 하인을 잃어도 아무런 보상을 받지 못했다. 여자 하인에겐, 결과는 거의 같았다. 여전히, 묶인 채로 일해야 했다.

  식민지 지도자들은 여러 관점에서 혼외아 출산을 우려했다. 첫째로 혼외아 출산은 경제적인 문제를 일으켰는데 모든 혼외 자녀는 공동체의 잠재적인 소모였다. 공무원들은 혼외자가 자유민인 경우 양육비를 부과하고 하인인 경우에는 마을에 예속시킬 수 있도록 아이 어머니에게 그 아버지의 이름을 대라고 강요했다. 만약 하인인 어머니가 이름을 대는 걸 거부한다면 양육비에 대한 책임을 지우기 위해 천 파운드나 2천 파운드의 담배에 해당하는 벌금이 부과될 수 있었다. 만약 지불할 수 없다면 추가 일 년이나 이 년 또는 오 년까지 고용 하인으로 예속시킬 수 있었다. 그 하인이 낳은 혼외아도 역시 이십일 년이나 삼십 년 또는 평생 동안 하인으로 예속시킬 수 있었다. 남성 자유민은 대개 벌금을 물렸고 여성 자유민은, 벌금 대신에 스무 대에서 서른 대의 공개 태형을 받았다. 또한 여성 자유민과 그녀의 혼외아는 마을이 대야 하는 비용에 상응하는 노예 상태에 묶일 수도 있었다. 백인 자유민 여성 이브 슈얼[109]이 1790년 흑인 노예의 아이를 낳았을 때 메릴랜드 주 법으로 그녀의 백인 남편은 자동적인 이혼을 부여받았고 여자와 그 아이는 노예로 팔렸다. 둘째로, 시의 지도자들은 사회 통제의 주된 도구 중 하나이자 사회의 초석인 '가족'의 보존을 염려했다. 혼외아 출산으로 인해 만들어지는 임시 가족은 전통적인 법적 합의에 대한 암묵적인 도전이었다. 그래서 그들은 합법적인 결혼 바깥에서 태어나는 아이를 전혀 아이로 여기지 않았고, 어머니 또한 전혀 어머니로 여기지 않았으며, 그 아버지는 0에 수렴되는 기호로 여겼다.

종교 지도자들은 혼외아의 어머니들을 구원하는 문제에 관심을 표했다. 목사들은 이러한 '범죄자들'이 항상 다른 이들의 영적 교화를 위한 사례로 활용되기는 하지만 그들 자신의 영혼 또한 중요하다고 주장했다. 그래서 코튼 매더(부리는 하인이 혼외아를 출산하자 내쳤던)는 젊은 여자들의 교화를 위해 몸이 물려받는 죄를 목록으로 정리했다. 부모에게 복종하지 않는 걸 시작으로, 어린이는 '자위'로 시작하는 '불결함'으로 떨어져 간음, 기혼자와의 간통, 서로 다른 기혼자 간의 간통, 항문 성교, 동성애, 근친상간, 수간으로 역행한다. 매더는 이걸 증명할 수 있는 충격적인 사건을 인용했다. 그는 "이 나라의 남부에서" 동물이 **인간의 모습을 한 듯한** 괴물을 낳았고, "한쪽 눈에 있는 반점이 그 동네의 방탕하고 음란한 자를 똑 닮아서 알려지게 되었다"[110]고 말했다. 그 "더 추악한 괴물"은 자신이 아버지라고 고백했고 처벌받았다. 결혼하지 않은 어머니의 경우에는 불결함에 대한 이런 기괴한 사례를 거의 찾아보기 어려운 반면, 매더는 "불결한 영혼에 대한 성스러운 꾸짖음"이라는 설교에서 "자신들의 혼외아를 살해한 두 사람이 처형당한 날에 대해" 강연했다.

그것은 더 큰 죄였다. 혼외아를 낳은 게 아니라 파괴한 것 말이다. 그러나 노예들의 결혼을 금지하며 혼외아를 출산하면 고용 기간을 연장시키는 법 때문에 추가 고용을 피하려면 여자들은 살아 있는 혼외아들을 몰래 없애고 사산아들을 숨길 수밖에 없었다. 공개 태형으로 간음을 처벌하는 법도 죄의 증거를 없애도록 여자들을 압박했다. 그리고 노예의 자녀를 노예로 만드는 노예제로 인해 많은 어머니들이 자식을 죽여 '면하도록' 하고자 하는 강력한 충동에 사로잡혔다. 법률가 시어도어 세즈윅은 혼외아 출산을 "좋은 사회가 결코 용납할 수 없는 유일한 범죄"라고 부르면서 "수치, 조롱, 오명, 추방이 따른다"고 말했다. 그에 따르면, "그러므로 이러한 어머니는 아이의 피로 그 고통과 자신의 치욕을 지우려는 온갖 동기"를 갖게 된다.[111] 혼외아 출산을 처벌함으로써, 사회는 많은 여성들이 절망 속에서 살인으로 향할 수밖에 없도록 조장했다.

매사추세츠 주 지도자들은 유아 살해라는 사회 문제가 만연한데도 많은 경우 유죄 판결을 피하고 있다고 의심했다. 임신과 출산을 은폐해 증거를 감추거나, 죽은 아기가 발견되고 어머니가 밝혀졌을 때조차 사산이었고, 공개적인 수치심 또는 부가되는 고용 기간을 피하려 숨긴 것이라고 주장했다. 그래서 1692년 매사추세츠 주 입법 의회는 1624년부터 영국과 버지니아 주에서 해 오고 있는 것처럼 '혼외아의 죽음을 은폐'하는 걸 중범죄로 처벌하고자 국왕의 추밀원 허가를 구했다. '혼외아의 살인과 훼손을 막는 법령'[112]은 "무지로 생명을 잃어버리지 않도록" 그다음 몇 년간 널리 증쇄되었다. 너무나 많은 여성이 이 법으로 자신들의 생명을 **잃었기** 때문에 다시 옮겨 적을 가치가 있어 보인다.

> **많은 음란한 여성이 혼외아를 출산한 뒤 수치를 면하고 벌을 피하려고 몰래 아이의 죽음을 묻어 버리거나 은폐하고, 이후, 만약 죽은 채로 아이가 발견되면, 앞서 말한 여자들은 그 아이가 죽어서 태어났다고 말한다. 그러나 종종 (비록 거의 그렇다고 밝혀지지는 않으나) 언급된 아이나 아이들이 자신들의 음란한 어머니에 의해, 또는 그들의 동의나 주선으로 살해되고 있다.**
>
> **따라서 이렇게 실행한다. (···) 만약 자신의 몸에서 남아이건**

여아이건 자녀를 출산했는데 살아서 태어났다면, 그 아이는 법적으로 혼외아가 된다. 그리고 익사시키거나 몰래 묻어 버리는 방식으로, 또는 어떤 다른 방식으로든 스스로 또는 다른 이의 도움으로 그 죽음을 은폐하려 하는 경우, 태어났을 때 살아 있었든 아니든, 빛을 볼 수 없도록 은폐된 것이다. 이런 모든 경우에 그러한 범죄를 저지른 어머니는 다른 살인의 경우처럼 죽음으로 처벌받는다. 단지 이러한 어머니가 최소 1명의 증인이 있어, 아이가 죽어 태어나 은폐할 의도였다는 증거를 댈 수 있는 경우만 제외한다.

이 법은 무죄가 아니라 죄를 추정한다. 법의 조건에 따르면 검사들은 기소된 여자가 자신의 아기를 살해했는지를 입증할 필요가 없다. 여자가, 최소 1명의 증인의 증언을 통해, 자신이 하지 **않았다는** 걸 증명해야만 한다.

공개적인 수치를 피하려는 여자가 증인을 부를 것 같지도 않지만, 출생에서 증인의 부재는 죄의 정황 증거로 해석되어 사건을 피고인의 유죄로 매듭짓게 만들었다. 필라델피아의 판사가 앨리스 클리프턴의 재판에서 충고했듯 말이다. "유아 살해를 실행하기로 결심한 사람들은 언제나 침묵하며 오로지 은폐만을 목적으로 한다."[113] 말없이 혼자 있는 것만으로 충분히 목이 매달릴 수 있다.

열여섯 살의 노예 앨리스 클리프턴이 1787년 재판받았을 때, 소유주인 존과 메리 바솔로뮤 둘 다 그녀가 임신 기간 동안 겪은 심각한 부상에 대해 증언했고 2명의 의사가 이러한 부상으로 아이가 아마 죽은 채 태어난 것 같다고 증언했다. 그렇다 하더라도 클리프턴은 출산을 은폐하려 했고 아무런 증인도 갖지 못했다. 배심원은 은폐에 유죄를 언도하고 판사는 사형을 선고했다. 운 좋게도 그 선고는 나중에 그 법의 가혹함에 의문을 갖기 시작한 최고집행위원회가 유예시켰다.

모두가 죄는 다른 죄를 불러온다고 믿었다. 토머스 폭스크로프트 목사는 리베카 체임블릿을 목매다는 데서 설교하며 관중들에게 "조심하라. (…) 부자연스럽고 불결하게 악용하며 **네 자신의 몸을 더럽히지 말라.** 혼자 저지른 더러움이 **짝을 찾게** 남겨지지 않도록,

그렇게 은밀한 **간음**에서 은밀한 **살인**으로 이르니 마침내 때 이른 욕된 죽음이 되었구나"[114]라고 경고했다. 엘리파렛 애덤스 목사는 캐서린 개릿의 '불결함'의 죄에 대해 경고하면서 "이런 종류의 우둔함을 범하는 자들은 너무나 자주 (…) 세상으로부터 자신들의 **죄와 수치를 숨기기** 위해, 이전에 저지른 죄에 살인을 더하고자 하는 유혹을 받는다"[115]고 말했다. 여자들이 간음에서 유아 살해로 미끄러졌다면, 오로지 자신밖에는 탓할 데가 없다고 목사들은 말했다. 청교도들은 신을 소홀히하는 죄인은 신도 소홀히하신다고 가르쳤다. 신은 그저 절제력이라는 은총을 철회할 뿐이지만 죄인은 지옥으로 곤두박질친다. 식민지의 지도자들과 목사들은 여자들이 '불결함'으로 몸을 돌리는 것은, 결과적으로 신에게 목매달 밧줄을 청하는 거라고 가르쳤다. 식민지 시대는 사회학적인 사고를 하지 않던 시대였다. 시의 지도자들과 목사들이 어떻게 종교, 사회 구조, 법이 결합되어 절망적인 여성으로 하여금 혼외 자녀를 살해하도록 촉구했는지를 이해했다고 하더라도 그들은 그걸 언급하지 않았다.

그 대신, 그들은 혼외아 살해로 유죄 판결을 받은 메리 마틴[116]이 1646년 보스턴에서 목매달렸을 때 코튼 매더와 윈스럽 총독이 했듯이 신에 관해 이야기했다. 마틴은 목이 매달렸지만 죽지 않았다. 그녀는 그저 "공중에 매달려 있었고", 그런 다음 대담하게 "사람들이 뭘 할 작정인지"를 물었다. 그러자 누군가 "나서서 뒤쪽의 매듭을 졸랐고, 그러자 그녀는 곧 죽었다"고 이 불행한 모든 이야기를 자신의 책 『윈스럽의 일기(Winthrop's Journal)』에 기록했던 윈스럽은 썼다. 이 기괴한 순간에 매더는 신의 손을 보았다. 그는 "그녀의 처형 때 이렇게 놀라운 일이 있었다. 그녀는 제대로 끝내기 위해 자신의 아이를 죽이려고 두 **번**이나 시도했다는 것을 인정했다. 그리고 지금, 처형 집행인의 서투른 손을 통해, 죽기 전에 그녀는 교수대를 두 번 벗어나야 했다."

매더에게 이 깔끔한 우연의 일치는 불타는 가시나무[117]만큼이나 강력한 징조였음이 분명했다. 있는 그대로의 사실로 기술된 메리 마틴의 삶보다 훨씬 더 큰 깨우침을 주는 어마어마한 상징 말이다. 매사추세츠 주 캐스코 만의 상인이었던 아버지가 파산한 뒤 메리와 여동생을 둘이서 살아가도록 버려 두고 런던으로 돌아갔을 때, 메리는 스물두 살이었다. 메리는 캐스코의 미튼 씨 집으로 고용살이를 들어갔다. 그녀는 "정숙한 행동거지의 (…) 아주 잘생긴 처녀"로 평판이 좋았고 미튼은 유부남이었다. 그럼에도 불구하고, 미튼은 "그녀에게 끌려, 순결을 구걸하고, 욕망을 채우고, 그리고 (…) 여러 번 그녀와 죄를 범했다." 이 합의는 메리보다는 미튼 씨 마음에 더 드는 쪽이었음이 분명한 게, 그녀는 삼 개월이 안 돼 그 집과 마을을 떠나 보스턴에 있는 본 부인의 고용살이로 들어갔다. '마음의 끔찍한 후회'에 시달리며, 그녀는 신에게 "혹시라도 다시 그런 일이 자신에게 닥치게 된다면, 신의 정의에 자신을 맡기고 사람들 앞에서 경고의 예가 되겠다고" 약속하며 구원을 빌었다. 그러다 자신이 임신한 것을 알게 되었고 그 수치를 견딜 수 없었던 그녀는 자신의 상태를 숨겼다.

다른 사람들이 임신을 눈치채고 물었지만 그녀는 사실을 부인했고 본 부인은 그녀의 말을 믿었다. 결국 그녀는 한밤중에 '혼자 뒷방에서' 여자아이를 낳았다. 발견될까 봐 겁이 난 그녀는 죽었다고 생각할 때까지 아기의 머리 위에 무릎을 꿇고 앉았다가 옆으로 밀쳐놓았다. 그렇지만 "아이는 튼튼했고, 회복해서, 다시 울었다." 마틴은 다시 아기를 데려와 "완전히 죽을 때까지 힘을 사용했다." 그런 다음 궤 안에 숨겼고 의심을 품은 산파가 뒤져 두개골이 깨진 시신을 발견할 때까지 아기는 거기 그렇게 있었다. 마틴은 대배심원 앞으로 불려 갔고 강제로 죽은 아기의 얼굴에 손을 대어야 했고 "그 자리에서 피가 다시 새롭게 나왔다." 마틴은 자백했고, 자진해서 전에 또 다른 불법적인 관계가 있었다는 사실을 밝혔다. 그 뒤 사형을 선고받아 처형장으로 끌려가서, 목매달렸다. 두 번.

여자들은 특히 항상 달라붙어 있는 자만이라는 죄로 인해 불결함의 죄와 그에 따르는 모든 죄를 저지르기 쉽다고 여겨졌다. 목사들은 외모에 대한 여성의 자만이 음욕으로 가득한 짝을 끌어들인다고 말했다. 알맞은 문장을 찾으려 성경을 헤집었을 폭스크로프트 목사는 그 문제에 대해 말하고 또 말했다. "그리고 우리의 젊은 여자들은 예언자의 이러한 말로 훈계받을지니."

또한 주께서 말씀하시길 시온의 딸들이 오만하여 목을 길게 빼고
음란한 눈으로 걷는 까닭에, 그리하여 주께서 시온의 딸들 정수리를
부스럼으로 치실 것이다. 그리고 이러한 일이 생길 것이다. 달콤한
향내 대신에 악취를 풍기며, 허리띠가 없어 찢어진 틈이 벌어지며,
잘 다듬은 머리가 사라져 대머리가 되고, 아름다운 가슴 장식 대신
삼베 자루를 묶고 다니며, 아름다움 대신 불에 태워질 것이다.
또한 솔로몬의 말을 기억하라. 고운 것도 거짓되고 아름다운 것도
헛되다. 스스로를 가치있다 자만하며 이러한 유혹에 자신을
드러내고 있으니, 얼마나 많은 이들의 정절이 망쳐지고 명예가
도둑질당해 결국 목숨으로 대가를 치르고 소중한 영혼이 파괴될
것인가![118]

자신의 평판에 대한 자만으로 여자는 합법적이지 않은 임신을 감추려
드는 것이다. 고조부가 아르벨라호를 타고 윈스럽 총독과 미국으로
같이 항해했고 아버지가 미국 독립전쟁 당시 긴급 소집병이었던
매사추세츠 주 체스터의 아비엘 컨버스는 "자신의 불운을 감추려"[119]
아이를 죽였다. 매사추세츠 주 디어필드의 세라 스미스는 이 년도 더
전에 남편이 인디언들에게 잡혀갔고 "자신의 음란함을 감출 의도로"[120]
아이를 죽였다. 흑인으로, "사회의 우월한 계층에서처럼 동일하게
불명예에 예민한 감수성"을 지녔을 거라고 판사들이 예상치 않았던,
하인 수재나[121]조차 그럼에도 불구하고 "임신으로 인해 올라오는
수치심의 압박을 어느 정도 느꼈다." 그러나 노예였고, 여전히 고용
하인이었던 수재나는 "어머니인 자신이 힘들게 살았고 아이도 살아
있다면 그렇게 살아야 하는 세상에 있는 것보다 없는 게 더 행복할
거라고 생각했기 때문에" 아이를 죽였다고 말했다. 매사추세츠 주
법원이 그 진술을 수재나의 '착란'에 대한 증거로 받아들이는 동안 남부
전역을 가로질러 수십 명의, 어쩌면 수백 명의 흑인 여자들이 자신들이
낳은 유아를 죽여 주인들이 가질 노예를 없앴다.[122] 이렇듯 우쭐거리는
자만은 악마가 직접 저지르는 죄였고 벌을 받아야만 했다.
　　그리고 그 벌은 공개적으로 경고를 주어, 그런 일이 또다시
벌어지는 것을 막아야만 하는 벌이었고, 확실한 장관이어야만

했다. 목사들은 신명기 17장 13절을 인용했다. "**그리하여 모두 듣고 두려워하여 다시는 무법하게 행하지 아니하리라.**" 대부분의 사람들은 알아들었다. "뉴잉글랜드 어느 곳에서도 어떤 경우에도 거의 보지도 듣지도 못한 일이라." 1701년 매사추세츠 주 입스위치에서 "수천이 넘는 많은 사람들이" 에스터 로저스가 교수형당하는 걸 보려고 모였다. 군중들은 "최소 4천에서 5천 명"으로 추정되었다.[123] 캐서린 개릿은 1738년 코네티컷 주 뉴런던에서 "아주 많은, 어쩌면 이 식민지에서 모든 경우를 다 두고, 다 같이 모였던 것보다 더 많은 사람들의 거대한 원에 둘러싸여"[124] 목매달렸다. 1753년 11월 21일 뉴런던에 약 만 명의 사람들이 세라 브램블이 목매달리는 걸 보려 모였다. 날씨가 나빴지만 사람들은 30킬로미터 또는 50킬로미터 떨어진 곳에서도 왔다.[125]

교수형에 처해진 여자들 중 많은 경우가 그 주나 카운티에서 처음으로 이루어진 처형이었고, 사람들에게 그들은 그저 처음 보는 구경일 뿐이었다. 세라 브램블은 뉴런던에서 공개적으로 처형당한 첫 (그리고 유일한) 백인이었다.[126] 에스터 로저스는 입스위치 법원이 개정되고 육십 년 만에 처음으로 사형 선고를 받은 사람이었다.[127] 1739년 뉴햄프셔 주의 포츠머스에서 있었던 세라 심프슨과 퍼넬러피 케니의 교수형[128]은 "막대한 군중을 모았고 어쩌면 더 많을 수도 있었다. 왜냐하면 이 교수형은 이 지역에서는 본 적 없는 첫 처형이었기 때문이다." 그리고 이를 본 사람들은 기억했다. 아흔이 넘은 시므온 클랩[129]은 매사추세츠 주 골동품 수집가에게 젊었을 때 봤던 아비엘 컨버스의 교수형에 대해 얘기했다. 처형 때마다 목사들은 격렬하게 설교했다. "자만의 죄를 알아. (⋯) 많은 젊은 여성들이 자만의 유혹으로 자신의 몸에서 나온 열매를 말살하게 되니, 혼외아의 추문을 피한다 해도 끔찍한 사실이 밝혀지면 살인이라는 더 큰 수치로, 추악한 처형을 당하러 끌려올 것이다."[130]

그래도 여자들은 계속해서 "무법하게 저질렀다." 1632년 버지니아 주에서 처형된 제인 챔피언. 1633년 버지니아 주에서 처형된 마거릿 해치. 1646년 매사추세츠 주에서 처형된 메리 마틴. 1691년 매사추세츠 주에서 처형된 엘리자베스 에머슨과 '니그로(Negro)' 그레이스. 1692년 버지니아 주에서 처형된 무명의 여성. 1696년 매사추세츠 주에서 처형된 수재나 앤드루스. 1698년 매사추세츠 주에서 처형된 세라 스미스와 세라 스니닐스. 1701년 매사추세츠 주에서 처형된 에스터 로저스. 1712년 매사추세츠 주에서 처형된 '니그로' 베티. 1733년 매사추세츠 주에서 처형된 리베카 체임블릿. 1737년 버지니아 주에서 처형된 무명의 여성. 1738년 코네티컷 주에서 처형된 캐서린 개릿. 1739년 버지니아 주에서 처형된 엘리자베스 메이즈와 엘리자베스 투펜스. 1739년 뉴햄프셔 주에서 처형된 세라 심프슨과 퍼넬러피 케니. 1753년 코네티컷 주에서 처형된 세라 브램블. 1774년 버지니아 주에서 처형된 수재나 브레이저와 캐서린 페퍼스. 1785년 매사추세츠 주에서 처형된 해나 피긴(또는 피전). 1786년 펜실베이니아 주에서 처형된 엘리자베스 윌슨. 1787년 매사추세츠 주에서 처형된 아비엘 컨버스. 세인트제임스의 법정에서 나온 사회면 기사와 농장에서 번개 맞은 소 떼들에 대한 기사 사이에 끼인 채 식민지 시대 신문 뒷면에서 잊힌 더 많은 이름들[131]도 당연히 있었다.

이 여성들은 왜 이렇게 심하게 처벌받았을까? 분명 그냥 놔둔다 해도 그들은 공공의 위험이 되지 않았다. 유아 살해를 하는 여성들은 무장 강도나 방화범이나 강간범처럼 공공의 안전을 위해 가두어 둘 필요가 없다.[132] 사회에 훨씬 더 큰 해를 끼치는 범죄로 유죄 판결을 받은 많은 다른 이들이 사형 집행인을 피해 간다. 매사추세츠 주 노샘프턴에서 해나 피긴과 아비엘 컨버스가 교수형을 당한 것과 비슷한 시기에 같은 사법 관할 구역에서 반역죄로 기소되어 교수형을 선고받았던, '셰이스의 반란'[133]의 여섯 지도자들은 사면되었다. 훨씬 더 잔인한 범죄로 유죄 판결을 받은 사람들이 계속해서 더 약한 형량으로 빠져나갔다. 로버트 톰프슨이 같은 노샘프턴 사법 관할 구역에서 폭행으로 기소되었을 때, 그는 스무 번의 매질을 당하고, 교수대에 한 시간 동안 세워져 있다가 다시 열아홉 번 매질을 당하고, 일 년간 수감된 후, 그 수감 비용을 지불하라는 명령을 받았다. 그는 아내인 애그니스 톰프슨을 폭행했고, "엄지와 막대기로 그녀의 양쪽 눈을 파내어 그녀로 하여금 완전히 보지 못하도록 만들었다."[134]

청교도들에게 유아 살해는 더 나쁜 일이었다. 세례를 받지 못한 자들은 천국에 자리를 얻지 못하기 때문에 세례받지 않은 유아를 살해하는 건 그 영혼을 살해하는 거라고 가르쳤다. 그러나 정말 기이하게도, 사형 집행 설교로 잔뜩 충전한 목사들은 그 신학적 논점에 대해서는 거의 언급하지 않았다. 유아 살해가 공정성에 근거해 볼 때 다른 살인보다 더 나쁘다는 주장도 있었다. "대부분의 살인은 아닐지라도 많은 살인이, 살해당한 사람으로부터 받은 도발이나 가해가 있거나, 고려할 만한 이익에 대한 기대가 있거나, 전혀 핏줄로 연결되지 않은 남이거나 또는 그 사람이 어느 정도의 방어를 할 수 있는 경우이다."[135] 이 조건 중 어느 것에도 관련되지 않으므로, 유아 살해는 "가장 끔찍하고, 흉측하고, 도리에 어긋난 범죄"라고 결론지었다.

대부분의 목사들은 유아 살해가 신적인 권위를 위배한다고 규탄했다. 에런 베스컴 목사는 이런 관점으로 처형 날, 아비엘 컨버스를 훈계했다.

> 죄인의 악은 신의 정반대에 놓여 있나니, 왜냐하면 죄는 신의 법을 어기는 것이기 때문이다. 사람들이 범하는 모든 죄는 신의 법을 위배하는 것이다. 그러므로 주의 권위를 무시하고 주에게 완전히 반대하는 것이다. 사회, 통치자, 부모, 주인, 보호자에게 반대하는 것은 모두 죄이다. 그렇다. 생각, 말, 행동의 모든 죄가 신의 신성한 법을 위배하는 것이며 그러므로 반대를 표하는 것은 주께 적의를 드러내는 것이다.
>
> 죄인들이 신을 반대하고 증오하는 것은 명백한 사실로 분명히 드러난다.[136]

유아 살해의 죄가 있는 여자는 많은 방식으로 신의 권위를 조롱한 것이었다. 그저 종교를 무시한 것만으로도 그녀는 신에게 도전한 것이었다. 민법을 지키지 않았으니, 신의 오른팔로 여겨지는 가부장제의 지도자들이 가진 권위를 조롱한 것이었다. 그리고 간음과 혼외아 출산이 유아 살해 전에 이미 일어났으므로 하나의 법이 아니라 여러 법을 어긴 것이고, 그런 다음 오랜 기간에 걸쳐 그걸 비밀로 하고 거짓말을 함으로써 여러 범죄를 은폐한 것이다. 자신이 낳은 아이들을 죽인 하인과 노예는 주인과 시의 권한, 그리고 그들을 통해 신을 조롱한 것이다.

　끝으로 자신들의 아기를 죽인 모든 여성은 그 당시조차도 자연의
신이 천명한 자연의 법칙으로 여겨지던 것을 어겼다. 고용 하인이자
예전에 노예였던 수재나의 재판에서 법원이 임명한 존 밴 네스 예이츠
변호사는 **어머니**를 이렇게 규정했다.

　　무구하고 무력한 자식에 대한 어떤 악의나 복수심이 어머니의
　　가슴으로 들어올 수 있을까요? 어머니는, 인간적이고 신적인
　　연결로 자식을 보호하고 양육하도록 되어 있지 않나요? 그
　　사랑스러운 이름은 우리에게 증오가 아니라 사랑이라는 확실한
　　서약을 해 줍니다. 자식이 합법적이건 아니건 상관없이요. 자연의
　　신이 이 애정을 너무나 강력하게 어머니의 가슴에 심어 두었으므로
　　아무리 시간이 흘러도 어떤 일이 있어도 바꾸거나 해칠 수 없는
　　겁니다.[137]

자식을 죽이는 여자는, 그렇다면 그 규정에 따르면 "부자연스럽"고
"괴물 같"으며 "젖을 꺼내 어린 자식에게 물리는 바다 괴물"보다 더
"냉혹한" 것이다.[138]

　피임이 어느 정도 일상화된 지금 유아 살해는 우리와 상관없는
끔찍한 사건으로 보인다. 그러나 당시에는 다른 대안이 없었고 어쨌든
유아일 때 자식들이 쉽게 죽었던 식민지 시대의 여자에게 유아 살해는
일종의 절망적인 사후 피임이었다.[139] 그 당시에도 다양한 방식의
피임이 알려져 있었고 질외사정이 널리 이루어졌다. 2명의 남편과
여러 명의 연인을 두었던 세라 스미스는 이런 걸 알고 있었겠지만,
절대 안전한 피임은 없었다. 한편, 메리 마틴처럼 어머니가 없는 젊은
미혼 여성은 피임에 대해 전혀 몰랐을 것이다. 그리고 어떤 상황에서는
피임에 대한 정보는 별 도움이 되지 않았을 것이다. 열여섯 살의
노예 앨리스 클리프턴은 골목에서 '뚱보 셰퍼'라는 백인 남자로 인해
'타락해 버렸다'. 그렇게 절망적인 상황에 빠진 여성들은 유아 살해로
향한다. 그러나 아이를 죽이면서 여자들은 살인만 저지른 게 아니라,
성별로 인해 처벌받아서는 안 된다는 걸, 내 몸은 어떤 면에서는 내

권리라는 걸 최소한 상징적으로나마 단언한 게 되었다. 이러한 주장은
무엇보다도 국가와 신의 권한에 도전한다.[140] 가부장 사회에서 그들은
혁명가였다.

　　매사추세츠 주 체스터에서 아비엘 컨버스가 자신의 혼외아를
살해해서 체포된 후로 일주일이 지나, 남편과 사별한 지 몇 년 되었고
임신한 지 몇 달 된 타일러 부인이 아침으로 쥐약을 먹었다. 그녀는
'크나큰 고통' 속에서 하루를 보내고, 해 질 무렵, 죽었다. 그 지역
신문의 편집장은 이 '사려 없는 행동'에 대해 암울한 관점을 보였고
베스컴 목사는 컨버스의 처형장에서 "자신을 살해하는 가증스러운
사악함에 유혹당한 불결하고 음탕한 여자, 고의적이고 계획적으로
은총에 대한 희망을 버린 채로, 그 어떤 친구의 기도와 소망도
전혀 바라지 않았다"[141]고 타일러 부인을 매도했다. 그러나 베스컴
목사조차도 기도를 주지도 소망을 바라지도 않았다.

　　베스컴 목사와 같은 남자들이 신보다 스스로의 권위에 더 관심이
많았던 것 아닌지 의심하지 않으면서 과거의 설교를 지금 읽어
나가기란 힘들다. 그들은 언제나 여자들에게 온순하고 순종하라고
경고했다. 유아 살해로 유죄 판결을 받은 여자들의 처형장에서
목사들은 '불결함'에 대해 여자들에게 장광설을 퍼부었다. 또한
거짓말, 숨기는 것, 분노, 반항, 위선, 뚱한 채로 불만을 품는 것,
게으름, 그리고 다른 여자들과 '몰려서 나다니는 것'에 관해 경고했다.
정치적인 문맥에서 이러한 '죄들'은 저항, 봉기, 전복, 태업, 연대와
공모에 맞먹는다. 강론자들이 큰소리로 비난한 게 놀랄 일도 아니었다.
"사도는 젊은 여성에게 **신중**하고 **분별**할 줄 알며, 순결하고 집안 살림을
잘해야 한다고 가르친다. 그래야 신의 말씀이 모독을 당하지 않게 될
것이다."[142]

　　하지만 여자들이 집안 살림을 하고 있지 않은 건 분명했고,
십팔세기 내내 혼외아 출산은 너무나 흔한 범죄가 되어 형벌을
줄여야만 했다. 1747년 벤저민 프랭클린의 경이로운 허구적 인물인
미스 폴리 베이커는 다섯번째 혼외아를 낳은 걸로 기소되자 자신은
'신민'을 추가시켜 시민의 의무를 다했으니 명예를 기리는 동상을
세워 주어야만 한다고 주장했다.[143] 프랭클린의 풍자적인 시도는

'죄'와 '범죄'를 구분하는 진지한 논쟁이기도 했다. 1780년에 샤스텔뤼 후작[144]은 코네티컷 주 볼런타운에서 가족들이 잘 돌봐 주고 있는 '기만당한' 도런스 양의 이야기를 솔직하게 할 수 있었다.[145] 그리고 그 가족을 만난 샤스텔뤼 후작의 번역가 조지 그리브 역시 미국에서는 그러한 젊은 여성의 경우 "비난을 받기보다는 동정을 받으며" 그리고 "그녀의 모험이 안 알려지거나 숨겨지지도 않은 채 자신의 모든 권리를 여전히 다 보유한 채로 사회에서 합법적인 배우자와 어머니가 될 수 있다"고 영국의 독자들에게 조언했다.

　　법원의 소송 사건 일람표는 혼외아 출산 사건으로 가득했다.[146] 1785년 5월 매사추세츠 주 스프링필드에서 열린 주 의회 사계 치안 법원에서 '미혼 여성' 메리 하워드가 출석해 "자발적으로 간음 범죄에 유죄라고 고백하고 (…) 지난 1월 20일 자신의 몸에서 여아인 혼외아를 낳았다고 자백했다." 6명의 여성이 메리 하워드의 뒤를 이었다. 여성들은 유사한 자백을 하고 숙련공의 일주일치 임금보다 약간 더 많은 육 실링의 벌금과 삼 실링의 비용을 냈다. 자신의 아이와 수치심을 받아들인 여성은 사회로 복귀할 수 있었지만 자신의 손으로 이 문제를 해결한 여성은 그러지 못했다. 같은 달, 노샘프턴 근처의 고등 법원에서 혼외아의 죽음을 은폐한 해나 피건에게 사형 선고가 내려졌다. 이는 유아 살해를 저지른 여성을 그 살인에 대해 처벌하는 게 아니라 당국의 권한을 속여 넘기려 했다고 처벌하는 것 같았다.

　　어떤 여성은 속여 넘겼다. 그들은 넓은 치마와 앞치마로 임신을 숨겼다. 그리고 혼자 조용히 출산했다. 에스터 로저스는 겨울에 들판으로 나가 출산했다.[147] 수재나 앤드루스는 한밤중에 부모의 집을 나서 너른 벌판으로 가 쌍둥이를 낳았다.[148] 캐서린 개릿은 헛간에서 출산했고[149] 세라 스니들스는 목초지에서[150], 앨리스 클리프턴은 두통이 있다면서 올라가 모든 식구들이 바로 아래에서 점심을 먹는 동안 이 층 침실에서 아이를 낳았다.[151] 혼외아를 살해한 죄로 스물한 살에 사형 선고를 받은 에스터 로저스는 열일곱 살에 또 다른 혼외아를 낳았었다고 자백했다.[152] 그녀는 아기를 눌러 죽이고 방에 숨겼다가 밤에 정원에 묻었다. 아무도, 같은 집의 흑인 하인이었던 아버지까지도 의심하지 않았다. 뉴햄프셔 주 포츠머스의 우물에서 죽은 아기가

발견되었을 때, 당국은 출산을 한 걸로 의심되는 세라 심프슨과
퍼넬러피 케니를 신문했다. 둘 다 아이를 낳았다고 자백했지만 한
사람은 강으로 던졌다고 했고, 다른 한 사람은 자신의 아기가 묻힌
곳을 안내했다.[153] 심프슨과 케니는 교수형을 당했지만 우물 속 아기의
어머니는 결코 찾아내지 못했다.

이런 종류의 간과는 당국을 난처하게 했다. 심프슨과 케니의
교수형 당시 설교를 한 윌리엄 셔틀레프 목사는 이 기이한 사건에
대한 '짧은 설명'을 써, 자신의 설교 인쇄본에 같이 수록하도록 했다.
그는 당혹해하면서 독자들이 특히 "**이 범죄의 놀라운 발각과 (…) 아직도
잡히지 않은 (…) 제3의 인물을 고통스럽게 하는 신의 섭리의 신비로움에**
대해 올바르고도 타당한 생각을 하도록"[154] 촉구했다. 그는 죄지은
여자가 다음 세상에서 벌을 받으리라는 걸 알고 있었다. 여전히, **이**
세상에선, 여자는 살인을 저지르고도 피해 갈 수 있다는 게 분명했다.

위협당한다고 느끼고 난처해진 사회 지도층은 은폐 행위에
대해 여자들을 계속 처벌했고, 목사들은 유죄 판결을 받은 여자들이
적절하고, 두려움을 일으키는 사례가 되게 하려고 힘껏 애썼다.
목사들이 유죄 판결을 받은 여자들에게 죽음을 준비시킬 시간을
주게 하기 위해 처형이 연기되었다. 세라 심프슨이 죽음을 기다릴
때 포츠머스의 모든 목사들과 인근의 많은 목사들은 "그녀와
기도하면서, 가르치는 일도 계속 직접 하느라" 바빴다. 퍼넬러피 케니는
아일랜드에서 태어나 가톨릭으로 키워졌는데도 같은 목사들이 "**그녀의
비참하고 몰락한 영적 상태**"[155]를 확신시키려 애썼다. 목사들은 캐서린
개릿의 '준비'를 위해 육 개월을 일했고 에스터 로저스한테는 팔 개월을
들였다. 코튼 매더는 자신의 책 『코튼 매더의 일기(Diary of Cotton
Mather)』에 "많고 많은 힘든 시간을 (…) 감옥에서, 이 비참한 생명들의
영혼에 봉사하기 위해" 보냈다며, 함께 교수형당한 엘리자베스
에머슨과 흑인 고용 하인인 그레이스에 대해 기록했다. 매더는
자신의 노력을 백인 여성에게 집중했다.[156] 교수형 당일 설교하면서
그는 그레이스를 그저 '너희의 흑인 동료 수난자'로 덧붙여 언급하고
자신의 설교는 철저하게 '엘리자베스'를 향해 있다고 이야기했다.
그는 에머슨으로 하여금 그녀의 죄가 스스로를 죽음으로 이끌었다고

말하기를 원했다. 그녀가 자신의 영혼을 구원받으려면 그렇게 말해야만 했다. 그리고 그렇게 말하면, 하필, 우연찮게도 그녀는 책임자들, 국가와 종교 권력을 그 책임으로부터 사면시킬 수 있었다.

목사들이 리베카 체임블릿을 '준비시킨' 후, 그녀는 자신이 죄를 숨겨 신을 화나게 했다고 인정했다.[157] 자신이 "신을 무시하고 신의 조언을 거절하고 신의 길을 걷지 않아서" 신이 자신의 "마음이 음란과 사악함의 길로 가도록" 포기한 것은 "정당하다"고 에스터 로저스는 말했다.[158] 세라 심프슨은 어린 시절 신에 대한 의무를 소홀히하고 종교를 공부할 기회를 무시했다고 말했다.[159]

처형 설교에서 매더는 엘리자베스 에머슨이 썼다고 말하면서 임종 진술을 읽었다.

저는 비참한 죄인입니다. 그리고 제가 어리석은 마음을 떠나지 않아 신성하신 주님께서 분노하신 것은 정당합니다. 그로 인해 지금 저는 죽어야 하는 벌을 받습니다. (…) 현재 제 상황이 저한테 일어난 주된 이유는 부모님을 향한 제 반항이라고 믿습니다. 저는 그분들의 독실한 충고와 비난을 경멸했고, 항상 오만했으며, 고집만 부렸습니다. 그래서 저는 이제 **말을 듣지 않는 아이**들에게 내리는 신의 벌을 보여주는 끔찍한 사례가 되었습니다.[160]

에스터 로저스는 팔 개월의 준비 후, 교수대에서 이렇게 말했다.

여기 저는 수치스러운 죽음으로 죽게 되었고, 이런 벌을 받아 마땅합니다. 젊은 사람들은 경고를 들으세요. 오, 모두 제가 하는 경고를 들으세요. 모두에게 조심하시라고 애원합니다. 부모님과 주인님께 순종하세요. (…) 오, 사악한 친구와 바깥으로 달아나거나, 안식일과 밤에 나가지 마세요. (…) 신을 사랑하지 않으면 신도 당신을 사랑하지 않습니다. 죄로 들어가면, 신을 화나게 할 것입니다.[161]

세라 심프슨은 교회의 말에 주의를 기울이고, 눈을 다른 데로 돌리지 말라고 젊은 사람들에게 충고했다.[162] 유죄 판결을 받은 여성들은 모두 마지막에 목사가 직접 쓰기라도 한 것 같은 올바른 임종 진술서를 제출했다.

그러나 맨 처음부터 그런 건 아니었다. 처음 에스터 로저스는 자신의 감방에서 떠나질 않는 목사들과 이야기하는 걸 거부했고 교회에 가려고도 하지 않았다.[163] 리베카 체임블릿도 입을 열지 않았고, 그녀의 '개종'에 관여한 한 목사는 그를 향한 그녀의 몇 안 되는 대답이 있었더라도 '짧았다'고 말했다.[164] 가끔 그녀는 이성을 잃고 성질을 부리기도 했던 것 같다. 왜냐하면 진술서에서 그녀는 "유죄 판결 이후 (…) 중얼거렸던" 자신의 '성급한 표현'에 대해 사과했다. 세라 스미스는 거짓말만 했다.[165] 아마도 엘리자베스 에머슨을 개종시키느라 지쳤을 코튼 매더는 그녀를 "피비린내 나는 **살인자**"[166]라고 불렀고, "너보다도 더 **무정하고** 더 **무익한** 죄수는 결코 없었다"고 말했다. 심프슨과 케니는 자신들의 판결을 "혹독하고 부당하다"고 비난하면서 집행유예를 신청하고 탈출 계획을 짰다.[167] 뉴저지 주 프리홀드에서 처형을 기다리던 엘리너 화이트는 탈옥해 달아났다.[168] 애덤스 목사는 캐서린 개릿의 처형일 설교에서 그녀가 "이렇게 유죄 판결을 받고도 여전히 멍청하고 완고하며 무정하다"고 말하면서 "**어떤 원한이나 증오도 품지 말라**"고 경고했다.[169] 처음 유죄 판결을 받을 때 그녀는 "극도의 혼란과 비참함에 빠져" 또한 "성급하고 경솔한" 진술을 하고 "모든 사람들" 탓을 하는 바람에 목사들은 "그 분노를 진정"시키려 열심히 애썼다.

목사들의 노력이 아니었다면 이 모든 여성들은 자신들의 불행을 "모든 사람들" 때문이라며 탓했을 것이다. 메리 마틴은 자신을 버린 아버지나 자신을 유혹하고 강간한 주인 탓을 했을 것이다. 백인 남자에게 유린당한 어린 앨리스 클리프턴은 의사가 보기엔 자신의 곤경으로 인해 "제정신이 아닌" 것처럼 보였지만, 그러한 와중에도 그 의사에게 아이의 아버지인 뚱보 셰퍼로부터 명령을 받아 아기를 죽였다고 말했다. 펜실베이니아 주 체스터의 엘리자베스 윌슨은 아이들의 아버지가 자신에게 총을 겨누어 움직이지 못하게 해 놓고 오 주에서 육 주 정도 된 그녀의 쌍둥이를 살해했다고 고발했다. 이 이야기는 최고집행위원회의 동정심을 끌어냈고 그녀에게 집행유예 명령이 떨어졌지만 그 명령은 엘리자베스가 교수형당하고 이십 분 후에 도착했다.

그러나 엘리자베스 윌슨조차도 자신 탓을 했고, 뉘우치고 자포자기한 듯 보였으며, 교수대에서 "다른 이들이 그녀를 경고 삼아 수치스러운 결말을 가져온 이러한 죄를 피할 수 있기를" 기도했다. 동시에 그녀는 "사건에 대한 그녀의 무죄를 다시 한번 더 주장"했다.[170] 그러니까 자신이 목매달리게 된 살인에 대해서 말이다. 심프슨과 케니도 **"자신들의 아이들에게 폭력적으로 손을 대지 않았다"**면서 "한 사람은 자신의 아이가 사산이라고 단언했고 다른 한 사람은 아이가 **태어나자마자 곧 죽었다고** 단언했다."[171] 그러나 목사들의 도움으로, 아이들이 살아남을 수 있을 만큼 충분히 돌봐 주지 못했다는 "분별을 갖게" 되어 **"저지를 의도는 아니있으나 소홀함으로 여섯번째 계명을 어기는 죄"**를 지었다는 데 동의했다. 살인죄를 지었건 아니건, 유죄 판결을 받은 여성들 대부분은 에스터 로저스처럼 느끼게 되었다. "내 안에서 자발적으로 죄의 처벌을 받아들인다는 걸 (…) 발견했다"고 그녀는 말했다. "그리고 영생에 대한 신의 은총을 받고자 하는 희망으로, 받아 마땅한 죽음으로 고통받는 걸로 신의 정의를 영화롭게 할 준비 과정을 발견했다. (…) 신의 기쁨에 복종하고 (…) [신께서] 내가 나 자신을 증오하도록 하셨다."[172]

그래도 굴하지 않는 여자들이 있었다.[173] 세라 브램블은 처형일에 자신을 이롭게 할 게 분명한 설교에 참석하는 걸 거부했다. 세라 스미스는 설교와 공개 기도 내내 잤다. 그리고 출판된 리베카 체임블릿의 진술서의 일부는 자백이라기보다는 협박처럼 읽힌다. "종종 생각합니다." 그녀는 썼다. "내 죄가 발각되지 않은 채로 있었더라면, 반항의 길에 날 버려 두라며 신을 계속 화나게 했을 겁니다." 오만하고 화를 내며 고집 부리는 여성들의 이야기가 더 있었더라도, 그들의 이야기는 가장 성공적인 개종에 대한 이야기만을 출판하는 목사들이 확실하게 눌러 놓았을 것이다.

그래서 여자들은 죽기 위한 교육을 받았다. 각각의 여자마다 어딘가 끔찍한 구절에 기반한 설교로 타일러졌다.[174] 세라 스미스는 요한 계시록 21장 8절을 들었다. "그러나 두려워하는 자들과 믿지 아니하는 자들과 흉악한 자들과 살인자들과 음행하는 자들과 점술가들과 우상 숭배자들과 거짓말하는 모든 자들은 불과 유황으로 타는 못에 던져지리니 이것이 둘째 사망이라." 리베카 체임블릿은 신명기 22장 21절에 대한 설교를 들었다. "그 **여자를 끌어내어 돌로 쳐 죽일 것이다. 이스라엘에서 어리석은 악을 저지른 까닭이다. 이처럼 너희 가운데서 악을 뽑아내야 할 것이다.**" 그런 다음 대개 마을에서 1.6킬로미터 정도 떨어진 곳에 세워진 교수대로 걸어가는 내내 목사들의 "공포와 훈계의 말이 위안의 말에 섞여" 유죄 판결을 받은 여자를 따라왔다.[175] 관이 앞에 놓여 있었고, 가끔은 걷는 중인데도 여자의 목에 밧줄을 걸었다. 애덤스 목사는 캐서린 개릿이 "관을 보고 족쇄를 벗으며 밧줄을 목에 거는 등 이런 일을 하면서 적절하고 알맞은 말을 했다"[176]고 보고했다. 교수대에서 목사들은 긴 기도와 더불어 유죄 판결을 받은 여자의 임종 진술을 큰 소리로 읽었다. 가끔은 여자 스스로 군중에게 이야기했다. 세라 심프슨은 엄청난 '**마음의 평정**'[177]을 보여주었고 에스터 로저스는 '굽히지 않는 용기와 흔들리지 않는 자신감'[178]을 보여주었다. 캐서린 개릿은 외워 둔 기도를 전한 다음 계속해서 '더듬거리며 앞뒤가 맞지 않는' 식으로 기도했다.[179] 리베카 체임블릿은 목사의 질문에 올바르게 대답하다가 "**저는 비참해요. 그리고 주님을 기쁘게 하기 위해 제 스스로 아무것도 할 수 없어요**"라고 말했다. 그녀는 몇 개의 질문에 더 대답하고는 "점점 혼란스러워하다 기절했고 계속되는 토론을 더 이상 듣지 못했다."[180]

그런 다음 목사들이 물러나고 처형인이 여자를 사다리에서 밀어내면 여자는 잠시 매달렸다가 죽었다.

한 세기가 끝나 가면서 공개 교수형도 끝나 갔다. 오랜 시간에 걸쳐 사회의 의식도 많이 변화했고 그것이 누적되면서 여성에 대한 처벌에 변화가 생겼다. 한편으로는, 존 로크와 유명한 이탈리아 법학자 체사레 베카리아와 같은 계몽주의 사상가들이 처벌의 목적은 다른 사람을 저지하는 게 아니라 가해자를 통제하고 교화하는 것이라고 가르쳤다.[181] 1651년 토머스 홉스는 더 오래된 관점에 의거해 "처벌의 본성은 사람들을 법에 복종하도록 하는 데 목적이 있다"고 썼지만, 1690년

로크는 처벌은 "위반한 자에게 맞춰 줘야만" 하고 오로지 "손실에 대한 배상과 제한"에만 부여해야 한다고 주장했다. 계몽주의 사상가들의 영향력이 더해지면서 공개 사형과 태형은 중단되었다.[182] 영국과 미국은 여자를 불태우는 것도 그만두었다. 신체에 낙인을 찍거나, 신체를 변형시키거나 절단하는 것도 잔인하고 비인간적인 처벌이라고 하며 그만두었다. 여자가 가장 심한 형을 받았던 위반인 '혼외아의 죽음을 은폐하는 것'은, 본질적으로는 일종의 종교적 믿음에 대한 위반이라고 인식되어졌다. 그리고 청교도와 성공회교도가 세속적인 권한에 대한 지배력을 잃어 가면서 유아 살해조차도 덜 극악무도한 위반으로 보이기 시작했다. 다양한 이민자들과 함께 종파의 수가 증가하면서[183] 미국은 마침내 비틀거리다 엎어져 신앙의 자유로 들어갔다.

다른 한편으로, 사회에서 여자의 지위는 급격하게 하강했다. 십팔세기 중반에 여자와 남자는 수적으로 거의 비슷했다. 여성이 더 늦게 결혼했고 종종 덜 결혼했다. 한 번도 결혼하지 않거나 사별한 후 다시 결혼하지 않은 여성의 수가 꾸준히 증가했다. 여성들은 그저 더 이상 귀하지 않아서 그 가치를 잃었다. 십팔세기 후반 내내, 제조업은 집이 아니라 새롭게 만들어진 가게나 공장으로 옮겨 가기 시작했다. 처음에는 여자와 어린이 들이 직물 생산 일을 따라 공장으로 갔지만 나중에는 남자들이 산업의 숙련된 일자리를 차지했다. 그러나 집에서 옮겨 나간 일은 집**에서** 하는 일과 같지 않았고 '남자의 영역'과 '여자의 영역'이 갈라지면서 남자와 여자는 본질적으로 다른 종류의 사람들처럼 보이게 되었다. 여자를 몇몇 직업에서 몰아내고, 임금을 덜 주고, 투표권을 뺏고, 교육을 시키지 않고, 정부의 공직에서 내보내고, 형평법에 의거했던 기혼 여성의 권리를 박탈하는 일은 식민지가 새로운 국가로 변화할 때라 분명 더 쉽게 이루어졌을 것이다. 애비게일 애덤스가 남편에게 '여자들을 기억하라'고 경고하며 헌법 작성에 참여하자, 남편은 법적 권리에 대한 그녀의 요구를 **비웃으며** 여자로서 누린 비공식적인 특권을 그녀에게 상기시켰다. 애비게일은, 스스로를 레이디 애덤스라고 불렀던 자신이 불리한 패를 쥐었다는 걸 알았다.

어떤 여자들이 가진 '특권' 중 하나, 특히 특정 사회 계급의 백인 여자들의 '특권' 중 하나는 체벌로부터의 면제였다.[184] 1699년 뉴헤이븐에서 죄인을 매질하려고 고용된 남자가 여자를 매질하는 걸 거부했다. 그는 벌금을 물고 일에서 해고되었는데 그를 대신할 사람을 구할 수 없었다. 1722년 하트퍼드에서도 유사한 사건이 있었다. 십팔세기 중반에도 여전히 간통이나 반복되는 혼외아 출산 같은 좀 더 중대한 범죄에서는 여자를 매질했지만, 경범죄로 여자를 매질하는 관행은 뉴잉글랜드 전역에서 중단되었다. 매질을 하는 경우조차도 목격자의 말에 따르면 '여자들은 가볍게' 당했고 '심한 매질'은 '더 중한 악인'에게만 해당되었다.

의식이 바뀌자 법이 따라 바뀌면서, 처벌은 더 이상 강제될 수 없었다. 1731년 델라웨어 주에서 있었던 캐서린 베번의 화형은 산 채로 불 속으로 떨어지는 끔찍한 세부 묘사까지 포함해서 널리 알려졌다. 그 사건의 기억이 남아 있어서 그랬던 건지, 버지니아 주의 요크 카운티 관리들은 1769년 자는 남편을 도끼로 살해한 백인 여성, 톰프슨 부인을 기소하지 않았다.[185] 만약 유죄로 판결된다면 화형을 시켜야 하므로 그들은 그녀가 "정상이 아니다"라고 선고하고 투옥시켰다. 이전까지 버지니아 주는 흑인만 화형시켰는데 그조차도 혐오스러운 일이 되어 갔다. 노예인 이브를 오렌지 카운티에서 화형시킨 지 삼 년 후에 같은 카운티에서 백인 남자와 흑인 남자를 독살한 혐의로 기소된 또 다른 노예인 레티는 "최근 이브의 화형에서 행해진 끔찍한 장면"을 반복하는 것은 너무 소름 끼치기 때문에 풀려났다.[186] 세라 커크가 1787년 남편을 살해해서 유죄 판결을 받았을 때 델라웨어 주 사법부는 오십육 년 전 베번을 불태운 오랜 법을 서둘러 바꿨다. 커크는 교수형을 당했다. 매사추세츠 주는 노예 필리스를 화형시킨 지 이십 년 뒤인 1777년에 경반역죄의 처벌을 화형에서 교수형으로 바꾸었다.[187]

여전히 교회가 굳건하게 형법으로 움켜쥐고 있는 유아 살해의 경우를 제외하고는 여성을 교수형에 처하는 것조차 점점 더 어려워졌다. 비교적 인도적인 규정을 계속 유지해 온 식민지 시대의 펜실베이니아 주는 1718년 이후 사형 판결을 받은 15명의 여성 중에서 10명을 사면하거나 추방했고, 나머지 5명 중 엘리자베스 윌슨만이 교수형을 당했는데 이도 사면 명령이 너무 늦게 도착해서 죽은 것이었다.[188] 세일럼의 그림자로 그늘진 혹독한 매사추세츠 주 법조차도 결국은 대중의 의견이 바뀐 것에 굴복했다. 뱃세바 스푸너[189] 사건이 마지막 지푸라기였다. 주목할 만한 사건이었는데, 왜냐하면 스푸너는 자신의 아이를 죽이지 않았기 때문이었다. 국가가 죽였다.

뱃세바 스푸너는 매사추세츠 주의 지도층이자 저명한 법조인, 판사이며 제프리 애머스트 경의 준장으로 그 사회의 수뇌부라 할 수 있는 티머시 러글스가 가장 총애하는 딸이었다. 미국 독립전쟁 전날, 러글스는 왕을 지지하기 위해 단호하게 나섰고, 자신이 주선한 비참한 결혼에 뱃세바를 버려둔 채로 아들들과 함께 노바스코샤 주로 도주해야만 했다. 1766년 러글스는 그 당시 스무 살이었던 뱃세바를 돈 말고는 달리 아무런 장점이 없어 보이는 은퇴한 상인 조슈아 스푸너와 결혼시켰다. 1844년에 펠렉 챈들러는 그 사건을 언급하면서 스푸너가 '성격상 유약한 사람'이며, 뱃세바를 '멋대로 굴도록' 키운 당당한 아버지와는 전혀 다른 사람이라고 적었다. 스푸너 부부는 어울리지 않는 짝이었고 모든 기록에 따르면 뱃세바는 아름답고 영리하며 활기차고 교양있으며 또한 말을 뛰어나게 잘 타는 여성으로, 자신의 우둔한 남편을 곧 경멸하게 되었다. 결혼한 지 십이 년 후 그녀는 남편을 죽이기로 결심했다.

처음엔 워싱턴 주 군대의 군인인 에즈라 로스에게 도움을 요청했다. 그는 첫 전투 후에 우연한 계기로 그녀의 집에서 요양했고 그녀는 그와 '부적절한 친교'를 맺었다. 그러나 로스는 열여덟 살의 착실한 소년이었지 살인자는 아니었다. 그는 몇 번이나 실행에 옮기질 못했다. 마침내 뱃세바는 길을 지나가던 2명의 전직 영국 군인들을 불러들였다. 서른 살의 스코틀랜드인 제임스 뷰캐넌과 스물일곱 살의 영국인 윌리엄 브룩스였다. 그녀는 남편이 이 주간 집을 비운 동안 자신의 집에 머물러 달라고 부탁했다. 그들은 조슈아 스푸너의 돈으로 먹고 마셨고 이야기는 결국 살인으로 향했다. 돌아온 스푸너는 뷰캐넌과 브룩스에게 떠나라고 하면서 숟가락을 훔쳤다고 비난하고, 자신을 지켜 달라고 이웃을 부르고, 바닥에서 돈궤에 머리를 대고 잤다. 뷰캐넌과 브룩스는 그를 죽이는 데 동의했다.

이 주 뒤인 1778년 3월 1일 밤, 조슈아 스푸너는 죽을 때까지 구타당한 후 자신의 집 뜰의 우물에 거꾸로 던져졌다. 혼자가 된 그의 아내는 돈궤를 부숴 열고 나중에 그녀에게 불리한 증언을 한 하인들 앞에서 뷰캐넌, 브룩스, 그리고 그날 밤 들렀다가 당연히 그 우연으로 암살자로 참여했다는 인상을 줬을 뿐인 젊은 에즈라 로스와 전리품을 나누었다. 그다음 날 뱃세바는 남편의 부재를 보고했지만 사람들은 곧 우물에서 그의 시체를 발견했다. 뷰캐넌과 브룩스는 근처 술집에서 스푸너의 옷을 입고 'J. S.'라는 머리글자가 새겨진 근사한 구두 장식을 차고 술에 취해 나타났다. 그들은 체포되었고, 곧 뱃세바는 살인을 "부추기고, 떠밀고, 선동하고, 조언하고, 그에 도움을 준" 사람으로서 살인죄로 기소되었다.

　　레비 링컨이 뷰캐넌, 브룩스, 로스와 스푸너를 변호하도록 지명되었다. 훗날 링컨은 길고 성공적인 경력 속에서 제퍼슨 대통령의 법무 장관이 되었고 연방 대법원의 지명을 거절했지만, 스푸너 재판에서는 그렇게 많은 일을 하지 않았다. 그는 자백한 뷰캐넌과 브룩스를 포기했고, 로스의 젊음과 우연한 연루를 강조했고, 스푸너 부인이 건전치 못한 정신 상태라고 격렬하게 주장했다. 정상이 아닌 여자만이 이렇게 도저히 믿을 수 없는 불량배들과 공모해서 이렇게 명백한 살인을 선동할 뿐이라고 주장했다. 그럼에도 배심원은 유죄 평결로 답했고 4명의 피고인은 사형을 선고받았다. 재판은 시작부터 끝까지 열여섯 시간이 채 걸리지 않았다.

　　남자들은 재빠르게 무너졌다. 울면서 후회하고 자신들을 '유혹'한 '음란'한 여자를 탓하는 자백서를 썼고 법원에 죽음을 준비할 시간을 달라고 유예를 청원했다. 반면 뱃세바는 조용해 보였다. 그녀를 싫어한 사람들은 '무정'하다고 말했지만 동정론자들은 그 놀라운 용기에 찬사를 보냈다. 뱃세바는 무너져 내리지 않았다. 그러나 그녀는 자신이 임신했다고 법원에 알렸고, 죽음을 준비하기 위해서가 아니라 그녀 자신의 주장에 따르면 합법적으로 임신된 것인 아이를 출산하기 위해 사형 집행 연기를 요청했다.

　　여성이 '부른 배로 간청하는' 경우의 표준 절차에 따라 법원은 스푸너를 검사하려고 2명의 남자 산파와 12명의 '분별있는 기혼 여성'으로 이루어진 위원단을 지명했다. 그들은 스푸너가 임신했는지뿐만 아니라 아이가 '느껴지는지'를 결정할 책임이 있었다. 어려운 구분이었지만 중요한 구분이었다. 태동은 태아의 생명이 시작되는 순간이었고 교회 당국이 아이를 없애는 걸 죄가 된다고 여기는, 살아 있는 걸로 인식하는 지점이었다. 그 중요한 지점은 대략 여아는 삼십 일에서 사십 일경, 남아는 팔십 일에서 구십 일경에 시작된다고 여겨졌다. 태동 전의 태아는 그저 원형질 덩어리에 불과했다. 따라서 어떤 교회도(가톨릭 교회마저도) 태동이 일어나기 전에 태아를 낙태하거나 임신 초기 주에 여성을 목매다는 걸 반대하지 않았다. 법의 눈으로 볼 때 태어나기 전의 아이를 죽이는 것은 범죄가 아니었다. 그 아이가 세상에 태어나 어머니로부터 완전히 분리되었을 때만 살해당할 수 있는 사람으로서의 자격이 주어졌다. 그러나 태아는 일단 태동을 시작하면 영혼이 있는 걸로 여겨졌다. 그럴 때 죽이면 범죄는 아닐지라도 끔찍한 죄를 범하는 일이었다.

스푸너의 경우 그 구분은 논쟁의 여지가 있어 보였고, 검사한 배심원들은 그녀가 임신하지 않았다고 밝혔다. 법원은 그녀를 도망갈 길을 찾는 못된 계획을 꾸미는 여자라고 간주했다. 남성 산파들과 1명의 기혼 여성이 두번째 검사에서 의견을 바꾸었다고 보고했지만 판사는 그녀가 죽어야만 한다고 판결했다. 그녀는 죽었지만 해부를 실행해 달라는 마지막 요청을 지키려 시신을 열었을 때, 형태가 다 갖춰진 다섯 달 된 남성 태아가 발견되었다.

그런 다음, 처형장에 몰려들었던 수천 명의 사람들 사이로 그 소식이 전해지면서, 사람들은 그들이 본 것 중 가장 끔찍했던, 무서운 뇌우가 일어났다는 것을 '이해'했다. 챈들러는 '끔찍한 삼십 분'을 묘사했다.

5천 명의 사람들이 모인 가운데로 "길을 비켜라, 길을 비켜라!" 하고 크게 외치는 관리들, 앞에 있는 사람들을 짓밟는 말들, 혼란과 소동 속에서 여인들의 비명 소리, 천천히 운명의 나무로 향하는 죄인들, 앞으로 나아가는 참담한 관들, 어두워지는 지평선을 가로지르는 격렬한 번갯불의 광휘, 그 뒤를 재빠르게 따르는 천둥의 크나큰 울림. 이 모두가 모의한 듯 한꺼번에 끔찍한 공포의 장면을 만들었다. 마치 자연을 창조한 이가 범인의 처벌에 이러한 공포를 더해 가장 냉혹하고 사악한 이들의 단단해진 마음을 녹이려는 듯했다.[190]

스푸너는 내내 몹시 약해져 있었지만 아무 말이 없었다. 걷지 못해 침대 의자에 실려 처형장으로 옮겨졌는데 자신의 교수형을 구경하려고 온 예전 지인들을 보곤 우아하게 고개를 숙여 인사했다. 교수대로 올라가라는 말을 들었을 때, 그녀는 손과 무릎으로 기어 올라갔다. 단 한 번도 부탁을 하거나 헤매거나 다른 사람의 안녕을 빌지 않았고, 대놓고 여론을 경멸하는 그 모습은 더더욱 동료 시민들의 눈에 혐오스럽게 비쳤다. 그러나 그녀의 임신 사실이 알려졌을 때 "그녀의 처벌로 일으키고자 했던 공포는 그녀의 고통에 대한 동정심으로 중화되었다. 그녀의 표정은 너무나 고요했고, 끝은 너무나 평화로워서 그녀의 손이 얼마나 피로 깊게 얼룩졌었는지는 잊었다. 그녀의 최후를 보았던 사람들의 화롯가에서 그 비극은 오랫동안 이야기되었고 여주인공의 냉혹한 사악함은 그녀의 아름다움, 그녀의 용기, 그리고 그녀의 인내에 대한 열광적인 찬양으로 거의 잊혔다"고 챈들러는 보고했다. 뱃세바 스푸너의 처형은 사회의 모두에게 큰 정신적 충격이었다. 그녀 전까지 28명의 여성이 매사추세츠 주에서 처형당했지만, 그녀 이후로 또 다른 배심원이 매사추세츠 주 여성에게 살인죄로 유죄 판결을 내리는 대담함을 불러일으킬 때까지는 반세기 이상이 지나야만 했고 그런 후에도 강제 사형 집행은 형기 선택으로 대체되었다.

여자를 살인죄로 교수형에 처하지 않게 된 배심원들은 유아 살해로도 여자들을 교수형에 처하지 않게 되었다. 이제 유아 살해는 어른을 살해하는 것보다 더 큰 죄가 아니라, 훨씬 덜 큰 죄로 여겨지는 살인의 형태가 되었다. 유아 살해가 하층 계급에서 필요악으로 여겨지는 동안, 어떤 고위층들 사이에서는 그저 성적인 실수의 불운한 속편이 되어 버렸다. 양가죽 장갑을 낀 변호사들은 고위층 여성을 위해 '모든 것'을 다루었고, 법원은 여성의 출석을 요구하지 않았으며, 신문도 그들이 이름을 싣지 않았다. 새로운 국가의 초기 몇 년 동안

태도의 변화가 완결되었다. 1837년 사우스캐롤라이나 주 에지필드의
『어드버타이저(Advertiser)』 신문은 유아 살해 사건을 보도하면서 "그
여성은 지금까지 매우 뛰어난 성품을 유지해 왔다고 전해진 바 있으며,
그중 많은 분들이 아주 존경받는 인사들인, 그녀의 불행한 친지들이
이미 받은 마음의 상처에 고통을 더하는 걸 피하기 위해 이름은 밝히지
않는다"[191]라고 언급했다.

  '여성'은 더 이상은 시민권을 소유하고 자신의 범죄와 자신의
영혼에 대한 법적이고 도덕적인 책임을 지녀야 할 자격을 갖춘 개인이
아니라, 무슨 수를 써서라도 보호되어야만 하는, 아버지나 남편의 성을
지니는 단순한 부속물, 비(非)실재가 되었다. 숙녀가 도래했다.

2
가정의 참극

1

미국 독립전쟁이 끝나고 얼마 후, 미국의 '숙녀들'과 남자들은 서로
말을 주고받기를 그만두었다. 모두가 그 기이한 침묵을 눈치챘고
유럽에서 온 방문자들은 미국 사회 한가운데서 너무나 잘 보이는 이
공백에 대해 언급하고 또 언급했다.[1] 파티에서 외국인 남자는 언제나
쉽게 눈에 띄었는데, 기혼 여성에게 말을 거는 건 그들밖에 없다는
말도 있을 정도였다.[2] 이 자유로운 사람들을 제외하면 어느 모임에서건
남자들은 방 한편에 모여 대화했고 여자들은 다른 한편에 한 줄의
침묵으로 앉아 있었다. 1820년대 프랜시스 트롤로프는 신시내티의
"극도로 지루했던" 이브닝 파티에서 이러한 성별의 분리를 알아차렸다.
"신사들은 침을 뱉고, 선거와 물가 이야기를 하고 다시 침을 뱉었다.
숙녀들은 서로의 옷에 있는 핀을 다 외울 때까지 옷만을 바라보았다."
어디를 여행하건 트롤로프는 "미국 예절의 이러한 특징"에 놀랐다.
그녀가 쓴 바에 따르면 "여자들은 변함없이 방의 한구석에 같이 모여
있었고 남자들은 다른 쪽에 있었다." 그리고 이렇게 결론지었다. 종종
사사로운 무도회에서 "신사들이 저녁을 먹을 때면 숙녀들은 다른
방에서, 선 채로 자신들의 저녁을 들었다. (…) 다 같이 만나는 데 아무리
큰 재능이 있는 사람일지라도 만남의 바로 그러한 형태, 모습, 배치는
대화를 마비시켜 버리기 충분했다."[3] 마치 두 성별이 전쟁이나 시합을
준비하려 편을 가른 것 같았다.

조심성있고 유쾌한 영국인 관찰자였던 에드워드 켄들의 말에
따르면, "뉴잉글랜드에서 성별 분리는 사회의 모든 교류에 만연했다."[4]
숙녀들은 교회의 한쪽과 극장의 한 층으로 밀려났고 자신들의
결혼식을 축하하기 위한 리셉션에도 전혀 참석할 수 없었다.[5] 뉴욕
디너파티에는 "더 아름다운 창조물을 초대하는 유행"이 없었다.[6]
세련된 도시인 토머스 해밀턴은 "이러한 경우들에서, 주최자의 가족에
속한 여성을 제외하고는" 어떤 숙녀도 거의 만나지 못한다는 데

놀랐고, 클라레 포도주와 마데이라 포도주가 나오기도 전에 가족에 속한 여성들마저도 더러운 접시 치우듯 치워 버린다는 데 놀랐다. "그들의 존재로 저녁 식사를 활기차게 만드는 유행이 뉴욕보다 더 없는" 보스턴에서 해밀턴은 내내 여자를 거의 보지 못했다. 신시내티에서 트롤로프는 여성과 남성이 같이 식사를 하는 아주 드문 경우에 남성은 식탁의 한쪽 끝에 숙녀들은 다른 쪽 끝에 앉았고, "여러 명의 외국인"이 같이 있지 않으면 그들은 서로 대화하지 않았다고 적었다.[7]

그보다 더 흔한 경우, 하인을 고용할 여력이 되지 않는 계급에서 여자들은 단지 시중을 들기 위해 존재해야만 하는 어려움을 겪었다. 켄들은 자기에게는 "우스꽝스러워" 보이는 사실을 전했다. 집에서건 바깥에서건 어떤 남자도 스스로 차려 먹지 않는다는 거였다. 그는 이렇게 말했다. "가장 초라한 여관의 너무나 건장하고 험상궂은 투숙객일지라도 마치 주지사인 양 시중을 받는데 항상 여자 일꾼이 시중을 든다. (…) 아침이나 **저녁**[8]을 요청할 때면 긴 목록에 있는 필요한 물품을 식탁 위에 놓아 두는 걸로는 충분치 않고, 여자가 꼭 식사 내내 그 옆에서 차나 커피를 따라 주고 그 안에 우유와 설탕을 넣어 주는 시중을 들어야만 한다. 또한 여자는 차를 마신 후에 먹을 수 있도록 사과 파이 한 조각을 잘라서 접시에 놓아 주어야만 하고, 간단히 말하자면 직접 먹는 것 말고 모든 걸 다 해 줘야만 한다."[9]

여행가인 헨리 듀링은 "[그렇게] 좋은 여성 수행인이나 적당한 하인이 없어서" 미국 숙녀들의 '가사'가 증가했다고 말했다.[10] 또 다른 여행가인 제임스 에드워드 알렉산더 선장[11]은 이렇게 썼다. "훌륭한 집안의 젊은 여자들은 좋은 하인이 없다는 이유로 모두가 집안일에 적극적으로 고용되어 있다. (…) 미국은 모든 계급에서 가족의 안주인과 그 딸들에게 부과하는 가사의 의무가 점점 증가되는 중이다."[12] 간단히 말하면, 모든 계급의 여자들은 자신의 남자 가족의 시중을 들러 집에 남아 있어야 했기 때문에 거의 바깥으로 나갈 수 없었다. 그 남자들이 다른 남자들과 동반해서 다른 데 있을 경우에도 말이다. 그리고 산업혁명이 지진처럼 사회를 흔들어, 돌연 개인의 집에서 직장을 떼어 놓으면서 모든 사회 계급의 남자들은 집에서 보내는 시간이 점점 줄어들었다.

　　남자들은 하루에 열네 시간을 공장과 사무실, 집무실에서 일했고, 더 불안해질수록 더 자주 술집으로 향했다. 이로 인해 미국은 담배에 전 가래를 뱉어내는 주정뱅이의 국가[13]라는 국제적 악명을 얻게 되었다. 남자들이 서둘러 시장으로 밀려 들어가면서 도시는 거의 하룻밤 새에 두 배가 되었다. 1800년에 인구 만 명 이상의 도시는 다섯뿐이었지만 십구세기 중반이 되자 **10만 명** 이상의 도시가 일곱으로 늘었다.[14] 1800년에는 530만의 미국인 중 약 4퍼센트만이 도시에 살았지만 1840년에 전체 인구는 세 배로 늘었고 도시에 사는 사람은 최소 11퍼센트가 되었다. 방문자 찰스 디킨스에게 충격을 안긴 더러운 뉴욕의 빈민가에 수천의 사람들이 살았다. 한편으로는 점점 더 많은 사람들이 포화 상태의 도시와 인구가 넘쳐나는 동부 해안을 떠나 서부로 갔다. 동부의 어떤 주에서는 삼분의 일에 해당하는 사람들이 짐을 싸서 떠났다. 많은 가족들이 오하이오 주와 그 너머로 찾아갔지만 서부로 모험을 떠나는 대부분은 외로운 남자들이었고, 도시에는 아무도 같이 식사하고 싶어 하질 않는 여자들만 넘치도록 남겨졌다.[15]

　　남자들은 나가서 돌아다녀야만 했다. 깜짝 놀랄 정도로 엄청난 변화의 시간을 살았기 때문이었다. 정치적 혁명, 산업혁명, 운송 혁명, 기업과 중산층의 출현, 정당 정치와 잭슨 민주주의[16]의 성장, 국제 전쟁과 은행 전쟁[17], 불황과 노동 쟁의, 도시화와 서부로의 확장, 종교 개혁 운동이 있었고, 그리고 세계 역사상 처음으로 싸고 좋은 시계가 대량 판매되었다.

　　그리고 여자들은? 여자들은 집에 머물러 있어야만 했는데, 남자들이 애서 설명하기 시작한 바에 따르면 집은 여자들에게 마땅한 '영역'이고, 가사는 여성의 존재 이유 자체이기 때문이었다. 인기있는 결혼 상담사였던 윌리엄 올컷은 "젊은 여성은 가정생활과 어린 사람들을 보살피고 가깝게 지내는 걸 사랑해야만 하는데, 왜냐하면 당연히, 그렇게 해야만 하는 것이 신의 섭리가 가진 의도이기 때문이다"라고 진심을 담아 조언했다.[18] "여성의 진정한 영역은 신의 섭리에 따르면 가정에 해당하기" 때문에 헨리 듀링은 "여성은 그렇다면, 자신의 집에서, 부모나 자식에 에워싸여, 남편과의 애정 어린

교류 속에서, 그리고 이 모든 것의 필연적인 결과인 다정한 보살핌이 아니라면 어디에서 가장 큰 즐거움을 느끼기를, 또는 자신에게 주어질 수 있는 그만한 행복을 만나기를 바랄 수 있겠는가?"라고 주장했다.[19]

　　여성의 영역과 그 내재된 보상은 십구세기 전반에 걸쳐 끝없이 극찬되었다. 그러나 초기 미국을 방문한 여행가들의 눈에는 자신만의 영역에 남아 있는 아내들이 남편과의 애정 어린 친교를 거의 즐기지 못하고 있는 게 잘 보였다. 트롤로프는 '최상류층의 필라델피아 숙녀'의 무해하고 지루한 날들을 상세하게 묘사했다. 그들은 아침에 빵을 굽고, 오후에는 도르가회[20]의 다른 숙녀들과 자선용 펜와이퍼[21]를 만들고, 저녁에는 "차를 들며 도르가 회원 3명과 젊은 선교사를 접대했다." 아내는 신문을 읽는 남편을 아침 식탁에서 본다. 저녁에 남편은 돌아와 "아내와 악수하고, 가래를 뱉고" 서둘러 "저녁을 들고" 다시 신문을 읽고 카드 게임을 하러 나간다.[22] 뉴욕에서 해리엇 마티노는 아내들을 호화롭게 살게 해 주느라 기진맥진할 때까지 일하는 남편을 둔 숙녀들의 '부러운 삶'에 대해 들었지만 마티노가 보기에 "만약 숙녀들이 아침의 방문객과 모자 판매인보다 남편과의 친교를 더 선호한다면 그들도 남편들만큼이나 동정받아야" 했다.[23]

　　사교계의 숙녀만 자신들의 영역에 버려진 건 아니었다. 인디애나주 황무지에서 모리스 버크벡은 오두막 바깥에서 실을 잣는 '깔끔하고, 고상해 보이는 여성'에게 다가갔다. 그녀의 남편은 사업상 "몇 주간" 멀리 갔고 가족도 친구도 없는 그녀는 "외로움으로 많이 지쳐" 버크벡더러 "잠깐 앉아 달라고" 요청했다. "그녀의 남편은 그녀에게 친절하고 잘 대해 주었고 필요할 때 말고는 절대 그녀를 떠나지 않았지만 곰 사냥을 정말로 사랑했다"고 그는 말했다.[24] 알렉산더 대령도 서부에서 보았던, '사색의 광기'에 떠밀린 '고질적인 방랑자'와 결혼한 많은 여자들을 동정했다. 그의 말에 따르면 이 여자들은 "대개는 조용"하지만 "종종 친구가 없는 불평을 쏟아내면서 자신들을 둘러싼 어두운 숲이 주는 우울을 깊게 느낀다고 말했다."[25] 거의 이 년을 혼자서 매사추세츠 주에 남은 아버지 덕에 1859년 4명의 형제자매와 아픈 어머니를 모시고 미시간 주 황야의 허가받은 신청지에 거주하라며 보내진 애나 하워드 쇼는 자신의 아버지는 '대부분의 남자들'처럼 결코 결혼해서는 안 되는 사람이었다는 결론을 내렸다.[26] 그리고 위스콘신 주에서 아이들과 남은 한 여자는 남편이 낚시를 하러 간 사이 굶어 죽었다.[27]

여자와 남자의 영역은 모든 계층에서 점점 더 엄격하게 구분되었다. 남자와 여자의 접점이 너무나 없어져서 어떤 작가는 남자는 "취향, 생각, 성격이 본질적으로 자신과 너무나 다른 여자와 결혼한다고 해도 (…) 자신의 실수를 알아차리지 못한 채로 대가족의 아버지가 되고 죽을 수 있다"고 진단하기도 했다.[28]

남자들의 소홀함이 아내와 자식을 먹여 살리고 보호할 돈을 버느라 바쁘다는 근거로 이해받는 일은 흔했다.[29] 그러나 외국에서 온 방문자들은 하나같이 미국 남자의 근심 중에 가족이 차지하는 몫은 가장 작았고, 욕심과 탐욕이 그들의 가장 흔한 특징이라는 데 동의했다. 미국인들도 그걸 부정하지 못했다. 헨리 애덤스는 미국 남자는 "이익을 얻을 욕심에 아내와 아이를 희생한다. 달러는 그의 신이고 추악한 과욕은 그의 악마"라고 인정했다.[30] 작가 토머스 니컬스는 "미국의 진짜 일은 돈을 벌기 위해 돈을 버는 것이다"라고 동의하며 미국인에게 만연한 사고방식을 설명했다. "파는 것이건 아니건, 모든 것이 화폐 가치를 지닌다. 돈이 모든 것의 상습적인 기준이다. 미국의 남편은 무의식중에 연방 통화로 아내의 가치를 잰다고 나는 본다."[31] 평균적인 미국인이라면 가장 좋아하는 개도 팔 거라는 탈레랑의 말을 미국인들은 기분 나쁘다고 여겼지만, 남자들은 아내를 사기 위해 거래를 했고 어떤 경우에는 아내를 팔았다.

여자는, 그렇다면, 남자의 일에 대한 **핑계**는 되지만 그만큼의 **이유**는 되지 않았다. 여자들 또한 보상의 일부로 여겨졌다. 헨리 듀링은 올리버 골드스미스의 의견에 찬성하며 인용했다. "여자는 원래 스스로를 잘 돌보라고 만들어진 것이 아니라 우리를 부드럽게 하려 만들어졌다. 그들의 상냥함은 그들을 보호하려 우리가 겪은 위험에 대한 마땅한 보상이고 그들의 대화가 주는 편안함과 명랑함은 격렬하게 일한 뒤의 피로에 대해 마땅히 바랄 수 있는 휴식이다."[32] 그러나 미국의 남자들은 그 '바랄 수 있는 휴식'에 점점 덜 기대는 것처럼 보였다. 그 대신 그들은 자신들의 클럽, 술집, 친구들의 집,

어디건 다른 남자와 함께 있을 수 있는 곳으로 향했다. 프랜시스 트롤로프가 숙녀들이 무도회장에 선 채로 남겨져 있는 동안 신사들은 별개의 공간에 앉아 저녁을 드는 '아주 독특하지만 눈에 띄게 특징적인' 관행을 다시 한번 보았을 때, 그녀는 그 이유를 물었고, 질문을 받은 모든 사람은 '신사들이 그걸 더 좋아한다'고 답했다.[33]

여성의 영역이 신의 섭리가 아니라 바로 신사들에 의해 구석으로 밀려났다고 믿는 여자들이 생겨난 건 놀랄 일이 아니었다. 해리엇 마티노는 신이 '여성의 영역'을 지정했지만 그곳은 "그분이 주신 (…) 권력으로 경계가 지어져 있다"고 말했고, 그녀에 의하면, 여자에게 그걸 시험해 볼 기회가 주어지기 전에는 이 권력이 무엇일지 어느 누구도 설명할 수 없었다. 그러나 여성의 영역에 대한 더 대중적이고 '현저하게 다른' 또 다른 개념이 있다고 그녀는 말했다. "지배층에 한정된, 더욱 편리한 개념은, 사실 여성의 영역이 남성에 의해 정해졌고 남성들의 타당성에 대한 생각으로 규정된다는 것이다." 그 개념에 대해, "어떤 여자라도, 여자라면 누구나 정말로 매우 다른 견해를 가질 것이다."[34]

세라 그림케는 "찬탈한 권력의 고삐를 오랫동안 쥔 채, 우리더러 옮겨 오라고 신이 창조한 공간을 우리가 채우는 걸 꺼리는 그들, 그리고 여성의 불멸하는 정신을 짓밟는 연대로 들어간 그들"을 비난하며 미국 여성을 대표해 견해를 달리했다.[35] '지배층'이나 '고삐를 쥔 자들'인 그들의 입장에선, 창피한 일이었으나, 국가의 설립 기반인 자연권의 원칙 때문에 참아야만 했다. 또한 제목 자체로 그 규정이 여성에게도 동일한 효력을 적용해야 한다는 주장을 담고 있는, 영국에서 온 작은 책자인 메리 울스턴크래프트의『여성의 권리 옹호(A Vindication of the Rights of Woman)』가 유포되는 데도 시달려야 했다. 그건 당연히 말도 안 되는 주장이었다. 그러나 만약 여자들이 남자들이 누려 온 것과 다르고 그보다 더 적은 권리를 가진다면, 신이 주신 본성, 즉 신이 부여한 권력이 본질적으로 다르기 때문에 그래야만 했다. '평등에 대한 쓸데없는 질문'[36]을 제쳐 두고 '지배층'은 여성을 '가장 행복한 불평등'으로 이끄는 이 차이에 대해 점점 더 강력하게 주장했다.

마티노는 당장 알아차렸다. 그녀의 말에 따르면 그것은 '만연한 신조'였다. "고유하게 남성적인 미덕이 있고 고유하게 여성적인 또 다른 미덕이 있다는 것 (…) 그것은 단순히 남성적인 일과 여성적인 일이 적합한 차이를 지녀야만 한다는 게 아니다. (…) 실제로 강한 미덕이라고 불리는 건 남성에게 더 타당하고 더 부드러운 미덕은 여성 쪽이어야만 한다는 것이다."[37] 뒤링은 남성적인 미덕을 목록화해서 시장에서 생기는 '일상의 흔한 갈등'에 유용하도록 했다. 말하자면 '지식, 결정하는 통찰력, 견고한 정신, 용기와 대담하기까지 한 성격' 말이다. 그의 주장에 따르면 이러한 미덕은 "여성이 지닌 그 기분 좋은 특징인 너무나 상냥하고 너무나 매력적인, 아니, 그보다 더 저항할 수 없을 정도로 매력적인 그 특징과 합쳐지거나, 적어도 같은 수준으로 섞이지 않는다."[38] 남성적인 미덕과 여성적인 미덕은 그렇게 너무 다르기 때문에, 이는 여성은 그들 스스로를 위해, 집에 머무르는 게 더 낫다는 결론으로 이어졌다.

뼛속까지 미국 작가인 제임스 페니모어 쿠퍼도 "어떤 식으로건 숙녀가 세상과 접촉하려는 걸 허락해 주는 미국식 사고의 연약함에는 뭔가 불쾌한 게 있다"며 동의했다.[39] 다행스럽게도, 그 세기가 후반에 접어들면서, 작가 앨버트 매슈스는 그 조류가 성별의 '구별 가능한' 특징을 더 크게 갈라놓는 쪽으로 간다며 독자들을 안심시킬 수 있었다. 그의 글에 따르면 "야만주의가 물러나면서 그리고 교육이 더욱 치밀하게 개선되면서, 여성과 남성은 본질적으로 더 많이 다르다는 게 발견되었다."[40]

프랜시스 트롤로프는 뉴욕을 방문해서, 날씨 좋은 어느 일요일 교회에 갔고 답답한 그곳이 여자로 꽉 차 있는 걸 발견했다. 그다음 일요일 여객선으로 허드슨 강을 거슬러 호보컨에 있는, 나무로 뒤덮인 채 강이 바라다보이는 아름다운 공원을 거닐었다. 거기서 그녀는 온 공원에 흩어져 있는 수천의, 거의 모두가 남자들인 인파를 보았다. 여자들은 또 교회에 있었다. "그렇게 느끼지 않기란 불가능했다"라고 트롤로프는 적었다. 호보컨의 정원에서 "내가 보고 있는 잘 차려입은 수천의 남자들이 자기들끼리 즐기면서" 뉴욕의 교회에서 "내가 보았던 교회에 전시된 잘 차려입은 수천의 여자들을 사제의 손에 양도했다." 그녀는 목사들이 여자들의 지극정성을 받는 이유는 "미국의 여자들은

온 세상 모든 여자들이 소중하게 여기는 관심 비슷한 걸 오로지
목회자한테서만 받기" 때문이라고 짐작했다.[41] 목사들과 함께 본분을
다하는 여자들이 나라를 위해, 남자들이 시장에서 씨름하느라 던져
버린 도덕적 기준을 떠받치고 있었다. 숙녀들은 기도했다. 남자들은
갖고 써 버렸다.

　　서로 다른 미덕의 규정, 섞일 수 없는 본성, 별개의 영역, 구분된
사회적 기능으로 두 성별 간의 단절은 완결되었다. 그러니 교회에서
돌아온 숙녀들이, 집무실이나 술집 또는 호보컨의 정원에서 또 다른
길고 바쁜 하루를 보낸 남자들에게 할 말이 전혀 없는 것도 놀랄 일은
아니었다.

여전히, 많은 소녀들이 종종 완전한 여성으로 불릴 만한 나이가 되기도
전에 아내로 줄어들었다. 소녀들은 대개 열다섯에서 열여섯 살에
결혼했고, 열여덟 살에 어머니가 되는 건 흔한 광경이었으며, 열세 살의
신부도 드문 일은 아니었다.[42] 메리어트 선장은 상류층의 소녀들이
"인형을 집어 던져야 아이들을 돌볼 수 있다는 말을 듣는다"고
주장했다.[43] 프랜시스 라이트는 '잘 웃는 처녀들'이 재빨리 아내와
어머니로 '변신'해 버리고 그 변신은 전혀 유쾌하지 않다고 불평했다.[44]
스웨덴 남작 클링코브스트룀은 깜짝 놀랐다. 그는 결혼한 여성의 삶이
가사의 의무에 너무나 "제한되어 묶여 있다"고 썼다. 그에 따르면,
"결혼 후에는 가장 사교적인 소녀도 조용하고 과묵해진다." 매력적인
미국 소녀의 "쾌활하고 사랑스럽고 자유로운 영혼"은 "결혼하면 완전히
사라진다."[45] 프랜시스 앤 켐블도 "결혼한 여성은 부엌데기와 애보개가
되다가 사교계에 나와선 상대적으로 0에 수렴되는 기호가 된다"고
동의했다.[46]

　　영혼과 함께 외모도 사라졌다. 라이트는 미국 여성들의 아름다움이
"스물다섯 살이면 시든다"는 걸 알아차렸다.[47] 토머스 해밀턴에게
열일곱 살의 "뉴욕의 미소 짓는 아가씨"보다 더 예쁜 건 세상에
없었지만 "스물두 살이면, 같은 아가씨가 상당한 매력을 잃어버린
기혼의 부인으로 변신한다"고 말했다.[48] 노동 계급의 고생은 더 심했고
트롤로프는 "젊음과 아름다움의 모든 흔적을 잃어버리지 않은 (…) 서른

살의 여자를 보기는 힘들다"고 했다. 그녀는 계속해서 젊은 어머니들을 그 자녀의 할머니로 오해했다.[49] 많은 평자들이 미국 여성들의 급속한 쇠락을 날씨 탓이라고 했지만 또 다른 이들은 여성들이 그들의 '유일한 일'이 되어 버린 '아내다운 일과 어머니다운 일'로 과도한 짐을 지고 있다는 걸 알아차렸다.[50]

과중한 일과 너무 잦은 출산은 건강을 악화시켰다. 결혼 '전문가'이자 '생리학자'인 윌리엄 올컷은 뉴잉글랜드의 "가장 건강한 지역"에서조차 "거의 모든 성인 여성이 어느 정도는 병들어 있다"는 "부인할 수 없는 사실"을 지적했다.[51] 캐서린 비처는 기혼 여성의 건강에 대한 전국적인 조사를 수행하고 건강한 상태의 여성이 거의 없다는 사실을 발견했고,[52] 한편, 작가 아바 울슨은 이 시대의 가장 기운찬 여자가 '집의 베란다를 돌아다니는' 것도 거의 하지 못한다고 경멸했다.[53] 미국을 방문한 해리엇 마티노와 같은 비교적 건강한 영국 여성은 기혼 여성들이 무연탄으로 과하게 난방된 집에 갇혀 전혀 운동이 되지 못하는 지루한 집안일을 맡고 있다고 비판했다. 그런 여성들이 생각하는 건강한 외출이란, 얼굴은 동상에 걸리고 귀는 시끄럽게 울려대는 종소리의 습격을 받으면서 발을 뜨거운 벽돌에 올려놓은 채 앉아 썰매를 타는 거라고 조롱했다.[54] 구부러진 척추는 점점 여자들의 흔한 문제가 되었고, 꽉 조이는 코르셋으로 인해 영구히 구부러지고 부러진 갈비뼈와 가쁜 숨 쉬기, 그리고 여러 가지 '여성'만의 신체적 불편함이 등장했다. 프랜시스 앤 켐블은 여성의 나쁜 건강 상태를 '꽉 죄는 끈, 운동 부족과 과도하게 덥혀진 공기를 계속 흡입'하는 탓으로 보았지만,[55] 뭐든 대놓고 말하는 아바 울슨은 '혹독한 날씨'와 '현저한 과로' 양쪽 다 면죄부를 주면서, 여성의 건강이 나빠진 것은 '여론의 상황'으로 인해 야기되었다고 말했다. 미국에서 숙녀답다는 것은 "생기 없이, 무력하게, 빈둥거리는"것이라 그렇다면서.[56]

심리학적인 징후도 있었다. 특히 대부분의 외국인 여행가들이 알아차리게 되었던 '나른함'과 '권태' 말이다. 마티노는 그걸 '정신의 진공'이라고 불렀고 그로 인해 여성들 사이에서, 특히 상류층에서 알코올 중독이 만연해졌다고 보았다. 그리고 그 비밀스러운 음주는 더 심각한 사회적 병폐의 징후라고 주장했다. 마티노에게 그건 '넓고 깊은 탐구 주제'를 제안하는 문제였는데, 그녀의 말에 따르면, "다른 어디보다도 더욱 필사적으로 종교를 공언하는 지역에서, 가장 깊숙한 외적 평화 속에 살면서, 유복한 환경에 둘러싸여, 다른 어느 나라에서보다도 겉으로 보기에는 가장 현저하게 귀한 대접을 받는 여자들이 자기 절제, 수치, 부부 간의 애정, 교육으로 얻은 깊은 편견 등을 모조리 벗어던진 채 폭음이라는 생생한 지옥으로 뛰어든다면, 이는 여자들의 처지에 뭔가 끔찍하게 잘못된 게 분명히 있기" 때문이었다.[57]

집 안에 틀어박힌 삶과 힘든 일에 대한 대가로, 여자들은 조심스럽게 선을 그어 놓은 **어떤** 공공의 위치에서는 과장된 공경으로 치장되었다. 예를 들어 여행에서, 역마차와 기차, 증기선에서 남자들이 숙녀들에게, 특히 '버릇없는 어린이'처럼 행동하라고 북돋워진 숙녀들에게 가장 좋은 자리를 양보하는 것은 관례였고, 마티노는 분노에 차서 그 배려를 "합리적이지 못한 과한 예절이거나 여자만이 아니라 남자에게도 좋은 것"이라고 비난했다.[58] 세라 그림케 또한 역마차에서 여성이 "버릇없는 아이처럼 대접받는 것"에 반발했다.[59] 홀 선장은 어떤 여행에서는 신사 승객들이 한 숙녀의 안녕을 위해 너무나 자주 자신들의 자리를 재배치했던 탓에 걸어가는 게 목적지에 더 빨리 닿았을 거라고 불평했다.[60] 미국인 토머스 니컬스는 "혼자 있는 여성은, 나이가 많건 어리건, 예쁘건 못생겼건, 마주하는 모든 남자로부터 친절, 정중한 예의, 도움을 받으며 미국의 한쪽 끝에서 다른 쪽 끝까지 여행할 수 있다"고 큰 소리로 자랑했다.[61] 마티노는 이러한 '응석'의 본질을 인지했다. 바로 '공정함의 대체재'라고.[62]

어떤 경우건, '세상으로부터 매장된' 기혼 여자들은 여행할 일이 거의 없었다. 그들은 점점 더 오래 집에 머무른 채로, 점점 더 많은 외국인 여행객들이 '냉정하고, 완고하고, 불친절하고' 허영심이 강하고, 냉혹하고, 독재적이며, 제멋대로라고 묘사하는[63] 남성의 집 안에서 '여성의 영역'을 지키고 있었다. 1845년 알렉시스 드 토크빌이 미국인의 삶을 관찰했을 때엔, 여자와 남자의 영역은 완전히 분리된 것처럼 보였다.

세상 어느 나라에서나 두 성별 사이의 몸가짐이 명확하게 구분되도록 두 개의 선을 그려 놓고 서로서로 보조를 맞추지만, 미국만큼 끊임없이 두 길이 다르도록 항상 주의를 기울이지는 않는다. 미국 여자들은 결코 가족 바깥의 관심사를 다루거나 사업을 경영하거나 정치적인 삶에 참여하지 않고, 한편으로 결코 들판의 거친 노동을 이행하거나 육체적인 힘을 쏟도록 요구하는 그런 노동 활동을 하라고 강요당하지도 않는다. 아무리 가난한 가정이라도 이 원칙에 예외를 두지는 않는다. 따라서 미국 여자는 가사 노동의 고요한 테두리를 탈출할 수 없는 동시에 절대 그 너머로 가라고 강요당하지도 않는다.[64]

그러나 성별 간의 선은 그러려고 한 만큼까지 명확하게 그려지지 못했는데 왜냐하면 많은 여자들이 결혼하지 않았기 때문이다. 그리고 미혼이건 기혼이건, 수천 명의 여자들이 일을 하러 나갔다. 1793년 매사추세츠 주에 처음으로 실 공장이 문을 열었을 때, 집에서 실을 잣던 여자들[65]은 공장 노동자가 되었다.(섬유 산업에서 여성 노동자는 언제나 남성보다 수적으로 월등했다.) 남자들이 많은 직업을 '전문화'하면서, 멋대로 보건, 사업 경영, 그리고 독립전쟁 이전부터 여자들이 해 온 정부 부처에서 여자를 밀어냈지만, 여자들은 교사, 재봉사, 하인으로 계속해서 일했다. 그리고 서부 개척지와 노예주에서는, 여성 자유민과 여성 노예가 농장 노동을 했다. 『세인트클라우드 비지터(St. Cloud Visiter)』의 발행인인 제인 스위스헬름은, 농장의 여자들이 일상적으로 "쟁기질과 써레질을 하고, 수확하고, 구덩이를 파고, 건초를 말리고, 갈퀴질하고, 곡식을 묶고, 탈곡하고, 나무를 자르고" 그리고 "식사 시간이 될 때까지 들판에서 일을 한 후, 집으로 와 요리하고, 소젖을 짜고 버터를 만드는 내내 남자는 주변에서 빈둥거리며 쉰다"고 적었다. 수백만의 여자들이 "남자들이 비웃으며 하려고 들지도 않는, 천한 고역에 매달려 남자들 임금의 사분의 일만 받는다"고 말했다.[66] 일하는 여자라는 이 거대한 집단은 미국 여자들이 집 울타리 바깥으로 '결코 내몰린 적이 없다'고 주장하는 모든 관찰자들로부터 무시되었다. 대부분의 사회 현상을 예민하게 관찰했던 티머시

드와이트는 1821년에서 1822년 사이 "뉴잉글랜드의 여성이 고용된 분야는 전부 집안일이다. 바깥의 사업은 삶의 가장 비천한 영역까지도 모두 남자가 수행한다"라고 썼다.[67] 하지만 당시 술주정뱅이 남편들이 자신들의 임금을 뺏어 가는 걸 막기 위해 익명으로 일했던 많은 기혼 여성을 포함해 **수천 명**의 여자들이 신설된 섬유 공장에 있었다. 사실, 드와이트가 태어난 매사추세츠 주의 경제는 아주 빠르게 '과잉' 여성과 소녀들의 공장 노동력에 의지해 가고 있었다.[68]

그러나 드와이트의 잘못된 개념은 너무 깊게 뿌리박힌 터라 어떤 사실로도 흔들 수조차 없었다. 왜냐하면 그의 눈에 여자들은 너무나 명백하게도 분리된 그들만의 영역에 나타날 때만 여자였다. 마티노는 "아내와 어머니의 일"을 갖지 못한 미국 여성에게는 "아무 일도 없다"고 보았다.[69] 미국 대중 작가인 리디아 시고니는 어머니가 그냥 여자보다 '존재의 저울에서 더 높은 위치'를 차지한다고 주장했다.[70] 십구세기 중반에 필라델피아의 한 신문은 이렇게 썼다. "여자는 아무도 아니다. 아내는 전부이다."[71] 그렇게 사람들의 마음속에서 여자는 효율적으로 두 계급으로 분리되었다. 결혼하고 아이를 낳은 이들과, 일을 했음으로 따라서 사실은 전혀 여자가 아닌 이들.

기혼 여성의 '가사 고용이라는 고요한 영역'[72]은 여자가 언제나 해 온, 힘들고 지루한 똑같은 일로 주로 이루어졌다. 십구세기 초의 수십 년에 걸쳐 실을 잣고 짜는 일이 공장으로 옮겨 가는 동안, 집 안의 여자들은 계속해서 음식을 마련하고 저장하고, 옷과 침대보를 만들고 수선하고, 아픈 사람을 간호하고, 어린이들을 보살피고, 그리고, 끝없이 모든 걸 씻었다. 십구세기 후반까지 수도나 전기 없이, 단순한 세탁을 하는 데에만 보통 꼬박 이틀이 걸렸다.

젊은 숙녀들과 아내들과 어머니들에게 같은 주제를 강조하는 조언서들이 수십 권이나 있는 건 전혀 놀랍지 않았다. 주제는 근면, 질서, 시간 엄수, 꼼꼼함, 자제, 일찍 일어나기, 그리고 그 모든 걸 절대 사라지지 않고 딱 달라붙어 있는 쾌활함을 지닌 채로 하는 것이었다. 가사 노동으로 들어왔을 수 있는 젊은 소녀들이 그 대신 더 높은 임금을 지불하는 공장 일을 택함에 따라, 점점 더 많은 아내들이 집안일을 스스로 하게 되었다. 그들은 아내로서 해야 할 미래의 의무를

훈련시켜야 한다는 표면적인 이유를 들어 딸들의 도움을 차례로
징집했다. 모든 조언서들이 어린 소녀들은 아홉 살이나 열 살에는 보통
가사의 책임을 도맡아야 하고 열두 살엔 "차례차례 푸딩, 파이, 케이크
등을 만들고 일주일의 가계비를 적고 집안일을 감독하기 시작해야만
한다"는 의견에 동의했다.[73] 거시적으로 보자면, 다른 모든 것이 아주
빠르게 바뀌고 있던 시기였음에도, 여성들이 하는 일 대부분은 변하지
않았고 이에 따라 십구세기 초반 여자와 소녀의 위치는 더 악화되었다.

　　그 당시 있었던 다른 변화들 역시 여성의 위치를 깊게 새겨 놓은
부조 안으로 던져 둔 것처럼 더 나빠 **보이도록** 했다.[74] 산업화로 남성의
노동은 더 전문화되고 다양해졌다. 여성의 노동은 여전히 똑같은
옛날 일이었다.(십구세기 말, 경제학자 샬럿 퍼킨스 길먼은 집안일이
근대화되지 않은 유일한 직업이라고 불평했다.) 남자의 노동은 산업
자본주의의 시간기록계로 인해 점점 더 규칙적인 것이 되었지만 여자의
노동은 불규칙적이고, 계절에 따라 달라지고, 과제 지향적이며 끝나지
않는 일로 머물러 있었다. 국가는 교환의 매개체인 현금과 더불어 시장
경제 체제로 옮겨 갔지만 '가내 고용'된 여자의 일은 임금을 받을 만한
노동으로 규정되지 않았고, 그들은 손에 쥔 것 없는 피부양인이 되었다.

　　그 피부양인의 위치[75]는 윌리엄 블랙스톤의 새로운 베스트셀러
『영국 법에 관한 논평(Commentaries on the Laws of England)』의
영향으로 독립전쟁 직후 법적 체재가 심하게 악화되면서 더욱
견고해졌다. 독학으로 생겨난 '블랙스톤 법률가' 세대가 십구세기
전반에 걸쳐 미국의 법 체계를 좌우했다. 그들은 블랙스톤이 사랑한
보통법의 불공평한 면을 오랫동안 완화시켜 온 영국과 미국 식민지의
형평법 체계에 대해 블랙스톤만큼이나 무지했다. 거의 블랙스톤
혼자 다시 살려낸 '은폐된 여성'이라는 오래된 규정 아래에서, 기혼
여성은 법적으로 사망했다. 그들은 소유권, 계약하고 고소할 수
있는 권리, 그리고 자신들이 낳은 자녀의 양육권과 자신들의 신체에
대한 소유권마저도 잃었다. 동시에 각 주는 하나씩 하나씩, 그들의
주 헌법에서 '간과'한 것을 수정하기로 결의했다. 1798년 뉴욕 주는
참정권을 다루는 부분에 '남성'이라는 단어를 삽입했다. 1844년 뉴저지
주는 **시민**에 **남성**이라는 자격을 더한 마지막 주가 되었고 그때까지

투표를 해 왔던 여성은 더 이상 투표를 할 수 없게 되었다. 그에 더해 학교, 도제 제도, 직업군에 들어갈 수 있도록 관리하는 새로운 허가와 인가 제도로 여성을 자신들의 고유한 영역에 박음질해 두었다. 그렇게 법을 비롯한, 이러한 유사 법적인 배치는 단순히 여성에 반하는 대중적 편견을 따를 뿐만 아니라 적극적이고도 의도적으로 여성을 제약할 수 있는 도구가 되었다. 법을 연구한 끝에 세라 그림케는 결론지었다. "미국에서 일반적으로 도입되는 법들이 여성의 통제를 위해, 거의 전적으로 남성의 독점적인 이익과 여성에 대한 압제를 고안하기 위해 만들어졌다는 것은 (…) 너무나 명백해서 부인할 수가 없다."[76]

여성에게는 두 가지 대안만이 있었다. 많은 여성들이 묵묵히 따랐다. 리디아 시고니는 "우리 여성들의 영역은 비록 종속적이나, 하나의 독특한 특권이다"라는 대중적인 지혜를 설파하면서 "복종의 의무는 우리가 머무는 본성이자 신의 규정으로 부여된 것이다"라고 충고했다.[77] 토크빌은 사실 여성은 "자신들의 의지로 하는 자발적인 굴복에 일종의 자부심을 가지고, 멍에를 떨쳐내는 게 아니라 스스로 몸을 숙인 걸 자랑으로 삼는다"고 전하면서 그에 더해서 "최소한 이런 게 그들 성별의 가장 훌륭한 미덕으로 표현되는 감정이다. 다른 이들은 침묵한다"고 덧붙였다.[78] 그러나 토크빌은 티머시 드와이트처럼 놓친 게 있었다. 채 삼 년이 지나지 않은 1848년, 그 '침묵한' 이들은 세니커폴스대회에서 「감성 선언서(Declaration of Sentiments)」를 발행했다. 애비게일 애덤스와 주디스 사전트 머리[79]의 초창기 경고에서부터, 어떤 여성들은 침묵하지 않았다. 금주 운동가들은 기혼 여성들을 주정뱅이 남편에게 종속시키는 경제적 의존에 반발했다. 여성 노동자 조직은 여성 노동에 더 높은 임금과 존경을 추구했다. 여성자원봉사협회들은 빈민을 돕고 성매매 노동자를 '구원'하고자 노력했다. 그림케 자매와 같은 노예폐지론의 지도자들은 그와 마찬가지로 여성의 권리에 대해서도 강연하면서 "우리의 목을 밟고 있는 발을 떼라"고 남성들에게 경고했다.[80] 그리고 십구세기 중반 이전에, 여성들은 참정권만이 아니라 여성의 권리를 위한 더 폭넓은 활동을 위해 조직화된 전국 운동으로 집결했다.

이런 종류의 일들은 남성들을 불안하게 만든다. 여성들더러 그들 자신의 이익을 포기하라고 설득하지 못할 때, 예를 들어 노예제 폐지론자 여성들에게 자신들만의 명분보다는 노예들의 명분을 앞세워야 한다고 확신시키지 못하자 남성들은 그들을 힘으로 억압하거나 조롱했다. 십구세기 여성들을 무력으로 어느 정도까지 굴복시켰는지를 가늠하는 것은 불가능하지만, 마거릿 풀러[81]와 엘리자베스 케이디 스탠턴은 둘 다 매 맞는 아내가 세상에 만연하다고 생각했다. 에밀리 콜린스는 감리교 권사인 어느 '덕망 높은 시민'이 7명의 자녀를 낳은 자신의 아내를 '지배하에 두려고' 주기적으로 채찍으로 때린 사건을 전했다. 콜린스는 "지방에서는 남편의 우월함이 종종 신체적 징벌로 주장되며, 이는 대부분의 사람들에게 꽤 올바르고 마땅한 일로 여겨진다"고 지적했다.[82] 자신의 빈민 구호 활동에 기반해 세라 그림케는 "가난한 남자의 가정에서는 무력, 폭력의 법이 크게 지배한다"고 비난했다.[83] 그리고 사실상 법이 남편에게 '아내의 자유를 제한'하고 '나쁜 행실'의 경우에 '적당한 교정'을 운영하도록 위임했다. 아내 살해는 다반사였다. 뉴욕 주 이타카의 가이 클라크라는 어떤 살인자는 아내를 때려 죽이고 교수형을 당했는데 죽으면서 프랜시스 라이트를 욕했다. 그의 말에 따르면, 자신의 아내가 '아주 기꺼이 받아들인' 여성의 권리에 대한 '감성'으로 인해 클라크는 "[아내에게] 손을 올릴 수밖에 없었고 그 결과로 두 사람 다 때 이르게 무덤으로 들어가는 결과가 발생했다."[84] 매주 신문에는 새로운 아내 살해 사건들이 실렸다. 1871년 매사추세츠 주 법원이 남성은 자신의 아내를 때릴 권리가 없고, 아내가 사망할 경우, '최소 과실치사'로 기소될 수 있다고 평결할 때까지는 그랬다.[85] 그리고 1879년까지도 법원은 "하루 동안 (…) 그녀의 몸을 때리고, 밟고, 그 위로 뛰어내리고, 엎드려 있는 몸에서 생명과 관련된 부분을 차서" 아내를 죽인 남자에 대해 일급 살인 판결을 내리지 못했다.[86]

　　남자들은 집에서는 여자를 때리고 바깥에서는 조롱했다. 금주 운동을 하는 여성과 '블루머의 소녀'[87]로 불리는 여성 참정권론자들을 겨냥한 농담은 오늘날까지도 계속 이어지고 있다. 이는 단지 스스로를 페미니스트라 여기는 여성들뿐만 아니라 '아내가 지켜야 할 본분'에서 벗어난 모든 여성을 겨냥한다. 『베니티 페어(Vanity Fair)』의 1860년 만화는 여성 판매원을 짧은 머리와 콧수염을 기른 '카운터 점퍼'[88]로 묘사했다.[89] 1866년『양키 노션스(Yankee Notions)』의 만화는 '선정적인 새로운 소설을 쓰는 데 열중한' 베스트셀러 소설가가 마구 울어대는 아이를 안은 남편을 초조한 손짓으로 밀쳐내고 비명을 질러대는 다른 세 아이를 무시하는 그림을 실었다. 윌리엄 로이드 개리슨은 여성 인권 운동에 대한 이러한 조롱과 조소가 '무지'가 아니라 '폭정의 자연스러운 분출'이라고 보았다. 그는 이를 "폭군과 찬탈자들이 놀랐기 때문"에 벌어진 일이라 설명했다. "그들은 심판이었고, 심판으로 불렸고, 그리고 그들은 자신들의 위치와 성품이 검토되고 노출되는 걸 두려워한다."[90]

자신들에게 할당된 영역에 머무르기를 거절한 여성들을 남자들이 겁냈다면, 집에 머물러 있는 여성들에게서도 그만큼의 두려움을 느꼈다. 모든 법적, 정치적 권리를 빼앗겨 겉으로는 길들여진 것처럼 보이는 여성들은 폭력에 기댈 가능성이 훨씬 높았고 남자들도 그걸 **알았다**. 아내들은 최소한 맞서 싸울 수 있었다. 매사추세츠 주의 로런스에서 패트릭 도허티의 아내는 막대기로 자신을 때리는 남편을 멈추게 하려고 권총을 꺼냈다. 패트릭은 몸을 돌려 총을 내리쳤지만 발사되었고, 그는 죽었다.[91] 또는 여성들이, 어쩌면 도허티 부인이 실제로 했던 것처럼, 집 안의 전투에서 가해자 쪽이었을 수도 있다. 1857년 매사추세츠 주에서 사망한 남편의 부동산을 살아 있는 아내에게 주는 경우에 그 몫을 더 늘리자는 입법안에 관한 토론이 진행되던 중, 이에 반대하는 상원 의원은 "이미 아내들은 남편을 죽일 마음이 너무 크다"고 주장했다. 그는 또한 재산을 갖기 위해 남편을 살해한 걸로 추정되는 여성의 경우를 여러 건 인용하면서, 유족인 아내의 몫을 늘리는 것은 아내의 남편 살해 의지를 자극할 뿐이라고 주장했다.[92] 같은 해, 노예제를 옹호하는 놀라운 설교에서 앨라배마 주의 목사는 전형적인 아내의 위치가 노예의 위치와 유사하다고 설명하며, 그것이 노예와 마찬가지로 신에 의해 정해진 것이라고 설명했다.

여러분이 하는 일은 처음부터 아주, 아주, 아주 종종 마지못해 하는 일입니다. 그리고 처음에는 좋아서 한다고 해도 나중엔 어쩔 수 없는 불가피한 일이 됩니다. (…) 남편이 당신을 (…) 사랑하지 않을 수도 있습니다. 남편이 쇠 막대기로 여러분을 다스릴 수도 있어요.
여러분은 뭘 할 수 있습니까? 이혼당하는 것? 신이 금하십니다.
범죄를 저질렀을 때를 빼고는요. 나는 자유롭다고 말하면서 가고
싶은 곳 어디든 갈 건가요, 가고 싶은 곳으로? 아니요. 친애하는
아내 여러분, 여러분의 남편들이 그것을 금하실 겁니다. 그리고
들으세요. 여러분은 뉴욕을 떠나질 못해요. (…) 여러분의 거실을,
침실을, 소파를 떠날 수 없어요. 여러분의 남편이 거기 머무르라고
명령하면요. 뭘 할 수 있겠습니까? 보따리 하나 싸서 지팡이 짚고
달아나시게요? 남편이 잡아 오라는 광고를 낼 겁니다! 여러분이 뭘
할 수 있겠어요? 여러분은, 몇 분은 그러실까 봐 제가 우려되는데,
마음속 밑바닥에서 바라겠죠. 남편이 허드슨 강의 밑바닥에
있기를요.[93]

뱃세바 스푸너는 친구들의 도움으로, 남편이 우물 밑바닥에 있기를
바랐다. 그러나 좀 더 알아차리기 어렵게, 집이라는 여성의 영역에
더 걸맞은 방식으로 멍에를 벗어내는 다른 이들이 있었다. 여성은
"본성적으로 고통받는 자를 기운나게 하고, 낙심한 자들을 고양시키고,
힘없고 병든 이들에게 부족한 것을 주도록 맞춰져 있다"[94]고 여겨졌다.
아내의 의무가 식사를 차리고 병자를 간호하는 거라면 독보다 더
단순한 게 있을 수 있을까? 처음엔 한 사건이, 그다음에는 다른 사건이
보고되었다. 여성 인권에 대한 동요가 증가할수록 남자들(그리고
반페미니스트 여성들)은 신이 세운, 전통적 결혼 관계가 파괴되어
간다고 소리 높여 외쳤다. 여성들은 더 이상 자신들의 남편을
존경하지도 섬기지도 복종하지도 않을 것이다. 그들은 남편에게 완전히
등을 돌릴지도 모른다. 어떤 여자들이 직접, 혼자서, 몰래, 치명적인
방법으로 정말 그러고 있었던 것처럼 말이다. 여성의 인권이 주제인
가운데, 여성에 대한 공포는 어떤 논쟁의 표면에서도 결코 멀어진 적이
없었다. 독살하는 아내는 그 세기의 유령이 되었다. 여성의 영역에
웅크리고 앉아 남자들의 마음에 귀신처럼 들러붙은 마녀.

키가 크고 튼튼하며 비교적 평범한 외모를 지닌 서른다섯 살의
루크레치아 채프먼[95]은 아주 열심히 일했다. 열일곱 살부터 학교에서
학생들을 가르치기 시작했고, 스물두 살이 된 1818년 윌리엄 채프먼과
결혼해 펜실베이니아 주의 안달루시아에서 언어 장애 교정에 특화된
기숙학교를 남편과 같이 운영했다. 이웃과 친구 들은 충분히 행복한
결혼이라고 말했지만 작고, 뚱뚱하고 점점 유약해진 윌리엄 채프먼은
더욱 더 많은 일을 자신의 어린 아내에게 맡겼다. 그녀는 학교를
운영하고, 수업을 하고, 학생들을 보살피고, 자신이 낳은 5명의
아이들을 키우고, 고용인을 감독하고, 집안일과 학교의 모든 일을
관리했다. 고생스러운 생활이었지만 1831년 5월 19일 무일푼의 낯선
사람이 하룻밤 재워 달라고 채프먼의 집 앞에 나타났을 때, 바뀌기
시작했다. 겨우 백육십오 센티미터 정도로 키가 크진 않았지만
거무스름한 피부에 잘생기고 막 스물두 살이 된 젊은 남자로, 낭만적인
이름을 지니고 있었다. 돈 리노 아말리아 에스포스 이 미나. 루크레치아
채프먼은 그에게 머물러도 된다고 말했다.

　　그는 귀족에, 높은 사람들과 인맥이 있었고, 어마어마한 부자였다.
적어도 그의 말에 따르면 그랬다. 그는 은광을 소유한 멕시코의
부유한 귀족인 조부에 의해 '교육을 마무리하라'고 해외로 보내졌다.
하지만 에스포스 이 미나에게 불행이 닥쳤는데, 같이 여행하던 저명한
영국인 의사가 갑자기 파리의 교회에서 사망했고 프랑스 당국은
의사의 짐과 함께 미나의 다이아몬드로 테두리를 두른 트렁크를
몰수했다는 것이다. (여자) 친구들의 동정으로 뱃삯을 받아 미나는
미국으로 올 수 있었는데, 거기서 부자 숙부를 만날 수 있기를 바랐지만
도착했을 때 숙부는 멕시코로 돌아간 뒤였다(몰랐다는 게 신기하다).
미나가 할아버지(은광 소유주) 또는 멕시코시티에 있는 어머니(역시
어마어마한 부자) 또는 아버지(마침 그 당시 캘리포니아 주지사)와
연락만 닿으면 모든 게 잘될 터였다. 크리스천으로서 베푼 작은 자선에
대한 대가 이상을 바라지 않은 채프먼 부부는 그 불쌍한 남자의 임시
가정이 되었다. 일주일도 되지 않아, 루크레치아와 윌리엄 채프먼은
새 하숙인의 부모에게 그를 도와줄 수 있는 즐거움이 얼마나 좋은지

표현하는 편지를 썼다. 그다음에, 몇 주간의 열광 속에서, 답장이 한 번도 오지 않았다는 걸 아무도 알아채지 못한 것 같았다.

미나의 '인종'으로 인해 독특한 문제가 생겨났다. 채프먼의 고용인인 엘런 쇼는 거의 뭐든 맘대로 하는 듯 보이는 '스페인 사람'이 마음에 들지 않았다. 그녀는 루크레치아 채프먼에게 미나에 대해 경고했고 그러자 그녀는 믿을 수 있는 친구에서 제외되었다. 그리고 그들이 '키스하는' 걸 봤을 때 일을 그만둔 엘런 쇼는 결국 증언을 하기에 이르게 되면서, 기소의 유일한 주요 증인이 되었다. 모든 일이 법정으로 왔을 때 변호인 측 증인은 필라델피아의 멕시코 영사이자 투철한 기사도 정신을 지닌 쿠에스타 대령이 맡게 되었는데, 그는 미나와 나눈 몇 분간의 대화만으로 자신이 내린 결론을 숙녀인 루크레치아 채프먼에게 알려 주기에는 너무 품위있는 사람이었다. 미나가 가짜라는 결론 말이다.

루크레치아 채프먼에게 미나는 1명의 이국적인 젊은이였다. 그녀는 그의 어머니에게 그를 자신의 아들로 '입양'하고 싶다는 의향을 써서 보냈다.(어쨌든, 그는 은광 상속인이었다.) 루크레치아와 미나는 같이 마차를 타고 나가 어두워진 다음에 집에 왔는데, 그는 그녀의 무릎을 베고 사랑의 노래를 속삭였다. 곧 미나는 채프먼의 집에 삼 년 동안 머물러 달라고 초대받았다. 루크레치아와 함께 영어를 공부하기 위해서였다. 비록 합의한 6천 달러의 학비는 미나가 공부를 마칠 때 지불하기로 했지만 그와 루크레치아는 곧장 공부를 시작했다. 영어 수업을 하러 거실에 둘만 있거나, 루크레치아의 돌봄을 필요로 하는 미나의 불가해한 '발작'으로 인해 혼자 쓰는 미나의 삼 층 방에 점점 더 자주 같이 있었다. 가끔 그들은 같이 필라델피아에 갔고, 한번은 사흘을 머물렀다. 채프먼 씨는 이 상황이 조금도 마음에 들지 않았지만, 은광을 기억하고 있어서 그랬는지, 여전히 자신의 재단사에게 주라고 미나에게 신용장을 주었고 둘을 다시 시내로 보냈다.

이러한 여행들 가운데, 그가 온 지 한 달이 채 안 되었을 때 미나는 자신의 편지를 써 줄, 스페인어가 가능한 점원을 구하러 약국에 들른 적이 있었다.(멕시코 영사에 의하면, 교육을 받지 못한 미나 자신은 전혀 알려진 바 없는 체계의 스페인어를 썼다고 한다.) 그는 채프먼 씨

2 가정의 참극 137

앞으로 세뇨르 에스포스 이 미나에 대한 친절에 감사하며 채프먼 씨의 가족이 곧 받게 될 감사를 돈으로 만지게 될 거라고 암시하는 편지를 들고 갔다. 그 편지는 멕시코 영사 쿠에스타의 이름으로 서명되어 있었다. 또한 미나는 그 약국에서 비소 약 57그램을 사 갔다.

　　그다음 날인 6월 17일, 윌리엄 채프먼은 돼지고기와 코티지 치즈로 저녁을 배불리 먹은 후 아팠다. 이틀 후, 아프다는 걸 듣고 의사 필립스가 찾아왔을 때, 채프먼은 훨씬 괜찮아져 있었다. 필립스는 그에게 전통적인 강장제, 닭고기 수프를 먹으라고 처방했다. 그다음 날인 월요일, 루크레치아 채프먼은 이웃으로부터 닭을 사서 수프를 만들었고 윌리엄은 수프와 함께 닭고기도 몇 점 먹었다. 그는 갑자기 더 악화되었다. 그를 방문하러 온 친지, 패닝 씨는 의사를 부르라고 제안했지만 루크레치아는 거절했다. 의사 필립스가 수요일에 다시 들렀을 때, 그는 '죽음 직전'의 채프먼을 발견하고 깜짝 놀랐다. 목요일 그가 사망했고, 금요일에 매장되었으며, 나흘 후 미나는 새 옷을 주문하러 루크레치아와 시내로 갔다. 1831년 7월 5일 윌리엄 채프먼의 사망 십 일 후에 미나와 루크레치아는 미나 스스로 모든 것을 채워 넣은 증명서로 입증받은 예식을 거쳐 뉴욕에서 비밀리에 결혼했다.

　　그 결혼은 짧고 불행했다. 새 남편과 함께 멕시코시티로 상속권을 주장하러 가는 동안 안달루시아에 있는 채프먼의 집을 봐 주기로 한 자신의 동생, 그린 부인을 데리러 루크레치아는 결혼 바로 당일, 스키넥터디로 출발했다. 루크레치아와 동생이 채프먼의 집에 도착했을 때, 그들은 미나가 줬다고 주장하면서 귀중품을, 숟가락 하나까지 전부, 마차에 실어 나르는 미나의 몇몇 친구들을 발견했다. 7월 18일 미나는, 그의 말에 따르면, 자신에게 4만 5천 달러를 주고 싶어 하는 카사노바라는 아픈 친구를 보러 볼티모어로 불려 갔다. 그는 루크레치아에게 그의 말로는 가보라는 순금 골동품 사슬을 주고 그녀의 말과 마차와 모든 돈을 가지고 안달루시아를 떠났다. 곧 그는 자신의 부자 친구가 엄청난 재산을 자신에게 남기고 죽었지만 약간의 법적인 절차로 당장 상속이 이루어지지 못하고 있다는 전갈을 보냈다. 옛 친구인 영국의 공작을 만나 즐거운 시간을 보내며 잭슨 대통령과 상속 절차를 의논하고 있는데 대통령이 말이 나온 김에 에스포스 이

미나 부인을 간절히 만나고 싶어 했다고 적힌 그다음 편지는 워싱턴 주에서 왔다. 그는 절차에 시간이 걸릴 것이라고 설명했고, 그의 사랑을 담은 편지는 점점 오는 횟수가 줄어들었다. 금 사슬만을 지닌 채로 남겨진 루크레치아는 초조해하다가 자신의 목이 초록색으로 변하는 걸 알아차렸다.

　7월 23일 그녀는 필라델피아로 가서 미나를 사기꾼이라 생각한다고 솔직하게 말한 멕시코 영사와 재단사 왓킨슨 씨를 만났다. 집에서 미나의 방을 뒤진 그녀는 그와 2명의 '숙녀들'이 묵은 필라델피아 호텔 청구서를 발견했다. 사흘 동안 심란해한 끝에 루크레치아는 그를 비난하며 자신의 말과 마차를 돌려 달라고 요구하는 편지를 썼다. 그녀는 금 사슬조차 가짜였다고 따졌다. 그 편지는 결코 미나에게 닿지 못했다. 그 편지는 워싱턴 주에서 미나한테 사기를 당했다는 사람이 받아 가서 워싱턴 경찰에게 넘겨졌다가 다시 안달루시아 출신으로 참견하기 좋아하는 같은 지역의 윌리스 블레이니에게로 되돌려 보내졌고, 그는 루크레치아 채프먼이 사기를 당했다는 소문의 조사에 직접 착수했다. 블레이니는 예전에 인쇄업자였고, 윌리엄 채프먼을 위해 일했으며, 그의 누이는 채프먼의 학교에서 음악을 가르쳤었다. 그러나 지금 그는 필라델피아의 상급 치안관이었다. 그렇게 가로챈 편지 끝에 씌어져 있는 한 줄이 그의 눈을 사로잡았다. "아니, 리노. (…) **당신이나 내가** 무덤의 이쪽에서 행복하길 신께서 허락하실 거라고 난 믿지 않아."[96] 블레이니는 편지를 자신의 상관이자 필라델피아의 형사 법원 임시 판사이고 시장 부재 시 경찰의 임시 책임자인 윌리엄 매킬베인에게 가져갔다.

　미나는 며칠 뒤에 돌아와 루크레치아의 비난을 직접 들었다. 그는 그녀가 요구한 대로 떠나겠다고 말했지만 우선 그녀의 귀에만 말해 줄 작은 비밀이 하나 있었다. 그는 속삭였다. 그리고 그녀는 그를 다시 받아들였고, 자신의 동생에게, 알고 봤더니 그는 사기꾼이 아니라 '영리한 작자'일 뿐이라고 설명했다. 또다시 매사추세츠 주의 다른 부자 친구를 만나러 간다면서 떠날 때, 미나는 거기에 있는 루크레치아의 친척에게 줄 소개장을 들고 갔다. 거기에는 그가 남편이 아니라, 그건 여전히 비밀이었으므로, 그녀의 제자로 소개되어 있었다.

그사이 치안관 블레이니와 매킬베인 씨는 탐문을 시작했다. 윌리엄 채프먼의 사망 한 달 뒤인 8월 28일, 그들은 재혼에 대해 알지 못한 채로 루크레치아를 방문했다. 그들은 미나라고 알려진 남자에 관해 그녀에게 몇 가지 질문을 하길 원했다. 그녀는 그가 사기꾼이라는 사실을 부인했고, 그가 자신의 세간과 은그릇을 가져갔다는 사실을 부인했고, 볼티모어에서 자신의 말과 마차를 팔았다는 사실을 부인했다. 남편의 사망 후에 미나는 사업차 볼티모어로 갔고, 그다음으로는 워싱턴 주에 갔으며, 거기서 다시 사업차 기차로 뉴올리언스로 갔다고 그녀는 말했다. 관리들은 루크레치아에게 워싱턴 주과 뉴올리언스를 오가는 기차는 없다고 말한 뒤 떠났다. 매사추세츠 주에서 루크레치아의 친척들을 방문 중이던 미나는 며칠 후 그녀에게 필라델피아 은행에서 발행한 천 달러 어음을 보냈다. 위조였다. 루크레치아는 변호사를 만나러 갔다.

매킬베인은 계속 캤다. 사람들은 이야기했다. 전국적으로 배포되는 필라델피아의 신문『내셔널 가제트(National Gazette)』는 9월 17일 윌리엄 채프먼의 죽음이 자연사가 아닐 수도 있다고 암시했다. 루크레치아는 동네를 떠났다. 9월 21일 석 달 전에 매장된 윌리엄 채프먼의 시신이 카운티 검찰의 명령으로 파내졌다. 9월 27일 펜실베이니아 주 도일스타운의『데모크랏(Democrat)』은 "독살이라는 사실이 (…) 거의 확정적이다"[97]라고 보도했다. 그리고 그때쯤, 돈 리노 아말리아 에스포스 이 미나는 이미 사기로 기소되어 보스턴 경찰의 손에 잡혀 있었다.

알려진 바에 따르면, 짧은 매사추세츠 주 방문 동안 그는 바르의 젊은 여성과 결혼해 그녀의 재산을 갖고 반스터블로 달아나, 지갑을 도둑맞아 잠시 난처한 상황에 처한 멕시코 귀족의 아들이자 서인도 제도 농장주의 아들인 척하고 다녔다. 미나는 '대출금'의 도움으로 보스턴으로 가, 위조한 신용장으로 인출한 선불금 9천 달러를 어떤 상인한테서 현금으로 받고 '값진 선물을 제공'해 반스터블에서 꾀어낸 '어리고 정숙한 여성'과 결혼할 계획이었다. 멕시코의 고관대작과 결혼하려 학교 선생직을 그만둔 그 젊은 숙녀는 루크레치아 채프먼의 조카였다. 그러나 계획을 실행할 수 있기 전에 미나는 체포되었고

부지런한 블레이니 씨로 인해 며칠 내로 수감되었다. 뉴욕 주 서부의
친지들이 숨겨 준 채프먼 부인을 찾는 건 더 힘들었지만 블레이니와
펜실베이니아 주 주지사가 내건 300달러의 보상금은 이를 해낼 수
있었다. 11월 말에 그녀는 펜실베이니아 주 이리 카운티에서 체포되어
구금된 채로 도일스타운으로 돌아왔다. 그녀와 미나는 윌리엄 채프먼을
비소로 독살한 죄로 기소되었다. 언제나 재주가 넘쳐났던 미나는
재빨리 감옥에서 탈출했지만 보안관이 시내에서 몇 킬로미터 떨어진
곳에서 그를 잡아, 다시 감옥으로 데리고 와서는, 왼쪽 다리를 바닥에
사슬로 묶어 두었다.

　　1832년 2월 열린 재판은 흥분한 관중들을 불러 모았다. 첫날
카운티의 행정 중심지인 도일스타운에서 제일 큰 홀 안에 600명의
사람들이 꽉 찼고 그다음 날은 더 많은 사람들이 밀려들었다. 재판이
진행되는 동안 바깥의 사람들이 밀치는 바람에 문이 두 번이나
터지듯 열리기까지 했다. 재판장 존 폭스는 창문으로 기어 올라오려는
사람들을 체포하도록 했다. 도일스타운이 생긴 이래로 가장 많은
사람들이 모였고 더 많은 기자들이 모였다. 재판이 온 나라에 걸쳐 너무
많은 흥미를 유발시키는 바람에 판사는 기자들더러 끝날 때까지 의견을
발표하지 말도록 명령했다.

　　실상 이때는 두 건의 재판이 진행되고 있었는데 루크레치아의
변호사들이 일찍 그리고 현명하게 두 사건을 분리하도록 움직였기
때문이었다. 미나와 루크레치아를 같이 모으면 공모자로 보일 수밖에
없었지만 분리하면 루크레치아는 피해자로 내보일 수 있었다.[98] 그리고
피해자라면, 루크레치아는 법의 처벌이 아니라 보호를 받아야만 했다.
그 당시 남부의 저명한 사회학자였던 조지 피츠휴는 문서화되지 않은
사회적 협약을 이렇게 설명했다. "[여자가] 불안하고, 까다롭고, 변덕이
심하고, 예민하고, 내성적이고 의존적인 한, 남자는 여자를 숭배하고
흠모한다. 여자의 약점은 여자의 강점이 되고, 여자의 진정한 기술은
그런 약점을 키우고 발전시키는 것이다. (…) 솔직히 여자는, 아이처럼,
단지 하나의 권리만 가지고 있고 그건 보호를 받을 권리이다."[99] 확실히
루크레치아 채프먼은 까다롭고 변덕이 심했고 그만큼이나 확실하게
변호사들은 그 약점을 발전시켰다.

샘솟듯 나오는 증언처럼 루크레치아는 본질적으로 좋은 성품의 여성인데, 사기꾼 미나의 계략에 말린 거라고 변호사들은 말했다. 어쩌면 그녀는 어리석고 욕심 사나웠을 수 있지만, 그렇다면 그건 그녀는 똑같이 어리석었던 남편을 보고 따라한 거였다. 미나의 애정 공세에 굴복한 그녀는 어리석고 어쩌면 죄받을 만하지만 그건 빠지기 쉬운 약한 여자의 본성 탓이었다. 서둘러 결혼한 건 조급하고 현명하지 못했지만 아이들에게 가족의 부양자가 필요할 거라고 부추겨진 탓이었다. 루크레치아의 변호사들은 잘못을 인정하면서도 그녀는 범죄자가 아니며, 확실히 살인자는 결코 아니라고 주장했다. 그녀는 그저 경박하고 어리석고 멍청하고 허영이 심하고 의지가 약한, 간단히 말하면 보통의 여자였을 뿐이라고 그들은 말했다. 바로 그런 이유로 그녀는 법의 '기사도'로 보호받아야만 했다. 어쨌든, 그녀는 이미 상스러운 협잡꾼에게 자신의 '말과 마차, 금시계와 은시계, 브로치, 반지, 메달, 오르골, 호루라기가 달린 은종과 케이크 바구니'를 잃어버렸고, 어쩌면 남편까지도 잃어버렸으니까.

그러나 윌리엄 채프먼이 사실은 독살된 거라면? 그 점은 루크레치아 재판의 큰 논쟁거리였고 전문가 증인들은 미심쩍은 과학 따위는 배심원의 평가에 맡겨 둔 채로 길게 논쟁을 벌였다. 의사 필립스는 채프먼의 임종 당시 그의 죽음이 급성 설사 때문이라고 생각했다. 그러나 재판에서 그는 채프먼이 비소 중독으로 고통받았다는 다른 전문가들에게 동의했다. 채프먼의 증상인 구토, 뱃속이 타들어 가는 느낌, 사지가 싸늘해지는 것은 두 가지 진단을 동등하게 가리켰고 그래서 사후 검시가 결정적 증거이자 유일한 근거가 되었다. 그러나 불행히도 그 검시는 파낸 시신을 단 한 번도 검시해 본 적이 없는 2명의 의사에 의해, 삼 개월 동안 매장되어 있었던 시신에 대고 묘지에서 성급하게 이루어졌다. 경험 없는 검시관들 스스로가 인정했듯이 철저하지 못했다. 빨갛게 부어오른 직장의 모습이 급성 설사가 아니라 틀림없이 비소 중독으로 구분된다는 의학적 의견은 일치를 이뤘지만, 실상 그들은 심장, 하다못해 직장조차도 제대로 살펴보지 않았다. 다만 그들은 위를 적출한 채프먼을 가능한 한 재빨리 다시 매장했고 위는 화학자의 연구실로 보냈다. 화학자들은 조직을 떼어내 익힌 뒤 가루로 만들어 시약과 섞었다. 하나를 빼고는 전부 양성이 나오지 않았고, 그 하나는 짧게 불에 태우는 실험을 하는 사이 사고로 비커에 금이 갔으며, 그 와중에 한 화학자가 거기에서 비화수소[100]의 마늘 향을 맡았다. 그는 동료에게 몸을 돌려 물었다. "누가 여기에서 비소 태워?" 증거는 충분하지 않은가? 변호사들은 의학 법제책을 조사했고 막다른 길에 다다랐다.

이상하고 으스스한 의학적 토막 증거들이 논쟁에 부쳐졌다. 사후 검시관들이 개복했을 때 채프먼의 체강에서는 절인 청어 같은 냄새가 났다. 그것은 비소 중독의 특징적인 냄새였을까, 아니면 시체란 본래 완전히 자연스러운(불쾌하겠지만) 이유로, 절인 청어 냄새가 나게 되는 걸까? 전문가들은 합의를 보지 못했다. 또한 채프먼의 시신은 부검할 때 너무 잘 보존되어 있었다. 비소는 방부제로 알려졌기 때문에, 미나조차도 박제에 쓰려고 비소를 샀다고 주장했는데, 채프먼의 기관 상태는 비소 덕분인가? 올세인츠 교회의 목회자가 교회 묘지 사질 양토의 놀라운 보존력을 증언하기 위해 불려 왔다. 목회자는 교회지기가 무덤들을 얕게 팠다는 질책을 받아 이후 무덤을 깊게 팠으며, 깊게 파는 것만으로도 시신을 보존하는 데 도움이 된다고 말했다.

검찰은 비소가 시신을 보존했다고 주장했다. 변호인은 시신을 보존할 정도의 양이라면 화학자의 실험에서 양성 반응을 보였어야만 할 것이라고 주장했다. 검찰은 채프먼이 마지막으로 아팠을 때 발작으로 구토하면서 비소를 토해냈을 것이라고 주장했다. 변호인은 실험에서 나온 음성 반응은 비소가 없다는 걸 의미하며 비소가 없다는 것은 독살이 아니라는 걸 의미한다고 주장했다. 결정적인 물리적 증거가 부재한 채로, 양측의 법정 대리인들은 배심원들이 거의 이해할 수 없는 수사학적인 질문을 던졌다. 토머스 로스 검사는 "만약 죽음이 급성 설사에 기인했다면, 염증이 위와 식도에 제한될까요? 내장에 어느 정도 염증이 있지 않겠습니까?"[101]라고 물었다. 누가 알겠는가? 그러나 이러한 과학적인 '사실'은 배심원의 만장일치로 결정되어야만 했다. 그리고 쟁점을 결정하면서 그들은 '오리 문제'로 더 혼란스러워졌을 것이다.

채프먼 옆집에 살았던 부처 부부는 가금류를 키웠다. 루크레치아는 그들에게서 의사 필립스가 처방한 닭고기 수프를 만들 닭을 샀다. 재판에서 상반되었던 여러 증언에 따르면, 그 수프와 닭고기는, 루크레치아 또는 딸인 메리가 채프먼 씨에게 전달했고 루크레치아 또는 이름이 똑같이 루크레치아인 어린 딸이 부엌으로 다시 가져갔다. 남은 잔반은 온종일 부엌에 두었다 하인이 뜰에 버렸다. 그다음 날 부처 씨는 풀어놓고 키우는 자신의 오리 떼가 채프먼 씨 집 쪽에서 오는 것을 보았다. 그에게 오리들은 '걱정이 있는 듯' 보였다. 오리들은 하나씩 배를 내놓고 드러누웠다. 날이 질 무렵 스물에서 서른 마리의 오리들이 죽었고 너무 커서 채프먼의 뜰을 막는 울타리를 지나갈 수 없었던 네 마리만 살아남았다. 부처 씨는 "오리들이 드러누워 죽는 건 흔한 일이 아니"[102]라고 증언했다. 그는 오리들이 독살되었다고 믿었다.

다시 전문가들은 가금류가 갑자기 떼로 죽는 게 자연스러운 일인지에 관해 합의를 내리지 못했다. 다양한 의견들이 나왔지만 변호사 브라운이 사건의 결론을 낼 때쯤 그 주제는 조롱거리가 되었다. 브라운은 설명할 수 없는 어떤 이유로 뼈를 파내 법정으로 가지고 온 검찰 때문에 '매장될 권리'가 '야만스럽게 침략당해' 버린 '의심조차 못했던 새끼 오리들'을 위한 '한 줄기 동정의 눈물'을 흘리자고 주장했다.[103] 브라운 씨는 이 모든 일을 '엉터리'라고 일축했고 배심원들은 그의 재치에 미소를 지을 수밖에 없었다. 여전히 부처 씨의 오리들은, 윌리엄 채프먼처럼, 갑자기 죽었고 아무도 왜 그랬는지 설명하지 못했다.

동시에 재판의 두번째 큰 쟁점이 논쟁에 부쳐졌다. 만약 윌리엄 채프먼이 독으로 죽었다면, 루크레치아 채프먼이 독을 넣었을까? 검찰은 애매하게 굴었다. 논쟁 초반에 닭고기 수프는 채프먼과 오리 둘 다를 죽인 수단이 분명했다. 루크레치아가 그것을 직접 만들었고, 기이하게도, '양념'을 치러 거실로 가져갔다. 거실로 그녀를 따라간 엘런 쇼는 미나가 거기 있었고 돕는 것처럼 보였다고 증언했다. 특히 약국 주인이 그 전날에 미나가 비소를 구매했다고 증언했을 때 그건 꼼짝할 수 없는 결정적인 상황으로 보였다. 그러나 변호인은, 아버지와 함께 수프를 좀 먹었으며 나머지를 부엌 식탁에 두었고 늦은 오후까지 수프는 거기 놓여 있다가 하인인 메리 밴텀이 뜰에 버렸다는 딸 루크레치아 채프먼의 증언을 제출했다. 아무리 부도덕하다고 해도, 어떤 여자가 독 넣은 수프 그릇을 자신의 아이들과 하인들이 쉽게 손을 댈 수 있는 곳에 두겠냐고 변호인은 물었다. 검찰은 재빨리 새로운 가설을 제시했다. 독 넣은 수프는 따로 별개의 그릇에 담아 채프먼에게 주었고 다른 수프 그릇은 독이 들어 있지 않은 거였다고 했지만, 그 또 다른 가상의 그릇을 구체화시킬 증거는 전혀 없었다. 닭고기 자체에 의혹이 던져지기도 했으나 하인들의 증언과 자신이 모래주머니를 먹었다고 말한 딸 루크레치아의 증언은 엇갈리고 결론이 나지 않았다. 결국 판사까지도 혼란스러운 채로 배심원에게 닭고기 수프(원래는 기소에 명시되었던)는 심리에서 제외하라고 설명했다. "여기에는 독을 수프 그릇에 넣었다고 가정되어 있지만, 가능하지 않습니다. 채프먼 부인이 여기 독을 넣어 그걸로 남편을 독살한 다음 부엌 식탁에 놓고, 몇 시간이나 거기에 두어, 그 식탁에서 식사를 하는 하인들이나 부엌 바로 옆 식당에 있던 자신의 아이들이 그것을 먹도록 내버려 두었다는 것은 불가능해 보입니다. 만약 지금까지 가정했듯이, 채프먼 씨가 독살되었다면, 그가 **어떻게** 독살되었는지를 분명하게 보여줄 수 있는 증거는 무력한 걸로 보겠습니다."[104] 그렇다면 재판의 맨 마지막에, 판사가 배심원들에게 설명했듯이, 두 가지 중심 논의의 진상은 여전히 밝혀지지 않은 채였다. 윌리엄 채프먼은 독살되었는가? 그리고 만약 그렇다면, 누구에 의해서인가?

어떤 점들은 더 명확해졌다. 특히 젊은 연인에 대한 루크레치아의 헌신 말이다. 그들의 편지가 재판에서 증거로 나왔다. 결혼식 날 밤에, 동생에게 가는 길에 들른 올버니에서 루크레치아는 미나에게 편지를 썼다.

내 사랑 리나 [원문 그대로]
당신을 처음으로 이렇게 **내 것**이라고, 당신의 이름을 부를 때 ("내 사랑 리노") 내 영혼을 진동시키는 감각이 너무 좋아! 그리고 죽음이 우리를 갈라놓을 때까지! 얼마나 즐겁고, 얼마나 기쁨으로 가득한지! 그리고 **가장 소중한** 리노, 너무나 젊고,

너무나 다정하고, 너무나 고귀하고 당신의 루크레치아에게 너무나
진심으로 고마워하는 당신! 이걸 쓰는 시간이 지나갈 때까지도 내
영혼은 기쁜 마음으로 **당신**을 생각할 거야.[105]

이틀 뒤 그녀는 "나한테 너무나 소중한 그이, 내 젊은 에스포시미나[106]
장군의 다정한 포옹을 만나기 위해 다음 주 수요일까지 기다리는
건 너무 길어"[107]라고 썼다. 그러나 사랑의 작문에서 월등한 것은
미나였다. 7월 25일 그는 왜 워싱턴 주로 가야만 하는지 설명하고 그
일에 대한 자신의 감정을 드러내려 편지를 썼다.

> 볼티모어를 떠날 때 난 정말 모든 감각을 잃어버린 것 같았어요.
> 내 영혼이 눈물의 소나기로 쏟아져 내렸어요. 펜실베이니아
> 주까지 펼쳐진 하늘을 보며 내 마음속에서는 루크레치아
> 에스포시미나라는 달콤한 이름이 다시 메아리쳤어요. 초록색
> 들판, 무성한 숲, 달콤하게 노래하는 새들, 모든 게 사랑의
> 생각으로 내 마음을 부드럽게 했고 난 억수같이 눈물을 쏟았어요.
> 사랑하는 루크레시아, [원문 그대로] 당신으로부터 멀리 있는
> 나에게는 기쁨의 낮도 기쁨의 밤도 없어요. 난 먹지도 마시지도
> 자지도 못해요. 모든 게 내 영혼 안에서 우울하죠. 당신을 만나
> 긴 포옹으로 당신과 포개지지 못한다면 난 서둘러 무덤으로 가게
> 될까 봐 두려워요.[108]

같은 어조가 너무 많아서 (아마 미나가 불러줬을) 편지를 쓴 번역자는
"언젠가 이렇게 열정적인 애정의 영감을 줄 수 있는 숙녀분을 뵐 수
있기"를 바라는 마음을 덧붙여 적어 두었다. 미나는 언제나 고양된
어조의 글을 썼다. 단지 루크레치아의 마음에 들 정도로 충분히 자주
쓰지 않았을 뿐이었다. 7월 말 그가 사기꾼이라는 말을 듣고 그 사실을
비난하기 위해 그에게 편지를 썼을 때, 그녀는 죄가 드러날 수 있는
한 문장을 적었다. "아니, 리노, 한순간이라도 생각을 하게 되면, 난
인정할 수밖에 없어. **당신이나 내가** 무덤의 이쪽에서 행복하길 신께서
허락하실 거라고 난 믿지 않아."[109]

검찰은 그 줄을 계속해서 인용하고 인용했고 정말 그럴 수밖에 없을 상황을 예로 들었다. 왜, 루크레치아는 미나가 자신의 애정을 착취하고 모든 소유물을 다 훔쳐 간 범죄자라는 걸 알았을 때, 비난하며 (증인들 앞에서) 당장 떠나라고 말했을 때, 그가 단 하나의 비밀을 속삭였을 때, 마음을 바꾸었을까? 검찰은 살인 공모라는 범죄의 비밀만이 그녀를 그에게 묶어 둘 수 있었다고 주장했다. 그리고 변호인은 그 생각은 "말도 안 된다"고 답할 수밖에 없었다.

쟁점이 흐려지자 사람들의 관심은 성격, 또는 십구세기 용어를 빌리자면 **성품**에 집중되었다. 질문은 이렇게 변했다. 피고인이 기소된 범죄를 저지를 수 있는 종류의 사람인가? 미나에 관해선 열두 배심원들의 마음속에 의심이 거의 들지 않았고 사실 그랬다. 프록코트에 달라붙는 바지, 비단 양말에 금 단추가 달려 있고 앞면에 수가 놓인 셔츠를 입은 그는 너무 현란했다. 그리고 무심한 척하며 아는 사람에게는 상냥하게 끄덕이는 그는 너무 태연했다. 그는 상류층을 흉내 내며 조롱하고 있었다. 여기에 흉내를 내고 있는 미나가 신사가 아니라는 걸 증언한 존경받는 멕시코 관료 쿠에스타 대령이 있었다. 그리고 필라델피아 교도소 간수 이즈리얼 디컨도 미나가 필라델피아의 한 하숙집에서 동료 하숙인들로부터 시계, 오르골 코담뱃갑과 다른 자잘한 장신구들을 훔친 세 번의 절도 혐의로 유죄 판결을 받아 셀레스티네 아르멘타리우스(또는 셀레스티나 아르멘티루스, 또는 아말리아 그레고리오 사리코)라는 이름으로 일 년 이상 수감된 적이 있다고 증언했다. 그는 석방된 바로 그날 채프먼의 문을 두들겼다.[110] 분명 미나는 엘런 쇼가 두려워했듯이 거의 뭐든 할 수 있는 남자처럼 보였다.

루크레치아 채프먼의 성품은 두 가지 방식으로 살펴볼 수 있었고 둘 다 그녀가 비난받고 있는 범죄를 공포스럽게 만드는 데 필수 불가결한 것이었다. 남편을 살해한다는 점은 변호인조차도 계속해서 말하고 말했는데, 상상할 수 있는 유일한 "가장 끔찍하고 잔혹한" 범죄였다.[111] 남편을 죽인 여자는 가장 '비정상적인' 범죄를 저지른 것으로, '자신의 남편과, 자신의 아이들과, 자신의 신에 대한 반역'을 저지른 것이다. 그런 범죄가 가능한 여자는 괴물이자 자연에 알려지지 않은 생명체임에 틀림없었고, 검사 로스는 바로 그러한 식으로 루크레치아 채프먼을 그렸다. 루크레치아가 로스 씨가 생각하는 이상적인 좋은 아내가 아니라는 많은 증거가 하인들의 증언에 있었다. 그에 따르면, 그녀는 남편이 창피하다며 "사라져 버리길 신께 바랐다." 한번은 그녀가 그를 발로 찬 적도 있다고 했다. 그리고 한번은, 이 점에서는 증언이 길고 엇갈렸지만, 남편에게 어린 딸을 도와 침대를 정리하라고 시켰다. 로스는 '자고 난 침대를 정리하라고' 남자에게 '강요'할 여자라면 '야만인이나 악마의 감정'으로 '부추겨질' 수밖에 없을 것이라고 주장했다.[112] 루크레치아 채프먼이 만약 '집안의 악귀'였더라도 '더 심한 잔인함과 더 큰 모독 (…) 더 절대적이고 무도한 통치를 전시'할 수 없을 거라고 말했다. 검사는 이와 같은 범죄를 처벌하지 않은 채로 내버려둔다면 "가슴속에 불결한 열정의 불꽃이 빛나는 아내들에게 그 음란한 방종의 유일한 방해물을 없앨 수 있는 간결한 방식이 있다는 걸 가르치고 범죄라는 음울한 건물의 완공을 위한 수단과 재료를 제시하는 것"[113]이라면서 루크레치아에게 유죄를 내려 달라고 배심원들에게 촉구했다.

거실과 부엌을 살금살금 걸어 다니며 집 안에서 참사를 저지를 기회와 자극만을 기다리고 있는 많은, 어쩌면 더 많은 집안의 악귀들이 있을 거란 가능성은 생각조차, 또는 꿈에라도 떠올릴 수조차 없었다. 배심원들에게, 많은 여성들이 사실은 못하도록 막지 않는다면 남편을 살해할 거라고 인정하지 않은 채로 살인 예방이라는 처벌 규정을 받아들이기란 힘든 일이었다. 당연히 루크레치아 채프먼을, 그리고 여성을 다른 시각으로 보는 게 훨씬 더 마음이 놓였다.

사실, 변호인 측은 바로 그 "범죄의 사악함이 사건의 발생을 더욱 불가능하게 만들 뿐이다"라고 주장했다.[114] 어떻게 그렇게 '사악하고 부자연스러운' 범죄가, 그렇게 '완전히 혐오스럽고 저주받을 만한' 범죄가 결국, "**여자**인, 우리가 알고 있는 부드러움, 애정, 정절의 사랑스러운 모든 성품과 연관되어 있는 여자"인 루크레치아 채프먼에 의해 저질러질 수 있었겠는가?[115] 그녀는 그저, 악귀와는 너무나 거리가 먼, 변호인들이 제시했듯이, "여자, 운도 없고, 도움을 받을 곳도 없고, 친구도 없고, 홀로 쓸쓸한" 여자였다.

148

그녀가 지닌 여성성의 증거, 그리고 무구함의 증거는 자신의 아이들에 대한 끝없이 '자연스러운' 사랑이었다.[116] 인간의 행동 양식에 비춰 보았을 때, 남편을 죽이는 비정상적인 악귀라면 분명 아이들을 사랑할 수 없을 텐데 말이다. 그녀가 '홀딱 빠진' 건 맞는 말이었다고 루크레치아의 변호사들은 말했다. 마치 동화나 로맨스 소설에 나오는 잠에 취한 공주처럼, 그녀는 '판단력을 사로잡은 듯한 주문'에 빠져 버렸다고 말했다. 루크레치아도 자신을 이렇게 보았다. 그녀가 감옥에서 쿠에스타 대령에게 보낸 편지가 공개되었는데, 그 편지에서 그녀는 그 당시 미국 문학에서 가장 인기있었던 피해자인 샬럿 템플[117]의 명예를 더럽히고 때 이른 죽음으로 이끈 극악무도한 몬트라빌을 내비치며 미나를 '잔인한 강탈자'라고 불렀다.

분명 루크레치아의 명예는 더럽혀졌다. 샬럿 템플을 만든 수재나 로슨의 과장된 문체를 빌려, 루크레치아는 쿠에스타에게 보낸 편지에서 자신의 경우를 이렇게 설명했다.

아! 전 얼마나 아래로 떨어진 건가요! 어제만 하더라도 온 마음이 바랄 수 있는 걸 가졌고 즐겼는데, 넉넉한 환경의 축복 속에서 사랑스러운 가족에 둘러싸여 이웃과 내가 사랑한 남편의 미소를 즐겼는데, 그 이상 뭘 바랐겠어요? 이 세상이 뭘 더 줄 수 있었겠어요?
　　하지만, 아아! 그 **잔인한 강탈자**가 왔어요! 그리고 한 시간 만에, 모든 게, 모든 게 다 시들었어요!! 제 모든 희망과 미래는 사라졌어요! 그리고, 오! 내 남편, 당장이라도 날 보호하려 앞으로 나섰던, 날 동정해 주던 그이는 더 이상 없어요! 그의 머리는 가족의 고통을 알지 못한 채, 계곡의 저 깊은 흙 속에 누워 있어요! 오! 저에 비하면 얼마나 부러운 운명인가요! 피 흐르는 제 마음은 가장 친절하고 가장 좋은 남편의 죽음에 천 개의 고통으로 찢겨 나가는데, 마치 그걸로 제 고통이 끝나기엔 부족한 것처럼, 마지막 일격을 가하려, 이미 너무도 고통스러운 제 가슴에 마지막 고통을 쏘아 넣고자, 전 '제 남편의 죽음에 종범으로 추정'된다는 잔인한 의심에, 거짓에, 기소되고, 체포되었어요. 결백하다는 확신과 제 사랑하는 아기들의 행복이 아니었다면… 인생은 참기 힘들었을 거예요. 오 하늘이 절 굽어 살피신다면! 그리고 제가 너무나 바보같이, 너무나 경솔하게 굴었지만, 그러나 신께서 그 무한한 자비로, 아버지를 잃고 고통받는 제 어린 가족에게 절 다시 돌려 보내주시길…. 저는 알지 못하는 타인, 천한 사기꾼에게 홀딱 빠졌었어요! 전 그에게 조종당하고 속아 넘어갔어요. 그래서 그렇게 내디뎠을 때 일어날 결과를 제대로 생각치도 못하고, (아! 그를 제 돌아가신 남편과 저와 아이들의 고마운 친구라고 믿고서) 그 잔인한 괴물과 서둘러 결혼하는 바람에 제 자신과 아버지 없는 아이들이 돌이킬 수 없는 파멸로 떨어져 버렸죠! 그렇게 끔찍하게 속아 넘어가 그런 노련한 익당[118][원문 그대로]과 결혼해 버린 것에 제가 느낀 후회, 원통함과 수치는 이루 말할 수가 없습니다. 전 아주 순식간에 그자가 사악한 사기꾼이라는 걸 알았거든요!

　　…저를 전혀 동정하시지 않는 분들도, 제 이야기의 진상을 알게 되신다면, 영혼 깊숙이 피눈물을 흘리실 겁니다. 이 글을 쓰면서도, 제 비할 데 없는 고통으로 인해 제 눈은 눈물 속에서 헤엄치고 제 마음속엔 슬픔이 넘쳐흐릅니다! 그리고 오! 내 사랑하는 아이들! 제 가엾고 사랑스러운 아이들은 어떻게 될까요? 오로지 아이들을 위해 살고자 하는, 마음이 부서진 어머니를 구할 길은 없는 건가요?[119]

검사 로스는 그렇게 인심 좋게 말하진 않았다. "사실 마음이 아픕니다"라고 그는 배심원들에게 말했다. "인생의 정점에 다다라, 어느 정도로는, 자신들의 미래를 어머니의 좋은 평판에 전부 기대고 있는, 관심을 줘야 할 어린 자식들을 둔 여성이 그렇게 죄를 탐닉하고 넘쳐나는 사악함에 스스로 굴복해 공동체의 양심이 혐오하고 상스럽게 여기는 구경거리가 되어 버린 걸 보고 있자니 정말 마음이 아픕니다. 그런 여자를 변호하면서는 감히 변명할 수도 없고, 그걸 참작해 줄 필요도 없을 겁니다. 이렇게 공개적으로 수치를 모르는 악의 전시를…"[120]

　　그러나 그녀는 거기 법정에 앉아 있었다. 평범한 얼굴의 턱이

처진, 사십대를 향해 가는 여자로 아마 못생기지는 않았지만 분명 예쁘지는 않은 모습이었다. 그녀는 계피색과 검은색의 여성용 모직 승마복을 입고 딱 맞는 챙 없는 모자를 쓰고 머리를 가리는 두건을 두르고 있었다. 가끔 진행 중에, 특히 남편의 마지막 시간이 묘사될 때, 손수건에 대고 조용히 울었다. 가끔 그녀의 좀 무거워 보이는 턱이 떨리는 것 같았다. 그러나 대부분은, 신문에 따르면, '그녀의 태도는 조용'했고 숙녀다웠다. 그녀의 바로 뒤에 (검사들의 반대에도 불구하고) 여성의 어리석음으로 그녀가 망쳐 버린 이름을 지니고 살아갈 5명의 자녀가 앉아 있었다. 배심원들은 적절한 만큼의 휴식 시간을, 약 두 시간 정도 나갔다가 평결을 내리기 위해 돌아왔다. 무죄.[121]

　　미나는 그렇게 운이 좋지 못했다. 4월에 진행된 간략한 재판에서 의학 전문가의 증언은 더욱 혼란스러웠다. 화학자 미첼 박사는 이전의 비소 실험은 아마 '무의미'했을 거라고 인정했지만 (그는 이전에는 비소를 한 번도 실험해 보지 않았다) 그다음의 실험들로 비소가 사망 원인이라고 확신했다. 한편 재판에 출석한 의사 필립스는 채프먼의 증상은, 결국에 보면, 비소 중독과 일치하지 **않는다**고 결론지었다. 유일한 새로운 증거는 채프먼이 사망하기 이전부터 루크레치아의 연인이었고 치안관 블레이니가 되풀이한, 그녀가 자신의 남편 수프에 독을 탔다는 미나 자신의 진술이었다. 며칠 안에 그는 두 건의 살인죄로 유죄 판결을 받고 사형을 선고받았다.

　　언론은 재판 내내 그가 "대개는 경솔함과 무관심을 전시"하다가 "변호인이 평결을 설명해 주자 심한 동요를 드러냈다"고 보도했다.[122] 그는 가난한 소년병이었던 셀레스티노 알멘타로로서 쿠바의 가족에게 돌아가도록 해 달라고 청원했다. 소용없었다. 그는 쿠바에 있는 네 살 딸에게 자신의 '토지'를 상속하도록 정리할 수 있게 집행유예를 요청했다.[123] 그는 산살바도르의 준장인 자신의 아버지에게 도움을 요청하는 편지를 부쳤다. 마지막으로 그는 채프먼 부인, 이제는 언론에 단순히 '그 여자'라고만 언급하는 공범과 자신을 다 포함하는 자백을 했다.[124] 그는 마침내 멕시코 최고 귀족이 아니었다고 자백했다. 서인도 농장주의 아들도 아니었다. 그는 셀레스티노 알멘타로도, 리노 아말리아 에스포스 이 미나도 아니었다. **진짜로**, 자신은 쿠바의 군정 장관의 아들인 카롤리노 에스트라다 데 미나라고 그는 썼다. 노예들과 아름다운 처녀들(몇은 구출되고 몇은 약탈당한)과 전쟁과 해적, 보석과 금이 나오는 나쁜 남자의 또 다른 긴 이야기가 뒤따라왔다. 모두 다 매우 과장되게 부풀려진 산문으로 말이다.

마침내 그는 그런 모험을 거쳐 필라델피아로 왔고, 거기서, 완전히 순진했던 그는 윌슨 양이라는 가명으로 불리는 무정한 창부이자 범죄자인 채프먼 부인에게 유혹당했다고 말했다. "여기에서 불운한 낯선 자의 파멸이 시작되었다"라고 자신을 삼인칭으로 언급하면서 "자신의 부유함을 그 저주받은 [여자]에게 보여준 순간부터 파멸의 기반이 놓여졌다"라고 썼다.[125] 그에 의하면 모호하고 모순된 이유로 자신의 멕시코 정체성을 만들고 편지를 위조하고 비소를 사고 수프가 아니라 맥주에 독을 넣어 남편을 죽이고 끝내 모든 증인을 매수해 미나에게 불리한 증언을 하도록 한 건 그녀였다.

미나의 자백은 그를 평범한 사기꾼이 아니라 병적인 존재, 그리고 그 짧게 지속된 경력 동안, 영리한 사기꾼으로 인식시켜 주는 걸작이었다. 부에 대한 약속으로 여자들을 결혼으로 끌어들인 다음 여자들의 재산을 팔아넘기는 (남편이라면 **누구든 합법적으로** 할 수 있는) 그의 계략은 돈으로 쉽게 움직이는 미국의 결혼 제도와 여성의 의존적인 위치에 대한 희화화인 동시에 적극적인 활용이었다. 그러나 이러한 사회적 합의는 번지르르한 말을 흘리는 사기꾼이 재산을 빠르게 현금으로 바꾸며 취하는 이익을 위해서가 아니라 모든 '정직한' 남자들을 도와주도록 작동해야 했다. 윌리엄 채프먼을 죽이면서, 또는 죽이는 걸 도우면서, 미나는 그 규정을 깼고, 그가 선동한 교활한 협잡꾼들과 집안의 악귀들로부터 '보호'가 필요한 사람은 멍청한 아내들이 아니라 취약한 남편들이라는 걸 분명하게 보여주었다. 그래서 결국 그들은 그러기엔 너무 짧은 밧줄로 낯선 자를 목매달았고, 단번에 목을 부러뜨리지 못했던 밧줄은 목을 조른 채로 그를 붙잡아 그는 죽기 전 족히 십 분은 발버둥 치고 숨 막혀해야 했다.[126] 몇몇 여자들이 도일스타운의 처형장에 참석했고 만 명의 남자들도 거기 있었다. (예전의 존경받을 수 있는 이름을 다시 쓰기로 한) 채프먼 부인은 자녀들과 함께 집에 있었다고 보도되었다.

여자가 저질렀거나 부추겼을지도 모를 살인으로 처벌받은 최초의
남자가 미나는 아니었다. 남자와 여자가 살인의 공범으로 보일 때,
남자들은 남자에게 범죄의 책임을 떠넘기고 여자의 동기와 실행력을
무시하는 편이 자신들을 더 안심시켜 준다는 것을 알았다.[127] 민법상
권리가 없는 여자들은 그와 마찬가지로 형법에서도 실행할 권리가
없었다. 앤 베이커 사건[128]은 그러한 지점을 드러내는 사례이다.
그녀는 그녀의 집 거실에서 두번째 남편인 리처드 스미스가 첫 남편인
존 카슨을 쐈을 때 종범으로 기소되어 1816년 필라델피아에서 이급
살인으로 재판받았다. 스미스가 총을 쏜 것은 확실했다. 여러 명의
증인이 있었고 스스로도 인정했다. 재판의 주된 쟁점은 총을 쏜 날인
1816년 1월 20일 앤 베이커 카슨 또는 앤 베이커 스미스가 누구의
아내였는지 하는 질문이었다.

구 년이 좀 넘게, 앤 카슨은 항해 중인 남편의 오랜 부재 동안
도자기 가게를 운영하며 자신과 4명의 자녀를 부양하는 **법적
독신녀**[129]로 사업을 하고 있었다. 그녀는 집과 가게의 세를 지불했고
사업의 모든 거래를 수행했으며 남편의 오래된 빚을 다 갚았고 스스로
빚을 졌을 때는 감옥에서 형기를 채웠다. 왜냐하면 **독신녀**로서 그녀는
남편이 그 빚에 책임이 있다고 주장할 수 없었기 때문이었다. 1815년
카슨이 바다에서 죽었다는 이야기를 듣고 그녀는 리처드 스미스와
결혼했다. 석 달 후 존 카슨은 사 년의 부재 끝에 자신의 집, 재화,
동산, 그리고 아내에 대한 소유권을 취하려 돌아왔다. 그가 스미스더러
집에서 나가라고 명령하자 스미스는 그를 쐈다. 결과적으로 일급
살인죄로 기소된 스미스 재판의 쟁점은 앤 카슨과의 결혼이 합법인지의
여부였다. 만약 그렇다면 그에게는 남편으로서 집의 소유권과 집을
방어할 권리가 주어진다. 최악의 경우에도 그는 과실치사로 유죄
판결을 받게 될 뿐이었다. 만약 스미스의 결혼이 합법이 아니라면, 존
카슨이 법적으로 아내의 집을 소유하고 스미스를 내쫓을 권리를 갖게
된다. 이 경우 사실은 일급 살인에 해당하게 된다. 그래서 논쟁은 어느
남자가 '개인'으로서의 여성, 그리고 그녀의 개인적인 재산에 대한
독점권을 갖고 있는지로 향했다. 판사는 배심원에게 스미스의 결혼은

합법적이지 않다고 설명했고 스미스는 살인죄로 유죄 판결을 받아 교수형을 선고받았다.[130]

앤 카슨에게는 민법상 자신의 재산, 집, 자녀에 대한 아무런 권리가 없었다. 그녀에게는 어느 남자가 자신의 남편인지를 선택할 권리조차도 없었다. 왜냐하면 법적으로는 오랜 부재에서 돌아온 첫 남편이 그녀가 여전히 자신의 아내인지 아닌지를 결정할 수 있기 때문이었다.[131] 이때의 여성은 0에 수렴되는 기호였다. 그래서 그녀는 자신의 재판에서도 존 카슨 살인의 종범이었다. 그녀가 스미스가 총을 가지도록 도왔고, 치명적인 마지막 만남을 포함한 몇 번의 대면을 주선한 건 분명했다. 한번은 스미스가 너무나 광폭해진 채로 문을 박차고 들어오자 겁에 질린 하인이 아이 하나를 안고 거리로 도망갔었는데, 이때 앤은 스미스가 무장한 상태라는 걸 이미 알고 있었다. 그러나 존 카슨이 스미스더러 떠나라고 했을 때 앤 카슨은 그에게 있으라고 말했다. 기소장은 그녀를 '중죄와 살인죄'로 고발하면서 "미리 생각해 둔 살의로, 고의로, 중죄이면서 (…) 리처드 스미스를 (…) 부추기고, 교사하고, 충동질하고, 조언하고, 지시하고, 알려주고, 명령하고, 도와주고, 사주했다"고 적었다.[132] 그러나 무슨 이유로 앤 카슨이 자신을 무일푼으로 버려두었다가 다시 자신을 차지하려고 사 년 만에 돌아온(주머니에 6달러 80센트가 있는 채로) 술 취한 선원이 죽기를 바랄 수가 있었을까? 어쩌면 너무 자세히 묻지 않는 게 나을 것이다. 검사는 충분한 증거가 없기 때문에 유죄 판결을 촉구하지 않을 것이라고 밝혔다. 판사는 이 사건의 '죄수는 분명 나쁜 여자'라고 볼 수밖에 없지만 그럼에도 그녀를 방면하라고 배심원을 향해 명했다.[133] 재판은 반나절이 채 걸리지 않았고 그들은 앤 카슨의 목숨과 재산 둘 다 건드리지 않았다.

1827년 뉴욕 주 올버니에서 제시 스트랭은 존 휘플을 라이플총으로 쏘고 교수형을 당했지만, 종범으로 기소된 피해자의 아내 엘시 휘플은 판사의 지시에 따라 서둘러 방면되었다. 그녀는 제시 스트랭과 불륜 관계였고 총을 사라고 그에게 돈을 주었지만 판사는 그녀가 살인에 연루되었다는 아무런 증거도 없다고 보았다.[134] 1863년 메인 주 하프스웰에서 손이라는 젊은 남자가 자신의 침대에서 엘리샤 윌슨을 살해한 죄로 유죄 판결을 받았다. 손의 연인이자 공범인 윌슨 부인은 기소되지 않았다.[135] 그리고 1857년 뉴욕 주 로체스터에서 스무 살의 세라 리틀스는 주정뱅이에 불경스럽고 바람이나 피우며 매독에 걸린 쓸모없는 건달이라고 모두가 이야기하는, 별거 중인 남편 찰스의 사망에 살인죄로 기소되는 걸 무사히 피했다.[136] 새로운 신사 친구와 산책을 나갔다 온 뒤 세라는 남편을 살인이 일어난, 제네시폴스 위에 있는 외딴 벼랑으로 이끌었다. 곧이어 벼랑 끝으로 미는 걸 분명 도왔고, 그 와중에 자신도 떨어져 증거가 될 정도의 부상을 당했고, 그런 다음 남편의 모자와 피 묻은 망치를 집으로 옮기고 숨기는 걸 도왔다. 그 정도의 증거가 있는데(거기에 더해 아마 거짓이겠지만 근친상간에 대한 놀랄 만한 소문도 있었다) 법원이 그녀를 그냥 풀어 줄 수는 없었다. 그녀는 이급 과실치사로 유죄 판결을 받아 징역 칠 년을 선고받았다. 망치를 휘두른, 전과자이자 그녀의 오빠 매리언 스타우트는 '거짓말, 자가당착에 멍청함'이라고 그녀를 저주하면서 싱싱 교도소에서 교수형을 당했다.[137]

이 사건들은 앞으로 다가올 일의 징후였다. 관습적인 도덕성의 이중 잣대에 의해 강화된 '정의'라는 이중 잣대엔 세기가 지남에 따라 점점 더 깊은 골이 패였다. 동등한 정의를 요구하는 급진적인 페미니스트들은 기이하게도 자신들이 보수적인 법률 이론가들과 같은 줄에 나란히 서 있다는 걸 발견했지만, 가부장들의 고결하고 높은 기사도 정신 아래에서 페미니스트들의 논리 정연한 주장은 설 자리를 잃었다. 형법에서의 여성에 대한 편애는 민법에서의 여성의 권리를 박탈하기 위해 남자들이 만든 거래였다. 매리언 스타우트 같은 범죄자들은 불평등한 '정의'에 대해 큰 소리로 항의하고 수전 앤서니로부터 동조를 얻었지만 모두 가부장으로만 이루어진 입법자들은 자신들이 한 거래에 만족하는 것처럼 보였다. 그들은 형법 체계를 고안한 자신들 및 같은 계급에 있는 남자들이 그 바퀴 아래로 떨어질 일이 거의 없다는 인식에 안주했다.

질문은 언제나 똑같았다. 여자가 무슨 동기로 남편을 죽이려 하겠는가? 전형적인 십구세기 법정 변호사라면 그 답을 얻기 힘들었는데,

이중으로 헷갈렸기 때문이다. 우선, '동기'라는 용어는 통상적으로 '원인'이라는 의미로 받아들여진다. 동기를 질문하면서 변호사들은 여성에게 살인을 저지르도록 하는 반응의 원인이 되는 즉각적인 사건을 찾았다. 그러나 제대로 이해하려면 동기는 살인의 **원인**이 아니라 저질러진 살인으로 **달성할 뭔가를** 원인이라고 보아야 했다.[138] 다른 말로 한다면, 변호사가 주장하듯 아내는 남편이 술에 취했기 **때문에** 남편을 독살하지 않는다. 아내는 남편의 상습적인 주취와 독재에 더 이상 휘둘리지 않아도 되는 미래의 삶을 위해 남편을 독살한다. 여성의 본성에 대해서도 그만큼 잘못 생각하고 있던 십구세기 변호사들에게는 그런 동기를 생각하는 게 특히 어려웠다. 그들은 여성을 논리적이고 계획을 세울 수 있는 존재, 즉 특정한 미래의 상황을 위해 행동할 수 있는 존재로 보지 않았다. 자기 결정력과 통제권을 행할 수 있는 그런 여성은 그냥 생각조차도 할 수 없었다. 여성을 수동적 창조물로 추정한 변호사들은 보통 여성의 의지 바깥에서, 여성이 그렇게 행동하는 원인이 되는 다른 힘, 다른 작용에서 '동기'를 찾았다. 그들은 월경통, 히스테리성(예를 들어 자궁으로 인한) 질병, 정신 이상, 또는 남성 공범에게 죄를 뒤집어씌웠다. 그리고 계속해서 맹목적으로 묻고 물었다. 무엇이 동기지?

해나 키니[139]가 하나도 아니고 남편을 둘이나 독살했다고 알려졌을 때조차도 계속 그렇게 질문했다. 1840년 12월 조지 키니 살해에 대한 재판에서, 그녀의 변호인은 '동기의 총체적인 부재'를 주장했다. "키니 부인과 남편의 관계는 다정하고 애정이 가득했습니다"라고 주장하면서 "그러므로 그녀 입장에서는 남편의 목숨을 노릴 동기의 모든 논리적 추정을 받아들일 수 없습니다"라고 말했다.[140] 잇달아 조지 키니가 단 한 번도 아내에 대해 안 좋은 말을 하는 걸 들어 본 적이 없다는 증언을 하러 증인들이 증인석에 섰다. 임종 시 증인 앞에서 조지 키니는 그녀가 자신에게 '좋은 여자'였다고 말했다. 양말 사업에 실패했지만 다행스럽게도 해나가 모자 가게로 가족을 먹여 살렸고 그의 잦은 음주와 도박의 비용을 감당해 주었다. 그는 친구들에게 아내가 한 번도 얼굴을 찌푸린 적이 없다고 말했다. 분명 해나 키니는 조지에게 충실한 아내였지만 남편에 대해 어떻게 **느꼈을지** 알려 주는 증거는 거의 없었다. 그가 아내를 때렸을 때 그녀가 매우 화를 냈다는 단 한 번을 제외하면 말이다.

해나 키니는 메인 주의 리스본에서 1805년경 해나 핸슨으로 태어났다. 열일곱 살에 그녀는 정해진 직업이 없었던 스물한 살의 워드 위텀과 결혼했다. 위텀은 한동안 농사와 벌목 일을 시도했는데 1826년 숲에서 몇 달 만에 집에 돌아왔을 때 이웃에게서 해나가 부리던 남자애를 그녀의 연인인 성인 남성으로 바꾸었다는 이야기를 들었다. 해나는 그 비난을 부인했지만 위텀은 도버로 이사를 가기를 고집했고 거기서 곧 무두질 사업을 말아먹었다. 그는 3명의 아이가 있는 자신의 가족을 뒤로 하고 보스턴으로 떠났다. 그는 다시 한번 해나가 자신의 이름을 더럽혔다고 주장했고 해나는 그가 떠난 걸 가족 유기라고 불렀다. 이 년 후에 해나는 아이들을 친척에게 맡기고, 가족을 부양하라고 위텀을 설득하려는 명목하에 그의 뒤를 쫓아갔다. 하지만 보스턴에서 그가 '미혼남'으로 살고 있다는 걸 알고는 다시는 그와 같이 살 수 없다고 결정하고 이혼 신청을 제기했다. 그녀는 보스턴에 머물면서 바느질을 하고 모자를 만들면서 생활을 유지했고 "교제하는 사람들이 아주 칭찬하는"[141] 남자인 조지 키니 씨와 같은 집에서 하숙을 했다. 키니 씨는 재빨리 그녀의 '귀중한 친구'가 되었지만 1832년, 이혼 허가가 나자마자, 그녀는 자신의 사촌이자 어린 시절의 사랑이었던 매사추세츠 주 로웰의 제일침례교회의 성직자인 이넉 프리먼 목사와 다시 만났다.

프리먼 목사가 이혼한 여성도 결혼 상대로 적합하다고, 비록 그녀가 로웰을 방문했을 때 행실이 '기독교도'답지 않다는 소문이 따라붙긴 했어도 여전히 좋은 결혼 상대가 될 수 있다고 신도들을 설득하던 이 년 동안, 장밋빛 편지와 재미없는 시구들이 로웰과 보스턴 사이를 오갔다.[142] 1835년 드디어 그들은 결혼했고 딱 일 년 뒤 이넉 프리먼 목사는 갑자기 죽었다. 키니 부인(그때는 프리먼 자매)은 그 죽음이 프리먼을 차지하고 싶었던 다른 여자의 질투와 자신이 퇴짜 놓은 부적절한 구애에 분노한 교회의 어떤 집사 때문이었다고 의심했다. 로웰에는 그녀 몰래 이루어지는 '비밀스러운 불평이나 음모'가 항상 있어 왔고 그래서 교회위원회가 그녀더러 마을을 떠나 달라고 제안하면서 끝내 남편이 받지 못한 연봉을 지불하지 않은 채 자신을 등한시하는 게 놀라운 일도 아니라고 키니 부인은 말했다. 그녀는 자신이 그랬다고 욕하는 모든 부적절한 행동은 자신과 같은 이름을 갖고 똑같이 생긴 또 다른 여자가 그런 거라고 탓하면서 그 여자가 로웰에 "자주 나타났다"고 말했다. 어쨌거나 그녀는 로웰에서의 삶을 정리하고 보스턴으로 되돌아갔고, 사람들의 수근거림에 따르면, 그녀가 프리먼 목사의 돈을 들고 자신에게 돌아오기를 초조하게 기다리고 있었던 옛 친구 키니 씨와 결혼했다.

키니의 사업이 파산했을 때 그녀는 모자 가게와 하숙집을 운영하면서 그와 자신의 세 아이들을 부양했다. 그러다 재판 후에 쓴 회고록에서 설명한 것처럼 키니의 비밀스러운 '행실'을 발견했다. 그녀는 "그는 종종 미혼처럼 굴었고, 가끔 내가 그런 모습을 알아채면, 화를 내고 하루나 이틀 정도 집을 비웠다. (⋯) 내가 그러지 말라고 타이르면 모든 걸 인정했다. 흥청망청 음주와 도박을 했다고 솔직하게 말했다. 온전히 제정신일 때면, 머리를 숙이고 후회하며 스스로의 통탄할 성향을 인정했다"고 썼다.[143] 그럼에도 불구하고 그녀는 이렇게 결론지었다. "그의 잘못은 **내가 지닌 잘못**이었다. 그는 내 남편이었다." 해나 키니는 나쁜 습관을 지닌 남자와 그저 묶여 있는 게 아니라 그의 습관이 어느 정도는 **자신의** 책임이라는 걸 알았다. 윌리엄 올컷은 사람들 사이에 널리 퍼진 이 개념을 이렇게 설명했다. "여성은, 어느 정도는, 남편 성품의 단점을 **보완해** 단점이 없었더라면 되었을 수 있는 더 완벽한 남자로 만들도록 되어 있다."[144] 여성은 결코 남편을 고치거나 남편과 다투는 게 아니라 그의 부족한 점을 **그녀 자신의** 행동으로 보충하고 '끝없이 꾸준한 친절'로 그에게 영향을 미쳐야 한다. 종교와 대중 심리학 둘 다 남자의 행동이 나빠질수록 아내에게 더 나은 행동이 요구된다고 기술한다. 그 시대의 또 다른 여성은 비참해하며 적었다. "우리는 남자들이 불결하고, 비열하고, 사악하게 굴도록 용납해야만 한다. 그런 다음 우리의 마음과 우리의 집으로 그들을 환영해야만 한다. 그들은 원하는 대로 될 수도, 할 수도 있다. **우리는** 그들을 위해 순수하고, 변함없이 환하게 있어야만 한다."[145] 그러나 해나 키니는 아주 잠시 동안만 남편의 잘못을 자기 걸로 여겼다. 1840년

8월 9일 조지 키니는 허브티를 마시고 심한 고통 속에서 죽었다.

그의 위에서 비소가 발견되었다. 해나 키니의 잇따른 살인 재판의 유일한 쟁점은 어떻게 비소가 거기로 들어갔는지였다. 세 가지 가설이 논의되었다. 변호인은 키니가 사업으로 진 방대한 빚과 자신의 '통탄할 성향'에 낙담해서 스스로 독을 마셨을 수 있다고 주장했지만[146] 그 일련의 증언들은 키니가 비할 데 없이 행복한 남편이라는 그림과 이상할 정도로 맞지 않았고, 기껏해야 빈약하게 들렸다. 두번째 가설은, 훨씬 더 설득력이 있었는데, 그가 의사들의 손에 죽었다는 것이었다.[147] 소위 말하는 방혈[148] 의학의 전성기였던 때라, 작은 신체적 이상에도 위험한 약물을 과다 투여하고 허약해진 환자들을 대상으로 무자비하게 피를 뽑고, 거머리로 피를 빨아내고, 화상으로 물집을 만들고 뜨거운 찜질을 했다. 의학 '전문가'들이 법정에서 그렇게까지 이야기하지는 못했지만, 당연히 이런 치료로 많은 이들이 죽었다. 마지막으로 아팠던 며칠 동안, 조지 키니는 **모두 다** 하나 또는 다른 형태의 아편, 모르핀, 아편 팅크제를 처방한, 적어도 3명 이상의 다른 의사에게 치료받았다. 그에 더해, 그중 한 의사는 고춧가루와 고무풀로 만든 알약을 주었고 다른 의사는 배와 발에 겨자 찜질을 했다. 가장 의심스러웠던 건, 어떤 '무면허 개업의'에게 그가 직접 조제한 '장 약'으로 두번째 매독 치료를 받았는데, 그 '의사'는 한 번도 자신의 알약에 비소를 쓴 적이 없다고 부인했지만 만약 환자를 죽였다면 그에겐 당연히 위증할 이유가 충분했다. 비소 복용은 매독의 흔한 '치료법'이었고, 키니는 스스로 알아서 자기 약을 처방했다고 하니 또한 '스웨임의 만병통치약'[149]처럼 인기있는 강장제를 판매대에서 직접 살 수도 있었을 것이다. 이러한 치료 중 하나가, 또는 몇 가지가 겹쳐 조지 키니를 죽였을 수 있다고 변호인은 강력하게 주장했다. 분명 그 치료들은 그에게 전혀 좋지 않았다.

기소에서 나온 세번째 가설은 해나 키니가 약을 조제했다는 것이다. 그러나 경찰은 하인이 부엌에서 그 위에 독이란 글자가 적힌 종이를 발견했는데도 해나 키니가 약을 산 경로를 찾을 수 없었다. 간호를 도왔던 키니의 친구 굿윈 씨는 키니가 섭취한 마지막 음식인 꿀풀 차에서 독특한 달콤함과 흰 찌꺼기를 알아차렸다. 굿윈은 환자에게 뜨겁지 않은지 보려고 차를 직접 맛보았고 나중에 구토했다. 변호인은 보스턴 물과 보스턴 설탕은 흰 찌꺼기를 남기는 특징이 있으며, 굿윈 씨가 아팠던 이유는 그밖에도 많다고 설명했다. 별것 아닌 같은 증거도 양쪽에 따라 달리 해석되었다. 검찰은 키니 씨가 프리먼 씨와 똑같은 방식으로 죽었고 자신이 갑작스러운 죽음에 둘러싸인 것 같다고 해나 키니가 친구에게 말했다는 점을 의심스러워했지만, 변호인은 만약 둘 다 죽였거나 그중 하나를 죽였다면 그들의 죽음이 가지는 유사성에 그녀가 관심을 갖지 않았을 거라고 추론했다.

결국 마지막에는 동기에 대한 질문으로 좁혀졌다.[150] 변호인은 단호하게 결론 내렸다. "모든 증거가 어떤 동기도 있을 수 없다는 걸 보여줍니다." 그러나 검찰은 최종 변론에서 마지못해 하나를 내놓았다. "어떠한 허구의 동기도 제시하지 않겠습니다. 왜냐하면 영혼의 장막을 여는 것은 제 일이 아니기 때문입니다"라고 사과하듯이 시작했다. "하지만, 확실한 건, 변호사가 여러분께 드린 이야기 중 절반이 맞다고 하더라도 말입니다. 만약 키니 씨가 파산했고, 건강도 잃은 데다 술에 취해 사는 도박꾼이고, 결혼의 서약을 풀어 헤칠 만한 병에 걸렸고, 다시 서약을 묶어 줄 아이도 없다면, 복수를 즐길 마음은 있고 그 실행을 제어할 도덕적 원칙은 결여된 분노한 여자가 질투로 복수하려 할 때, 어떻게 제어할 수 있겠습니까?" 여자가 남편이 걸린 걸로 짐작되는 '역겨운 병'을 옮긴 '다른 여자'를 질투한다는 것은 탐나는 상품, 즉 남자를 두고 여자들끼리 경쟁한다는 것과 같은 말이라, 남자들은 이해할 수 있고 그에 대해 동정까지도 할 수 있는 동기였다. 그러나 어느 누구도 그런 남자에게 일생이 묶여 버린 자신을 보면서 여자가 느꼈을 분노나 그의 잘못이 실제로 법적으로 '자신의 잘못'이라는 걸 알게 되는 절망에 대해서는 한마디도 하지 않았다. 키니의 죽음 이후, 자신과 아이들을 먹여 살리던 해나 키니의 모자 가게는 남편의 빚인 2천 달러를 갚는 걸 돕기 위해 팔렸다. '그'의 재산이 다 정리되었을 때 해나는 89달러를 받았다. 그녀의 가게는 800달러 이상의 가치가 있었다.

그러나 해나 키니는 도덕적인 원칙이 결여된 여자였을까? 그녀의 변호인은 배심원에게 말했다. "만약 저 여인이 살인자라면 그녀는 세상에서 단 한 번도 본 적 없는 그런 도덕적 괴물일 것입니다!
여러분들의 평결이 부과할 수 있는 어떤 선고도, 법이 줄 수 있는 어떤
처벌도 그러한 범죄에는 충분치 않습니다. 아닙니다, 신사 여러분.
인간의 본성은 그런 걸 이해하지 못합니다. 그리고 인간의 지성은
그런 걸 믿지 못합니다." 배심원들도 '사회의 존경받을 만한 계급'의
아름답고 매력적인 여성, 해나 키니를 보았고 역시 믿지 못했다. 그들은
단 삼 분 만에 무죄 평결로 돌아왔고 법정의 군중들은 환호했다.[151]

　　그녀의 형제가 자신의 말과 마차를 저당 잡혀 다시 사업 자금을
대 주었고 그녀는 일 년 안에 빚을 갚을 수 있었다. 하지만 이야기는
사그라들지 않았고 사람들은 그녀에게 등을 돌렸다. 그녀는 오명을
지우려 자신을 버린 첫 남편을 포함해 자신에게 일어난 불운에 대해
책을 썼지만 그로 인해 자극을 받은 위텀도 그녀에 관한 책을 쓰면서
그녀를 간통, 절도, 거짓말과 중상모략으로 고발했다.[152] 그는 키니
부인에게 공정하려고 한다면서 그녀는 단 한 번도(자기가 아는 한에는)
자신을 독살하려고 시도한 적이 없다고 말했지만, 그녀가 기소되었던
것처럼 유죄라는 의견에 동조하는 대부분의 사람들은 위텀이 그저
운 좋게 죽음을 피해 갔을 뿐이라고 생각했다. 그건 동기가 없다는
명목으로 풀려난 해나 키니가 치른 대가였다. 마치 그녀의 자유가
여자는 남편이나 결혼 자체를 싫어할 이유가 전혀 없다는 환상을
유지하기 위해 사회가 치른 값인 것처럼 말이다. 검사는 재판 초에
여성이 유죄 판결을 받는 게 점점 어려워진다고 이야기했다. 그는
"최근의 경험이 보여주듯이, 독살로 인해 살해 혐의를 받은 경우,
피고인이 여성이고 살해된 사람이 남성이면 유죄 판결을 받아내는
게 불가능하지는 않다 해도 매우 어렵다"고 말했다. 루크레치아
채프먼, 엘리자 노턴, 그리고 피비 앤 플로어 사건을 예로 들며 그는
"이 피고인들이 법의 처벌에서 벗어난 유일한 이유는 그들이 **여자**라서
그렇다고 여기는 이들도 있습니다"라고 단언했다.[153] 남자들은 이
불평등한 정의를 남자는 여자를 사랑하고 보호하며 그 여자는 본성에
따라 남자를 사랑한다는 거대한 사회적 환상의 위태로운 받침대가
아니라 '법의 기사도 정신'이라고 불렀다. 그 합의는 집안의 악귀에 대한
공포에서 전반적인 남자들을 구했고 많은 여자들을 '법의 처벌'에서

구했다.

그러나 여론의 처벌에서 구해낼 수는 없었고 제도의 언명과 그 숨겨진 의도를 폭로하는 대중의 관점은 대립하게 되었다. 모두가 법정 안의 연극을 같이 연기했지만 나중에, 부엌과 침실에서 사람들은 이야기했다. 법정의 연설에서, 변호사들은 숙녀들은 살인의 동기가 전혀 없다고 선언했지만 물론, 다들 **알았다**. 분명 상냥한 키니 부인과 가여운 채프먼 부인을 위한 옹호자는 항상 있었지만 대중의 마음에서는, 두려움과 질투와 당혹스러움이 복잡하게 엉켜, 반감이 생겨났다. 미나가 교수형을 당한 날, 이를 지켜본 한 사람이 말했다. "채프먼 부인에 대한 동요가 너무 심해서 그녀가 나타났더라면 많은 사람들이 그녀를 당장 죽음에 처해야 한다는 의견을 냈을 겁니다."[154]

여전히, 사건은 일어나고 일어났지만 핑계는 통했다. 앤 심프슨이 1850년 노스캐롤라이나 주 페이엣빌에서 재판을 받을 때쯤, 패턴은 너무 잘 정착되어서 양측의 변호사들은 간편하게 법률 출판물인 『루크레치아 채프먼의 재판(The Trial of Lucretia Chapman)』을 한 페이지씩 큰 소리로 읽어 가면서 **자신**들의 사건을 변론할 수 있었다.[155] 쟁점들은 거의 똑같았고 이야기도 이젠, 익숙했다.

1849년 11월 7일 저녁, 알렉산더 심프슨은 식후 커피를 마시고 갑자기 아팠다. 다음 날 아침 의사들이 감홍[156]과 아편, 모르핀을 주고 배에 찜질을 했지만 그는 해 질 무렵 죽었다. 의사들은 위에서 흰 알갱이를 발견하고 표준 검사를 했고 알렉산더 심프슨이 비소 중독으로 죽었다고 발표했다. 의사들은 전부 법정에 나와 심프슨의 아내 앤의 기소 재판에서 만장일치로 전문가의 의견을 진술했다. 변호사들은 그들의 의견을 반박하기 위한 단 1명의 증인도 내놓지 않았다. 그 대신 급성 설사의 증상이 비소 중독의 증상으로 오인될 수 있다는 걸 보여주기 위해 채프먼 사건의 의사 필립스의 증언을 인용했다. 그들은 심프슨 사건의 화학 실험이 부정확하고 믿을 수 없거나 또는 더러운 용기로 인해 오염되었을 수도 있다는 걸 보여주는, 채프먼 사건의 서로 엇갈리는 전문가 증언을 인용했다. 그리고 전문가들을 완전히 신뢰하지 못한다는 걸 증명하려 채프먼 수사의 수석 화학자인 미첼 박사의 증언에서 명백하게 모순되어 보이는 부분을 인용했다. 자신들의 전문가들이 경시되고 있다는 걸 안 검찰은 채프먼 사건의 전문가들이 지닌 장점을 주장해야만 했고, 그래서 신기하고도 혼란스럽게도 알렉산더 심프슨이 독살되었는지에 대한 질문은 화학자가 윌리엄 채프먼의 위에서 비소 알갱이를 발견했는지 못했는지에 달려 버렸다.

재판의 두번째 쟁점은 앤 심프슨이 남편에게 줄 비소를 제조했는지였다. 모든 상황이 그녀를 가리켰다. 약국의 점원은 11월 3일 앤 심프슨에게 비소 약 28그램을 팔았다고 증언했다. 남편의 이름으로 달아 두었기 때문에 점원은 그 판매를 기록했다. 하숙인은 알렉산더 심프슨이 아팠던 날 그녀가 특별한 실러법[157]을 준비했고 자신에게 특별한 커피를 부어 주었다고 말했다. 식탁에서 그녀는 그 컵을 계속 들고 있는 하숙인에게 남편에게 주라고 날카롭게 말했다. 그리고 알렉산더가 커피를 마신 뒤, 앤은 컵으로 남편의 점괘를 읽었다. 그녀는 그가 아프고 죽을 거라고 말했다. 또 다른 여성은 심프슨이 죽은 직후에 앤이 점쟁이를 찾아가서 남편이 자신의 입을 때렸다고 투덜댔다고 증언했다. 종종 마녀로 불렸다는 점쟁이 폴리 라이징은 그녀에게 걱정하지 말라고, 남편은 다음 주까지 살지 못할 것이고 그런 다음 그녀가 사랑하는 남자와 결혼하게 될 거라고 말했다.

검찰은 앤 심프슨의 동기를 재판 내내 이름이 밝혀지지 않았던 '그녀가 사랑하는 남자'라고 보았다. 그녀는 처음부터 그 남자와 결혼하고 싶었지만, 재산도 미래도 없는 남자라 가족들은 그 대신 '집을 갖기 위해' 심프슨과 결혼하라고 앤을 설득했다. 그 연인은 심프슨이 결혼한 지 삼 년 만에 그녀가 '또 다른 사람을 사랑한다'는 걸 발견할 때까지 계속 그녀를 방문해 온 걸로 밝혀졌다. 남편과 아내는 싸웠고, 남편은 아내를 때렸고, 아내는 늙은 점쟁이를 찾아갔고, 일주일 만에 알렉산더 심프슨은 죽었다. 자신이 의심받는다는 걸 알게 된 앤 심프슨은 찰스턴으로 달아나 아바나로 가는 배를 탔지만, 일 년 후 돌아와 스스로 재판에 인도되었다. 어떤 사람들은 연인과 헤어져 있는 걸 견딜 수 없어 돌아온 거라고 말했다.

변호인에겐 준비된 대답이 있었는데, 다음과 같다. 비소는 쥐에게 쓰려 했다. 하숙인은 항상 있어 온 일을 잘못 전했다. 커피는 항상 심프슨의 커피를 따로 마련했는데 심프슨이 커피를 더 진하고 더 달게 마셨기 때문이다. 점을 본 건 '어리석은 젊은 여자'와 '더 어리석은 늙은 여자'의 무해한 오락이었을 뿐이다. 그리고 동기로 말한다면, 주 정부가 제대로 보여주는 데 '눈에 띄게 실패한 것'이다. 사실, 이제는 익숙한 주장을 사용하면서, 변호인은 범죄 자체가 생각도 할 수 없는 것이라서 동기가 있을 수 없다고 말했다.

> 한 아내가 남편 살해라는 추악하고 비정상적인 범죄를 저질렀다며 재판에서 유죄에 답하라고 앉아 있습니다. 우리의 본성보다 오로지 더 고결한 감정(finer feelings)만을 지닌 여자의 본성에 차갑게 결핍된 죄로 피소되어 말입니다. 지옥에서 온 악귀와 같은 정령이 부추겨, 사랑이란 허울 아래 남편에게 독 든 성배를 내밀었다고 말입니다. 모든 애정으로 맹세하고, 모든 복종을 마땅히 바치며, 그를 중심으로 인간의 행복에 대한 자신의 모든 희망을 걸고 있는 사람을요. 너무나 흉측하고 너무나 역겹고 너무나 비정상적이라 누구라도 불가능하다고 주장하고 싶어지는 바로 그 범죄 말입니다.[158]

이러한 범죄는 '다른 땅'에서는 일어날 수 있겠지만, 결코 "신이 도우셔서, 여기 노스캐롤라이나 주에서는" 아니라고 변호인은 주장했다. '괴물'만이 그러한 범죄를 저지를 수 있으며, 여기 법정에는 재판 내내 어머니의 품에 쓰러져 있는듯 '흐느끼는 소녀' 1명이 '놓여' 있을 뿐이고, '참견하기 좋아하는 세상의 소문이 그려낸 비정상적인 괴물'은 없었다.[159] 변호인들이 재빨리 인정했듯이 물론, 앤 심프슨도 잘못이 있었다. 그녀는 '경솔하고 생각 없고, 변덕스럽고 지각이 없'지만 이러한 '젊음과 기질의 실수'는 기독교인이라면 '슬픔으로 심사숙고해 용서'할 일이었다.[160]

다른 면으로는 앤 심프슨은 칭찬받을 만한 젊은 숙녀라고 변호인은 말했다. 예를 들어, '남의 일에 촐싹대는 이아고[161]'가 그녀에 대한 근거 없는 비난으로 남편의 질투를 불러일으킬 때, 앤 심프슨은

'상냥하고, 고결하며 관대하게 용서'했다.[162] 변호사 중 1명인 로버트 스트레인지는 그녀를 "비록 발에 밟혀도, 그 발걸음 밑에서 일어나 자신을 짓밟은 자에게 향기로운 치료 연고가 되는 (…) 보잘것없는 캐모마일 꽃"에 비유했다. 그는 자신 스스로도 앤 심프슨을 '잔인하고 무정한 적의 무리에게 쫓기는 나의 딸'로 여기게 되었다고 하면서 "팔 벌려 그녀를 안아 줄 수 있을 것 같다"고 말을 이어 갔다. "그리고 소리칠 겁니다. "신이 널 도와주시길, 가엾고 순수한 딸아, 내 생명을 바쳐서라도 저자들이 널 다치지 못하게 하겠다!" 그는 이렇게 맺었다. "당신 자신의 딸이라 생각하신다면, 저 아이에게 공평하게 하실 수 있을 겁니다. 그리고 스스로 물어보십시오. 저 아이에게 유죄 판결을 내리는 배심원을… 그런 배심원을 어떻게 받아들이시겠습니까?"[163]

변호인 스트레인지가 배심원들에게 청하는 아버지 노릇은 사심 없는 정의와는 양립할 수 없을 것 같아 보였지만, 그는 자신의 긴 최종 변론에서 보호자가 필요한 앤 심프슨에게로 계속해서 돌아가고 돌아갔다. "지금까지 우리는 저쪽 피고석에 악당, 니그로, 사회에서 추방된 자가 끌려 온 걸 보고 싶어 했습니다"라고 그는 말했다. "하지만 지금, 우리는 정의라는 이름을 가장해 마치 평범한 피해자 같은 건 경멸하는 듯 우리나라의 가장 명망있는 가족 중 하나에게 가서 거기서 한 사람을, 막 여자로 피어나려 하는 착하고 아름다운, 아직 아이라 할 수 있는 1명을 끌고 나왔습니다. (…) 이 무대로 들어선 우리에게 기사도는… 이 어린 생명체가 파괴되는 걸 막을 기사도는 남아 있지 않은 겁니까?"[164] 바로 십 년 전, 해나 키니의 재판에서, 매사추세츠 주 법무 장관 제임스 오스틴은 사회를 보호하는 것이 배심원의 의무라고 주장했다. 그는 물었다. "손톱 끝에 죽음의 사자를 묻혀 다니며 음료나 음식에 섞을 수 있는, 알려지지 않은 독살자가 벌을 받지 않고 달아날 수 있다면, 우리의 사회는 어디로 가는 겁니까?" 그리고 그는 스스로 대답했다. "여기, 신사 여러분, 여기가 우리의 유일한 보호망입니다. 12명의 정직하고 지성적인 남자들로 이루어진, 타당한 증거가 있다면 과감히 결론으로 다가가 아무리 끔찍하고 고통스럽더라도 국법으로 처단할 배심원 말입니다."[165] 키니의 배심원들이 과감히 결론으로 다가가지 않았을지라도, 적어도 그들은 자신들의 의미가 무엇인지를 깨닫고 있어야 했다. 그러나 심프슨 사건에서, 숙녀다움이라는 이상이 꾸준히 지평을 넓혀 간 십 년의 시간과 더 훌륭한 기사도를 자랑스러워하는 남부 사회의 영향을 받은 게 분명한 변호인 스트레인지는 배심원들에게 **사회**가 아니라 **피고인**을 보호하는 게 그들의 의무이며, 그것은 그녀가 숙녀이기 때문이라고 단호하게 말했다. 스트레인지는 앤 심프슨을 안전을 위해 배심원들의 가슴으로 날아 들어간 백설 비둘기에 비유했다. 그들은 "그녀의 적들에게 그녀를 먹이로 던져줄" 것인가? 아니면 "그녀를 아끼고 보호할" 것인가?[166]

당연히 그녀를 보호할 것이다. 스트레인지의 열띤 최종 변론 몇 시간 뒤, 배심원들은 무죄 평결로 돌아왔다. 배심원들은 고려해야 하는 다른 사항으로 설득된 것일 수도 있지만, 겉으로만 보면 그들은 정의를 기사도 뒤로 밀쳐 두고 또 다른 "'운도 없고 힘도 없고 친구도 없이 버려진' 깨질 듯 연약한 여자"[167]를 심의하는 게 아니라 보호하는 게 자신들의 의무라고 여긴 걸로 보인다. 진실을 그렇게까지 바싹 깎아내는 놀라운 순간에, 스트레인지는 배심원들은 자신들의 '공포'나 '이 땅의 기혼 여성들에게 주목할 만한 공포를 줄 방편 같은 개념'에 영향을 받아서는 안 된다고 주장하면서 물었다. "신사 여러분 (⋯) 아내가 여러분을 독살할까 봐 여자를 목매다는 그런 겁쟁이십니까?"[168] 그들은 아니었다.

4

독살 혐의는 그 세기의 범죄가 되었고 동기 부족으로 풀려나는 것은 거의 정해진 일과가 되었다. 1876년 매사추세츠 주 뉴베드퍼드에서 로절리 싱의 재판을 취재한 기자 윌리엄 세이어[169]는 여러 해가 지나 그 사건을 회고하면서 "선정성을 과시할 기회를 버린" 데 한탄했다. 세이어가 생각하기에 그 이야기는 보르자 전설[170]의 모든 요소가 다 갖춰져 있었다. 스물한 살의 아름다운 '소녀' 로절리 워들은, '예전의 나쁜 품행' 때문에 여전히 첫 아내에게 법적으로 묶여 있고, 결코 이혼하지 않을 게 분명한, 나이가 훨씬 많은 조지 싱과 강제로 결혼할 수밖에 없었다. 칠삭둥이를 낳은 후에 로절리는 다시 임신했지만 조지는 거의 부양해 주지 않았다. 로절리는 애인인 델 브라우넬을 계속

애타게 그리워하는 것처럼 보였고, 그동안 조지는 남편이 죽고 홀로 된, 예쁜 이웃 여성 리베카 필드에게 특별한 관심을 가졌다. 조지가 아파 눕자 리베카가 그를 간호하러 왔는데, 바로 그때 그는 완전히 회복하는 것처럼 보였다가 가장 갑작스럽고 끔찍한 방식으로 죽었다. 수개월이 지나 의심하게 된 친척들이 시신을 발굴하라고 명령했고 비소 범벅이라는 걸 알았다. 이웃은 로절리의 요청으로 비소를 샀다고 주장했지만 다른 사람들은 그가 그렇게 말하도록 돈을 받았다고 증언했다.

여전히 법정에서는 이런 재밌는 세부 사항들이 전혀 드러나지 않았다고 기자는 불만스러워했다. 법무 장관마저도 검찰이 최종 변론을 하는 그날 갑자기 '병이 났'다. 좋은 정치인이었던 그는 누가 보아도 질 게 분명한 쪽과 자신이 너무 가까운 모양새를 드러내고 싶어 하지 않았다. 그의 보좌 검사가 최종 변론을 했고, 판사는 짧은 설명을 했고, 배심원은 즉시 무죄 평결을 내렸다. 1876년에는 거의 표준화된 절차였다. 윌리엄 세이어에겐 따분한 이야기였다. 짜증이 난 기자는 재판의 모든 과정이 '과할 정도로 사실 자체'였다고 비난했다. 하다못해 "그날의 가장 재능있는 두 변호사는 사건에 섬뜩한 연애 이야기조차도 한 방울 주지 못했"다.

세이어 기자가 생각하는 좋은 낭만적 이야기는 집단 독살, 비밀 모임, "사랑과 열정 그리고 질투에 찬 분노가 남자와 여자의 마음 깊숙이 있는, 특히 여자 쪽의 (…) 깊고 어두운 공모"를 포함했다. 그는 로절리 싱을 신나게 음미하면서 이름을 밝힐 수 없는 '관계자'에게서 듣고 인용한 이야기에 나오는 '성난 이탈리아계의 젊은 기혼 여성'의 화신으로 만들고 싶어 했다. 그는 십칠세기 중반 이탈리아의 '독살 사건 유행병'을 수사해서 이런 사실을 밝혔다.

대부분의 불행한 결혼은 남편의 병과 죽음으로 재빨리 해소된다. 그리고 좀 더 조사를 해 보니 잘 알려진 마녀이자 점쟁이인 이에로니마 스파라라는 이름의 노파 집에서 이루어지는 젊은 기혼 여성들의 비밀 모임을 발견하게 되었다. 마녀는 남편의 부정으로 인한 원한을 풀고 싶어 하는 여자들에게 무색 무미의 확실하고 느린 독을 제공했는데, 이 독에는 사는 사람이 원하는 바에 따라 하루, 한 주, 한 달, 또는 몇 개월에 걸쳐 목숨을 훼손시키기에 충분한 힘이 있었다.

1909년의 '안전한' 관점에서 회상하면서 세이어는 독살은 '중세 시대'의 범죄이거나 적어도 "삼백 년도 더 전의 일이다"라고 믿으며 단호하게 말했다. "독에 의한 살인은 법정에 자주 나타나지 않는다."

　그러나 십구세기에는 나타났다. 그리고 독살이 특히 두려웠던 이유는 예상하거나 예방할 수 있는 방법이 없었다는 것이다. 앤 심프슨 재판의 검사는 "대개 비밀리에, 모르는 새에 저질러지므로 어떻게 예측해도 막을 수 없고 어떤 남자도 저지할 수 없기" 때문에 독살을 "가장 무섭고 증오스러운" 범죄라고 불렀다.[171] 남자라고 쓴 건 그냥 한 말이 아니었다. 왜냐하면 독은 탄압받는 자들의 무기였지만 (노예들은 남녀 다 주인에게 사용했다) 특히 여자와 관련되어 있었다. 십구세기의 한 논평가는 "죽음을 일으키는 이러한 방식은 언제나 여자가 마음속에서 가장 선호하는 방식이었다"[172]라고 기원전 200년부터의 사건을 인용하면서 말을 이었다. 그리스와 로마의 여자들은 '광범위하게' 독약으로 음모를 꾸몄다. 또한 십칠세기 이탈리아에는 '아주 많은 젊은 기혼 숙녀들'이 있었고 같은 시기에 프랑스에서는 그 문제를 다루기 위해 정부 안에 독약 부서(Chambre de Poison)를 세워야만 했으며, 현재 십구세기가 되어서도 "처음 이 년 동안 잉글랜드와 웨일스에서만 오백사십일 건의 독살이 있었다." 십구세기 남자들에게 이러한 이야기는 분명 낭만적이라기보다는 무서운 이야기였을 것이다. 그렇다면 앤 심프슨의 변호사들이 불편해하면서도 윌리엄 세이어의 이야기에 나오는 노파처럼 어떻게 남편을 제거할지를 이야기 해 준 늙은 폴리 라이징과 심프슨의 공모를 그저 우스갯소리로 치부해 버리려 한 게 놀랄 일도 아닐 것이다. 더불어 앤 심프슨의 검사가 늙은 여자의 영향력에 대해 더 깊은 공포를 드러낸 것도 놀라울 게 없었다. "지옥에서 배운 마법을 어리석고 사악한 자나 잘 속는 단순한 이들에게 팔아넘기는 저런 천한 자를 보게 되면, 마녀술을 재판하는 옛날 방식이 사라진 걸 후회하고 싶어진다"고 그는 말했다.[173]

이처럼 여성의 복수에 대한 공포, 그리고 그걸 간과하고 싶은 충동 같은
남자의 양가적인 감정은 법정에서 (우리가 보아 왔듯이) 아무런 동기가
없는 걸로 보이는 여자는 풀려나기 쉽다는 걸 의미했다. 여자들이
공모해서 남자를 널리 독살한다는 생각만으로도 너무 위협적이었다.
그리고 십구세기 가부장제의 판사가 자신의 법정에서 제일 발견하고
싶지 않았던 일은 "원한을 풀고 싶어 하는 이탈리아 기혼 여성"의
현현이었다.

　　그럼에도 불구하고, 어떤 여자들은 법의 보호가 도저히 참아 줄
수 없을 때까지 밀어붙였다. 여자에게 특별 대우를 해 주는 기사도는
마녀들, 또는 어떤 경우에는 '진짜' 여자들한테까지 뻗쳐지지는 않았다.
왜냐하면 법의 '보호'는 사회의 특정한 순결을 보존한다는 뜻이지
계급으로 존재하는 여자의 진짜 불만에 응한다는 뜻이 아니었다.

분명 어느 누구도 남편을 죽인 부정할 수 없는 동기, 만약 여자가
동기를 가질 수 있다면, 그러한 동기를 지닌 제인 스웨트의 슬픔을
마주하고 싶어 하지 않았다.[174] 열아홉 살에 그녀는 열일곱 살의 공장
노동자였다가 '종교를 갖게' 되어 스스로 자유의지침례교 목사가 된
찰스 스웨트와 결혼했다. 그는 목사에게 어울리지 않다고 여겨지는
몇 가지 나쁜 습관을 키웠는데, 그래서 메인 주의 케네벙크로 옮겨
가서 의료업을 시작했다. 배운 적은 없었지만 말 의사인 아버지를
도우면서 약간의 경험을 가지고 있던 일이었다. 삼십일 년 후에도
이들은 여전히 결혼한 부부였고 '의사' 스웨트는 여전히 자신의 나쁜
버릇을 지니고 있었다. 그는 알코올, 모르핀과 여자에 중독되어 있었다.
스웨트 부부의 유일하게 살아남은 자녀인 로라 스티븐스는 부모의
집에서 탈출하기 위해 젊은 목수와 결혼했는데, 아버지의 음주 습관을
일기에 기록해 두었다. 이백육십오 일 중 백십일 일 취함. 육 개월도
채 안 되는 기간 동안 여든한 번 취함. 로라의 결혼식 날 취함. 한번은
어디에 두었는지를 잊어버린 채로 말을 두고 집에 온 적도 있었고,
말은 더 자주 주인 없이 집으로 왔고, 제인 스웨트는 한밤중에 남편을
찾으러 길가를 따라가야만 했다. 제인은 남편이 허칭스 부인과 다른
여자들에게 쓴 '점잖지 못한' 편지를 훔쳐보았다. 이웃인 리베카

뉴베긴은 의사가 '부적절한 구애'를 하며 계속 찾아온다고 말했다. 딸인 로라는 시내에서 성매매 여성과 같이 있는 아버지를 보고 집으로 돌아가라고 간청했다. 그는 성병에 걸렸고 제인은 같은 방에서 자는 걸 거부했다. 술에 취하면, 그는 종종 자신의 딸에게 성관계를 시도했다. 술에 취했건, 깨어 있건, 자주 폭력적이었다. 입양한 딸인 열네 살 세라는 찰스 스웨트를 너무 무서워해서 그가 집에 오면 언제건 숨었다. 세라는 그가 자주 아내를 때리듯 자신도 때릴까 봐 무서워했다. 제인 스웨트도 남편을 겁내서 가끔은 스스로를 보호하려 집에 머물러 달라고 남편의 친구를 설득하기도 했다. 또한 그녀는 만약 찰스 스웨트가 나쁜 습관을 지속해서 자신들의 남은 재산을 다 탕진할까 두려웠다. 그녀는 집문서를 달라고 그를 설득해 그걸 팔아 '도망갈' 돈을 마련하려 했지만 실패했다. 그래도 그녀는 계속해서 그를 도우려 애썼다. 그가 취해서 소리를 질러대며 집에 오다가 건초를 쌓아 둔 다락에서 여물통으로 거꾸로 떨어지면 숨이 막혀 죽기 전에 그를 끌어냈다.

하지만 모든 이웃이 증언했듯, 그녀는 또한 맞서 싸웠다. 그가 술에 취하면 문을 걸어 잠그고 집에 들어오지 못하게 했다. 술집에서 말을 데려와 그가 눈길에 6킬로미터를 비틀대며 걸어오도록 내버려 두었다. 다른 여자한테서 온 편지를 찾으러 그의 사무실에 쳐들어갔고 한번은 그가 자신의 머리채를 잡자 나무 쇠시리로 그를 때려 피가 나게 한 적도 있었다. 자기 말로는 문을 부수려고 했다지만 한번은 도끼를 들고 그를 쫓아갔다. 그가 마차에 술과 여자를 싣고 왔을 때 술병을 그에게 던져 기절시킨 적도 있었다.(그녀 말로는 마차 바퀴를 겨냥했다고 한다.) 그리고 마지막으로 1866년 9월 23일, 그녀는 그가 헛간에 숨겨 놓은 위스키 병에 모르핀을 넣었고, 그를 죽였다.

그 전날 밤늦게 그는 취한 채로 집에 와서 거실의 소파에서 곯아떨어졌다. 그리고 새벽 네 시, 숨겨 놓은 병에서 한잔 마시려고 헛간으로 '몰래' 나가면서 그는 모두를 깨웠다. 세 시간 후에 다시 한번 헛간에 다녀왔다. 제인 스웨트는 세라더러 헛간의 병을 찾아오게 한 다음 예전에 남편의 약장에서 빼놓은 모르핀 봉지를 가져오라고 했다. 세라의 앞에서, 제인 스웨트는 모르핀을 남아 있는 위스키 반 파인트에 쏟아부었고, 세라는 병을 다시 헛간에 가져다 두었다. 삼십 분이 안 되어 찰스 스웨트는 헛간으로 갔고 병을 다 비우고는 깨 버린 다음 거실 소파로 돌아왔다. 십오 분 만에 그는 의식을 잃었다. 제인 스웨트는 의사를 불렀고 자신이 한 일을 말했지만 의사의 위 세척기는 망가진 상태였고 다른 하나는 찾을 수가 없었다. 그녀는 만약 남편이 죽는다면 자신이 죽인 것이라고 말했다. 그녀는 위층으로 가서 나머지 모르핀을 먹었지만 토했고 살아남아 살인 재판에 섰다.

변호인 측은 그녀가 그를 죽이려던 게 아니라 단순히 술에 취한 상태를 말 그대로 질리게 만들어 술을 끊게 하려 했던 것이라고 주장했다. 찰스 스웨트는 굿템플러스금주단체(Good Templars Temperance Society)[175]에 서약하고 술을 끊으려 시도했었지만 곧 오래된 습관으로 다시 빠져 버렸다. 약 이 년간 그녀는 때때로 술을 모르핀 범벅으로 만들어 그가 토하도록 했었고, 그녀가 그런다는 걸 그도 알고 있었으며, 술이 깬 순간에는 "아주 잘했다"고 그녀에게 말했다. 제인 스웨트의 변호인들은 만약 이 이야기가 진실이라면 그녀는 스웨트의 죽음에 어떤 범죄 의도도 갖고 있지 않으므로 살인죄로 기소되어서는 안 된다고 지적했다. 과실치사로도 기소될 수 없는데, 왜냐하면 법적으로 과실치사는 **불법**적인 행위의 수행으로 일어난 결과인데 모르핀을 투약하는 것은 그 자체로는 불법이 아니기 때문이었다. 만약 배심원들이 제인 스웨트의 이야기를 믿는다면, 무죄로 방면할 수밖에 없었다. 불행히도, 찰스 스웨트가 술을 끊게 하려는 아내의 방법을 인정했다는 걸 들었다고 말한 유일한 증인은 찰스 스웨트의 가장 친한 친구이자 술친구였고, 너무나 완전히 술로 망가진 상태라 신뢰할 수가 없었다.

한편, 검찰은 단지 남편의 죽음뿐만 아니라 남편의 비참한 삶도 그녀 때문이라고 비난하면서 제인 스웨트의 살인이 유죄라고 주장했다. 그녀는 단 한 번도 남편을 사랑한 적 없지만 부모의 강요로 할 수 없이 결혼하게 되었다고 인정했다. 이 '불운한 운명의 결혼'은 "그녀에게서 비롯된 (…) 끊이지 않은 싸움과 폭력 (…) 그녀가, 그 성별이라면 연관성만으로도 얼굴이 붉어져야만 할 일"로 구성되었다고 검찰은 말했다. 여기엔 향기 나는, 짓밟힌 캐모마일 꽃은 없었지만, "억누르지

못한 화와 극악무도한 열정, 폭력적이고 마구 욕설을 퍼부으며 미쳐
날뛰고 쉽게 분노와 극단의 행동으로 옮아 가는, 문명사회와 기독교
공동체에 수치스러운 관계로 남편과 살고 있는 여성"이 있었다.
이러한 아내와 함께해야 하는 저주로 인해 찰스 스웨트는 곧 자신의
'드높은 희망'과 '신성한 목적'을 잃어버렸다. "곧 그의 고결한 열망은
(…) 식어 버렸습니다"라고 검찰은 말을 이었다. "타고난 충동은 타락해
버렸고, 그는 성직이라는 고귀한 천직에서 [떨어져] 처음엔 술로,
그리고 마지막엔 (…) 역겨운 음란함으로 전락했습니다. 한마디로,
그는 대부분의 남자들이 그런 상황에 처했더라면 당연히 했을 법한 그런
내리막길을 따라갔습니다." 그녀는 그를 혼내고 '때리고 욕설을 퍼부어'
자신이 내보인 질투의 '극악무도한 열정'으로 말미암아 그가 부정을
저지르도록 몰아갔고 마지막엔 그의 죽음을 계획했다. 검사는 남편의
악행으로 그녀가 지은 죄는 더욱 심한 죄가 되었다고 주장했는데,
이유는 보통 사람을 살해하는 것보다 그 영혼이 창조주를 만날
그렇게까지 명백하게 '준비가 덜 된' 자를 살해하는 것이 훨씬 사악하기
때문이었다.[176] 제인 스웨트는 진짜 괴물로 보였다.

　　여전히 찰스 스웨트가 가족이나 공동체에 큰 손실이 아니라는
사실을 피해 갈 순 없었다. 배심원들은 동정심으로 찢기고,
과실치사죄에 대한 사소한 법적 차이로 눈에 띄게 혼란스러운 채
과실치사로 유죄 평결을 내리러 돌아올 때까지 열 시간 반을 고민했다.
11명의 배심원들은 거의 즉시 판사에게 자비로운 선고를 요청하는
비공식적인 메모에 서명했다. 법이 내린 선고는 천 달러의 벌금 또는 십
년 이하의 징역이었다. 판사는 그가 명시하지 않은 '상황'을 고려해 쉰한
살의 건강이 안 좋은 제인 스웨트에게 중노동으로 육 년을 복역하라는
선고를 내렸다.

　　검찰은 '평결의 기대치 못한 온화함'에 불평했고 이를 법의 기사도
정신 탓으로 돌렸다.

　　그 성별의 특권은, 비록 법이나 정의에는 알려진 바가 없으나,
　　이 나라와 이 시대에 거의 중세 시대의 성직만큼이나 강력해,
　　사실상 사형 또는 다른 처형으로 재판받아야 할 이 땅의 거의 모든

여자들이 그 많은 사건에서 죄가 아무리 명확하고 극심하더라도 보호받는다. 여자라서 죄인임에도 잘못된 동정을 받고, 단순히 여자라는 이유로 (…) 교수대에서 달아날 수 있는 큰 덕을 보고 있다. 또한 그녀가 남편에 대한 기억을 아주 효과적으로 더럽히는 데 성공했다는 것도 인정해야만 한다.[177]

그렇다면, 이게 법에 있는 기사도 정신의 예상 가능한 반응이었다. 만약 여자가 교수형을 피한다면 여자라서 그런 게 틀림없었다. 사실, 제인 스웨트의 재판은 그녀에게 남편의 목숨을 뺏으려는 **의도가 있었다는** 아무런 증거도 제시하지 않았고, 반대로 남편을 구하려 애썼다는 증거들은 많이 있었다. 그러나 그녀는 배심원들의 보호를 필요로 하는 백설 비둘기가 아니었다. 그녀는 삼십 년도 넘게 찰스 스웨트를 꿋꿋하게 견디어냈다. 그리고 그녀에게는 그를 죽일 너무나 좋은 이유가 있었으므로, 시도하지 않았다고 믿기는 힘들었다.

누구도 진실을 장담할 수는 없었다. 1845년 남편 존을 살해한 혐의를 받은 엘리자베스 밴 발켄버그[178]의 재판에서 증거는 강력했다. 그녀는 비소를 소지하고 있었던 걸로 밝혀졌다. 그녀의 남편은 의사가 숙환에서 완전히 회복되었다고 선언한 직후 갑자기 아프다가 죽었다. 그의 몸에서는 비소가 발견되었다. 그리고 엘리자베스는 두 번이나 달아났다가 숨어 있던 헛간의 건초를 쌓아 둔 다락에서 떨어져 다친 후에야 겨우 잡혔다. 이 사건에서 더욱 불리한 사실은 그녀가 제인 스웨트처럼 남편이 죽기를 바랄 모든 이유를 갖고 있었다는 점이었다. 남자들은 들을 수도 듣고 싶지도 않아 하는, 여자들의 서로 같은 비애가 여기 있었다. 존 밴 발켄버그는 가족을 부양하기는커녕 적은 재산마저 전부 날렸고, 아내와 아이들을 육체적으로 학대했고, 아내가 떠나지 못하도록 힘으로 저지했던 무책임한 술주정뱅이였다. 재빨리 배심원은 그녀에게 유죄 판결을 내렸고 판사는 교수형을 선고했다.

그런 다음, 죄책감과 동정심의 여파로 배심원 중 10명이 주지사에게 사면을 청원했고, 뉴욕 주 풀턴 카운티 전역의 시민들은 제인 스웨트가 나중에 그랬듯 그녀도 단지 남편을 아프게 해서

술을 끊게 하려고 했을 뿐이라면서 감형해 달라고 청원했다. 주지사 사일러스 라이트는 그녀의 성별과 빈곤에 동정심을 느꼈지만 이 청원에서 새로운 증거를 찾을 수 없었고 사형을 확정했다. 목사들이 모여 엘리자베스 밴 발켄버그에게 매달릴 준비를 시켰다.

1846년 1월 22일 죽기 이틀 전, 그녀는 자백을 구술했고 이름 대신 'X'로 서명했다. 서류상 그녀는 1799년 버몬트 주에서 태어났고, 다섯 살에 고아가 되었으며, 스무 살에 결혼해 육 년 만에 네 아이의 어머니가 되었다. 1833년 첫 남편이 '소화 불량과 추위'로 죽었고, 그녀는 "내가 그의 죽음을 어떤 식으로건 앞당겼다는 이야기에는 근거가 없고 단 한 번이라도 그런 생각이 든 적조차 없다"고 말했다.[179] 몇 달 후 그녀는 '술에 중독'되어 '아이들에게 나쁘게 구는' 남자인 존 밴 발켄버그와 결혼했다. 2명의 아이를 더 낳았고 존 발켄버그와의 생활은 못 견딜 지경이 되었다. 그녀의 장남과 차남이 '서부'에 집을 사서 그녀와 동생들에게 살 곳을 마련해 주겠다고 제안했지만 남편이 놔 주지를 않았다. 그녀는 친구한테서 비소를 좀 얻어 집 안의 쥐들을 죽였다. 그런 다음, 남편이 '신나게 놀고' 몇 주 후 돌아왔을 때, 나머지 비소를 그의 차에 넣었다. 그는 매우 아팠다. 그게 1월이었고 3월 10일에 의사는 그가 다 나았다고 진단했다. 그녀는 더 많은 비소를 넣어 따뜻한 토디[180]를 만들어 주었다. 일주일 만에 그는 죽었다.

엘리자베스 밴 발켄버그는 자백에서 남편의 마지막 고통에 너무 겁이 나서 "만약 그 일을 되돌릴 수 있다면" 그렇게 했을 거라고 말했다. 그리고 자백하고 싶은 충동에 사로잡힌 것처럼 치명적인 '브랜디로 달인 약' 조리법의 유별난 점까지도 설명했다. "나는 찻잔의 [비소] 위에 끓는 물을 부어 가라앉힌 다음 찌꺼기 없이 그 물을 브랜디와 섞었어요. 이렇게 만들어야 가루가 표면에 떠다녀서 들키는 걸 막을 수 있거든요." 그다음 날인 교수형 하루 전날 엘리자베스는 자백을 수정했다. 밤새 고민했는데 "몇 가지 점이 (…) 참말이 아닌" 걸 깨달았다고 말했다. 첫 남편에게도 럼주 병에 섞어서 비소를 주었다고 '진술했어야만' 했다. 그녀는 '남편이 테릴 씨네 모임에 가서 화가 났었'다. 그녀는 자백했다. "만약 지금 간다면 다시는 갈 수 없게 하겠다고 위협했고, 그럼에도 불구하고 갔을 때 나는 말한 것처럼 비소를 넣었어요." 그녀는 마치 이게 모든 걸 설명하기라도 하는 것처럼 인정했다. "난 항상 화가 나면 앞뒤를 안 가렸어요."[181]

그게 다가 아니라는 의심이 당연히 든다. 테릴 씨네 모임은 그저 너무 빨리, 너무 많이 낳은 아이들, 너무 많은 일, 너무 적은 돈, 그리고 **놀러 다녔거나** 늘상 술을 **들이켰을** 남편을 포함하고 있는 가정의 비애에 실린 마지막 지푸라기였을 뿐이다. 그러나 여성의 권리를 **빼앗고** 여성을 남성에게 의존시킨 법은 여성을 횡포의 대상으로 종속시켜 버렸다. 많은 여성들이 선량한 남편의 친절을 즐겼지만, 여자들을 안전하게 '보호'해 주는 건 같이 사는 남편의 성품이었지 잔인하게 학대를 일삼는 주정뱅이 남편들에게 자신들을 단단히 묶어 놓을 수도 있는 법이 아니었다.[182] 사회적 관례는 여성이 남편의 보호를 누릴 수 있기 때문에 법의 보호가 필요하지 않다고 주장했지만 페미니스트들은 사실 많이 다르다고 말했다. 마거릿 풀러는 많은 여자들은 남편이 없으며 결혼한 여자들도 남편**으로부터** 해를 입지 않도록 자주 보호가 필요하다고 반박했다.[183] 세라 그림케는 많은 여자들이 "보호라는 부드러운 이름으로 그들 위에 부당하게 드리운 (…) 영토에서 (…) 그들이 기대고 있는 것은 좋아 봤자 부러진 갈대거나 종종 작살이었던 걸로 드러나는 걸" 느낀다고 말했다.[184] 그리고 최소 1명 이상의 여성을 비참한 결혼에서 구했던 수전 앤서니는 "자신과 아이들을 지배하는, 술에 취한 부도덕한 남편과 아버지의 지배에 법적으로 종속된 술을 마시지 않는 도덕적인 여성의 고통은 단지 육체적인 학대만이 아니라 정신적인 수치와 모멸감에서도 비롯되며 남자 스스로는 이러한 고통을 이해할 수 없다"고 주장했다.[185]

금주 운동이 술 취한 남편이라는 어마어마해 보이는 인구를 개선시키는 데 실패했으므로, 페미니스트들은 결혼 제도를 개선하고 기혼 여성들에게 재산과 양육권에 대한 어느 정도의 권리를 보장하고자 활동했다. 십이 년간의 투쟁 후, 1848년 뉴욕 주는 기혼 여성을 위한 재산법을 통과시킨 첫번째 주가 되었다. 같은 해 세니커폴스에서 열린 첫번째 여성인권대회는 「감성 선언서」에서 그 사안에 착수했다. "(남성은) 결혼하면, 법의 눈으로 민법상 (여성을) 죽여 버린다. 남자는 여자가 버는 임금까지도 포함한 재산의 모든 권리를 여성으로부터 앗아 간다."[186] 1850년 오하이오 주에서 열린 여성인권대회는 "여성의 재산과 법적 인격을 통제하는 힘을 남성에게 수여한 그러한 법"은 "노예 농장의 수정된 조항일 뿐"이라고 비난했다.[187] 그리고 1851년 매사추세츠 주 우스터에서 열린 전국여성인권대회(National Women's Rights Convention)의 두번째 대회는 여성의 참정권을 요구하는 결의안을 통과시켰다. "우리는 여성을 보호하는 방법을 찾는 것이 아니다. 그보다는 여성이 스스로를 보호할 수 있는 위치에 그들을 두고자 한다."[188]

신문의 편집장들과 강론하는 목사들은 '남자처럼' 굴며 "어머니, 아내, 딸의 진정한 영역에서 걸어 나와 남자들의 의무와 일을 차지하려 드는 (…) 기존의 제도를 전복하고 삶의 모든 사회적 관계를 엎어 버리는 (…) 여자다움을 잃은 여자"에 대해 점점 더 투덜댔다.[189] 지대한 영향력을 지닌 그레이브스 부인은 "집을 자신에게 적합한 영역으로 여겨야" 한다고 미국 여성들에게 경고했다. "잘 정돈된 가족은 나라의 영구한 평화와 번영을 위한 최고의 보장이며, 이러한 가족들은 그 합법적인 영역 안에서 발휘되는 정통한 여성의 영향력으로 교육되어야만 한다."[190] 그럼에도 불구하고, 1830년대의 여성들은 모든 종류의 이상, 즉 노예제 철폐, 금주, 도덕개혁[191], '사회적 순결'[192], 선교 등에 헌신하고 있는 모임에 참가하기 시작했다.

1830년대 말 수천 개의 여성 모임이 존재했고 '여성의 영역'은 공공 생활의 많은 분야를 차지하며 확장되었다.[193] 동시에, 결혼과 가정에 대한 대중의 개념이 또 다른 방면에서 도전받았다. 유토피아 공동체들이 새로운 형태의 급진적인 결혼을 실험하거나 오나이다 공동체[194]처럼 결혼을 완전히 폐지했다. 세이커 교도들은 금욕을 택했고, 모르몬교는 복혼제를 택했으며, 찰스 놀턴이 스스로 발간해 자신의 환자들에게 나눠 준 피임법 책은 은밀하게 베스트셀러가 되었다. 윌리엄 올컷, 캐서린 비처, 해리엇 비처 스토와 수십 명의 다른 전문가들이 여러 권의 조언서를 써서 아내다운 행동, 가정학과 요리법을 반박했다. 바깥세상으로부터의 안식처라는 고유의 의미를 막 부여받은 가정은 끝없는 토론의 주제가 되었고, 1840년대 내내 결혼은

176

점점 공격받았다. 십구세기 중반 여성인권대회의 선언들과 결의들은
이러한 주제를 논하는 메리 울스턴크래프트, 해리엇 마티노, 세라
그림케와 마거릿 풀러의 글로 작지만 강력한 페미니스트 문학의 구성을
더해 주었다.

　　동시에 사회적으로 같이 끓어올랐던 불안의 산물이 그 작은
문학적 영역을 꽃피웠다 사라졌다. 바로 여성 살인자들에 관한
허구의 이야기들[195]이었다. 살인은 언제나 인기있는 주제였으므로 이
작은 책자들은 우선은 대부분 돈을 벌 목적이었고 악명 높은 살인
재판에 관한 출판물은 특히 지역 신문이 없는 곳에서는 아주 잘
팔렸다. 그 책의 작가들은 그것이 가장 "잔인하고, 마음이 미어지는,
극악무도하고, 피가 얼어붙는 끔찍한 범죄와 살인"의 진짜 이야기인
동시에 공교롭게도 "긴박감 넘치는 흥미진진한" 이야기이기도 하다고
홍보했다.[196] 그러나 이러한 이야기들은 사실상 매우 음란했는데
자신들이 말하는 것처럼 진짜 사건을 사실적으로 보도해서 그런 것이
아니라 그 책을 쓴 남자들이 가공한 창작물이기 때문이었다. 쉽게
짐작할 수 있듯이, 이런 이야기의 주제들은 서로서로 닮아 있었고
법정에서 날아올랐던 웅변의 파편들도 메아리쳤다. 책은 재판정에서
계속해서 떠오르고 떠올랐던 여자에 대한 동일한 개념과 동일한 공포를
드러냈다.

허구의 살인녀[197]들은 본성이 '극악무도'하다. 살인 경력을 이어 가며
그들은 여자의 '본성'에 관한 모든 원칙을 깬다. 그들은 '모든 자연의
법으로' 가장 소중히 여겨야만 하는 바로 그 사람들, 남편들과 아이들을
피해자로 고른다. 앤 월터스는 자신의 아기를 목 졸라 죽이고 남편에게
독을 먹인다. 패멀라 리는 첫번째 남편을 죽이러 갈 돈을 마련하려
두번째 남편에게 독을 먹인다. 그리고 가장 바쁜 살인마 중 하나인 메리
제인 고든은 자신의 아기, 남편을 죽이고 덤으로 아버지도 죽인다.
여자들의 동기인 탐욕, 욕정, 그리고 이유 없는 잔인성은 여성의
'고결한 본성' 저 아래쪽에 있는 '남성적인' 충동이었다. 메리 손은
500달러를 훔치기 위해 온 가족을 독살한다. 메리 제인 고든은 부유한
여행객들을 살해하고 강탈하기 위해 금주 하숙집을 연다. 앤 월터스

또한 자신의 술집에서 여행객들을 급습하는데 그녀는 남자 옷을 입고 남자 노상 강도단을 이끈다. 남자 옷을 입고 가짜 구레나룻을 단 엘런 어빙은 카드놀이 사기꾼, 강도, 그리고 16명을 죽인 살인자가 된다. 살인자들 중 가장 비열한 월터스는 "다른 어떤 것도 아닌 바로 가장 피에 굶주리고 가장 비인간적 본성인 행동에서만 환희를 느끼"는데 그녀는 아무 이유 없이 아기들을 물고 태워 죽여, 범죄 경력의 막바지에 이르자 창고 가득 해골을 갖게 된다.[198] 여자들은 다양하고 별난 방법으로 살인하는데 비록 대부분의 여자들이 최소 한 번은 독을 사용했지만 종종 독특한, '숙녀답지 않은' 방법을 고른다. 즉, 그들은 총을 쏘고 칼로 찌르고 목을 조르고 벤다. 그리고 모두 다 강이나 비밀 무덤으로 귀찮은 시체를 끌고 가려 한밤중에 뛰쳐나간다.

　　실제 법정의 검사들만큼이나 이야기의 작가들도 이러한 행동을 심판했다. 그들은 "같은 계급의 남자들 사이에서 일반적으로 발견되는 것보다 언제나 미덕이 더 많고 야만적인 행동을 훨씬 더 심하게 혐오하는 것으로 존경받아 온 성별인 여자가, 여자들 가운데 가장 버림받은 자라 할지라도, 저질렀을 때 (…) 두 배로 더 충격적이고 잔인무도해 보인다"고 판결했다.[199] 그러나 또한 작가들은 '젊음의 어리석음, 무모한 복수와 궁극적인 파멸'에 대해 경고하고 '지금 범죄에 집어삼켜진 수천 명을 임박한 파멸에서 구해내고자' 사건들을 '보도'했다.[200] 여성 독자들에게 당연히 교훈은 명확했다. 대부분의 살인자 여성은 보통 자살인 죽음 직전에 후회로 고통받는다. 그들이 가정생활에 만족했더라면 "웃음이 넘치는 오두막을 둘러싼 햇살 좋은 언덕에서 지저귀는 새들이 이러저리 나무를 옮겨 다니며 상냥한 노랫소리를 퍼뜨릴 때, 남편의 사랑을 가득 채워 즐기는 따뜻한 은혜를 누리며 (…) 어머니의 신성한 이름을 혀짤배기소리로 말해 보려 하는 어린 아이들에게 둘러싸여, 여자가 가질 영광의 절정"을 즐겼을 것이다. 하지만 아니, 그 축복받은 영역에 만족하지 못하고, 그들은 괴물이 되었다. 그들은 '사회의 안전과 신성한 가정의 (…) 보호'를 위해 단죄되어야만 했다. "당신은 친절하고 사랑하는 남편이 있고 행복을 보장받기 위해 필요한 모든 수단을 다 가졌습니다"라고 허구의 판사가 패멀라 리에게 말했다. "그 눈으로 순결한 피를 뚝뚝 흘리는 당신의 손,

당신의 비정상적인 잔인함의 두려운 광경을 보고 있으면서 당신 영혼이 어떻게 안식을 찾을 수 있겠습니까."[201]

남자 독자들에게 이야기의 교훈은 공포와 가짜 위안이 뒤섞인, 혼란스러운 잡동사니였다. 한편으로, 이야기들은 "나이가 많건 적건 상관없이 모든 남자들에게 이러한 여자들의 아름다운 가식에 말려들지 않도록 해서 그들을 기다리며 숨어 있는 미혹의 잔인한 손아귀를 피할 수 있도록 경고"했다.[202] 그렇지만 남자는 어떻게 '이러한 여자들'을 다른 여자들과 구분할 수 있을까? 어쨌든, 메리 손은 '아름다웠고'[203] 패멀라 리는 '봄날의 새'[204] 같았다. 유일하게 드러난 메리 제인 고든의 결점은 꽤 '오만한'[205] 태도였지만 앤 월터스의 '상냥해 보이는 외모'는 그녀의 '진짜 성격'을 완전히 감추었다.[206] 그럼에도 불구하고 이야기들은 프로이트를 예상하게 하거나 청교도인들을 기억하게 하는 어떤 지표를 암시하는데, 특히 여자 살인자들의 어린 시절과 그들의 성적 특징이었다. 손과 리는 고아였다. 고든, 어빙, 그리고 월터스는 범죄자 아버지를 갖고 있었고 월터스는 그중에서도 최악이었는데, 어머니도 마녀였다. 모든 여자들은 음란했고 '타락했으며' 더구나 고든은 양성애자처럼 보였다.

모든 여자는, 당연히, 좋은 여자 또는 나쁜 여자였다. "여자의 성격에서 중간 지대는 없다. 흠 없는 순결함으로 존재하거나 아니면 절망적인 사악함으로 존재해야만 한다."[207] 그러나 여기 겁에 질린 남자들에게 좀 안심되는 점이 있었다. 비록 그냥 봐서는 모르겠지만, 결국에는 참된 여자와 괴물을 떼어 말하는 게 가능할 수 있었다. 삼십 년 전, 이런 작은 교훈담을 여럿 쓴 작가인 메이슨 로크 윔스 목사는 예쁜 얼굴에 속아 넘어간 재판에 대해 농담했다. 도끼로 남편을 죽인 리베카 코튼 부인의 재판에 관한 그의 허구적인 설명은 즐겁고 교훈적인 이야기가 되었다.

코튼 부인은 깨끗하게 풀려났다. 아니, 깨끗한 정도가 아니라 승리자로 풀려났다. 소박한 검은 옷을 입은 그녀는 아침 이슬에 젖은 장미 봉오리 같은 뺨에 눈물을 흘리며, 살아 있는 사파이어 같은 눈동자로 동정심을 호소하며 피고석에 서 있었다. 그 신비스러운 눈길은 감탄하는 군중의 환희를 사로잡았다. 정의의 엄한 얼굴들은 완전히 풀어져 애정으로 눈을 굴렸고, 좌석 끝에 매달리듯 앉은 법조인과 배심원들이 소리 지르는 게 들렸다. "오 천국이시어 저렇게 아름다운 창조물이라니."

"그렇지," 구경하던 침례교도가 대답했다. "그런 살인자만 아니었더라면."

"살인자!" 한 배심원이 벌컥 화를 내며 말했다. "살인자라니요! 거짓입니다. 이런 천사는 결코 살인자일 수 없어요."

그렇게 아름다움이… 정의를 완전히 이겼다. 그리고 그렇게 스스로 과부가 된 그녀는 풍뎅이가 가느다란 거미줄을 헤치고 날아가듯이 법의 신성한 그물을 헤치고, 그저 자신만 빠져나간 것이 아니라 적들을 휘감아 놓은 채로 자신의 길로 진격했다.[208]

배심원들은 살인을 저지른 여자를 무죄 방면했을 뿐 아니라 그중 한 사람은 그녀와 결혼했다. 그렇게 정의는 이 사건에서 운명의 손을 기다려야만 했다.

1850년에 이르자 남편을 죽인 여자, 집안의 악귀는 더 이상 농담이 아니었다. 그녀는 사회적 문제가 되었고 모든 남편에게 잠재적으로 개인적인 문제였다. 어떻게 그런 여자를 미리 알아차리느냐는 것이 문제였다. 십구세기 말 범죄학이라는 새로운 '과학'은 음란한 여자들이 범인이기 쉽다고 입증해 주었고, 십구세기 중반의 픽션은 살인자와 참된 여성이 (외관으로는 구별할 수 없지만) 완전히 다른 종류의 사람들이라고 남자들을 안심시켜 주었다. 어떤 이들은 그 둘이 아예 다른 종이라고까지 말했다. 즉, 악귀와 천사.

초기 페미니스트들은 그렇게 생각하지 않았다. 결혼, 이혼, 그리고 재산법을 첨예하게 공격하면서 결혼 제도가 여자를 절망적인 상황에 예속시킨다고 계속해서 주장했다. 남북전쟁 이후에도, 더 보수적인 미국여성선거권협회(American Woman Suffrage Association)가 전적으로 참정권만을 위해 활동했을 때조차 급진적인 스탠턴과 앤서니 진영은 결혼을 계속 공격했다. 1868년 전국여성선거권협회(National Woman Suffrage Association)의 공식 출판물인『더 레볼루션(The

Revolution)』은 사설에서 이렇게 논했다.

> 참정권은 전체 빵 덩어리의 절반도 못 된다. 그저 빵 껍질, 빵
> 부스러기일 뿐이다. 참정권은 여자건 남자건 정치적인 질문에
> 뿌리를 박고 있는 이들의 이익만 건드릴 뿐이다. 그러나 여성의
> 주된 불만은 정치적인 구속이 아니라 사회적인, 특히 결혼으로
> 인한 구속이다. 결혼이라는 엄숙하고 심오한 문제는 (…) 여성의
> 안녕에 좀 더 필수적인 중요성을 지니며, 여성 참정권과 같은
> 표면적이고 단편적인 질문보다 여성의 마음에 더 깊숙이 내려가
> 닿으며, 여성 운동의 핵심에 좀 더 완벽하게 해당된다.[209]

결혼을 분석하면서 급진론자들은 제도의 구조 자체로 인해 그 안의
사람들이 살인을 저지르게 된다는 결론을 끌어냈다.

> 결혼 제도는 사회에 알려진 가장 큰 저주이거나 가장 큰 축복이다.
> 결혼은 두 사람을 모든 가능한 관계에서 가장 가깝게 만든다.
> 한 집에 넣어 놓고 같은 식탁에 앉히고 같이 자는 공간으로 밀어
> 넣는다. 간단히 말해, 결혼은 그들에게 탈출구가 없는 친밀하고
> 지속적인 교제를 강요한다. 이보다 더 심한 건, 결혼은 탈출에
> 대한 어떤 시도도 불명예스럽게 만들어 버린다는 것이다. 참을
> 수 없다고 여겨지는 끈을 풀거나 느슨하게 하고자 하는 사람은
> 남자건 여자건 사회의 찌푸림을 받게 된다. 분통 터지는 사슬의
> 파괴는 같이 묶인 한쪽 또는 양쪽의 명성을 대가로 이루어져야만
> 한다. 단지 죽음으로 풀려나지 않고서는 불행한 결혼의 수갑에
> 같이 묶인 두 사람을 위한 희망은 없으니 해방을 바라는 한쪽의
> 사람들이 다른 쪽의 죽음을 애타게 기다리는 것도 이상한 일은
> 아니다.
>   이러한 상황보다 인간 본성에 더 공포스럽고 더 수치스러운
> 게 무엇이 있을까 싶다. 몰래 다른 쪽의 죽음을 열망하면서 매일
> 그리고 거의 매 시간의 교제를 강요당하며 같은 지붕 아래 사는 두
> 사람의 위치보다 더 부도덕한 것이 있을 수 있을까 싶다.

연간 범죄 기록이 증명하듯이 결혼 생활을 참을 수 없게 되어
버린 사람의 수는 적지 않다. 남편을 죽이는 아내 살인범들은
너무나 흔해서, 모든 죄 중에 가장 최악인 이 범죄의 사례 한두
건 없이 신문을 보기 힘들지만 얼마나 많은 남자와 여자가
마음속으로 살인자가 되는지는 신만이 알 것이다.[210]

"서로의 경험에서 아무것도 배우지 못하고 옛날처럼 무턱대고 남자와
여자가 결혼해 버리는" 한 그 결과는 "기대한 대로, 혼란, 비참, 그리고
범죄"가 될 거라고 그들은 예상했다.

보수론자들은 그 논지를 뒤집어, 참정권을 포함해 여성의
권리에 대한 모든 주장을 반대하는 데 사용하며 그들을 역습했다.
보수론자들에 따르면 결혼은 신이 만드신 제도이지 인간이 만든 것이
아니었다. 그리고 "여성은 아내와 어머니가 되기 위해 창조"되었고
"가정을 즐겁게, 환하게, 그리고 행복하게 만들도록 창조되었다."
그러므로 여성의 영역을 바꾸거나 어떤 식으로건, 즉 투표나 남편을
독살하는 것 등으로, 그 바깥으로 나가려고 하는 여자는 '비정상적'임에
틀림없었다. 그들은 다음과 같이 썼다. "독립적인 존재로, 남자의
지도나 통제 없이 자신만의 상상과 모호한 열망, 자신을 위한 야망과
권력에 대한 타고난 사랑을 멋대로 따라가며" 살아가는 여자는 "여성적
요소가 없는 사회적인 비정상으로서 종종 흉측한 괴물이 되는데,
남자의 경우는 여자의 영향력을 통하지 않고서는 거의 그렇게 되지
않는다."[211] 간단히 말해 결혼 제도를 위협하는 건 괴물이 된 여자이고
그 반대는 성립하지 않는다는 것이다.

이 보수적인 논거는 종교의 전력적 지지와 남성적인 '이성'의
지지를 받고 곧 범죄학과 심리학이라는 과학으로 강화되어 급진적
페미니스트들의 불확실하고 종종 일관성 없기까지 한 통찰력을
압도했다. 그리고 사회인류학자들이 가부장제 핵가족이 가장 고도로
진화되고 '문명화'된 사회적 조직의 형태라고 선언하자 페미니스트들은
정말로 반동적이고 야만적으로 보였다.[212] 그래서 십구세기 말,
거의 모든 사람들은 '가정의 신화'로 개종했고 한때 급진적인
페미니스트였던 이들조차도 미국적 가족을 강화시켜 준다는 근거를

들어 여성 참정권 운동을 했다.

　　도러시 딕스[213] 한 사람만이 버텼다. 도러시 딕스는 아내였던 경험과 살인 재판 기자로 일했던 경험으로 결혼의 제약이 살인을 불러일으킨다고 확신했고, 세기가 바뀐 지 한참 후에도 자신의 법정 취재 기사에서 이혼법의 완화를 주장했다. 그녀는 "당연히, 남자들이 도저히 같이 살 수 없겠다고 깨닫게 되는 여자들이 있다"라고, 남편이 비소와 간 유리를 먹인 브라우버 부인을 생각하며 썼다. "그리고 도저히 남편으로 견딜 수 없는 남자들이 있다. 불행한 결혼의 이런 피해자들이 죽음이 자신들이 짐을 벗어 버릴 수 있는 유일한 길이라는 걸 알게 되면, 독약 병은 지금보다 훨씬 더 큰 유혹이 될 것이다. (…) 이 나라에서 매년 반대하기로 동의하고 사이좋게 헤어질 5만 명의 부부들 중 많은 부부가 좋은 방식으로 갈라설 수 없다면 추악한 방법으로라도 진절머리 나는 배우자를 제거해 버리는 쪽을 택하는 걸 걱정할 만한 충분한 이유가 있다."[214] 결혼에 대한 고발은 계속되겠지만, 십구세기가 끝나기 훨씬 전에, 『더 레볼루션』이 '누구라도 바란 것처럼'이라고 말한 그대로 예측된 괴물이 나타났다. 이번에는 그저 공포나 허구가 아니라 여성의 영역을 죽음이 죄어드는 작은 원으로 만든, 진짜 가정의 악귀들이었다.

5

1871년 5월 코네티컷 주 댄버리의 허레이쇼 넬슨 셔먼은 일주일간 뉴헤이븐에서 술 파티를 하고 집에 와선 앓았다. 그의 아내 리디아[215]가 핫 초콜릿을 타 주며 간호했지만 그는 더 나빠졌고, 구토 및 위가 타들어 가는 듯 심한 고통을 겪었다. 의사 비어즐리를 불러 자신에게 '묵은 병', 즉 알코올 중독의 금단 현상으로 인해 또 다른 병이 생긴 거라고 말했고, 언제나 그랬듯 너그럽게 급성 설사 재발로 진단해 모르핀과 브랜디 슬링[216]을 처방해 달라고 부탁했다. 그러나 이번에 비어즐리는 동의하지 않았다. 그는 리디아 셔먼을 따로 불러 남편에게 무엇을 줬는지 물었다. 그녀는 말했다. "처방해 주신 것만요." 비어즐리는 다른 의사 둘을 불러 의논했고, 그들이 갈피를 잡지 못하는 동안 셔먼은 5월 12일 사망했다. 3명의 의사는 최악의 상황을 의심하며 사후 검시를 요청했고 리디아 셔먼도 즉시 동의했다. 그들은 비소를 발견했다. 이전의 결혼으로 낳은 셔먼의 열여섯 살짜리 딸 에이다도 새해 전날 갑작스럽게 죽었다고 누군가가 말했다. 의사들은 부검을 위해 에이다의 시체를 꺼냈고 더 많은 비소를 발견했다. 그들은 리디아가 이 집에 들어오고 곧 죽은 셔먼의 또 다른 자녀인 한 살짜리 프랭키의 시신을 파냈다. 더 많은 비소. 그런 다음, 과한 열의로 보인다고 비난한 사람도 있었지만, 당국은 리디아 셔먼의 전남편인 데니스 헐버트의 시신을 파냈다. 그도 좀 갑작스럽게 죽으면서 농장과 만 달러의 재산을 아내에게 남겼다. 그리고 그도 비소로 가득 차 있었다.

당국은 뉴욕에서 코네티컷 주로 온 리디아 셔먼의 과거를 더 깊이 조사했다. 첫 남편인 에드워드 스트럭은 폐결핵으로 진단받아 짧은 투병 끝에 1864년 5월 죽었다. 뒤이어 1864년 7월 5일 3명의 자녀, 여섯 살 마사, 네 살 에드워드, 구 개월 된 윌리엄이 죽었다. 1866년 3월 9일 열두 살 앤 엘리자 스트럭이 죽었고, 5월 19일에는 언니인 열여덟 살 리디아가 죽었다. 이전 결혼으로 낳은 에드워드 스트럭의 큰 자녀들은 이미 다 집을 떠난 터라 그 죽음들로 어머니 리디아 셔먼은 완전히 홀로 남겨졌다. 그 자녀들 중 하나가 뉴욕의 지방 검사에게 가족의 시신을 발굴해 달라고 요청했다. 인구 통계청은 스트럭 가족의 사망 원인을 결핵, 이장열, 기관지염, 장티푸스로 보았지만 이제 이러한 진단을 의심할 만한 이유가 있어 보였다. 리디아 셔먼은, 그러나, 이미 코네티컷 주 당국의 손에 있었다. 1872년 4월 16일 세번째 남편인 허레이쇼 셔먼의 살인죄로 재판에 갔을 때, 신문들은 그 사건에서 뉴욕 주가 빠진 데 만족하면서 그녀를 그저 '코네티컷의 보르자'라고 불렀다.

그녀는 셔먼을 죽이지 않았다고 말했다. 해나 키니 사건처럼 반박하기에는 비소 중독의 증거가 너무 강력했으므로 변호인은 셔먼에게 우연히 비소가 들어갔을 수 있다고 주장했다. 셔먼 자신을 포함한 가족 몇 명은 집 안의 쥐를 독살하려고 비소를 사용해 왔고 쥐 한 마리가 우물로 달아나 버린 걸로 보였다. 또는 어쩌면 셔먼은 자살했을 수도 있었다. 그는 빚이 있었고, 술을 끊고 우울해했고, 최근에 첫 아내와 두 자녀를 잃었다. 사고와 자살은 이런 종류의 사건에서 너무나 익숙하게 제시되어서, 다른 피해자들에 대해 모두가 알고 있는 걸 고려해 봤을 때 그렇게까지 납득이 가진 않았다. 그래서 변호인은 리디아 셔먼이 남편을 죽일 아무런 동기가 없다고 주장하는 데 집중했다.

뜻대로 되지 않았다. 검찰은, 그 집에서 몇 주나 같이 지내면서 부부가 자주 다투는 것을 듣고, 리디아 셔먼에게 이혼하라고 조언하기도 한 셔먼의 동생을 내세웠다. 그는 부부가 결혼한 지 몇 개월밖에 되지 않았지만 같이 자지 않았다고 증언했다. 셔먼은 자신의 빚을 갚는다면서 그녀가 데니스 헐버트로부터 받은 유산의 일부인 천 달러가 넘는 금액을 빌렸지만, 빚을 갚는 대신 리디아를 4명의 자녀와 전처의 어머니인 존스 부인을 돌보도록 집에 버려둔 채 흥청망청 돈을 써 버렸다. 셔먼과 리디아 둘 다 존스 부인이 집을 떠나기를 바랐지만 그녀는 피아노값으로 자신에게 진 빚인 78달러를 받을 때까지는 가지 않을 거라고 했다. 리디아는 빚을 갚고 전 장모를 내보내라고 78달러를 남편에게 주었지만 셔먼은 진탕 마시는 데 써 버렸고 존스 부인은 여전히 머문 채로 자신의 78달러를 이야기하고 있었다. 리디아는 남편에게 또다시 100달러를 주었고 그는 존스 부인에게 빚을 갚고는 피아노를 350달러에 팔아 또 진탕 마시러, 아주 많이 마시러 나갔다. 누가 봐도, 그는 돈 때문에 리디아와 결혼했고 그 돈을 놀라운 속도로 쓰고 있었다. 틀림없이 어떤 배심원이라도, 숙녀들을 위한 가장 낭만적인 옹호자라고 할지라도, 현금 문제를 살인의 동기로 찾을 수 있었을 것이다. 그리고 배심원들은, 다른 모든 사람처럼, 리디아 셔먼이 이번 재판에서 무죄 판결을 받으면 곧장 데니스 헐버트의 살인에 대한 재판에 잡혀가리라는 걸 알고 있었다. 그녀는 비소 찌꺼기가 위에 남아 있는 채로 죽을 때까지 그와 집에 온전히 둘만 있었으므로 그 사건에서 유죄의 증거는 훨씬 더 강력했다.

그러나 재판 동안, 3명의 남편과 6명인가 8명의 자녀를 독살한 게 분명한 리디아 셔먼은 어쩐지 여전히 보통 여자처럼 보였다. 그녀는 1824년 뉴저지 주의 벌링턴에서 태어났고 아홉 살에 고아가 되자 삼촌 집에서 데려갔다. 열여섯 살에 뉴저지 주 뉴브런즈윅에 있는 오빠들과 같이 지내면서 '여자 재단사'가 되었다. 침례교 수업에서 객차 수리공인 에드워드 스트럭을 만나 결혼했다. 리디아는 스무 살 정도였고 남편은 막내가 네 살인, 여섯 아이가 딸린 홀아비였다. 그는 요크빌에서 일했고 또한 두 사람의 딸인 리디아가 태어난 요크빌에 살림을 마련할 수 있을 때까지 주말마다 그녀를 보러 왔다. 그가 더 나은 일자리를 구했을 때 그들은 악명 높은 파이브 포인츠 빈민가 끄트머리인 맨해튼의 엘리자베스가로 옮겼고, 리디아는 잇달아 두 아들을 낳아 둘의 이름을 독실한 침례교인 존 웨슬리와 조지 횟필드의 이름을 따 지었다. 삼 년이 채 안 되어 가족은 카먼스빌로 옮겼고 거기서 리디아는 딸 셋과 아들 하나인 4명의 아이들을 더 낳았다. 대가족을 부양하기 위해 조지 스트럭은 125번가로 가족을 옮겼고 맨해튼빌의 경찰관이 되었다. 필사적으로 붙들고 있었던 십팔 년의 결혼 생활 끝에 스트럭 가족은 그곳에서 '어려움'에 처하게 되었다.

술에 취해 제정신이 아닌 걸로 보이는 한 남자가 칼을 들고 호텔의 바텐더를 위협했고, 마침 그 난동 속에 있었던 수사관이 경관의 도움 없이 제압할 수 없자 총을 쐈다. 몇 분 후 전차를 타고 스트럭 경관이 도착했을 때 총을 맞은 남자는 죽어 있었다. 그러나 신문에서, 몇 명의 호텔 직원들이 스트럭이 들어가기를 겁내면서 언쟁이 시작되었을 때 바깥에 있었다고 증언했다. 리디아는 남편의 말을 믿었지만 그의 상관들은 믿지 않았고 그를 해직했다. 그는 생각이 많아졌고 우울증으로 더 깊이 빠져들었고 결국은 침대 바깥으로 나가려고도 하지 않게 되었다. 스트럭의 예전 고용주들이 그를 구슬려 다시 일을 하도록 달랬고 그의 친구들이 기운을 북돋아 주려 했지만 그는 아무도 만나려 하질 않았고 스스로 옷조차도 입으려 하지 않았다. 그의 상관이었던 경찰 서장은 리디아더러 그를 정신 병원에 보내야만 한다고 했다. 스트럭 자신은 아이들을 부양할 수 없게 되자 리디아에게 "아이들을 고아원으로 보내라"고 말했다. 그녀는 아이들과 헤어지고 싶지 않았지만 아이들 그리고 남편도 돌볼 수는 없었다. 결국, 감옥에서 쓴 자백에서 말했듯 그녀는 "그를 치우라"는 다른 경찰관의 충고를 받아들였다. 그는 비소로 빠르게 죽었다.

리디아 스트럭은 여전히 집에 여섯이 넘는 아이들이 있었고 먹고살 길이 없었다. 그녀는 가장 어린 아이들이 제일 큰 짐이라는 걸 알았다. 그녀는 "애들을 키우며 이럭저럭 해낼 수 없을 거라고 생각했어요"라고 썼다. "그래서 죽는 게 애들한테도 낫다는 결론을 내렸어요. 그 문제를 며칠이나 생각했어요. 그럴 용기도 그럴 기운도 거의 없었어요." 절망으로 마음이 찢어진 그녀는 네 살 에드워드와 여섯 살 마사 앤에게 비소를 조금 준 다음 "애들이 죽을까 봐 겁나서" 의사를 불렀다. 아이들은 죽었고 자백에서 언급하기를 잊어버린 아기 윌리엄도 죽었다.[217]

리디아는 바느질과 간호 일을 했고 큰 아이들은 일을 찾았다. 그러다 도장공에게 고용된 열네 살 조지 횟필드가 '도장공 산통'[218]을 앓았고 더 이상 일을 할 수 없다는 말을 들었다. 조지는 '계속해서 나빠지기'만 했고 리디아는 '낙심했다.'[219] 그녀는 조지의 차에 비소를 넣었고 그는 다음 날 죽었다. 그때쯤에는 의사와도 꽤 친해져서 리디아는 그의 추천으로 전업 간호사로 일하게 되었다. 그녀의 맏딸인 열여덟 살의 리디아는 할렘의 직물점에서 일했다. 누구도 오한과 발열이 재발해 유독 혹독한 겨울을 보내고 있는 앤 엘리자를 돌볼 수가 없었다. '그럴 용기도 그럴 기운도 없는' 리디아는 그 딸에게도 독약을 먹였다. "생각했죠." 그녀는 이렇게 말했다. "그 아이를 없애면 리디아와 내가 생계를 꾸려갈 수 있다고요."[220] 그러나 리디아 스트럭이 가족 규모를 줄여 딸 리디아와 그럭저럭 해 나가게 되자마자 어린 리디아가 자연사로 죽어 버렸다.

간호 일을 했던 어머니 리디아는 펜실베이니아 주 세일러스빌에서 하인 일을 했다가 커낼가의 재봉틀 가게에서 일하려고 뉴욕 주로 돌아왔다. 거기에서 그녀는 코네티컷 주의 스트랫퍼드에 있는 병든 어머니를 간호하려 그녀를 고용한 고객을 만났다. 그리고 코네티컷 주에서 나이 든 여성을 팔 개월 동안 돌보았다. 이후 가게 주인은 가사 일을 해 줄 '좋은 여자'라며 데니스 헐버트에게 리디아를 추천했다. 그는 가정부로 그녀를 고용했고 며칠 만에 결혼해, 몇 달 뒤 혼자 꾸려 나가기에는 너무 큰 농장과 돈을 남기고 죽었다. 그러던 중에 허레이쇼 셔먼이 방문했다. 그는 아내가 죽어 홀로 된 헐버트 부인을 가정부와 아기를 위한 유모로 고용하고 싶어 했다. 그는 자신의 제안을 결혼으로 승격시켰고 그녀는, 제대로 된 구애 후에, 받아들였다. 결혼식도 하기 전에 빚을 갚으라고 돈을 주었던 것으로 보아 그가 꽤 마음에 든 게 분명했다. 그러나 결혼 생활은 바랐던 만큼 잘되지 않았다. 그녀는 말했다. "기분이 너무 안 좋았어요. 예전에 했던 대로 하고 싶은 유혹이 생겼죠."221

처음에 그녀는 셔먼 가족 안에서 자신의 위치를 공고히 하려고 했다. 그녀는 일단 애가 죽으면 할머니 존스 부인(셔먼의 첫 아내의 어머니)이 떠날 거라는 바람으로 아기 프랭키를 독살했다. 그런 다음 새 아내에게 가야 할 관심을 너무 많이 앗아 가는 셔먼의 열여섯 살 난 딸 에이다를 독살했다. 리디아는 자신이 무슨 짓을 하건 셔먼이 계속 술을 마시고, 그녀를 학대하고, 그녀의 돈을 쓸 거라는 게 분명해진 때가 되어서야 간신히 그의 브랜디 병을 비소로 꽉 채웠다. 몇 년 전, 그녀의 어린 자녀들이 모두 죽은 후에, 리디아는 그녀를 부양하려 계속 돈을 주던 다 큰 아들 존 웨슬리에게 스스로를 위해 급료를 갖고 있으라고 말했다. "난 세상에 혼자야. 그리고 내 앞가림은 해."222 그리고 그녀가 얻어낸 작은 재산을 마구 써 버리겠다고 협박하는 허레이쇼 셔먼과 결혼하는 실수를 저지를 때까지 그녀는 그렇게 했다. 결혼으로 들어가 버리는 실수를 저질렀을 때 그녀는 새 출발을 위해 다시 주변을 정리했다. 알고 있는 유일한 방법으로.223

리디아 셔먼이 법정에 나타났을 때 그녀는 '비단 벨벳으로 단을 댄 단정한 검은 알파카 모직 드레스에 검은색과 흰색이 섞인 모직 숄을 두르고, 검은 벨벳으로 테두리를 두르고 갈색 깃털을 꽂은 흰 밀짚모자'를 쓰고 '얇은 레이스 베일'을 쓰고 있었다.224 그녀는 실제 나이인 마흔여덟 살보다 젊어 보였고 어느 기자는 그녀의 얼굴이 "딱히 매력적이라고 할 수는 없지만" 놀랍게도 "혐오스럽지도 않다"고 묘사했다.225 그녀는 공손하게 의자에 앉기를 거절하고 '완벽한 차분함'으로 긴 기소장을 읽는 내내 서 있었다. 그녀의 동생과 제부가 법정에 들어왔을 때 그녀는 미소 지으며 '진심으로' 그들에게 입을 맞추고 울었다.226 배심원은 그녀가 이급 살인죄라고 판단했고 판사는 웨더즈필드에서 종신형을 복역하라고 선고했다. 악한일지는 몰라도 여전히 그녀는 여자로 보였고 미국의 사회는, 최소한 뉴헤이븐은 여성의 목을 매다는 '야만성'에서 벗어난 터였다. 또한 미국이 리디아 셔먼 같은 괴물을 또 보게 될 것 같지도 않았다.

1886년 여름, 보스턴 청교도 순례자 협동 교단 공제 조합 담당관 몇 명이 새로운 리디아 셔먼이 자기들 사이를 자유롭게 돌아다니는 것 같다고 의심하기 시작했다. 노동자 계급의 남자와 여자로 이루어진 조직인 교단은 친목 모임과 매달 한 번씩 파티를 열었고, 회원들에게 낮은 비용으로 생명 보험을 제공하는 게 주된 목적이었다. 1870년대와 1880년대의 노동자 계급에게 생명 보험을 상호 부과[227]로 들게 한 많은 협동 조합 중, 그곳은 세라 제인 로빈슨[228]의 친척이 속한 유일한 곳이었다. 그리고 로빈슨 부인의 친척들은 높은 확률로 죽는 것 같았다.

　　1886년 8월, 교단의 지도자 프레스콧의 지역구 의료 감독인 에머리 화이트 박사는 로빈슨 부인의 요청으로 교단의 피보험 회원인 그녀의 스물세 살 된 아들 윌리엄을 진찰했다. 영업 창고에서 일하던 중 윌리엄은 떨어지는 빈 상자를 견갑골 사이에 맞았고, 그때는 별것 아니라고 생각했지만 나중에는 속이 메슥거리고 구토를 했다. 저녁 후에 맛이 '나쁜' 차를 마시고 나서 증상은 더 심해졌다. 화이트 박사는 윌리엄의 동생 리지가 겨우 육 개월 전에 죽었다는 걸 알고 있었고, 로빈슨 가정의 다른 죽음에 대해서도 들었기 때문에, 윌리엄의 병세를 주의 깊게 보기로 결심했다. 윌리엄이 악화되자 화이트 박사는 그가 토한 것을 유명한 화학자이자 독물학자인 하버드의 에드워드 우드 박사에게 보냈고 청교도 순례자 교단의 담당관들과 경찰에게 자신의 의혹을 의논했다. 파크허스트 서장은 이미 또 다른 의사의 의심 어린 조언으로 겨우 몇 주 전에 일어난 로빈슨 부인의 조카 토미 프리먼의 죽음을 살펴보고 있었다. 우드 교수로부터 윌리엄 로빈슨의 위가 비소로 가득 차 있었다는 진단이 돌아올 때까지 그는 이틀 내내 스물네 시간 경찰을 보내 지켜보고 있었다. 윌리엄은 "저 늙은 여자가 나한테 약을 먹였어"라고 말하고 죽었다. 마흔아홉 살의 세라 제인 로빈슨은 아들을 살해한 혐의로 체포되었다.[229]

　　당국은 거기에서 멈추지 않았다. 청교도 순례자 교단의 제안에 따라 그들은 보험을 든 로빈슨 부인의 다른 친척들의 시신을 파냈다. 2월에 죽은 딸 리지와 1885년 6월에 죽은 제부, 프린스 아서 프리먼이란

거창한 이름의 노동자였다. 두 시체를 검시하고 비소를 발견한
경찰은 더 파내 보자고 생각했다. 1885년 2월에 죽은 로빈슨 부인의
동생이자 프리먼의 아내 애니의 시신에 비소가 있는 게 발견되었다.
애니와 프린스의 아들로 1886년 7월에 죽은 일곱 살 토머스 아서
프리먼의 시신도 그랬다. 가든 묘지의 관리자 윈즐로 리치필드 씨는
로빈슨 부인의 모든 친인척을 다 묻었는데, 이제는, 법정에서 말했듯,
"거의 전부 다 꺼내는"[230] 일을 하느라 땀을 흘려야 했다. 그는 몇 년
전인 1882년에 죽은 남편 모지스 로빈슨도 꺼냈는데 검시관들은 또
비소를 발견했다. 덤으로 1881년에 갑자기 죽기 전까지 로빈슨 부인의
집주인이었던 올리버 슬리퍼도 꺼냈는데 또다시 비소가 발견되었다.
이를 마지막으로 세라 제인 로빈슨이 일곱 건이나 여덟 건의 살인을 한
걸로 치고 수사는 멈췄다. 몇몇 살인은 동기가 없어 보였지만 대부분의
살인은 청교도 순례자 교단이 눈에 불을 켜고 감시했던, 보험금을 위해
저지른 것처럼 보였다.

그녀는 아들 윌리엄의 죽음으로 재판을 받았는데, 표준 증거
구성 절차로 인해 검찰은 그녀가 저질렀다고 의심받는 다른 살인을
언급하는 데 제한이 있었다. 따라서 로빈슨 부인을 분명 꼼짝달싹
못하게 잡을 수 있는 증거인, 친척들이 죽어 나간 비율과 그녀가
공공연하게 예언한 각각의 죽음이 정확하게 맞아떨어진 것과 같은 정황
증거는 전부 제외한 채로 사건을 단편적으로 제시할 수 밖에 없었다.
연방주[231]의 사건이라서 생겨난 약점이 주 검찰의 무능함과 합해져
더욱 악화되었다. 질문은 "느리고, 횡설수설에 (…) 무의미"[232]했고,
보도에 따르면 로빈슨 부인에 대한 신문은 그저 들을 게 없는 수다였다.
엿새간 증언을 듣고 스물네 시간을 숙고한 후에도 배심원들은 결정을
내리지 못했다.[233] '매사추세츠의 보르자'를 풀어 주고 싶지 않았던
정부는 프린스 아서 프리먼의 살인으로 그녀를 기소했다. 이 사건에서,
애니의 죽음은 프린스가 죽고 나서 보험이 로빈슨 부인에게 지급되는
걸 확실하게 하려고 수혜자 제거를 위해 죽인 것이므로, 애니 프리먼의
죽음에 대한 증언이 재판장에서 공개되어야 한다고 그들은 주장했다.
연방은 애니 살해는 프린스 살해 계획의 일부에 불과하고 배심원들이
이에 대해 들을 수 있어야 한다고 계속 주장했다. 판사는 이에

동의했고, 이번에는 두 단계로 이루어진 살인 혐의로 로빈슨 부인이 다시 재판에 섰다.

검찰에 따르면 첫 단계는 로빈슨 부인의 마흔두 살 동생인 애니 프리먼이 사우스 보스턴의 집에서 폐렴으로 앓아누운 1885년 2월 말에 시작됐다. 그녀를 보살피러 간호사가 왔고 프린스의 어머니도 도와주려고 왔다. 그들의 간호로 애니는 꾸준히 나아졌고 곧 다 나을 것으로 예상되었다. 그러나 로빈슨 부인은 동생이 결코 다시 일어나지 못할 거라는 불길한 예감이 들었고[234] 간호사를 해고하고 자신이 전부 맡아 돌보았다. 애니 프리먼은 로빈슨 부인이 예측한 대로 2월 27일에 죽었다. 검찰은 애니의 병세가 갑자기 나빠진 순간을 증언할 여러 명의 증인들을 불렀다. 사람들은 애니가 죽기 전 로빈슨 부인이 프린스더러 그의 두 자녀를 돌봐 주는 자신에게 보험금을 지급하고, 자신과 같이 살도록 설득해 달라며 친구의 도움을 요청했다고 증언했다. 로빈슨 부인의 말에 따르면 그저 보험금을 노릴 뿐인 그의 친누나 멜빈 부인과 같이 살기 위해 사우스 보스턴으로 갈까 봐 걱정해서 그런 거라는 거였다. 로빈슨 부인의 딸 리지는 아이들의 어머니가 죽자마자 프린스의 아이들을 집으로 데려왔고 일주일 만에 프린스는 아이들을 따라와 처형 집에서 살게 되었다.

몇 주가 지나자 로빈슨 부인은 친척을 돌보는 데 지쳐 버렸고 프린스의 한 살짜리 딸 엘리자베스가 죽었다. 로빈슨 부인은 재판 중 자신을 싫어하는 것 같아 보이는 여러 명의 증인들 앞에서, 프린스는 차라리 죽는 게 나은, 게으르고 아무 데도 쓸모없는 인간이라고 말했다. 누군가 "그에게 약을 줘서 치워 버린 게"[235] 분명하다고도 말했다.

어느 날 밤 리지와 친구 벨 클러프와 저녁을 들다, 로빈슨 부인은 놀라며 또 작은 마법에 걸려 약간 기절하기라도 할 것처럼 굴면서 죽은 남편이 나타나 프린스가 곧 죽을 거라고 말했다고 했다. 6월 17일 그녀는 다시는 살아서 어머니를 보지 못할 수도 있다고 말하며 어머니를 만나라고 프린스를 찰스타운에 보냈다. 닷새 후 프린스는 로빈슨 부인 집에서 아침을 먹고 일하러 가려고 걷기 시작하다 길에서 토했다. 그는 종일 아팠지만 일을 그만두기에는 임금이 너무나 필요했다. 그날 저녁, 침대에 든 그를 로빈슨 부인이 간호했다. 그녀는 청교도 순례자 교단의 담당관을 만나 보험금이 제대로 되어 있는지 확인하라고 리지와 벨 클러프를 보냈다. 그다음 날 그녀는 다른 담당관인 플로라 스탠우드 부인을 불러 달라고 두 사람을 보냈고, 스탠우드 부인이 프리먼을 방문했다. 로빈슨 부인은 청교도 순례자 교단에 납입하려고 가끔은 식탁 위에 음식도 올리지 못하며 지낸다고 말했고 만약 프린스에게 무슨 일이 생기면 아이를 키우기 위해 보험금이 필요할 거라고 말했다. 스탠우드 부인은 그녀를 가엾게 여겨 프린스의 계좌로 지불될 적은 비용의 부담금을 자신이 내고는 영수증을 건네 주었다. 계좌는 준비가 되었다. 그런 다음 프린스는 재빨리 악화되었고 토요일 밤에 죽었다.

청교도 순례자 교단은 로빈슨 부인에게 총 2천 달러를 정식으로 지불했고 그녀는 그 돈을 재빨리 써 버렸지만 그건 어린 토미 프리먼을 위해서는 아니었다. 우선 그녀는 자신의 채권자들 몇 명에게 빚을 갚았다. 그때까지 그녀는 자신의 가구를 각각 다른 이름으로 네 번인가 다섯 번 담보로 잡혀 있었던 걸로 보인다. 그런 다음 새 옷을 좀 사고, 서머빌 교외의 더 큰 아파트로 집을 옮기고 남동생을 방문하러 위스콘신 주를 다녀왔다. 돌아왔을 때 그녀는 보험금의 남은 마지막 몫으로 청교도 순례자 교단에 딸 리지의 새 생명 보험을 가입했고 딸은 육 개월도 채 안 되어 죽었다. 토미의 양육비는 전혀 남지 않았고 토미는 그저 부채가 되었다. 토미 살해는 프린스의 보험금을 얻기 위한 계획의 단계가 아니라 그저 미해결된 사건의 일부이므로 검찰은 그 일을 논의할 수 없었다. 그저 검찰은 배심원에게 토미도 역시 죽었다는 걸 간신히 상기시킬 수 있었다.

정부 측에서 보기에 이 사건은 상황뿐이긴 하지만 높은 확률로 범죄 같았고 변호인은 예측 가능하지만 혼란스러운 주장으로 응했다. 즉 첫째, 프린스는 자연사이다. 둘째, 누군가 다른 사람이 그를 살해했다. 노르웨이 철공소에서 프린스는 황산 용액이 가득 찬 통에서 씻어낸 강철에서 박편을 제거하는 일을 했다. 변호인은 그가 황산 통에서 나오는 증기를 흡입해서 중독된, 산업공해의 피해자라고 주장했다. 그러나 독물학과 병리학은 루크레치아 채프먼의 배심원들이 의학적 증거를 이해하려 애쓴 이후 오십 년 동안 훨씬 더 엄밀해져 있었다. 하버드의 전문가들이 프린스 아서 프리먼의 죽음이 황산염의 증기가 아니라 비소 중독으로 인한 것이라고 증언했을 때 어떤 배심원도 그들을 무시하고 예측하지 않았다.

변호의 방향을 바꿔, 로빈슨 부인의 변호인들은 다른 살인자를 찾았다. 어쩌면 프린스는 시장에는 한 병에 6달러로 내놓았지만 10센트에 팔리는, 환자들을 토하게 만들어 '탈진'으로 거의 죽게 만드는 토주석과 딸기 시럽을 섞은 음료를 약으로 삼아, 알코올 중독 및 약물 중독을 치료하는 것을 전문으로 하는 고령의 최면술사이자 돌팔이 의사 비어스 박사에 의해 살해당했을지도 몰랐다.[236] 그는 결혼했음에도 불구하고 오랫동안 로빈슨 부인에게 구애했고, 질투 또는 돈이나 좀 뜯어 보려는 속셈으로 죽였을 수도 있었다. 분명 그는 독에 관해 다 알고 있었다. 아니면 혹 토머스 스미스가 손을 댄 것일 수도 있었다. 그는 청교도 순례자들의 종교 담당관이라는 공식적 직함으로 로빈슨 부인을 만났고, 윌리엄이 죽을 즈음에는 거의 매일 방문했었다. 비어스와 스미스 둘 다 윌리엄과 엘리자베스의 죽음에 공모자로 기소되었지만, 그들이 연관되었다는 증거를 찾을 수 없었던 주 당국은 기소를 진행하지는 않았다. 증인석에서 두 남자는 서로 말이 달랐고 로빈슨 부인과도 일치하지 않았지만, 스미스는 무해해 보였고 비어스는 노망을 향해 조금씩 다가가는 바보로 보였다. 둘 다 그럴듯한 살인자로는 보이지 않았다.

로빈슨 부인 쪽에선, 모든 걸 부인했다. 그녀는 그저 불운한 가정에서 식구를 차례로 잃는 바람에 심하게 고통을 겪고 있는 가난한 여자일 뿐이었다. 그리고 지금 신을 두려워하는 선량한 자신을 비난하는 그들이 바로 그녀가 겪는 고통을 만들어내는 이들이었다. 선고를 받기 전에 다시 한번 말할 기회가 주어지자, 그녀는 되풀이해 말했다. "저는 죄가 없어요." 그러나 배심원들은 그녀를 믿지 않았고 판사는 사형을 선고했다.

그러나 세라 제인 로빈슨은, 리디아 셔먼처럼, 빵 껍질만큼이나 평범해 보이는 여자였다. 법정에서 수수한 검은 옷을 입고 짙은 색 머리카락을 양옆으로 매끄럽게 빗어 내린 구식 머리 모양을 한 그녀는 조용하고 차분한 기혼 여성이었다. 증인석에 몇 시간을 계속 서 있는 동안 그녀가 기민하고, 이성적이며, 머리가 좋고, 일관성이 있으며, 말을 잘한다는 걸, 그리고 나랏일을 하는 검사보다 훨씬 더 똑똑하다는 걸 누구나 알 수 있었다. 목사의 아내인 니컬스 부인은 로빈슨 부인이 "잘 우는 여자로 (…) 교회에서도 눈물을 쏟고, 길에서도 눈물을 쏟는다"[237]고 기자들에게 말했는데, 니컬스 부인은 기운 없는 로빈슨 부인을 지켜본 다른 사람들처럼 그 눈물이 '사별' 때문이라고 보았다.

　심리학자들은 어떤 정신 이상의 범주에도 그녀를 맞춰 넣을 수가 없었다. 하버드 의과 대학의 저명한 '정신병' 전문가인 찰스 폴런 폴섬 박사는 "영리하고 지적인 여자이긴 하지만, 일상에서 만나는 보통 여자들에서 벗어나는 정신적 일탈이 하나라도 보이는 걸" 찾을 수 없었다고 말했다.[238] 흥미로운 건, 재판 사이에 몇 달이 지나면서, 그녀는 점점 더 '일상에서 만나는 보통 여자'가 되어 갔다. 처음 체포되었을 때 그녀는 창백하고, 초췌하고, 거친 눈에 제정신이 아니었지만 감옥에서 몇 달을 보내고 나자 휴식을 잘 취했고, 잘 먹었고, 따라서 훨씬 더 좋은, 건강한 상태가 되었다. 기자들은 그녀의 차분함을 칭찬했고 재판이 몇 달을 끌자 점차 '서머빌의 보르자'와 같은 선정적인 제목을 포기하고 '로빈슨 부인의 시련'과 같은 동정을 담은 글을 쓰기 시작했다.[239] 그러나 그 시련 내내, 로빈슨 부인의 용모와 태도는 모두 더 좋은 쪽으로 변했다. 그 변화로 볼 때 세라 제인 로빈슨의 더 큰 시련은 그녀의 인생이었던 것 같았다.

　로빈슨 부인은 북아일랜드에서 1839년 세라 제인 테넌트로 태어났다. 스코틀랜드계 아일랜드인인 부모는 가난했고 그녀가 열네 살 정도 되었을 때 죽었다. 그때 아홉 살 정도였던 동생 애니와 그녀는 선장의 보살핌을 받으며 매사추세츠 주 케임브리지의 오빠한테로 보내졌다. 거기서 아일랜드에서 배운 기술로 옷을 만들었고 열아홉 살에 기계공인 모지스 로빈슨과 결혼했을 때도 일을 계속 해야만 한다는 걸 알았다. 로빈슨 부부는 세라 제인이 8명의 아이를 출산하고, 그중 둘은 유아일 때 죽고, 하나는 소아기가 되자 곧 죽어 버린, '초라한 환경'으로 알려진 그런 비참한 상황에서 살았다. 세라의 동생 애니도 매코믹이란 남자와 결혼할 때까지 그 집에서 살았고 남편이 죽은 후 프린스 아서 프리먼과 결혼할 때까지 다시 같이 살았다.
모지스 로빈슨은 급행열차에서 일했고, 두 아들 윌리엄과 찰리도 일을
나갔는데, 윌리엄은 철도마차에서, 찰리는 가게에서 일했다. 딸 리지가
집안일을 물려받아 어린 동생들인 에마와 그레이스를 돌보았고 세라
제인은 양재 공장으로 일하러 갔다. 그런데도 여전히 살림을 꾸려
나가기는 힘들었다. 가족은 한 곳에서 다른 곳으로 거처를 자주 옮겼고
가끔은 사람들이 밀린 외상값을 받으러 오기 직전에 사는 곳을 옮겼다.

　　그러다 로빈슨 가족의 늙고 쇠약한 집주인 올리버 슬리퍼가
아팠고, 로빈슨 부인의 간호 후에 심장병으로 사망 진단을 받았다.
로빈슨 부인은 유산에서 받으려고 간호 비용 50달러의 영수증을
제출했고 그 대신 집세를 감면받자 급전을 마련하려 그 서류를 팔았다.
유언 집행자들이 사기로 기소하겠다고 협박했지만 법정 밖에서
해결했다. 그들은 그보다 사망 한 달 전에 슬리퍼가 손에 쥐고 있었다고
알려졌지만 잃어버렸고, 찾아도 나오지 않는 현찰 3천 달러에 더
관심이 많았다. 로빈슨 부인이 가져갔다면 그걸로 뭘 했는지 아무도
알지 못했다. 그녀는 집에 있는 가재도구 중 팔아먹을 수 있는 모든
것을 몇 번이나 담보로 잡힌 상태였고, 채권자들에게 빚을 갚으려면
(나중에 프린스의 보험금이 필요했듯이) 그 돈이 정말 필요했을 테지만
말이다.

　　일 년이 채 안 된 1882년 7월, 집세를 내지 못해 퇴거 명령을
받은 직후, 모지스 로빈슨이 갑자기 마흔다섯 살의 나이로 죽었다.
2천 달러 생명 보험이 청교도 순례자 교단에 들어 있었지만 모지스의
납입금을 몇 번 받은 회원이 달아나 버렸다. 세라는 받아야 할 돈을
위해 교단을 고소했지만 그 사건은 그녀가 체포되었을 때도 여전히
미해결 상태였다. 모지스는 사망 당시 유일하게 보험을 든 가족이었고
그래서 보험이 동기라면 유일하게 가능성있는 피해자였지만, 모지스를
죽임으로써 세라는 집안의 임금 노동자를 죽인 셈이 되었다. 따라서
비록 그의 죽음으로 돈이 좀 생겼더라도 그만큼의 비용이 들었다.
그러나 세라에게 필요한 건 주급이 아니었다. 그녀는 사기와 임시
저당으로 그럭저럭 헤쳐 나갈 수 있었다. 하지만 자신의 보석금을 내고
다시 시작하려면 주기적으로 큰돈이 필요했다. 짐작한 대로, 그녀는

동생의 병을 자신과는 거의 연결되지 않은 채 보험에 가입한 또 다른 남자를 집에 데려올 기회로 보았다. 처음에는 애니, 그런 다음에는 프린스 아서 프리먼이 죽으며 그 일 년 동안 로빈슨 부인에게는 2천 달러가 들어왔다.

충분하지 않았다. 프린스가 죽을 때 로빈슨 부인, 그녀의 네 자녀, 제부, 제부의 아이, 그리고 종종 하나나 둘의 하숙인으로 이루어지던 가족은 방 세 개짜리 거처에 구겨지듯 들어가 있었다. 때때로 그녀는 다시 절약을 시행했다. 1884년 8월에는 열 살인 딸 에마를 처치했고 1886년 7월에는 토미 프리먼을 보내 버렸다. 추가로, 그녀는 리지더러 청교도 순례자 교단에 등록해서 보험 수혜자를 윌리엄으로 하라고 설득했다. 살림을 맡아 하던 리지는 가족의 귀중한 일원이었지만, 프레드 피서와 결혼해서 케임브리지포트로 갈 거란 이야기를 했고, 채권자들은 다시 그들을 괴롭히고 있었다. 리지가 아프게 된 날, 로빈슨 부인은 그 자리를 메꾸려 하인을 고용했는데 리지는 죽기까지 석 주가 더 걸렸다. 보험금 2천 달러는 윌리엄에게 갔고 어머니가 주장한 대로 그는 청교도 순례자들의 새 분회에 가입해 어머니를 수혜자로 지정했다. 윌리엄은 동생의 장례비로 100달러를, 마차와 말의 비용으로 또 100달러를 지불했고 리지가 로빈슨 부인의 꿈에 나와 오빠 윌리엄을 데리러 왔다고 말하면서 나머지 돈은 알 수 없게 되었다. 그의 죽음으로 어머니에게 또 2천 달러가 들어왔고, 날렵해진 가족은 그녀 자신과 그녀가 가장 좋아하는 아들인 열아홉 살 찰리와 가장 좋아하는 딸인 여섯 살 그레이스만으로 이루어지게 되었다. 어쩌면 그걸로 충분했을지도 모른다. 찰리의 말에 따르면 그녀는 아이들에게 잘했다. "어머니는 항상 우리를 좋아하셨던 것 같아요. 그리고 우리 다 어머니를 제일 사랑했어요."240 하지만 가난과 삼십오 년간의 힘든 일로 지쳐 버린 세라 제인 로빈슨은 '초라한 환경'에서 생계를 꾸릴 돈, 그녀와 가족 중 모든 임금 노동자들이 노동으로 얻을 수 있는 돈보다 많은 돈을 얻으려 살인했다. 비록 그들 모두가 일주일에 엿새, 하루 열두 시간을 일했지만 말이다. 돈이 모자라자, 그녀는 거의 모든 부양가족을 제거하는 쪽으로 방향을 바꿔 문제에 덤벼들었다. 프린스의 돈을 얻으려 애니를 제거한 것처럼 교활하게 계획한 장기 계획인 경우도 있었지만, 절박함에 하나의 피보험자에 이어 다른 피보험자를 처치하는 경우도 있었다. 빈곤의 굴레에서는 누구의 노동도 생명 보험보다 값지지 않았고, 한 사람의 목숨값인 그 목돈조차도 장기적으로는 결코 충분하지 않았다.

그 당시 셔먼과 로빈슨 같은 독살 악귀들, 근대의 보르자들은 남자들에게 가장 끔찍한 공포의 현실화였다. 그러나 생각해 보면 그들은 그러한 상황의 예상 가능한 산물이기도 했다. 남자들이 저임금으로 장시간 일하는 동안 여자들은 그보다 낮은 임금으로 일하던 대도시의 힘겨운 나날과, 애정은 사라진 채 구속으로만 남아 모두 기르기에는 너무 많은 아이들을 만들어내는 결혼, 탐욕스러운 개인주의로 너무나 경도되어 병들고 가난한 자들을 도와주지 못하는 사회와 겁에 질린 남자들의 과도한 지배로 인해 영민하고 활동적인 하층 계급의 여성들에게 교육과 자리를 제공하지 못하는 사회가 만나는 지점에서 생겨난 산물. 그러한 상황이 또한 주어진다면, 또 다른 로빈슨이나 셔먼이 나타날 것이었다. 한 세대 이후 시카고 폴란드 이민자들의 빈민가에서 나온 틸리에 클리메크처럼 말이다. 클리메크는 1922년 생명 보험금 때문에 3명의 남편을 독살한 혐의로(네번째는 병원에서 비소 중독으로 죽어 가고 있었다) 기소되었는데, 또한 자녀 중 일곱과 사촌 몇 명, 청혼을 거절한 남자친구를 죽였고 사촌 넬리에 코울리크가 그녀의 1명 또는 2명의 남편을 죽일 때 도왔다는 의혹을 받고 있었다. 틸리에 클리메크는 '폴란드의 보르자'와 '여자 푸른 수염'으로 신문에서 매도되었다.[241] 그러나 로빈슨과 셔먼처럼, 그리고 같은 처지인 영국의 베티 에클스, 메리 앤 코튼, 메리 앤 기링, 세라 프리먼과 또 다른 여자들처럼 그녀도 기회도 희망도 거의 없는 노동 계급의 보통 여자였다.[242]

　　여자는 헌신적이어야 한다고 기대된다. 여자들은 남편과 아이들의 안녕을 위해서라면 모든 것을, 필요하다면 자신의 목숨까지도 분명 포기할 거라고 여겨지지만 싸구려 소설의 눈물 겨운 그런 헌신은 **진정한** 영웅적 행위로 여겨지지 않는다. 어머니로서 자신을 바치는 일은 선택이 아니라 그저 본능으로만 여겨졌고 그러한 자기 희생은

'자연스럽다'고 생각되었기 때문에, 이기심은 부자연스럽고 괴물처럼 끔찍하다고 욕을 먹었다. 이러한 괴물 같은 여성 '악귀들'에게 사회가 할 수 있던 최선의, 어쩌면 유일한 일은 그들을 가두고 열쇠를 던져 버리고 무엇보다도 그들을 **잊어버리**는 것이었을 테다. 그래서 뱃세바 스푸너와의 불쾌한 경험 이후로 더 이상 여자를 목매달지 않는 주인 매사추세츠 주의 주지사는 사형 선고를 내리지 않고 세라 제인 로빈슨을 가둬서 치워 버렸고, 그녀는 자기 이전의 리디아 셔먼이나 자기 다음의 틸리에 클리메크처럼 교도소에서 꽤 만족스럽게 남은 천수를 보냈다. 그녀는 아무것도 자백하지 않았고, 가족과 재회하고 싶다는 강한 열망을 공언하며 1906년에 죽었다.

6

그저 살아남고자 스스로를 맨 먼저 챙긴 여자들을 괴물로 여겼다면, 재미와 득만 보자고 이기적으로 행동한 여자들한테 사회는 어떻게 했을까? 살인에 살인이 있었다. 돈 한 푼 없는 여자가 절망에 잠겨 미친 남편, 아픈 아이나 더 이상 돌볼 수 없는 아기를 죽이는 건 꽤 유복한 기혼 여성이 더 많은 돈을 갖고자 죽일 사람들을 찾아 나서고 살인과 살육에서 쾌감을 구하는 것과 전혀 다른 문제였다. 이런 종류의 사건들은 드물고 납득하기 힘들었지만, 결혼이 여자의 유일한 직업이라면, 그건 충분히 여자의 사업이 될 수도 있었다.

세기가 바뀔 무렵, 부지런한 노르웨이 이민자가 뼛속까지 배금주의 미국적 욕망에 물들어 자신만의 일확천금 계획을 고안했다. 그녀의 언니는 그녀가 "돈에 미쳐" 있고 "돈이라면 무엇이라도 한"다고[243] 말했고, 실제로 그녀는 1908년 죽거나 실종되기 전까지, 사실상 전혀 없는 것이나 다름없던 초기 자본 투자금을 운용해 약 5만 1천 달러의 이익을 만들었다. 그녀의 사업은 결혼과 살인이었다.

벨(원래는 벨라) 폴슨은 스물세 살인 1883년에 노르웨이 트론헤임 근처의 셀부에서 시카고로 이민을 와 비용을 내 준 형부와 언니와 같이 살았다. 그녀는 시계공인 마스 소렌슨과 결혼해서 주부가 될 때까지 바느질과 세탁 일을 했다. 이웃의 말에 따르면, 벨은 언제나 "자기 자식과 다른 아이들에게 깊은 애정"[244]을 갖고 있었는데 결혼 후에도 몇 년째 아이가 없자 입양아를 들였다. 1890년쯤, 그녀는 팔 개월 된 제니 올슨을 입양했고 육 년 후에 자신의 아이들을 낳기 시작했다. 첫 딸인 캐럴라인은 1896년 태어나 오 개월 만에 죽었고 첫 아들 액설은 1898년 유아일 때 죽었다. 둘 다 급성 대장염과 독살의 독특한 증상으로 볼 수 있는 대장의 심각한 염증으로 죽었고, 둘 다 보험에 들어 있었다. 벨라의 두번째 아이인 머틀은 1897년에 태어났고 네번째 아이인 루시는 1899년에 태어나 생존했다.

　　가족은 십이 년이 넘게 불운과 가난, 화재를 끌고 이쪽 싼 집에서 저쪽 싼 집으로 옮겨 다니며 간신히 살아갔다. 처음에는 벨과 마스가 산 지 일 년도 안 된 과자 가게가 1896년 다 타 버렸다. 소렌슨 가족은 오스틴 근교의 육체 노동자들이 사는 곳 끄트머리로 이사 갔지만 이 년 후 화재로 집은 심하게 훼손되었다. 두 건물 다 보험에 들어 있었고 벨이 불이 시작되었다고 말한, 폭발한 등유 램프는 잔해에서 발견되지 않았지만, 보험 회사는 값을 치렀다. 보험금이란 횡재는 가족이 살아남는 데 분명 도움이 되었겠지만 충분한 도움은 되지는 못한 것 같았다. 그런 데다가, 잘사는 교외의 남루한 끄트머리에 살면서 야심에 찬 여자는 눈도 높아졌을 것이다.

　　1900년 7월 30일, 그가 들어가 있는 상호 공제 조합 두 곳의 생명 보험 증서들이 딱 겹쳐지는 유일한 하루인 바로 그날, 마스 소렌슨은 스트리크닌 중독의 특징인 몸이 휘어지는 경련성 경직으로 갑자기 죽었다.[245] 벨은 그가 감기가 걸렸다고 해서 '가루'를 주었다고 말했다. 사망 증명서에는 그가 심장 비대로 죽었다고 쓰였고, 의심이 든 소렌슨의 가족들이 시신을 한 달 후 발굴했을 때, 실제로 검시관들은 심장이 커진 걸 발견했지만 그 이상은 진행하지 않았다. 좀 더 철저한 부검을 하려면 친척들은 또 300달러를 지불해야 했고 어느 누구도 커진 심장이 스트리크닌 중독의 결과 중 하나일 수 있다고 말해 주지 않은 것 같았다. 여전히 이웃의 아이들은 벨의 딸들을 소렌슨 죽음의 의심스러운 정황으로 놀려댔다. 벨은 생명 보험금 중 8,500달러를 들어 인디애나 주 라포트 인근에서 약 80킬로미터 떨어진 낡은 농장을 사서 남아 있는 딸, 제니 올슨, 머틀과 루시를 데리고 커다란 벽돌집으로 옮겨 갔다. 새로 얻은 부로 울타리를 수리하고 딴채를 칠하고 관목과

꽃을 심어 '인디애나 주 북부에서 가장 예쁘고 행복한 농장'[246]이라고 부르고 싶어지는 걸 가질 때까지 벨은 소유지를 개선하는 데 투자했다.

1902년 4월, 벨은 노스다코타 주에 있는 사촌을 방문하는 길에 만난, 자신보다 젊고 최근에 홀아비가 된 피터 거니스와 결혼했다. 거니스는 어린 딸 스벤벨을 데리고 벨의 농장으로 들어왔고 거기서 구 개월이 채 못 돼 너무나 기이한 방식으로 죽어 검시관과 많은 이웃이 살인이라고 수근거렸다.[247] 그러나 검시 조사에서 벨은 설명할 수 있었다. 화덕 옆에 앉아 있던 피터가 구두를 꺼내려 몸을 뻗다 화덕을 건드리는 바람에 커다란 돌 항아리 안의 뜨거운 물이 엎어져 화상을 입었고, 화덕 맨 위의 선반에 말리려 두었던 소시지 분쇄기가 떨어져 정확하게 눈 사이를 쳤다. 열두 살 제니의 증언도 이 이상한 이야기를 확증해 주는 듯해서 피터 거니스의 죽음은 사고로 판명되었다. 납득할 수 없었던 거스트 거니스는 미니애폴리스에서 서둘러 내려와 자기 형제의 아이인 스벤벨을 납치해 미네소타 주 농장에 숨겨 두었다. 벨은 2,500달러의 보험금을 수령한 뒤 유복자인 필립을 낳았고, 농장을 경영하는 걸 도울 남자를 고용했다.

그 고용인, 그리고 뒤를 이어 고용한 다른 사람들과 벨은 잘해 나가지 못했는데, 누가 봐도 관능적이었던 벨이 고용인들과 자고 나면 그들은 하나같이 자신들이 그곳의 주인인 것처럼 굴기 시작했기 때문이었고 그러면 벨은 그 문제를 두고 남자를 바로잡아야만 했다. 관계는 갑자기 끝나 버렸다. 피터 콜슨은 어느 날 짐을 싸서는 시내로 돌아가 버렸다. 올라프 린보에는 쟁기질을 하다 말고 1904년 7월에 '대관식을 보러' 노르웨이로 가 버렸다.[248] 그리고 헨리 거홀트는 그다음 해 7월, 바깥에 변소로 쓸 구멍을 막 파는 중에 떠나 버렸다. 레이 램피어만이 해고를 당하고도 벨이 불법 침입으로 고소해 정신 이상으로 기소될 때까지 주변을 맴돌았다. 헨리 거홀트가 사라졌을 무렵인 1905년 언젠가 거니스 부인은 고용인을 찾는 걸 그만두고 중서부에 배포되는 노르웨이어 신문 중 하나에 광고를 냈다.

구인. 아름다운 곳에 위치한 최고로 멋진 농장을 소유한 여성이 같은 조건의 선하고 믿을 만한 남성 배우자를 찾습니다. 최고의

보증이 될 수 있는 약간의 현금 지참 필수.[249]

거의 즉시 라포트로 가는 노르웨이인 남자들의 행렬이 시작되었고 모두가 홀로 된 부유한 노르웨이 부인과 결혼 계약을 맺고 싶어 했다. 벨 거니스의 사업이었다.

그녀는 1908년 4월 27일 농장 집이 전소되어 버렸을 때 파산했다. 벨과 3명의 어린 자녀들인 열한 살의 머틀, 아홉 살 루시, 다섯 살 필립의 검게 탄 시체가 잔해에서 발견되었다. 문제가 많았던 고용인 레이 램피어가 방화로 기소되었고 상세한 시신 조사 후 그는 살인으로 기소되었다. 그는 피해자들에게 먼저 독을 먹인 다음 시신을 지하 창고에 장작더미처럼 쌓아 두었고, 그다음 집에 불을 낸 것으로 보였다.[250] 여자의 머리는 잘려 나갔는데 찾을 수 없었다.

수색자들은 화재 열흘 뒤에도 여전히 벨 거니스의 나머지 부분을 찾고 있었는데 그때 사우스다코타 맨스필드에서 광고를 보고 우편 구애 이후 거니스를 방문한 형제 앤드루를 끈질기게 찾아다니던 노르웨이인 농부 아슬레 헬겔레인이 왔다. 질문이 꼬리에 꼬리를 물었고 5월 5일 수색자들은 앤드루 헬겔레인이 라포트 은행에서 현찰로 2,900달러를 인수한 뒤 하루 또는 이틀이 지나 메워진 거니스 닭장의 쓰레기 구덩이를 파헤치기 시작했다. 몇십 센티미터를 파 내려가 깔끔하게 조각난 채로 오래된 곡물 자루에 포장된 앤드루를 찾았다. 얼마 떨어진 두번째 쓰레기 구덩이에서 1906년 열여섯 살 크리스마스 무렵 아무에게도 작별 인사를 하지 않은 채 캘리포니아 주의 학교로 간 걸로 여겨져 온 벨 거니스의 입양아 제니 올슨의 뼈가 발견되었다. 뼈 밑에는 오래된 매트리스가 있었고 그다음에는 쓰레기가 한 층 있었으며, 그 아래에 부패한 누런 마대에 담긴, 홀로 된 부자 부인과 결혼하러 1907년 3월 위스콘신 주의 아이올라를 떠났던 노르웨이인 농부, 이후 올레 부스베르그로 확인될 크고 검은 콧수염을 지닌 큰 남자의 토막 난 시신이 들어 있었다.

아무도 당장 처음에는 시체의 발견으로 제시되는 증거를 받아들이지 못했다.[251] 거니스 부인 모르게, 그 누구도 모르는 낯선 사람이 시체들을 묻어 둔 거라고 말하는 사람도 있었다. 지방 검사는 시체는 언제나 시체였다는, 이상하지만 널리 알려진 이론을 우선 내놓으며 거니스 부인은 그저 시카고에서 시체들을 받아 농장에 묻었을 뿐이라고 주장했다. 비록 품위있게 혼자 사는 인디애나 주 출신 부인이 어쩌다 시카고 시신 은닉자가 되기로 했는지는 도저히 설명할 수 없었지만 말이다.

다음 날, 호기심 어린 군중이 지켜보는 가운데, 수색자들은 오래된 변소 구덩이를 팠고 시신 조각들을 담은 자루를 또 찾았다. 하나는 여자일 수 있다고 생각했지만 대부분의 시신들처럼 생석회로 처리되어 있어서 확실히 말할 수 없었다. 닭장의 또 다른 쓰레기 구덩이에서 약 일 미터를 파 내려가서 그들은 다른 남자를 발견했고, 그 아래에는 2명의 또 다른 남자들의 뼈와 오래된 마대의 썩어 버린 조각들이 있었다. 이들 중 하나는 1904년에 라포트로 출발하며, 수중의 금 회중시계와 현찰 300달러를 잘 챙겨야 한다고 형제에게서 충고를 받았던 고용인 올라프 린보에일 수 있었다. 다른 남자는 거니스 부인의 일을 하러 1905년 5월에 위스콘신 주 스칸디나비아를 떠날 때 400달러를 갖고 있었던 헨리 거홀트일 수 있었다. 그가 집으로 부친 마지막 편지는 1905년 7월 4일로 되어 있었다. 또 다른 시신은 1906년 12월 24일 라포트에 도착해서 크리스마스 다음 날 라포트 은행에서 1,100달러를 인출한 뒤 누구에게도 목격된 적 없는, 위스콘신 주 엘보 레이크에서 온 마흔 살의 노르웨이인 농부, 존 무일 수 있다고 여겨졌다. 그러나 시신들을 확인하는 것은 불가능했다. 그들은 토막 난 채 어깨 관절에서 떼어낸 팔끼리, 허벅지 중간에서 톱으로 잘라낸 다리끼리, 머리끼리, 몸통끼리 각각 다른 자루에 담아 묶여 있었고 다 석회가 흩뿌려져 있었다. 뼈 말고는 거의 남지 않았고 뼈마저도 삽이 닿으면 부서지는 듯했다.

그다음 날에는 비로 인해 파지 못했고, 경찰들은 파낸 시신들을 시내로 옮기기엔 부서질 것 같아 마차를 두는 붉은색의 작은 헛간에 두었다. 수십 명의 기자들은 그 악취를 묘사할 말을 찾을 수가 없었다. 그다음 날 다시 발굴을 재개하고 더 많은 시신과 생석회로 다 망가진 자루들이 닭장의 또 다른 쓰레기 구덩이 일 미터 아래에서 발견되었다. 수천의 구경꾼들이 이슬비를 맞으며 웅크린 채 더 많은 시신이 나오기를 기대하고 있었지만 그게, 열번째로 나온 시신이 마지막이었다. 땅파기는 며칠 더 산발적으로 이어졌다. 의심스러운 '푹신한 지점'은 찔러서 면밀히 검사했고 라일락 덤불 아래 새로 경작한 땅은 뒤집었다. 벨이 이 년 전 창고를 옮기고 메운 콘크리트 기반을 파 보자는 이야기가 몇 주 내내 있었다. 일리노이 주 오스틴에 소유하고 있었던 집의 뜰과 창고를 팔 계획이 세워졌지만 그러한 발굴에는 세금이 들었다. 이웃들은 보안관에게 거니스의 닭장 바로 아래에 있는 호수 물을 빼 봐야 한다고 조언했다. 특히 일 년인가 이 년 전에 많은 사람들이 악취를 풍기며 물에 떠 있는 큰 상자를 봤는데, 그걸 찾기 위해서 말이다. 그러나 대부분은 그냥 이야기로 끝났고 곧, 수색자들은 찾는 걸 그만두었다. 마치 더 찾아내는 게 겁나기라도 한 것처럼.

그리고 누가 그들에게 뭐랄 수 있겠는가? 실종자들의 친척들인 올레 부스베르그의 아들들, 올라프 린보에, 헨리 거홀트와 존 무의 형제들이 토막 난 시체의 신원을 확인하러 라포트로 왔고, 다른 이들은 라포트로 가서 영영 돌아오지 않은 친척들 이야기를 보안관에게 써서 보냈다. 예를 들면 토네스 피터 리엔. 그는 1907년 4월 2일 라포트로 가기 위해 천 달러를 들고 미네소타 주 러시퍼드를 떠났다. 그의 형제가 잔해에 'P. L.'이라고 새겨진 커다란 은색 회중시계가 있는지 편지로 물어봤다. 있었다. 잿더미가 된 집에서 최소 열한 개의 남자 시계와 면도날이 발견되었고, 뜰에서 8명에서 9명의 시신이 나왔다.[252] 그리고 모든 보고가 들어왔을 때, 인디애나 주 과부와 결혼하겠다며 간 걸로 알려진 최소 12명의 남자가 여전히 설명되지 않은 채로 사라졌다.

어쩌면 벨 거니스도 역시 설명이 되지 않은 채로 사라진 걸지도 몰랐다. 누군지 전혀 알아볼 수 없을 정도로 타 버린 창고의 죽은 여자는 벨이라고 하기에는 너무 작아 보였다. 레이 램피어의 방화와 살인 재판에서 검시관은 무뚝뚝하게 설명했다. 구운 고기는 줄어든다. 그러나 구운 고기가 얼마나 줄어드는지 알고 있었던 그 자리의 여자들은 구십 킬로그램은 족히 넘었던 벨 거니스를 굽는다고 삼십삼 킬로그램밖에 안 나갈 수 있다는 게 그럴듯하지 않다고 생각했다. 오물 구덩이에서 발견된 여자 머리도 벨 같지 않았고 게다가 그 지역의 치과 의사가 제대로 신원 확인을 하려 해도 필요한 하악골이 없었다. 그러다, 화재 삼 주 후, 벨 거니스의 이에 박힌 금을 찾기 위해 재를 체로 거르는 작업에 고용된 전문 사광 광부가 치과 의사의 손으로 만든 작품, 진짜이 아래에 여전히 부착되어 있는 몇 개의 의치를 발견했다. 그 이는화재를 견뎠지만, 분젠 버너로 여러 번 검사 해 본 치과 의사 조지와서는 그 이들이 등유에 푹 적셔진 시체를 태운 불보다 훨씬 덜 뜨거운불에 탔다고 생각했다. 그리고 여전히 턱뼈가 아니라, 단지, 뒤늦게,벨의 의치만 발견되었다.

　　램피어의 변호사인 워든은 벨이 자신의 죽음을 스스로 연출하고불경스러운 사업의 수익을 챙겨 동네를 떠났다고 주장했다. 변호인은그녀가 달아날 모든 이유가 분명하다고 말했다. 그녀가 램피어를침입과 정신 이상으로 기소했을 때도 민망한 질문들이 올라 왔다.제니의 친구들과 구혼자 역시 제니가 너무 오래 집을 비워 역시걱정하고 있었다. 그리고 아슬레 헬겔레인은 형제의 실종에 대해 벨이보낸 설명이 전혀 만족스럽지 않았다. 워든은 발각될까 겁난 벨이자신의 농장으로 모르는 여자를 꾀어 와 스트리크닌으로 독살하고,시체의 신원을 확인하지 못하도록 머리를 오물 구덩이에 던지고,자신의 아이들을 독살하고, 지하실에 모든 시체를 쌓아 놓고 집과 모든것에 불을 지르고 떠났다는 주장을 유지했다. 그녀는 자신과 아이들이각자의 침대에서 죽었다는 인상을 주길 바랐는데, 이 층의 각각 다른침실에서 잤던 네 사람이 창고에 단정하게 쌓아 올린 무더기 위로떨어졌다는 말도 안 되는 상황은, 그 시체들을 다 태워 버릴 정도로불이 오랫동안 지속되었다면 성공했을 수도 있는 바람이었다. 변호인은벨이 화재가 나기 불과 며칠 전에 큰 통의 등유를 샀고 자신보다 작은금발의 낯선 여성과 농장으로 마차를 타고 가는 걸 증언할 증인을내놓았다. 그리고 벨이 화재가 난 후에 농장 근처를 마차로 지나가는 걸봤다고 이웃과 그 두 자녀가 증언했다.

　　변호인은 사실상 벨이 램피어를 함정에 빠뜨린 거라고 주장했다.그의 말에 따르면, 램피어의 정신 감정 심리에서 다른 몇몇 증인들과모순되었던 벨의 명백한 거짓 증언은 그녀가 이미 계획하고 있었다는걸 가리켰다. 벨은 화재가 난 바로 그날, 시내에서 변호사에게유언장(노르웨이계 미국 어린이를 위한 고아원에 재산을 남겼다)을구술하고 변호사와 다른 몇 사람에게 레이 램피어가 자신을 죽일까 봐 두렵다고 말했다. 그녀는 은행에 금고를 대여하고는 그 안에 새 유언장을 넣어 두었다. 그런 다음, 또, 변호인은 벨의 돈에 관한 어려운 쟁점을 꺼냈다. 그녀가 '죽은' 날, 벨의 라포트 은행 잔고에는 겨우 700달러만 있었고 그녀는 그 돈을 바로 그날 오후에 저금했다. 만약 벨 거니스가 돈 때문에 남자들을 살해해 왔다면, 그 돈은 어디로 갔을까? 불에 다 타 버렸을까? 아니면 벨이 항상 쓰는 지갑에 잘 담긴 채, 여행 중일까?

검찰은 벨 거니스가 정말로 램피어를 두려워했고 그럴 만한 충분한 이유가 있었다는 반론을 내세웠다. 그들의 가설은 의심을 품은 램피어가 방금 막 헬겔레인을 살해한 거니스를 놀라게 했고 시체를 치우는 걸 도운 다음 그녀를 협박하기 시작했다는 것이었다. 램피어는 이미 한 차례 이상 동네 술집에서 술을 너무 많이 마신 후 바텐더들에게 자기는 '애인'을 '무릎 꿇린 채'로 둘 수 있을 만큼 잘 안다고 자랑했다.[253] 그러나 검찰의 협박 이론은, 여전히 간질간질하면서 답을 알 수 없는 질문 두 개를 떠올리게 했다. 만약 램피어가 거니스한테서 돈을 강탈했다면, 그 돈은 어디 있는가? 그리고, 좀 더 적절한 질문인데, 왜 그녀가 그는 안 죽였을까?

배심원은 스물여섯 시간 동안 이 상충되는 이론을 고심했고 이상한 결론에 도달했다. 그들은 램피어에 대해 살인은 무죄지만 방화는 유죄라고 보았다. 그리고 창고에 있는 시체는 벨 거니스의 시체라는, 묻지 않은 질문에 대한 답을 선고했다. 많은 사람들이 여전히 믿지 않았고 램피어마저도 적어도 잠깐이나마 아니라고 했다. "벨 거니스가 불 속에 있지 않았다고 생각했어요." 그는 기자에게 말했다. "왜냐하면 그 여자가 가진 돈이 다 나오지 않았거든요. 그렇지만 증거를 듣고 나서 생각해 보니 돈은 불 속에서 그 여자 시체랑 같이 있었나 봐요."[254] 1909년 램피어가 감옥에서 죽었을 때, 그가 벨 거니스가 살아 있고 라포트에서 멀지 않은 곳에 살고 있다고 믿고 있었다는 보도가 나왔다. 램피어가 살인을 저질렀다고 자백했다는, 몇 년 후에 나온 목사의 이야기조차도 거니스 부인을 가만히 내버려둘 수 없었다.[255] 몇 년간 온 나라의 사람들은 스칸디나비아계 여성들을 의심의 눈으로 보았고 여기저기에서 벨 거니스를 알아봤다고 했다.

하지만 이런 증언들은 처음에는 거니스가 달아나는 걸 도왔을 것이다. 앤드루 헤겔레인을 파낸 지 사흘 후인 5월 8일, 부유한 시카고 실업가와 사별한 플로라 벨 헤린 부인이 어머니와 뉴욕을 여행하다가 한밤중에 시러큐스에서 기차에서 끌려 나왔다. 몇 시간이 지나서야 헤린 부인은 자신이 거니스 부인이 아니라는 신원을 간신히 확인받을 수 있었고, 그 시간 내내 거니스를 잡았다고 확신한 경찰은 헤린 부인이 뉴욕에서 자신을 기다리는 자매 찰스 록펠러 부인에게 감금되었다는 전보조차 보내지 못하도록 했다. 헤린 부인은 시러큐스 경찰과 철도 회사를 불법 체포로 고소했다. 이후 시민과 경찰은 벨 거니스를 모든 곳에서 **보았지만** 체포하려는 시도는 거의 하지 않았다. 만약 진짜 벨 거니스가 화재 이후에 라포트를 떠났다면 가짜 벨 거니스가 시러큐스에서 체포되었다는 엄청난 보도 내내 자유롭게 여행 다닐 수 있었을 것이다. 그리고 록펠러 부인의 자매가 불법 체포된 이후엔 거의 마음대로 돌아다닐 수 있었을 것이다. 거니스는 플로라 벨 헤린이 감금되는 행운을 예상하지는 못했을 것이다. 그래서 변장한 채로 동네를 떠나는 걸 택했을 수도 있다. 그 많은 살인을 저지른 후, 그녀는 아주 많은 남자 신분증을 소지하고 있었다. 어떤 경우건, 실종되었다는 걸로 보일 수 있을 때까지 아무도 벨 거니스를 찾지는 않았을 것이다. 그녀는 4월 27일에 "죽었다." 매장된 피해자를 처음 파낸 5월 4일까지는 아무도 거니스가 살아 있을 거라고 의심하지 않았다. 그동안, 그녀는 일주일 이상을 방해받지 않고 여행하며 '유복한 과부'와 자녀들이 비극적인 화재로 죽었다는 슬픈 이야기를 신문에서 읽었을 것이다.

　　벨 거니스의 닭장에서 발견된 토막 시체들이 모든 걸 바꾸어 놓았다. 엄청난 대소동이 일어났다. 전소된 은신처, 파헤쳐진 묘지, 마차 헛간의 임시 시체 안치소를 보기 위해 수천의 사람들이 라포트로 새 떼처럼 몰려들었고 사업 수완이 좋은 마부에게 10센트를 내고 그 장소에 가 보았다.(돌아오려면 25센트를 내야 했다. 라포트의 탐욕적인 사업가는 벨 거니스가 마지막이 아니었다.) 닭장에서 피해자들이 발견된 뒤 첫번째 일요일, 그곳 인구의 거의 두 배가 되는 만 명의 사람들이 라포트로 왔고 그다음 일요일에는 1만 5천 명의 사람들이 농장을 방문했다. 철도 회사 '레이크 이리 앤드 웨스턴 레일로드'는 인디애나폴리스에서 출발하는 일요일 특별 유람 열차를 편성했다. 도시 사이를 오가는 차들이 미시간시티와 시카고에서 왔다. 농장에서 사람들은 들판을 짓밟고 다니고 나무의 잎을 다 떼고 폐허의 벽돌을 집어 갔다. 『시카고 트리뷴(Chicago Tribune)』에 따르면 거니스 부지는 '호기심 가득한 수색자들의 메카'가 되었고 소풍을 가기에도 나쁜 장소가 아니었다. 행상들이 소리치며 자신들의 상품인 사탕, 아이스크림과 앤드루 헬겔레인의 토막 난 시체 사진엽서를 팔았다. 모여든 군중들은 "저 멀리 시카고에서 근사하게 재단한 옷을 입고 값비싼 자동차로 남편과 같이 온 여성들, 나이 든 남녀 (…) 그리고 북부 인디애나 주의 모든 농장에 고용된 많은 남자들의 무리 (…) 시체가 있던 구덩이를 더 잘 보려고 수상적은 사람들과 몸싸움을 벌이는 교회의 일원들"을 포함했다. 엄청난 군중 사이에서 아기들은 등한시되었고 목발을 짚은 사람들은 옆으로 밀쳐졌다. 시체를 늘어놓은 "자그마한 붉은색 마차 헛간을 보려고 여자들은 서로를 할퀴어 댔다. 그들은 안을 들여다보려 틈새에 손가락을 집어넣고 더 찢어 벌렸다. (…) 남자들은 끄트머리 창문으로 서로를 올려 주며 다른 사람들이 그들 자리를 차지하려고 뒤에서 잡아당길 때까지 시체를 응시했다."[256] 결국에는 스무처 보안관이 졌다. 그는 마차 헛간 문을 열고, 악취 풍기는 해골을 입 벌리고 쳐다볼 수 있도록 구경꾼들을 들여보냈다.

동네는 그걸로 장사를 했다. 기자들, 그리고 자고 가는 다른 방문객을 위해 라포트 호텔의 복도에 간이침대가 줄을 섰고, 일반 집은 남는 방을 세놓았다. 사업가 정신이 있는 작가는 거니스가 저지른 것으로 여겨진 마흔두 건의 소름 끼치는 살인을 상세하기 적은 소책자의 인쇄를 서둘렀다. 기자들은 기사에서 '실종된 남자들의 항구'[257]에 관한 농담을 했다. 사람으로 미어터지는 식당은 '거니스 스튜'라는 칠리 콘 카르네[258]를 한 그릇씩 떠서 팔았다.『시카고 트리뷴』 기자에게, 라포트의 호황은 소매치기들이 쳐들어올 염려로만 얼룩진 '큰 대회나 축제의 모습'[259]을 보여주었다. 전체적으로 볼 때 몰려드는 군중은 "미국에서는 유례없다고 여겨지는, 섬뜩하고 호기심 어린 이들의 잘 조직된 축제"[260]를 떠올리게 했다. 모두가 신나고 들뜬 첫 일요일, 창고의 잿더미에 2명의 경비를 세운 스무처 보안관은 소름이

돋았다. 그는 살해당한 남자들의 썩은 뼈를 직접 삽으로 파내느라 고생하며 일주일을 보냈었다. 일요일의 군중을 둘러보며 그는 기자에게 말했다. "이렇게 신나 하는 사람들은 처음 봅니다."[261]

그리고 그렇게 사람들은 악귀를 길들여 그녀의 진짜 정신병적인 살육을 간질간질한 농담으로 바꾸었다. 누가 봐도 진짜인 괴물을 직면하자, 대중은 그녀의 소름 끼치는 농장을 관광 명소, 일종의 서커스 장으로 만들었고 거니스는 여흥의 제비뽑기로, 마지막에 나타나는 머리 없는 여자로, 괴물이 아니라 별난 구경거리로 만들었다.

아무도 루크레치아 채프먼이나 앤 심프슨, 해나 키니에 대해 농담하지 않았다. 아무도 세라 제인 로빈슨이나 리디아 셔먼에 대해서도 농담하지 않았다. 그러나 벨 거니스는 뭔가 그 이상이었고, 더 나빴고, 뭔가 달랐다. 가족을 독살한 여자는 어딘가 잘못되었다고 여겨졌다. 본성 가운데 뭔가가 고장 나 버려 자신이 가장 존중해야만 하는 이들을 몰래 죽이게 된 거였다. 그런 여자는 일반 사람들의 관점으로는, 비정상적이었고 괴물이었다. 그러나 옛날 남편인 소렌슨을 독살한 걸 빼면 벨 거니스는 전혀 그런 종류가 아니었다. 그녀는, 무엇보다도, 사업가였다. 사업가답게 그녀는 총명하고, 독창적이고, 정력적이고, 굴하지 않는 야심을 가졌으며, 뼛속까지 미국인다웠고, 그리고 명백하게 '남성적'이었다. 그리고 벨이 행한 특이한 종류의 살인은 단연코 '남자'였다. 그녀는 일종의 여자 랑드뤼[262]와 협잡꾼을 하나로 합친 거였다. 금전적 이익이 동기인 푸른 수염 말이다. 어느 정도는 자신의 성별을 이용해 피해자를 끌어들여 죽였다. 그녀는 여성에게 부여된 역할을 외울 만큼 잘 알았고 앤드루 헬겔레인에게 이렇게 썼다. "사랑하는 나의 앤드루, 난 혼자랍니다. 도움이 필요해요. 날 도울 수 있는 착하고 강한 남자가 필요하죠. (…) 당신을 완전히 믿어요. 세상의 어느 왕에게보다 당신에게 더 기대고 있어요. 당신을 보게 되면 우리가 얼마나 행복해질지. 할 수 있는 한 빨리 오세요."[263] 헬겔레인과 부스베르그, 무는 현찰을 들고 오라는 그녀의 지시를 무시했지만 하루나 이틀을 벨과 같이 지낸 후에, 셋 다 자신의 적금을 현찰로 바꾸러 라포트 은행으로 갔다.

그러나 벨이 지닌 가장 큰 매력은 요부 같은 음란함이 아니라 넓은 토지와 커다란 닭장, 그리고 방 열세 개짜리 벽돌집이었다. 다른 능란한 사기꾼처럼, 벨도 다른 사람의 탐욕에 호소했다. 그녀는 자신을 착취하려는 청혼자들의 욕망과 자신의 계획을 겨뤘고 이겼다. 남자들은 그녀의 이야기가 무서운 만큼 이해하기도 쉬웠을 것이다. 왜냐하면 벨 거니스는 그저 가정의 영역에 사업 세계의 '살벌한' 전략을 적용했을 뿐이니까. 도끼와 칼 그리고 해골이 가득 찬 닭장을 지닌 벨 거니스가 **실재하는** 어떤 여자가 아니라 메리 제인 고든, 엘런 어빙, 패멀라 리, 메리 손, 앤 월터스와 같은, 십구세기 교훈담에 나오는 허구의 악당을 더 닮았다는 것은 그렇다면 놀랄 일도 아니었다. 왜냐하면 이러한 여자 악당들은 그저 남자들 자신의 용어로 제한된 남자의 상상력의 산물에 불과했으니 말이다. 역설적으로, 벨 거니스는 정확하게 남자들이 사악한 여성 범죄자가 이럴 것이라고 상상한 바로 그대로였고 그 전형이 너무나 터무니없을 정도라, 거니스는 바로 그래서 부자연스럽고 괴물 같은 여자가 아니라 자연의 완전한 **돌연변이**로 보였다.

여성은 벨의 범죄를 다르게 봤을 수도 있다. 성별과 재산을 이용해 피해자를 끌어들인 벨은 사악한 난봉꾼에게 강탈당하는 젊은 숙녀들과 남자 재산가에게 농락당하는 힘없는 여자들의 익숙한 이야기를 단번에 역전시켰다. 그녀의 범죄는 앙심을 품고 남자를 미워하는 모든 여자들의 마음 한편에 강력한 울림으로 말을 걸었다. 위험한 여자들을 무해한 여자와 구분하려 항상 애쓰는 다음 세대의 남자들은 피해자들에 대한 벨의 성적 '지배력'을 강조하며 그녀를 섹스 키튼[264]으로 그렸다. 1955년 출간된, 벨에 관한 책 페이퍼백의 표지 그림은, 예를 들자면, 검은 레이스 네글리제를 입은 금발의 풍만한 젊은 여성으로 소름 끼칠 정도로 제인 러셀[265]을 닮은 그림이었다. 그러나 벨 거니스는 남자들이 만들어 놓은 그런 모습의 여자가 아니었다. 그녀는 거의 쉰 살이었다. 몸무게는 백십사 킬로그램에 조금 못 미쳤다. 그녀는 사이코패스로 변한 가정주부였다.

거니스 농장의 주말 서커스와 모든 만화와 농담은 깊고 심란한 어떤 불안감을 가릴 뿐이었다. 무덤가에서 소풍을 즐기는 시민들처럼 공무원들도 기이하게 부적절한 방식으로 행동했다. 스무처 보안관은 마지못해 거니스 쇼의 사회자 비슷한 사람이 되었고, 시카고에서는 연방 검찰의 명령으로 경찰이 결혼 중개업자들을 다 체포하는 대대적인 캠페인을 시작했다. 분명 가부장들이 오래된 진실을 다시 주장해야만 하는 때였다. 개러드 목사는 라포트 그리스도 교회의 성직자로 그 임무를 스스로 떠맡았다. 그는 기자들에게 레이 램피어의 "악명 높은 재판과 연관된 모든 쓰레기를 자신들의 귀에다 쏟아 담으려 법정으로 새 떼처럼 몰려드는 여자들의 태도에 (…) 완전히 진저리가 쳐진다"고 말했다. 처음에는 거니스란 여자가 있었고, 이제는 이 잔인한 여자들의 무리가 있었다. "꼭 참석해야만 하는 의무가 있는 것도 아닌데, 악명 높은 재판이 열리는 모든 곳마다 많은 여자들이 발견되는 것은 이상한 일이다. 그리고 재판 내용이 추잡할수록 대개 더 많은 여자들이 참석해 있는 걸 보게 된다."266 여전히 여자들은 법정으로 밀고 들어왔다.

 1908년 11월 23일 일요일 여전히 램피어 재판이 진행 중인 동안 개러드 목사는 재판에 참석해 있는 여자들의 악행에 대해 강론했다. 그는 말했다. 신은 "여자들에게 고유의 본성을 주시고 집에 있도록 하셨습니다." 그에 따르면, 여자들은 '동정심, 순결함 (…) 그리고 사랑'을 통해 '힘'을 얻는다지만 이 세 가지 '여성'의 미덕은 라포트 주민들의 귀에는 약간은 김빠지게 들렸을 것이다. 그렇지만 그들에게도, 비록 그 반대의 증거를 눈앞에서 보고 있는 그들에게라도, 틀에 박힌 지혜 역시 여전히 지혜였다. 개러드 목사는 자신이 바란 것보다 좀 더 진실에 다가가 마음을 휘젓는 결론을 내렸다. "여러분께 말씀드리니 여자는 정복하고자 하려면 이러한 [여자의] 무기로 정복해야만 합니다. 신의 뜻이 정하신 대로 [남자의] 완성을 위해 쓰이지 않고 만약 다른 식으로 쓰려 든다면 (…) 여자는 남자의 최악의 적이 될 것입니다."267 나흘 후 램피어의 배심원들은 비록 명백하게 아무도 그녀를 죽이지는 않았지만, 벨 거니스는 최종적으로, 확실하게, 공식적으로 죽었다고 평결했다.

3
처녀 망치기

1

남자들에겐 다행스럽게도, 괴물 같은 여자들은 예외였다. 대다수의
여자들은 그저 아기, 사실상 어린이로 영원히 단순하고 유아적이지만
대체로 꽤 매력적이었다. 적어도 그것이 빅토리아 시대의 복음으로
과학이 종교를 보완했을 때, 생물학자들이 남자와 여자의 광대한
차이를 설명하는 방식이었다. 십구세기가 저물어 갈 때, 여자와 남자는
서로 가장 멀리 떨어진 것처럼 보였지만 이제 그러한 소원한 사이에
대한 이유가 종교적인 강론보다 과학적인 연구를 통해 설명되었다.
남자의 법을 합리화하면서, 자연법이 신의 법을 대체했다. 변명은
바뀌었지만 숙녀들은 백 년 전에 그랬듯 여전히 똑같이 예쁘고,
어리석고, 무해하고 무시당하는 창조물로 남아 있었다.

다윈과 그의 사상을 대중화해 보급한 사람들 덕에 과학은
예전에는 단지 추측만 했던 것을 '증명'할 수 있게 되었다.[1] 바로
남자는 사실 여자보다 뇌가 크고 따라서 신진대사와 에너지의 수준이
높으므로 전부 다 좀 더 많이 진화되어, 좀 더 완벽에 가깝다는 사실을
말이다. 되레 좀 부끄러운 발견, 예를 들어 여자의 뇌가 전체 몸의
크기와 비례해서 보면 남자보다 족히 6퍼센트는 더 무겁다는 사실도
나왔지만 그렇게 설득력이 없는 결과는 명백하게 잘못된 방식에서
얻어진 것이므로 트집 잡을 필요 없이 내버려두는 것이 최선이었다.
저명하고 객관적인 생물학자들과 인체 측정학자들은 그들이 계획하고
해석한 연구의 결과에 동의했다. 즉 어린이, 니그로, 여자가 뒷걸음치며
행렬의 끝에서 몸을 구부린 채 걸어오는 동안 백인 남자가 진화의
전위를 이끌고 있다는 결과 말이다. 종국의 발견은 이랬다. 여성은
"그저 남자보다 모자란 인간이다. 몸과 마음에서 더 약한, 더 하급의
다정하고 순한 동물이다."[2]

그렇다고 남자들은 스스로를 위해 고안해낸 이 조악한 창조물에
대해 불평하진 않았다. 더 열등할지는 몰라도 다정한 성품과 온순함

덕분에 여자들은 스패니얼이나 잘 길들여진 조랑말처럼 집에 두기에 환영받을 만한 애완동물로 적합했다. 남자들은 여자를 사랑할 정도로 자신을 낮출 수는 없겠지만 적어도 여자들이 본성적으로 남자들에게 느끼는 '헌신적인 애정'을 사랑할 수는 있었다. 적어도 그게 지대한 영향력을 지녔던, 골상학을 대중화한 '교수' 오슨 파울러의 의견이었고, 그는 동시대의 대중적 개념을 성문화하고 과학적 사실로 재활용하면서 남자와 여자의 관계에 대해 많은 글을 썼다. 그는 다음과 같이 말했다. "아무리 많은 수의 표본 남자에게 그들이 최고로 여기는 여자의 특질이 무엇인지 물어보더라도 거의 다 이렇게 답할 것이다. '날 마치 **자식인 것처럼**, 맹목적으로 사랑해 주는 여자를 원해요.'" 사실 자신을 자신의 남편과 '그렇게 동화하고 동일시하지' 않는 아내는 '어떤 남자에게도 별로 가치가 없다'고 그는 썼다.[3]

사랑과 인생에 관한 그의 책이 미국에서 재발행되기도 한 프랑스의 인기 작가 쥘 미슐레에게, 여성의 주된 매력은 순종이었다. 여자의 '고대' 교육과 결합해, 순종은 '지성, 학습, 계획을 새롭게 구비한 현대의 남자들' 모두가 자신의 무지한 십대 신부를 통해 피그말리온 역할을 할 기회를 주었다. 소녀의 타고난 '애정과 감사하는 마음'은 그녀를 (남편이 굳이 고쳐 주려고 애쓸 필요는 없는) '순진한 실수'로 이끌 것이다. 그러면 남자가 소유한 모든 지식은 남자에게서 비롯된 게 된다. "다 당신 덕분인 게 된다"라고 미슐레는 자신의 남자 독자들에게 환호했다.(여자들은 읽지 않는다고 생각한 것 같다.) "모든 살아 있는 것들, 모든 과학을 만들어낸 것은 당신이다. (…) 왜냐하면, 그녀의 창조주가 되면서, 당신 또한 세상의 창조주가 되기 때문이다. 세상과 신 둘 다 당신 안으로 사라진다."[4]

여자의 우둔한 헌신은 남편을 만족시키는 반면, 그렇게 되고 싶지 않은 남자에게는 문제를 일으킨다. 파울러 교수는 그와 똑같은 원리로 아내들은 미친 거머리처럼 남편에게 '달라붙으므로' 어떤 남자건 '일단 달라붙도록 허락된 여자의 애정을 떨쳐내는' 것은 '아주 극도로 어려워진다'고 설명했다. 무엇이건 자기가 본 걸 어미로 받아들이는 오리처럼, 자신의 애정을 약속한 소녀는 떼어내지지 않는다. 파울러는 경고했다. "그들의 전념을 막거나, 막지 못하면 결혼에 이르도록 해야 한다."[5] 혈통과 재산에 대한 강력한 문제만큼이나 중요한 이러한 이유로, 존경받는 사회 계층에서 결혼을 고민하는 남자는 숙녀에게 직접 언급하기 전에 젊은 숙녀의 아버지의 동의를 먼저 받도록 되어 있었다. 벼락부자 같은 상놈만이 아버지의 허락 전에 숙녀의 애정을 먼저 구하는 것이었다.

　　그러나 그런 허락이나 보호를 해 줄 아버지를 갖지 못한 가난하고, 유순하고, 다정한 여자는 어떻게 되었을까? 마거릿 풀러가 지적했듯이, 수백만의 여성들이 아버지, 형제나 남편 같은 보호자 없이 엉망으로 살아갔다. 그리고 너무 자주 이러한 여자들은, 남자 보호자가 없어서, 결혼할 의도가 전혀 없는 남자들에게 사그라지지 않는 애정으로 매달렸다. 비탄스러운 소설 속 인물, 가여운 샬럿 템플처럼 유혹당하고 배신당한 그들은 가족과 친구들로부터 절연당했다. 대개 스스로를 지탱할 수 없었던 그들은(그리고 어쩌면 불법적으로 태어난 그들의 아이들은) 자신들이 기댔던 남자들에게 가능한 한 오래 매달리는 것 말고는 다른 선택이 없었다. 사그라지지 않는 애정의 필요성을 오해한 파울러는 그런 여성을 이렇게 묘사했다.

> 자신을 배신했는데도 광기에 맞닿아 있는 헌신으로 매달리는 그녀를 보라! 몸과 마음이 완전히 부서진 채로, 아무리 사악한 방식일지라도, 우린 그녀가 악마와 같은 복수심으로 자신을 무장해 남자의 심장의 피를 마실 거라고 생각했지만, 사랑스럽게 그를 포옹하며 생각해낼 수 있는 최대치에 가까운 완벽한 헌신으로 여전히 기뻐하며 그를 섬기는 걸 보라! 그녀는 밤낮으로 자지도 않고 아픈 그를 지킨다. 기회가 있을 때마다 무조건 끝없는 친절을 그에게 퍼붓고 그에 맞서는 어떤 말에도 귀를 닫아 버리며, 이집트의 어둠만큼이나 뚜렷한 그의 잘못을 보지 못한 채, 그가 그녀 자신에게 저지른, 악마가 살아나서 저지른 것 같은 시커먼 범죄에도, 얼마나 끈질기게 그를 옹호하는지! 자신은 전혀 돌아보지 않고 단지 그가 가하는 위해라서, 모든 고통을 참아내며 여전히 헌신한다. 그를 완전히 싸고돌며 그가 가하는 모든 고문을 어떤 것일지라도 온순히 견뎌낸다![6]

그리고 만약 남자가 맹목적인 애정에 질려 그녀를 버리고 다른 여자에게로 떠난다면? 소설가들과 신문 기자들, 설교자들과 도덕개혁론자들은 그런 일에서 가능한 여자의 선택은 성매매나 자살밖에 없다고 동의했다. 자살이 더 고귀한 선택이었다.

페미니스트들은 유린당한 처녀들의 몰락 원인을 지적하면서 여자는 처벌하고 그녀를 희생시킨 사람은 풀어 주는 이중 잣대에 반대했다. 1853년 클리블랜드에서 열린 전국여성인권대회에서 문제를 제기한 어니스틴 로즈는 천둥 같은 반응을 이끌어냈다.

> 한쪽 성별에서 잘못된 일이 다른 성별에서는 옳을 수 있는지를 생각해 봐야 할 때입니다. 여자가 잘못을 저지르는 것은, 종종 너무나 무지해서, 경험이 없어서, 가난해서, 타락하고 학대받아서, 그렇죠! 계획적이고 잔인한 남자 때문에 그렇다면, 왜 그런지 생각해 봐야 할 때입니다. (…) 왜 그렇게 무력하고, 무지하고, 경험도 없고, 예속된 상태인지, 왜 정신이 자라나지 않고, 능력이 발현되지 않고, 왜 경험을 갖기 위해 사회에 섞여들 허락을 받지 못하는지, 인간의 본성에 익숙해지지 못한 채로, 그렇게 놓여 있게 되었는지, 어째서 여자는 종종 자신의 최선의, 가장 다정한 감정 덕에, 그렇게 떨어지게 되었는지를 말입니다. 또한 그 때문에 결과적으로 남자를 자신보다 우월한 자로, 자신의 보호자로, 자신의 주인으로 올려다보는 데 익숙한 존재가 되었다는 사실을요. 왜 이렇게 된 존재인 여자가 사람들의 울타리 바깥으로 던져져야 합니까? 범죄를 저지른 남자, 또는 직접 저지르지 않았더라도 범죄의 가장 큰 두번째 이유가 되는 남자, 모든 젊은 여성의 영혼인, 연약하고 남을 잘 믿는 영혼을 이용한 그는 교육과 경험의 우월한 이점을 부여받고 있는데 말입니다. 묻겠습니다. 피해자를 사회의 울타리 바깥으로 던져야 한다면 망친 사람은 자유롭게 다녀도 됩니까?[7]

"아니요, 아니요!"라고 청중은 소리쳤다. 그러나 그들의 열광은 페미니스트들을 곧장 비뚤어진 주제로 이끌었다. 페미니스트들이

원한 것은 성별에 따른 행동의 이중 잣대를 없애는 일이었지만, 잘못을
저지른 소녀들을 용서하는 걸 옹호하는 사람들은 (그 숨 막힐 듯한
고결함의 시대에서는) 누구라도 불안정한 연단에 서 있게 되었다.
그래서 동등한 처우에 대한 요구는 여자가 용서받아야만 한다는
의미가 아니라 남자도 처벌되어야만 한다는, 남자가 만든 세상에서
성공할 가능성이 희박한 정책의 의미로 받아들여졌다. 성별을 막론하고
도덕개혁론자들은 모두 처녀들을 망친, 그들을 유혹한 남자들을
처벌하는 법안을 요구했다. 다른 종류의 재산은 절도와 손상으로부터
보호받는데, 왜 여자는 아닌가? 반유혹법에 관한 차후의 논쟁에서,
거의 모든 이들은 여자가(비록 법에서 그렇게 다루어지지만) **재산**이
아니라는 사실을 놓쳐 버렸다. 반유혹법을 위해 활동하는 건 여성의
순결이 가치 있는 **것**이라는 걸, 남자들이 만든 상품 시장에서 여자의
가치를 매길 **유일한** 수단이라는 걸 인정하는 일이었다. 유혹이라는
문제의 핵심에는 여성의 본성과 성별의 차이에 대한 심오한 질문이
놓여 있었지만 십구세기 페미니스트들은 말할 수 없는 문제, 거의
상상조차 하지 못한 문제를 꺼내지 못했다. 성적인 문제를 솔직하게
말해 악명이 높았던 클래플린 자매[8], 테네시 클래플린과 언니 빅토리아
우드헐만이 여성의 순결과 덕행〔프랑스어 '**비르(vir)**'는 '**남자**'를
뜻한다〕[9]은 동의어가 아니라고 주장했다.

　　남자들 역시 유혹이 사악하다는 사실을 너무도 기꺼이
받아들이긴 했지만, 숙녀들과 달리 실제로 그 일에 대해 뭔가를 할
생각은 아니었다. 파울러 교수는 '유혹자(seducer)'들에 대해 "지구상
최악의 존재 (…) 인간의 모습으로 그렇게 사악한 일을 하는 악귀에게
저주를!"이라며 글로 비난했다. "내던져질, 그렇다, 사회로부터
색출해내야 한다. 남자에게 조롱당하고 여자들에게 퇴짜 맞을 인간들.
단 한 줄기 사랑의 격려도 받지 못할 자들!" 많은 페미니스트들처럼,
그는 "사회는 의심할 여지없이 [유혹자] 누구에게라도 해를 가할 권리가
있고 사회는 정당하게 모든 처벌을 가할 수 있다"고 주장했다. '**영원히**
목매달아 버리는 것'조차도 그런 악당에게는 너무 좋은 일이라고
그는 주장했지만 그가 제안한 실제 형벌은 허공에 떠다니는 빈말에
가까웠다. "인디언들에게 돈을 줘서 현생에서 그를 고문하고, 그다음

생에는 악마 같은 고문자들의 왕자에게 돈을 줘야 한다.”[10] 악마조차도, 파울러가 무의식 중에 제시했듯이, 뇌물을 받지 않으면 유혹자를 처벌하려고 애쓰지 않을 테니까.

　　분명 그 문제는 법을 만드는, 또는 법을 만드는 데 실패한 남성들에게 간단한 문제가 아니었다. 한편으로, 파울러가 남자들에게 상기시켰듯, 여자들 자신보다 아버지와 여자들의 남편인 **자신**들에게 더 가치있으므로 여성의 순결을 지켜야만 했다. “**그녀**가 더럽혀지면,” 그는 물었다. “**당신** 가정의 행복은 어떻게 되는가?”[11] 유혹당해 배신당한 모든 ‘사랑스러운 소녀’는 한 ‘아버지의 우상’이고 다른 남자의 훌륭한 아내가 될 터였다. 다른 한편으로는, 처녀 딸과 애정은 넘치지만 열정은 없는 아내가 있는 존경받는 가정의 이상적 순결은 성매매 여성에 대한 성적 학대를 비용으로 유지되었다. 그래서, 기이하고도 인정되지 않은 방식으로, 유혹자는 존경받는 숙녀 겸 아내의 미덕에 울타리를 쳐 주기 위해 타락한 여성의 공적 신체를 모집하는 사회봉사를 수행했다. 이것은 작은 임무가 아니었다. 질병의 피해에 굴복하기 전에 성매매 여성의 노동 시간[12]은 일반적으로 오 년이라고 계산하는데, 죽은 자들을 대체하기 위해 매년 수천 명의 새로운 ‘소녀’들이 필요해졌다. 그렇다면, 또한 모든 남자들이 스스로 잠재적 유혹자였다. 그래서, 남자들은 유혹에 대한 법을 통과시키는 걸 거절했고, 진정 정당한 방식으로, 각자 자신의 둥지를 지키기로 결의했다. 그 시대의 가장 인기있고 영향력있던 소설가 중의 한 사람인 조지 리파드는 최종적인 책임을 신에게 돌렸다. 그는 비록 젊은 여공들을 ‘동전 몇 개로 열여섯 시간’을 일하도록 강요하는 사회에 분노했지만, 사회의 아버지들에게 그들의 파멸에 대한 책임을 돌리지 않았다. 타락해 버린 가엾은 여자 주인공에게 그는 말한다. “네 처녀 영혼의 순결한 꽃이 유혹과 범죄의 수렁에서 짓밟혔다면, 그래, 신께서 너에게 자비로우시길, 그리고 남자의 다정한 자비가 아니라 차라리 신의 정의로 네가 다루어지길!”[13] 이 아무것도 하지 않는 정책으로 인해 여자들은 보호를 받으려면 남자들에게 의존해야 했고 신사들이 선호하는 대로, 결혼이건 유혹이건, 둥지를 찾도록 내몰리게 되었다.

　　남자들이 아무것도 할 수 없는 것은 아니었다. 그때도 도덕은 법으로 규제할 수 없다는 주장이 있었지만 결의에 찬 빅토리아 시대의 도덕주의자들을 멈추게 할 정도의 주장은 아니었다. 1842년 부도덕성의 억제를 위한 청원에 따라 뉴욕 주 의회가 법사위원회에 올린 보고서에는 모든 문명국가는 민법과 형법을 통해 '결혼 제도의 신성함'을 보호하기 때문에 간통과 유혹을 방지하는 법의 제정은 입법부의 원리에서 벗어나는 것이 아니라 "사실 (…) 그 자체의 힘과 의무의 복원"일 것이라는 주장이 담겼다.[14] 그리고 그 주장은 논지에서 크게 벗어난 것이었는데 왜냐하면 뉴욕 주는 그 당시 법전에 간통죄를 싣지 않은 유일한 주였기 때문이었다. 문제가 되는 지점은 유혹이었다. 위원회가 도입한 '부도덕을 예방하는 법령'은 비록 십팔 세 미만의 소녀를 유인하거나 유혹한 혐의로 유죄 판결을 받은 남자에게는 누구든지 삼 년에서 오 년의 형기가 주어지도록 했지만, 이는 주로 간통을 겨냥한 것이었다. 만약 유혹당한 여성이 십팔 세 이상이면, 그녀와 유혹자 모두 간통죄로 같이 200달러의 벌금과 이 년의 형기를 받을 수 있었다.[15] 발의된 법은 기이하게도 유혹자의 피해자에게 징벌적인 것처럼 보였지만, 어쨌든, 통과되지 않았다. 무엇보다도 왜 남자들이 자신들에게 이렇게 편안하고 만족스러운 합의를 바꿔야만 하겠는가? 특히 그렇게 애써 만들어 놓았는데 말이다.

훌륭한 남자들은 아무것도 하지 않았지만 말은 엄청 했다. 그들은 파울러와 함께 사악한 유혹자에 대한 분노의 합창을 했고, 그럼에도 불구하고 사회에서 쫓겨난 그 불운한 피해자를 동정했다. 그러나 그들의 동정은 여자들에 대한 그들의 멸시를 가리는 가면일 뿐이었다. 페미니스트들은 소녀와 젊은 여성이 빈약한 교육, (여자들을 존중한다고 하면서) 강요되어진 미숙함, 재정적 의존 및 남자를 향해 새겨진 존경심 등의 **사회적 환경** 때문에 능란한 난봉꾼의 쉬운 먹이가 된다고 주장했다. 한편으로, 남자들은, 여자들이 **열등한 발달**로 인해 쉽사리 유혹당한다고 생각했다. 가난하고 온순하고 다정한 생명체들이 어떤 남자건 한 남자의 발아래에 그렇게 열렬히 자신을 던져대니 좋건 싫건 신사의 공정한 응대 말고는 버려지는 자신을 막을 길이 없었다. 파울러는 물었다. "**할 수 있다**고 해서 고결한 사자가 연약한 양에게 덤벼드는가?" 당연히 아니다. 파울러는 세간의 의견을 반복하며 결론지었다. 모든 여자는 "쉽사리 유혹되어질 수 있지만 그렇게 애쓸 가치는 없다."[16]

　　그렇지만 많은 남자들이 그렇게 애를 쓴 게 분명한 십구세기 초, 유혹과 강제 성매매, 그리고 대규모 성매매는 '사회적 문제'로 인식되었다. 그 문제를 완화하려, 여성들은 할 수 있는 걸 했다.[17] 만에서 1만 5천 명으로 추정되는 성매매 여성이 거주했던 1830년대의 뉴욕에서 여자들은 성매매를 근절하고자 두 단체, 여성자선단체(Female Benevolent Society)와 여성도덕개혁단체(Female Moral Reform Society)를 조직했다. 그들은 피난처와 직업을 바꾸고 싶어 하는 성매매 여성을 위한 직업소개소를 세우고 여자와 마찬가지로 남자도 처벌함으로써 법의 이중 잣대를 없애라고 출판물을 통해 활동했다. 1840년, 전국에 세워진 오백오십오 개의 유사한 조직이 뉴욕의 여성도덕개혁단체와 합쳐졌다. 도덕개혁론자들 중 최고의 사상가들과 다른 페미니스트 연합은 여성에게 필요한 것이 더 많은 보호가 아니라 덜 보호하는 것이라는 걸 알고 있었다.[18] 소녀들을 교육, 체험, 온당한 직업으로부터 '보호'하는 걸 멈추면 그들은 남자들로부터 자신을 지킬 수 있을 것이다. 개혁론자들은 젊은 여성들에게, 부유한 여성일지라도, 결혼을 자신들의 유일하게 가능한 직업이라고 여기지 말고 일을 할 수 있도록 준비하라고 격려했다. 동시에 그들은 일하는 여성들의 더 많은 임금을 위해 활동했다. 그들은 그 당시 젊은 기자로, 『브루클린 데일리 이글(Brooklyn Daily Eagle)』의 사설에서 여성의 최저 생계비 이하의 임금, '일주일에 50센트(!)에서 2달러'인 임금이 '다른 악행을 공공연히 수확할' 씨를 뿌린다고 주장한 월트 휘트먼에게서 동지를 발견했다.[19] 루시 스톤은 이 문제를 대놓고 제기했다. "양복점에서 일하는 여성들은 남자들의 삼분의 일의 임금을 받는다. 필라델피아의 어떤 사람이 말하길 여성은 고급 셔츠 한 벌을 만들고 12.5센트를 받는데 어떤 여성도 한 주에 아홉 벌 이상을 만들지는 못한다. 그렇다면 번 돈에서 집세, 교통비 등을 빼고 나면 하루에 빵을 살 돈으로 3.5센트가 남을 뿐이다. 여성들이 성매매로 쫓겨나는 게 그렇게 이상한가?"[20] 도덕개혁론자들이 성매매 업소를 지켜보기 시작하고 그곳을 자주

드나드는 남자들의 이름을 자신들의 신문에 내자, 개혁론자들은
언론과 강단에서 미친 '아마존'이라는 욕을 먹었다. 그래도 물러서지
않았지만, 그들은 1910년까지 소녀와 여자를 주와 주 사이에서
인신매매하는 행위를 저지하려는 법 제정을 기다려야만 했다.[21]

그동안 파울러 교수는 남자들이 '가능한 모든 책략과 거짓
약속으로 얻어낸, 정복한 여자들 이야기'를 계속한다는 사실에
주목했다. "인디언 전사들이 획득한 머리 가죽을 두고 의식을 벌이듯이
기뻐하면서 이야기했다. (…) 양심에 걸려 실제로는 차마 탐닉하지
못하는 이들조차, 종종 여자들이 더 갈 수 있는지를 시험해 보기
위해서라도 더 가 보고는 여성들의 열정을 움직이는 자신들의 힘을
자랑하고 여성이란 성별의 '헤픈 행실'을 비웃는다."[22] 그렇게까지 멀리
가 보지도 않았던 남자들조차 마음만 먹으면 파울러처럼 할 수 있다는
걸 아는 희열을 가졌다. 결국, 여성을 자연스럽게 피해자로 만드는
것은 '여성 스스로 타고 태어난 약점' 때문이니까. 이런 이미지의 여성을
고안해낸 남성은 그 그림을 바꿀 의도가 전혀 없었다. 유혹당하고
배신당한 여자들 중에 몇 명이 반격을 가한 것도 놀랄 일이 아니었다.

1843년 가을 뉴욕, 어느 날 어밀리아 노먼[23]은 헨리 밸러드를 찾아내
양산이 부러지도록 그의 머리를 내리쳤다. 화낼 만한 이유가 있었다.
약 이 년 반 전에, 유행을 따르는 세련된 상인 밸러드는, 뉴저지 주에서
온 어머니 없는 열여섯 살 소녀이자 열세 살 때부터 뉴욕에서 하인으로
일하고 있던 노먼을 소개시켜 달라고 다른 소녀에게 뇌물을 주었다.
밸러드는 어밀리아 노먼을 식당과 극장으로 데려갔다가 모트 거리의
성매매 업소로 데려가, 거기서 그녀를 '유혹'했다. 그는 한동안 그녀를
브루클린에 가두어 둔 다음, 한 군데의 하숙집에서 다른 곳으로 그녀를
옮겨 다니면서 언제나 가명으로, 언제나 남편과 아내 행세를 했다.
그녀가 임신하자 그는 그녀를 낙태 전문 의사에게 두 번 데려갔다.[24]
그해가 다 가기 전에 밸러드는 다른 어린 소녀를 유혹하고는 노먼을
커낼가의 싸구려 방에 버렸다. 1842년 여름 열일곱 살이 되었을 때
그녀는 아이를 낳았고, 밸러드는 새로운 '하숙집', 파이브 포인츠
매음굴에 그녀를 옮기고는 거기에 버렸다.

어밀리아 노먼은 밸러드가 자신을 위해 마련해 준 직업을 따르지 않기로 했다. 그녀는 조엘 베런드의 셔츠 도매 가게에서 셔츠를 다림질하는 일자리를 찾았고, 1843년 8월 베런드 가족과 같이 살기 위해 갔다. 그녀는 혼자 먹고살 수 있었지만, 그 이후로 아이 키우는 걸 도와 달라고 밸러드를 설득하려 했다. 그는 다른 성매매 여성들이 하듯 돈을 벌라고 말했다. 그녀는 밸러드의 또 다른 버려진 소녀들을 만났고 그들은 다 함께 양육비를 청구하러 그의 가게로 갔다. 그는 경찰을 불렀고 그녀를 부랑죄와 성매매로 고발해 블랙웰스 아일랜드 교도소로 보내려 했다. 그 후에, 그녀는 양산으로 그를 때렸다. 그런 다음 1843년 11월 1일 밤에, 그녀는 최신 유행을 따르는 세련된 애스터 하우스 호텔 계단으로 그를 따라가 칼로 한 번, 가슴을, 심장 바로 위를 찔렀다. 칼날은 갈비뼈를 스쳤을 뿐이고 밸러드는 살았지만 어밀리아 노먼은 중상을 입힐 의도를 지닌 폭행과 살해할 의도를 지닌 폭행으로 재판에 섰다.

　　증거를 언뜻 보기만 하더라도, 냉정한 목격자라면 내릴 평결은 하나밖에 없었다. 노먼은 칼을 준비해, 숨어 기다리다 밸러드를 따라가 심장을 찌르려 겨냥했고, 사건 이후에 그를 죽이고 싶었다고 진술했다. 지방 검사는, 죄수가 "목숨을 앗으려는 의도로 밸러드 씨에게 폭행을 저질렀으며 이에 배심원은 당연히 유죄로 판결해야 합니다"[25]라고 주장했다. 그러나 재판은 일주일이 걸렸고 재판 막바지에 배심원은 팔분을 숙고한 뒤 무죄 판결을 들고 재판장에 돌아왔다. 어밀리아 노먼은 '매우 존경받는 숙녀'와 함께 집으로 갔고 그다음 재판 동안 그녀의 옆에 앉아 있었던, 미국의 가장 유명한 '숙녀 작가'이자 노먼의 석방을 위해 활동한 거리낌 없는 폐지론자, 리디아 마리아 차일드 부인의 '가족품'에 안겼다. 위쪽 콩코드에선, 타락한 여성이나 감상적인 차일드 부인을 전혀 인정하지 않았던 페미니스트 이론가인 마거릿 풀러마저도 그럼에도 불구하고 이 값진 소송을 일으킨 것에 대해 칭찬했다.[26]

　　어밀리아 노먼은 그저 또 다른 범죄의 피고인이 아니라 모두의 영웅이 되었다. 차일드 부인은 상스러운 성별에게 침해당한 여성의 더 훌륭한 본성에 대한 사례로 그녀를 들었고, 도덕개혁론자들은 그녀를 반유혹법 제정화를 위한 자신들의 성스러운 싸움을 잘 보여주는 본보기로 사용했다. 안타깝게도, 그들은 엇갈린 목표를 향해 일하고 있었다. 개혁론자들은 사회적 변화를 밀어붙이고 있었고 차일드 부인은 어밀리아 노먼의 개인적인 구원을 밀어붙이고 있었다. 게다가 이러한 입장들마저도 결정적으로는 애매했는데, 도덕개혁론자들은 즉각적인 반유혹법 제정을 강조하면서 교육, 직업, 임금에서의 동등한 사회적 지위와 성적 행동에 대한 하나의 동일한 잣대에 대한 그들의 장기적 요구를 약화시켰다. 하지만 어밀리아 노먼을 갱생시키려는 차일드 부인의 노력은 여성의 죄도, 이중 잣대가 명시하듯, 돌에 새겨진 게 아니라 남성의 죄처럼 용서받을 수 있다는 걸 의미했다.

사회적 변화를 요구하면서 개혁론자들은 가장 보수적이고 가장 덜 실용적인 항목을 자신들의 강령에 내놓았다. 바로 반유혹법 말이다. 그리고 차일드 부인은 더럽혀진 개인을 타고난 순결함으로 되돌리고자, 또는 적어도 자존감을 돌려주고자 모두에게 하나의 성적 잣대를 적용했다. 양측은 스스로 알고 있던 것보다는 가까웠지만 그 눈부신 혼란 속에서, 누가 제대로 볼 수 있었겠는가? 그들은 어밀리아 노먼의 경솔한 행동을 인정하지 않는 것 말고는 어느 것에도 동의하지 못했다. 도덕개혁론자들은 자신들이 "어떠한 상황에서도 다른 계율을 어겼다고 십계명의 또 하나의 계율을 어기는 것을 독려하지" 않으며 "그런 상황을 구제하고자 하는 어떠한 법률도 인간에게는 존재하지 않는다"고 딱 잘라 선언했다.[27] 그러나 또 다른 유혹에 관한 사건에서, 이러한 논지로 목소리를 냈다. "유혹하는 이를 살해하는 행위를 정당화하거나 약간이라도 변명하는 모든 사람은, **그렇게 함으로써** 유혹에 처벌을 가하지 않는 **법을 비난하고 규탄하는 것이다.** (…) 이런 관점에서, 우리는 [노먼 사건에서] 국민들의 느낀 감정적 표현이 몇몇 주의 입법부에 무게를 실어 주기만을 바랄 수밖에 없다"고 『도덕 개혁 옹호(Advocate of Moral Reform)』의 편집자들은 주장했다.

재판에 오른 것은 법이었다. 아니 그보다 반유혹법의 부재였다. 페미니스트들은 동등한 사회라면 그런 법제화가 필요하지 않다고 지적했다. 여성이 교육을 받고, 세상에 대한 경험이 있고, 남자로부터 재정적으로 독립되었다면, 그들은 스스로를 지킬 수 있게 된다. 그때까지는, 개혁론자들과 많은 선의의 페미니스트들은 법이 그들의 비애를 보상해 주어야만 한다고 말했다. 이러한 보호를 법제화하려는 요구가 증가하면서 유혹의 악행과 그 여파에 대한 점점 더 많은 사건들이 사람들 앞에 드러났다. 노먼 사건이 요약, 정리된 『도덕 개혁 옹호』의 같은 호에 전국의 신문에서 추려낸 다른 사건들이 제시되었다.[28] 신문에 실린 사건들은 뻔했다. 『필라델피아 가제트(Philadelphia Gazette)』는 펜실베이니아 주 브레드퍼드 카운티의 젊은 여자가 목사에게 유혹당해 미쳐 버렸고 그 어머니도 미쳐 버렸으며, 아버지는 이 재앙의 '치명적인 소식'을 듣자 그 자리에서 죽어 버렸다고 보도했다. 메릴랜드 주의 『록빌 저널(Rockville Journal)』은 과부와 그녀의 열다섯 살 양딸을 유혹한 다음 소녀의 혼외아를 죽인 남자의 사건을 보도했다. 그리고 『신시내티 커머셜(Cincinnati Commercial)』은 "좋은 시민이며 모두에게 사랑받았던" 비어즐리 장군이 딸을 유혹한 남자를 쏘고 자수했다고 슬퍼하며 알렸다. 이러한 슬픈 사건들보다 더 나쁜 건 "더 흔하게 일어나고 있는" 성매매, 질병, 죽음으로 떨어져 버린 젊은 미혼 여성들의 사건이라고 도덕개혁론자들은 주장했다. 이게 개혁론자들이 묘사한 전형적인 사례였다.

사람 자체는 매력적이지만 친구도 집도 없이, 스스로 힘들게 번 것 말고는 차가운 세상으로부터 아무것도 받은 것 없는 젊은이가 우연히 유혹자를 맞닥뜨린다. 검은 기술에 능란한 그는 당장 그녀를 자신의 먹이로 만들 결심을 한다. 그녀는 위험을 의심하지 않고 매일 자신을 따라오는 그를 내버려둔다. 그녀의 마음에는 티 한 점 없고, 그는 곧 그녀의 애정을 사로잡는다. 그녀는 은연중에 그의 주장을 믿고 그녀의 마음은 곧 '사랑의 어린 꿈'으로 녹아들어 가지만, 버려지고 망쳐진 채로, 이 꿈에서 깨어나, 자신의 어리석음을 한탄하며 울어도 그녀의 비통함을 위로해 줄 인간적인 동정의 말은 전혀 없다. 이 땅에서건 천국에서건 한 줄기 희망도 반짝거리지 않는다. 그녀는 고용주한테서도 내쳐졌고, 그리고, 어쩌면 병들고 가난해져서, 자신의 아이를 데리고 세금으로 부양해 줄 구빈원에서 피난처를 찾게 된다. 새로운 환경에서 그녀는 악행의 학교를 소개받는다. 미덕을 고수하던 삶은 깨졌고 그녀는 예전이라면 당장 몸서리쳤을 이 오래된 죄의 제안에 귀를 기울인다. 짧은 몇 년이 지나고, 그동안 감옥에 있는 죄수들과 처형대의 피해자들처럼 사회에 가득한 악한들이 흘러나오는 사악한 흐름에 그녀도 영향을 끼치게 된다. 그다음 우리는 병원에서, 퉁퉁 부은 채로, 보기에도 끔찍한 모습으로 병에 걸려 고통의 침대에 길게 누운 그녀를 발견한다. 죽기를 기다리며 그녀가 누워 있는 방에는 겨우 몇십 센티미터씩 떨어진 좁은 침대마다 푹 꺼진 눈에 소름 끼치는 모습을 한 채 하나씩 하나씩 공포의 왕이 안아 주는 곳으로 떨어질 때까지 무시무시한 저주와 신음을 가끔 내뱉는 비슷한 상황의 40명에서 50명 정도의 환자들이 가득하다.[29]

이건 현대의 독자들에게 들리는 것보다 더 정확하고 덜 감상적인 슬픈 그림이었고, 어밀리아 노먼의 변호인이나 리디아 마리아 차일드 또는 파울러 교수에게서마저 눈물 한 방울 또는 장광설을 끌어낼 그림이었다. 그러나 법의 변화를 끌어내진 못했다.

　소위 유혹이라고 불리는 많은 사실들이 실제로는 유괴와 강간 사건이라는 인식도 끌어내지 못했다. 『필라델피아 노스 아메리칸(Philadelphia North American)』은 양어머니의 집에서 켄싱어라는 열네 살 소녀를 '꾀어낸' 헵번이라는 사람에 관한, '수치스러운 만행'이란 또 다른 이야기를 급히 실었다.[30] 자세한 이야기는 다음과 같다. 그는 또 다른 어린 소녀에게 돈을 주고, 꾀를 써 소녀 켄싱어를 설득해 어맨다 바니, 일명 사이먼스 부인이란 사람의 집으로 데려오도록 했다. 거기서 소녀 켄싱어는 '삼엄하게 감금된' 채로 헵번을 소개받았고, 그는 "자신의 비열한 목적을 달성하는 데 마침내 성공"했다. 헵번과 사이먼스 부인은 추적을 피하기 위해 자주 옮겨 다녔고 소녀 켄싱어와 같은 방식으로 '유혹'한 다른 두 소녀들을 데리고 다녔다. 여전히 입법자들은 아무것도 하지 않았다. 그보다 아무것도 알고 싶어 하지 않아 보였다. 신문들에서처럼, 그들은 계속해서 강간을 '유혹'이라고, 강제적 유혹을 '여성의 약점'이라고 부르는 고집을 부렸다.『도덕 개혁 옹호』는 반대하는 사람들을 신랄하게 기록했다. "그들의 철학은, '최고로 섬세한 베니스인'인 양, 가장 필요한 것은 '하지 않은 채로 남겨 두진 말고, 그렇지만 알려지지 않도록'이다. 어떤 언급이라도, 아무리 조심스럽게 하더라도 (…) 여성의 순결에 대해서만 독특하게 끔찍한 분노가 만들어지면, **범죄**가 아니라 그 폭로에 충격받는다!"[31]

그러나 어밀리아 노먼이 헨리 밸러드에게 칼을 꽂았을 때 그녀는 익숙한 대본을 갈기갈기 찢어 버렸다. 그녀는 유혹당해 버려진 처녀들이 **해야만 한다**고 정해진 대로 아편을 들이마시거나 유곽에서 고통스럽게 죽음으로 한 발 한 발 들어가지도 않았다. 감옥에서 내키지 않은 자살 시도를 했을 때 도덕개혁론자들과 차일드 부인은 결심하고 그녀를 유명한 논쟁으로 만들었다. 법을 만들고 집행하는 남자들이 어밀리아 노먼, 또 그녀와 같은 부류를 유혹에서부터 보호하지 않을 거라면 적어도 강제로라도 그들은 그녀의 이야기를 들어야만 할 것이다. 배우고 싶어 하지 않는 남자들은 적어도 듣는 것만큼은 해야만 한다. 그러나 개혁론자들은, 듣는 것보다 말을 더 하고 싶어 하고, 운이 좋아 듣도록 만든다 하더라도 전부 잘못 알아들어 버리는, 힘을 쥔 남자들의 고의적인 우둔함을 계산하지 않았다.

1844년 1월 어밀리아 노먼의 재판[32]에서 변호인 존 모렐은 그녀를 변호하라는 법원의 지명에 자신은 '젊고 불운한 피해자의 단순한 이야기'에 대한 '도덕적 분노'로 너무 차올라서 사건에 전념하려 "집, 가족, 직장과 직업을 떠났다"고 선언했다. 그런 다음 그는 법이 아니라 헨리 밸러드라는 사람을 재판했다. "겁쟁이, 초연한 난봉꾼, 유혹자!" 헨리 밸러드가 아니라 어밀리아 노먼이 재판을 받고 있다는 지방 검사의 반복되는 주의에도 불구하고 모렐은 큰 소리로 폭풍처럼 몰아쳤다. "그녀가 아니라 그가 재판을 받는 거라고 말하겠습니다. 우리의 공동체가 심판자입니다. 이 남자를 법정으로, 배심원에게, 사람들 앞으로 데려오기 위해 천국의 신께서 일격을 지시하셨습니다. 사람들이 모두 이 유혹자를 요구하고 있습니다. 단란한 가정에 찾아와 사랑받던 어린이를 채어 가 버린 자를요." 그는 노먼 사건이 '한 **무뢰한**을 사람들 앞에 데려올 수단'이라 기쁘다고 말하며, "우리는

226

그자를 여기 잡았고 단단히 잡고 있도록 합시다"라고 말했다.

그리고 이 무뢰한에게 어떤 벌이 내려져야 하겠는가? 변호인 모렐은 법정에서 여러 별명으로 그를 불렀고 공공연히 굴욕을 주려는 일종의 제의처럼 기자들은 그 별명들로 그의 이름을 인쇄했다. 이와 별개로, 모렐은 오로지 하나의 처벌만을 제안했다. "밸러드에 대해선 이렇게 말하겠습니다"라고 그는 소리를 질렀다. "그를 가능한 한 당장 텍사스 주로 보내 버리는 게 낫겠습니다. 왜냐하면 어떤 남자라도 이제부터 길에서 또는 다른 데서라도 그가 방정한 여성에게 말을 거는 걸 본다면, 그는 그 여성에게 다가가 신에게 그가 부여받은 의무인, 남자로서, 시민으로서, 당신은 지금 사악하고, 초연하며, 비겁한 유혹자와 말을 하거나 같이 걷고 있다고 말해 주는 것이 그의 의무가 될 테니까요."
어밀리아 노먼의 또 다른 변호인인 데이비드 그레이엄은 최후 변론에서 "다른 모든 가치있는 재산은 법으로 보호받고 있는데, 여성의 미덕을 보호할 법은 없는 이 상황, 천하고 사악한 유혹자를 처벌할 모든 범죄에 대한 법령의 부재"에 대해 한탄했다. 그러나 그는 법정에서 노먼 양 주위에 몰려 있는 매우 존경받는 숙녀들은 "여성도덕개혁단체와는 전혀 아무런 연관도 없다"고 서둘러 덧붙였다. 차일드 부인은 "이 시대 문학의 지주 중 하나"라고, 그 친구들은 사회가 아니라 오로지 노먼 양을 개혁하고 싶을 뿐이라고 말이다.[33] 어떤 경우라도 새로운 법을 만들 수는 없지만 배심원들은 적어도 기존의 법을 구부릴 수는 있었고, 그들은 법정에 있는 청중들의 박수를 받으며 무죄를 평결하는 것으로 가여운 어밀리아 노먼에게 보상해 주었다.

차일드 부인이 "법률의 복잡한 절차를 넘어서는 도덕적 정서의 가끔 일어나는 승리"의 사례로 언급한, 노먼 양과 차일드 부인의 명백한 승리는 노먼이 싱싱 교도소에서 복역하는 걸 면하게 해 주었지만, 사실은 전혀 승리가 아니었다. 밸러드는 심하게 처벌받지 않았고 (일련의 무리에겐 그의 낭만적인 분위기가 더욱 깊어졌고) 만약 모렐의 조언을 받아들여 텍사스 주로 쫓겨났더라면 그는 유혹할 순진한 어린 소녀들을 더 찾아냈을 것이다. 어밀리아 노먼은 그와 반대로, 공개적으로 타락한 여자로 낙인 찍혔지만, 처벌을 모면했으니 그녀의 옹호자들은 딱히 불평할 게 없었다. 현행법으로 노먼 같은 소녀들에게 이렇게 보상을 해 줄 수 있는데, 어째서 새로운 입법이 필요하단 말인가? 올바른 가부장들인, 판사, 변호인, 배심원 들은 (늦게나마) 불행한 소녀를 보호한 공을 인정받을 수 있었다. 소녀는 바로 자신의 잘못으로 타락한 것이니 그들은 흐뭇하게 자신들의 아량을 응시할 수 있었다. 게다가 자신들에게 편지를 쓴 차일드 부인 같은 '진짜' 숙녀들의 감사 속에서 실컷 뒹굴 수도 있었다. "무죄 판결을 받고 가여운 소녀가 감방으로 돌아오자 판사 몇 분과 배심원들, 그리고 변호사와 간수들이 축하와 동정을 나타내려 그녀 주위로 몰려들었습니다. 불운하고 비참한, 이 길 잃은 자매를 대해 주는 동정심 가득한 존중에는 아름다운 뭔가가 있었습니다."[34] 동시에 이 남자들은 그들 자신(올바른 분노와 동정심으로 가득 찬 '진짜' 남자)과 사회적으로, 경제적으로, 그리고 성적으로 여자들을 착취하는 사악하고 비열한 유혹자들 사이에 근본적인 차이가 있다는 환상을 만들어낼 수 있었다. 그리고 그들은 성적인 이중 잣대라는 것 자체를 언급하는 일을 모면할 수 있었다. 유혹자를 공공의 희생양으로 만드는 것은 아무것도 바꾸지 않은 채 거의 모두를 기쁘게 하는 일에 가까웠다.

그러나, 겨우 일 년이 지나, 도덕개혁론자들은 따라잡기 시작했다. 버질 냅이 열일곱 살 세라 데커를 유혹해 임신시켰을 때, 그는 낙태 약인 쑥국화 기름을 좀 주었고, 그녀는 그가 알려준 대로 그게 '약'이라고 생각하면서 마셨다.[35] 그녀는 고통에 몸부림치며 경련을 몇 시간 겪고 냅을 처벌하지 말아 달라고 요청하면서 죽었다. 소녀를 죽일 의도는 아니었던 것 같지만 그럼에도 불구하고 대부분의 사람들이 보기에 냅은 도덕적으로 죽음에 책임이 있었다. 그러나 법적으로 그렇게 보이지는 않았다. 여성도덕개혁단체는 이 사건을 반유혹법 제정 요청을 재개할 기회로 잡았고 이번에는 호러스 그릴리의 『뉴욕 트리뷴(New York Tribune)』이 같이 참여했다. 『뉴욕 트리뷴』은 냅을 어떻게 해야 하는지 모두가 묻고 있지만 "고집을 부리며 가장 암담한 범죄를 처벌하지 않고 놔두는" 입법자들을 어떻게 해야 할지에 대한 질문을 훨씬 더 중요하게 여긴다며 지적했다. "유혹에 대한 법적인 처벌이 없어야만 한다면," 『뉴욕 트리뷴』은 의견을 설파했다. "우리는 왜 냅이 처벌받아야만 하는지 전혀 알 수 없다. (…) 만약 유혹이 범죄가 아니라면, 그는 범죄자가 아니다. 왜냐하면 그는 분명 피해자의 목숨을 앗을 의도는 없었기 때문이다. 그는 오늘날 이 땅에서 가장 높은 명예를 즐기는 수천의 사람들만큼 결백하고, 간통과 유혹을 처벌하는 법의 통과를 협잡과 간계로 매해 물리쳐 온 자들보다 죄가 덜하다. 이 하나의 악한을 모든 방탕한 자들의 죄를 위한 희생양으로 만들지 말고, 순진한 이들을 꾀어내 거짓 약속으로 그들을 망친 모든 자에게 맞는 처벌을 제공할 수 있게 우리의 법을 그렇게 개정하라. 그런 다음엔 이 특정한 가해자를 어떻게 할 것인지 물어볼 필요도 없을 것이다."

여전히 입법자들은 아무것도 하지 않았다. 유혹당하고 버려진 많은 여자들은 조용히 수치거리로 사라져 갔다. 그러나 많은 다른 이들은, 어밀리아 노먼처럼 반격했다.

2

1855년 메리 모리아티[36]는 멤피스가 모퉁이에서 존 시핸을 칼로 찔렀다. 중서부에 버려진 메리 해리스[37]는 1865년 워싱턴디시로 기차를 타고 와 재무부 건물 복도에서 어도니램 버로스를 쐈다. 패니 하이드[38]는 1872년 브루클린 공장에서 점심을 먹으러 아래층으로 걸어가는 고용주 조지 왓슨을 쐈다. 그리고 케이트 스토더트[39]는 1873년 찰스 구드리치의 머리에 세 번 총을 쏜 다음 그의 브루클린 고급 주택 지하실에 조심스럽게 눕혀 놓았다. 이 모든 여성들은 체포되어 일급 살인죄로 기소되었다.

그들의 이야기는 서로 바꿔도 거의 상관없었다. 어밀리아 노먼과 『도덕 개혁 옹호』의 페이지에 그려진 전형적인 유혹당하고 버려진 미혼 여성들처럼, 이 모든 여자들은 어리고, 가난하고, 친구가 없고, 순진했다.

메리 모리아티는 나이 든 부모를 떠나 십구세기 중반 언제쯤에 다른 아일랜드 이민자들과 같이 미국에 왔다. 그녀의 배는 뉴올리언스에 정박했고 강의 정기선으로 미시시피에서 멤피스까지, 그리고 오하라 부인의 하숙집으로 갔다. 객실 담당 하녀가 된 모리아티는 하숙인들 중에서 아일랜드에서 한 때 어린 시절 친구였고 이제는 미시시피 제방에서 일하는 존 시핸을 알아봤다. 그는 그녀에게 청혼했지만 그녀가 임신했다는 걸 알았을 때도 여전히 결혼식 준비를 하지 않았다. 모리아티의 요청으로 가톨릭 사제가 존에게 이야기했고 결혼하겠다는 엄숙한 맹세를 이끌어냈다. 그러나 아이는 태어나 죽었고 존은 여전히 미루기만 했다. 그녀는 오하라 부인의 집에서 일자리를 잃어 영 부인의 하숙집으로 내려갔고, 그런 다음엔 콜먼 대령의 집으로, 마지막으로는 아무것도 묻지 않는 유나이티드 스테이츠 호텔로 갔다. 존 시핸은 흥청망청하러 동네를 떠났다가 몇 달 후 무일푼으로 돌아왔다. 그는 다시 결혼을 약속하고 '하숙비'를 내야 한다면서 그녀한테서 10달러를 빌렸다.(모리아티의 임금은 평일 열두 시간 근무로 하루 33센트였다.) 그들은 결혼 계획을 세웠고 메리는 곧 자신이 또 임신했다는 걸 알았다. 1855년 9월 1일 저녁, 유나이티드 스테이츠 호텔에서 저녁을 치운 후에, 메리는 결혼을 의논하러 존과 산책을 나갔지만 그는 결혼할 마음이 안 든다고 말했다. 그녀는 설득하려 했지만 그는 수풀 속으로 그녀를 잡아당기려 했다. 그녀는 그의 가슴을 두 번 찌르며 소리쳤다. "그럼 이건 마음에 들어?" 그는 몸을 돌려 자신의 하숙집으로 달아났고, 거기서 사십오 분 만에 피를 흘리며 죽었다. 메리 모리아티는 목격자들에게 쫓겼고 붙잡혔을 때도 여전히 칼을 쥐고 있었다.

아이오와 주 벌링턴의 가난한 아일랜드계 가족의 많은 자녀들 중 하나인 메리 해리스는 장신구 가게를 운영하는 여자 밑에서 같이 살면서 일하기 위해 아홉 살에 집에서 내보내졌다. 근처에 가게를 가지고 있었던, 고객 중의 1명인 어도니램 버로스가 매일 들르기 시작했다. 그는 어린아이를 '어루만지는 걸' 즐겼다. 자신의 사업이 실패하자, 그는 메리가 일하는 가게에서 장부 관리를 맡았다. 그는 자신이 이십대 후반, 그녀가 열 살쯤 되었을 때 가게 뒷방에서 그들이 즐겼던 '몰래 한 입맞춤'을 잊지 말라며 후에 그녀에게 연애편지를 썼다. 미슐레의 충고를 따라, "그는 자신의 나이, 경험, 의지가 지닌 월등한 힘으로 미래에 자신에게 걸맞은 아내가 될 수 있도록 그녀의 마음을 만들고 주무를 것을 제안했다."[40] 이 기술은 성공적이었는데, 왜냐하면 처음에 그녀는 그를 전혀 좋아하지 않았지만 점차 그를 '사랑하도록 배웠기' 때문이었다.

메리가 열세 살일 때 그녀의 아버지는 버로스의 관심을 반대했다. 버로스는 시카고로 갔고 그다음 사오 년 동안 메리에게 연애편지를 썼으며 마침내 그녀더러 시카고로 오라고 설득했다. 그녀는 일자리를 찾았고, 버로스의 행동으로 두 사람이 약혼했다고 이해한 2명의 착실한 모자 상인인 데블린 자매와 그곳에 거주했다. 결혼식은 1863년 6월로 정해졌지만 버로스는 더 나은 일을 찾으러 워싱턴디시로 갔고 결혼은 '수입의 부족'으로 계속해서 연기되었다. 그러다 1863년 9월 메리는 신문에서 버로스가 부유한 시카고 여성인 어밀리아 보그스 양과 결혼한다는 내용을 읽었다. 몇 달간 그녀는 그를 약혼 파기로 고소하려고 했지만 변호사들은 영장을 송달해야 하는데 그를 찾을 수가 없다는 핑계로 그녀의 시간을 헛되이 써 버렸다.(약혼 파기는 어떤 경우에도 미묘한 주장이었다. 그 시대의 편견으로 바라본다면 아일랜드계 가게 점원의 입에서 나온다는 건 우스꽝스러웠다.) 그녀는 직접 그를 찾으러 두 차례 워싱턴디시로 갔다. 1865년 1월 30일 그녀는 버로스가 서기로 일하는 재무부 건물에 들어가 복도에서 한 시간을 기다렸고, 하루가 끝날 무렵 그가 사무실에서 나오자 주머니에서 샤프스 사 구경 권총을 꺼내 등에 한 발을 쐈다. 그녀는 그가 복도 아래로 달아나자 한 번 더 쏘았지만, 그가 쓰러지면서 총알은 머리 너머로 지나갔고, 그는 피를 흘리며 죽었다. 그녀는 초록색 베일을 내리고는 조용히 걸어 나갔지만 건물을 나가다 경비에게 체포되었다.

패니 윈들리는 영국의 노팅엄에서 태어났다. 네 살 때 어머니가 죽었고 여덟 살에 일을 구했다. 열 살에 미국으로 와 공장에 다녔으며 열다섯 살부터는 아이 다섯을 둔 유부남인 마흔다섯 살의 조지 왓슨이 소유한 맨해튼의 헤어네트 공장에서 일했다. 넉 달 후 어느 날, 다른 노동자들이 다 갔을 때 그는 자신의 사무실에 그녀를 가두고는 '유혹'했다. 거기서 일하는 내내 그는 그녀를 혼자 두지 않았고 그녀가 피하려고 할 때마다 쫓아내 버리겠다고 협박했다. 임신을 시키고는 유산을 유도하는 정체 모를 약을 주었다. 친구들의 말을 빌리면, 그녀는 "살이 깎여 나갔다." 그녀는 약 십사 킬로그램이 빠졌고 건강도 나빠졌다. 그러다 열여덟 살이 되었을 때 그녀는 하이드라는 이름의 젊은 남자를 만났다. 그녀는 왓슨의 손을 성경에 대고 자신을 혼자

두겠다는 약속을 하도록 시켰고 하이드와 결혼했다. 왓슨이 다시 그녀를 따라다니자, 그녀는 남편에게 말했다. 왓슨은 하이드에게 패니를 가만두겠다고 약속했다. 하지만 그러지 않았다. 그래서 1872년 1월 26일 삼 층에 있는 자신의 사무실을 나온 조지 왓슨은 총을 들고 층계참에서 기다리는 패니 하이드를 발견했다. 그녀는 머리를 한 번 쏴 그를 즉사시켰고 몇 시간 후 경찰에 자수했다.

엘리자베스 킹은 매사추세츠 주 플리머스의 아이작 킹의 둘째 딸로, 바느질로 생계를 이어 가려고 일찍 집을 떠났다. 그녀는 필라델피아와 보스턴, 프로비던스에서 일했다. 이후 미들보로와 뉴햄프셔에서 모자 일을 배웠고 이십대 초반에 뉴욕으로 갔다. 그녀의 가족들은 연락이 닿지 않았고 그녀는 절대 말하지 않은 이유로, 케이트 스토더트(또는 스토더드)라는 이름으로 지내기 시작했다. 그녀는 모자를 만드는 일을 했는데 가끔은 공장에서, 가끔은 일을 자신이 사는 하숙집으로 가져와 했다. 느리긴 했지만 일을 잘했으므로 고용주들은 그녀를 좋아했고, 일한 만큼 쳐서 돈을 주는 방식으로 가장 어려운 형태의 모자 일을 맡겼다. 당연히 외로웠을 그녀는 새로 지은 브루클린의 고급 주택에 관심을 갖고서 은퇴한 목재상, 마흔두 살의 찰스 구드리치가 낸 결혼 광고에 답했다. 그녀는 찰스와 사랑에 빠졌고, 1872년 5월 20일 그들은 결혼했으며, 아무것도 없는 그의 브루클린 새 집에서 함께 살았지만 그 결혼을 비밀로 했는데 왜냐하면 찰스 말로는 결혼이 동생과 진행 중인 모종의 재산권 협상에 장애가 되기 때문이었다. 이웃들에겐 창백한 금발 여자는 그림자처럼 흐릿한 존재였다. 어떤 사람들은 그녀가 아프고 허약해 보인다고 생각했고 찰스가 유산을 유도하는 약을 준 뒤로는 정말 그랬다. 그러다 1873년 2월 어느 밤, 그녀는 맨해튼에서 일을 하고 돌아와선 집으로 들어갈 수 없다는 걸 알았다. 찰스의 친구 1명이 경비원인 척 굴며 찰스가 그녀의 물건들을 버려둔, 다 짓지 않은 옆집으로 그녀를 데려갔다. 알고 보니 그들의 결혼은 찰스의 친구 중 1명이 목사인 것처럼 위장해서 시켜 준 거라 효력이 없었고, 이제 찰스는 다른 사람과 결혼하기로 결심한 터였다. 그녀는 부당한 처우를 토로하는 편지를 그의 아버지에게 썼고 그 아버지는 편지를 찰스에게 전해줬다. 그럼에도 1873년

3월 20일 밤에, 엘리자베스 킹 또는 기록부에서 불렀던 이름대로 케이트 스토더트는 자신과 결혼하도록 그를 설득하러 찰스의 집으로 돌아갔다. 그는 거절했다. 그래서 아침에 그가 부엌에서 불을 피울 때 그녀는 그의 귀 뒤를 세 번 쏘았다. 그녀는 그의 머리를 편하라고 신발 위에 올려놓고, 발은 양말을 신긴 채로 잘 뉘고, 그의 얼굴의 피를 씻어내고, 자신의 펜던트에 넣으려 곱슬한 그의 검은 머리를 잘라내 사라졌다. 그다음 날, 찰스의 형제가 시체를 발견했다. 넉 달 후에 여자 경찰이 브루클린 여객선을 타고 건너가는 케이트 스토더트를 발견했다.

이 4명의 여자 모두 젊었고 모두 올라갈 가망성이 전혀 없는 일에서 최저 임금을 받고 어린 시절부터 일했다. 결혼 말고는 그 고된 삶 너머 기대할 게 아무것도 없었던 그들은 여자로서의 숙명에 관한 모든 가르침으로부터 오직 결혼을 향해 나아가도록 다시 한번 강요받았다. 남편을 찾으면서 이들 중 어느 누구도 타인의 보호나 가르침을 누리지 못했다. 메리 모리아티와 케이트 스토더트에게는 자신 말고는 아무도 없었다. 스스로 딸을 부양하지 못한 메리 해리스의 아버지는 딸을 버로스한테서 떼어 놓지 못했고 그 관계를 발견했을 때 버로스는 이미 메리를 몇 년이나 계속해서 쥐고 있던 터였다. 그 자신도 겨우 소년을 벗어난 패니 하이드의 남편은 왓슨을 패니에게서 떼어낼 폭력을 쓸 만큼의 힘도 없었고, (메리 해리스의 아버지처럼) 그녀를 부양할 수 없어 데리고 떠날 수도 없었다. 패니 하이드는 남편과 남자 형제들에게 왓슨에게 맞서 달라고 해 보았고 그들이 실패하고 나서야 직접 그를 쏘았다.

옛 친구를 믿었던 메리 모리아티를 제외하고 이 여자들은 자신들보다 더 나이가 많고 더 교육받았고 더 돈이 많고 좀 더 권력을 가진 남자들, 남편으로 바랄 만한 남자들을 향했지만 남자들이 원한 것은 그저 그들을 유린하는 것뿐이었다. 자신들의 실수를 깨달았을 때 이 모든 여성들은 공정한 수단으로 자신들, 또는 자신들의 명예를 구원하려고 애썼다. 모리아티는 그의 빚을 갚아 주면서 시핸에게 매달리려 애썼다. 그녀는 해리스가 법의 도움을 요청한 것처럼 교회의

도움을 요청했고, 스토더트는 남자에게 그의 의무를 상기시키려
'남편'의 아버지에게 도움을 요청했다. 하이드는 다른 남자와 결혼했다.
그러나 이 중 어떤 계획도 제대로 되지 않았고 모든 여자들은 남자들이
결혼해 주지 않거나, 또는 남자들을 떠나보낼 수 없어 절망에 빠졌다.
모든 여성들은 저마다 각각 자신을 유혹한 남자들에게 보상할 기회를
한 번 이상 주었고 그런 다음 죽였다. 이들 중 어느 누구도 범죄를
부인하지 않았고 케이트 스토더트만이 체포를 피하려 성의 없이
시도했다. 이들 모두 미안하다고 말했다. 하나씩 하나씩 그들은 재판에
섰다. 그들의 사건은 너무나 유사해서 그들의 재판은 같은 주제의
메아리였다.

    1855년 메리 모리아티의 재판에서 그녀의 변호인 밀턴 헤인스는
남자로서 '좋은 것과 아름다운 것을 숭배하고 사랑'하고 '나쁘고 사악한
것을 혐오하고 경멸'해야만 한다고 배심원인 남자들에게 유창하게
호소했다. 모리아티의 이야기를 다시 하면서 그는 모리아티가 그저
"여자는 남자에게 복종하고, 그를 사랑하며 귀하게 여겨야 한다고
천명한 위대한 자연의 법칙"에 따랐을 뿐이며 사악한 유혹자인 시핸이
나쁘고 부도덕하다는 데 전혀 의심의 여지가 없도록 했다. 그렇다면
자신을 배신한 이 사악한 남자를 죽이는 것은 전혀 범죄가 아니었고,
헤인스는 정말 그 살인이 거의 신의 응징인 걸로 묘사했다. "제가
보기엔, 저 위의 어딘가에서 어떤 선한 천사의 볼 수 없고 보이지 않는
손이 필요로 하는 그 순간 이 단검을, 메리에게 내려 주며 '찔러라'하고
속삭인 것입니다. 그리고 그 보이지 않는 손이 그녀의 일격을 이끌어낸
겁니다. 그 자비의 천사가, 여호와의 권좌에서 그 순간 동정의 눈물을
떨어뜨립니다. 운명의 책에 떨어진 그 눈물이 영원히 그녀의 범죄
기록을 지워 버렸습니다." 검찰관이 칼은 천국이 아니라 유나이티드
스테이츠 호텔에서 가져온 것이라고 배심원들에게 상기시켰지만 별
소용이 없었다. 여전히 변호인 헤인스는 씌어지지 않은 법에 호소했다.
"여러분은 다 배심원으로서 맹세를 했습니다." 그는 상기시켰다.
"그리고 그건, 여러분들이 증거에 따른 참된 평결만을 주리라는
맹세였습니다. 여러분들의 평결을 세우는 기반은 증거입니다. 법이
아니라요. 왜냐하면 사실 평결에 법은 그렇게 많은 비중을 차지하지

않습니다. 자연법, 신법, 그리고 인간의 더 높은 법인 자연 말고는
말입니다. 그에 따라 그녀는 압제에 맞서는 **반란자**가 되고 있으니 그걸
반대한다면 자연의 법을 끝장내자는 겁니다. 살인에 관한 법은 이
사건에서 논의할 필요가 없습니다."

헤인스는 테네시 주에 유혹자를 죽일 수 있도록 위임하는 법령이
없다는 걸 인정했지만 배심원들에게 가상의 사건을 제시했다. "만약
이 소녀의 아버지나 남자 형제가 존 시핸이 결혼하겠다는 거짓
약속과 맹세로 이 소녀를 꾀어내 망친 것 때문에 존 시핸을 죽였다면,
그 아버지나 남자 형제를 그 일로 목매달라는 평결을 내릴 만큼
비열한 12명의 남자를 테네시 주에서 배심원으로 찾을 수 있을까요?"
배심원들은 '책에 씌어진' 법을 옆으로 밀쳐 두고 '남자들의 가슴에'
씌어진 법을 따라 메리 모리아티를 무죄라고 평결했다. 평결에
합의하는 데에는 이 분이 걸렸다.[41]

그러나 그곳은 남부로, 많은 남자들이 씌어지지 않은 법을
독단으로 집행하는 곳이었다. 그리고 이 사건의 피고와 피해자 둘 다
자기들끼리의 싸움을 자기들끼리만 하고 있는 한 사회에 위협이 될
것 같지 않은 계층인, 가장 가난한 아일랜드계 이민자였다. 그럼에도
불구하고, 사건은 남자들을 언짢게 했던 게 분명했다. 어쨌든 메리
모리아티는 그녀의 아버지나 남자 형제가 **아니었다**. 씌어지지 않은
법은 **남자**가 가족의 명예를 지켜야 한다고 했지 여자가 스스로를
지키는 것에 관해서는 아무 말도 하지 않았다.[42] 그리고 변호인
헤인스가 말한 압제에 맞서는 반란이라는 암시는 분명 오로지
남자의 일이었다. 자백한 살인자를 다시 거리로 돌려보내는 건 너무
무모하지 않을까? 어밀리아 노먼 사건의 검사는 그녀를 풀어 주는
건 1만 2천 명의 성매매 여성에게 자신들을 꾀어낸 자들을 거리에서
공공연히 죽이라는 허가증을 주는 것과 동등하다고 주장했다.[43] 비록
그가 예측한 재앙은 아직 오지 않았지만, 모리아티를 방면하는 건
막연하게 위험한 선례처럼 보였다. 다행히도 십 년 후 메리 해리스가
워싱턴디시에서 재판을 받게 되었을 때, 변호인들은 여전히 더 높은
법을 계속 언급하긴 했지만 좀 더 세련된 변호를 고안해냈다. 정신
이상. 그건 다시 한번 여자의 정신적인 연약함을 묘사할 수 있는 데다

여성 피고인을 풀어 주는 데 도움이 되어 반유혹법 제정에 대한 요구를 꺾을 수 있으므로 완벽한 진술인 것 같았다. 다른 말로 한다면 여자를 여자가 있어야 할 제자리에 계속 둘 수 있는 유용한 도구였다.

그때도, 지금처럼, 변호사도 의사도 정신 이상을 아주 명확하게는 정의하지 못했다. 변호사와 의사는 법정 바깥에서 서로 다퉜다. 1887년 의학 교수 제임스 헨드리 로이드는 지적했다. "의학적 정의는 종종 너무 넓게 확대 해석되므로 가장 지성적인 사람의 상식으로도 충격적일 사건도 포함하는 반면, 법적 검사는 너무나 편협하고 비과학적이라 어떤 경우에는 정신 이상의 가장 명백한 경우조차도 포함하기 어렵다."[44] 법정 안에서 변호사와 의사 들은 형법에 자신들의 분야에서 정한 정의를 부여하려고 겨뤘다. 일반 대중은 여전히 정신 이상을 죄에 대한 처벌로 여겼으므로 혼란스러워했다.

　　법의 눈으로 볼 때 정신 이상은 대개 이성의 결함을 의미했고, 그로 인해 미친 사람이란 옳고 그름을 구분해서 말할 수 없고 자신의 행동의 본성과 결과를 이해하지 못하는 사람을 뜻했다.[45] 1843년 영국의 대니얼 맥노튼 재판은 형법의 정신 이상은 영국과 미국 두 나라의 법에서 "정신의 병으로 인한, 마음의 장애로 인해 자신이 하는 행동의 본성과 특성을 알지 못하거나 안다고 할지라도 잘못된 것을 하고 있다는 것을 알지 못하면서 행동"할 때[46] 존재하는 것으로 규정을 세웠다.

　　불행하게도 이성은 그 당시 심리학에서 정신적인 '기능' 중 하나일 뿐이었고, 감정과 의지도 또한 고려되어야만 했으며, 심리학자들은 그들이 이성만큼이나 광기에도 지배당한다는 것을 알기 시작했다. 사람의 의지가 너무나 손상되어서 이성과 감정이 잘못된 것이라고 말하는데도 그 일을 행할 수밖에 없는 상황이라고 규정한 이들이 나오면서, '억누를 수 없는 충동'으로 대중화된 이 이론은 재빨리 열일곱 주의 법으로 스며들었다. 그 당시 의학계를 주도하던 정신과 의사 아이작 레이 같은 다른 전문가들은 이성은 온전하지만 감정적인 성향이 정상을 벗어난, 모럴 마니아(도덕적 광증)라고 불리는 상태를 주장했다.[47] 모럴 마니아 또는 도덕적 정신 이상이라고 알려진 이 용어[48]는 애매했는데, 왜냐하면 기능 심리학자들은 도덕적 감각을 수용한 기능이 뭔지를 결정할 수가 없었기 때문이다. 어떤 전문가들은 도덕적 정신 이상은 의지의 결함이라고 주장했고, 다른 전문가들은 실제로는 광기에 사로잡힌 열정에서 억누를 수 없는 충동이 튀어나오는 것이라고 주장했다. 1887년 명확한 선택을 하려 애쓰던 로이드 박사는 그걸 하나하나 다 열거하지도 못했다. "어떤 것[도덕적 정신 이상]은 순수하게 '감정적' 정신 이상인데, 다른 종류는 '본능적'이고, 또 다른 종류는 여러 종류의 '충동적'인 다양성처럼 일종의 '아불리미아(abulimia)', 즉 의지의 손실로도 일어난다."[49]

절망적으로 헝클어진 이 모든 심리학 이론 중 어느 부분도 여성과 전혀 상관없었는데, 왜냐하면 모두 다 남자에 관한 이론이기 때문이었다. 심리학자들도 굳이 여성의 사례를 조사하려 애쓰지 않았으므로 여성에 관해서는 거의 할 말이 없었지만, 대중적 지혜로 많은 걸 말해 주었다. 우선, 광증에서 오작동의 전통적 장소인 이성은 아무리 건강한 여성일지라도 약하고 불안한 걸로 여겨졌다. 두번째로, 감정은, 특히 사랑은 여성을 지배하고 흔히 정상적이라고 하는 여자조차 미쳐 버리도록 한다. 파울러 교수는 여성은 사랑에 빠지는 것을 좋아하는, 연애 애호 '기능'(다양한 '과학'에서 발전한 용어의 혼란스러운 증식에는 끝이 없었다)을 크게 타고 태어나 '말 그대로 상대 성별을 이상화'하고 '거의 정신 이상에 이를 정도로 사랑한다'고 지적했다.[50] 아이작 레이는 "여성의 경우엔 극단적으로 불안한 감수성에서 완전한 히스테리, 그리고 거기서 명백한 정신 이상까지 이르는 데에 단지 한 단계만 있을 뿐이다"라고 설명했다.[51] 세번째로 도덕적인 본성은, 원래 그런대로, 대개는 감정적 삶의 본능적인 일부로 여겨졌다. 여자에겐 남자보다 더 훌륭한 도덕적 '본성'이란 특권이 주어졌지만 여자는 이성이 너무나 불충분해서 결단과 선택으로 참된 도덕적 '삶'을 영위할 수는 없었다. 여자의 '도덕성'을 구성하는 것은 주로 순결이라 남자가 훔치려 드는 바로 그 순간 영원히 잃어버릴 수 있었다. 그렇다면 이미 모든 기능에서 주어진 한계 바깥으로 나가 버린 상태인 여자는 정의에 따른다면 거의 미쳐 있었다.

어떤 면으로 본다면, 심리학 전문가들은 그 말에 동의했다. 어떤 유형의 정신 이상이건, 아픈 사람이 남자건 여자건, 두 가지 요인을 분리해낼 수 있었다. 정신 이상을 일으키는 기저 조건과 정신 이상을 가져온 촉발 사건. 목록에 항목별로 정리한 이 요인들은 전문가에 따라 약간씩 달랐다. 1867년의 국제회의는 다른 선제 조건 중 '부모의 많은 나이 차이, 성별, 환경, 임신 기간 동안의 어머니의 감정 또는 경련, 뇌전증, 다른 신경 질환, 임신, 수유, 월경 기간, 갱년기, 사춘기, 폭음, 성병, 자위 행위'를 목록에 적었다. '흥분시키는 요인' 중에는 '고난과 과도한 슬픔, 폭음, 모든 종류의 과도한 흥분, 뇌전증, 월경의 혼란스러운 작용, 임신, 분만, 수유, 발열, 머리나 척추의 부상과 과로'가 있었다. 기저 조건의 목록에 있는 이 모든 요소 중에 남자가 피할 수 없는 유일한 요인은 사춘기지만 여성의 경우에는 생활 주기의 모든 국면이 기저 조건이나 촉발 요인으로 목록화되어 있었다. 거의 타고 태어나길 미쳐 있는 여자는 타고 태어난 대로 쉽게 범죄자가 될 것이었다. 그리고 레이 박사는 그게 엄밀하게 이런 경우라고 말했다. "다른 때는 무구하고 순결하던 마음에도 성적인 성장 시기 또는 임신, 출산, 수유 시기에는 낯선 생각, 특별한 느낌, 적절하지 않은 식욕, 범죄의 충동이 떠돌 수 있다."[52]

　　여자에게 있는 정신 이상의 이 모든 요인 중에서 가장 숙명적인 것은 월경으로 여겨졌다. '정상적인' 여자조차도 그건 질병으로 여겼다. 여성의 '질병'에 관한 장에서, 모르는 게 없는 프랑스 남자 쥘 미슐레는 모든 여자를 '이십팔 일 중에 십오 일에서 이십 일을(우리는 거의 항상이라고 말하겠지만) (⋯) 단지 병자가 아니라 상처 입은 사람'으로 만들어 버리는 '비극'이라고 정상적 월경 주기를 묘사했다.[53] 하트퍼드의 요양 시설의 감독관이자 예일대학교에서 정신 이상에 대해 강의한 헨리 퍼트넘 스턴스는 과학적인 설명을 제공했다.

　　일반적으로 여자의 성 체계는 남자한테서보다 모든 신체와 정신적인 이치에 훨씬 더 커다란 영향력을 발휘한다. 위와 뇌 각각은 물론 그 둘 사이에 아주 밀접한 교감이 존재한다. 이는 사춘기에 특히 발현되어 월경이 중단된 후까지 계속된다. 어린이가 여자가 될 때 전체적인 도덕성이 존재 안에 들어와 활동으로 드러나는데 그리고 나서, 삼십 년에서 삼십오 년 동안 그 시간의 약 사분의 일 정도는 골반 조직의 기능적 활동이 전반적인 인간성에 크게 영향을 미친다.[54]

예일대와 에든버러 요양 시설의 동료 토머스 스미스 클러스턴은 자궁과 뇌의 관계는 너무나 밀접해서 "많은 불안정한 뇌에는 완전히 정상적인 월경의 발생으로도 큰 위험이 따른다"[55]고 동의했다.

　　비정상적인 월경에 대한 공포는 거의 상상도 할 수 없었다. 결혼한 여성들은 임신, 출산, 수유로 인해 예상되는 모든 병에 점령되어 있을 터라, 월경은 주로 미혼 여성에게 영향을 끼친다고 여겨졌다. 어떤 경우건, '남편과 아이들에 대한 (…) 그 모든 본능적인 열망, 집과 관련된 모든 열망의 표출, 집을 보살피고, 집과 연결된 모든 것'에서 좌절이 있을 때마다, 부인과 의사(또 다른 새로운 과학자)는 '불안하고, 변덕스러우며, 성을 잘 내고, 히스테릭한' 여자가 '이런저런 종류의 자궁 교란'으로 고통받는 걸 확실하게 찾아냈다. 전문직을 추구하거나 공부하고자 애쓰는 여자들은 피를 뇌로 돌리면서, 정신 이상으로 특징지을 수 있는 정신 활동 과다로 인해 월경이 중단되고 질병이 생겨났다. 그리고 여자의 '최상의 기능'인 모성을 피하고자 하는 모든 여자는 결국은 병을 얻게 되었다.[56]

　　의사들은 대개 월경은 '신경통, 편두통, 뇌전증, 무도병'과 같은 신경성 질병과 '도벽, 방화벽, 알코올 중독'과 같은 충동을 촉발할 수 있다는 데 동의했다.[57] 클러스턴은 월경통이나 무월경과 같은 경우가 '번식하려는 장기의 본능이, 죽이고 훔치는 등의 본능적 충동으로 병적 전이된 것'이라고 확신했다. 그와 다른 전문가들은 고통스럽게 월경을 겪는 동안 '모든 종류의 충동적 행위들'을 하는 여성의 경우를 보고했다. 클러스턴은 완벽하게 훌륭한 젊은 여성이 흙을 먹고 어린이들을 꼬집는 경우를 알고 있었다.[58] 홀리데이 크룸 박사는 매달 머리빗에 붙은 자신의 머리카락을 먹고 다른 사람들의 머리빗 또한 훔치려고 한 여성의 경우를 보고했다.[59] 아이작 레이는 월경하는 여성들이 아이들을 죽이려 한다고 생각했다.[60] 그리고 그때, 어도니램 버로스를 죽인 메리 해리스의 사건이 일어났다.

버로스의 결혼을 신문에서 읽은 순간부터, 해리스는 "전에는 단 한 번도 마음 써 본 적 없는 신체적 질병의 공격에 사로잡혔고" 그 공격은 재판 때까지 "주기적 간격으로 일정하게 (…) 계속 그녀를 찾아왔다." "그때 이후," 변호인들은 주장했다. "그녀의 성격과 신체적인 조건은 모두 바뀌었습니다." 전에는 "쾌활하고 행복하며 마치 새와 같았던" 그녀는 "침울하고, 우울하며, 기분이 가라앉아서 지나치게 조용해졌다."[61] 그녀는 거의 자지 않았고 종종 울면서 밤을 새웠다. 가장 추웠던 겨울밤 침대에서 나와 바닥에 웅크리고 있었다. 그리고 그녀의 월경 기간과 일치한 것이 거의 분명한 시기에 주기적으로 폭력적인 작은 발작으로 들어가, 책과 옷을 찢고 카펫에 잼을 발라 놓고 바늘이 잔뜩 꽂힌 바늘겨레로 고객을 때리고 창문을 닦는 솔로 친구이자 고용주인 제인 데블린을 가격하고, 한번은 제인이 더 이상 버로스 씨에 대해 듣고 싶지 않다고 말하자 고기 써는 칼을 들고 쫓아왔다. 그녀는 살이 빠졌고 초췌해졌다.

이는 9월 말 캘빈 피치 박사에게 왕진을 청했을 때의 그녀의 모습이었다. 정말 편리하게도, 의사들은 신경 쇠약과 자궁 손상 사이의 관계가 너무 밀접해서 한쪽의 상태가 다른 쪽의 상태를 가리킨다고 보았다. 그래서 피치 박사는 해리스의 '눈이 흥분되어 있는' 걸 보고 즉시 자궁에 뭔가 이상이 있다는 걸 알았다. 피치 박사는 그다음 석 달 동안 한 달에 한 번씩 환자를 봤는데, 비록 오 분 왕진이라 신체를 검진할 시간은 없었지만 '자궁의 흥분으로 인한 결과로 주로 발생되는 중증 울혈성 월경통'으로 진단했다. 피치 박사는 "이러한 자궁의 흥분은 언제나 신경계에 영향을 미친다. 어떤 경우에는 정신 이상으로 발전하기도 하고 실제로 자궁의 교란, 자궁 흥분이 여자에게는 정신 이상의 가장 흔한 원인 중 하나이기도 하다"라고 말했다. 여전히, 피치 박사는 신경 쪽 증상이 아니라 자신이 생각하기에 그 상태의 신체적 원인이라고 여겨지는 걸 치료했다. "눈의 흥분을 신체적 상태에서 비롯한 흥분과 고통 때문이라고 보았습니다"라고 그는 증언했다. "자궁이 가라앉으면 곧 모든 게 지나갈 거라고 믿었지요." 그는 그게 뭐든, 자신이 뭘 처방했는지, 기억하지 못했다.(그는 환자들이 치료비를 냈는지만 기록했다.) 하지만 당시의 표준적인 처방은 아편이거나 모르핀이었을 것이다. 재판에서 피치와 다른 의료 전문가들은 "세상의 모든 의사들과, 그 주제에 관해 씌어진 모든 책은 (…) 이 병은 주기적으로 지속되는 신체적 원인, 또는, 좀 더 적절한 용어로 말한다면, 발작적 정신 이상"이라는 데 동의했다.[62]

그걸로도 충분하지 않았다. 해리스는 '도덕적 정신 이상'의 가장 흔한 원인인 '기대에 어긋난 애정'으로 고통받고 있었다는 것도 밝혀졌다. 그리고 피치 박사의 말에 따르면 자궁 흥분과 어긋난 사랑, 두 원인의 조합은 "둘 중 하나가 홀로 유도하는 것보다 훨씬 더 큰 효과를 만들어낸다."[63]

기대에 어긋난 사랑의 효과는 어도니램 버로스가 보그스 양과 결혼하기 직전에 일어난 한 이상한 사건의 '도덕적 충격'으로 더욱 강화되었다. 해리스는 어떤 주소에서 자신을 만나 달라는, 그린우드 씨라고 서명한 편지를 받았다. 글씨가 꽤 낯익어 해리스의 고용주인 제인 데블린은 받은 주소와 우체국에 대해 알아보기까지 했다. 쓴 사람은 버로스가 거의 확실했고 그 집은 악명 높은 밀회 장소였다. 사회적으로 저명한 버로스의 형이 이미 흐릿해진 '그린우드 사건'을 덮으려 최선을 다했지만 변호인은 버로스가 그녀의 성품을 모략하고 그녀와 결혼해야 하는 도덕적 의무에서 벗어나려 그 집에 해리스가 찾아오는 걸 이용하고 싶어 했다고 주장했다. 의도가 무엇이었건 간에, 그의 행동은 존중받을 만한 어떤 젊은 숙녀에게도 '도덕적 충격'을 제공할 게 확실했다.

그렇다면 그 이중의 정신 이상이 해리스를 변호할 근거였다. 그녀의 변호인들은 말했다. "그녀는 도덕적 원인으로 미쳤고 신체의 병으로 악화되었습니다. (…) 순수하고 방정하며 순결하고 섬세한, 이제 갓 스물이 된 어린 소녀, 몸은 점점 쇠약해지고 정신은 가 버렸고, 마음은 부서진 채로, 정신 이상의 발작으로 이 모든 고통을 가져다준 남자를 살해했습니다." 변호인 조지프 브래들리는 검은 베일에 싸인 채로 피고석에 앉은 죄수를 두고 그녀가 "신이나 인간을 향한 어떤 범죄에도 죄를 짓지 않았습니다. 비록 다른 사람의 생명을 앗아 간 도구가 되어 버렸지만 말입니다"라며 배심원들을 안심시켰다.[64] 오분의 숙고 끝에 배심원들은 동의했고 메리 해리스는 무죄로 풀려났다.

패니 하이드가 1872년 브루클린에서 재판에 섰을 때, 그녀의 변호인들은 쓸 수 있는 방법은 다 썼다. 그들은 씌어지지 않은 법에 호소하며 배심원들에게 말했다. "신사 여러분, 오늘 밤 집에 가셨는데 당신의 따님께서 어떤 악한이 자신을 망쳤다고 말한다면, 기다리지 않으시겠죠. 유혹자의 피로 따님의 불명예를 복수할 때까지 여러분의 자연스러운 본능이 한순간도 그 기다림을 허락하지 않을 테니까요." 두번째로 그들은 패니 하이드가 정당방위로 죽였으므로 그 범죄는 정당한 살인이라고 주장했다. 그에 따르면, 그녀는 조지 왓슨을 죽이려 숨어 기다린 게 아니라 그보다는 "계단참에서 고인을 만났고, 그녀가 계단 위로 걸어 올라가 위에 도착하자 갑자기 그가 폭력을 사용해 점잖지 못한 방식으로 그녀를 붙잡았고, 부적절한 장소로 같이 가야 한다고 졸랐고, 다툼이 벌어졌다. (…) 그런 다음에 그녀가 그를 쏘게 된 것"이다. 그리고 추가로, 그들은 패니 하이드가 미쳤다고 주장했다.[65]

변호를 요약하며, 변호인 새뮤얼 모리스는 열다섯 살에 유혹당한 게 정신 이상의 시작이었다고 밝혔다. 그때부터 "그녀의 건강이 망가졌고 그녀는 폐인이었습니다. 그 당시 병을 앓아 정신에 영향을 끼쳤고, 엄청난 부담 속에서 뭔가 크게 잘못되었다는 느낌이 그녀를 압박했고, 커다란 비통함과 그때 일어난 이 모든 일이 영향을 끼쳤습니다. 그에 더해 이런 남자가 행한 공격, 마치 화약 가루에 성냥이 닿은 듯, 폭발해 버렸습니다. 그리고 그녀는 책임을 질 수 없게 되어 버렸죠"라고 말했다.[66] 비록 하이드 변론에서 변호인들이 상세하게 선례 사건을 인용했지만 어밀리아 노먼이나 메리 해리스를 괴롭힌 건 도덕적 정신 이상이 아니라 '트랜지토리아 마니아(Transitoria Mania)'라고 불리는 새로운 질병으로, 피해자에게 다행스럽게도 순식간에 왔다 가 버리는 광증이었다. 저명한 권위자인 윌리엄 해먼드 박사가 쓴 이 병의 명확한 묘사가 배심원들에게 주어졌다. "정신 이상의 형태로, 특성상 정점에 달하는 행위의 모든 표현이, 시작부터 끝까지, 그 지속되는 기간이 극히 일시적이다. (…) **트랜지토리아 마니아**, 단명 광증, 일시적 정신 이상, 병적인 충동으로 다양하게 불린다. 지각적으로, 또는 지적으로, 감정적으로, 또는 의지적인 형태로 표현되며, 일반적인 광증으로 드러날 수도 있다."[67] 해먼드의 말에 따르면 이 병의 원인은 '대마초'부터 공기 오염과 습기, 그리고 당연히 월경까지 거의 모든 게 포함되었다. 롱아일랜드의과대학의 자궁 질환 임상 교수인 존 번 박사는 완벽하게 정상적인 월경 기간 동안 십대 소녀들은 "어느 정도의 히스테릭한 발작에 정신적으로 영향을 받는다"[68]고 증언했다.

유혹당하고, 유산하고, 학대받고, "질병(월경통)으로 고통받으며", 그리고 또한 "명시된 기간 동안 여성의 독특한 상태"였고[69] 다시 조지 왓슨에게 공격받은 가여운 패니 하이드에게 무슨 기회가 있을 수 있었겠는가? 의학 전문가들이 행진하듯 지나가며, 직접적인 등장이나 글을 통해 정신 이상을 논의했고, 하이드 자신도 증언대에 서서 꽤 차분하게 왓슨의 성적 괴롭힘과 학대를 이야기했다. 사건을 취재하는 기자들은 변론이 정신 이상인지 단순한 '공포로 인한 도발'인지 이해할 수가 없었다.[70] 눈물에 젖은 채로 완전히 혼란스러워진 배심원은 몇 시간을 말씨름했고 평결에 다다르지 못했다고 선언했다.[71] 9명의 남자들이 무죄에 투표했고, 둘은 굳건히 과실치사를 지지했고 한 사람은 살인이라고까지 투표했다. 배심원단은 해산되었고 패니 하이드는 보석금 2,500달러로 풀려났다.

그게 1872년 4월이었다. 1873년 1월, 킹스 카운티 법원의 고등 형사 재판소에서 그녀의 사건에 대한 재심이 요청되었고 하이드는 출석하지 않았다. 보석금이 몰수되었고, 그녀는 1873년 3월 24일 워싱턴디시에서 체포되어 새로운 재판을 기다리기 위해 브루클린의 레이먼드 스트리트 구치소로 돌려보내졌다. 거기서 그녀는 찰스 구드리치의 살인으로 체포된 케이트 스토더트를 만났다. 경찰은 오랜 시간 스토더트를 잡으려 했었는데, 그녀는 사실 여전히 근처에 살면서 맨해튼에서 모자를 만들고 찰스의 장례식에도 참석했었다. 그리고 그동안 경찰은 상상 속의 용의자와 공범, 고용된 제보자와 희한한 이론들로 대혼란을 만들어냈다. 몇몇 보도에 따르면 매사추세츠 주 톤턴의 요양 시설에 감금된 적이 있는 케이트 스토더트는 계속해서 자신의 이야기를 바꾸면서 혼란을 가중시켰다. 기자는 그녀가 비록 '놀라운 지능'을 가진 여자지만, "그녀의 마음은 종종 선하고 건전한 이성의 통로를 벗어나 떠돌았다"고 적었다.[72]

3 처녀 망치기

패니 하이드의 새 재판에서 유죄 판결을 받아내려던 지방 검사는 이제 사악한 유혹자에게 책임을 묻는 또 다른 사건을 손에 들게 되었다. 신문의 논평가들은 이미 "한때 통통하고 보기 좋았던 모습은 (…) 뼈만 남은 채로 사라졌다. 그녀의 둥근 장미빛 뺨은 (…) 움푹 패여 시들었다"[73]고 묘사하고 있었다. '패니 하이드의 슬픈 삶'[74]이라는 제목을 달아 주었던 기자들은 케이트 스토더트의 이야기로 신파의 경이를 만들어내고 있었다. 그녀의 집주인은 그녀가 완벽한 숙녀였다고 증언할 준비가 되어 있었다.[75] 도움과 지지를 보내는 동정의 편지가 감옥으로 쏟아지기 시작했다. 지방 검사도 여론의 뜻을 알아들은 듯했다. 1873년 9월 4일 패니 하이드는 새로운 재판에 2,500달러의 보석금을 걸고 감옥에서 풀려났다. 얼마 후 케이트 스토더트도 풀려난 게 분명한 게, 그녀는 단 한 번도 재판에 불려 온 적이 없었다. 다시는 재판에 불려 오지 않은 패니 하이드처럼 그녀도 그냥 역사에서 사라져 버린다.

　　정신 이상은 날조되었다고 거의 모든 사람이 인정했음에도, 이런 종류의 사건에서 정신 이상 변론에 맞서 검사가 할 수 있는 건 별로 없었다. 패니 하이드 사건에서, 지방 검사 윈체스터 브리턴은 딱 잘라 정신 이상 변론은 '사기'라고 말했다. 사건의 '진짜' 변론이 아니라 '어린 소녀의 악행으로 주장되는 것을 갖은 수단으로 바꿔 볼 목표로 끼워 넣은' 가짜 변론이라는 것이었다.[76] 메리 해리스 사건의 검사들도 정신 이상 변론은 배심원들의 눈에서 눈물을 짜낼 종류의 증거를 선보일 수 있게 하는 수단일 뿐이라는 유사한 비난을 했다. 살인이 일어나기 훨씬 전에 이 모든 젊은 여성들의 파멸이 일어났으므로, 유혹과 배신에 대한 증언은 정신 이상을 증명하는 경우를 **제외하고는** 엄밀히 말한다면 증거로 인정될 수 없었다. 해리스 사건에서 와일리 판사는 처음에는 해리스에게 보낸 버로스의 편지는 증거로 인정할 수 없다고 했지만, 정신 이상의 원인인 어긋난 사랑에 대한 그녀의 충격을 입증할 수 있으므로 후에 증거로 인정하도록 결정을 바꾸었고, 사춘기 이전(구 세에서 십이 세)의 소녀를 성인 남자가 희롱(오늘날 우리는 그걸 아동 성폭력이라고 부른다)한 걸 결정적으로 전시한 그 편지들은 어떤 다른 증거들보다도 배심원들의 동정심을 불러일으켰다. 지방 검사 캐링턴은 해리스의 배심원들에게 말했다. "이 여자가 미치지 않았다는 건 여러분들도 압니다. 정신 이상을 근거로 풀어 준다면, 그건 그저 핑계일 뿐입니다."[77]

아마 그가 맞을 것이다. 『뉴욕 트리뷴』의 기자는 무죄 판결 이후 "정신 이상을 주장하는 것은 타당하지 않다고 널리 알려져" 있지만 "그 대중적 평결은 배심원들의 평결과 일치한다"라고 평했다.[78] 재판 내내 언론은 그녀에게 동정적이었고 바로 전에 남편을 잃은 메리 토드 링컨 부인은 그녀에게 꽃을 보냈다. 평결이 발표되자 노먼과 모리아티, 하이드의 무죄 판결에 환호성을 질렀듯 법정의 청중들은 환호성을 질렀다.[79] 남자들은 공중에 모자를 던졌고 여자들은 손수건을 흔들었다. 피고는 기절해서 그녀의 용감한 변호인이 들고 나갔다. 배심원들은 그녀를 축하하러 몰려들었다. 와일리 판사와 그의 아내는 그녀가 건강을 회복하게 될 볼티모어 여행을 떠나기 위해 마차를 타고 역으로 가는 것을 보려고 길모퉁이에 서 있었다. 그래서 메리 해리스가 회복에 실패하고 워싱턴디시로 돌아와 남은 여생을 요양 시설에서 보내야 했다는 사실은 많은 사람에게 놀라움을 안겨 주었다.

3

유혹과 배신, 그리고 복수의 사건들이 법보다 감정에 의해 판결되는 건, 간단히 말한다면, 법이 공동체에 걸맞지 않기 때문이었다. 이런 사건에서 법조문 그대로를 강요하는 것은 그 법이 기반한 바로 그 원리를 반박하게 된다는 사실이 모두에게, 하다못해 그 점을 꼭 짚어 말하지 못하는 광분한 신문 편집자들에게도 명백해 보였다. 이론적으로 법은 사회에서 몇 가지 목적을 수행한다. 범죄자 처벌은 바로 그 목적 중 하나로, 대중에게 선례를 제공하고 범죄를 저지해야만 한다. 그러나 해리스 사건의 피고 측 변호인 대니얼 보르히스는, 만약 배심원들이 '악을 교정하고 도덕성을 보존할 선례'를 만들고자 한다면, 그들은 '가장 비천하고, 가장 약하고, 가장 무력한 자의 소송을 제기'해서는 안 된다고 주장했다.[80] 어쨌든 이들은 평생을 망쳐 버린 여자들이었다. 자신들의 명예를 위해 당한 일을 복수하는 남자들과 달리 이 여자들은 영웅이 되지 않았고 자신들의 평판을 되찾지 못했다. 그들은 타락한 여자들로 남아 있었고, 범죄 재판으로 만천하에 창피를 당했으며, 정신과 신체에 영원히 낙인이 찍혔다. 어떤 여자가 그들의 선례를 따르려 할까? 다른 사람들더러 저렇게 되지 말라고 이 여자들에게 벌을 더 주는 건 불필요하고 잔인해 보였다.

또한 법은 사람들 사이에서 위험한 사람을 제거함으로써 사회를 보호하도록 되어 있지만, 이 망쳐진 처녀들로 인해 사회에 위험이 임박했다고 생각할 수 있는 사람은 거의 없었을 것이다. 일반적으로 성매매는 사회에 위협이 된다고 여겨졌지만 이 앙심을 품은 여자들은 엄밀하게 말한다면 성매매 여성이 되고 싶지 않았기 때문에 살인을 시도한 것이다. 그리고 (이미 한 번으로 영원히 망쳐진) 그들은 당연히 다시 망쳐질 수 없으므로, 다시 복수할 이유도 없기 때문에, 자신들의 범죄를 반복할 것 같지도 않았다. 게다가 자신들의 불만을 사회가 아니라 특정한 개인의 탓으로 돌리고 정치적인 행동이 아니라 개인적인 복수로 보상을 찾은 여자들은 사회 구조를 위협하는 게 아니라 실제로는 지지한 거였다.

사회를 위협하는 누군가가 있었다면 그건 망쳐진 처녀들이 아니라 그들의 사악한 유혹자들이었다. '사회의 심장을 타락시키는' 그들이 '부도덕의 독이자 곰팡이'였다.[81] 메리 모리아티를 변호한 밀턴 헤인스는 "가장 신성한 결혼의 약속으로, 처녀를 유혹한 그는, **살인보다 더 나쁜** 범죄를 저지른 것입니다"[82]라고 주장했다. 파울러 교수도 그 정서를 메아리쳐 주었다. "이 범죄와 비교한다면, 살인은 순수다."[83] 패니 하이드를 대변한 변호인 캐틀린은 더 나아갔다. "천박한 욕정으로 이러한 폭력에 박차를 가한 남자들은 인류의 수치입니다"라고 그는 주장했다. "그리고 그들이 자신들의 욕정에 희생당한 이들에 의해 파멸되는 것은 바른 운명입니다."[84]

어쩌면 그건 좀 지나치게 간 거였지만, 유혹자들의 욕정에 희생당한 이들은 그저 사회가 그들에게 시킨 일을 하려고 애쓴 것처럼 보였다. 그들은 자신들이 배운 것 말고는 다른 어느 것도 그렇게 고결하게 여기지 않는 것 같았다. 그들은 존중받는 아내와 어머니가 되는 것 말고는 아무것도 원하지 않는 듯했다. 필연적으로 그들의 운명은 자신들의 신뢰를 의심 없이 한 남자에게 주는 걸 포함했고,

그들은 남자를 잘못 골랐다. 옳은 남자였더라면 그들은 모범적인
아내가 되었을 것이다. 밀턴 헤인스는 모든 여성이 지닌 무한한 사랑과
이타적인 헌신, 그리고 특히 메리 모리아티의 경우에 대해 열변을
토했다. 케이트 스토더트는 "우상 숭배에 맞먹는 애정으로 사랑한
여자"[85]로 그려졌다. 그리고 버로스의 배신이 아니었다면 메리 해리스는
'훌륭한 아내'가 되었을 테고, 그랬다면 "세상이 그에 대한 그녀의
숭고한 헌신에 박수를 쳤을 것"이라고 그녀의 변호사들은 주장했다.[86]
리디아 마리아 차일드는 어밀리아 노먼의 성품을 거의 완벽하다고
설명했다. 그녀는 "강렬한 감정을 지녔지만 조용하고, 말이 없으며,
자신이 사랑하는 사람이 하자는 대로 온순하게 따라오는 소녀"였다.
"제대로 교육을 받았더라면 고귀한 여자가 되었을 것"이라고 차일드는
말했다.[87] 메리 해리스의 변호사들도 그녀가 "모든 나라와 시대를
통틀어 가장 고귀하고, 가장 순결한 최고의 행동만을 했다"[88]고
주장했다. 그리고 변호사 헤인스는 메리 모리아티가 자신의 정조를
지키려 한 일을 대놓고 루크레티아와 베르지니아[89]의 성스러운 행동에
비교했다. 이 여성들은 미쳤을 때조차, 조금도 '비정상적'이지 않았고,
그들이야말로 진짜 여성성의 모범이었다. 그들은 사회가 직접 그들에게
과대평가하라고 가르친 그 미덕을 (그리고 자신들에게 주어진 사회적
위치를) 옹호하기 위해 죽였을 뿐이었다.

그들은 사회가 보호를 제공해 주지도 않았고 도둑에게 처벌을
강요하지도 않았던 그 도둑맞은 명예를 지키려고 죽었다. 국가가
도덕적으로 모든 시민을 보호할 의무가 있음에도 불구하고 법이
그들을 보호할 수 없거나 보호하길 꺼려하는 것처럼 보였으므로 법의
바깥으로 나갔다.[90] 국가는 개개인의 시민들이 자신의 이익을 위해
다른 사람에게 보복할 수 있는 권리를 부정하면서 그 대신 모든 시민의
이익을 똑같이 옹호하는 일을 떠맡는 의무의 계약을 한다. 그러나
유혹과 같은 사건에서 국가는 손을 놓고 있었고 배신당한 처녀들은
스스로 제재를 가했다.

유혹에 대한 대중의 격렬한 항의에도 불구하고 사회는 약탈하는
남자들로부터 여자들을 보호하기 위해 법적 또는 사회적 합의를
전혀 바꾸려 하지 않았다. 국가는 사실상 여성 시민들(어쨌든

완전한 시민도 아니었다)과의 사회적 계약을 위반했고, 여성들이 스스로 복수함으로써 처벌할 권리를 거머쥐었다고 해도 그 때의 법은 도덕적 근거를 갖고 있지 못했다. 여자들은 스스로를 위해 복수했고, 재판에 세워졌을 때 법의 무책임함이 기소 과정의 모순에서 드러났다. 살인자가 피해자였고, 피해자가 어쩌면 살인자보다 더 나쁜 범죄자였고, 국가는 악당이었고, 배심원들은 자백한 살인자를 법의 처벌로부터 보호해야만 했고, 그렇게 계속 이어졌다. 헤인스 변호사가 모리아티 사건에서 "여기에 법은 거의 없다"고 주장했을 때 실제로 그 말은 꽤 옳았다. 그리고 대통령의 부인이었던 사람이 연방 정부 건물의 복도에서 공무원을 총으로 쏴 죽여 재판을 받은 젊은 여성에게 꽃다발을 보내야만 한다는 건, 혼란스러운 대중이 보기에는 어쩐지 완벽하게 타당했다. 언제나 그랬듯 남자들은 자신들의 반응을 기사도라고 불렀고, 실제로 무슨 일이 벌어졌는지 너무 가까이에서 보기를 거부했다.

법이 섬기는 건 남자들이었고 이 사건들의 진짜 쟁점은 여자들과 거의 상관없었다. 자신을 유혹한 사람을 죽인 여자를 무죄로 풀어 주는 건 **남자의** 처벌을 승인하는 방식일 뿐이었다. 왜냐하면 파울러 교수가 말했듯, 여성의 순결은 여자뿐만 아니라 남자에게도 그만큼 가치가 있기 때문이었고, 여자는 유혹으로 자신의 미덕을 잃었지만 남자는 자신의 **재산을** 잃었다. 유혹을 처벌하는 유일한 법은 테네시 주 편람에 나온다. 그곳에서는 메리 모리아티가 재판받으면서 감금되어 있는 동안 딸의 도움을 상실했다는 이유로 유혹자를 고소할 자격을 그 아버지에게 부여했다.[91]

훌륭한 담화의 이면에 깔려 있는 여성에 대한 경멸은, 유혹을 처벌하는 법을 요청하는, '여성들이 광범위하게 서명한' 많은 수의 청원에 관해 법사위원회에서 뉴욕 주 의회로 보내는 이 보고서에서 볼 수 있듯이 종종 드러났다.

언급된 범죄의 횡행으로 여성 성별이 주된 피해자라는 건 감춰지지 않는다. 그리고 어떤 이들은 여성의 정숙함이라면 소스라쳐야 할 문제를 파헤친다고 생각할 수도 있지만, 우리는 명백한 사실, 즉 그들이 부서진 마음과 사라진 희망의 고통을 견디는 동안, 우리는 당연한 권리를 주장하고, 정당하건 아니건, 우리는 우리의 모든 힘을 행사할 것이라는 사실에 눈을 감을 수는 없다. 만약 그들이 그렇게 고통스럽다면, 그들은 이것 말고는 어떠한 방법으로도 보상받지 못한다. 그리고 그들의 기도를 들어줄 정책에 대한 우리의 관점이 어떻게 되건, 아무도 그들이 청원할 권리를 부정하진 않을 것이다.[92]

그들은 말했다. 여자들은 고통받아라, 그리고 청원해라. 우리는 그저 가끔 보고하는 것 말고 뭔가 해야 할 의무는 없다.

여자들은 계속해서 청원했고, 법사위원회는 계속해서 청원을 받았고, 의회에 보고서를 썼고, 보고서에서 그들은 교활한 유혹자들이 **남자**들에게 끼친 피해에 대해 논의했다. 1842년의 보고서에서 그들이 말한, "간통이나 유혹 범죄"(뉴욕 주에서는 간통이나 유혹 둘 다 범죄가 아니었고 그걸 지적하는 게 청원의 목적이었다)로 인해 "**더 연약한** 측이 재산과 미래를 탕진하고 훌륭한 사회에서 쫓겨나 가난과 수치로 내몰리지만, **어전히 더 큰 피해는 그 여자의 친구들의 정신적인 행복과 도덕적 감정에 있다**"는 건 사실이었다. 간통의 경우, "만약 이 장면을 자신의 아내나 딸의 장례식과 **맞바꾸는** 게 허락된다면, 이런 상황에서 영혼을 짓누르는 비통함으로부터 안도하지 않을 자가 누가 있겠는가?"라고 보고서는 물었다.[93] 아내와 딸들이, 이 모든 청원에 서명하고 있는 바로 그 여성들이 조금 다른 관점을 가질 수 있다는 걸 제안하는 사람은 아무도 없었다.

그리고 차라리 아내와 딸이 죽는 걸 보겠다는 이 모든 입법자들은 분명 아내와 딸을 자신들과 동등하게 보길 원치 않았다. 이 역사적인 나사의 마지막 회전에서, 유혹을 처벌하자는 주장은 역설적으로 여자의 권리를 반대하는 주장이 되었다. 동등한 정의, 즉 모두의 행동에 동일한 성별 잣대가 적용되길 원하는 여자의 바람에서 기인한 요구가, 여자는 타고나길 모자란 창조물이라 남자들에 의해 스스로에게서 구해져야 한다는 의미로 해석되었다. 이 모든 주제로 테네시 클래플린은 화가 목까지 차올랐다. '유혹에 관한 아우성'에 참여한 여자들은 "여자들은 바보에 겁쟁이로 의견도 자격도 자신을 지킬 힘도 없는 채로 그저 남자들에 의한 파멸에 좌지우지될 의무밖에는 없다"는 잘못된 개념을 용인할 뿐이라고 주장했다. 여자는 동등하지 **않았기에**, 반유혹법을 위한 싸움은 불평등에 대한 시인**이었다**. 그리고 반유혹법의 주장은 여자들이 평등을 달성하는 데 방해가 되는 걸 제거해야만 한다는 의미보다는 여자들은 열등하니까 사회의 아버지들의 '낭만적인 가족주의'로 보호받아야만 한다고 해석되었다. 클래플린은 유혹자에 대한 이야기는 어떤 경우건 양방향에서 끊어내야 한다고 주장했는데, 왜냐하면 여자한테는 결혼이 유일한 직업이라서 어떤 남자의 유혹을 반드시 인생 사업으로 만들 수밖에 없었기 때문이었다. 그녀의 비정통적인 관점에서 본다면, 여자들은 자신의 몫보다 더 움직여야만 했다. "대부분의 경우에 여자들은 남자들을 홀릴 만큼 교활하기도 하고, 또 그뿐 아니라 배신을 남자들 탓으로 던져 줄 만큼의 명민함도 가지고 있다"고 그녀는 보았다. 그리고 그게 '부정직한 거래'라면 그건 여자들이 남자들한테 배운 유일한 것, 바로 남자가 만든 사회에서 살아남으려 애쓴 '자연스럽고 필연적인' 결과였다. 따라서 남성 유혹자로부터 여성을 보호하려는 모든 법은 '계획적인 여자로부터 [남자] 얼간이를 보호할 법'과 동반되어야만 한다고 클래플린은 주장했다. 그녀는 "만약 법이 문제를 규제하려 한다면, 모든 범위에서 다 효과적으로 보호받아야 한다"고 말했다.[94] 그러나 사회의 희극에 대한 클래플린의 세련된 조롱은 임박한 주제를 넘어간 것이었다. 선량한 아내와 딸들은 계속해서 반유혹법 청원에 서명했고, 불의에 불만을 토로하면서, 더 많은 불의를 끌어들였다. 남자들은 (일대일 방식으로 비공식적이지만) 여자들을 유혹으로부터 보호했고, 여자들을 또한 교육, 동일 임금, 직업으로의 진출과 투표로부터도 보호하고 있었다.

　　정치적 거래와 성적 거래에서 여자들은 남자 대 남자의 게임에 쓰이는 화폐였다. 이 불가피한 사실은 십구세기의 가장 유명한 살인 재판 중 한 건으로, 나중에 메리 해리스의 변호사들이 이 재판에서 정립한 정신 이상 변론을 빌려 간 사건의 피고이자 뉴욕 주 하원 의원이었던 대니얼 시클스의 사건[95]으로 잘 드러났다. 1859년 시클스는 익명의 제보자에게서 어린 시절부터 자신이 '사랑스럽게 다루어' 그녀가 열여섯 살이 되자 결혼한 열다섯 살 연하의 아름다운 여성, 테리사가 그 목적으로 빌린 워싱턴디시의 집에서 몰래 연인을 만났다는 걸 알게 되었다. 악명 높은 '여성 감식가'인 시클스는 뉴욕의 성매매 여성과 수치스러운 정사를 즐겼고 이중 잣대를 굳건히 믿었다. 그는 조사 끝에 주장이 진실이라는 걸 발견하고 아내에게 증거를 들이댔고, 모든 걸 (충격적인 세부 사항까지) 글로 자백하도록 했다. 그는 그녀의 결혼반지를 자르고 바닥에서 자도록 했다. 그다음 날 라파예트 광장에서 그는 들고 있던 오페라글라스로 용맹하게 자신을 막은, 그녀의 연인인 매력적인 홀아비 필립 바턴 키(미국의 국가인 「성조기여 영원하라(The Star-Spangled Banner)」의 가사를 쓴 작가의 아들)를 쏴 죽였다. 시클스는 살인 혐의로 재판에 섰고, 나중에 링컨의 전쟁 장관이 된 에드윈 스탠턴을 선두로 한 유명한 변호사들이 진열을 이뤄 변호했다. 뷰캐넌 대통령 자신이 목격자에게 시내를 떠나도록 돈을 지불했다. 여성들은 법정에서 배제되었다. 일시적 정신 이상을 주장한 시클스는 무죄로 풀려나 하원의 자기 자리로 되돌아갔다.

테리사 시클스는 키가 살해된 직후, 하자품처럼 뉴욕의 아버지 집으로 반품되었다. 몇 달 후 그가 아내를 '용서'하고 화해를 시도할 때까지 대중은 계속 모두 시클스를 지지했다. 여론은 더럽혀진 결혼 침대로 시클스가 다시 올라가는 걸 완강하게 반대했는데, 그렇게 되면 키의 죽음이 명예의 문제가 아니라 단순한 살육처럼 보였기 때문이었다. 그래서 그들은 같이 살지 않았고 테리사 시클스는 1867년 서른한 살에 '감기'로 죽을 때까지 거의 자신의 집을 떠나지 않았다. 시클스는 그와 반대로, 남북전쟁에서 연방의 무능한 장군으로 복무했고, 다리 하나와 어떤 사령관보다도 더 많은 군인을, 게티즈버그에서만 4천 명 이상의 군인을 잃었다. 재판 약 오십 년 후에도 시클스는 활발히 공직 생활을 이어 갔고 스페인에 대사로 있을 때 이사벨 2세 왕과의 악명 높은 관계를 포함해 (사람들이 농담하듯이) '사적인 생활'에서도 활발하게 지냈다. 1914년에 아흔다섯 살로 죽었을 때 최고 군장으로 장례가 치러졌다.[96] 탄약 싣는 마차에 시체를 태운 채 기수 없는 말이 그 뒤를 따라가는 장례 행렬로 시내를 통과해, 일제 사격으로 애도를 받으며 알링턴 국립 묘지에 묻혔다.

그러나 그 웅장한 장례 행렬은 1865년 7월의 뜨거운 어느 날, 전쟁은 끝났고 게티즈버그에서 미드 장군의 명령에 불복종한 것에 대한 이야기도 잠잠해진 무렵, 다리 하나의 시클스 장군이 장기간의 중남미 '시찰 여행'을 끝내고 워싱턴디시로 돌아온 날로부터 반세기가 지나 일어난 일이었다.[97] 신문이 그의 귀국을 알렸지만 워싱턴디시를 떠들썩하게 한 뉴스는 메리 해리스의 살인에 대한 무죄 선고였다. 그녀의 변호사들은 자신들의 고객이 미쳤다고 변론하면서 시클스 변호사단의 선례를 따랐다. (어쩌면 시클스는 그저 화가 났을 뿐이지만 해리스는 실제로 자신이 미쳤다는 걸 깨닫지 못했을 수도 있었다.) 어떤 경우건, 저명한 남자의 사건에서 그렇게 효과적이라고 입증된 같은 청원을 젊은 여성을 위한 경우에서 부인하는 건 점잖지 못할 터였다. 그러나 선정적인 사건이지만 죽을 만큼 진지했던 시클스 사건과 달리, 언론은 해리스 사건을 종종 가볍게 다루었다.『뉴욕 타임스』는 무죄 판결에 관한 사설에서 "재판 과정에는, 개정부터 폐정까지, 전국적으로 아주 큰 관심이 뒤따랐다"고 서술했지만 "그러나 범죄와 연관된 사건들이 아주 특이한 특징이 있거나 (…) 그로 인한 새로운 원칙이 세워질 거라는 어떤 기대가 있거나, 또는 그래 왔던 것과 다른 평결이 있을 거라서 그런 것은 아니었다"고 했다.『뉴욕 타임스』는 "이 사건에서 표출된 대중의 관심은 주로 (…) 시대가 어느 때보다 지루하고, 이런 종류의 일화가 지금 국가가 직면한 중대한 공공의 문제 중간에 생생한 험담거리를 제공한다는 사실에서부터 나온다"고 분석했다.[98] 메리 해리스가 체포된 1월 말과 7월의 재판 사이 '어느 때보다 지루한' 시기 동안, 셔먼 장군은 바다로 진격했고, 남부 연합은 항복했고, 에이브러햄 링컨 대통령은 관객이 몰린 극장에서 암살당했다. 앤드루 존슨 대통령이 취임했으며, 해리스 재판이 시작된 바로 그날, 링컨 암살 사건에 연루된 메리 서랫 부인과 3명의 남성 공모자들이 워싱턴 아스널에서 공개 처형되었다.

그러나『뉴욕 타임스』는 해리스 사건에서 오로지 기분 전환용 오락과 "어떤 식으로건 다른 성별의 일원으로 인해 비통해졌다고 생각한 모든 여성은 처벌 없이, 정해진 법적 형벌에서의 면책을 보장받고 죽일 수 있다는, 미국 법에서 확정된 원칙으로 간주되어야만 하는 상황의 새로운 묘사"만을 발견했다. 사설은 남자는 무슨 짓이건, 하다못해 저지르지 않아도 유죄 판결을 받고 '변덕에 사로잡힌' 여자는 그저 남자를 살해하고 "법의 극단적인 처벌뿐 아니라 어떤 종류의 처벌이건 모든 처벌로부터 탈출한다"고 말했다. 만약 그 광범위한 의혹이 사실이라면 (사실이 아닌 게 명확하지만), 사설에 불꽃이 튀어야 하겠지만,『뉴욕 타임스』는 느긋했다. "이런 사태에 잘못을 찾는 것은 소용없다. 미국에만 있는 독특한 일로 대개의 사람들은 단연 자랑스러워한다."[99]

　　페미니스트들은 아니었다. 그들은 남자들이 만든 사법 제도에서 잘못을 찾았다. 그들은 구체적으로 여성 참정권 운동을 했고 그래서 자신들이 그 아래에서 살아야만 하는 법을 만드는 데 여자들이 말을 넣을 수 있도록 하려 했다. 그들은 여성도 그들과 같은 성별을 가진 배심원에게 재판을 받아야만 한다고 주장했다. 그들은 더 나은 교육, 더 많은 직업의 기회, 그리고 여성에게도 동등한 임금을 목표로 노력했고 그래서 여성들이 더 현명해지고 남성들과 결혼에 덜 의존적으로 될 수 있도록 했다. 그들은 몇몇 여성에게만 내민 '기사도'를 거절하고 법 아래에서 모든 남성과 여성에게 동등한 정의를 요구했다. 1850년에 열린 오하이오 주의 여성인권대회는 다음과 같이 선언했다. "모든 권리는 **인간의** 권리이고 성별의 구별 없이 인간에 속한다. 그러므로 정의는 모든 법이, 남자를 위해서도 여자를 위해서도 아니라, 인간을 위해서 만들어질 것을, 그리고 동일한 법적 보호가 한 성별에서처럼 다른 성별에도 제공되도록 요구한다."[100]

　　정의를 위한 이 청원은 대부분 무시되거나 조롱받았다. 후회로 가득 찬 여자가 저지른 범죄를 남자들이 가끔씩 봐 주는 것과 집단으로서의 여자가 법적 권리를 요구하는 것은 완전히 다른 문제였다. 엘리자베스 케이디 스탠턴과 같은 몇몇 급진 페미니스트들이 '새로운 여성성'의 합의된 주장의 일부로 이혼 사건과 함께 '애인'을 총으로 쏘는 이 무작위의 사건들을 토론하기 시작하자,[101] 남자들은 화를 냈다. 그리고 로라 페어[102]는 그들을 더더욱 화나게 했다. 두 번 결혼했고 그래 봤자 떳떳할 게 없는 그녀는 그녀의 연인, 저명한

샌프란시스코 판사이자 존경받는 유부남인 알렉산더 크리텐든을
1870년 오클랜드 여객선에서 쐈다. 그녀는 기소되어 사형을
선고받았지만(로라 페어는 아무리 상상력을 펼쳐 본다 해도 더럽혀진
처녀가 아니었고 크리텐든 판사는 저명했으므로) 법률상 사소한 절차로
인해 판결은 취소되었다. 항상 절호의 기회를 찾고 있었던 페어 부인은
미국의 도덕이라는 주제로 순회강연을 제안했다. 시클스 장군과 그처럼
간통을 저지른 다른 남자 복수자들이 "가장 높으신 하느님의 하인들이
강론한 모든 설교보다도 참된 도덕성을 위해 더 많은 일을 했다"고
그녀는 주장했다. 그러나 그녀의 관점에선 여자도 스스로 일어서야만
했다. "미국 여자가 정당하게 자신의 더럽혀진 이름을 복수하면, 그
행동은 호색한과 난봉꾼들의 마음에 (…) 천 명의 시클스가 한 행동을 (…)
말하는 것보다 천 배는 넘는 공포를 일으킵니다. (…) 그녀의 행동으로,
그녀의 성별은 온 세상을 통해 미국 여성의 이름으로 영광을 누릴
것입니다."[103] 페어 부인은 1872년 11월 21일 샌프란시스코에 있는
플랫츠 호텔의 강의에서 학대받은 여성들에게 살인하라고 선동할 이런
관점을 설명할 생각이었지만, 2천 명의 군중이 호텔 바깥에 몰려들었고
같은 수의 또 다른 군중이 키니가에 있는 자신의 집을 에워싸자, 경찰의
보호를 요청했다. 경찰은 상황이 너무 위험하다고 말하면서 거부했다.
(그만큼 위험해서 보호를 요청한 것이었다.) 그녀는 집에 머물면서 이후
강의를 팸플릿 형식으로 출판했지만 모두 남자였던 집 바깥의 군중은
"야유를 보내고 소리를 질렀고 몇몇 남자들은" 그녀를 공격하려고
"무단으로 위층으로 올라오려고 했다."[104]

　　여자들은 '기사도'를 지닌 남자들이 정의를 대신해 주는 데
만족하면서 감사한 마음으로 조용히 있어야만 했다. 무엇보다도,
그들은 '사악한 유혹자'들이, 여자들을 보호해 주는 척하는 기사도
정신으로 가득한 가부장들과 떨어진 별개의 종류가 아니라는 걸
눈치채면 안 되었다. 사실 유혹자들은 정말로 아주 보통 남자처럼
보였다. 그리고 그들은 모든 곳에 있었다. 존 시핸처럼 가난한 노동자도
있었고, 조지 왓슨, 찰스 구드리치, 헨리 밸러드처럼 성공한 사업가나
상인이기도 했고, 어도니램 버로스처럼 유망한 공무원이기도 했다.
또한 버로스처럼 몇몇 남자들은 엄청난 인맥을 갖고 있었다. 목사인

그의 형제는 시카고대학교의 총장이었다. 찰스 구드리치의 형제는 잘 알려진 브루클린의 변호사였다. 다른 사람들은 간통을 저지른 크리텐든 판사처럼 스스로 유명했다. 그들은 버로스나 시핸처럼 결혼을 안 했거나, 구드리치처럼 사별을 했거나, 크리텐든 판사나 조지 왓슨처럼 안정적인 유부남이기도 했다. 조심스럽게 갈라놓은 인생의 몇몇 구획에서 그들은 꽤 존경받는 것 같았고 어쩌면 모범적이기까지 했다. 열다섯 살의 패니 하이드를 강간한 조지 왓슨의 아내였던 이는 그가 '가장 친절한 최고의 남편'이었다고 말하려 증언대에 섰다.

메리 해리스의 무죄 판결에 대해 『뉴욕 트리뷴』만이 사설에서 진실에 가장 가깝게 다가갔다. 『뉴욕 트리뷴』은 평결에 내재된 불공정성을 지적했다. "만약 **그녀**가 **그**를 퇴짜 놓았다면, 그리고 그가 그래서 그녀를 쐈다면, 아무도 그를 정신 이상의 죄로 판결 내리지 않았을 것이다." 그럼에도 불구하고 편집자는 "이 평결과 동류의 평결에는 거친, '야생의 정의'가 있다"고 했는데, 왜냐하면 법은 여자를 보호하기 위해 아무것도 하지 않기 때문이었다. 『뉴욕 트리뷴』은 "소녀로부터 그녀의 미덕을 뺏으려 음모를 꾸미거나 도와주는 모든 이들은 최소한 강도, 위조범, 노상강도에게 가하는 만큼의 심한 벌은 받아야 한다"고 주장했다. 그러나 『뉴욕 트리뷴』에 따르면, "그들은 그렇게 처벌받지 않는다. 왜냐하면 힘있는 자들이 그래야만 하는 걸 불편하다고 보기 때문이다. (…) 비록 수정되지는 않겠지만 잘못되었다는 건 느껴진다."[105]

그래서 다시 가능한 한 가장 간단한 용어로 모든 것이 정리되었다. 남자들은 계속해서 여자들이 무지하고 의존적이며 '순결'에 헌신하도록, 스스로를 보호할 수 없도록 선택했다. 그리고 남자들은 유혹의 혐의에서 스스로를 보호하고 유혹자들을 다루는(필요하다면 폭력으로) 특권과 유혹자가 될 특권을 보유하고 싶기 때문에 유혹자로부터 여자들을 보호할 법을 여자들에게 주지 않기로 선택했다. "우리의 법은 남자들이 만들었다"라고 『뉴욕 트리뷴』은 말했다. "그리고 법은 여자에게 정의롭지 않다. 여자의 순결에 대한 음모자들은 엄중하게 처벌해야만 한다. 그러나 그러지 않는다. 왜냐하면 너무 많은 우리의 입법자들과 집행자들이 난봉꾼이기 때문이다." 그건 어떤 페미니스트도 피해 갈 수 없는 빤하고 간단한 공식이지만『뉴욕 트리뷴』은 공정함과 돈으로 무장하고 있었다.『뉴욕 트리뷴』은 인정했다. "이건 너무 대놓고 하는 말이지만, 그렇지만 사실이다."[106]

4

법과는 무관하게

1

"여자들을 매달아도 된다고 들어주면," 웬들 필립스는 남자 동료들에게 말했다. "그러면 여자들도 투표할 수 있다고 들어줘야만 한다."[1] 그렇게 간단한 것이었다. 여자들이 남자들과 동등한 동료라면 모든 시민권과 정치적 권리를 동등하게 누릴 수 있어야만 한다. 그게 아니라 여자들이 (남자들이 반복해 주장했듯이) 열등한 계급이라면, 그런 경우엔, 모든 여자는 남자 배심원에게 재판을 받게 되므로 자신과 같은 여자들로 이루어진 배심원에게 재판받을 권리는 자동적으로 없어지는 거였다. 남자들은 그저 투표권은 주지 않은 채로 여자들을 매달고 싶어 할 뿐이라고 페미니스트들은 말해 왔다.

남자들에게는 그 선택이 전혀 선택이 아닌 게, 어느 쪽을 용인하더라도 지는 거였고 그건 결코 있어선 안 되는 일이었다. 하지만 그렇게까지 끈질기게 자신들의 주장을 이어 가는 앙심 깊은 여자들에게 졌을 경우를 고려해 본다면, 남자들의 모순된 입장은 많이 창피할지라도 분명 그렇게까지 견디지 못할 건 아니었다. 뉴욕 주 여성권리위원회는 1860년 열번째 전국여성인권대회에서 다음과 같은 의제를 내놓았다. "우리는 이제 참정권, 우리와 같은 여자 배심원에 의한 재판, 결혼 동반자의 공동 소득에 대한 동등한 권리를 요구한다. 그리고 정부에 우리의 목소리를 낼 수 있도록 헌법이 바뀔 때까지 재산, 결혼, 이혼에 대한 모든 남자의 법에서 남자와 여자가 동등한 권리를 갖게 해 달라고 남자들에게 요구한다."[2] 그리고 페미니스트들은 "단 한 번도 동의하지 않은 법을 위반했다고 법의 권리를 빼앗기게 되는, 자신과 같은 성별의 배심원에게 재판을 받을 권리를 부정당하고 자신의 운명을 결정할 판사를 뽑는 선거에서 목소리를 내 보지 않은 시민은 삶의 권리를 가졌다고 말할 수 없다"[3]고 주장했다.

상황이 이런데도 여자들은 간단한 정의조차 갖지 못했다. "부인할 수 없습니다." 엘리자베스 케이디 스탠턴은 1854년 뉴욕 주 의회에서 논의했다. "인류가 아직 발전하지 못한 현재 상태, 그리고 지금의 사회적 합의 아래에서는, 남자와 여자의 이익이 상충할 수밖에 없다는 것 말입니다. 귀족은 소작농을 위한 공정한 법을 만들 수 없습니다. 또한 노예주가 노예를 위해 그럴 수 없듯이 남자는 여자를 위한 공정한 법을 만들 수도 실행할 수도 없습니다. 왜냐하면 그 각각의 경우에서, 권력을 쥔 자는 자신 말고 모든 계층에 불변하는 공정의 원리를 적용하는 데 실패하니까요." 특히 법정에서, "그들 스스로 인정하듯, 자신들은 너무나 상스러워서, 여자들을 더럽힐까 봐 투표소에서조차 만나지 못한다는 남자들로부터" 어떻게 여자들이 공정한 대우를 받을 수 있겠는가? 페미니스트들은 "형사 재판의 모든 권리 중에서 가장 신성시되는 권리인, 우리와 같은 성별의 배심원들에 의한 재판"을 요구했다. "배심원에 의한 재판은 너무나 오래전부터 설립되어서"라며 케이디 스탠턴은 반대편들의 부아를 치밀어 오르게 하는 합리성으로 설명했다. "그 시작은 태곳적으로 사라졌지만 자신과 동등한 사람들로 구성된 배심원에 의해 재판받을 권리는 진보된 문명의 전진하는 큰 걸음입니다. (…) 그러므로, 모든 역사의 페이지마다 왕, 귀족, 소작농, 추기경, 사제, 평신도들이 저마다 차례차례 자신을 소환한 재판의 권위에 맞서 저항했다는 걸 우리는 찾아볼 수 있습니다. 찰스 1세는 자신에게 유죄 판결을 내린 재판의 적격성을 인정하는 걸 거부했습니다. 그는 말했습니다. 어떻게 백성이 왕을 심판할 수 있는가? 우리 청교도 아버지들의 단호한 후손들은 영국 의회 앞에서 자신들의 범죄에 대해 답하기를 거절했습니다. 그들은 말했습니다. 어떻게 왕이 반역자를 심판할 수 있는가? 그리고 여기 여자가, 비록 교회와 국가가 비준했으나, 양도해 줄 수 없는 우리의 권리를 정의와 공평함에 근거하지 않고 뻔뻔하게 떠맡은 권력으로 스스로를 입법자, 판사, 배심원, 그리고 보안관이라고도 부르는 여자의 주군에 의해 재판받는 일에 동의해야 할까요?"[4]

전투에 참여한 사회의 아버지들은 물러서지 않았다. 그들 중 몇몇은 의심치 않고 자신들의 선전(宣傳)을 믿었다. 십구세기 후반이 되자, 원래는 여자들을 그들만의 영역에 제한시키는 걸 정당화하려고 시작한 변명들이 경전의 권위를 얻었다. 남자들은 여자가 본성적으로 더 섬세하고 더 예민해서, 전체적으로 더 고결한 생명체라서 세상으로부터 고립되어야만 한다고 주장했다. 그리고 얼마 후엔 자신들의 현란한 미사여구를 확신했고 몇몇은 여자가 정말 더 나은 반쪽이라고 믿었다.(여성들은, 그들만의 이유로, 동의하게 되었다.) 남자들은 대중의 이념을 공공 정책으로 바꾸고, 전설을 법으로 성문화하기 위해 앞다투어 모두 기를 써댔다.

이젠 법정 논쟁에서, 의회 토론에서, 신문의 사설에서 소리 내 말하는 남자들이 기사도 원칙과 진정한 여성성을 진심으로 믿어서 그 상투적인 말들을 주기적으로 뿜어내는 것인지, 여자들을 억압하기 위해 의식적으로 이용하는 것인지 구분하기가 불가능했다. 많은 남자들도 이때쯤이면 자신의 진정성이 어디까지인지 스스로도 구분하기 힘들다는 걸 알았을 것이다. 그러나 어떤 경우라도 원칙 대신 통념대로 하는 건 언제나 같은 결과를 내놓았다. 바로 멋대로 집행되는 불평등한 정의의 증가였다. 이론상으로는 여자와 남자에게 형법은 (남편 면전에서 아내가 저지른 범죄는 법적으로 남편이 책임진다는 것만 제외하면) 실질적으로 동일했지만, 현실에서는 그렇지 않았다. 법이 아니라 통념이 여성의 사건에 대한 지침이었고, 그래서 사건의 향방은 판사와 배심원 들의 정서에 달려 있었다. 판결이 정당하게 보이건 아니건, 신문에서는 여자가 무죄 판결을 받으면 여자는 살인을 저지르고도 빠져나갈 수 있다고 불평했다. 사실, 예측할 수 없는 형사법 제도에서 바람은 종종 반대쪽으로 불었지만 말이다.

한편 사회의 아버지들은 (우리가 봤듯이) 몇몇 여자를 보호하기에 급했고 그 과정에서 사형에 해당하는 범죄를 지은 여자들을 풀어 주었다. 다른 한편으로, 부당하게 관대하지 않다는 걸 증명하려고 그들은 종종 말도 안 될 정도로 엄한 선고를 내렸고 그 공인될 수 없는 엄격함을 '정의'라고 불렀다. 케이디 스탠턴은 화를 돋우는 역사 감각으로 지적했다. "어떤 계급에 속할지라도 사회적 범위나 정치적 범위에서 자신보다 더 높거나 더 낮은 배심원에게 재판을 받는 걸 만족해하는 남자는 없을 것이다. 한편에서는 질투가, 다른 한편에서는 멸시가 효과적으로 정의의 눈을 가려 버리기 때문이다."[5] 확실히, 드러난 사건마다, 질투와 멸시는 여자를 재판하는 어떤 법정과도 결코 멀리 떨어져 있지 않았다. 그리고 페미니스트들의 요구와 그들이 일으키는 불안감이 증가하면서, 판사, 배심원, 입법자, 정치인처럼 법을 제정하고 실행하는 이들은 자신들이 차지하는 위치의 근본적인 모순(부도덕성은 말할 것도 없다)에 걸려 넘어졌다. 보호와 처벌 사이에서 찢겨, 그리고 가끔은 권력을 보유하고자 하는 전략과 상충하며, 그들은 계속 앞으로 나아가며 즉흥적으로 진술과 법규를 만들었고, 문구를 뒤집어 버리는 방법을 배웠다. 법적, 입법적 논쟁은 길고, 헷갈리고, 전혀 예측할 수 없었다. 불평등한 정의에 진심으로 헌신하는 사회만이 스스로 이런 길에 올랐을 것이다.

미네소타 주 세인트폴에서 스타니슬라우스 빌란스키는 1859년 3월 2일 소화 불량으로 앓아 누웠고 아내 앤과 그를 간호하기 위해 고용한 젊은 여성인 로사 샤프의 끊임없는 보살핌에도 불구하고 아흐레 후에 죽었다. 그의 죽음은 그다지 놀랄 일은 아니었다. 세인트폴의 첫 거주민 중 하나로 1842년 폴란드에서 온 빌란스키는 중년도 꽤 지난 나이였다. 심술궂고 음울한 남자로 한 번씩 발작처럼 과음을 하고 폭력을 휘둘렀다는 걸 모두 알고 있었다. 그가 "음울하고 (…) 건강을 심하게 걱정하는 성향"이 있다고 여겨 온, 오랜 세월 그의 주치의였던 앨프리드 버시어 박사는 아픈 빌란스키를 마지막으로 진찰하고 소화 불량이 심하게 악화된 경우라고 진단했다.[6] 검시 배심에서는 자연사로 보았고 빌란스키는 매장되었다. 장례식 후, 앤 빌란스키는 그녀의 조카라고 주장하는 젊은 남자 존 워커와 집으로 돌아갔고 이틀 후 그들은 스타니슬라우스를 살인한 혐의로 체포되었다. 누군가 검시에서 누락된, 충분히 유죄가 될 만한 증거를 들고 경찰에게 간 것이었다. 스타니슬라우스의 친구는 그의 상태가 악화되자 앤이 의사를 부르는 걸 거부했다고 말했다. 로사 샤프는 앤이 조카 앞에서 옷을 벗고 그와 같은 방에서 잤다고 말했다. 2월 28일 앤 빌란스키와 같이 장을 보러 간 이웃 루신다 킬패트릭은 앤이 집의 쥐를 죽이려고 비소를 샀고 스타니슬라우스에게 '한 알' 줘도 상관없다고 무심코 언급했다고 말했다. 당국은 부검을 명령지만 무능력한 지방 의사들은 독도 자연사의 원인도 찾아내지 못했다. 잇달아 진행된 화학 시험은 뒤죽박죽으로 결론이 나지 않았고 그들의 증거는 『세인트폴

262

파이어니어 앤드 데모크랏(St. Paul Pioneer and Democrat)』에 따르면, "대략 만들어낼 수는 있어도 만족스럽지 않았다."[7] 그럼에도 불구하고 증거는 두번째 검시 배심원에게 "사망자는 빌란스키 부인의 손으로 조제한 비소의 효과로 사망에 이르렀다"고 설득시킬 만큼 확실했다. 존 워커는 빌란스키 죽음에 연루시킬 증거 부족으로 3월 15일 풀려났지만 앤 빌란스키는 예비 심리 이후 일급 살인 혐의로 구속되어 1859년 5월 재판으로 넘겨졌다.

재판에서 앤 빌란스키에 대한 증거는 대체로 심리 때 나온 증거와 같았지만 아주 중요한 하나가 추가되었다. 화학 분석을 위해 망자의 위 일부를 시카고로 보낸 지역 의사가 빌란스키가 비소 중독으로 죽었다고 권위를 담아 증언했다. 남편을 잃은 여성에 대한 사건은 강렬했지만 두 가지 의심이 여전히 풀리지 않아 거슬렸다. 우선, 앤 빌란스키는 스타니슬라우스와 결혼할 동기도 살해할 동기도 없는 것처럼 보였다. 예전 이름은 앤 에버즈 라이트로 키 크고 잘생긴 서른세 살의 그녀는 남편을 잃고 1858년 5월 젊은 조카를 간호하러 노스캐롤라이나 주 페이엣빌에서 세인트폴로 왔다.[8] 워커를 통해 빌란스키를 만났고 1858년 9월에 그와 결혼했다. 육 개월 후에 다시 남편을 잃었고 이번에는, 추정에 따른다면, 스스로 그렇게 만든 것 같았다. 두 가지 고전적 동기가 저절로 제시되었다. 돈과 사랑. 그러나 스타니슬라우스는 가진 돈이 없었으므로 그녀가 돈 때문에 그랬을 거라고 아무도 진지하게 주장하지 않았다. 오랫동안 그는 '예전에 모은 돈'으로 살았고 사망 당시 많은 빚을 지고 있었다. 그의 친구들은 그가 빚으로 고민이 많았다고 말했다. 그래서 앤이 실수로 돈 때문에 스타니슬라우스와 결혼했다고 해도(폭력적인 걸로 악명 높은 남자와 결혼할 다른 이유를 상상하기는 힘들다) 분명 비어 있는 줄 알고 있는 지갑 때문에 그를 **살해하진** 않았다. 검찰은 살해 동기가 사랑, 존 워커에 대한 그녀의 불륜의 사랑이라고 주장했다. 처음에는 지방 검사가, 그다음에는 신문이, 그다음에는 주지사 스스로 그들의 정사를 널리 알려진 사실로 이야기했지만[9] 앤 빌란스키와 워커는 언제나 부인했고 그들 사이의 '부적절함'에 대한 유일한 증인은 자신도 그 방에서 잤기 때문에 빌란스키의 장례식 이후에 그들이 같은 침실에서 잤다는 걸 알고 있는 로사 샤프밖에 없었다. 사실 앤과 워커가 정사를 나눴다는 주된 '증거'는 여러 친구에게 그 불륜에 관해 불평은 했지만 그렇다고 그들을 막으려 하지는 않았던 스타니슬라우스 자신으로부터 나온 것 같았다.

확실히 어떤 아내라도 성질 나쁜 스타니슬라우스를 제거하고 싶을 거라고 상상하긴 쉬웠고 앤도 남편을 싫어한다는 사실을 비밀로 하지 않았다. 그녀는 꽤 대놓고 그의 치명적인 병세가 엄청 과식한 다음, 같이 자는 걸 거절한 자신에게 폭력적으로 화를 낸 후 시작되었다고 말했다. 놀라운 자매애의 순간에 빌란스키의 첫 아내인 메리 엘런이 앤의 변호를 위해 증언하러 나왔다. 그녀는 십 년간 빌란스키와 살았고 4명의 아이들을 낳았다. 그녀는 그가 '진탕 흥청거린 뒤에 언제나 아픈', 아주 많이 먹고 마시는 사람이란 걸 알았다. 그는 '뚱하고 질투가 많은 남자'였다고 그녀는 말했다. "그리고 남편으로서 잔인했지요."[10] 더구나 미신에 깊이 빠져 삼월에 죽을 거라고 믿고 있었고 매년 삼월이면 아팠다. 십 년을 학대받고 나서, 메리 엘런 빌란스키는 결혼에서 걸어 나갔다. 2번 아내와 3번 아내도 차례대로 그녀를 따랐다. 그리고 명백히, 앤 빌란스키도 같은 일을 할 계획이었다. 스타니슬라우스가 아프기 육 주 전에 앤은 재판에 증인으로 서도록 노스캐롤라이나 주로 돌아오라고 요구하는 편지를 그에게 보여주었다. 빌란스키는 버시어 박사와 다른 친구 몇 명에게 가정부를 찾게 도와 달라고 청했다. 그는 자기 아내가 워커와 노스캐롤라이나 주로 가는데, 돌아올 것 같지 않다고 말했다. 그런데 그녀가 만약 워커와 그냥 걸어 나갈 수 있었다면, 왜 빌란스키를 죽였을까? 전반적으로 동기에 관한 질문이 쟁점이었다. 그런 데다 또한 가장 불리한 검찰 측 증인 2명인 로사 샤프와 루신다 킬패트릭은 둘 다 존 워커와 불가항력적인 사랑에 빠져 있는 듯했고 존경받는 유부녀인 루신다는 그에게 위신 떨어지는 편지도 써 보냈다.

검찰의 기소에는 다른 구멍도 있었다. 상반되는 독물 검사가 사망 원인에 의심을 남겼다. 남편이 마지막으로 아팠을 때 남편의 음식과 음료는 틀림없이 앤 빌란스키가 마련했지만 아무도 그 방식에서 의심스러운 점을 보지 못했다. 빌란스키의 내장이 약을 견디기에 너무 많이 나쁜 상태라는 버시어 박사의 경고에도 불구하고 그는 알지 못하는 내용물이 든 특허 약을 스스로 처방해 먹었다. 그리고 우울증이 자주 발병하는 침울한 남자였던 빌란스키는 빚과 네번째 아내의 부정에 대한 상상, 임박한 떠남과 삼월, 자신이 아파 죽을 거라고 여기고 있는 달인 삼월에 대해 걱정했다. 어쩌면 앤 빌란스키가 추측했듯이 스타니슬라우스는 스스로 독을 먹었을 수도 있었다. 앤 빌란스키의 유죄에 의심이 든다고 인정할 만큼 빠져나갈 구멍이 충분히 컸다. 그렇지만 그녀는 비소를 샀다. 그 비소는 어떻게 되었을까?

신생 주인 미네소타 주는 주의 이미지가 더럽혀지는 걸 가장 크게 우려했다. 그 지역은 무법이라는 불미스러운 명예를 언제나 달고 있었고, 사실상 세인트폴에서 맨 처음 기록된 죽음은 살인 피해자의 것이었다. 미네소타 주가 연방에 들어오기 직전 딱 이 년 동안 거의 만 명의 사람이 유입되며 빠르게 성장한 서부 변경 지역의 세인트폴에서 보고된 살인은 네 건이었으며, 세 건의 살인자는 끝내 밝혀지지 않았고, 네번째 사건의 범인은 도주했었다.

세인트폴은 드넓은 무방비의 도시로 원기 왕성한 남자의 세상이었다.(도시는 배처럼 전통적으로 여성형으로 언급되지만 마크 트웨인은 『미시시피강의 생활(Life on the Mississippi)』에서 꽤 의도적으로 세인트폴을 '그'라고 불렀다.) 강간은 흔한 범죄였고 대개 (기소한다고 하더라도) 적당한 벌금으로 끝나는 위반인, 폭행과 구타로 기소되었다. 불미스러운 빌란스키 일을 해치우고 나면, 파머 판사의 소송 사건 일람표에 있는 그다음 사건은 '지금까지 공동체에서 좋은 사람으로 살아 온' 남자인데 '매우 취한' 채로 열 살 소녀를 강간하려 시도해 작은 벌금만을 받은 제임스 머피의 사건이었다.[11] 남자들은 그런 종류의 일을 이해했다. 빌란스키 재판에서 검사, 변호사, 그리고 증인들은 그들 중 누가 가장 큰 공공의 구경거리가 될지 농담했고 그 명예는 습관적으로 술에 취해 '잭슨가에 드러누운' 변호사(이자 예전 시장)인 존 브리스빈에게로 돌아갔다.[12] 세인트폴의 지도층에게 만취는 그저 삶을 사는 방식이었다.

미네소타가 주가 된 해인(그리고 앤 에버즈 라이트와 스타니슬라우스 빌란스키가 결혼한 해인) 1858년, 위기가 왔다. 땅 투기

거품이 터졌고 은행이 하나씩 차례로 문을 닫았다. 주의 미래에 대한 자신감을 회복할 뭔가가 행해져야만 했다. 여전히 만취, 강도, 살인, 린치가 계속해서 이름을 더럽히고 있었다. 스타니슬라우스 빌란스키가 죽기 겨우 몇 달 전에 근처 라이트 카운티에서 이웃을 살해하고 무죄 판결을 받은 남자가 '라이트 카운티 전쟁'[13]으로 알려진 사람들의 난장판에서 동료 시민들에 의해 린치당했다. 하지만 린치 법이 가혹한 만큼 공식적인 법정은 종종 놀랄 정도로 관대했다. 앤 빌란스키가 체포되기 두 달 전, 아내를 살해하고 얼음 창고 밑에 묻은 혐의로 기소된 남자가 이급 살인으로 유죄 판결을 받고 교도소에서 '단기'형을 받았다.[14] 그리고 앤 빌란스키 선고가 이뤄진 바로 그날 아내를 때리고, 몽둥이로 치고, 발로 밟고 차서 죽인 후에 과실치사로 유죄 판결을 받은 남자가 스틸워터 감옥에서 징역 오 년을 선고받았다.[15] 분명 법과 질서의 엄격한 집행은 오랫동안 연체된 채였다. 그리고 세인트폴의 첫번째 거주민 중 한 사람과 결혼했고, 추정상 남편 몰래 혼외정사를 했고 남편을 조롱했으며 끝내 그를 죽인 게 명백해 보이는, 쾌활한 남부 출신의, 다른 지역 사람인 앤 빌란스키는 편리한 표적이었다. 1859년 6월 3일, 재판의 배심원은 그녀가 일급 살인에 유죄라고 밝혔다.

『세인트폴 파이어니어 앤드 데모크랏』은 사건을 "창부가 될 만큼 사악하고 살인자가 될 만큼 대담한 여자가 더 좋아하는 정부를 위해 싫어하는 남편을 제거하고 싶어진, 전 세계에서 널리 실행되는 비극의 반복"이라고 평가했다. 그러나 검찰의 이론인 불륜의 사랑을 동기로 분석한 신문은 같은 사설에서 이 완벽한 '냉혈' 살인자는 "명백하게 어떤 적당한 동기도 없이 (…) 남자가 가난했으므로 돈일 수도 없고 살인자의 의향에 어떠한 제제도 되지 않았을 결혼의 사슬을 벗어던지기 위한 것도 아니었다"라고 써 나갔다. 그러나 신문은 앤 빌란스키를 **단죄하는** 걸로 동기의 결여라는 문제를 단번에 해결해 버렸다. "설명할 수 있는 인간적 동기의 바로 이러한 부재가 그 행동에 가장 가증스러운 특징을 부여하고, 우리로 하여금 악귀의 특성에 대한 설명을 찾도록 강요하는 것이다."[16]

앤 빌란스키가 유죄 판결을 받자마자 그녀를 구하려는 노력이 시작되었다. 왜냐하면 일급 살인은 교수형 처벌이 수행되어야 하는데 미네소타 주는 전에 단 한 번도 여성을, 또는 백인 남성조차 매달아 죽인 적이 없었다. 악귀건 아니건, 지금 그런다는 건 시대에 뒤떨어져 보였다.

6월 22일, 새로운 재판을 위한 변호 신청은 거부되었지만, 겨우 며칠 지나 곤란해진 판사는 미네소타 주 대법원에 사건을 재심리하도록 보장해 주었다. 3명의 대법원 판사 앞에서 사건을 논의하면서 변호사 브리스빈은 사형 집행을 우회해 보려고 애썼다. 빌란스키 부인은 글을 쓸 수 있으므로 성직자들에게 도움이 되도록 살려 둘 수 있는 권리를, 여성에게는 단 한 번도 열려 본 적 없는, 어쨌거나 오래전에 막혀 버린 고대의 법적 탈출구를 주장했다. 더구나 이전 시대에 귀를 기울인다면, 남편을 죽인 아내는 살인이 아니라 경반역죄의 죄를 짓게 되는데, 미네소타 주는 경반역죄를 폐지했으므로, 또한 그 범죄에 대한 사형 처벌도 폐지했어야만 한다고 주장했다. 아무런 감흥도 받지 못한 판사들은 개입을 거절하고 선고를 내리고 지방 법원으로 사건을 돌려보냈다. 7월 말 앤 빌란스키는 자신의 변호를 위해 직접 행동했다. 그녀는 감옥의 창살 위쪽으로 몸을 밀어 넣어 넘어갔고, 사라졌다. 그러나 8월 그녀는 남자 옷을 입고 조카와 함께 주를 떠나려다 다시 붙잡혔다. 12월 2일, 재판을 주관한 에드워드 파머 판사는 사형 선고를 내렸다.

미네소타 주 법에서는 주지사만이 사형을 결정하고 날짜를 정할 권한이 주어지기 때문에 그에 따라 사건은 주지사 헨리 시블리의 무릎으로 반듯하게 떨어졌다. 시블리는 곧장 빌란스키의 감형을 요구하는 청원과 편지의 늪에 빠져 버렸다. 대법원 판사 찰스 플랜드로조차 그의 법정이 빌란스키의 유죄라는 하급 판결을 지지한 바로 그날, 시블리에게 아주 이상한 개인적 전갈을 보냈다. "형법을 엄격하게 준수하는 것이 주의 범죄를 확인하는 데 이로운 영향을 미친다는 게 내 굳건한 신념이지만 내 사적인 인간적 감정으로는 여자에게 극단적인 처벌을 가하는 것으로 그 일을 시작한다는 것이 적잖은 충격입니다. 나는 그녀가 유죄라고 믿지만 그럼에도 불구하고 당신이 정의와 의무에 대한 당신의 관점을 일관되게 유지한다면 언도한 선고를 징역형으로 감형하지 않을까 바라고 있습니다."[17] 같은 여론의 압박에 놓인 미네소타 주 하원은 법사위원회에게 사형 폐지의 타당성을 살피라고 말하며, 손 놓고 앉아 주지사가 움직이기를 기다렸다. 언제나 정치인이었던 시블리 주지사는 아무것도 하지 않았다. 1859년 12월 31일 민주당원 시블리는 공화당원 알렉산더 램지에게 주지사직과 앤 빌란스키 문제를 넘겼다.

램지는 거리끼지 않았다. 그는 무질서한 영토의 주지사로 임명될 만한 사람이었고, 이제 법을 좀 엄격하게 적용해 그 주를 문명화하는 건 그의 일이었다. 빌란스키 변호인 측의 새로운 재판 신청은 법원에서 계속 거부되고 있었다. 그래서 로사 샤프가 아편 과다 복용으로 사망한 뒤 '살인'과 기소에서 그녀가 한 역할에 대한 좀 부끄러운 질문이 제기될 때조차도, 램지는 사건을 재고하지 않았다. 그는 1860년 3월 23일 금요일 오전 열시와 오후 두시 사이에 앤 빌란스키를 매달라고 보안관에게 명령했다.

그녀의 지지자들은 노력을 거듭했다. 그들은 다시 상원에 사형을 폐지하는 법안을 제기했지만 법안은 위원회로 돌려보내졌다. '앤 빌란스키 부인의 선고를 종신형으로 감형'하는 법안이 뒤따랐지만 입법부 양원에서 질질 끌다 3월 5일 주지사 램지의 서명을 받기 위해 전달되었다. 그는 헌법에 따르면 그건 행정부 권한, 특히 주 헌법이 전적으로 주의 행정부에 부여한 사면권에 대한 입법부의 침해이므로 위헌이라는 근거를 들어 법안을 즉각 거부했다. 그 외에도, 램지는 사건의 정황으로 볼 때 감형 요구는 어렵다고 덧붙였다. 그는 입법부의 의원들에게 앤 빌란스키가 살인 중에서도 가장 사악하고 음흉한 형태의 살인, 독으로 남편을 살해한 죄로 유죄라는 걸 상기시켰다. 이런 종류의 사건에서, "사랑하고 소중히 여기겠다고 맹세한 여자가 배신하고 죽일 거라고 남편은 의심치 않을 것이고 이 사건은 그걸 믿어 온 공동체의 도덕성에 충격을 주었다. 그리고 그렇다면, 법이 범죄에 부여한 처벌의 확실함 말고는 마음에 살인을 품은 아내에게서 보호받을 수 있는 남자는 없다"고 그는 말했다.[18] (마음에 살인을 품은 남편한테서 보호받을 수 있는 아내도 없었고, 그런 남편의 처벌은 주 교도소에서 오 년, 이 년, 일 년인 경우가 많았다. 그러나 그건 의원들에게 보내는 주지사 램지의 전갈에서 언급되지 않은 또 다른 문제였다.)

헌법에 기반해 자신의 거부권과 빌란스키 사건 자체에 대해
논의하면서 주지사 램지는 뒤늦게 생각났다는 듯 "미네소타 주 사형
집행 사건에서 형사법 집행의 역사"에 대한 간략한 설명을 추가했다.
영토가 구성된 이래 "살인자들을 처벌하는 데 매우 게을렀다. 살인이
저질러지고도 아무도 체포되지 않고 누구도 의심받지 않는다. 또는,
고발된 사람이 체포되더라도 탈출한다. 또는 증인들이 사라져 버린다.
또는 배심원들이, 동정심으로 또는 재판의 지침을 오해하고 방면한다.
또는 법정이 법을 잘못 생각해 새로운 재판이 열리고 (…) 안전하게
지켜 주자고 법과 법정이 세워졌는데 그 법정에서 생명의 보호를 받지
못해 주의 거의 모든 사람들이 절망하고 있다"고 그는 말했다. 법으로
살인은 사형의 처벌이 정해져 있다고 말하며 그는 입법자들에게
물었다. "숙고 중인 사건이 어떤 특징으로 인해 특별히 예외가 될
자격이 있는 겁니까?"[19]

1860년 3월 23일 미네소타 주 지원 부대의 파견병들이 더 잘
보려고 아우성치는 군중을 뒤로 밀어내는 동안 앤 빌란스키는 램지
카운티 교도소 안뜰에 있는 처형대에서 목매달렸다. 미네소타 주에서
교수형당한 첫 백인이자 처음이자 마지막 여성이었다. 발판이 꺼지기
직전 그녀는 짧게 말했다. "어떤 자비도 비춰 주지 않은 채로 어떤
정의도 없이 나는 죽습니다. 살인이 아니라 내 영혼의 가치를 위해
죽습니다. 내 죽음으로 모두 이로우시길. 당신들 정의의 법정은 정의의
법정이 **아닙니다**. 하지만 나는 천국에서 정의를 얻을 것입니다. 나는
죄 많은 여자입니다. 알아요. 그렇지만 이 살인, 다른 누군가가 저지른
이 살인의 죄는 아닙니다. 내게 잘못한 모든 사람을 용서합니다. 나는
법의 제물로 죽습니다. 여러분 모두는 나보다 나은 심판을, 더 올바른
판사한테서 받으시길 바랍니다. 나의 하느님을 만날 준비가 된 채로
나는 죽습니다."[20]

정치적 용기로 여겨진 완고함을 지닌 주지사 램지는 '폭도의
기분'이 '정식으로 진행되는 정의'를 간섭하는 걸 허락하지 않았다.
반대편인『세인트폴 파이어니어 앤드 데모크랏』조차 공화당원 램지의
행동을 '남자답다'고 선언했다.[21] 아내 살인범들이 몇 년의 징역을 사는
동안 법과 질서의 요새, 미네소타 주는 여자들에게 지나치게 관대하지

않으며 다른 문명화된 주와 똑같이 법을 글자 그대로 공평하게 집행한다는 걸 온 나라에 증명하려고 앤 빌란스키를 목매달았다.

앤 빌란스키에게 불행하게도, 진짜로 문명화된 사회에서는 숙녀들을 사형시키지 않는다는 말은 아직 미네소타 주에 닿지 않았다. 대법원 판사 플랜드로의 '인간적 감정'은 여자를 목매달 수 있다는 가능성에 많은 충격을 받았을지도 모르지만 사법적인 결정이 변하지는 않았다. 다른 곳, 특히 아주 고도로 '문명화된' 동부의 주에서는, 남자들이 갖은 노력으로 그 예쁜 목을 올가미에 넣지 않으려 노력했는데, 왜냐하면 여성의 지위가 문명의 척도가 되었기 때문이었다. 즉, 여자들이 더 한가롭고 쓸데없을수록, 남편들은 더 부유하다고 여겨졌고 그 사회는 더 완전하게 진화한 게 되었다. 고도로 문명화된 사회에서 여자는 정교하게 세련된 장식이었다.(완벽한 사회라면 여자는 그냥 사라져 갔을 것이다.) 그래서 미네소타 주 사람들이 앤 빌란스키를 교수대에서 구하려고 헛되이 싸우는 동안 뉴욕 주의 사람들은 메리 하르퉁[22]의 목을 구하려 싸웠다. 전략은 같았지만 결과는 아주 달랐다.

1859년 3월 3일 스타니슬라우스 빌란스키가 세인트폴에서 마지막 병마와 싸우고 있을 때 뉴욕 주 올버니의 한 판사는 스물세 살 메리 퀼러 하르퉁에게 교수형을 선고했다. 그녀는 남편인 에밀 하르퉁 살해로 2월에 기소되었고 변호사의 재심 신청은 거부당했다. 결혼과 살인의 이야기는 익숙한 가락이었다.

1852년 쉰들러 양조장의 배달부였던 스물일곱 살의 에밀 하르퉁은 열여섯 살의 메리 퀼러와 결혼했다. 에밀처럼 메리도 독일에서 온 이민자였다. 1858년 에밀은 술집과 하숙집을 살 만큼의 돈을 벌고 빌려 그 당시 두 아이의 어머니였던 메리가 맡아 운영하도록 하고 자신은 배달부 일을 계속했다. 과도한 일에 지친 메리는 하숙인인 윌리엄 라이만에게서 위로를 발견했고, 십장인 에밀 하르퉁은 고통스러운 병을 길게 앓다가 4월 말 죽어 매장되었다. 하녀가 메리 하르퉁의 비소 구입에 대해 너무 크게 떠들었고 하숙인들은 라이만과의 관계에 관한 소문을 수군댔다. 이야기가 돌아 에밀을 다시 파내게 되었을 때, 메리와 라이만은 사라졌다. 1858년 5월 21일, 올버니의과대학에서 온 검시관들은 에밀 하르퉁의 시신에서 비소를 발견했다. 사흘 후 경찰은 술집에서 윌리엄 라이만을 발견하고 에밀 하르퉁 살인의 사전 공범으로 기소했다. 메리 하르퉁은 뉴저지 주 거튼버그로 달아나 엘리자베스 셜즈란 이름을 사용해 하인 일을 찾았지만 윌리엄 라이만이 여전히 마음속에 있었다. 7월, 올버니에 있는 그에게 퍼디낸드 셜즈라는 이름을 써서 사전에 정한 암호로 편지를 썼는데 운 나쁜 우연으로 올버니에는 그때 **진짜** 퍼디낸드 셜즈가 살고 있었고 그는 그 편지를 받아서 경찰에게 가져갔다. 7월 중순 메리 하르퉁은 남편 살해 주범으로 기소되어 감옥에서 연인과 합류했다.

　　1859년 2월 그녀에 대한 재판에서 증거는 결정적이었다. 의사들은 하르퉁이 인과 비소 중독으로 죽었다고 말했다. 하인과 하숙생, 약제사는 집 안에 쥐가 없는데도 메리 하르퉁이 부엌 선반에 인이 든 쥐약이 담긴 작고 노란 항아리를 늘 두고 있었다고 말했다. 그녀는 두 번이나 비소를 샀는데 한 번은 남편이 아프기 직전이었고 또 한 번은 그가 죽기 직전이었다. 하르퉁의 하숙인들과 라이만과 메리 하르퉁이 같이 머문 호텔의 종업원들은 그들의 불륜을 증언했다. 그리고 라이만 자신도 경찰에게 메리가 자신에게 살인을 자백했다고 말했다. 다른 한편 메리의 변호사는 죄를 라이만의 책임으로 돌렸고 메리 하르퉁을 그가 뭘 원하는지 모른 채 비소를 사다 준 무구한 사람으로 만들었지만, 메리 하르퉁이 한 거짓말의 실타래가 법정에서 풀어지면서 그 이야기는 더 믿기 힘들어졌다.

　　여전히 배심원들은 명백한 평결로 가고 싶지 않아 일주일을 전부 고민하며 보냈다. 라이만이 범죄를 교사했다고 생각한 몇몇 배심원은 평결에서 절충이 가능한지, 어쩌면 메리가 살인보다 좀 약한 범죄로 유죄 판결을 받을 수 있을지를 판사에게 물었다. 판사는 절충은 불가능하다고 말했고 따라서 1859년 2월 7일 그들은 할 수 없다고 여기면서 그녀가 살인에 유죄라고 말했다.

　　배심원들만큼이나 여자를 최악으로, 특히 예쁜 여자를 그렇게 여기기를 꺼리던 몇몇 신문은 평결을 비난했고 다른 신문들은 그걸 바꿀 수단이 바로 곁에 있다고 대중을 안심시켰다. 하르퉁이 교수형 선고를 받았을 때조차 언론과 대중은 전반적으로 선고가 감형될 거라고 믿는 듯했다. 합리적인 기대였다. 무엇보다, 처벌이 너무 가혹했다. 올버니 카운티에서 지난 십 년 동안 살인으로 기소된 많은 피고인들이 훨씬 가벼운 선고를 받았다.[23] 1852년 아내 엘리자베스를 죽인 제임스 무어처럼 몇몇은 과실치사로 탄원해서 가볍게 풀려났다. 다른 6명의 피고인들이 징역 이 년에서 칠 년을 받는 동안 무어는 징역 이 년밖에 받지 않았다. 1849년 아내를 죽을 때까지 발로 찬 바니 레디를 포함해서, 좀 더 무거운 살인 혐의로 기소된 4명은 종신형을 선고받았지만 1850년 장모를 죽인 존 잭슨은 겨우 징역 사 년을 받았다. 그리고 지난 십 년간 올버니 카운티에서 사형을 선고받은 7명의 사람들, 전부 남자였던 그들 중 2명의 아내 살인범을 포함한 4명은 종신형으로 감형되었고 1명은 사면되었다. 유죄 판결을 받은 남자들 중 단지 2명만 실제로 매달렸는데 특히 비난받아 마땅한 범죄로 유죄 판결을 받은 자들이었다. 한 사람은 2명의 어린 소년을 살해했고 다른 한 사람은 자신의 아내를 의미심장하게도 독살했다.

　　『올버니 애틀러스 앤드 아거스(Albany Atlas and Argus)』는 메리 하르퉁에 대해 "그 여자는 뉘우치면서 교수대로부터 자신을 구원해 줄 사면을 얻을 거라는 생각에 계속 매달려 있고 그리고 이게 공동체가 바라는 걸로 보인다"[24]고 썼다. 위험을 감수하지 않으려 메리 하르퉁의 지지자들은 종신형으로 감형해 달라고 요구하는 청원을 돌렸고 3월 말 주지사 에드윈 모건에게 서류가 갔을 때는 사건을 기소한 주 최고 법무관, 지방 검사, 17명의 주 상원 의원과 80명의 하원 의원, 국무 장관, 주의 재무 국장, 주 감사관, 군무 국장, 여러 명의 재판 위원, 올버니의 대부분의 선도적인 사업가들과 900명의 상인들, 많은 기자들, 보안관, 주 장관 대리, 카운티의 모든 군 보안관 대리, 카운티의 법원 행정 국장[25], 올버니 시장과 기록관, 경찰 서장, 1명을 제외한 모든 지서장, 그리고 동네의 거의 모든 변호사들이 서명을 한 다음이었다. 주지사 모건은 그러나, 아내의 조카에게 청혼하려고 특히나 냉혹하고 소름 끼치는 방식으로 아내 소피아를 독살한 혐의로 유죄 판결을 받은, 뉴욕의 제임스 스티븐스 사건도 같이 손에 쥐고 있었다. 스티븐스도 역시 집행을 기다리고 있었고, 기사도보다는 공정함을 택하는 새 주지사 모건은 스티븐스를 구하지 않으면서 하르퉁의 목을 구할 수는 없어 보였고 사형 제도의 가장 열렬한 반대자들만이 스티븐스가 매달려서는 안 된다고 제안했다. 독살은 '최악의 살인'[26]이라고 주장하면서 모건은 두 사건 다 개입하기를 거부했다.

주지사가 자신의 말은 듣는다고 생각한 많은 사람들이 여자라는 이유만으로 메리 하르퉁에 대해 특별 예외를 만들어 달라고 촉구했다. 그들은 "비록 유죄라고 해도, 그녀의 처형에 여론은 반발할 것이며, 이러한 사건이 가질 실제 효과는 이제부터 사형을 당할 만한 범죄로 기소된 어떤 여자도 배심원들한테서 유죄 판결을 얻지 못하는 것"[27]이라고 주장했다. 분명 그게 매사추세츠 주에서 임신한 뱃셰바 스푸너를 교수형시켰을 때 나온 실제 효과였다. 그곳의 대중은 그 불쾌한 경험에서 결코 회복되지 못했고, 배심원들은 필연적으로 사형 선고가 수반되는 범죄인 살인을 저지른 어떤 여자한테도 유죄 판결을 내리지 않게 되었다. 법률적 처방과 여론 사이의 건널 수 없는 틈을 직면한 매사추세츠 주는 최근에야 간신히 살인에 관한 법을 바꿀 수밖에 없었다. 1857년 남편을 독살한 혐의로 기소된 한 여자의 사건에서 반박할 수 없는 증거에도 불구하고, 플리머스 카운티 배심원들이 평결에 다다를 수 없게 된 후에, 주 의회는 새로운 범주의 살인을 구분하는 새로운 법규를 제정했다.[28] 필수적으로 종신형을 수반하는 이급 살인이었다. 플리머스 카운티는 새로운 법령으로 다시 여자를 재판했고 이번에는 약한 죄로 기소했다. 이급 살인. 그러나 매사추세츠 주가 한 것처럼 법을 바꾸는 것과 주지사가 법에 특별 예외를 두는 건 완전히 다른 일이었다. 주지사 모건은 생각을 바꾸지 않을 터였다.

하르퉁의 집행은 변호사들이 주 대법원에 항소하면서 연기되었고, 4월 그녀의 지지자들은 감형을 위해 주 의회에 법안을 제출하겠다는 이례적 판단을 했다. 재판 내내 하르퉁 부인에게 편파적이었던 『뉴욕 타임스』는 이 조치를 '범죄 사건 처리의 단호한 혁신'이라고 불렀다. 신문은 계속해서 "우리가 아는 한 입법부가 사면권을 실행하고자 시도하는 첫번째 사례"라고 했다. 그 권한은 주지사에게 주어진 것으로 『뉴욕 타임스』는 의회가 '개입'할 수 있는지 "적어도 의심스럽긴 하다"고 인정했다. 만약 의회가 법안을 통과시킨다면 주지사는 서명할 것이고 모든 것이 잘될 것이었다. 만약 주지사가 법안을 거부하고 의회가 그의 거부권을 투표로 무효화한다면 주는 헌법상의 중대 위기에 놓이게 된다. 또는 『뉴욕 타임스』가 온화하게 썼듯이 '법의 훌륭한 질문'에 놓이게 된다.[29] 다른 신문은 그렇게 낙천적이지 않았다. 『뉴욕 포스트(New York Post)』는 맹공을 가했다. "입법부더러 하르퉁 부인이 **유죄인지 결백한지**의 문제와 여자를 목매달아야 하는지 마는지의 문제를 고려하도록 하라는 건 그 법에 함축된 그렇게 흉측하고 전복적인 원리를 개시하는 데 전혀 아무런 이유도 구성해 주지 못한다."[30] 부끄러워진 의회는 물러났지만 1859년 12월 주 대법원이 메리 하르퉁의 유죄라는 원래의 판결을 지지했을 때 의회는 헌법상 자신들에게 권한이 있는 일에 착수했다. 바로 법을 바꾸는 것 말이다.

　　주에서 사형제를 폐지하려는 전반적인 노력에는 많은 게 달려 있었다. 사형제 반대론자들은 이십 년 동안 폐지를 주장했다.[31] 1841년 겨우 다섯 표 차이로 의회에서 폐지 법안이 부결되었고, 1851년 상원에서는 겨우 한 표 차이로 졌다. 이제, 메리 하르퉁을 사형수 감방에 둔 채로, 오랫동안 기다려 온 사형제 반대론자들은 의회 청원에 그녀의 지지자들과 힘을 합쳤다. 의회는 그 쟁점에 응할 특별위원회를 임명했고, 1860년 2월 16일 위원회는 서둘러 「사형 폐지 청원에 관해(On the Petitions for a Repeal of the Death Penalty)」라는 보고서를 가져왔다.[32] 위원회는 성서, 역사, 이성에서 모은 주장과 함께 이미 사형제를 폐지하고도 중범죄의 증가가 일어나지 않은 미시간 주, 위스콘신 주, 로드아일랜드 주의 경험으로 폐지를 단호히 밝혔다. 그들은 '최대한 빠른 결정의 중요성'을 의회에 촉구했지만 우려스러운 메리 하르퉁 사건은 단 한 번도 언급하지 않았다. 의회는 문제를 받아들였지만 의회 위원회의 설득력있는 주장에도 불구하고 사형을 폐지하지 않았다. 그 대신 1860년 4월 14일, 뉴욕 주에서 살인 범죄를 과연 처벌할 수 있을지 없을지를 의심하게 하는, 믿을 수 없을 정도로 부적절한 입법인 '사형과 연관되어, 살인 범죄에 좀 더 확실한 처벌을 제공하는 법'을 통과시켰다. 메리 하르퉁의 변론에서 변호사 윌리엄 해들리를 보조했었던, 새롭게 선출된 주 상원 의원인 콜빈이 제출한 법이었으니, 어쩌면 그 교착 상태가 법의 말하지 않은 바로 그 의도일 수도 있었을 것이다.

1860년의 법은 반역과 일급 살인만을 사형으로 처벌할 수 있다고 규정했다.[33] 그러나 사형을 선고받은 모든 사람은, 또한 '사형이 집행될 때까지 주 교도소에서 중노동에 처해'지도록 선고되었다. 죄수가 일 년을 이런 구속 가운데 보내고 난 뒤, 그 이전은 안 되지만, 주지사의 명령으로 사형이 집행될 수 있다는, 모든 책임을 주지사에게 던져 버리는 이상한 규정이었다. 그보다 더 이상한 것은 법안의 10항이었는데, 이전에 사형 선고를 받은 죄수에게도 소급해서 적용하도록 되어 있었다. 또한 11항은 기존의 주 법규의 (오로지 숫자로만 표시된) 다른 일부 조항을 폐지할 수 있었는데 그중에 사형 선고를 수행하는 방식으로 교수형을 내리도록 하는 조항이 있었다. 1860년 법령 용어 아래에서는, 주지사가 사형 선고를 받은 죄수의 집행을 명령해야만 할지라도 그 선고를 수행할 방법이, 사형을 진행할 수단이 없었다.

새로운 법을 손에 들고 변호사 해들리는 하르퉁 사건을 최고 법원에 가져갔고, 원하는 판결을 받았다. 법원에 따르면, 새로운 법이 메리 하르퉁이 재판받은 오래된 법을 무효화하므로, 그녀의 유죄 판결은, 그 당시는 유효했으나 지금은 무효했다. 더구나, 오래된 법에서 유죄 판결을 받은 이들을 새로운 법에서 유죄 판결을 받은 듯 처벌해야만 한다고 새로운 법이 말하고 있긴 하지만, 그 절차는 위헌, 즉 사후 처벌을 구성하므로 불가능했고 사람들은 그들이 범행을 저지를 당시에 존재하지 않았던 법의 용어로는 처벌받을 수 없었다. 메리 하르퉁은 이제 **어떤** 법으로도 처벌받을 수 없었다. 그녀는 다시 재판을 받아야만 할 것이었다.

하르퉁이 에밀을 살해한 혐의로 다시 재판을 받게 되었을 때, 해들리는 그녀가 이미 이 범죄로 한 번 재판을 받았으므로 다시 받을 수 없다는 일사부재리의 원칙을 주장했다. 하급 법원에서 해들리는 패소했지만 그가 다시 최고 법원으로 사건을 가져갔을 때 법원은 동의했다. 1863년 3월 25일, 1860년의 법령이 메리 하르퉁의 법적 사면과 동등하게 유효하다는 판결이 내려졌고, 그건 마치 배심원들에게 무죄 판결을 받은 것과 같았으므로, 그녀를 다시 재판할 수 없었다. 의회는 서둘러 1860년의 법령에서 없앤 모든 법적 조항을 1861년의 법령에서 복원함으로써 실수를 수정했다.[34] 그러나 메리 하르퉁은 사 년간의 법적 흥정 끝에 법의 구멍으로 미끄러져 나가 자유로운 여자가 되었다. 그녀와 더불어 사형 선고를 받은 4명의 남성 살인자들, 그중 1명은 아내를 독살했고 1명은 아내를 태워 죽였는데, 그들도 메리 하르퉁을 살리려는 운동의 부수적인 수혜자로 풀려났다.[35]

메리 하르퉁의 지지자들마저 이 사건 전체가 비싸게 치른 창피스러운 법적 난장판이었다는 걸 인정했다. 미래에는 이런 커다란 실패를 어떻게 예방할 수 있을까? 많은 사람들이 『뉴욕 타임스』가 사 년간 내놓은 입장을 지지했다. **여자에게만** 사형 제도 폐지. 다른 영향력있는 사람들과 하르퉁 사건을 죽 취재했지만 여자를 목매달지 않을 이유를 전혀 찾을 수 없었던 『올버니 쿠리어 앤드 인콰이어러(Albany Courier and Enquirer)』와 같은 신문은 그 제안의 **뻔뻔한** 성차별에 당혹했다. 『뉴욕 타임스』는 왜 교수형이 여자가 유죄일 경우라도, "어떤 상황에서도 여자에 대한 양식있는 또는 적절한 처벌"이 아니라고 여겨지는지를 반복해서 설명했지만 그 입장은 타당한 옹호를 받기 힘들었다. 특히 그 신문이 너무나 강력하게 남성에 대한 사형을 지지하고 있는 한 그랬다. "똑같이 살인의 죄를 지었는데, 왜 우리가 남자처럼 여자를 목매달아서는 안 되는지에 대한 아주 설득력있는 이유를 대는 게 의심할 여지없이 어려울 테지만, 같은 도발을 당했는데도 남자한테 그러지 않듯이 여자를 때리지 않을 좋은 이유를 대기도 그만큼 어려울 것이다. 그 구별에 대한 이유는 거기 존재하고 관찰되어야만 하는 **느낌**에 놓여 있다. 느낌이 자리를 잡고 느낌대로 실행해야만 하는 사건들이 있는데 이것이 그런 사건 중의 하나이다."[36]

대개는 여성 지능의 열등함에 대한 특징으로 여겨지는 이런 종류의 '느낌'이 논거로 행세하는 게 기이하지만 사회의 감시인들이 점점 변호의 여지가 없어지는 입장을 달리 어떻게 변호할 수 있겠는가? 어쨌든, 페미니스트와 그들의 지지자들은 너무나 가차 없이 논리적이었다. 웬들 필립스는 마담 드 스탈[37]에 관한 일화를 이야기했다. 나폴레옹이 왜 계속 여자들이 정치에 참견하는지 물었을

때 그녀는 답했다. "폐하, 계속 우리를 목매단다면, 우린 이유를
알아야만 하니까요." 필립스는 이렇게 덧붙였다. "그 주제에 대한 모든
정치 철학이 그 안에 있다. 당신이 여자는 투표소에 가기엔 적합하지
않다고 말하는 순간 난 대답할 것이다. 여자는 교수대나 주 교도소에
가기엔 적합하지 않다. 주 교도소에 갈 수 있다면 여자는 투표소에도 갈
수 있고 도둑을 어떻게 처벌하는지도 알아야만 한다." 너무나 열심히,
때때로 너무나 서투르게 메리 하르퉁을 풀어 주려고 애쓴 모든 사회의
아버지들은 기사도, 체면, 예의, 문명에 대해 이야기했지만 은연중에
필립스에겐 이렇게 답했다. "여자가 교수대나 주 교도소에 못 가도록
하면, 투표소에도 못 가도록 해도 되거든."[38] 가끔 그들은 거의 그
정도만 내뱉고는 모든 경기를 다 포기했다.『뉴욕 타임스』가 이야기한
것처럼 말이다. "문명화된 남자가 강론대나 들판에서 여자 스스로
여성성을 벗어 버린 광경에 소스라칠 때의 그 느낌으로 태형 기둥이나
교수대에서 남자에 의해 벗겨진 여성성에 대해 생각하면 남자들은
몸서리치게 될 것이다."[39]

『올버니 쿠리어 앤드 인콰이어러』의 편집자처럼 단순한 영혼의
사람들은 "남자와 여자가 하나의 범죄에 둘 다 유죄라면 둘 다 같은
처벌로 고통받아야만 한다"고 주장했다. 그러나『뉴욕 타임스』는
경고했다. "같은 논리로, 남자와 여자가 같은 결핍을 지녔으니 같은
방식으로 그걸 채워야 한다고 요구할 것이다. 남자와 여자 둘 다
추위로부터 자신들을 보호할 옷이 필요하다. 왜 둘 다 같은 옷을 입으면
안 되는가? 남자와 여자 둘 다 유지비와 생계비가 필요하다. 왜 둘 다
같은 종류의 일을 하면 안 되는가? (…) 왜 우리 모두 우리의 딸들을
바다로 따라오라고 키우거나, 우리의 아내가 경찰로 일할 상황을
찾거나 우리의 가난한 여자들더러 부두의 모래를 퍼내거나 채석장에서
일하도록 해선 안 되는가?" 정말 왜 안 되는가?

2

그럴듯한 게 중요했다. 논리가 아니라. 아버지들이 자신들의 입장을
강화하려고 세운 신화는 논리적일 필요는 없었다. 믿을 만하기만
하면 됐고 아주 충분히 되풀이해 말한다면 거의 모든 걸 믿게 할 수

있었다. 소스타인 베블런은 『유한계급론(The Theory of the Leisure Class)』에서 자기기만의 과정을 설명했다. 우선 상류 계급 남자들이 자신의 부인을 모든 '유용한 활동'을 불가능하게 하는 비싸고 공들인 옷으로 잔뜩 치장해 놓는다. 아내는 '쓸모없고 비싸고, 그리고 (…) 따라서 재정 능력의 증거로서의 가치'를 갖게 된다. 그리고 마지막에 남자들은 '인공적으로 유도된 결과인 병리학적인 특징들'(숙녀들의 변형된 흉곽과 비틀어진 발)이 '매력적'이라고 발견하게 된다. 비록 '훈련받지 않은 감각'으로는 이러한 특징이 '의심할 여지없이 혐오감을 일으키는 훼손'일 것이라고 베블런은 덧붙였다.[40] 숙녀의 아름다움, 숙녀의 본성, 숙녀의 영역이라는 신화는 눈보다 강하고 확실히 이성보다 더 강했다.

신화는 현실의 사실과 짝을 이룰 필요가 없었다. 『뉴욕 타임스』는 여자가 일한다는 생각에 진심으로 오싹해했고 세기가 바뀌면서 이상적인 숙녀도 사라지고 있었지만 베블런은 이렇게 비꼬았다. "곱게 커 온 여자가 유용한 일을 해서 생계를 이어야 할 필요성을 고려하는 건 우리의 신경을 고통스럽게 긁어댄다. 그건 '여성의 영역'이 아니다."[41] 그러나 그때, 그리고 십구세기 내내, 더 많은 수의 여자들이 이런저런 자격으로 일하고 있었다. 왜냐하면 대부분의 여자들은 '숙녀'가 아니었기 때문이었다.

그들은 스스로를 '숙녀'라고 불렀다. 십구세기 초 사회의 차별적 호칭에 너무나 익숙한, 영국에서 온 여행가들은, 바다를 건너온 이쪽의 언어에서 '여자'라는 단어가 사실상 사라져 버렸다고 불평했다. 모든 미국 남자들이 스스로를 '미스터'[42]라고 칭하는 만큼, 모든 여자들이, 하녀건 여주인이건 스스로를 레이디(숙녀)라고 불렀다. 그리고 실제로 한동안은, 여자의 영역과 여자의 특별한 본성에 대한 그 모든 이야기들은 적어도 백인 여자에게는 어느 정도 차별 없이 적용되었다. 형사 법원에서 진정한 여성성에 관한 웅변은 그녀가 사회의 어디에 서 있건 상관없이, 거의 모든 백인 여성을 변호할 때 흘러나올 수 있었다. 기사도는 1855년에 메리 모리아티와 같은 아일랜드계 하녀의 목도 1860년에 메리 하르퉁 같은 독일계 하숙집 주인도 구할 수 있었다. 최소한 십구세기 중반까지, 손에 굳은살이 박이고 코르셋을 입지 않은 여자들에게서조차 진정한 여성성을 찾도록 배심원들은 설득될 수 있었다.

십구세기 중반이 좀 지나자, 계급 없는 미국의 신화를 믿어 온 역사학자들이 이제 막 검토하기 시작한 방식으로 상황이 바뀌었다.[43] (사회적 관행의 이 느린 이동은 전쟁이나 선거처럼 정확한 날짜로 표시될 수 없다.) 남북전쟁과 같은 대격변으로 인해 더 불안해진 사람들이 사람들과 상황에 고정된 질서를 부여하려 했을 수도 있다. 확실히 십구세기에는 계속해서 부자와 가난한 자의 경제적 차이가 커졌고 나라의 점점 더 많은 부는 점점 더 소수의 손으로 들어갔다. 그리고 자수성가라는 소중한 믿음과 반대로, 세습한 '가진 자들'은 '못 가진 자들'보다 훨씬 더 번지르르한 생활 양식을 휘둘렀다. 단지 돈만이 아니라 태도가 한 계급을 다른 계급과 구분했다.

그리고 미묘하게 여성의 영역에 대한 정의가 바뀌었다. 그곳은 남편과 가족, 더 나아가 (당연하게도) 모든 사회와 신의 공공 이익을 위해, 빨래에서 숫자를 가르치는 것까지, 여자가 모든 가사의 의무를 수행하는 곳이었다. 대신 그곳은 진짜 숙녀가 **아무것도** 하지 않는 곳이 되었다. 적어도 1857년에 전직 제분소 노동자였던 힐번 부인이 쓸모없는 '근대의 귀족'을 비난하기 위해 펜을 들었을 때 여자와 숙녀의 차이는 뚜렷했다. 한편에는 "영구적으로 움직이는 해골로 보일 때까지 빨고, 닦고, 힘들게 일하며 땀 흘리는 가난한 어머니"가 있었다. 다른 한편에는 "산책 한 번에도 자신을 매장 유리창에 전시하듯 치장하고는 지나는 모든 사람에게 '나 절반만큼이라도 화려하게 아름다운 걸 본 **적이 있니?**'라고 말하는, 오만한 자부심을 드러내며 잔뜩 젠체하는 분위기로 인도를 가득 덮은 옷자락을 끌고 가는" 숙녀가 있었다.[44] 숙녀와 여자의 외관 차이는 항상 존재했지만 시간이 지나면서 점점 더 명백해졌다. 좁다란 상류 계급은 점점 부유해지고, 점점 화려해지고, 점점 눈에 띄게 두드러졌고, 그동안 하층 계급은 이민자 무리로 확장되면서 그들 주위로 번져 나갔다. 세기 말, 베블런조차 부자의 주된 활동을 묘사하기 위해 **과시적 소비**라는 신조어를 만들어냈고[45] 같은 시대의 선두 사회학자인 레스터 워드는 인구의 80퍼센트를 빈곤층으로 추정했다.[46]

당시 상류층과 하류층의 주된 차이는 지갑이 아니라 마음가짐과 정신에 달려 있다고 여겨졌다. 워드는 "내재적인 자질에 기반하고 사물의 본성에 속하는 근본적인 차이가 존재한다"는 생각이 "마음에 달라붙은 채 근대 사회 계급은 서로를 본질적으로 다르다고 인지하도록 한다"[47]고 말했다. 가장 단순하게 본다면 계급의 근본적인 차이는 이랬다. 부자는 육체적으로, 지적으로, 그리고 도덕적으로 우월했고, 가난한 자는 육체적으로, 지적으로, 그리고 도덕적으로 열등했으며, 심지어는 종종 사악했다. 사회학을 창립한 아버지 중의 또 다른 1명인 윌리엄 그레이엄 섬너가 말한 것처럼, "인류의 아주 작은 일부만이 천년의 투쟁으로 겨우 지금에서야 가난, 무지, 야수성에서 부분적으로 해방되었다."[48] 그 작은 일부는 '자연스럽게' 지배층이었다. (하위 80퍼센트의 일원이었던) 힐번 부인을 그토록 화나게 한 건 지배층의 숙녀들이 쓸모없을 뿐만 아니라 바로 그 이유로 인해 도덕적으로 우월하다고 찬양받는다는 사실이었다. 베블런이 묘사한 지배층의 믿음처럼 말이다. "노동을 삼가는 것은 명예롭거나 칭찬받을 만한 행동일 뿐만 아니라, 지금은 품위의 필수 요소가 되었다. (…) 노동을 공동체의 눈에 창피한 것으로, 또한 자유민으로 태어난 고귀한 남자[와 그의 숙녀]가 하기엔 도덕적으로 불가능하며 가치있는 삶과 양립할 수 없는 것으로 만들면서 그 오래되고 당연한 주장은 끝나 버린다."[49]

남자들이 자신들의 또 다른 신화적 견해와 더불어 이 원칙을 법정으로 끌고 들어갔을 때, 그들은 불공정을 용인한 것이었다. 진짜 숙녀, 한가롭고, 존경할 만하고, 방정하고, 쓸모없는 진짜 숙녀는 나쁜 일을 할 수 없었다. 여자는, 그렇지만 무슨 일이건 저지를 수 있기 때문에 가장 심한 처벌로도 모자랐다. 그러니 형사 법원에서 여자를 위한 '정의'는 미국의 또 다른 많은 생활방식에서 그랬듯이, 사회 계급에 따라 흔들렸다.

흑인 여성에게 정의란 아예 없었다. 이 책에 흑인 여성의 사례가 거의 없는 것은 그들이 처벌을, 또는 교수형이나 화형을 그만큼 받지 않아서 그런 것이 아니라 법적 절차 없이 처벌이 이루어졌기 때문이다. 그러한 처벌의 집행은, 법적이건 불법적이건, 가끔 신문에 한두 줄 언급될 뿐이었다. '여자 노예'가, 또는 '유색 여자'가 목매달렸다는 보도였다. 이름은 거의 나오지 않았고 사연도 전혀 언급되지 않았다. 그리고 섬세한 여성을 보호한다거나 예쁜 목을 구하자는 어떤 이야기도 결코 나오지 않았다. 고상함과 감수성과 진정한 여성성에 대한 이야기는 아예 없었다. 앤 에버즈 라이트 빌란스키가 미네소타 주에서 목매달린 날인 1860년 3월 23일, 2명의 흑인 여성이 크록스턴 박사라는 사람을 살해한 혐의로 신속하게 체포되어 유죄 판결을 받고 버지니아 주 에식스 카운티에서 목매달렸다.[50] 선고를 감형하자는 이야기도 없었고 죽음을 위해 불멸의 영혼을 준비하자는 이야기조차 없었다. 백인 세상이 그들에게 유일하게 허용한 이름은, 그들의 이름인 앤과 엘리자였다.

미국의 위계에서 흑인 여자 다음으로 가장 낮은 위치에 있었던 건 하인 계급의 아일랜드 여자였다. 십구세기 중반 즈음, 아일랜드의 기근과 소요로 인해, 수천 명의 아일랜드인이 미국으로 왔다. 메리 모리아티와 존 시핸 같은 몇몇 사람들은 남쪽으로 길을 찾았다. 메리 해리스의 가족들은 중서부로 갔다. 그러나 더 많은 사람들은 북동부에 자리를 잡았고, 여자들은 동부 연안의 부엌을 채웠으며, 시간이 지나면서 공장의 소면기와 방적실로 옮겨 갔다. 그들은 대체로 멍청하고, 게으르고, 절대 믿지 못할 이들이라 여겨졌다. "그들이 주로 어떤 종류의 하인들인지 모두 다 알아요"라고, (스스로도 그렇게 생각한) 해리엇 마티노가 사람들의 편견을 되풀이하며 말했다. "그래도 몇 명은 집안일로 부리기엔 미국에선 최고예요. 훌륭한 집을 귀하게 여긴다는 게 뭔지 알죠. (…) 하지만 불안하고, 경솔하고, 게으른 이들이 너무 많고, 몇몇은 부정직하고 몇몇은 술을 너무 마셔요."[51]

산업 지역인 북동부에서 값싼 여성 인력에 대한 큰 공장과 작은 공장의 경쟁은 '하인 문제'를 만들어냈다. 하녀를 찾는 숙녀들은 고를 여유 없이 누구든 받아들여야만 했다. 물론 아일랜드계 이민자들이 있었다. 원칙적으로(또는 숙녀들이 그렇게 말했는데) 아일랜드계 하인들은 식탁 시중을 들기엔 너무 상스럽고 섬세한 다림질을 하기엔 너무 서툴렀지만, 벅벅 문질러 닦거나, 힘든 빨래를 하거나,

물건을 들고 오가게 하기엔 아주 적합했다. 동부 연안의 중상류층 가족에게 아일랜드계 하녀는 필수 장치가 되었고, 필요해지면, 똑같은 복제품으로 갈아 끼울 수 있었다.

1867년 뉴저지 주 뉴마켓의 윌리엄 코리엘 박사는 집에 브리짓 더건[52]이라는 하녀를 고용했다. 1892년 매사추세츠 주 폴리버의 앤드루 보든 씨는 브리짓 설리번이라는 하녀를 고용했다.(그녀는 그렇지만, 매기라고 알려졌는데, 보든 씨의 딸인 리지가 그 집을 차례로 거쳐 가는 아일랜드계 하녀를 같은 이름으로 부르는 게 훨씬 간편하다는 걸 알았기 때문이었다.) 코리엘가와 보든가의 공통점이 하나 더 있었다. 양쪽 다 유별나게 잔인하고 사악한 살해 현장이 되었다는 점이다. 두 사건 다 살인은 집 안에서 일어났다. 아무도 보지 못했다. 두 사건 다 살인 용의자가 무슨 일이 일어났는지에 대해 혼란스럽고 모순되는 이야기를 했고, 범죄 혐의를 다른 사람에게 돌리려 했다. 두 사건 다 용의자가 고의로 물리적 증거를 없앴다. 두 사건 다 범죄와 깊게 연루된 정황 증거에 기반해, 용의자 여성이 살인으로 기소되고 재판을 받았다. 그리고 거기서 모든 유사점은 끝난다. 왜냐하면 한쪽의 살인 혐의자는 아일랜드계 하녀였다. 그리고 다른 한쪽은 리지 보든 양이었다.

스물두 살의 브리짓 더건은 너무나 평범한 보통 여자라 그녀를 제대로 알아본 사람이 아무도 없었다. 그녀가 수개월간 일한 모든 집의 고용주들은 그녀가 어떻게 생겼는지 기억하질 못했다. 그녀가 대중적 관심의 중심으로 기울어져 들어갔을 때도,『뉴욕 타임스』기자는 '흔하게 생긴 아일랜드계 소녀로 평범한 얼굴'을 하고 '평범한 옷'을 입었다는 것보다 더 생생한 묘사를 하지 못했다.[53] 그녀를 아는 어느 누구도 딱히 나쁜 말을 할 게 없었고 딱히 좋은 말도 할 게 없었다. 사람들은 그녀가 조용하다고 말했다. 평범하다고.

브리짓은 아일랜드의 슬라이고 주에서 태어났고 십대에 미국으로 왔다. 크리스마스 두 주 전에 뉴욕에 도착한 건 기억했지만 연도를 기억하지 못하는 건 딱 브리짓다운 행동이었다. 그녀는 브루클린과 맨해튼에서 하녀로 일했다. 그리고 맨해튼의 하녀들 직업 소개소에서 그녀를 자기 집에 데려갈 뉴저지 주 미들섹스에서 온 남자를 만났다.

그녀는 일 년을 데이턴 가족과 보냈고, 그다음부터는 한 곳에서 다른 곳으로, 여기서 한 달, 저기서 두 달, 이렇게 카운티에서 옮겨 다니기 시작했다. 일은 힘들었고 생활은 불안정했고 미래는 똑같았다.

1866년 10월 22일, 브리짓 더건은 마흔 살의 의사인 윌리엄 코리엘의 집으로 일하러 갔다. 의사, 서른한 살 된 아내 메리 엘런, 그리고 유일하게 살아남은 두 살 된 메이미밖에 없는 가족은 단출했다. 일꾼 아사 부시는 그 집에서 식사는 했지만 잠은 길 위쪽의 자기 어머니 집에서 잤다. 메리 엘런 코리엘은 건강했지만 튼튼하지는 않았다. 그녀는 몇 년에 걸쳐 아이들을 계속 잃었고, 사십오 킬로그램이 조금 넘어, 백육십오 센티미터의 키에 비하면 너무 말랐다. 브리짓은 모든 힘든 일을 떠맡았고 낮에는 메이미를 돌보는 걸 도왔다. 그녀는 코리엘 부부가 자신에게 얼마나 친절했는지 모두에게 말했고, 이전엔 친절이란 걸 몰랐기 때문에 그 친절에 더 욕심을 냈고, 자신의 인생에 그냥 주어진 게 다시 사라져 버릴까 봐 겁냈다. 코리엘 박사는 그저 그녀가 조용하고 온화한 소녀로, 자신의 아내를 존경으로 대한다고만 보았다.

그러나 그녀는 전적으로 만족스러운 하녀는 아니었다. 그녀는 메리 엘런 코리엘이 바라는 만큼 깔끔하지 않았다. 그리고 그녀는 너무 자주 아팠다. 코리엘 박사는 데이턴의 요청으로 브리짓의 월경 불순을 진찰하러 왕진을 갔을 때 그녀를 처음 만났다. 그리고 윈스테드의 집에서 일하는 동안 브리짓의 눈이 나빠져서 의사는 다시 불려 갔었다. 그런 다음 경련이 있었다.[54] 그녀는 그걸 '선잠'이라고 불렀지만 코리엘 박사는 뇌전증과 밀접하게 관련된 강직증 경련으로 진단했고, 두번째 의사는 그 문제를 '히스테리성 뇌전증'이라고 이름 붙였다. 선잠이 오고, 졸음이 스며들면, 그녀는 눈동자가 옆으로 굴러가 멍하니 멈춘 채로 오 분에서 십오 분 이상을 경련성 경직으로 떨면서 쓰러졌다. 가끔은 한 시간이나 코리엘 박사가 '히스테리성 혼수'라고 부르는 인사불성 상태, 또는 깊은 잠에 몸이 취하거나 기진맥진해 버리는 상태에 빠졌다. 가끔은 각성되지 않은 채로 근육 경련에 의해 몸이 다시 고정되기도 했다. 코리엘 박사는 그녀의 병에 관심은 있었지만, 한편으로는 이 병이 수십 년 동안 계속 그렇게 진행될 거라고 여겼을 게 분명했다. 왜냐하면 그가 보기에 문제의 본질은 모든 최신 의사들에게 익숙한 첫번째 원인에 있었다. 불완전한 월경. 이삼 주마다 발작이 일어나면, 브리짓에겐 일을 맡길 수가 없었고, 코리엘 박사는 종종 그녀를 밤새 지켜볼 여자를 고용하는 추가 비용을 지불해야 했다.(그는 이미 아내가 자신들의 작은 가계에는 터무니없다고 여기는 금액인 한 달에 8달러를 브리짓에게 지불하고 있었다.)

1867년 2월, 브리짓이 거의 네 달을 코리엘가에서 보냈을 때, 코리엘 부인은 브리짓이 '더러운 습관'을 가지고 있다는 소름 끼치는 발견을 했다. 그 습관들에 대해 더 이상 상세하게 묘사된 적은 한 번도 없었지만 어떤 간청으로도 봐줄 수 없는 것들이었다. 월경 기간이라 다시 아팠기 때문에 브리짓이 떠날 시간은 약간 미뤄졌고 회복하기 위해 며칠을 더 허락받은 게 분명했지만, 코리엘 부인은 완고했다. 브리짓은 떠나야만 했다. 브리짓은 떠나기 싫고 다른 자리를 구하지 못할까 봐 겁이 난다고 아는 사람들에게 말했다. 분명 의사와 그의 부인만큼 친절한 사람의 가정은 없을 터였다. 뉴욕으로 돌아간다고 모호하게 말했지만 그녀는 갈 곳이 없었고, 심하게 춥고 눈이 오는, 여행하기에도 나쁜 때였다. 떠나기 하루 전인 2월 25일 월요일, 그녀는 여전히 가족의 빨래를 했고, 자신의 모든 옷도 빨았다. 코리엘 박사가 늦은 오후에 피스캐터웨이에 분만을 도우러 집을 떠났을 때, 그녀는 기분 좋게 자기 치마를 다리고 있었다. 새로운 기분으로 아침을 시작할 생각인 것처럼 보였다. 그 대신, 한밤중에, 그녀는 메리 엘런 코리엘을 살해했다.

그다음 놀란 채로 사람들에게 알린 건 브리짓 자신이었다. 그녀는 아기를 끌어안고 길 아래 코리엘 박사의 사촌 집으로 달려갔지만 이즈리얼 코리엘은 노인이었고 겁을 냈다. 그는 브리짓에게 리틀 목사의 집으로 가라고 말했다. 그녀가 문을 두드리자 목사는 그녀를 안으로 들어오게 했다. 그녀가 엄청나게 겁에 질려 있다는 걸 목사는 한눈에 알아볼 수 있었다. 머리는 풀어 헤쳤고, 하얀 속치마 위에 치마를 입을 시간도 없었던 것처럼 보였다. 그녀는 양말만 신은 발로 눈 속을 달려왔다. 2명의 강도가 코리엘의 집에 들어왔다고 그녀는 내뱉듯 말했다. 강도들은 위층으로 올라가 옷장을 뒤집었고 지금 바로, 브리짓이 아는 거라곤, 그들이 코리엘 부인을 살해할 거라는 거였다.

리틀 목사는 그녀가 한밤중에 의사를 데리러 낯선 사람이 나타나자 겁에 질린 것뿐이라고 여기며 데려온 아이가 추위에 괜찮은지만 걱정했다. 그는 브리짓을 침실로 데려갔고 그래서 그녀는 메이미를 목사의 아내에게 넘겨 주었다. 그는 램프에 불을 붙인 뒤에야 비로소 브리짓의 하얀 치마에 자신의 손바닥만큼이나 넓은, 방금 묻은 붉은 피 얼룩을 보았다. 그녀는 그의 눈길을 따라 얼룩을 보았고 조심스럽게 치마를 밑으로 접어 앉았다. 그녀는 집에 불이 났는지 아닌지 모르겠다고 덧붙이면서 다시 이야기를 했다. 리틀 목사는 서둘러 카빈총을 가져왔고 리틀 목사의 부인은 메이미를 침대로 데려가 따뜻하게 하려다 아이의 머리카락이 그을렸고 옷에서 등유 냄새가 난다는 걸 알아차렸다.

코리엘의 집은 고요했지만 거실 의자는 뒤집어지고 부서졌으며 침실 문 옆의 벽에는 피로 찍힌 선명한 손자국이 있었다. 침대는 불에 타고 있었고, 베갯잇이 뜯어져 그 안에 있던 깃털이 떠돌고 있고 연기로 자욱한 그 옆에 메리 엘런 코리엘이 누워 있었다. 리틀 목사가 그녀를 끌어냈을 때, 그와 그가 깨운 다른 이웃들은 그녀가 정말로 살해당했다는 걸 알 수 있었다. 얼굴은 멍이 들고 심하게 부풀어 올라 있었고, 목은 깊게 베여 피투성이였다. 시체를 좀 더 자세히 살펴보고 나서야 메리 엘런 코리엘이 얼마나 열심히 자신의 목숨을 걸고 싸웠는지를 알 수 있었다. 상처를 열거하는 데만 신문 한 단의 절반이 채워졌다.[55] 시신을 눕힌 여자가 상처의 개수를 셌는데, 가해자가 휘두른 칼날을 잡았을 게 분명한, 뼈까지 베인 손의 상처를 포함하지 않고도 벌어진 상처가 스물여섯 군데였다. 전신에 '찰과상과 단순 자상'이 가득했다. 척추 위아래로 찔린 스물네 군데의 상처, 허벅지와 어깨의 깊은 상처, 목을 베려는 시도가 실패해서 생긴 열두 개의 둘쭉날쭉하게 찢어진 상처, 얼굴의 긁힌 상처와 잇자국까지. 그리고 머리카락이 두피에서 뭉치로 뜯겨 있었다. 얼굴, 양팔, 오른쪽 다리는 심하게 멍이 들고 부어 있었다. 소름 끼치는 세부 정보지만 중요한 사실이었는데, 왜냐하면 사망 후에는 붓지 않기 때문이다. 메리 엘런 코리엘과 가해자 사이의 싸움은 격렬했고 또 길었다.

살인이 일어난 밤, 구조자들은 코리엘 부인의 시신을 침실에서 끌어내고 불을 끄고 나서, 현관에서 차분하게 치마를 갈아입는 브리짓을 발견했다. 모두가 무슨 일이 일어났냐고 그녀에게 물었지만 그녀는 준비된 이야기가 있었다. 여덟시 반에(어떤 때는 일곱시 반이라고 말했다) 의사를 찾는 두 남자가 집에 왔고 코리엘 부인이 그들에게 의사는 피스캐터웨이에 있다고 말했다. 열시 반에 남자들이 다시 왔고, 코리엘 부인이 그들을 안으로 들였고(또 다른 진술에서는 부인이 그들을 남편이라 생각해 브리짓더러 안으로 들이라고 시켰다고 말했다), 그다음 브리짓에게 달려가 의사를 데려오라고 말했다. 브리짓은 아이를 부여 안고 도움을 구하러 달렸다. 이 모르는 남자들은 누구인가? 한 사람은 키가 컸고, 한 사람은 작았다. 한 사람은 금발이었고, 한 사람은 흑발이었다. 한 사람은 콧수염이 있었다. 브리짓이 처음 보는 사람들이었고 다시 봐도 알아볼 수 없을 것이다. 1명은 알아볼지도 모른다. 둘 다 알아볼지도 모르겠다.

코리엘 박사는 거의 바로 그녀를 의심했다. 그녀에게서 두 남자의 이야기를 듣고 의사는 아내가 자신이 방문한 집을 정확히 알려 주지 않은 채 남자들을 피스캐터웨이로 보낸 게 이상하다고 생각했다. 또 그는 언제나 직접 문을 열고 거실로 들어오기 때문에 아내가 부엌문에 있는 두 남자를 자신이 집에 온 거라고 오인하는 건 절대로 불가능했다. 그리고 그는 브리짓에게 밤이면 언제나 아이 엄마가 돌보던 아이를 데리고 뭘 했는지 물었다. 브리짓은 혼란스러워하다 말을 멈췄다. 한번은 의사가 그녀에게 어려운 질문을 하자 그녀는 그냥 램프, 그 방에 있었던 유일한 물건을 집어 들고는 나갔다. 이후 시신을 검시한 의사에게서 잇자국이 발견되었다는 전갈이 왔다. 잇자국은 그 당시 편견에 따르면 살해자가 여성이라는 절대적인 증거였다. 코리엘 박사는 브리짓이 저지른 살인이라고 혐의를 제기했다.

아니라고, 자기가 하지 않았다고 그녀는 말했다. 그렇지만 누가 했는지 알고 있다고 했다. 그녀의 말에 따르면 살인자들은 의사의 치료를 받다 아이를 잃은 바니 도일과 헌트였다. 그러나 두 남자는 시간과 증언으로 증명되었듯, 메리 엘런 코리엘이 살해당했을 때 자기 집 침대에 있었고 혼자도 아니었다. 그러다 뒤늦게 수사관들이 여자를 찾는다는 걸 깨달았을 때, 브리짓은 이야기를 바꾸었다. 일을 저지른

건 또 다른 하녀인 친구 앤 리넨이었다. 그녀는 돈을 좀 훔치러 집에
와서 코리엘 부인을 공격했다. 그렇다면 브리짓이 전에 범인이라고
했던 남자들은? 오, 그들도 거기 있었는데 단지 보기만 했다. 그러나 앤
리넨 역시 살인이 일어났을 때 고용주의 집에서 깊이 잠들어 있었다.
음, 브리짓은 말했다. 그녀는 코리엘 부인을 누가 죽였는지 **정말** 알고
있었지만 물어보는 사람들이 너무 화나게 구니까 말하지 않을 거라고
했다. 그리고 그녀는 결코 말하지 않았다. 재판에서조차 그녀는 마치
누군가 걸어 들어와 자백하기를 바라는 듯이 계속 주위를 둘러보았다.

　　정황 증거는 그녀에게 불리했다. 그날 밤, 살인이 일어난 이후에,
브리짓은 흰 치마에 묻은 핏자국을 씻어냈다. 다음 날 그녀는 정원에
있는 창고로 갔고, 그녀를 따라간 수색자들은 거기에서 심하게
구부러진, 코리엘의 고기 써는 칼을 찾아냈다. 아무도 눈 속에서
그 신비스러운 밤의 방문자들에 대한 어떤 흔적도 찾을 수 없었다.
그리고 브리짓의 어떤 이야기도 그날 저녁 조용한 집을 지나쳤던 다른
증인들이나 '두들기는' 소리 또는 외침에 깼던 다른 증인들이 세운
사건 순서와 부합하지 않았다. 브리짓은 여전히 열시 반에 남자들이
도착했을 때 도망갔다고 주장했지만 약 백 미터 떨어진 리틀 목사의
집에 도착한 건 두 시간이 지나서였다. 브리짓이 리틀에게 한, 집에
불이 났을 거라는 이야기도 역시 그녀에게 불리했는데, 만약 코리엘
부인의 가해자들이 매트리스에 등유 램프를 던졌을 때 그녀가 거기
있었다면, 분명 싸움이 끝났을 때도 있었을 텐데, 그렇다면 그녀는
그 죽음의 난투 내내 거기 있었던 게 분명했고 그 싸움은 메리
엘런 코리엘의 멍으로 판단해 볼 때 적어도 삼십 분보다 더 길게
지속되었다. 검사가 사건을 재구성했다. 메리 엘런 코리엘은 밤에
자려고 이미 누웠는데 브리짓이 뭔가를 하는 소리, 위층의 책상을
뒤집거나 하는 그런 소리에 놀랐다. 그녀는 급히 옷을 입고 칼로
공격하는 브리짓에게 맞섰다. 브리짓은 그녀를 다시 침실로 끌고
들어와 의자와 어린이용 의자로 때리고 죽게 내버려 두었다. 그러나
메리 엘런 코리엘은 일어났고 브리짓은 다시 부서진 의자로 그녀를
때리러 침실로 돌아왔다. 그때쯤, 잠에서 깬 옆집의 해리엇 힐라이어가
창문을 내다봤고 벽에 어른대는 그림자를 보았고 코리엘 집에서 나는

쿵쿵거리는 소리를 들었지만 죽어 가던 메리 엘런 코리엘은 소리를 지르지 못했다. 브리짓은 침대에 램프를 던지고는 집을 떠났다.

그러나 왜 그랬을까? 재판 후, 브리짓의 '자백'을 적었다며 그걸 팔러 다닌 한 기회주의자는 그녀가 의사의 옆자리를 차지할 희망에 코리엘 부인을 죽였다고 말했지만, 그건 '남자를 가지려는 가망 없는 가능성으로 다른 여자를 죽이는 여자'라는, 딱 남자가 만들어냈을 법한 동기였다. 수사와 재판에서는, 목사가 카빈 총을 찾으러 갔을 때 브리짓이 리틀 부인에게 한 말에 대해 누구도 주의를 기울이지 않았다. 이제, '악당들'에게 방해받기 전에 하고 있었던, 메이미를 보스턴에 데려갈 준비를 제대로 시작할 수 있겠다고 그녀는 말했다. 브리짓은 모두가 동의했듯이, 메리 엘런 코리엘을 살해할 아무런 동기가 없었다. 그리고 동기가 없기 때문에, 변호사들은, 남편을 독살한 아내 사건에서 추론하듯이 살해는 악귀 같은 자들에 의해서만 저질러질 수 있다고 추론했다. 차이는 이 사건에선 브리짓 더건이 정말로 악귀라고 모두 다 너무 믿고 싶어 한다는 거였다. 어쨌든, 그녀는 아일랜드계였다.

법정에서 브리짓 더건을 변호하라고 임명한 두 변호사 중 1명인 가넷 에이드레인은 밴더벤터, 밴 다이크, 그랜트, 스커더, 메슬러[56] 등의 성을 지닌 남자들로 이루어진 배심원들에게 '이 공동체 안에 편견'이 있고 그들은 '그 편견에 휘둘리지 않도록 조심해야'만 한다고 경고했다.[57] 그러나 브리짓이 기댈 데 없는 여자라는 사실과 짝을 이룬 그 편견으로, 모든 사람들은 이미 그녀에게서 자기부죄거부와 같은 작은 권리마저도 취소해 버릴 자격이 있는 듯 굴었다. 검찰은(그리고 그저 궁금한 사람들은) 그녀에게 끊임없이 질문했고, 밀랍에 '잇자국'을 찍으라고 강요했고, 그다음 치과 의사는 그녀의 잇자국이 자신이 그린 메리 엘런 코리엘의 목에 난 잇자국 그림과 완전히 일치한다고 주장했다. 마지막이 되어서야 법정은 그녀를 변론할 변호사 에이드레인과 변호사 윌리엄 루프를 간신히 지명했고, 사건은 되는 대로 진행되는 마구잡이 업무가 되어 버렸다.

사실 변호인에게는 브리짓이 결백하다고 주장하고, 검찰이 제시하는 정황 증거 각각을 대개는 '허사'가 되어 버렸다고 말하면서 하나씩 반박하는 것 말고는 변론할 사건 자체가 없었다. 가끔 변호인

측에서 또 다른 진술을 시사하기도 했다. 그들은 브리짓은 분명
결백한데, 이유는 죄를 지은 사람은 도망가려고 하거나 적어도 피
묻은 옷을 숨기려 하기 때문이라고 했다. 결백하거나 아니면 미친
거였다. 죄지은 사람은 이웃에 살면서 주소를 쉽게 확인할 수 있는
두 남자의 이름을 살인자로 대지는 않는다고 변호사 에이드레인은
주장했다. "이 일에서 그녀는 결백하거나, 그게 아니라면 제정신이
아닙니다"라고 그는 말했다. 그리고 분명 브리짓은 코리엘의 목을 물지
않았다. 에이드레인은 말했다. "만약 물었다면 그것은 미친 사람의
행동입니다."[58] 피고 측은 브리짓의 발작이 '히스테리성 뇌전증'이고
"이러한 뇌전증의 약 오분의 사는 종국에 일종의 정신적 상실이 되어
버린다"라고 증언할 의사 2명을 내세우기까지 했다. 단지 한 번의
뇌전증 발작으로도 정신 이상을 불러일으킬 수 있고 "환자가 그렇지
않았더라면 저지르지 않았을 행위를 저지르는" 원인이 될 수 있다고
전문가 증인은 말했다.[59] 그럼에도 불구하고, 피고 측 변호인들은 최종
변론에서 자신들은 브리짓의 정신 이상 탄원을 제출하지 않았다고
단호하게 말했다. 그 대신 그들은 멍청하게도 그녀의 완전한 결백으로
사건의 진술을 끝냈다.

그동안, 브리짓은 계속해서 발작했다. 살인이 일어난 다음 날
아침, 그녀가 발작으로 쓰러져 바닥에 두세 시간을 의식 없이 있었다고
코리엘 박사는 증언했다.(왜 아무도 그녀를 바닥에서 일으켜 앉혀
주지 않았는지는 말하지 않았다.) 그녀의 간수들은 그녀가 언제나
발작을 일으켰다고 증언했다. 간수 아치볼드 앨런은 그녀가 "상자
위에 앉아 있다 떨어져 곧 의식을 잃고, 그러다 눈을 뜨고, 그런 다음
가끔은 머리가 아프다고 말했고 가끔은 괜찮다고 했다"라고 예를
들며 그 발작을 묘사했다. 간수 윌리엄 콕스는 "그녀가 몇 시간이나
발작을 일으키는 걸" 보았다. 발작을 일으킬 때면 "마치 혀를 깨문
것처럼 (…) 입에서 거품과 피가 흘러나왔"지만 그녀는 '제정신'일 때도
'전체적으로 졸린 듯한 모습'이었다고 두 사람 다 증언했다. 앨런은
처음에는 걱정스러워서 의사를 불렀지만 의사가 발작은 "별일이
아니"라고 안심시켜 줬다고 인정하기도 했고, 두 사람 다 그녀의 낯선
행동을 걱정하지는 않았다. 그 이후엔, 그는 "그녀가 발작을 일으키면

제가 그랬죠. '괜찮아질 거야. 혼자 둬,' 그리고 항상 괜찮아졌어요"라고
증언했다. 가끔은 너무 오래 의식을 잃으면 깨워 보려고 핀으로 그녀를
찔러도 봤지만 대개는 혼자 내버려 두었다.[60]

　　브리짓 더건은 아픈 여자였다. 그리고 감옥에 있는 브리짓을
방문한 인기있는 소설가 엘리자베스 오크스 스미스 부인의 표현에
따르면 그녀의 '인간으로서의 지능'은 '가장 낮은 수준'이었다.[61] 다시
생각해 보면 그녀는 중증의 뇌전증성 발작을 자주 일으켰고, 그래서
어쩌면 현대 의학이 정신 운동성 또는 측두엽 뇌전증 발작이라고
부르는 병(발작의 한 형태로 분노, 물리적 폭력과 기억 상실의
특징을 지닌다)으로 고통스러운 가운데 메리 엘런 코리엘을 죽였을
것으로 보인다. 그때 이미 법의학은 뇌전증에 대해 어느 정도 알고
있었으므로 그녀의 변호사들은 그녀를 대신해 정신 이상으로 인한
무죄 또는 살인보다는 덜한 혐의나 과실치사로 유죄를 호소하는,
그녀의 한정책임능력에 기반한 탄원을 제출할 수도 있었다. 뇌전증과
정신 이상 그리고 그에 따른 법적 책임과의 관계는 자신의 아내를
살해한 혐의로 1855년 뉴욕 주 시러큐스에서 재판을 받은 파일러라는
사람의 사건에서 뇌전증 정신 이상 변호가 처음 개입된 이래
전문가들이 활발하게 논쟁하고 있었다.[62] 브리짓 더건처럼 파일러도
한밤중에 살해하고 옷을 절반만 걸친 채로 눈 속을 달려 도움을
청하러 갔고 자신이 아닌 두 남자가 살인했다고 주장했다. 그러나
그의 사건에서 나온 기발한 타협은 예상하지 못한 결과로 이어졌다.
그가 제정신이라고 밝힌 저명한 윌리엄 해먼드 박사의 증언에 크게
힘입어 살인에 유죄 판결을 받은 파일러는 뇌전증 치료를 위해 병원에
수용되었고 '치료'가 효과를 낼 때까지 선고는 연기되었다. 의사들이
그가 선고를 받을 준비가 되었다고 선언했을 즈음, 그가 유죄 판결을
받은 법이 메리 하르퉁을 위해 무효화되었고 그래서 파일러도
풀려났다. 여러 해가 지났고 전문가들은 여전히 파일러가 져야 했던
법적 책임의 실제 수준에 대해 논쟁하고 있었다.

　　뇌전증에 대한 의견은 해먼드의 개념인 일시적인 '정신 이상'부터
프랑스의 전문가 들라시오브의 아무 자격 없는 단언인 "확실한 건
뇌전증 환자를 스쳐 지날 때 우리는 암살자일 수도 있는 자와 부딪치고

간다는 것이다"까지 폭넓게 다양했다. 저명한 아이작 레이는 1867년, 더건의 재판 직후 뇌전증은 고통받는 환자들에게 법적인 '책임'을 자동적으로 '무효화한다'는 자신의 관점을 발표했지만, 이러한 관점이 자신의 시대에는 너무나 진보적이라고 인정했다.[63] 『아메리칸 저널 오브 인새니티(American Journal of Insanity)』에서 이 주제에 대한 국제적인 논쟁을 논평하면서 마누엘 곤살레스 에체베리아 박사는 어떠한 특정 사건에서도 뇌전증 정신 이상이 과학 전문가들에 의해 결정되는 경우는 거의 없다고 보았다. 그 대신 "그걸 옹호하려 펼치는 웅변과 무엇보다도 죄수에 관한 대중의 감정 수준에 전적으로 달려 있었다"[64]고 말했다.

더건 사건에서 대중의 감정은 피고에게 아주 불리하게 흘렀고 가장 효과적인 '옹호'는 고인의 남편, 피고의 주치의 그리고 공정한 전문가 증인이라는 삼중의 지위로 증언하면서 배심원들에게 큰 영향력을 끼쳤을 코리엘 박사로부터 나왔다. 코리엘 박사는 브리짓의 병을 본질적으로 완전히 신체적인 걸로 여겼고, 그 당시 뇌전증의 선두적인 전문가들이 그 병의 '자리'를 '머릿속'에 두었음에도 불구하고 코리엘 박사는 그걸 자궁에 두었다.[65] "그녀의 발작은 무월경에 기인한 것입니다"라고 그는 단호하게 증언했다.[66] 그는 치료를 위해 한번은 이뇨제를 처방했고 다른 경우엔 복용하면 강력한 하제로 작용하고 바르면 물집과 농포가 생겨나는 파두유를 처방했다. 코리엘 박사는 이 중 어떤 방식을 브리짓 더건의 비정상적인 월경과 그로 인한 뇌전증을 치료하기 위해 처방했는지 상세하게 진술하진 않았지만 분명 그녀의 무월경이 정신 이상으로 이어질 거라고 걱정하지는 않았다. 그리고 더건의 변호사들은 적어도 뇌전증성 정신 이상의 가능성을 시사하기는 했지만, 더건이 흔한 여성의 불편함보다 더 심한 병, 즉 비정상적 무월경으로 인한 정신 이상 때문에 고통받는다고 단 한 번도 주장하지 않았다. 그 탄원은 오로지 섬약한 숙녀들만을 위한, 또는 적어도 섬약한 상황에 처한, 예전에 숙녀였던 이들, 말하자면 유혹당해 버려진 처녀들을 위한 탄원으로 여겨지는 듯했다. 브리짓 더건과 같은 상스러운 아일랜드계 이민자 소녀는 비정상적인 월경의 결과로 '발작'을 할 수는 있지만 그런 여자들은 배심원의 마음을 사로잡기에

충분할 만큼 그림처럼 아름다운 방식으로 미쳐 버리는 섬약한
감수성은 없었다. 그래서 다른 사건이라면, 남자나 상류층 여자의
사건에서라면 효과가 있었을 한정책임능력에 관한 모든 탄원[67]은
브리짓 더건에게는 사용되지 못했다.

　　이 사건에 연루된 숙녀는 오로지 하나였고 그녀는 피해자였다.
검찰에 따르면 그녀는 역사 속의 어떤 전쟁터에서라도 겨룰 수 없는
용기로 자신의 아이를 지키기 위해 뛰어 들어간 숙녀였는데, 피고
측 변호사마저도 '아름답고 완벽한' 메리 엘런 코리엘에 대한 무한한
찬양을 고백했다. 검찰은 물었다. "어떤 영웅적 행위와 비교할 수
있겠습니까? 반백 개의 상처에서 피를 흘리며, 가여운 자신의 아기를
위해 살인녀와 맞서려 밤의 고요 속으로 비틀대며 걸어간 이 상냥한
여인의 행동을 말입니다!"[68] 메리 엘런 코리엘의 용감한 싸움은
브리짓을 정말로 짐승처럼 보이게 했다. 한 논평가는 브리짓이 '한 점의
여성성'도 갖고 있지 않다고 주장했고[69] 교도소를 방문한 엘리자베스
오크스 스미스는 브리짓이 거의 짐승이나 다를 바 없다는 걸 발견했다.
마치 꼭 '여우나 표범, 또는 많은 열등한 동물'처럼 브리짓은 '자신의
진짜 행동을 감추려는 교활함과 능력'을 갖고 있다고 스미스 부인은
말했다. 그녀의 눈은 '형태와 표현으로 보아 파충류의 눈'이었다. 그녀의
턱은 '크고 무거웠고', 입은 작고 잇몸은 좁고 "뾰족한 이가 달린 고양이
같은 형태 (…) 사람 자체가 육중하고 풍만한 경향이 있고 손은 크고
거칠고 어딘가 위험한 표정을 하고 있었다. (…) 가장 낮은 수준에서
본다고 해도, 그 소녀는 아름다움의 특징이 하나도 없었다. 단 한
줄기의 감정도 없었다. 어떤 것도 진실한 것이 없었고 희미하게, 가끔은
적의를 보이는, 미소를 제외하고는 거의 사람이라고 할 수 없었다"라고
말했다.[70] 과학조차도 브리짓의 인간 이하의 특징을 진단하는 데
공헌했다. "그녀는 골상학자들이 파괴력과 교활함이 위치한다고 보는
뇌의 기저가 크고 귀 위가 부풀어 올라 있는 반면 지능, 관념성과
도덕적 정서의 전체 영역은 작다. 피부, 성격은 모두 거칠고 머리카락은
거칠고 성기며 이마는 타고나기를 주름지고 낮으며 코는 오목하고
콧구멍은 네모나서 남은 부분에는 아주 긴 윗입술이 있다."

　　그러나 검찰이 주장하고 스미스 부인이 묘사한 것처럼 브리짓이

"호랑이나 늑대가 그렇게 태어나듯 도덕적 책임감 없이 태어난"
짐승이라면 그녀가 죄에 책임을 질 수 있는지에 대한 질문에 답을 할 수
없게 된다. 스미스 부인은 브리짓이 사회에 위험하므로 풀어 주어서는
안 된다는 데 즉각 동의하면서도 '우리의 발전된 문명이 고려해야 할
문제'를 던졌다. "도덕적으로 책임을 질 수 없는 어리석은 생명체이고
여자라서 법을 받을 법을 만드는 데 아무런 목소리를 낼 수 없는 자를
데려다, 죽을 때까지 목을 매다는 것이 옳은 일인가?"[71]

그 질문은 법정에서는 고려되지 않았다. 브렌든버그 판사는
배심원들에게 사건을 설명하면서 브리짓 더건에게 아주 불리한
물리적 증거를 검토하고, "행위의 잔학무도함과 사악함을 넘어서도록
브리짓이 미쳤다는 증거는 없는 걸로 안다"고 말하며 그녀의
책임에 대한 쟁점 자체를 일축했다. 그녀의 동기에 대해, 그는
수사학적인 질문을 던졌다. "잔인한 자에게는 잔인함이 충분한 동기
아니겠습니까?"[72] 배심원도 고의성에 대해 고민하지 않았다. 비록
브리짓이 코리엘의 집을 평화롭게 떠나려 했다는 걸 보여줄 많은
증거가 있었지만 한순간의 충동만으로도 고의성과 일급 살인을
구성하는 데 충분했다. 그리고 브리짓의 성별에 대해선, 배심원은 전혀
그 문제를 생각해서는 안 되었다. 검찰이 '흉측한 범죄'를 통해 브리짓은
"자신의 성을 벗어던졌다"고 주장하면서 이미 성별에 관한 논쟁을
제거해 버렸고 그래서 '아무런 동정도 주장할' 수 없었다. 판사의 설명은
유죄 판결로 직행했다. 배심원들이 지침을 따라 그녀를 기소된 그대로
유죄로 결정하는 데에는 한 시간이 채 걸리지 않았다.

1867년 6월 17일, 브렌든버그 판사는 세계사에서 가장 끔찍한
범죄 중의 하나라고 자신이 생각하는 브리짓 범죄의 상황을 요약하고,
재판의 공정함을 칭찬하고, 8월 30일에 교수형을 집행하도록
선고했다. 그는 현세에서 어떠한 자비도 내려지지 않을 것이므로 죽을
준비를 하라고 그녀에게 경고했다. 그러자 보통은 말이 없던, 재판
거의 내내 얼굴을 손수건에 파묻고 앉아 있었던 브리짓이 가장 놀라운
일을 했다. "선고가 내려지자마자 죄수는 주저앉아 큰 소리로 울기
시작하면서 몸을 앞뒤로 흔들며 법정 멀리에서도 들릴 수 있는 비명을
질렀다. 약간의 지체 후에 여전히 비명을 지르는 그녀를 법정에서

감옥으로 데려갔고, 거기서 한동안 그녀는 바깥의 군중들에게도 들리는 비명을 계속 질렀다."73

군중은 동요하지 않았다. 모두 다 브리짓을 계속해서 싫어했다. 재판 둘째 날『뉴욕 타임스』에서 온 기자는 "피고의 유죄는 외부의 사람들에게조차 너무나 빤한 결론으로 보였고 검찰의 변론이 제대로 된 지적을 하면, 법정 안에 공감하는 수군거림과 동요가 번져 나갔다"라고 보도했다.74 한 달 후, 브렌든버그 판사가 사형 선고를 했을 때 법정의 청중은 박수를 쳤다. 박애주의자들과 호기심 많은 구경꾼들이 악귀를 한 번이라도 보려고 감옥으로 몰려들었고 두 종류의 사람들을 구분하려 애쓰다 금방 지쳐 버린 간수들은 모두 다 들여보냈다. 사형을 반대하는 정치적 세력에 대한 예우 차원에서 처형 집행은 더 이상 공개 행사가 아니라 비공개 상연이 되었으므로 수천 명이 교수형 입장권을 보안관에게 신청했다. 보안관은 친구에 대한 인심이 정말 좋은 것 같았는데, 1867년 8월 30일 아침에 약 2천 명의 사람들이 교도소 구내에 나타났을 때 그중에는 새롭게 서약한 '부보안관'이 수백 명 포함되어 있었다. 여자들은 감옥의 위쪽 창문을 가득 채웠고 지붕에 자리를 잡고 앉았다. 남자들은 근처 헛간의 지붕을 뒤덮었으며, 감옥 담 바깥에 임시로 세운 단에 너무나 많이들 기어 올라와 그 무게로 단이 부서졌다. 벽 바깥에서 주로 남자들인 구경꾼들은 유죄를 선고받은 악귀를 한 번이라도 보려고 서로 다투었다.『뉴욕 타임스』는 그들을 "우리가 지금까지 본 남자 군중들 중에서 가장 거칠고 무례하고 가장 비신사적"이라고 하면서 군중들은 "밀고 당기고 욕하고 싸우는 수백 명의 상스럽고 품위 없고 비신사적인 사람들"로 이루어졌다고 했다. 그 영향력있는 신문은 계속해서 브리짓을 매달아야 한다는 관점에 찬성해 왔지만, 처형을 취재하라고 파견된 좀 깐깐한 기자는 군중들의 행동에 분노했다. 그들은 "앞뒤로 파도처럼 밀려왔다"고 그는 보도했다. "모든 남자들이 자리를 차지하려 밀었다. 가장 모욕적인 의미를 지닌 욕과 상스러운 외침이 서커스에서나 들을 법한 고함과 부르는 소리에 섞여 나왔다. 오 분 동안, 우리는 이러한 짐승 같은 이들 가운데 서서 그들을 이루고 있는 엄청난 허튼 소리와 쓰레기에 놀라워했다"고 기자는 말했다.

그런 군중을 지나 보안관은 흰 옷깃이 달린 평범한 갈색 옷에 장갑을 낀 모습으로, 2명의 사제가 팔로 부축하고 있는 브리짓 더건을 교수대로 이끌었다. 그녀는 약에 취해 있었다. 교수대까지 걷는 도중 너무 당황하거나 발작으로 쓰러질까 봐 겁이 난 보안관은 아침 다섯시에 그녀를 깨워 교도소 의사의 지시 아래 '적절한 각성제'를 투여하기 시작했다. 그리고 일단 의식이 진행되자, 브리짓이 기절하거나 발작을 일으키지 않고 얼마나 오래 두 발로 계속 서 있을 수 있을지를 몰라 보안관은 일을 서둘렀다. 그래서 기도가 행해지는 중인데도, 용수를 얼굴에 씌웠고 그런 다음 그녀는 "영원 속으로 당겨졌다."[75]

전문 집행인이 자신은 '여자가 아니라 남자'를 매단다고 말하며 그 일에 자신의 기술을 빌려 주는 걸 거절했기 때문에 집행에 쓰인 장치는 제대로 된 교수대가 아니었다. 아마추어가 임시변통으로 만든 장치는 발판을 떨어뜨려 사형 선고를 받은 여자의 목을 부러뜨리지 못했다. 그보다는, 몸의 무게가 더해지면, 장치는 여자를 바닥에서부터 구십 센티미터 정도 당겨 거기에 매달아 두었고, 그동안 몸부림치며 애쓰다, 여자는 천천히 숨이 막혀 죽었다. 『뉴욕 타임스』 기자는 마치 경주나 상금을 걸고 하는 권투 시합에 와 있는 것과 똑같이 서로 밀쳐대는 남자 군중들이 브리짓 더건의 마지막 '뒤틀림'에 '가장 큰 희열을 만끽'했다고 적었다.[76]

삼십 분을 매달고 나서 그녀를 내려 묻었지만 그게 브리짓 더건 이야기의 끝은 아니었다. 그녀를 조사하고, 체포하고, 재판하고, 유죄 판결을 내리고, 갖고 있는 것 중 가장 좋은 옷을 입고 그녀가 매달리는 걸 보러 나온 남자들 또는 그들 중 몇 명은 어쨌든 집에 가서도 기억이 선명했을 것이다. 그리고 기자가 알게 된 것처럼, 맨해튼의 안전한 편집국에서 사형 집행을 촉구하는 것과 교수대 옆에서 군중과 다 같이 어깨를 밀쳐대는 건 전혀 다른 일이었다. 죄책감을 느끼는 대중과 그들의 지갑 사이의 관계를 이해하는 시의 기록원, 간수 중의 1명, 그리고 브리짓의 변호사인 에이드레인까지도 군중들 사이에서 팔 수 있도록 그녀의 '진정한 자백'을 제공했다.

이 소책자들은 브리짓이 받은 선고의 정의에 대해 누그러지지 않는 의심을 품고 있었을 마음으로 곧장 들어가 그 의심을 떨쳐 주었다. 그러니 왜 집행장의 군중들이 꽤 적지 않은 돈을 지불해 가며 한 권씩 가져가려 했는지는 쉽게 알 수 있었다. 이는 마치 면죄부를 사는 것 같았다. 그리고 특히 이번 사건에서는 군중들에게 서면으로 작성된 말이 필요했는데, 왜냐하면 마지막에 브리짓을 데려온 사제들이 가톨릭 사제들이었기 때문이다. 그들은 직업적 서약으로 자신들이 아는 것이나 알지 못하는 것을 떠들어대지 못했고(개신교 사제들도 종종 그랬다) 그래서 대중의 죄책감을 완화시켜 주는 데 전혀 도움이 되지 않았다. 서면 자백 중 하나는 브리짓 스스로 손으로 썼다고 주장하는 것인데(진짜 브리짓은 문맹이었다), 그 문서에는 브리짓이 오랜 시간 범죄를 계획했고(고의성에 대한 의심을 전혀 남기지 않게), 코리엘 박사로부터 어떤 식의 지지도 전혀 받지 못했고(그의 명예에 의심을 남기지 않게), 대부분의 삶을 냉혹한 성매매 여성과 자기 이름으로 다른 살인 미수를 저지른 범죄자로(정신 이상이나 도덕적 무책임에 대한 모든 암시를 단숨에 치워 버리는) 보냈다고 적혀 있었다. 특별히 이 범죄를 저지를 수밖에 없었던 건 신문에서 한 여자가 다른 여자를 찌르는 사진을 봤기 때문이라고 그녀는 '자백'했다. 그녀도 그라비어 인쇄본으로 자신의 사진을 신문에 싣고 싶었다. 자백의 구매자들에게 약간의 심리학적인 보너스로 브리짓은 모두를 용서했다고 특히나 강조했다. 자신은 비록 '늙은 고양이처럼' 목매달리지만, 그건 완전히 자신의 잘못 때문이라고 자백은 말했다.

　덧붙여서, 자백에 같이 실린 논평은 브리짓이 처음부터 인간이 아니었다는 걸 명확히 했다. 논평은 그녀가 처음 수감되었을 때 한 행동을 묘사함으로써 이를 알려 주었다. "그녀는 야생의 짐승이 했을 법한 행동의 특징을 그대로 보여주었다. 그녀의 눈은 야수처럼 번뜩였다. 허공에서 주먹을 움켜쥐고, 자신의 흐트러진 머리카락을 맹렬히 잡아당기고, 감방의 한쪽에서 다른 쪽으로 돌격하다 짚으로 된 침대에 몸을 던지고 이로 물어뜯었다. 그 마지막 행동은 그녀가 가장 좋아하는 것으로, 적어도 상황적으로는 그녀의 유죄를 증명하는 아주 결정적 행동이었다. 피해자의 목은 한쪽이 거의 다 물어뜯겨 있었다."[77] 글은 브리짓이 그녀처럼 '가장 사악한 동물적 본능'과 '가장 피에 굶주린

자'로 잘 알려진 악명 높은 살인자, 앙투안 프롭스트[78]의 숨은 아내라는 소문을 반복했다. 자백과 논평은 범죄학 전문가인 '신사'의 평가로 결론지어졌다. 그는 브리짓 더건은 "내가 지금껏 마주친 늑대, 호랑이, 돼지와 하이에나의 가장 완벽한 조합이다"라고 말했다.[79] 브리짓을, 또는 그 이름으로 묶인 한 떼의 야생 동물을 목매단 것은 공익을 위한 훌륭한 일이었다.

　　좀 더 세련된 사람들을 위해, 교수형 이후 출간된 또 다른 소책자는 두 가지 중요한 면에서 다른 기록과 차별되는, 브리짓 이야기의 새로운 판본을 제공했다. 우선 브리짓 처형의 소란스러운 서커스는 지워졌다. 책자에 따르면, 약간의 법석은 틀림없이 일어났지만 그게 전부였고 브리짓 앞에서 모든 신사들은 가장 예의 바르게 굴었다. 두번째로 브리짓은 악귀와 같은 추한 괴물이 아니었다. 그녀는 존경받을 만한 가족을 둔, '그렇게 못 생기지 않은' 소녀였다. 그녀를 교수형에 목매단 군중과 브리짓은 꽤 예의 바르게 군 것 같았다. 단지 코리엘 박사만이 부적절하게 굴었는데 그는 브리짓을 가리키며 자신은 아내의 죽음을 바라고 있었고 그래서 브리짓에게 살인을 교사했다고 말했다. 이 자백을 쓴 좀 더 세련된 작가의 관점에서 보면, 브리짓은 괴물이 아니었다. 그가 유죄라고 진단한 지점은 바로 이것이었다. "그녀가 지나치게 야심이 컸다는 것은 전혀 의심의 여지조차 없는 사실이다. 그리고 그녀가 끊임없이 자신의 조건을 넘어 위로 올라가려 했다는 것도 그만큼 확실하다."[80]

　　브리짓 더건의 범죄를 향한 대중의 태도는 극단적이고 복잡했다. 메리 엘런 코리엘을 살해했을 때 브리짓은 무력한 동시에 위협적이었다. 그녀는 어떤 식으로건 자신을 도와주거나, 그녀가 제대로 대우받지 못했을 때 항의해 줄 가족이나 친구가 없었다. 그러나 살인자로 돌변할 수 있는 수천의 아일랜드계 하녀 중 하나로서 본다면 그녀는 무서운 존재였다. 그래서 대중의 마음이 바랐던 만큼 그녀를 대하는 방식은 확실했다. 그녀를 모든 반항적인 하녀들의 간결한 본보기로 만들자는 것이었다. 그리고 대부분의 사람들은 그녀의 빈곤과 질병이라는 진정한 경감 사유로서의 상황을 쉽게 외면하거나, 그 상황을 그녀의 잔인하고 인간 이하의 본성의 추가적인 증거로만 여길 수 있었던 것 같다. 다른 사람들, 어쩌면 스미스 부인의 '동물'을 매다는 것은 고상한 일이 아니라는 제안으로 불편해진 다른 사람들은 브리짓을 복권시키는 걸 선호했다. 그녀는 사회적 피해자가 아니라 동등한 기회를 지닌 인간이었지만, 사람들은 그녀를 모든 동기 중에서 가장 그럴 법하다고 여겨지는 동기, 즉 남자에 대한 불가항력적인 사랑으로 어쨌든 범죄로 돌아 버린 여자로 만들었다. 두번째 '자백'에서 나온, 이 관점의 가장 놀라운 점은 어떤 부분에서도 브리짓이 그녀의 원래 존재로는, 즉 가난하고, 못생기고, 문맹이고, 뇌전증을 가진 하녀로는 전혀 보이지 않는다는 것이다. 그리고 십오 년 후에 다시 인쇄되어 유포된 건 브리짓 더건 이야기의 이 개선된 판본이었다. 그 권위있는 최종 이야기에서, 브리짓 삶의 모든 진짜 상황은 더 행복한 미국의 광경 속에서 다 벗겨져 버렸다. 그때 유일하게 남아 있던 그녀의 문제는 이랬다. "그녀는 끊임없이 자신의 조건을 넘어 위로 올라가려 했다." 그리고 남자들더러 통나무집에서 백악관으로 날아가라고 하는 나라에서 하층 계급 여자의 그런 야심은 여전히 목을 매달 수 있는 근거가 되었다는 것은 그것대로 이상해 보인다.

3

매사추세츠 주 폴리버의 서른두 살 노처녀, 리지 앤드루 보든[81]은 그 야심을 이해할 수 있었을지도 모른다. 왜냐하면 그녀 스스로도 그걸 느꼈으니 말이다. 그렇지만, 보든 양은, 그럴 자격이 있었다. 보든 가문은 폴리버에 가장 먼저 정착한 거주민 중 하나였다. 그들은 제분소의 도시가 될 운명을 지닌 그곳에서 현명하게도 수리권을 움켜잡았고 신은 그들의 선견지명을 부와 권력으로 보상했다. 십구세기 말, 폴리버가 미국에서 면 제조업의 가장 커다란 중심이 되었을 때, 제분소와 은행 그리고 해운업은 모두 보든 가문의 것이었다. 그리고 그 보든가 중 1명이 앤드루 잭슨, 리지의 아버지였다. 그의 아버지인 에이브러햄은 보든가 가운데 가장 최고의 가족으로부터 아주 멀리에 붙어 있는 가난한 친척 중 하나로, 보든의 맨 뒷자락 끝에서 생선 행상을 했다. 그러나 앤드루는 힘든 일과 절약, 그리고 흠잡을 데 없는 뚱한 얼굴로 동네에서 정당한 보든의 자리를 획득했다. 그는 보든

제분소 여러 군데와 새로운 폴리버 전차 회사의 관리위원회에 자신의 자리를 마련했고, 여러 은행에서 업무를 맡았으며, 새로 지은 대규모의 붉은 벽돌집인 '보든 블록'을 포함한 많은 부동산을 소유했다. 그의 재산은 25만 달러가 넘었다.

많이들 잘 몰랐겠지만 앤드루 잭슨 보든은 완벽한 자본가였다. 그는 돈 버는 일 자체를 위해 돈을 벌었다. 아주 많이. 그러나, 개신교도인 앤드루 보든은 돈에서 쾌락을 느껴 그걸 즐거움의 원천으로 사용한다면 돈은 모든 악의 뿌리가 될 수 있다는 걸 알았다. 그렇다면 좋은 개신교 자본가가 되는 요령은 돈을 벌더라도 절대 돈을 즐겨서는 안 되는 거였다. 그리고 앤드루 보든은 그 기술이 완벽했다.

그의 둘째 딸, 리지는 그렇지 못했다. 그녀는 불만이 아주 많았는데 대부분 돈 문제였다. 그렇지만 문제는 돈보다 더 큰 데 있었다. 미약한 시작으로 뒤쳐져 운 좋은 사촌들보다 명성을 얻는 데 오래 걸린 앤드루 보든은 동료 기업가들의 기준으로 본다면 모든 행보가 약간 늦고, 약간 짧아 보였다. 그래서 어쩌면 그에게는 가난하게 시작해서 그렇게 끝나고 싶지 않았던 남자의 떨쳐 버릴 수 없는 조심성으로 인한 성격적 결함이 있었던 것 같다. 앤드루의 성공은 놀라웠고, 불완전해도 명백히 스스로에게는 만족스러웠지만 '그랬더라면 더 좋았을 텐데'의 늪에 빠진 딸을 구해 오진 못했다. 리지 보든이 이름과 돈에 걸맞게 언덕 위 사교계 사람들 사이에 살았으면 좋았을 테지만, 앤드루가 사는 곳은 아버지의 농가를 떠나 언덕 아래 상업 지역 근처의 '싸구려 아파트'에서 겨우 몇 블록 옮겨 왔을 뿐이었다. 제대로 된 집도 아니었고 두 채의 아파트를 한 가족의 거주지로 되는 대로 고쳐 놓은 곳이었다. 보든 양은 언덕 위를 방문할 수도 있었지만 그러려면 제대로 된 숙녀의 개인용 마차가 필요했는데 그건 앤드루 보든에겐 전혀 소용없는 사치였다. 그리고 제대로 된 숙녀에게는 샤프롱[82]이 필요했는데 위대하고 오래된 더피 혈통에도 불구하고 가난한 친척인 대장장이의 딸로 스스로도 한동안 '재단사'로 일했던 앤드루의 두번째 아내 애비는 결코 채워 줄 수 없는 역할이었다. 리지는 대부분의 사촌들이 거기 살았으므로 언덕 위의 사람들과 알고 지냈다. 사촌들 중 몇 명과 함께 유럽 여행을 보내 달라고 앤드루를 설득하기는 했지만, 리지는 콘수엘로

밴더빌트[83]나 제니 제롬[84]이 아니었고, 귀족 남편 없이 마지못해 집으로 돌아왔다.

그때는, 반세기에 걸친 여성 인권에 대한 싸움 덕분에 여성들도 결혼하거나 사교계로 나가는 것 말고도 다른 일을 할 수 있었다. 리지가 매일 읽은 『폴리버 데일리 글로브(Fall River Daily Globe)』는 뉴욕의 의대를 졸업하거나, 와이오밍에서 공직에 출마하거나, 바로 여기 폴리버에서 비록 학교 선거에 불과했지만 투표를 하는 여성들을 보도했다. 그리고 리지에게는 독신에 자립한 여성으로 선생, 교장, 경리로 일하는 여러 명의 친구들이 있었다.(그들과 곧 매리언의 집에서 열리는 파티에 갈 계획이었다.) 그러나 리지 자신은 새로운 여자 대학에 가는 폴리버 상류층 가족의 딸들에게 합류하기에는 아주 조금 일찍 태어나 버렸고 직업을 위한 어떤 훈련도 받지 못했다. 그녀는 가끔 일요 학교에서 가르쳤지만 대부분은 집에 머물러 있었다. 새어머니, 언니 에마, 그리고 아일랜드계 하녀 모두가 나이 든 남자 하나를 위해 살림을 하고 있어서 그 작은 집에서는 할 일이 별로 없었다. 그녀는 자기 방을 직접 정리하고 자기 옷을 직접 수선하고 자기 손수건도 직접 다렸다. 또 교회 모임을 위한 회계 장부를 기록했다. 그녀는 잡지와 신문을 읽었고 가끔은 친구한테서 온 편지를 읽었다.

어쩌면 순탄하게 백만장자가 되는 중인 남자의 가계에 합리적으로 바랄 수 있는 즐거운 물건들 중 어떤 것이라도, 예를 들어 피아노라든가, 실물 환등기라든가, 사십 년 전에 유행했던 말총으로 만든 흉측한 거실 세간이 아닌 새로운 가구라던가, 전기 조명 또는 어쩌면 변기라도 집에 있었더라면 집에 머무는 것이 그렇게까지 지겹지는 않았을 것이다. 훨씬 더 돈이 적은 다른 사람들도 그런 편의 시설을 갖추고 있었다. 언덕 위의 많은 가족들은 사치를 누리고 살았다. 보스턴에서 데려온 관현악단과 잔디 위에 차려 놓은 차가운 요리와 함께하는 가든 파티 같은 것 말이다. 그러나 자신의 노동과 자신에게 허락된 신의 은총으로 부를 축적하는 데 만족한 앤드루 보든은 그의 돈으로 살 수 있는 편안함을 즐기는 것보다 더 위쪽에 단호하고 고결하게 머물러 있었다. 그래서 직업이 있는 여성도 사교계의 기혼 여성도 아닌 딸 리지는 일의 기쁨도 과시도 전혀 누릴 수 없었다.

그녀는 오로지 한가하기만 했다. 다른 사람의 부엌에서 끝없이 일을 하는 미래만 보였던 브리짓 더건처럼 리지 보든의 삶은 시종일관 앤드루 보든의 딸 말고는 아무것도 아닌, 어떤 일이 일어날 일말의 가능성도 없는 여자의 삶이었다.

1892년 8월 4일 아침 열한시 직전, 시장에서 2번가의 집으로 돌아오던, 남편과 사별한 애들레이드 버핀턴 처칠은 보든 가족의 하녀인 브리짓 설리번이 길 건너 시버리 보언 의사의 집을 향해 '빠르게 걷는' 걸 봤다. 혹서가 계속되고 이미 온도가 삼십이 도가 넘어 서둘러 걸을 만한 날이 아니었다. '보든 집에 누가 아픈 게 분명하구나'라고 처칠 부인은 생각했다. 그녀는 자신의 집으로 가서 보따리를 내려놓고 부엌 창으로 옆집 보든의 집을 내다보았다. 나중에, 법정에서, 애들레이드 처칠은 그녀가 본 것과 한 일을 이렇게 묘사했다.

> 리지 보든 양이 망으로 된 문 안쪽에, 집 쪽에 서 있었어요. 저는 창문을 열고 말했죠. "리지, 무슨 일이니?" 리지가 답했어요. "오, 처칠 부인, 이리로 와 주세요. 누가 아버지를 죽였어요." 난 가서 망으로 된 문 안으로 들어갔어요. 그녀는 계단에 앉아 있었어요. 손을 그녀의 팔에 얹고 말했죠. "오, 리지!" 그리고 나서 말했어요. "아버지는 어디 계시니?" 그녀가 말했어요 "거실에요."[85]

처칠 부인은 부엌을 통해 거실로 갔다. 거기 말총 소파, 앤드루 잭슨 보든의 얼굴이 있어야 할 곳에 피와 곤죽이 있는 것만 제외한다면, 그는 딱 보기엔 낮잠을 자듯 몸을 펴고 누워 있었다. 검시관이 나중에 도끼로 열 번 내리친 자국을 발견할 터였다.

도움을 청하러 뛰어가기 전, 처칠 부인은 리지 보든에게 두 가지 질문을 더 했다. 두번째 질문인 "어머니는 어디 계시니?"에 대한 답으로, 나중에 처칠 부인과 브리짓 설리번은 리지의 제안에 따라 위층을 수색해 두개골을 강하게 얻어맞은 채로 손님방 바닥에 웅크리고 있는 보든 부인을 찾았다. 그러나 첫번째 질문인 "일이 일어났을 때 넌 어디 있었니?"에 대해서는 리지 보든은 앞서 브리짓 더건처럼 이야기를 꾸며내려고 하긴 했지만, 결코 만족스러운 대답을 내놓지 못했다. 가끔 그녀는 이야기의 앞뒤를 맞추기 위해 여기를 깎고 저기를 덧붙여야 했는데, 최종적으로는 브리짓 더건과는 달리 어느 순간 선을 긋고 그 이야기를 밀고 나갔다.

그녀는 십 분에서 십오 분 아니면 이십 분 동안 하여간 아버지의 살인을 놓칠 만큼 충분히 오래, 집 뒤의 헛간에 있었다고 말했다. 그녀는 낚시를 가지 않은 지 오 년이 되었지만 낚싯대의 봉돌을 만들 납을 찾고 있었다. 또는 창문을 수리할 망을 찾고 있었다. 그리고 그녀는 헛간 다락에 서서 창문을 바라보면서, 또는 어쩌면 창문을 보지 않은 채로 바람에 떨어진 배를, 아마 두세 개 먹었다. 어떤 경우건, 얼마 후에 몇 미터를 걸어 집으로 돌아가서 거슬리는 소음 또는 아버지의 신음 소리를 들었거나 또는 전혀 아무 소리도 듣지 못했다. 철망으로 된 부엌문은 활짝 열려 있었고 아버지는 소파에 죽은 채로 누워 있었다. 새어머니의 경우는, 아홉시가 막 지나 그녀가 손님방의 침대를 정리하러 위층으로 간 이후부터 보지 못했다. 아침 내내 부엌에서 오래된 잡지를 읽고 어쩌면 과자를 하나 먹은 리지는 새어머니가 아픈 친구에게서 온 쪽지에 응해 나갔다고 생각했다. 리지는 일이 일어나기 이전에 그 이야기를 하녀에게 했다. 리지는 사업 동료들과 아침에 일을 하고 돌아와 오찬 전에 소파에서 낮잠 잘 준비를 하던 아버지에게도 그 사실을 말했다. 비록, 정말 이상하게도, 사건의 모든 수사관들이 쪽지도, 그걸 보낸 여자도, 전달한 소년도 찾을 수 없었지만, 계속해서 반복하고 또 반복해 말했다.

나중에 경찰이 가족과 친구들에 대해 묻자, 리지 양은 농장의 노동자들 그리고 장래의 세입자와 아버지가 싸운 이야기를 했다. 그녀는 자신이 보았던, 집 근처에 숨어 있던 의심스러운 남자들, 헛간을 부수고 들어온 침입자, 독살이 아닐까 하고 애비 보든이 걱정한 가족의 질병, 작년에 누가 애비의 책상을 마구 뒤진 이상한 일, 앤드루가 경찰에 알렸지만 그런 다음 경찰더러 잊으라고 말했던 강도 사건에 대해 말했다. 리지가 제안한 모든 살인 용의자들은 완벽한 알리바이가 있거나 실제가 아닌 환상으로 드러났지만 틀림없이 리지는 계속해서 걱정했다. 살인이 일어나기 전날 저녁 그녀는 가장 친한 친구인 앨리스 러셀 양에게 자신의 두려움을 이야기했고 그녀는 들은 말을 법정에서 되풀이했다. 그녀의 말에 따르면, "우울해"라고 리지는 말했다. "벗어던질 수 없는 뭔가가 나한테 계속 매달려 있는 느낌이야. 그리고 그게 어디 있건 가끔은 날 완전히 에워싸. (…) 눈을 절반씩 뜬 채로 잤으면 좋겠다고 느끼곤 해. 한쪽 눈을 뜨고 절반씩 자거나. 그 사람들이 불을 내서 집이 무너져 내릴까 봐 겁나. (…) 누군가 무슨 짓을 할까 봐 무서워. 누가 무슨 짓을 할지는 모르겠지만 말이야."[86] 그다음 날 누군가 그런 짓을 했고, 리지 양이 너무나 명확하게 그런 일이 생길 거라고 예상했다는 것은 이상해 보였다.

살인은 목요일 아침에 일어났다. 그리고 토요일 아침, 리지가 부모의 장례식에 참석하는 동안 경찰은 피 묻은 옷을 찾아 그녀의 옷장을 뒤졌지만 허사였다. 그날 저녁, 조의를 표하려고 방문한 시장은 리지에게 그녀가 의심받고 있다고 말해 주었다. 리지의 친구 앨리스 러셀이 보든의 집 부엌에 들어 온 일요일 아침, 그녀는 리지가 에마 앞에서 화덕에 옷을 불태우는 걸 발견했다. "이 낡은 것 태워 버리려고"라고 그녀가 말했다. "페인트로 뒤덮였어."

그다음 화요일, 수요일, 목요일, 리지는 사인 조사 신문에서 지방 검사 호세아 놀턴의 집요한 질문을 무시하면서 계속해서 자신의 이야기를 빙빙 돌리고, 회피했으며, 앞뒤가 맞지 않는 이야기를 바꿔가며 증언했다. 헛간 다락에서 보낸 이십 분을 설명하면서 리지는 두세 개의 배를 천천히 먹었다고 말했다. 그러나 놀턴은 그녀가 부모와 브리짓 설리번처럼 그 전날 토해서 그날 아침을 먹지 못했다는 걸 기억했다. 그냥 듣기에도 그럴듯하지 않은, 헛간 다락에서 배를 먹었다는 그녀의 이야기는 이중으로 의심스러웠고, 놀턴은 그녀에게 대답을 받아내려 애썼다.

질문: 아침보다 나았나요?

대답: 전날 밤보다 나았어요.

질문: 아침보다 나아졌다는 거죠?

대답: 전날 밤에 그랬던 것보다 아침에 나아졌어요.

질문: 제 질문은 그게 아닙니다. 보든 양은 그때, 헛간 다락에서,

창문 밖을 보면서 세 개의 배를 먹었을 때, 전날 밤보다 나아졌을 뿐만 아니라 식사를 하지 못했을 때인 아침보다 더 나아진 게 아닌가요?

대답: 저는 원래 아침을 먹지 않아요.

질문: 제 질문에 대답하지 않았습니다. 그리고 대답하세요. 제가 하루 종일 묻게 되더라도 말입니다. 그때, 닫힌 그 창문으로 바깥을 보면서, 그 세 개의 배를 헛간 다락에서 먹을 때, 그때는 식사를 하지 않았던 아침보다 더 나아진 상태였나요?

대답: 배를 먹을 정도로는 나아졌어요.

질문: 아침보다 나아졌다는 거죠?

대답: 단지 아침에는 심하게 아프다고 느끼지 않았던 것 같아요. 네, 전 잘 모르겠지만 더 나아졌다고 느꼈어요. 제가 말씀드렸듯, 아침을 먹었는지 아닌지, 또는 과자를 먹은 건지 모르겠어요.

질문: 그렇다면 아침보다 나아진 거군요?

대답: 어떻게 답을 드려야 할지 모르겠어요. 왜냐하면 어쨌든 아침에는 나아졌다고 말씀드렸으니까요.

질문: 질문을 이해하고 있습니까? 제 질문은 헛간의 다락에 있을 때, 아침에 일어났을 때보다 나아졌다고 느꼈냐는 겁니다.

대답: 아니요. 비슷하다고 느꼈어요.[87]

리지 보든은 쉽게 휘둘리지 않았다. 그날 아침 브리짓이 실제로 창문을 닦고 있었는지에 대해 알지 못한다고 주장했을 때, 놀턴은 격분해서 물었다. "그녀가 일을 하면서 식당과 거실의 모든 창문을 닦았을 수도 있다고 생각하지만 모른다는 거죠?"

"전 모르겠어요, 확실하게"라고 리지 양은 대답했다. "제가 봤었는지 아닌지를요. 봤을 수도 있고, 봤다는 걸 모를 수도 있고요."

호세아 놀턴에게는 무리였다. "보든 양, 저는 최선을 다해 그날 아침 당신과 설리번 양이 한 모든 행동을 이해하려고 노력하고 있습니다. 그리고 그렇게 하질 못했습니다"라고 말했다. 그는 직접적으로 그녀에게 물었다. "저에게 어떤 정보라도 주고 싶은 겁니까,

아닙니까?"

　　"모르겠어요"라고 리지 양이 답했다. "당신 이름이 뭔지
모르겠군요."[88] 리지 양은 어쨌든 보든이었다. 그러나 호세아 놀턴은,
그가 누구라고? 살인이 일어난 뒤 일주일이 지난 8월 11일 목요일 오후,
리지 앤드루 보든은 앤드루 잭슨 보든을 살해한 혐의로 체포되었다.
그렇지만 그녀는 결코 약해지지 않았다. 그리고 시간이 지나 재판이
모두 끝났을 즈음 그 무명의 지방 검사, 호세아 놀턴은 판사들처럼 리지
보든 양의 편이 되어 버린 것 같았다.

리지 양이 법정 한가운데, 판사석과 방청석을 구분하는 난간 바로
앞에 자리를 잡고 앉았을 때, 그녀는 검은 벨벳 단을 두른 수수한 검은
크레이프 드레스를 입고 있었다. 앞코가 네모난 검은색 새 구두는
유행을 따른 것이라기보단 실용적이었다. 푸른색 깃털과 푸른색 장미
매듭을 단 '챙이 넓은' 검은 짚 모자는 '전혀 지금의 유행이 아'니었다.
손은 검은 면장갑으로 가려져 있었다. 재판이 반 정도 지나면서 보든
양은 새 옷을 입고 나타났는데, 남성 범죄를 전문으로 취재하는
기자들이 잘 모르는 눈으로 봤을 때도 분명 비싸 보이는 드레스였다.
처음 법정에 나왔을 때 입었던 구식의 셔링이 들어간 짧은 윗옷보다
훨씬 더 유행을 따르는, 검은색 레이스가 케이프처럼 보이도록 전면을
뒤덮은 검은 비단 드레스였다. 그러나 그녀는 그 새로운 드레스에
지금의 유행에 전혀 맞지 않는 조합이지만 의상 색깔에 끼워 맞춘
낡은 모자를 쓰고 또한 낡은 검은 면장갑을 낀 채로 나왔다. 물론
상중이었지만, 그녀는 보든 양을 너무나 숭배하는 『뉴욕 선(New York
Sun)』의 줄리언 랠프 기자마저도 '너무 요란'하다고 여긴, 에나멜로
만든 커다란 팬지 장식을 목에 꽂았다.[89] 패션 법칙에 대한 그녀의 무지
또는 무시로 인해 그녀가 유행에 민감한 사람이 아니라 진짜 숙녀라는
게 분명해 보였다. 사실 랠프 기자가 쓴 것처럼 그녀는 '우리가
숙녀성이라고 하는 규정할 수 없는 자질'[90]을 지니고 있었다.

　　랠프에 따르면, 그녀의 얼굴은 '그녀의 옷처럼 숙녀의 것'이었다.
그는 그녀에 대해 이렇게 썼다. "갈색의 큰 눈, 희고 높은 이마를
가졌으나 코는 기울어졌고, 광대뼈가 너무 두드러져서 얼굴의

아랫부분이 무거워 보였다. 머리는 귀가 있는 부분이 가장 넓었다. 뺨은 아주 살이 많았고 턱은 각지고 두드러져 눈에 띄었다. 앞으로 돌출된 두툼한 입술은 병으로 창백했고, 우울하거나 성마른 성격을 보여주는 아주 깊은 두 주름으로 인해 입은 아래로 처졌다." 아주 신기하게도, 이 '숙녀의' 얼굴은, 고르지 않은 코, 무거운 턱, 두터운 입술과 두드러진 주름으로 엘리자베스 오크스 스미스가 악귀 같은 브리짓 더건을 묘사한 것과 아주 비슷했다. 그러나 랠프는 이 특징을 다르게 해석했다. 그는 "그녀는 메두사나 고르곤이 아니다"라고 썼다. "그녀의 외모에는 전혀 사악하거나 범죄자 같거나 냉혹한 구석이 없다."[91]

기자들은 대부분은 랠프처럼 보든 양에게 동정심을 보였는데, 단한 가지가 그들을 괴롭혔다. 숙녀에게 적합한 그녀의 고요한 침착함은 너무나 단단히 통제된 것처럼 보였다. 살인 직후,『폴리버 데일리 글로브』는 리지가 '이 일과 무관한 사람 같은 감정'[92]을 보여주었다고 보도했다.

재판 첫 이틀 동안 그녀는 일단 앉고 나면 자세를 거의 바꾸지 않았다. 아침에 턱을 왼손에 괴었으면 오후엔 오른손에 괴었다. '새겨 놓은 그림'이라고 그녀를 묘사한 기자들은 보든 양이 극단적으로 '냉담하고 조심스러운' 성격을 지녔다는 데 동의했다.[93] 재판이 널리 보도되었으므로 아버지와 새어머니가 죽은 이래 리지가 단 한 방울의 눈물도 흘리는 걸 보지 못했다는 사실을 모두 알고 있었고, 울지 않는 여자는 확실히 비정상적인 창조물이었다. 그러다 변호사와 검사 사이의 길고 팽팽한 논쟁 후에, 법의 결정적인 항목이 리지에게 유리하게 결정되고 나서 그녀는 울기 시작했다. 랠프와 같은 기자들에게 그건 가장 중요한 전환점이 되었다. 랠프는 썼다. "보든 양의 여성성은 눈물을 터뜨리기 시작했을 때 완벽하게 성립되었다."[94] 이후 재판 며칠 동안 리지는 종종 아주 힘들어했다. 그녀는 물을 청하고, 나갔다 올 수 있는지 요청하고, 괴로워하며 앞뒤 난간에 몸을 기대거나 방향염을 맡고, 울고, 한 번 이상 죽은 듯 기절해 버렸다. 동정심을 가진 기자들은 이런 사건을 과장된 문체로 상세하게 보도했다. 보든 양은 단지 숙녀일 뿐만 아니라 진정으로 여자다운 여자로 보였다.

그만큼 그녀는 남성 전용 클럽처럼 보이는 법정에 전혀 어울리지

않아 보였다. 랠프는 "판사, 변호사, 보안관, 그리고 참석자들 대부분은
흰 머리의 나이 많은 시민들이었다"[95]고 보도했다. 판사 셋 다 얇은
입술에 '반백의 수염'이 있었다. 배심원은 전부 남자로, 피고 측에서
신중하게 고른 대로 중년이거나 그보다 나이가 많았다. 배심장은
번성한 지주였고, 다른 배심원은 철공소를 운영하고 있었으며, 나머지
배심원들은 소박한 농부나 장인이었다. 보든 양은 '반백의 수염'
가운데에서도 매우 존경받는 변호인단이 변호했다. 앤드루 제닝스는
오랫동안 앤드루 잭슨의 변호를 맡았던 저명한 시민이었다. 숙련된
보스턴의 재판 전문 변호사인 멜빈 애덤스는 세련된 대도시의 매너와
왁스를 바른 콧수염으로 배심원들에게 깊은 인상을 남겼다. 그리고
쉰아홉의 당당하고 눈길을 끄는 보수주의자 신사인 조지 로빈슨은 세
번이나 주지사를 연임했다.

　검찰 쪽은 그만큼 인상적이진 않았다. 주의 최고 법무관으로
기소의 의무가 있었던 아서 필스버리는 숙녀를 기소하는 품위 없는
일을 직면하지 않으려 건강상의 이유를 대고 재판에서 빠졌다. "선택의
여지가 있다면 어떤 법조인도 여자의 목숨을 걸고 재판을 하지는 않을
것이다"[96]라고 『폴리버 데일리 글로브』는 언급했다. 업무는 브리스톨
카운티의 지방 검사인 호세아 놀턴에게 떨어졌는데 그는 이미 사인
조사 신문에서 보든 양을 충분히 겪었다. 그도 정치적으로 아무 보람
없을 그 일에서 벗어나려고 애썼고 업무에서 피할 수 없게 되자,
누가 봐도 알아차릴 정도로 의욕 없이 일했다. 서른여덟 살의 나이로
법정에서 가장 어렸던, 에식스 카운티 동부 지방 검사 윌리엄 무디가
그를 보좌했는데, 그는 재판 내내 연장자들의 언동에 가려져 있었다.

　불과 얼마 전에, 무디는 로빈슨과 함께 토지 소유권 사건에서
논쟁하고 아주 많은 수임료를 나누어 가졌다. 그건 보든 법정의
법조인들을 한데 묶는, 직업적이고 정치적인 많은 연대 중 하나일
뿐이었다. 피고 측 변호인인 제닝스와 애덤스는 보스턴 법대의
졸업생들이었고 마찬가지로 피고 측 변호인 로빈슨과 검사 놀턴
그리고 무디는 하버드 남자들이었다. 제닝스, 놀턴, 그리고 로빈슨은
지금 법정의 재판장인 앨버트 메이슨처럼 주 하원 의원과 상원 의원을
역임했고, 로빈슨과 메이슨은 법사위원회에서 같이 일했다. 그리고

로빈슨은 주지사였을 때 상급 법원 판사 저스틴 듀이를 종신직으로 임명했는데, 이제 그 앞에서 보든 사건을 논쟁하러 나타났다. 이들 변호사, 판사, 그리고 배심원 중에 오랜 친구가 아닌 사람들도 재빨리 친구가 된 것 같았다. 『뉴욕 타임스』는 "판사, 검찰, 변호인 모두 다 신속한 진행에 뜻을 모았다"[97]라고 적었고, 나흘의 재판을 지켜본 랠프는 썼다. "법조인들은 독특한 성격을 지닌다. 그들은 거의 깰 수 없는 조화를 이루며 서로서로 상대편에게 친절하고 예의 바르고 존경하는 태도로 일한다. 사건을 수행하는 데에 이해를 공유하고 있다."[98]

두꺼운 카펫이 깔리고 넉넉하게 타구를 배치해 둔 이 법정에서, 실용적인 구두를 신은 숙녀인 리지 보든은 윌리엄 무디가 기소를 위한 첫 변론을 하는 동안 부채를 부치고 있었다.

무디가 제시한 대로 검찰 측에서 바라본 사건은 세 가지 주장, 즉 '리지가 살인이 일어나도록 꾸몄다', '실제로 살인을 저질렀다', 그리고 '살인 이후의 행동이 유죄를 가리킨다'라는 주장에 기반하고 있었다. 많은 증인들이 보든가에 대한 적개심과 잠긴 문, 침묵, 재산에 관한 언쟁, 그리고 이십오 년 동안 새어머니를 '보든 부인'이라고 부르던 리지의 고집을 증언했다. 의학 전문가들은 살인으로 이어진 치명적 타격이 여자의 힘으로도 충분하다는 데 동의했다. 숙부인 존 모스, 언니 에마(집에 없었다), 브리짓 설리번과 같은 용의자들이 그렇지 못한 데 반해 리지는 살인을 저지를 기회가 있었다는 걸 또 다른 증인들이 입증했다.

리지 양의 변호인단은 범죄에 대해 아무런 반대 이론도 제공하지 않았지만 증인의 기억이나 신뢰성에 의심을 던지며 불신함으로써 검찰이 재구성한 사건을 공격했다. 그런 다음 단 한 번도 제기되지 않았다는 듯이 진짜 쟁점을 무시하고, 아무리 애써도 주제와 간신히 관련될 법한 사실들을 중요한 쟁점으로써 논쟁에 활용하며 효과적으로 연막을 만들어냈다. 옳진 않지만 영리한 변론이었다. 무디 검사가 로빈슨 주지사의 관계없는 웅변의 격류 중 하나에 대고 "훌륭한 말씀입니다만 법은 아닙니다"[99]라고 말한 것처럼 말이다. 변론의

중심에는 로빈슨 주지사가 묘사했듯이 리지가 아버지와 맺고 있는
관계의 거룩함이 있었다.

> 그[앤드루 잭슨]는 장신구, 보석이라는 걸 일절 차지 않는
> 남자였습니다. 단지 반지 하나만, 그 반지는 리지의 것이었습니다.
> 몇 년 전 리지가 어린 소녀였을 때부터였고 아버지는 그 반지를
> 항상 껴 왔고 반지는 함께 무덤에 묻혔습니다. 그는 리지를
> 좋아했습니다. 아니겠습니까? 자식으로서 사랑했지요. 신뢰와
> 사랑을 맹세한 서약을 드러내고 여태껏 그의 삶에서 창조된 가장
> 소중한 관계를 전형화하고 상징하는 그 반지, 그 반지는 아버지와
> 딸 사이에 있는 결합의 연대였습니다. 딸을 그렇게 사랑하는
> 남자를 그 딸이 살해했다는 말을, 어떤 남자라도 들어선 안 될
> 겁니다.[100]

앤드루가 리지를 좋아했다는 이 증거는 리지도 앤드루를 좋아했다는
걸 의미한다고 양측에 의해 해석되었다.

아직 프로이트 이전 시대였는데도, 너무나 많은 프로이트식 끈으로
묶여 있는 자신의 아버지를 여자가 죽인다는 건 그냥 도저히 **생각할
수 없는** 일이었다. 세 딸이 전부 리지 또래인 재판장 메이슨과 그보다
겨우 몇 살 어린 세 딸을 가진 듀이 판사, 그리고 리지 나이 또래의
딸들이 있기 **때문에** 피고 측이 주의 깊게 선택한 여러 배심원들에게는
특히 그랬을 게 분명했다. 최종 변론에서 로빈슨 주지사는 그들에게
상기시켰다. "여러분은 가족에게서 태어났습니다. 가족의 따뜻한
화롯가에서 왔죠. 가정의 일원이고, 아내와 딸, 자매, 그리고 어머니가
있는 분들이죠."[101] 재판이 끝나면 이 남자들은 앤드루 보든이 그랬듯
집으로 갈 것이고, 딸들에게 환영받을 터였다. 딸들은 재킷을 걸어
주고, 슬리퍼를 갖다주고, 베개를 푹신하게 만들어 머리 밑에 놔 줄
것이다. 만약 리지 보든이 유죄를 선고받는다면 그들 중 누가 그런
가정적인 풍경을 예전처럼 느낄 수 있단 말인가?

변호사는 물었다. "이 범죄의 동기가 어디 있습니까?" 마치 25만
달러의 절반이 손에 들어오는 게 살인의 충분한 동기가 되지 않는 듯

말이다. 리지 양이 결코 돈을 원할 리 없는 유복한 젊은 여성이라는 걸 증명하려고 변호사는 언니 에마에게 아버지가 사망할 당시 리지가 가지고 있던 재산을 증언해 달라고 청했다. 한 은행에 2천 달러, 다른 은행에 500달러, 세번째 은행에 172달러 75센트, 네번째 은행에 141달러가 있었다. 추가로 그녀는 폴리버 내셔널 은행에 두 주, 머천트 제조 회사에 아홉 주를 보유하고 있었다. 리지 양이 서른두 살의 나이에 자기 이름으로 거의 3천 달러를 가지고 있었다는 건 여자가 원하는 걸 다 가졌다는 증거로 여겨졌다. "그 이야기가 다 무슨 소용입니까?" 로빈슨 주지사가 배심원에게 물었다. "리지 양이 편히 사는 데 더한 게 필요합니까?"[102] 혹시라도 원하는 게 더 **있다면**, 너무나 매끄럽게 제시된 것처럼, 아버지가 죽기를 몇 년만 기다리면 되었다.『폴리버 데일리 글로브』는 매사추세츠 주 법에 따라 아버지가 새어머니보다 먼저 사망하면, 애비는 더 오래 살아남은 아내의 자격으로 앤드루의 재산의 최소 삼분의 일을 상속받게 되지만, 너무나 기이할 정도로 사이가 좋은 검찰과 피고 측 어느 쪽에서도 재판에서 이 점에 관해 어떤 이야기도 나누지 않았다. 그리고 누구도 여자가 돈이 충분하면 살 수 있는 무형의 것들, 즉 독립, 자주적 결정, 더 넓은 인생에 대해서는 전혀 언급하지 않았다.

　　모두가 여자는 돈 같은 것에는 상관하지 않는다는 듯 굴었다. 살인이 일어난 다음 일요일, 리지의 목사이자 지지자인 워커 주브 목사는 중앙 회중교회에 물었다. "동기가 어디 있습니까? 남자가 범죄에 기댈 때는 약탈을 하려거나 이익을 얻기 위해서, 적개심에서, 갑작스러운 분노나 복수를 위해섭니다. 이상하게도, 이런 본성 중 어느 것도 이 사건에는 없으니 다시 묻겠습니다. 동기가 무엇입니까?"[103] 『폴리버 데일리 글로브』와 며칠 뒤 인터뷰를 하면서 주브는 에마 보든이 자신에게 한 말을 인용했다. "리지는 결백해요. (…) 그 애가 가질 만한 요만큼의 동기라도, 돈이건 복수건, 전 생각할 수가 없어요. 왜냐하면 그 애는 필요한 게 다 있고 복수할 이유가 없어요."[104] 그리고 살인이 일어난 이틀 후에『폴리버 데일리 글로브』가 한 초기 인터뷰에서 앤드루 잭슨의 변호사로 언급된 앤드루 제닝스는 말했다. "가장 흉악무도하고 잔인한 범죄 (…) 그리고 절대적으로 동기를 찾을 수 없는 범죄는, 절대적으로 동기를 찾지 못할 범죄죠."[105] 몇 달 후, 재판에서 제닝스는 여전히 같은 의견이었다. 변론을 시작하면서, 그는 말했다. "검사 측 (…) 주장은 (…) 애비 더피 보든을 죽인 사람이 누구건 또한 앤드루 보든을 죽였다는 겁니다. 그리고 검찰은 여러분에게 새어머니를 죽여야 할 그녀의 동기를 제공했을지라도 아버지를 죽일 이유는 전혀 아무것도 제시하지 않고 있습니다."[106]

변호인 측은 또한 다양한 목사들과 쭈글쭈글해진 숙녀들을 불러 리지 양의 성격, 두터운 신앙심, 그리고 시신을 발견한 직후 그녀가 청결했다는 걸 입증하고자 아주 많은 공을 들였다. 처칠 부인, 러셀 양, 브리짓 설리번, 보언 박사, 보언 부인 모두가 살인이 일어난 직후 리지 양을 위로하고 부채질해 주는 와중 그녀에게서 핏자국을 전혀 보지 못했다고 증언했고, 변호인들은 살인자라면 마땅히 그의[107] 피해자의 피로 흠뻑 젖었어야만 했다고 주장했다. 사실, 모든 의학 전문가들은 가해자에게 피가 튀었을 필요는 **없다**는 데 동의했다. 시신을 본 기자들은 피의 부재가 사건의 가장 놀라운 특징 중 하나라는 걸 알아차렸고, 애비 보든의 시신을 처음 검시한 의사들은 피가 튄 흔적이 보이지 않아 그녀가 그저 기절한 거라고 결론을 내렸었다. 그러나 재판이 진행될 무렵, 로빈슨 주지사가 '피가 벽과 가구, 침대와 모든 곳으로 날아가듯 묻은'[108] 점에 관해 부르짖었을 때, 보든 살해의 깔끔한 현장과 '미상의 가해자'인 사람은 '피의 바다'에 잠긴 걸로 여겨졌다. 그러나 보든 양은 아니었다. 심리에서 벼룩의 탓으로 돌린, 흰 속옷의 끝자락에 남은 작은 핏자국을 제외하고는 그녀는 얼룩 하나 없이 깨끗했다. 그 한 점의 피는 재판에서 짧게 논의되었다. 그걸 검사한 우드 교수는 외부에서 생긴 핏자국이라고 맹세했지만 변호사들은 재빨리, 말이 되진 않지만 품위있게, 살인 전인 수요일 저녁에 끝난 보든 양의 '매달 일어나는 병'의 자국으로 설명했다. 그리고 그걸로 끝이었다. 리지 보든은 여자였기에 피 묻은 천을 처분하는 데 익숙했으나, 또한 숙녀였기에, 그걸 논의할 수는 없었다.

월경 기간 동안, 그 시대의 여자들은, 일회용 생리대가 나오기 전이라, 빨아서 다시 쓸 수 있는 두꺼운 천으로 된 작은 수건이나 타월을 댔다. 리지도 그렇게 했고, 지하실 개수대 아래 양동이에 피에 젖은 수건을 두었다. 살인 후, 그리고 추정상 리지의 월경이 멈춘 지 이십사 시간 후인 목요일 밤, 그녀는 지하실로 두 번 갔고 두 번 다 바깥에 배치되어 있던 경찰관 조지프 하이드에게 목격되었다. 그녀는 처음에는 같이 머물러 준, 친구 앨리스 러셀과 함께 내려가 변기통에 양동이를 비우러 갔다. 러셀 양은 당연히 신경이 곤두서서 떨리는 손으로 램프를 잡고 있었다. 나중에 리지는 다시 혼자 램프를 들고 내려갔는데, 개수대 위에 일 분 정도 몸을 수그리고 있었다. 경관 하이드는 그녀가 무얼 하는지 볼 수 없었다.

로빈슨 주지사는 재빨리 하이드의 증언을 의미 없다고 일축했고, 줄리언 랠프는 논의가 금지되었다고 썼다. "그건, 중요하지 않았다"라고 그는 썼다. "수감자의 두번째 지하실 방문은 지하실에 있는 특정한 양동이에 가득 찬 수건과 관련있는 걸로 보였고 **양측은 이 재판에서 그 일에 대해 논의하지 않기로 동의했다**."109 법정의 신사들은 다른 선택이 거의 없었다. 월경은 예를 들어 메리 해리스의 재판처럼 이전의 법정에서는 논의되었지만 내숭이 기어들어 온 이후에는 숙녀들의 면전에서 신사들이 논의하기에 접합하지 않은 주제가 되었다. 보든 법정의 남자들은 외설적이라는 혐의를 피하고 여자들의 감수성을 해치지 않으며 보호하기 위해 여자가 여자들에 의해 재판을 받아야만 한다는 주장을 맞닥뜨리지 않고는 월경을 논의할 수 없었다. 그래서 피 묻은 타월이 잔뜩 들어 있는, 얼룩 한 점 없는 리지의 양동이로 **뭔가**를 만들어낼 수도 있었던 보든의 검사들은, 리지가 한밤중에 혼자서 살인이 일어난 집의 무시무시한 지하실로 내려간 일에는 본래 겁이 많아야만 하는 여성으로선 평범하지 않은 용기가 필요했다는 걸 주장하기 위해서만 하이드의 증언을 사용했다. "지하실에 간 걸 언급하는 것에 대해 상관하지 않겠습니다"라고 놀턴 검사는 배심원들에게 사건을 요약하면서 말했다. "제가 그 일을 판단하려 제안하는 것은 다만 여성에게 거의 냉철하다고까지 할 수 있는 용기가 있어야만 가능하다는 점을 강조하기 위함입니다. (…) 그곳에 혼자 내려갈 수 있는 용기를 가져야만 했던 여성 (…) **이 사건과 어떤 연관이 있는지를 제가 몰랐더라면 하는 목적**에서 그 방으로 조용히 들어가야만 했던 용기 말입니다."110

보든 재판 뒤에 있는 너무나 강력한 또 다른 층위의 의미가 단순한
물리적 증거보다 더 결정적이었던 까닭에, 맥락은 종종 애매하거나
사라진 것처럼 보였다. 변호사와 검사가 논쟁하고 판사와 배심원이
판결을 내리면서도 모두 다 사건의 사실이 제시하는 것보다 훨씬 더
깊숙하게 그들을 에워싼 드라마에 사로잡혀 있는 것처럼 보였다.
그들은 각자가 대본을 건네받아서, 줄리언 랠프가 적었듯, 기이한
공연에서 연기하고 있는 것처럼 자신들의 역할을 확실히 연기했다.
뒤이은 세대들에게 리지가 전설이 된 것도 놀라울 일이 아닌 게, 그녀의
재판 자체가 아주 오래된 전설의 제의적 재현이었다. 낯부끄러울
정도로 진부한, 고난에 빠진 아가씨 이야기.

　　둔감하고 평범한 얼굴의 서른두 살 리지가 아름다운 아가씨 역할로
잘못 캐스팅된 건 사실이다. 그러나 성인 여성을 '소녀'라고 언급하는
미국의 관행[III]은 오늘날 그런 것만큼이나 그때도 그런 인식을 비틀어
버렸다. 뭐든 할 수 있는 신체의 성인 여자 리지는 재판 내내 검찰과
변호사 모두에 의해 '이 가엾은 소녀'라고 언급되었다. 종종 그녀는
자신을 해악으로부터 보호해 줄 부모(특히 아버지)가 없다고 해서 '이
가엾은 **무방비한** 소녀'였다. 어쩌면 알렉산더 울콧이 빈정댔듯 그녀를
'자력으로 이뤄낸 고아'라고 하는 건 요점을 벗어난 일이었다. 전설의
힘은 사실로 방해받지 않는다.

　　적어도 리지는 숙녀**였다**. 아무도 하층 계급 여성을 위해 투사로
나서지는 않는다. 그리고 지금이건 그때건, 사건에 말을 얹은 사람들은
브리짓 더건의 교수형을 그렇게 축제 같은 사건으로 만들었던 것과
같은 민첩성으로 브리짓 설리번에게 범죄 혐의를 꽂아 주려 했다.

　　지방 검사 놀턴은 최후 변론에서 이러한 계급의 차이에 대해
직설적으로 말했다.

　　한 사람[브리짓이라는 이름의 여성]은 가난하고 외로운, 집에서
　　일하는 하녀로, 교육받지 못했으며 친구도 없었습니다. 그리고
　　또 한 사람[리지]은 그녀를 보호해 줄 수 있는 모든 사회적 계급과
　　부, 친구와 변호사의 버팀목이 있었습니다. (…) 리지 보든에게

4　법과는 무관하게

불리하게 제시되는 그러한 일들이 가난하고, 외로운 소녀, 브리짓 설리번에게 일어났다고 가정해 보죠. 그녀가 잘못된 이야기를 말했다고 가정해 봅시다. 그녀가 불가능한 알리바이를 제시했다고 가정해 봅시다. 그녀가 그날 아침에 절대 입지 않았던 옷을 내놓았다고 가정해 본다면, 그리고 보여선 안 되는 이유로 드레스를 태웠다고 그녀를 압박한다면, 브리짓에 대해 어떻게 생각하실 겁니까? 브리짓의 법이 따로 있고 리지의 법이 따로 있습니까?[112]

대답은 물론, 그때도 그리고 지금도 "그렇다"이다. 심리 동안 브리짓은 자신을 받아 준 친구의 집에서부터 청문회 장소까지 매일 1킬로미터 이상을 터벅터벅 걸어갔고, 그동안 리지 양은 집에서부터 짧은 몇 블록을 세금으로 보내 준 지붕 씌운 마차에 타서 갔다.『폴리버 데일리 글로브』는 동네에 떠도는 소문을 언급했다. "리지 보든이 가난하고 형편 나쁜 여자였다면 지금 같은 대접을 받지 않았을 거라는 공공연한 말들이 있다."[113]

　　일단 자신이 숙녀이길 바라는 역할에 뽑히고 나자, 리지는 철저하게 이를 연기했다. 첫 이틀간의 표정 없는 뚱함을 녹여 버린 눈물은 진심이었을지 모르겠지만 가끔 기민한 기자들은 그녀의 배우 노릇을 잡아냈다. 검찰이 피를 언급할 때마다 리지는 손으로 얼굴을 가렸지만 변호사들이 피 이야기를 하면 환하게 듣는다는 걸 줄리언 랠프는 눈치챘다. 정말 이상하게도, 이 농간은 리지에게 호의적으로 해석되었다. 눈물처럼 리지의 척하는 태도도 '여성성의 기술과 방식'[114] 중의 하나로 그녀의 여자다운 본성의 증거가 되었다. 나중에 재판에서 그녀가 좀 더 유행을 따르는 새 드레스를 입었을 즈음에 리지는 법정에 꽃을 들고 오기 시작했다. 어떤 날은 작은 팬지 꽃다발이었고 다른 날은 한 송이 흰 장미였다.

　　숙녀에 대해 남자들이 공유하는 오래된 개념을 향해 묵직하고 편안하게 뒷걸음치며 배심원에게 훈계할 때, 로빈슨이 얼마나 확신에 가득 차 있었겠는가. "여러분은 이런 행동이 이 어린 여성에게 육체적으로 도덕적으로 불가능하다고 말해**야만 합니다**. 아니라고 말하는 건 인간의 도덕성이 파괴되는 것입니다."[115]

　　이 법정 드라마에서 악당의 역할은 자연스럽게 폴리버 경찰에게 떨어졌다. 대부분의 경찰은 악하기보다는 무능해 보였지만 그래도 모두 다 결국은 리지 양의 박해자로 보였다. 보든 살해 석 달 전에,『폴리버 데일리 글로브』는 '문란한 상태의 경찰력에 대해 널리 퍼진 악명'[116]에 대해 보도했다. 경찰관 개개인은 직무 태만, 규율에 대한 무관심으로 비난받았고, 전 부서가 '부패' 혐의를 받았다. 그리고 살인이 일어난 바로 그날, 본부에 경보가 울렸을 때 대부분의 경찰은 연례 부서 야유회에 참석하려고 동네를 비운 상태였다. 리지가 체포되고 며칠 뒤 『폴리버 데일리 글로브』는 "뉴잉글랜드 신문의 사분의 삼은 경찰을 조소하며 리지 보든의 결백에 믿음을 드러냈다"[117]고 보도했다.

　　그러다 10월, 리지가 대배심원에는 넘겨졌지만 살인으로 기소되기 전, 검찰과 경찰이 완전히 평판을 잃게 되고 뉴잉글랜드에서 가장 영향력있는 두 신문인『보스턴 글로브(Boston Globe)』와『보스턴 헤럴드(Boston Herald)』를 리지의 편으로 데려온, 악명 높은 '트리키와 맥헨리 사건'이 일어났다. 폴리버 경찰서에는 형사가 없었으므로 (그동안 폴리버에는 형사가 쫓을 만한 범인이 없었기 때문에) 경찰 서장 러프스 힐리어드는 로드아일랜드 주 프로비던스에서 온 사설탐정으로 뼛속까지 파렴치한인 에드윈 맥헨리를 고용했다. 폴리버 경찰과 두 달을 일한 후에 맥헨리는 젊은『보스턴 글로브』기자인 헨리 트리키와 비밀 거래를 텄다. 맥헨리 탐정은 500달러를 받고 트리키에게 보든 양에 대한 전체 기소장을 제공했고 그 문서는 1892년 10월 10일『보스턴 글로브』조간의 지면을 가득 채웠다. 기사는 다른 무엇보다도 리지가 임신을 해서 아버지와 격렬하게 싸웠고 아버지는 그녀와 의절하고 그녀를 집에서 쫓아내겠다고 위협했다는 내용을 담고 있었다. 석간도 기사를 반복하며, 조간에서 기사를 읽은 '모든 뉴잉글랜드 사람'이 '수천 부를 샀다'고 덧붙였다. 기사는 설득력있었고 기사 속에서 리지는 유죄라는 게 확실했지만 그건 풍부한 창의성을 지닌 맥헨리 탐정이 날조한 이야기였다.

　　그다음 날,『보스턴 글로브』는 속았다는 걸 알았고 이전의 내용을 완전히 철회하는 기사를 냈다. "그렇게 오도된,『보스턴 글로브』는"

이라고 앞면 사설은 시작되었다. "순진하게도 리지 보든 양에게 끔찍한 짐을 더했다. 거짓을 바로잡기 위해 우리의 힘이 닿는 한, 그러기를 갈망하는데, 여성으로서의 명예에 비인간적인 의견을 내고 해를 입힌 월요일 발행에 따른 모든 부당함에 대해 그녀에게 심심한 사죄의 말을 전한다."[118] 그 모든 일이 뉴잉글랜드 전역에서 가엾은 리지 양을 위한 어마어마한 동정심을 만들어냈고, 회개하는『보스턴 글로브』를 굳건하게 그녀의 편으로 위치시켰다. 그리고 숙녀를 모략하고 커다란 신문사를 거의 파멸로 몰아간 교활한 탐정 맥헨리가 폴리버 경찰서의 돈을 받고 일했다는 사실 역시 주목을 피할 수 없었다.

재판에서 최종 변론을 하며 로빈슨 주지사는 배심원들에게 "경찰복 안이라고 세상에서 가장 위대한 재능이 들어 있진 않습니다"[119]라고 상기시켰다. 그는 관대하게 굴고 있었고 충분히 그럴 만했다. 왜냐하면 그는 앞서 폴리버 경찰을 바보와 바보보다 더 멍청한 무언가로 만들었기 때문이었다. "그들은 증인석에 와서는 자신들의 약점을 드러냈습니다. (…) 그들은 다 같이 서로의 머리를 때렸습니다. 한 무리의 남자들인 그들이, 스스로를 우스개로 만든 겁니다."[120] 정말 그들은 그랬다.

주 경찰관 조지 시버는 검찰에게 물리적 증거를 주려고 핏자국의 목록을 읽었다. 굽도리에 다섯 개, 소파 머리 부분 위쪽에 여든여섯 개, 소파 위의 그림에 마흔 개. 가장 높이 있는 핏자국은 바닥에서 185.43센티미터 위에 있었고, 가장 멀리 있는 핏자국은 소파에서부터 293.37센티미터 떨어져 있었다. 그렇게 계속해서 두 살인 사건이 있었던 방의 가장 작은 핏자국까지도 다 나열했다. 그러더니 반대 신문에서 로빈슨은 이 기록이 측정을 하고 나서 공책을 잃어버려 모든 자료를 **기억**으로 다시 적어 내려간 것이라는 걸 인정하도록 만들었다. 해링턴 경관은 헛간 다락의 창문이 닫혀 있었다고 증언했고 로빈슨은 이전의 심리 증언을 읽으면서 열려 있었다고 말했다. 보든의 옷장을 수색한 몇 명의 경찰은 드레스가 침대보로 덮여 있었다고 말했고 또 다른 몇몇은 아니라고 말했다. 여러 명의 경찰관들이 살인 무기로 추정되는, 자루 없는 손도끼의 머리 부분을 봤지만 오로지 한 사람만이 자루가 바로 그 자리에서 같이 발견되었다고 말했다. 한 경찰관은 그가 도끼머리를 주머니 크기의 봉지에 담았다고 말했고 다른 경찰관은 큰 꾸러미로 묶었다고 말했다. 그리고 어떤 경찰관들은 자신의 증언을 다 외워서 말하는 것처럼 보였다.

로빈슨 주지사는 경찰 증언의 불일치를 완벽하게 연극적인 효과로 연출해냈고 이런 부주의와 실수를 사악한 음모의 징후로 해석하기 시작했다. 미국의 가장 선두적인 법학자 중 하나인 존 위그모어 교수는 나중에 『아메리칸 로 리뷰(American Law Review)』에 사건을 논평하면서, 재판 내내 피고 측 제안은 "모든 경찰의 증언은 의도적으로 거짓이었다"였다고 지적했다.[121] 로빈슨은 표준적인 경찰의 절차조차도 불리하게 보이도록 했다. 보든의 집을 들여다보고 범죄를 발견한 사람을 신문하지 않은 채 경찰이 어떻게 수사를 진행할 수 있을지는 모르겠지만, 로빈슨은 그들이 리지를 괴롭혔다고 비난했다. "그리고 [서장 보조 플리트는], 이 젊은 여성의 방에 [살인이 일어난 날] 오후에 나타나, 다른 경찰과 함께, 꽤 직접적이고 독단적인 방식으로 모든 종류의 질문을 그녀에게 퍼부었습니다. (…) 이것이 법을 지켜야 할 경찰이 여자의 집에서 여자를 다루는 방식입니까? 남자, 그가 경찰이든 아니든 상관없습니다, 당신 집으로 들어와 당신의 아내나 딸에게 그런 식으로 이야기하는 남자를 어떻게 하시겠습니까?"[122] 기자들은 '불행한 처녀'가 '[이러한] 마녀 화형꾼들에 의해 열 달을 수감되어 있었다'[123]고 애통해했다.

검시관장인 돌런 박사는 법정에서 보든 부부가 매장되기 전에 화학 분석을 위해 위를 제거했으며, 두개골을 제시하고 상처를 검시할 수 있도록 머리를 자르고 조직을 벗겼다고 설명했다. 그는 이 소름 끼치는 과정이 경찰의 명령으로 수행되었고 보든의 딸들에게는 통지하지 않았다고 증언했다. 그 순간 줄리언 랠프는 이렇게 썼다. "고요한 얼굴로 앉아서 듣고 있던 짙은 검은색 옷의 외로운 소녀에게 거의 모든 눈이 향했다. 모든 동정 어린 마음에 그녀를 위한 새로운 동정심의 연대가 만들어졌고 자신의 아버지와 새어머니의 시신을 절단하고 뒤이어 사지를 분할했다는 걸 듣지 못한 그녀의 언니 또한 동정을 받았다."[124] 누가 그 살인의 죄를 지었든 상관없이 시신을 절단한 건 경찰이었다.

이 악당 무리에 둘러싸인 불운한 아가씨, 보든 양에겐 운 좋게도 그녀의 투사들이 있었다. 랠프는 이런 말로 앤드루 제닝스의 첫 변론을 묘사했다. "그는 한 시간 동안 그녀의 성별과 그녀 자신을 위해 고대 기사의 배려를 지닌 채 그녀 편에서 싸웠다. 열 달의 고통 속에서 처음으로 자신을 옹호하는 담대하고 도전적인 목소리가 울려 퍼지는 것을 듣는 일은 그 소녀에게 이상한 느낌을 주었을 게 분명하다. 그녀는 몇 번 몰래 눈물을 훔쳤지만 눈물은 너무나 빨리 흘러나와 손수건을 들 수밖에 없었다."[125] 정말 이상하게도 '소녀'는 피고인이자 낭만적 여주인공이었다.

그러나 제닝스와 로빈슨은 아름다운 처녀를 지키려 그저 경찰이라는 용을 창으로 찌르는 방랑의 기사보다도 훨씬 더 대단한 사람들이었다. 왜냐하면 두 사람은 또한 그녀의 아버지를 대신해 그녀 앞에 서 있었기 때문이었다. 제닝스는 그녀 아버지와의 오랜 우정이라는 이유로, 로빈슨은 그의 나이와 연방의 지도자라는 공직을 이유로. 신문은 몇 번이고 반복해서 그녀의 변호사들이 리지를 '친절한 아버지들'의 태도로 대한다고 논평했다. 제의적인 법정 드라마는 리지의 변호사들의 이 이중 역할로 복잡해졌는데, 왜냐하면 그들은 가부장인 동시에 투사였고, 아버지인 동시에 연인이었다. 젊은 여성에 대한 아버지이자 보호자라는 이중 역할은 그 모든 근친상간적인 의미를 지닌 채로 재판 내내 사악한 기류처럼 바닥을 흘러 다녔지만 아주 드물게, 예를 들어 앤드루가 죽을 때까지 끼고 있다 같이 묻혔다는 리지의 반지에 대해 로빈슨이 구슬프게 언급할 때나 표면으로 올라올 뿐이었다.

리지 양은 가부장을 살해한 혐의를 받고 있었으므로 그녀의 변론은 전통적으로 그녀의 순결을 지키고 그녀에 대한 접근을 통제할 수 있는 다른 가부장이 해야만 했고, 그 역할은 변호사들이 상징적으로 채웠다. 단지 그들만이 그녀의 오명을 풀 수 있었다. 가부장에 대한 공격은 가부장제 자체에 대한 공격이기 때문에 그들은 그녀의 오명을 **벗겨냈다**. 로빈슨은 다음과 같이 주장했다.

선한 사람이 잘못되는 게 불가능하지는 않습니다. 지금까지 착했던

318

사람이 잘못될 수도 있고 좋은 평판을 잘못된 행동으로 망쳐 버릴 수도 있지만, 그러나 우리의 인간으로서의 경험은 가르쳐 줍니다. 만약 어떤 딸이 우리와 같은 가정에서 서른두 해를 자라나, 우리의 학교에서 교육받고, 우리의 길을 걸어 다니고, 가장 좋은 사람들과 교류하며 신과 인간을 섬기는 데 헌신하고, 불운한 자들의 상처를 묶어 주며 무지하고 짓밟힌 자들을 가르치며 평생을 다른 사람을 위해 보냈다면, 우리는 살아 온 경험으로 알고 있습니다. 그런 사람이 갑자기 가장 야비하고 대담한 살인녀로 밝혀지지는 않는다는 걸요. 그건 우리의 인간적인 삶이 우리에게 가르쳐 온 모든 것과 너무나 반대인 상태라 우리의 마음과 감정은 그 개념만으로도 몸서리칠 겁니다.[126]

로빈슨의 주장은 전부 다 재판에 제시된 증거와는 상관없었고 전부 다 가부장적인 편견이 가득했다. 그러므로 재판 몇 달 전, 리지가 체포된 직후, 다른 가부장인 폴리버 시의회장 비티의 입에서 같은 주장을 들었던 건 놀랄 일이 아니었다. "리지 보든을 체포해야만 한다니 유감입니다"라고 그는 말했다. "그만큼 유복하고 그만큼 배운 사람들과 지낸 소녀가 이런 범죄를 저질렀을 거라고 생각하기도 힘들고 믿기도 싫군요."(그는 "내가 계속 궁금해한 건"이라며 그의 계급적 편견을 보여주는 말을 덧붙였다. "왜 하녀를 체포하지 않고…")[127] 확실히 그런 상황에서 더 선호되는 태도는 가해자를 벌하지 않는 게 아니라 가해가 없었던 것처럼 구는 것이다. 역설적으로, 그렇게, 보든 양의 변론은 가부장제 자체에 대한 변론이 되었다.

제의적 드라마는 언제나 과도하게 단순해지는데, 인간의 복잡한 다양성을 단일하고 직선적인 명제로 축소하려는 목적이 있기 때문이다. 그래서 이 위험에 빠진 처녀라는 법정 드라마에서는 남성 역할이 둘밖에 없었다. 리지의 변호사들이 연기하는 용사이자 연인, 그리고 경찰이 연기하는 악당. 그러나 다른 남자들, 기소하는 검찰, 판사와 배심원도 사건에 밀접하게 연루되어 있었다. 그들은 가능한 한 조심스럽게, 스스로 보든 양의 용사 쪽으로 줄을 맞춰 섰고 그럼으로써 이 '반백의 수염'들은 '대중'(그러니까 다른 남자들)에 의해 자신들에게 맡겨진 임무, 가부장제와 그들 스스로에 대한 옹호를 수행했다. 그들이 다르게 행동할 거라고는 거의 기대할 수 없었다. 모든 곳에서 신화적인 상징을 읽는 줄리언 랠프는 판사석의 꽃을 이렇게 묘사했다. "피 묻은 죄를 상징하는 짙은 붉은색 카네이션과 순결한 처녀의 고통을 상징하는 부드러운 분홍 카네이션. 카네이션에 일어난 변화가 눈에 띄었다. 죄가 묻은 꽃들이 시들어 꽃송이가 화병 주위로 늘어져 있었다. 위험에 빠진 처녀성을 상징하는 다른 쪽은 꿋꿋하게 서 있었다."[128] 꽃마저도 편을 드는 듯한 드라마에서 일개 남자일 뿐인 그들이 어떻게 무관심하게 남아 있을 수 있었겠는가?

호세아 놀턴 검사는 자신이 운 나쁘게 잘못된 편에 있다는 걸 알아차렸고 리지를 체포할 때부터 그는 기회가 있을 때마다 자신은 지방 검사의 의무를 다할 뿐이라고 설명했다. 누가 봐도 그의 말은 믿을 만했던 게, 『폴리버 데일리 글로브』는 "지방 검사 놀턴은 처음부터 보든 양 쪽으로 치우쳐 있었다. 그에게 지역 경찰을 경찰의 관점에서 옹호하는 일이 맡겨진 적도 없었고 (…) 그는 보든 양의 체포를 명령해야만 했을 때보다 더 힘든 의무는 결코 수행하지 않았다"[129]라고 보도했다. 놀턴이 자신을 보호하려 애쓴 이유는 충분했다. 리지를 대배심원에게 넘기면서 조시아 블레스델 판사는 검사가 리지에게 가혹한 말을 썼을 때, 백오십 년간 매사추세츠 주 형법 소장에서 표준 형식으로 사용된 단어들이긴 하지만, 무섭게 그를 지적했다. 그러나 놀턴은 재판 마지막 단계 가운데 배심원들에게 하는 최종 변론에서 여전히 자신의 '고통스러운 의무'를 해 나가고 있었다. 그는 말했다. "피고인석의 재소자는 여성이고 기독교 여성입니다. (…) 여러분과 제 아내와 동등하게, 여러분의 친구와 제 친구와 동등하게, 숙녀의 위치에 있는 사람으로 이러한 일은, 예전에 단 한 번도 의심받거나 꿈꿔 본 적 없는 사람입니다. 제가 절대로 그 사실의 무서운 의미를 잊지 말기를, 제가 오늘 여기서 말하는 어떤 말에서도 그 의미가 사라지지 않기를 바랍니다."[130]

그럼에도 불구하고, 기소해야만 하는 지방 검사로서의 의무가 놀턴에게 있었고 그는 배심원에게 "이 사건을 용사가 아닌 남자로서 직면해" 달라고 배심원들에게 주의를 주었다. 리지의 피 묻은 타월이라는 섬세한 주제는 논의하지 않겠다고 변호사들과 합의한 이후 그는 판단은 엄격하게 사실에 기반을 두어야 하며 '성별[여성]에 대한 충성'이 끼어들어서는 안 된다고 말했다. 하지만 그런 자신마저도 남자들에게 쓰는 말과 같은 말로 그녀를 심판하지 못했다. 새어머니에 대한 그녀의 분노를 '의미 없는' 것으로 분류하면서 그는 계속했다.[131] "아니죠, 만약 여자 대신 남자가 피고석에 앉아 있다면, 이보다 더 상스러운 말로 규정했을 테지요. 오늘 했던 어떤 논의에서도 전 남자가 여자에게 지켜야만 하는 태도를 잊은 적이 없다고 믿습니다. 그리고 비록 이 여성이 살인녀라는 사실을 지적해야만 하는 일이 끔찍하고 고통스러운 저의 의무이긴 하지만 그녀가 여성이란 걸 제가 결코 잊은 적이 없다고 믿으며 제가 절대 잊지 않기를 바랍니다."[132] 그는 결코 잊지 않았고 다른 누구도 결코 그걸 잊도록 하지 않았다.

리지는 아버지 살해를 저질렀기 때문이었다. 놀턴이 사건에서 본 '무서운 의미'가 거기 놓여 있었다. 보든 부인을 살해한 사실은 거의 다뤄지지도 않았다. 범죄를 재구성하면서 놀턴은 말했다. "나이 든 여자의 죽은 몸은 그녀가 마지막으로 일하고 있었던 손님방 바닥에 놔두겠습니다. 그리고 훨씬 더 슬픈 비극, 영어에 있는 가장 끔찍한 단어인 '부친 살해'로 저와 함께 내려오시라고 지금 여러분에게 부탁드립니다."[133] 엄격하게 말한다면, 애비 보든 살인도 또한 부친 살해 사건이었다. 아버지, 어머니, 또는 존경하는 어른을 죽이는 살인은 다 그렇듯이. 그러나 놀턴에게 애비는 그저 '잠자리와 식사를 얻으려 삼십 년간 남편을 섬긴' 나이 든 여자였다. 중요한 건 앤드루의 죽음이었다. 놀턴은 계속했다.

리지 앤드루 보든이 자신의 아버지를 죽이려고 계획했다는 생각에서 우리를 **구해** 줄 뭔가가 이 사건에 있을 수 있습니다. **그녀가 그러지 않았기를 바랍니다. 그녀가 그랬다고 믿는 건 천천히 해야 합니다.** 그러나 앤드루 잭슨 보든의 딸인 리지 앤드루 보든은 절대 그 계단을 내려오지 않았습니다. 그 계단을 내려온 건 리지 앤드루 보든이 아니라 살인녀, 정직한 서른세 해[원문 그대로]의 모든 삶으로부터 변형된, 딸로부터 변형된, 애정의 끈으로부터

변형되어 버린, 우리가 역사나 허구의 작품에서 읽어 온 가장
극악무도한 범죄자로 변형되어 버린 살인녀입니다.[134]

놀턴은 딸인 리지가 보든 부인을 싫어해서 죽일 계획을 세웠고 그
계획을 수행했다고 주장했다. 그의 주장에 따르면 살인녀 리지는
아래층으로 내려와 아버지를 보고 어쩌면 아버지가 자신이 저지른 일을
발견하고 못마땅해할 거라는 생각을 했을 것이다. 그래서 순간적인
충동으로, 그녀는 그렇게 하는 게 싫었음에도 불구하고, 아버지도
죽어야만 했다. "그러나 그건 우리의 인간 본성에 대한 개념에는 **감사할
만한 안도감을 줍니다**"라고 그는 말했다. "앤드루 보든의 살해가 그의
막내딸이 계획한 게 아니라 사악하고 끔찍한 필요성 때문이었다니
말입니다. **만약 미리 생각했더라면 절대로 그 어머니를 따라 그 계단을
올라가지 않았을 거라는 걸 믿을 수 있는 이유를 찾을 수 있다니**
말입니다."[135]

놀턴의 주장은 배심원들에게 빠져나갈 구실을 주었다. 어쨌든
애비는 진짜 숙녀가 아니었고 그렇다면 이건 **진짜** 부친 살해도
아니었으므로, 배심원들은 이 '극악한 범죄자'에게 유죄 판결을 줄
수 있었다. 그리고 만약 배심원들이 유죄 판결로 돌아온다면, 놀턴의
주장은, 그러지 않았더라면 공인받은 여성 아버지 살해범을 다뤄야
했을지도 모르는 가부장제에 합리화된 설명을 제공해 주었다.
의미심장하게도 놀턴의 주장은 한 건의 살인을 미리 계획하고 수행할
수 있는 여성이 그다음에 무엇을 할지는 생각하지 못한다는 가정에
기대고 있었다. 만약 여성의 지능에 대한 이러한 개념이 법정의
남자들에게 진지하게 받아들여졌다면 리지 보든이 그들을 겁나게
한 것도 놀랄 일은 아니었다. "그래서 저는 그것[그 주장]은 여기서
그만하겠습니다"라고 놀턴은 말했다. "증거의 문제가 아니라, 오,
아닙니다, 아니죠. 아직도 미국에 계획적인 부친 살해가 일어나고
있다고 믿어야 하는 끔찍한 필연성으로부터 제 마음을 편하게 하기
위해서입니다."[136] 배심원들도 그걸 믿고 싶어 하지 않았다.

판사도 마찬가지로 믿고 싶지 않았다. 먼저 있었던 증거 채택에
관한 심리에서 3명의 판사는 변호인 측에 결정적으로 유리한 결정을

내린 바 있었다. 그들은 재판의 가장 중요한 증거 결정에서, 리지가
사인 조사 신문에서 한 증언은 법정에서 공개될 수 없고 따라서
증거로 채택될 수 없다고 결정했다. 사흘 후 판사들은 리지 보든이
살인이 일어나기 전 아침에 시안화수소산을 사려 했었다는 걸 맹세할
준비가 된, 스미스의 약국에서 일하는 엘리 벤스와 다른 두 점원의
증언을 제외하기로 결정했다. 리지가 살인을 미리 계획했는지에
대한 논쟁을 마무리하리라 검찰이 바라고 있었던 이 증언은 독약을
사려던 시도는 도끼로 저질러진 살인과는 크게 연관이 없다는 근거로
제외되었다. 위그모어의 『증거법론(Wigmore on Evidence)』과 워런의
『살인론(Warren on Homicide)』과 같은 가장 권위있는 저작까지도
포함해 처음부터 끝까지 문서화한 논의에서 무디가 인용한 모든
선례는 법정에서 거부되었고, 판사와 로빈슨이 '상식'이라며 계속
언급한 주장이 법을 눌렀다. 저명한 위그모어 교수 스스로도 나중에
양측의 이러한 증거 결정을 공격했지만 당장의 기소 사건은 손상되어
버렸다. 그리고 재판이 끝에 다다를 무렵, 『뉴욕 타임스』는 이렇게
적었다. "모든 법적인 요소에서 검찰은 패했고 이는 사건의 설득력을
크게 감소시켰다."[137]

　　배심원들을 위한 로빈슨의 마지막 네 시간짜리 연극 공연과 놀턴의
변명으로 이루어진 최종 변론 후에, 듀이 판사는 검찰 사건에 마지막
일격을 가했다. 배심원들에게 해 준 그의 설명은 무죄 평결을 위한
지시와 맞먹었다. 그는 사실에 관한 문제가 아니라, 특정 문제에 법을
적용하는 방식에 대해 배심원들을 가르치도록 주 법령이 자신에게
요구하고 있다고 설명하는 걸로 시작했다. 법령은 "증인의 신뢰성이나
증거의 유효함에 대한 어떤 의견도 (…) 판사가 표출하지 못하도록
의도하고 있다"고 그는 설명했다. 그런 다음 듀이는 법이 금지하고
있는 바로 그 일을 계속해 나갔다. 그는 단어의 '진정한 의미'를 지니지
않은 '젊은 여자의 언어'를 사용했다는 이유로 자신이 전적으로 무시
한 여성의 증언을 포함해, 검찰 측 증인들을 믿을 수 없다고 간주했다.
그는 5명의 의학 전문가 증인들이 타협할 수 없게 반목하고 있다고
말했지만 사실 그들은 모든 본질적인 점에서 만장일치로 동의했었다.
그는 증언에서 제기되지 않은 쟁점들을 제기하고, 검찰이 중요하다고

고려한 문제, 예를 들어 옷을 태운 것과 같은 문제를 무시했다.[138]

　　듀이 판사는 기회가 있을 때마다 자신에게 주어진 권한의 경계를 넘었지만 가장 깜짝 놀랄 만한 위반은 리지가 증언대에서 했을지도 모를 스스로에게 불리한 말은 포함시키지 말라고 배심원들에게 주의를 주었을 때 일어났다.

> 법이 자신의 판단만 그리고 오로지 그 판단만 따라야 한다는 것은 중요합니다. 신사 여러분, 이렇게 증언할 수 있는 권리가 피고에게 유용한 사건들이 있을 수 있다는 걸 알 겁니다. 피고는 배심원에게 추가적인 정보를 제공하거나 피고를 도울 수 있을지도 모를 설명을 줄 수도 있을 겁니다. 범행이 누군가에 의해 저질러졌다는 걸 의심할 여지가 없는 또 다른 사건에서, 어떻게 또는 누가 했는지에 대한 지식이 전혀 없을 수도 있고, 선서 아래 이미 가정되어진 자신의 결백만을 단언할 수도 있습니다. 피고는 말할 겁니다. "이 사건에 대해 제가 아는 것은 전부 다 경찰에게 이미 이야기했습니다. 그리고 제 진술은 증거로 채택되었습니다. 다른 사람에게 이해되지 않는 일은 또한 저에게도 이해가 되지 않습니다. 저는 다른 사람들이 아는 것보다 더 알지 못합니다. 저는 결코 이 살인이 어떻게 또는 누구에 의해 저질러졌는지 설명할 수 있다고 자백하지 않았습니다."

리지는 그런 종류의 이야기는 결코 하지 않았다. 사실상 판사가 그녀를 **위해서** 증언하고 있는 셈이었다. 그는 배심원들에게 충고했다. "여러분이 법과 문제의 본질에 관해 아는 것에서부터 추론할 권리가 여러분에게 있는 것처럼 그렇게 여러분은 법과 인간의 본성과 행동의 본질에 대해 알고 있는 것에서부터 심판하고 추론할 권리가 있는 겁니다."[139] 듀이는, 사실상, 사건의 증거가 배심원들이 숙녀의 본성에 대해 미리 가지고 있는 통념과 충돌한다면, 자신들의 선입견에 따라 자유롭게 투표하라고 말한 것이다.『보스턴 글로브』는 그의 연설을 보도하며 제목을 '판사, 무죄에 대한 탄원을 적시하다'라고 달았다.[140]

　　예심에서 '유죄 가능성'이 있다는 판결을 선언하면서 블레스델 판사는 말했다. "**한 남자가** 저기[피고석]에 서 있다고 한 순간만 가정해 봅시다. 그는 보든 부인에겐 죽음의 방이었을 손님방 가까이에서 발견되었습니다. **그 남자가** 보든 씨가 있는 곳 근처에서 발견되었고, 그가 해 줄 수 있는 유일한 설명은 봉돌을 찾으러 헛간에 나가 있었다는, 그러니까 뜰에서 뭔가를 찾고 있었다는 불합리한 설명밖에 없다고 가정해 봅시다. 사람들의 마음속에서 이 남자를 어떻게 할지에 대해 어떤 질문이 있겠습니까?"[141] 그러나 재소자는 남자가 아니었다. 재소자는, 검사 놀턴조차 이렇게 말했다. "여자입니다. 모든 고매한 남자들이 존경하고, 모든 관대한 남자들이 사랑하고, 모든 현명한 남자들이 자신들의 빚을 인정하는 바로 그 성별 말입니다. 힘듭니다. 여성이 유죄일 수 있다고 **생각하는** 건 힘듭니다."[142] 지방 검사는 바로 이렇게 배심원 신사들에게 말했다. 더구나, 그녀는 숙녀였다. 그리고 그게 모든 차이를 만들었다. 보든 법정의 남자들은 두려움의 공동 숙주였을 뿐만 아니라 진정한 여성성에 관한 믿음이라는 실체를 공유했다. 리지 보든은 이 암묵적인 가설에 목숨을 크게 빚졌다. 숙녀는 약 2.5센티미터의 십육분의 일 두께의 바스락대는 물질을 부수기에 충분히 단단한 약 구백 밀리그램짜리 손도끼를 휘둘러댈 만큼 강하지 못하다. 숙녀는 엄청 운다. 숙녀는 언제나 집에 머물러 있는 걸 좋아한다. 숙녀는 자신을 지켜 주는 남편이나 아버지와 같은 남자들에게 쉬지 않고 고마워한다. 숙녀는 결코 다리를 벌리고 서지 않는다. 숙녀는 몇 분보다 더 먼 미래를 계획하지 못한다. 숙녀의 대화는 무지, 히스테리, 과도한 감격에서 비롯되거나 제대로 된 언어를 사용하지 못하는 무능력에서 나오고 어떤 경우건 심각하게 여겨서는 안 된다.

'여자'에 관한 이러한 일반화 중 어떤 것도 아일랜드계 하녀에게는 적용되지 않았다. 어느 누구도 브리짓 더건이 너무 허약해서 메리 엘런 코리엘을 베거나 때릴 수 없다는 말을 꺼내지 않았다. 그리고 브리짓 설리번이 리지 양과 유사한 정도의 증거와 함께 보든을 살인한 혐의로 재판을 받았더라면 결과는 분명 달랐을 것이다. 하층 계급 여자들인 두 브리짓은 무지하고 게으르며, 더러운 습관과 도벽을 갖고 있는 경우가 많으며, 어쩌면 더 심각한 범죄를 저지를 수 있다고 간주되었다. 그들은 어지럽거나 신체적으로 약하거나 고마워하거나 결백할 거라는 의심을 받아 본 적이 거의 없었다.

변호사와 검사 그리고 판사의 추정을 공유한 모든 사건의 배심원, 12명의 '굳센 마음의 남자들'은 배심원실로 행진해 가서 첫번째 투표에서 리지의 무죄를 결정했고, 지나치게 서두른다는 인상을 피하려고 한 시간을 앉아 있다 법정으로 돌아왔다. 질문이 채 전달되기도 전에 바라는 마음이 더 앞섰던 배심원장의 입에서 대답이 터져 나왔다. "무죄."

리지는 자리에 마치 돌처럼 주저앉아, 커다란 환호성이 법정을 채워 나가는 동안 울었다.[143] 제닝스 씨는 거의 울 것처럼 애덤스 씨와 악수하며 떨리는 목소리로 말했다. "다행입니다." 애덤스 씨는 말을 잇지 못했다. 로빈슨 주지사는 배심원들에게 몸을 돌렸고, "그들을 향한 친절한 눈에서는 아버지와 같은 관심으로 빛이 났다." 지방 검사 무디와 놀턴은 피고 측 변호사, 그리고 보든 양과 악수를 하려고 법정을 가로질러 갔다. 듀이 판사의 눈은 눈물로 가득했고, "블로드깃 판사의 얼굴은 자신의 격렬한 감정을 억누르려는 강한 노력으로 일그러졌다."[144] 질서를 유지하는 것이 자신의 의무였던 라이트 보안관은 그러기엔 너무 많이 울고 있었다. 그의 딸 이저벨라는 리지 보든의 어린 시절 소꿉친구였다.

리지는 환호성이 계속되는 가운데 옆방으로 물러나 줄리언 랠프와 다른 기자들에게 자신을 지지해 줘서 감사하다는 전갈을 보냈다. 그러나 기자들은 다 끝난 게 아니었다. 재판을 취재하며 비교적 보도를 자제하던 『뉴욕 타임스』는 '이러한 [작은] 동네가 가까스로 자력으로 데리고 있는 통상적인 무력하고 멍청하고 얼빠진 종류'인 경찰의 악행과 '기소장을 확보하고 재판을 수행한 법의 집행관들'을 단죄하는 긴 사설을 실었다. 『뉴욕 타임스』는 '이 가장 불운하고 잔인하게 기소된 여자'의 무죄 판결을 '재소자가 그저 죄가 없다는 것뿐만 아니라 **그녀가 유죄라고 제시할 어떤 진지한 추론도 결코 없었다는 선언**'으로 받아들였다. "검찰이 그렇게 완전히 패소하거나, 증거가 너무나 명확하게, 단지 재소자가 유죄여서는 안 된다는 정도가 아니라 **어떤 기소도 결코 있어서는 안 된다**는 걸 너무나 명확하게 보여주는 사건은 아무리 오랫동안 찾아봐도 발견할 수 없었다." 편집장은 위험에 빠진 아가씨의 신화로 물러났다. "폴리버 경찰은 피해자가 필요했다. (…) 그리고 그 딸은 가장 가까이, 가장 속수무책으로 있었다."[145] 또한 보든 양에게는 다행스럽게도 "매사추세츠 주에서 마녀의 유행은 지나갔고, 그곳에선 어느 누구도 의혹과 앵무새 같은 경찰의 증언으로는 처벌받지 않는다는 걸 배심원들이 결정하는 데에는 단지 한 시간이 걸렸다"[146]라고 환희에 찬 줄리언 랠프는 썼다. 『보스턴 글로브』는 듀이 판사와의 인터뷰까지 실었다. 재판의 판사가 자신의 의견을 신문에 낸다는 건 매우 비정상적인 일이었지만 듀이는 평결에 "완벽하게 만족한다"고 고백했다. 그는 말했다. "배심원들이 뭘 할지 언제나 말할 수 있는 건 아니지만, 평결이 유죄가 아닐 거라고 배심원들에게 설명해 주었을 때 난 만족스러웠습니다."[147]

예심 직전에 메인 주, 브런즈윅에서 온 목사 메이슨 박사는 폴리버 중앙 회중교회의 회중에게 아버지 신께서는 '그 불쌍한, 폭풍에 시달린 시련을 겪은 소녀'와 함께 계시고 "그녀를 기쁘게 할 것이며 (…) 아버지가 모두의 위에 계십니다"라고 다시 한번 안심을 시켜 주며 이야기했다. "명예를 돌려주시고, 일으켜 세워 영광되게 하실 겁니다."[148] 그리고 정말 충분히, 그랬다.

　　은행가 찰스 홈스, 그의 딸 애나, 그리고 에마 보든은 리지를 기차로 폴리버에서 데려와 1893년 6월 20일 수요일, 저녁 여덟시 십오분경에 홈스 파인 거리에 있는 자택에 마차를 타고 도착했다. 그날 저녁에 몇몇 친구들이 축하를 전하러 방문했고 리지는 『유나이티드 프레스(United Press)』 기자에게 자신이 '세상에서 가장 행복한 여자'라고 말했다. 또한 그녀의 친구들은 '그 주제'를 이야기하지 않기로 동의했다고 그녀는 말했다.[149] 역시 직전에 밴드가 2번가에 있는 보든의 집 앞에 멈춰서 「올드 랭 사인(Auld Lang Syne)」을 연주했다. 그러나 리지와 에마는, 오래 지나지 않아 그 집을 팔고 훨씬 좋은 집, 언덕 위에 실내 배수 시설이 설치된 널찍한 빅토리안풍의 집을 샀고 현관 밖 돌계단에 **메이플크로프트**란 이름을 새겼다. 리지는 이름을 리스베스로 바꾸고, 말과 마차를 사고, 대부분 혼자 다니는 그녀를 태우고 다닐 마부를 고용했다. 엄청난 사기극인 재판 이후, 그녀가 살인을 저지르고도 무사히 처벌을 모면했다는 걸 알게 된 대부분의 동네 사람들은 그녀를 멀리했다. 어쩌면 그녀가 자신의 승리를 그렇게까지 자랑하고 다니지 않았더라면 사람들은 좀 더 친절했을 수도 있었을 것이다. 몇 년이 지나고 재산에 관한 싸움이 있었다는 소문이 도는 가운데 에마저도 그녀를 떠났다. 리스베스 보든 양은 때때로 보스턴으로 나들이를 다니며 계속 언덕 위의 큰 집에서 살다가 1927년 예순여섯의 나이로 죽으면서 아버지에게 받은 유산 중의 많은 몫을 동물구조연맹에 남겼다. 그런 다음 그녀는 전설이 되었다.

리지 보든이 미국의 머리에서 떠나지 않았던 이유는 실제 범죄를 다루는 인기 작가인 에드먼드 레스터 피어슨이 계속해서 그녀를 커튼콜 무대 가운데로 끌고 나왔기 때문이었다. 리지 보든이 죽기도 전부터, 피어슨은 사건에 대한 글을 쓰기 시작했고 출판을 위한 재판 필기록의 요약본을 준비했다. 뼈다귀를 문 개처럼 피어슨은 그 사건을 집적대는 걸 그만두지 못했다. 그의 첫번째 글에 그 이유가 담겨 있었다. 그는 호세아 놀턴과 앤드루 제닝스에 대해 거의 재구성하듯이 이렇게 썼다. "좋은 가정의 여성으로 흠결 없는 삶을 살았고 지금까지로 봐서는 전혀 비난할 수 없는 인물이 그런 두 건의 살인을 저지를 수 있다고 제시하는 것은 범죄학에서 거의 알려지지 않을 정도로 희귀한 일을 제안하는 것과 같다. 현대에, 공격이 더 잔인한 형태를 취했을 때 살인녀는 대개 천한 출신의 부모를 가졌고, 범죄를 저지를 계층 출신이고, 남자와 협력해서 움직이는 여자다. 비록 똑같이 사악하지만 더 섬세한 살인녀의 방법이 아닌, 노인과 여자의 두개골을 강타하는 행동에는 남성 살육자를 연상시키는 무언가가 있다."[150] 재판 증거에 기반한다면 리지 보든은 기소된 대로 유죄가 맞다고 피어슨은 인정했다. 하지만 도저히 그냥 받아들여지지 않는 성별과 계급에 대한 몇 가지 문제점, 위에서 말한 미묘한 차이와 기본적인 선례들로 인해 그는 평결을 받아들이고 손을 떼지 못했다.

　　피어슨은 사건을 다시 살려내기 시작했고 1920년대부터 책, 논문, 기사 들이 몇 년에 한 번씩 나타나 익숙한 땅을 다시 파냈다.

328

리지의 이야기는 무대, 여러 편의 연극, 발레, 오페라, 텔레비전에서 재해석되었고, 최소 한 편 이상의 장편 영화도 나왔다. 리지는 릴리언 기시부터 엘리자베스 몽고메리까지, 여러 명의 여배우에 의해 그려졌고, 라디오에서 변호사 로버트 웰치, 배우 로버트 프레스턴과 오랫동안 진행을 맡은 앨리스터 쿡에 의해 논의되었다. 그녀는 정말 죽지 않고, 민들레 홀씨처럼 이론을 틔웠다.

　　보든에 관해 나중에 나온 이야기 대부분은, 재판 그 자체처럼 사회를(즉, 남자들을) 곤경에서 구해 주려 애썼다. 많은 이야기들이 살인자는 다른 사람, 농장 노동자, 반항적인 선원, 브리짓 설리번, 에마 보든 또는 (가장 독특한 이야기에서는) '남성 폐경'에 시달리던 앤드루 보든 자신[151]이라고 주장했다. 살인을 리지의 탓으로 돌린 다른 이야기에서는 '진짜 사랑'에서 믿을 만한 동기를 찾았다. 리지는 남자를 원했지만 그 남자를 가질 수 없었거나, 또는 남자를 가졌지만 (앤드루 덕에) 그 남자를 지킬 수 없었거나, 또는 도발적인 프로이트적인 대본에서는, 바로 아버지 앤드루에게 금기의 열망을 가지고 있었다. 이러한 이야기 중 하나에서는 "두꺼운 입술이 그녀의 떨리는 입을 찾고 찾아내는" 금지된 청혼자의 '굶주린 팔'에 안긴 자신을 상상함으로써 그녀는 스스로 살인할 용기를 북돋운다.[152] 살인 직후에 피 묻은 드레스가 나오지 않은 것을 설명하기 위해 퍼져 나가다 프로이트 신봉자들이 주워 올려 자극적인 이론이 된 또 다른 이야기에서 리지는 아버지를 살육하기 위해 스스로 벌거벗는다. 다른 이야기에서는, 예상했겠지만, 리지는 유죄가 맞지만 '정상적인' 여자가 아니었다. 그녀는 레즈비언이거나[153] 가장 최근의, 출처가 불분명한 이야기에서는 정신 운동성 뇌전증으로 고통받았다.(말할 필요도 없지만 아무도 뇌전증 환자 브리짓 더건의 변론을 쓰진 않았다.)

　　그러나 가장 황당한, 그리고 가장 예상할 수 있었던 리지 보든의 환생은 1953년 부부 작가 팀이 멜로드라마로 사건을 재구성해 쓴, 포셋 출판사의 대중 페이퍼백인 '고전 살인 재판의 금메달 시리즈(Gold Medal Series of Classic Murder Trials)' 중 한 권이었다. 그들은 리지를 "전통적으로 열등한 위치에 놓인 자신의 성을 해방시키려 자신의 몫을 한" 페미니스트로 잘못 받아들였다. 그들은 보든 재판

시기 "오래된 이중 잣대가 사라지기 시작한" 우연의 일치에 기반해 이 이론을 만들었다. 그리고 그들은 "만약 오늘날 여자가 부엌에서 나온다면, 그녀는 단지 피 묻은 도끼를 들고 나와 여성을 위한 권리라는 시류가 굴러가기 시작하도록 도왔던 리지를 따라가는 것뿐이다"라고 결론지었다.[154] 리지는 분명 페미니스트는 아니었다. 그녀가 갈망한 것은 마차와 집의 수도 설비였다. 그러나 그만큼 분명하게, 페미니즘에 대한 사회의 불안과 리지 보든 재판에 대한 사회의 기이한 반응은 깊은 곳에서부터 연결되어 있다.

설화 속 주인공이 되지 못한 채 자신들의 아버지를 살해한 미국의 다른 여자들도 있다. 반복적으로 자신을 강간하고 바깥에 알리면 정신 병원으로 보내 버리겠다고 협박한 양부를 1867년에 독살한 앨리스 크리스티아나 애벗[155]의 이름을 오늘날 누가 기억하는가? 그때도 그녀가 받은 혐의는 '독특하다'고, 잊는 것이 최선이라고 여겨졌다. 그리고 또한 다른 도끼 살인도 있었다. 바로 거기 폴리버에서, 보든 재판의 배심원들을 선발하던 바로 그때, 호세 코리에로가 여자를 도끼로 쳐 죽였다. 그는 남자였고 하층 계급인 포르투갈 출신 이민자였으므로, 잔인한 살인을 저지를 그런 종류의 사람이었다. 그러나 리지의 범죄는, '남성적'인 동기(돈과 자립)와 '남성적'인 무기로, 여자의 위치라는 난제에 모여드는 모든 종류의 걱정스러운 질문을 일으켰다.

리지 보든 자신은 여성 참정권을 옹호하는 기독교여성금주연맹(Woman's Christian Temperance Union)을 비롯한 여러 여성 단체들과 연관이 있었지만 이러한 관계는 정치적이라기보다는 사회적이고 종교적이었다. 또한 그 관계 역시 사실상 드물었다. 그럼에도 불구하고 여성들은 그녀를 지지하려고 결집했다. 리지가 체포되자 자선 사교 모임인 폴리버여성단체는 지지 결의안을 통과시켰다.

우리는 최근에 일어난 부모님의 비극적인 죽음으로 인해 슬프고 고통스러운 사별에 잠긴 리지 보든 양에게 우리의 깊은 조의를 표합니다. 우리는 또한 다정히 사랑받은 동료이자 자매인 그녀에 대한 우리의 흔들리지 않은 신뢰를 선언하고, 지금 그녀에게 놓인 슬픔과 전례 없는 재판에서 그녀를 지탱할 우리의 지속적이고 성실한 기도를 보장할 것입니다.[156]

리지의 주된 관심사였던 면려회와 회중교회의 꽃과 과일 선교단도 비슷한 결의안을 통과시켰고 루시 스톤의 남편인 헨리 브라운 블랙웰은 미국여성선거권협회의 기관지인 『우먼스 저널(Woman's Journal)』에 결의문을 다시 실었다. 루시 스톤은 이걸 계기로 삼아 다시 한번 여성 배심원의 필요성(리지의 사건에 대해서는 어떤 의견도 내지 않은 채)에 대해 썼다.[157] 그리고 그때 칠십대였던, 노예 폐지론자이자 여성 참정권자인 메리 리버모어, 『우리의 딸들과 우리는 무엇을 해야 하는가?(What Shall We Do with Our Daughters?)』에서 모든 젊은 여성들은 자신들의 행복을 남자에게 의존하지 않기 위해 직업 훈련을 받아야만 한다고 주장했던 바로 그 메리 리버모어는 톤턴 교도소에 있는 '그 소녀'의 면회를 갔고 『보스턴 포스트(Boston Post)』에 실을 그녀의 결백에 관한 열정적이며 오류 가득한 글을 썼다.[158] 페미니스트들은 리지 보든이 남자로 이루어진 배심원에게서 공정한 재판을 받지 못할 거라는 꽤 올바른 걱정을 했다. 비록 그 불공정성이 그녀에게 유리한 쪽으로 돌아갈 거라고는 예견하지 못했지만 말이다. 무지한 하층 계급 남성들의 표를 상쇄하려면 잘 교육받고 도덕적으로 우월한 숙녀들의 표가 필요하다는 엘리트적인 주장을 통해 최근 참정권 운동에 대한 지지자들을 얻은 여성 참정권자들도 리지가 유죄를 선고받을 수 있는 가능성으로 다소 난처해했을 게 분명했다. 도끼 살인자 숙녀는 도움 될 게 하나도 없었다.

종교적이고 사회적인 여성 단체와 오랫동안 여성 참정권 운동의 지도자였던 스톤, 리버모어, 블랙웰 같은 사람들에게서 리지 보든이 받은 지지는 이미 남편으로서, 아버지로서, 가부장으로서 남자들이 느꼈을 공포를 확장시켰을 게 분명했다. 사회가 미쳐 버려 조각조각 떨어져 나가는 듯 보였을 것이다. 그리고 여성의 권리에 대한 이 모든 이야기는, 도대체 어디로 향해 가려는가? 몇 년이 지나지 않아 뉴욕의 범죄율을 분석한 결과, 그 안에 담긴 의미가 우려스럽기는 하지만 동시에 그 어리석은 통념에는 위안이 되는 답이 나왔다. 여성의 해방은 여성 범죄자를 양산한다는 생각 말이다. 여성 범죄율[159]은 남성 범죄율보다도 더 빠르게 증가하는 것처럼 보였다. 여성을 체포한 건은 전체적으로 1886년 412명에서 1896년 722명으로 올라갔다. 1886년에는 단지 8명의 여성 강도만이 체포되었지만 십 년 후 그 숫자는 두 배가 되었다. 1886년 단지 8명의 여성만이 살인 혐의로 소환되었지만 1895년에는 19명이었고 증가율은 100퍼센트가 넘었다. 세일럼 마녀 재판을 낳은 1690년대처럼, 그리고 세니커폴스대회와 사악한 여성에 대한 일단의 문학 작품이 탄생한 1840년대처럼, 이건 걱정스러운 시기였다. 그리고 전쟁 시기의 일자리와 자립으로 자유로워진 여성들을 미국의 침실과 부엌으로 다시 마구 밀어 넣고 있었을 제이차세계대전 직후의 또 다른 걱정스러운 시기에, 반페미니스트들이 리지 보든을 그녀를 가둔 역사에서 캐내서 '여성 자경단원'[160]으로, 피 묻은 도끼를 들고 부엌에서 씩씩하게 걸어 나오는 레즈비언, 일종의 여성 운동의 냇터너로 부활시킨 것도 그렇게 놀랄 일은 아니었다.

보든 이야기의 모든 후대 수정주의자들 중에서, 리지 보든이란 존재의 정수에 가장 가깝게 다가갔던 사람은 「폴리버의 전설(Fall River Legend)」이라는 발레 공연을 만든 애그니스 드밀이었다. 그녀는 이렇게 썼다. "리지의 삶은 주로 (…) 일어나지 않은 일들로 구성되어 있다. 미동 없음, 역동성의 결여, 현상 유지를 어떻게 춤으로 만들 수 있을까? (…) 어떻게 무대에서 권태를 표현할까?"[161] 진정한 여성성에 대한 법정에서의 신화처럼 진짜 사랑이건, 여성 동성애이건, 폭력적인 '페미니즘'이건, 억압된 성욕이건, 근친상간적인 욕망이건 간에 뭐라고 해석하든지 현대 이론은 여성의 삶을, 이미 너무나 좁아져 버린 집을 넘어간 여성의 삶을 단단히 옥죈다. 숙녀 리지 보든은 결백하다는 판결을 받고 집으로 돌려보내졌다. 하녀 브리짓 더건은 약에 취한 채로 길거리로 끌려 나와 기도 소리 가운데 목매달렸다. 그 당시, 사회의 아버지들에 따르면, 이 두 여성은 전혀 공통점이 없었다. 그리고 오늘날 법과 남자가 만든, 사회에서 영속되는 전설은 그 둘 다 여자이고 둘 다 '일어나지 않았던 일'들로 점철된 삶을 공유했다는 사실을 여전히 인정하고 싶어 하지 않는다.

5

그게 교훈이 되도록

에드워드 휠러 홀 목사는 1922년 9월 16일 뉴저지 주 뉴브런즈윅
외곽의 드 러시 길에 있는 능금나무 아래에서 누운 채로 발견되었다.
파나마모자를 얼굴에 얹고 명함을 발에 기대 놓고 아주 편해 보이게
사지를 뻗은 채였다. 오른편에는 엘리너 밀스가 머리를 목사의
오른손에 기대고 뒤집힌 손은 그의 무릎에 기댄 채 누워 있었다. 홀
목사는 머리를 관통하는 총알 한 발을 맞았고, 밀스 부인은 세 발을
맞았는데 목이 너무 깊게 베여 머리가 거의 분리될 지경이었다. 비록
최근에 추문으로 같이 엮이긴 했지만 피해자들은 아주 존경받는
시민이었으므로 이중 살인에 대한 소문은 뉴브런즈윅에 재빨리 퍼져
나갔다. 에드워드 홀 목사는 인기를 끌던 성 요한 복음사가 성공회
교회의 목사였고 엘리너 밀스는 교회 합창단을 이끄는 가수였다. 홀의
아내는 결혼 전 이름이 프랜시스 노엘 스티븐스로 뉴브런즈윅의 가장
부유한 가족 중 하나의 고명딸이었고, 엘리너의 남편인 제임스 밀스는
그 정도까진 아니었지만, 홀 목사 교회의 교회 일꾼이었다.

　　그다음 사 년 동안 미국인이라면 누구나 에드워드 휠러 홀과
엘리너 밀스에 대한 모든 걸 알게 된다. 그들의 이름과 얼굴은 클라라
보[1]나 찰스 린드버그[2]만큼이나 익숙해졌다. 길어지는 수사에 대한
정보들이 전부 신문에 보도되었다. 그 후 어느 누구도 기소하지
못한 채 대배심 절차가 진행되었고, 그리고 최종적으로, 거의 사
년 뒤 대중 신문 『뉴욕 데일리 미러(New York Daily Mirror)』가
발굴한 새로운 증거에 근거해 남편과 남편의 정부를 살해한 혐의로
기소된 프랜시스 스티븐스 홀 부인과 그녀의 두 형제에 대한 체포,
재판, 무죄 판결까지도 보도되었다. 사건을 최초로 보도하기 위해
여덟 개 일간지는 뉴브런즈윅에 자신들의 보도 기자와 사진 기자를
위한 집을 빌렸다. 세계에서 가장 큰 휴대용 전신 교환기, 원래는
뎀프시와 터니 권투[3]에서 사용했던 교환기가 언론 본부에 설치되었다.

전부 다 끝나기도 전에 세계 역사에서 단일 주제로는 가장 많은 글, 『브리태니커 백과사전(Encyclopedia Britannica)』총 아홉 권을 채울 만큼 충분한 글이 '홀과 밀스' 사건에 대해 씌어졌다. 모두가 이 사건에 관해 썼다.⁴ 기자건 처음 글을 써 보는 사람이건 모두가 썼다. 데이먼 러니언⁵, 루엘라 파슨스⁶, 도러시 딕스, 빌리 선데이⁷, 그리고 피해자 중 1명의 십대 딸이었던 샬럿 밀스까지. 미국인들은 바람둥이 목사가 자신의 합창단 가수에게 보낸 편지를 포함해 홀과 밀스 사건의 모든 사적인 일을 세부적인 것까지 신문에서 다 읽을 수 있었다. "사랑하는, 사랑하는, 내 마음의 사랑 (…) 난 꿈의 나라, 천국의 땅으로 도망쳐 버리고 싶어. 내일, 우리의 길에서, 오후 두시에 만날 수 있을까? (…) 내 사랑 당신, 날 세게, 가장 세게 사랑해 줘, 당신의 아기가 자기 엄마를 그리워하고 있어."⁸

그 모든 지저분한 일이 다 드러났다. 목사의 책장에 숨겨져 있던 비밀 쪽지들, 어두워진 교회에서 서로 더듬어댔던 성적 밀회, 애인이 보낸 작열하는 편지들 모두. 그리고 신문을 사는 대중은 원하고 더 원했다. 『뉴 리퍼블릭(New Republic)』에 글을 쓴 브루스 블리븐에 따르면, 사건은 '일반적으로 꽤 존경받던 미국 어느 동네'⁹의 포장을 벗겨내면서 강렬한 대중적 호기심을 불러일으켰다. 증인이 잇달아 나오면서, 불륜 커플만이 아니라 뉴브런즈윅이란 그림에도 그만큼의 살이 붙었다. 블리븐은 어느 정도 과장을 덧붙여, 홀과 밀스가 살해된 밤에 동네 사람 절반은 드러시 길에 나와 있었고, 그들 모두는 안 좋은 일, 즉, 도둑질, 폭행, 근친상간, 간통, 살인 같은 걸 꾸미고 있었다고 썼다. 목가적인 시골길은 도시의 뒷골목만큼이나 사악해 보였다. 그리고 그걸 읽은 대중은 "드러시 길에는 만 명이 있었다"와 "사랑에 빠진 목사와 그의 연인 사이의 한심한 편지들은 모든 우편낭에 복제될 수 있었다" 같은 것을 믿었다. 1920년대 미국인의 성적 행동을 진지하게 조사하기 시작한 사회과학자들은 홀 목사만이 위선적인 건 아니었다는 걸 확증했다. 모든 조사에 따르면, 제일차세계대전이 남긴 환멸감은 이미 십구세기 말에 상승하고 있던 성적 행위를 자극했다. 아주 많은 목사와 독실한 교구민을 포함한, 분명 점점 더 많은 정직한 시민들이 결혼 전후 할 것 없이 이웃의 담을 넘나들었다. 그렇다면 홀 목사와 밀스 부인을 그렇게 끝없이 매혹적으로 만든 건, 바로 그들의 일상과 진부함이었다. 그들은 바로 딱 옆집, 아니 더 가까운 곳에 있는, 불륜에 빠진 이들이었다.

성적 관행이 재빠르게 바뀌는 동안, 공식적인 도덕적 가르침은 그렇지 않았다. 홀 목사는 죽음의 순간까지, 어쩌면 그가 이십 년 전에 했던 것과 같은 종류의 성적 도덕성에 관한 설교를 강론했을 것이다. 그러나 그러한 공식적인 설교와 사적인 성적 관행 사이의 틈이 넓어질수록, 사람들은 더 걱정하고 더 혼란스러워했다. 불안으로 인해 그들은 절망적인 수단으로 밀려 갔고, 그렇게 오래된 도덕성을 피하거나 강요했다. 한편에서, 홀과 밀스는, 도덕과 범절을 비웃으면서 같이 도망가 버렸다. 그러나 온 나라에 걸쳐, '동네를 깨끗하게'라는 결의 아래에서, '큐 클럭스 클랜(Ku Klux Klan, KKK)'의 단원들은 그들이 '하나의 윤리 규칙'이라고 부르는 것을 위반한 자들을 곤봉으로 내려치고, 타르와 깃털 칠[10]을 해 대고, 낙인을 찍고, 살해했다. 여전히 해결되지 않은 홀과 밀스 살인 이후 사십 년이 지나, 변호사 윌리엄 쿤스틀러는 도덕 집행자로서 활동한 뉴저지 주 큐 클럭스 클랜의 단원들이 살인자라는 그럴듯한 이론을 내놓았다.[11] 그 오래된 윤리 규칙의 그림자 속에서, 홀의 성기가 잘린 채 밀스 부인의 입에 담겨 있었다는, 살인에 대한 인기있었던 소문은 계속 남아 있었다. 공식적 기록은 소문이 사실이 아니라는 걸 가리키지만 빅토리아 시대의 어두운 상상력으로 본다면 절단된 성기는 상징적으로 적절해 보였으므로 사람들은 그걸 믿었다.

악명 높았던 홀과 밀스 사건 내내, 오래된 윤리 규칙과 새로운 태도는, 남편과 사별한 용의자 프랜시스 홀 부인과 자칭 플래퍼[12]인, 어머니 사망 시 열여섯 살이었고 수사와 재판이 진행되는 동안 자라났던 샬럿 밀스라는 개인으로 서로 대립했다. 프랜시스 스티븐스 홀은 여전히 물려받은 가문과 돈으로 바로 자신이 태어난 그 커다란 빅토리안풍의 저택에서 살았다. 시신이 발견된 걸 알고 나서 그녀가 한 첫번째 행동 중 하나는 자신의 옷장에 있는 옷 몇 벌을 상중에 입기 위해 검게 염색하려고 필라델피아로 보낸 일이었다. 추문 속에서도, 특히 추문이 절정에 달했을 때에도 예절은 지켜져야만 했다. 살인으로 비난받았을 때조차 그녀는 남편에게 절대 변하지 않은 채로 충직했다. 만약 그가 여기 있다면, 모든 걸 설명했을 거라고 그녀는 말했다. 어린 샬럿 밀스는 그와 반대로, 어머니의 비밀로 인해 조숙하게 닳아 버린 뻔뻔한 소녀로 보였다. 그녀는 불륜에 대해 다 알고 있었다고 말했다. 그녀는 김빠진 사랑의 쪽지들이 어느 책에 숨겨져 있는지, 밀회가 어떻게 정해졌는지를 알고 있었다. 그녀는 사건에 대한 기자 회견을 열고 주지사에게 편지를 썼다. 비록 자기 이름으로 낸 기사를 직접 쓴 게 아니라는 이야기도 있었지만 재판 동안 기자로 일하기도 했다. 그녀는 짧은 치마를 입고 스타킹을 말아 내려 무릎을 드러냈고 다리를 꼰 채로 의자 팔걸이에 앉아 사진을 찍었다. 대중의 동정심에 호소하면서 그녀는 말했다. "난 플래퍼예요. 홀 부인은 플래퍼를 좋아하지 않죠."[13] 그러나 전반적으로 대중은 가장 유력한 살인 용의자일지라도 남편을 잃은, 바람직하고 촌스러운 홀 부인을 지지했고, 살인자와 호기심 많은 대중에 의해 어머니를 잃은 건방지고 불안한 소녀는 곁눈질로 보았다.

코르셋과 성적 억압에서 벗어나 담배를 피우고 술을 마시는 플래퍼는 어린 샬럿 밀스의 롤 모델이 되었고 재즈 시대[14]의 상징이 되었다. 그러나 덥수룩한 수염의 볼셰비키 같은 1920년대 초의 다른 전설적인 인물들처럼, 기사 제목을 장식하며 사람들을 자극하던 버릇없는 플래퍼들은 집에서 환영받지 못했을 것이다. 플래퍼 왕국의 유혹은 한편으로는 평판을 지키려는 끈질긴 요구와 짝을 이뤘다. 젊은 여성들은 오래된 규칙과 새로운 태도 사이에 잡혀 있었다. 인디애나 주 먼시의 진짜 미국 소녀들에게 선택이란 인기있는 사람이거나 없는 사람이었고 그리고 1930년 무렵, 그들은 선택에 따라 '핫 넘버'가 되거나 '바람 빠진 타이어'가 될 수 있었다.[15] 점점 더 많은 여자들이 남자들이 자신들과 새로운 '태도'를 이용한다고 불평했다.[16] 그러나 대부분의 여자들은 북미해외선교여성이사회연맹의 회장인 헨리 피보디 부인이 희망했듯 압력에 굴복하지 않았다. 1924년 피보디 부인은 썼다. "위반하는 여자들은 여전히, 내가 믿기론, 아주 적은 소수이다." 대부분의 미국 여자들은 여전히, 그들이 항상 그래왔듯이,

"순결한 마음으로, 깨끗하게 살면서 헌신"하고 있으며 "공동체의 신체적인 복지와 도덕적 향상을 위해 사심 없이 지치지 않고 활동에 참여"하고 있었다.[17] 젊은 여성들을 체계적으로 연구해 온 사회학자 필리스 블랜처드와 칼린 머나시스는 단지 '비교적 적은 수'의 '소녀들'이 '자유로운 행동'을 한다고 확언했다.[18]

대부분의 '새로운' 여자들은 여전히 아주 많이 옛날 여자들과 흡사했기 때문에, 자유로운 행동과 해방된 여자들의 성에 대한 관심은 찻주전자 안의 태풍이었던 걸로 보인다. 성적 불륜 행위들에서 견주어 볼 만한 변화가 있었음에도 불구하고 여전히 오래된 윤리 규칙이 힘을 발휘하고 있었다. 성적 행동에서 너무 '해방된' 여자들은 '자유'와 방종' 사이의 가는 금을 넘어간 것이기에 결혼의 가능성과 명성을 잃어버렸다. 나쁜 여자들과 '성욕 과잉'의 여자들은, 언제나 그랬듯, 같은 여자들이었고 한 부류의 여자들이었다. 그러나 새로운 섹슈얼리티의 체제 아래 있는 여자들에게 큰 차이는 바로 이거였다. 좋은 여성도 아내가 된 다음부터는, 이젠 섹슈얼해야만 한다는 것.

성관계에서 여자가 쾌락을 경험할 수 있고 경험해야만 한다는 '새로운' 개념은 놀라운 게 되어선 안 되었다. 미국은 주로 성적 평등을 목표로 결혼 관계의 과격한 변화, 가끔은 결혼 제도의 전면 폐지를 옹호한 급진주의자, 개혁론자, 유토피아주의자와 '미치광이' 철학자의 오랜 역사를 가지고 있다. 분명 이러한 자유사상가들 중 로버트 데일 오언과 프랜시스 라이트부터 존 험프리 노이스와 엘리자베스 케이디 스탠턴까지 많은 이들은 성애의 자유보다는 사회적 법적 또는 영적인 동등함을 주장했지만, 결혼으로 이루어진 일부일처제로 줄어들기 전에 클래플린 자매들이 실천하고 공표했던 자유연애라는 형태에는 특별히 영적이거나 모호한 게 전혀 없었다. 그러나 예의 바른 사회는 그러한 문제를 논의하지 않았다. 그래서 세기말을 향해 갈 때, 새로운 성과학자들이 소리 내 말하고 배우기를 갈망하는 청중을 찾아내기 시작했던 그 시기는 도리어 충격적이었다.

1896년 앨리스 스톡햄 박사는 '사랑의 불길에 담근' 펜으로 쓴 글에서 임신을 방지할 뿐만 아니라 '깊은 영적 사랑'으로 이끄는, '위기' 없는 성교의 방식인 '카레차(Karezza)'를 옹호했다.[19] 스웨덴

작가로 제일차세계대전 십 년 동안 미국을 휩쓴, 낭만적인 새로운
'페미니즘'을 만든 엘런 키는 사랑은 새로운 종교이고 여성은 그 종교의
여사제이며 "성관계는 (…) 모든 것에 퍼져 있고 모든 것을 해결하는
중요함과 신성함이 있다"고 강론했다.[20] 새로운 성과학자들 중에서
가장 영향력있고 가장 활발하게 활동한 해블록 엘리스는 반세기 동안
억압받아 온 여성의 '성적 충동'이 실제로 남자의 충동보다 '더 크고' 더
'확산되어' 있다는 걸 발견했다. 그는 이젠 여성들이 자신들의 '성애적인
권리'를 강력히 주장할 때라고 말했다.[21] 1925년경 미국 산아 제한
운동의 지도자였던 마거릿 생어는 여자는 더 이상 단지 여자가 아니라
'따뜻한 맥이 뛰는 인격체'라고 선언할 수 있었다.[22]

　　새로운 성과학자들은 여자 스스로 사랑의 종교를 받아들이고 성적
실현을 찾을 의무가 있다고 말했다. 아니 그보다 여자는 인류의 미래를
위해 자신을 성적으로 충족시킬 의무가 있었다. 그리고 확실하게
인류의 미래는 어떤 의무들을 요구하는 데 달려 있는 것 같았다.
이미 휘청대던 미국의 가족은 그 마지막 걸음을 떼는 듯 보였다. 수십
년간 꾸준하게 떨어지고 있던 출생률은 무엇보다 가파르게 증가하던
이혼율과 짝을 이뤘다. 1870년에서 1920년 사이에, 인구가 세 배가 느는
동안 이혼율은 열다섯 배가 넘게 늘어났고 아이가 전혀 없는 부부의
수는 전체 가족 수의 거의 삼분의 일까지 올라갔다.[23] 세계대전이
남자들과 진보적인 이상, 낙관주의를 살육했다. 또한 전쟁은 여자들을
노동력으로 징집했다. 전쟁 후에 이 여자들은 가장 단조롭고 고된
일을 제외하고는 산업 기술이 다 벗겨 가 버린 직업인 주부로 돌아가야
한다고 설득당했다.[24] 가족에 가해진 이 모든 타격의 맨 위로 여성
참정권이 주어졌고 지지하는 사람 중 일부마저도 그것이 '가족을
해체할 것'[25]이라며 두려워했다. 사회학자들은 산업 체제 자체가
가족을 강타한 것이라고 주장했다. 산업 체제는 '일손'을 고갈시켰고,
자식을 먹여 살리기엔 너무 적은 돈을 지불했고, 오싹할 정도의 속도로
노동자를 불구로 만들고, 죽이고, 실직한 상태로 쫓아내 죽게 만들고
있었다. 대중적 여론은 가족의 쇠락을 여자 탓으로, 특히 플래퍼와
페미니스트의 탓으로 돌렸다. 전문가조차도 모든 원인을 규명할
수는 없었지만, 모두 다 인류의 미래가 점점 더 위험해지고 있다는 건

알았다. 진화론적 사회 이론이 완벽한 인류가 단지 가능성이 아니라
도덕적 의무라고 선언하자마자 이런 불확실성이 발생해야만 한다는 게
비극적인 모순처럼 보였다.

　　다행스럽게도 성과학자들이 앞으로 나와, 여자들이 인류의 미래에
대한 도덕적 의무를 충족하는 것만으로 자신을 성적으로 충족시킬 수
있다고 안심시켜 주었다. 여자들의 자신과 후대를 위한 두 가지 의무는
사실은 그저 하나일 뿐인데, 왜냐하면 여자의 가장 큰 성적 충족이
아기를 가지는 일로부터 오기 때문이라고 성과학자들은 말했다.
엘런 키에게 '새로운 세대를 낳고 키우는 것'은 여자의 '가장 고귀한
임무'였다. 그 의무를 수행하기를 바라지 않는 여자는 어둡고 비틀어진
본능으로 고통받았다.[26] 해블록 엘리스는 "재생산은 어디에서나 모든
생명의 목적이자 목표"이기 때문에 "모든 건강한 여자는, 단지 성적인
관계만이 아니라, 적어도 인생에서 한 번은 모성이라는 최상의 기능을
실행해야만 한다"고 주장했다. 어머니가 되지 않으면, 어떤 여자도
'완전한 인간의 삶'을 가질 수 없었다.(규정되는 자녀의 수는 계속
올라갔다. 엘런 키는 3명에서 4명을 강조했고, 1927년 정신과 의사
조지프 콜린스는 5명에서 10명을 추천했다.)[27] 1939년 해나 스톤과
에이브러햄 스톤은 자신들의 인기있는 결혼 안내 책자에서 결혼을
'단순히 성적 관계가 아니라 부모의 연합'이라고 정의했고,[28] 다른
사회학자들은 자녀가 없는 남편과 아내를 '가족'이라고 부르는 것이
적절할 수 있는지 토론했다.[29] 자녀의 수가 적은 게 낫다고 느꼈던
산아 제한 운동의 지도자들까지도 모성은 여자의 최고 소명이라는
데 동의했다. 마거릿 생어는 결혼이 그저 모성으로 가는 '견습
기간'[30]이라고 주장했다. 영국의 마거릿 생어라고 할 수 있는 마리
스토프스는 새로운 성과학의 어지러운 초창기에 격정적인 임신에 대해
심사숙고하다 그냥 상황에 대한 이해를 놓쳐 버렸다.

　　천생연분인 두 사람이 자신들 안에 있는 무수한 힘의 불로
　　타올라, 그들의 몸이 서로를 향해 스며들고 서로를 에워싸고자
　　하는 욕망을 갈망하게 되면, 기쁨과 환희의 융합은 순수하게
　　육체적이지만은 않다. 환희의 절정에서 영속하는 순간, 영혼을

압도하는 흐름의 반쯤 기절할 듯한 느낌이 불타오르는 조류가
되어 남자와 여자의 본성을 휩쓸고, 그렇게, 접촉의 열기가 그들의
의식을 증발시켜 전 우주 공간을 채운다. 그들이 신성한 사고,
영원한 힘의 파도와 일체화되는 순간이야말로 신비론자들이 종종
'황금의 빛'이라는 표현으로 일컫는 것이다.

　　　최상급 기쁨의 영역 안으로 들어간 그들의 상호 침투에서부터
두 연인은 우리가 생명이라고 부르는 그 빛의 불꽃을 가지고 온다.
　　　그리고 그들로부터 아이가 태어난다.
　　　이것은 자연의 최상의 목적이다.[31]

이러한 산문 속에 웅크린, 새로운 성과학은 저항할 수 없는,
시적이면서도 완전히 과학적인, 낭만적이면서도 최신인, 도덕적으로
목적이 있으며, 이상적이고, 사회적으로 책임감있으며, 흥분되고,
약간은 도발적인 것이 되었다. 처음에는 충격적이었지만 새로운 원칙은
재빨리 길들여졌고 그들의 메시지는, 위대한 성적 혁명의 메시지는
이렇게 추락했다. '진정으로 해방된 여자는 결혼하고 아기들을 갖고
매우 조용하게 집에 머물러 있는 여자이다.' 한 세기의 투쟁 끝에,
여자들은 구식의 여자로 돌아왔다.

대부분의 여자들은 그 익숙한 상황을 알아보지 못했다. 많은 여성
참정권 지지자들이 자신들의 제한된 목표가 달성되자 승리에 겨워하며
투표 용지를 들고 집으로 돌아왔다. 의욕에 가득 찬 많은 젊은 여성들은
워싱턴 관료제의 낮은 단계에, 여자 대학의 학자로, 그리니치빌리지의
좌익 보헤미안 그룹으로 자리잡았다. 그들은 스스로를 '신여성' 또는
'현대 여성'이라고 불렀다. 또한 그들은 스스로를 '신페미니스트'라고
불렀고 이젠 너무나 대책 없이 케케묵은 '구페미니스트'와 자기들이
얼마나 다른지를 아주 명확히 했다. 해블록 엘리스는 구페미니스트는
여자와 남자의 사회적이고 정치적인 관계에 어느 정도 활용되었지만
생물학과는 아무 관련 없는 페미니스트의 '페티시'인 "이젠 되려
낡아 빠진 개념인 성별 간의 '평등'"을 위해 '선전'했다고 지적했다.[32]
그러나 이십세기 초에, 이 모든 오래된 성별 간의 '피상적'인 차이는

지워졌다. 어떤 여자라도 대학에 갈 수 있고, 직위도 직업도 차지할 수 있고, 보호자 없이 외출할 수 있고, 투표할 수 있고, 발목을 보여줄 수도 있었다. 기회가 넘쳐났다. 그러나 피상적인 사회적 정치적 차이가 '제거'되었다고 하자, 성과학이 성별의 **진짜** 차이를 밝혀내기 위해 돌진해 들어왔다. 곧 새로운 성 전문가들이 여자들이 전에도 들었던 '발견'을 강론했다. 즉, 여자들은 좀 더 유아적이고 남자들은 좀 더 야만적이라는 것. 여자들은 안으로 향하고, 반면에 남자들은 자연스럽게 바깥으로 향한다는 것. 남자들은 지성에 비범하고 여자들은 사랑에 비범하다는 것. 남자들은 능동적이고 여자들은 수동적이라는 것. 그리고 여자들의 운명은 모성이라는 것.

구페미니스트들은, 엘리스의 말에 따르면, 이러한 '새로운' 생물학적인 진실을 전혀 몰랐고, 그래서, 불행하게도, 남자들과 같은 일과 같은 시민의 책임을 요구하며 남자들을 '모방'하려는 실수를 저질렀다. 비록 의도는 좋았으나 그들의 노력은 무지로 인해 대책 없이 잘못된 길로 들어갔다. 엘리스는 성별의 자연적이고 과학적인 관계는 특정한 생물학적 균형이고, 평등이 아니라 '등가(等價)'라고 주장했다.[33] 마침내 '진실'을 안내받은 새로운 '페미니스트'들은 최초이자 최우선의 여자들, 가장 최근에 과학자들이 발굴한 새로운 성적 모성적 형태의 여자들이 될 터였다.

구페미니스트들은 '자활의 특권'을 가지려 싸웠다. 신페미니스트들은 일은 단지 '삶의 일부'일 뿐이고, 특별하게 매력적인 일부도 아니라는 걸 알았다. 참된 '현대 소녀'는, 그들을 연구하고 조사한 사회학자 블랜처드와 머나시스의 말로는, "나이 많고 결혼 안한 친구들"을 보고 "사랑이라는 비용으로 달성해야만 하는 물질적 성공에서 오는 보상을 믿지 않기 시작"했다. 가장 '진보적'인 현대 여성들 중 몇몇은 자신들의 에너지를 소진시키는 결혼 그리고(또는) 직업이란 난제에 대해 끝없이 쓰고 이야기했지만, 사실 기혼 여성들 중 전문적인 직업을 유지할 수 있는 사람은 거의 없었고, 1920년대의 모든 기혼 여성 중 단지 9퍼센트에 불과한 노동 인구 안의 기혼 여성은 대개 남편이 실직했거나 남편으로부터 버림받아 산업의 가장 낮은 단계나 비숙련 노동으로 밀려나 있었다. 노동력에 속한 대부분의 여성은 아주

젊었고 미혼이었으며, 아이러니하게도 일자리로부터의 '해방'으로
인해 더 일찍 결혼해서, 일을 그만두고 당장 '가족을 시작'할 수 있는
돈을 쥐었다. 블랜처드는 1930년에 평균적인 '현대 소녀'가 삶에서
무엇보다도 원하는 것은 결혼해서 최소한 2명에서 3명의 자녀를 갖는
것이라고 보고했다.[34]

그 면에서 그녀는 성과학자들의 도움으로 마침내 자신을 발견한
새로운 '페미니스트'와 똑같았다. 소설가이자 자칭 페미니스트인
플로이드 델이 자신을 묘사했듯, 새로운 '페미니스트'는 대담하고,
착하며, 즐길 줄 아는 친구였다. 그러나 미국 문학에서 '신페미니스트'의
원형인 델의 여주인공 재닛 마치는 신기하게도 몇 가지 전통적인
생각을 갖고 있었다. 임신했다는 걸 알게 되자, 그녀와 그녀의 연인,
같이 살고 있던 두 사람은 자신들의 관계를 '진짜'로 만들기 위해
결혼할 결심을 한다. "위험을 감수해야지, 무언가를 창조하려면
말이야!" 재닛은 환호하며 말한다. "평생 난 나 자신하고 뭔가를 **하고**
싶었거든. 뭔가 신나는 거. 그리고 이게 내가 **할 수 있는** 한 가지 일이야.
(…) 난 난폭하고 운동을 좋아하는 소녀들, 새로운 예술가들, 음악가들,
그리고 시인들의 종족을 창조하는 걸 도울 수 있어."[35] 성 혁명의
문맥에서는 그게 페미니즘이었다.

한 세기의 완고한 저항 끝에, 여자는 여성 영역의 심장으로, 가정
생활의 죽어 있는 중심부로 다시 꾀여 들어보내졌다. 그녀는 공공의
보상과 처벌 체계에 의해 때로는 강제적으로, 때로는 격려를 받으며
그곳에 머물러야 했다. 좋은 아내와 좋은 어머니는 가족과 공동체의
존경을 즐기는 것에 더해, 완전한 시민권은 부여받지 못하지만,
연방 정부가 경의를 표해 주었다. 의회의 법령으로 국가는 '온화함,
순결, 인내'를 상징하는 흰 카네이션을 당연히 받아야 할 자격이 있는
이들에게 수여하며 1914년 5월 8일 첫번째 어머니날을 축하했다.
세계대전에서 살해될 수 있도록 자신의 아들을 내어 준 어머니들에겐
금색 별로 장식된 작은 현수막이 수여되었다. 몇십 년 후 전문가들
몇 명은 나치 독일의 훌륭한 사례를 인용하면서 '양식있는' 가족의
어머니들에게 명예 학위를 주자고 제안했다.[36] 좋은 어머니, 좋은

여성은 전문가들이 정의한 대로, 하나이자 동일한 존재였고, 남자가 세운 이론의 산물인 그 이상적 이미지는 여성들에게 본보기로 제시되었다.

고집불통의 구시대 페미니스트들은 그 본보기에 저항했다. 그들은 가정으로의 행복 가득한 귀환에서 어떤 역할도 원하지 않았고, 불안한 마음으로 결혼하거나 아예 결혼하지 않았다. '오래된 이론이 더 이상 보장해 주지 않는, 즉 여자에 대한 남자의 통제를 계속 갖고 있도록 해 주는 새로운 이론'을 간단하게 생각해내는 '남자의 독창적인 마음'에 대해 경제학자이자 페미니스트 이론가인 샬럿 퍼킨스 길먼이 한 경고는 꽤 정확했다. 그녀는 1930년에 다음과 같이 썼다. "과거에 여자들은 남자들처럼 '필수적인 본능' 같은 것은 갖고 있지 않다고 배웠지만 이젠 꽤 반대가 되었다. 여성의 순결에 관한 그 모든 정교한 이론, 처녀성에 대한 그런 숭배는 버려졌고 여자들에겐 정반대의 이론이 주어졌다. 더 낫지는 않더라도 그들도 남자와 그저 같다는 이론 말이다. 우리의 '이중 잣대'는 남성적 욕망의 수준까지 펼쳐져 평평하게 다림질까지 되었다."[37] 이론가 수잰 라폴레트는 여성에게 '운명 지워진' 모성은, 남자의 소유권 규칙에 따라 '저질러지지' 못하면 그저 죄일 뿐이라고 경고했다.[38] 여자들이 전문가들이 '성 적응'이라고 부르는 것보다 더 많은 것을 필요로 한다고 보았던 크리스털 이스트먼과 헨리에타 로드먼 같은 페미니스트들은, 점점 더 많은 '현대 여성'들이 정설에 굴복해 버려 점점 더 급진적으로 보이는 페미니즘 사상을 전파했다는 이유로 길먼과 마찬가지로 해고되거나 블랙리스트에 올랐다.[39]

새로운 성 원칙은 놀라울 정도로 강력한 사회 통제 수단이었다. 이는 아담의 법 아래에 여자들을 잡아 둘 능력을 완전히 잃어버린 종교를 대체했다. 그리고 페미니스트의 공격으로 현저하게 약화된 법, 동등한 권리에 대해 불편할 만큼 호언장담하는 헌법과 어찌 되었든 열심히 조화를 이루려는 법을 보충했다. 외부의 규율을 대신해 새로운 성 원칙이 '자아실현'을 위한 여성 자신의 욕망이 경찰의 역할을 하도록 그 자리에 밀어 넣었다. 모든 여자들이 공유하는 사회적 정치적 관심을 흐리면서, '성 적응'을 위한 개인적이고 고립된 추구를 요청했다. 사회적 통제의 도구로 성은 강력했고 제대로 작용했다.

5 그게 교훈이 되도록

1929년 사회학자 로버트 린드와 헬렌 린드가 미국의 전형적인
동네를 연구하러 인디애나 주 먼시로 갔을 때, 그들은 주부들이 집에
고립되어 있고, 자신들의 성 적응에 대해 어려움을 겪고 있으며, 자녀를
제대로 키우는 일에 대해 걱정하며 이유를 모른 채 불만족스러워하면서
남편이 자신과는 말을 하지 않기 때문에 전반적으로 불행해하고
있다는 걸 발견했다. 결혼 생활에서 친구도 동료도 없다고 말한 많은
여자들은, 인터뷰에게 다시 오라고 청했을 정도로 대화 상대가 있는
걸 좋아했다. 한 세기 전에 미국을 방문했던 외국의 여행가들처럼,
인디애나 주를 방문한 사회학자들은 미국 가정생활의 한가운데에서
깊고 외로운 침묵을 발견했다.

그러나 고립과 침묵은 영역 바깥에서 떠도는 여성을 기다리고 있는
처벌만큼 나쁜 것은 아니었다. 좋은 아내와 좋은 어머니가 되는 보상,
질 오르가슴이란 환상, 금빛 별, 일 년에 한 번 주어지는 어머닐날의
꽃들이 하찮게 보일지라도 나쁜 여자가 되어 받는 처벌은 하찮지
않았다. 다른 여자들에 대한 예로, 일종의 부정적인 본보기로, ‘나쁜’
여자들은 죄책감, 조롱, 배척, 그리고 죽음으로 처벌받았다. 특히
자기주장이 강한 여자들과 페미니스트들은 조롱받고 단죄받았다.
1923년 자유주의 간행물에서 한 남성 정신과 의사는 말했다. “마주칠
수밖에 없는 끔찍한 여자들, 뻔뻔스러운 시선과 목소리를 가진 여자들,
꼭 알아봐 줘야만 하는 여자들, 어깨로 밀쳐대는 여자들, 삶을 조용히
받아들이지 못하는 여자들은 대부분 단 한 번도 성 적응을 겪어 보지
않은 여자들에 속한다.”[40] 성적으로 ‘적응된’ 여자는 정의에 따르면
조용하게 집에 머무르는 여자였다. 여자가 사회적이거나 정치적인
문제에 아주 약간이라도 관심을 가지는 것은 스스로를 조롱과 경멸에
내맡기는 것이었고, 그런 여자들은 신경과민이거나, 유아적이거나,
불감증이거나 레즈비언이라는 의심을 받게 되었다.
　　현대의 심리학적 견해는[41] 또한 과거의 위대한 페미니스트
지도자들을 그로테스크하게 변형시키려 소급적용되었다. 신프로이트
학파는 십구세기 페미니즘 운동의 지도자들이 성적 억압으로
고통받았고 ‘음탕하고 호색적인 행동에 참여하고 싶은 깊은 욕망’에

사로잡혀 있었다는 걸 발견했다. 수전 앤서니와 엘리자베스 케이디 스탠턴처럼 심오하게 '사디스트적'인 여성들은 오직 특정한 '상상 속'의 남자, '여자들을 강간하고, 유혹하고, 노예로 만들고, 먼지처럼 대하는' 남자, '난봉꾼이나 탕아, 즉 돈 후안이나 카사노바처럼 방랑하며 여자를 임신시키는' 그런 남자와 겨루고 싶어 했다는 것이다. 현대 페미니스트들은 같은 붓으로 더럽혀지지 않고서는 그 위대한 전임자들을 따라갈 수 없었다. '성 혁명'과 심리 요법이 등장한 이후 **문제**는 있을 수 없었고. 단지 **신경**증만 있었다. 동일 임금에 대한 문제 및 직업, 직위, 교육에 대한 접근과 같은 모든 게 결국 질의 오르가슴에 대한 '어른'의 성 적응 문제와, 그에 부수적으로 수반되는 가정의 의무로 귀결되었다. 이러한 강압 아래에서 '신페미니스트들'은 집에서 자신들의 '해방'을 수행하려 공공 생활로부터 떨어져 나갔고 모든 페미니스트적인 사회적 정치적 경제적 문제는 개인적인 정신 병리학이라는 죽은 수준으로 전락했다.

집에서조차 여자들은 처벌에서 안전하지 않았다. 여자들은 항상 자녀들을 통해 접근할 수 있었다. 그리고 아이는, 세기가 바뀌면서 모든 관심의 중심이 되었다. 성과학자들은 여성의 궁극적 운명인 '모성'을 선언했다. 사회적 다원주의자들은 아이가 '인류' 미래의 열쇠를 쥐고 있다고 발표했고, 나쁜 어머니의 길 잃은 병아리들인 '비행 청소년'과 마주친, 바쁜 인도주의 개혁론자들은 홰에서 쉴 수 있도록 그들을 집으로 데려갔다. 그들의 개념은 홰는 구부러질 수 있고, 나쁜 어머니로 고생했거나 어머니가 전혀 없는 아이는 '가정' 역할을 하는 기관의 '가족'에 합류함으로써 교화될 수 있다는 거였다. 집 없이 범죄를 저지르는 아이들을 돌볼 '소년 사법 제도'를 고안한 개혁론자들은 한결같이 아이 복지와 사회의 미래에 대한 우려를 표했지만, 그들이 창조한 제도는 우연히도 '올바른' 모성의 강제 집행자인 걸로 드러났다. 자식을 가둠으로써 어머니는 자신의 존재를 정당화할 수 있는 단 하나의 유일한 직업에서 실패했다는 걸 알게 되었다. 경찰이 아들을 데려갈 때, "내가 어디서부터 잘못한 거죠?"라고 물어야만 하는 건 어머니였다.

아이들, 여자들, 흑인들, 이민자들, 그리고 가난한 자들에게 오래된 도덕 규칙을 강요하는 데 매우 효과적인 제도였기 때문이었는지, 소년 사법 제도는 습지의 잡초처럼 자랐다. 첫 소년 법원[42]이 1899년 일리노이 주와 콜로라도 주에 설립되었고, 1917년에 세 주를 제외한 모든 주에서 소년 법원에 대한 법안이 통과되었으며, 1932년에는 육백 곳이 넘는 소년 법원이 운영되었다. 청소년들은 무단결석이나 길에서 공을 갖고 노는 것과 같은 범죄로도 차에 태워져 기관 양육 시설로 이송되었다. 이십세기 초 수십 년 내내 소년 사법 제도는 비행 청소년의 충격적인 증가와 더불어 계속 성장했지만 법원과 범죄자, 처벌과 범죄 중 뭐가 먼저였는지를 말하긴 힘들었다.

　한 가지는 분명했다. 어머니 탓이었다. 그리고 소년 사법 제도가 자라날수록 '엄마(mom)'에 대한 단죄도 늘어났다. 이십세기 중반 정신과 의사 메리니아 판햄과 작가 퍼디낸드 룬드버그는 히틀러도 자기 어머니한테는 아들이었다고 경고하면서 나쁜 어머니를 네 종류로 구분했다. 거절하는 어머니, 과보호하는 어머니, 지배하는 어머니, 그리고 과한 애정을 주는 어머니. 그들은 모두 아들을 망쳤다. (전문가들은 딸들의 운명에 대해서는 단 한 번도 그만큼 걱정하지 않았다.) 거절하고, 과보호하고, 지배적인 어머니가 '비행 청소년, 다루기 힘든 문제 행동 아이를 만들어'내고 '상당한 비율의 범죄자'를 만들어내는 동안, 과한 애정을 주는 어머니는 '계집애' 같거나 '수동적인 동성애 남자'를 만들었다. '모미즘(momism)'은 주된 사회 문제가 되었고, '엄마'는 자신이 범죄자가 아니더라도 범죄자들의 어머니가 되었다.[43]

그럼에도 단연 이십세기의 가장 직접적이고 가장 극적인 공적 처벌은, 자신만을 위해 자신들의 '성애의 권리'를 행사한 여성을 위해 남겨져 있었다. 소위 말하는 여성의 성 해방이 결코 여성을 해방시킬 의도에서 비롯된 게 아니라 단지 여성의 섹슈얼리티를 남성에게 봉사하도록 집중해 둔 것이기 때문이었다. 사실, 이전의 섹슈얼리티와 똑같이 새로운 섹슈얼리티의 가장 특징적인 면모 중의 하나는 그 배타성이었다. 좋은 여자는 단지 주인의 침실에서만 성적으로 해방되어야 했다. 핀란드 인류학자인 에드워드 웨스터마크는 1891년 전통적인 서구 가정, 가부장제와 일부일처제 아래에 있는 가정은 고대 인류의 제도에서 비롯되었다는 자신의 과학적 발견을 발표했고 정말 운이 좋게도 새로운 성과학은 거기에 딱 맞았다. 모든 전문가들은 여자는 놀랍도록 성적인 존재이지만 여자의 열정은 '잠들어 있다'[44]는 데 동의했다. 이 잠자는 거인을 깨우는 건 긴 과정이었다. 여자는 적어도 아이를 하나 낳기 전에는 각성되지 않을 수 있었고 어떤 경우엔 여러 해가 걸릴 수도 있었다. 그리고 여성의 섹슈얼리티는 너무나 밀접하게 '사랑'과 연결되어 있어서 대부분의 경우, 오로지 한 남자, 즉 남편에 의해서만 이끌어낼 수 있었다. 그래서, 능동적으로 타고 태어난 남자가 수동적으로 타고 태어난 아내에게 사랑의 기술을 계속 실행해야만 했고, 어쩌면 몇 년이 지나 그녀의 잠자는 욕망이 살아나 감사하며, 영원히 그에게 고정될 터였다. 여자 쪽에선 결혼을 기다려 왔듯이 오르가슴을 계속 기다리기만 하면 됐다. 기다리고 기도하는 일이, 종교가 충고해 주듯, 인생에서 그녀의 몫이었다. 과학이 굳이 이야기해 줄 필요도 없는 그녀의 '본성'이었다. 그래서 수동성은 수동성을 낳고, 어쩌면 아이들도 낳았다. 그리고 어쩌면 다음 아이를 낳은 후에 또는 그다음에 여자는 '새로운 여성성'을 경험할 것이었다. 그러지 못한다면, 여자는 적절한 성 적응을 하지 못한 자신의 실패를 자신의 탓으로 돌려야만 했다.

　　새로운 성과학은 마치 여성을 성적으로 해방시켜 주는 것처럼 굴었지만, 사실은 그 대신 이전 세대의 여성들이 자신들을 구원할 신호만을 바라보며 기다렸듯 오르가슴을 기다리고 있도록 여성을 한 남자와 하나의 삶에 묶어 버렸다. 아내와 어머니로서 여성의 전통적인 의무에 열정을 '계발'할 의무가 추가되었다. 이후의 성 전문가들은 오르가슴을 경험하지 못한 여성들더러 남성의 자존심을 위해 거짓으로라도 꾸미라고 촉구했는데, 초기 성과학자들은 진짜를 발전시키라고 여자들에게 요구했다.

　　미국의 어떤 의사는 아무리 노력해도, 남편을 위해 도저히 '욕망과 열정을 발전시키지' 못한 '눈부신 몸매를 지닌 품위있고 여성스러운 젊은 여성'의 사례에 관해 해블록 엘리스에게 써 보냈다. 의사는 "잠재된 감정을 발전시킬 수 있는 다른 남자가 훗날 나타날까 봐"

우려했지만 엘리스는 그 전복적인 가능성을 무시해 버렸다.[45] 비록 남자들이, 1920년대 내내, 아내와 계약을 맺은 뒤에야 뒤늦게 자신들의 예쁜 '영혼의 짝'을 발견했다고 하더라도, 여자의 욕망은 일관되게 남편을 향하거나 잠들어 있어야만 했다. 마거릿 생어에 따르면 모든 여자의 마음은 신데렐라와 같고, 단지 맞는 신발을 신었을 때만 변할 수 있었다.

시작부터 여성의 성적 '해방'이란 이 방심할 수 없는 사업에 대해 마음 깊숙이 불안해했던 사회의 아버지들은 난잡한 신데렐라가 모든 가부장제의 동화를 조롱한다는 걸 알아차렸다. 그들은 공주가 감히 마부와 도망치려 한다면 나쁜 본보기로 만들 만반의 준비를 했다. 그리고 뉴스 매체의 성장 덕에 그들은 그렇게 할 수단을 갖추게 되었다. 라디오는 새로운 대유행을 이끌었고, 전쟁 동안 풍부했던 뉴스거리로 페이지도 늘고 그 수도 급증한 신문은 이제 유통을 유지하고 지면을 채우기 위해 무엇이든 새로운 이야깃거리를 찾고 있었다. 그러나 오 년 넘게 하나 이상의 신문을 지탱해 준 홀과 밀스 사건은 끝에 가서는 실망을 안겨 주었다. 죄 많은 공주는 이미 죽었고 그녀의 배 나온 마법의 왕자도 그 옆에 있었으니 말이다. 만약 공주가 남편이나 연인의 아내, 그 가족 또는 큐 클럭스 클랜에 의해 죽었다면 훨씬 더 나았을 것이다. 아무리 도덕적인 교훈을 주는 사례로 쓰일 수 있다고 하더라도 시체는 공공의 구경거리로 그렇게 기분 좋은 존재는 아니었다. 그러나 홀과 밀스의 마지막 이야기에 잉크가 마르기도 전에, 루스 스나이더[46]라는 이름의 또 다른 신데렐라가 세일즈맨과 어울려서, 정확히는 코르셋과 브래지어를 판매하는 세일즈맨과 함께 남편을 침대에서 살해했다. 그녀의 범죄는 나름의 방식으로, 니콜라 사코와 바르톨로메오 반제티[47]의 무정부주의가 미국의 정치적이고 경제적인 질서에 전복적이었던 만큼 미국의 가정에 전복적이었다. 사코와 반제티처럼 루스 스나이더도 온 나라가 시계를 바라보는 동안 전기의자에서 죽었다. 이렇게 널리 공표한 처벌로, 2명의 '볼셰비키'와 1명의 '플래퍼', 즉 2명의 이민자 임금 노동자와 롱아일랜드 교외의 주부에 대한 전기 사형으로 1920년대에 미국이 용납할 수 있는 행동의 한계가 그어졌다. 그러나 사코와 반제티 같은 정치적 범죄자의 처형이

격노한 사람들의 시위를 촉발시키는 동안, 성적 일탈자인 스나이더의 처형은 대중을 만족시켰다. 거의 모두가 루스 스나이더가 죽어야만 한다는 데 동의했다.

2

루스 브라운은 1895년 맨해튼 125번가에서 노동자 계급인 스칸디나비아계 가족의 딸로 태어났다. 그녀는 8학년까지 다니고 학교를 떠나 전화 회사에 취직했고, 밤에는 속기와 타이핑 같은 상업 관련 수업을 들었다. 그녀는 열심히 일했고 앞으로 나아가려는 결심이 단단했지만 그녀 시대의 대부분의 젊은 여성들처럼 "직업 경력보다는 결혼에 대해 더 생각했다"[48]고 말했다. 그래서 열아홉 살에 잡지『모터 보팅(Motor Boating)』의 비서 일을 구한 뒤 자신에게 흥미를 보이는 서른두 살의 잘 생긴 미술부 편집자 앨버트 스나이더를 만났을 때, 그녀는 그를 단념시키지 않았다. 앨버트 스나이더는 루스 브라운의 첫번째 진짜 '신사 친구'였고 그녀는 몇 달 동안 그와 교제한 후 1915년에 결혼했다.

부부는 처음에는 브루클린에 살았고, 1918년에 딸 로렌이 태어난 후 브롱크스의 더 큰 아파트로 이사했다. 그리고 앨버트가 잡지사에서 승진하면서, 롱아일랜드 퀸스빌리지에 있는 방 여덟 개짜리 집으로 옮겼다. 앨버트에게 퀸스로 옮겨 간 건 성공의 표시였다. 루스에게 그건 교외 생활의 고립으로 들어가는 쓸쓸한 한 걸음이었지만, 그녀는 커튼과 가구의 커버와 자신과 로렌을 위한 옷을 바느질하며 열심히 집안일을 했다. 1925년 루스 브라운 스나이더는 '대부분의 여자들이 바라는 모든 것'[49]을 달성했다. 대중의 주목을 받게 된 후 그녀의 이야기를 말하며, 신문은 "그녀는 자신만의 집, 자동차, 라디오, 좋은 가구를 가졌고, 은행엔 돈이 있었고, 운동선수 남편의 보호를 받았다"라고 보도했다. 앨버트 스나이더는 실제로 '운동선수'는 아니었지만 주말여행을 위한 모터보트를 갖고 있었고 종종 선탠을 즐겼다. 그는 또한, 신문에 따르면, '좋은 남자, 충실한 남편'이었다. "그는 아내, 딸, 그리고 자신의 가정을 자랑스러워했다. 집을 장식할 작은 물건들을 만들었다. 검소했다. 열심히 늦게까지 일했다. 집,

자동차, 라디오를 샀고 자신이 번 돈의 대부분을 집에 썼다. 모범적인
남편이었다."

불행하게도, 그는 또한 음울하고 쉽게 화내는 성격을 지니고
있었다. 남편이 죽고 나서 스나이더와 같이 지내려 퀸스빌리지 집으로
들어온 그의 장모 조지핀 브라운은 기자들에게 루스가 명랑하고 노는
걸 좋아하는 데 반해 앨버트는 거의 항상 "뚱하다"고 말했다. 루스는
사람들과의 파티를 좋아했다. 마치 남자아이처럼 쾌활한 성격이라,
친구들은 '토미'라는 별명으로 그녀를 불렀다. 앨버트는 집에 머물기를
좋아했다. 루스는 식당, 극장, 브리지 카드 게임을 즐겼다. 앨버트의
취미는 차를 여기저기 고치고 정원에서 어슬렁대는 거였다. 루스는
동물을 사랑했고 집을 동물로 채우려 했지만 앨버트는 엄한 얼굴로
카나리아 한 마리만 허용했으며 그 대신 집을 스스로 고안한, 무생물의
'예술적인 장식품'으로 채웠다. 루스는 아이를 사랑했고 딸, 로렌에게
헌신했다. 아이를 전혀 원치 않았던 앨버트는 그 와중에 딸이 생겨
두 배로 실망했다. 전반적으로, 앨버트는 루스가 자신에겐 너무
어리고 너무 경박하다는 걸 알았고, 결혼식 전에 죽은, 좀 더 '진지한'
약혼녀였던 제시 기샤르에 대해 종종 말해 주었다. 루스가 좀 더 그녀
같을 수 없는 게 안타깝다고 그는 말했다. 스나이더 부부의 불운한
결연은 어쩌면 퀸스 공동체에 드리워진 커튼 뒤에서 잘못 맺어진 다른
수백 쌍의 부부보다 더 나쁘진 않았을 수도 있지만, 조지핀 브라운이
딸에게 이혼을 생각해 보라고 조언할 만큼은, 루스 스나이더가 연인을
찾을 만큼은, 그리고 어린 로렌 스나이더가 아버지가 침대에서 죽은
채로 발견된 후에 엄마와 아빠가 맨날 싸웠다고 경찰에게 말할 만큼은
나빴다.

그 말과 강도를 당한 스나이더의 집의 이상하게 서투른 모양새에
앨버트 살인 사건의 잔인함이 더해져, 그녀가 어두운 피부의 침입자,
'검은 콧수염의 키 큰 남자'가 그녀의 머리를 때리고 손과 발을
묶어 두었다고 처음 말한 다음에도 경찰은 오랫동안 계속해서 루스
스나이더에게 질문했다. 경찰은 스나이더의 집을 수색해 누군가 '훔쳐
간' 보석을 매트리스 밑에서 찾았고, 앨버트를 세 번 내려친 약 이
킬로그램짜리 도르래 추를 지하실에서 찾았으며, 28명의 남자 이름이

적힌 그녀의 주소록을 찾아냈다. 그러는 동안 경찰은 또한 밤낮으로 그녀에게 질문했다. 앨버트가 맞고, 클로로포름으로 마취당하고, 그림을 걸었던 철사로 끝내 목 졸려 죽은 침실 바닥에서 경찰은 제시 기샤르의 머리글자 'J. G.'가 새겨진 작은 핀을 발견했다. 앨버트 스나이더는 예전 연인의 유품을 품고 살았던 것이지만 살인자에게서 떨어졌을 거라고 생각한 경찰은 루스 스나이더의 주소록에 있는 이름에서 머리글자를 맞춰 보고 그녀에게 물었다. "저드 그레이는?" 지치고 놀란 루스는 물었다. "그이가 자백했어요?" 경찰은 그렇다고 말했다. 그런 후에 루스의 연인인 헨리 저드 그레이가 시러큐스의 호텔에서 체포되어 살인에서 자신이 한 역할을 자백하러 뉴욕으로 돌아오는 건 그저 시간 문제였다. 스나이더와 그레이 둘 다 공모한 것은 인정했지만 살인은 서로의 탓으로 돌렸다.

앨버트 스나이더는 일요일 새벽 두시에 파티에서 돌아와 자러 간 직후 살해되었다. 화요일 아침, 모든 일간지는 불륜을 저지른 연인의 사진과 살인 자백의 글을 실었다. 신문은 홀과 밀스 사건을 대체할 또 다른 대형 사건을 기사로 쓸 수 있게 되어 기뻤다. 뉴저지 주 사건에서 그렇게 많은 증거를 파냈던 대중 신문 『뉴욕 데일리 미러』는 당장 최고의 기자들을 스나이더 기사에 배당하고 다가올 재판에 관해 쓸 유명 인사를 선발했기 시작했다. 자기 어머니의 살인을 보도해 명성을 얻은 바로 그 샬럿 밀스마저 스나이더 사건에 합류했다. 그러나 무슨 이야기가 있을까? 홀과 밀스 사건과 달리, 스나이더 이야기에는 미스터리도 추리극의 요소도 전혀 없었다. 살인자들은 공모를 자백했고 누가 앨버트 스나이더의 목을 휘감은 철사를 결정적으로 비틀었는지 하는 문제는 중요치 않아 보였다. 분명 스나이더 사건에 연루된 사람들은, 뭐라도, 홀과 밀스 사건과 관련된 사람들보다 훨씬 더 따분하고 평범했다. 그러나 거기에, 『아웃룩(Outlook)』이란 대중 잡지에 따르면, 스나이더 사건의 진짜 미스터리가 있었다. 만약 루스 스나이더와 저드 그레이가 우리의 이웃과 전혀 다르지 않다면, 그런 이웃들이 유사한 간통과 살인을 저지르는 걸 어떻게 막을 수 있단 말인가?

그냥 던지는 질문은 아니었다. 분명 홀과 밀스 사건으로 악명 높아진 그런 종류의 부정과 살인은 유행병처럼 보였다. 바로 그 전해인 1926년에 패니 소퍼는 뉴욕 주 블로벨트의 보안관 대리인 남편 해리를 죽이고 유죄 판결을 받았고 아주 아슬아슬하게 사형을 면했다.[50] 1924년의 악명 높은 '리스틴과 플러머' 삼각관계 사건[51]과 1921년의 '헤밍과 에버하르트' 사건 둘 다에서는 남편이 살해당했다. 1922년, 신문은 홀과 밀스의 난잡한 편지[52] 바로 옆에 해럴드 가넌과 아이비 기버슨 사이의 내밀한 편지, 기버슨의 남편 윌리엄이 앨버트 스나이더처럼 침입자들에 의해 살해당했다고 하는 편지를 실었다. 기버슨 부인은 종신형을 선고받았다. 검찰이 스나이더 사건의 재판을 준비하고 있을 때, 이 년 전 뉴저지 주 뉴턴에서 연인 프랭크 밴 시클과 함께 남편 에드워드를 살해했다고 사디 레이저가 자백했다.[53] 그리고 재판이 진행되는 동안 루스 스나이더는, 연인 윌리엄 웨글리의 도움을 받아 남편을 살해했다는 혐의로 뉴욕 주 뉴버그에서 재판을 받는 루시 백스터 얼리와 때때로 헤드라인을 공유했다.[54] 양쪽 재판에서 동시에 증언하기 위해 의학 전문가들은 뉴버그와 퀸스 사이를 바삐 오가며 과로하고 있었다. 불륜을 저지르고 배우자를 살해하는 일은 확실히 새로울 건 없었고 과거보다 1920년대에 더 자주 일어났다고 말하기는 어렵다. 그러나 살인으로 이어지는 혼외 관계처럼, 배우자 살해가 극적으로 증가한 것처럼 **보였던** 건 의심의 여지가 없다.『뉴욕 포스트』는 "비정상적인 정사가 아주 조금이라도 살인으로 이어진다면, 우리의 대도시 거리는 게티즈버그 전쟁터와 닮게 될 것이다"[55]라고 놀랍다는 듯 적었다. 그렇다면『아웃룩』이 루스 스나이더와 저드 그레이에게 했던 것처럼 물어보는 게 타당할 것이다. "이 둘이 이런 살인을 저지를 수 있다면, 셀 수도 없는 수천 명 중 누군가는 왜 그러지 않겠는가?"[56]

　　살인을 막아 보자는 질문을 넘어선 의문이었다. 왜냐하면 동시대의 논평가들에게 이러한 살인은 사회의 뿌리 깊은 병폐를 반영한 것으로 보였기 때문이었다.『뉴욕 헤럴드 트리뷴(New York Herald Tribune)』은 이를 '사회적 암' 또는 '교외의 광기'라고 불렀다.[57] 살인은 가족에 대한 의무가 배신당하고 공동 예절이 위반된 길고 추잡한 역사의 마지막 장일 뿐이었다. 스나이더 사건에서는 두 연인의 되레 평범한 곳에서의 추레한 불륜이 일 년 반 동안 지속되었다. 몇 달 동안의 거짓말, 암호로 된 쪽지, 매수당한 우편 배달부, 월도프 호텔에서 로렌이 엘리베이터를 타고 혼자 노는 동안 일어난 비밀스러운 오후의 섹스까지. 그리고 앨버트 스나이더 몰래 들었던 세 건의 보험이라는, 그보다 더 세속적인 동기가 있었다. 약 10만 달러의 보험금이 불입금을 맞춰 놓은, 남편을 잃은 아내에게 지불될 예정이었다. 스나이더 살인 사건은 그 시대의 너무나 많은 다른 살인 사건처럼 '가장 하찮고, 가장 천박한 종류의 방종'[58]으로 촉발된 것처럼 보였다. 그리고 그러한 방종은 올바른 행실의 경계선에서 길을 잃은 사회의 고질적인 죄악으로 여겨졌다.

신문은, 그러고 나서, 법원과 연합해, 그 사회적 암을 도려내고, 오래된 기준을 재정립하고, 『뉴욕 헤럴드 트리뷴』의 표현으로는 "전쟁의 타오르는 석양 후에 올라오는, 새로운 퇴폐의 약간 창백한 노란 새벽"이 "거의 빅토리아 시대의 성실함이랄 수 있는, 또 다른 맑은 파랑 속으로"[59] 깊어질 것을 보장하는 임무를 맡았다. 가장 존경받는 일간지가 사건에 대해 진지한 반성으로 나아가는 동안 대중 신문들은 선정적이고, 종종 완전히 허구인 부가적인 정보로 갔다. 그중에서도, 그들은 스나이더 사건을 1920년대 최고의 보도 사건 중 하나로, 천국으로 가는 길을 가리키는 중세의 도덕극처럼 고안된 그 시대의 가장 중요한 교훈극으로 바꾸었다. 사건이 끝날 때 쯤, 모든 신문은 책이 될 만큼의 많은 분량의 기사를 썼고 그리고, 부수적으로, 그 전보다 더 많은 신문을 팔았다.

그 당시 사건에 대해 씌어진 수십만 개의 단어들은 반복해 두 개의 후렴구를 노래했다. 우선, 한 기자가 냉정하게 적었듯, 모두 다 '섹시'와 '천한'[60] 일에만 관심이 있었다. 대중 신문은 스나이더와 그레이 사이에 있었던 정사의 모든 자잘한 변태적인 일을 보도함으로써 발행 부수를 늘렸고, 그래서 모든 독자들은 금지된 것을 대리 탐닉할 수 있었다. 적어도 그레이가 피고인석에 불려 나와 루스 스나이더와 먹은 모든 점심 식사에서 그가 마신 모든 술을 다 열거하라고 요청받기 전까지 그들의 사건은 관음증을 가진 이들에게 관심의 절정이었다. 그러나 소름 끼치게 긴장 넘치던 일은 그렇게 지루해졌고 따분해진 청중들을 법정을 떠났다. 그러나 간통을 저지른 이들의 갖가지 행동을 이렇게 세세히 노출하는 건 독자의 외설적인 흥미를 끌었고, 또한 어떤 게 나쁜 행동이고 어떤 게 무방한지를 엄밀하게 규정하는 데 쓸모가 있었다. 모든 일이 다 끝나기 전에 열렬한 독자들은 존경받는 여자는 담배를 피우지 않고, 술을 마시지 않고, 머리를 염색하지 않고, 다리를 꼬지 않고, 낯선 남자와 점심을 먹으러 나가지 않고, 자신의 남편에게 배은망덕하게 굴지 않는다는 걸 알았다. 그러나 스나이더 사건의 명백한 교훈에도 불구하고, 여전히, 월도프 호텔에서 오후의 비밀스러운 섹스를 위해 옷을 벗어 내리는 상상은 따분한 아내들과 남편들에게 분명 어떤 사악한 끌림을 선사했다. 그래서 신문은 조심스럽게 스나이더와 그레이가 보통 사람들이 **아니라는** 걸 강조했다. 건드리지 말았으면 더 좋았을, 다루기 어려운 질문을 곧잘 제기하는 『아웃룩』과 같은 사색적인 출간물에서야 그들은 보통 사람 같아 **보일** 수 있었지만, 마음속 깊이 그들은 아주 달랐다. 그레이는 진정한 남자가 아니었고 스나이더는 확실히 여자가 아니었다. 재판이 진행되면서, 기자들은 점점 더 스나이더가 더 이상은 여자같이 **보이지도** 않는다는 걸 눈치 챘다. 운 좋게도, 스나이더와 그레이가, 결국은 보통 사람들이 아니라는 안심과 함께 신문 독자들은 더 편하게, 그런 죄에 빠질 두려움 없이, 그들의 범죄를 대리로 탐닉할 수 있었다. 그리고 재판이 끝날 무렵, 결국 루스 스나이더는 거의 인간도 아니었다는 피할 수 없는 결론에 이르렀고, 따라서 전기의자로 그녀를 보내는 일은 훨씬 쉬워졌다.

재판을 보도하면서 나온 두 가지 주제, 즉 올바른 행실에 대한 기준을 정립하고, 이러한 기준을 따른다고 추정되는 다수의 정직한 시민들로부터 악당을 따로 떼어 놓는다는 두 주제는 루스 스나이더를 공개적으로 발표하면서 따라 나왔다. 미국 여성성의 최고를 재현하는 착하고, 따뜻하고, 자기희생적인 아내 및 어머니들과 완전히 다른 나쁜 여자, 나쁜 아내, 나쁜 엄마이면서 동시에 완전히 차갑고, 비인간적인 흡혈귀 루스 스나이더 말이다.

스나이더 살인의 첫번째 보도에서, 루스 스나이더는 살해된 미술부 팀장의 '아름다운 아내'로 묘사되었지만 신문은 재빠르게 자신들의 실수를 깨달았다. 자백 후에『뉴욕 데일리 미러』는 루스의 사랑스러운 외모와 흉측한 범죄 사이의 대조를 지적하려는 시도를 한 번 했는데, 3월 24일, 자백한 직후, "휘어 감기는 머리카락에 섬세한 생김새로, 부드럽게 웃고 있는 이 예쁜 얼굴을 자세히 보라. 현모양처의 얼굴이라고 말할 것이다. 그러나 이건 루스 브라운 스나이더 부인의 얼굴이다"와 같은 교훈과 함께 사진관에서 찍은 얼굴 사진을 전면에 걸쳐 실었다. 그러나 그 글은 재빠르게 버려졌다. 루스 스나이더는 그 대신 '악귀 아내' '부정한 아내' '금발의 악귀' '대리석 가면'으로 머리에서 발가락까지 감싼 '대리석 여자' '불처럼 이글대는 루스' '흡혈귀' '무자비한 루스'[61] '퀸스빌리지의 바이킹 얼음 여왕'이 되었다.[62] 좀 더 분별력이 있는『뉴욕 포스트』는 그녀가 '뻔뻔스러운 여자'로 아마 '성욕 과잉'에 확실히 '권력과 권위'에 지나치게 관심이 많았다고 밝혔다.[63] 신체적으로,『뉴욕 포스트』는, 그녀가 "무겁고 상스럽다"고 말했다.『뉴욕 헤럴드 트리뷴』은 이야기의 올바른 접근을 모색하려고 한 걸로 보이는데, 그녀를 '철의 여자'라고 불렀고, 그런 다음 거친 피부와 직모에 쭈글쭈글한 드레스를 입었다고 비난하며 이를 명백하게 단죄하는 판단으로 살인을 자백한 공모자에게 주어진 첫번째 기자 회견에 대한 보고를 결론지었다. "그녀는 잘 꾸미지 않았다."[64]

그러나 독자들이 살인 소식을 들으려 향한 곳은 대중 신문 『뉴욕 데일리 미러』였고 그 지면에서 루스 스나이더는 루크레치아 보르자와 메살리나[65], 맥베스 부인과 비교되었다. 신문사는 저명한 골상학자 에드거 벨 박사를 고용해, 스나이더의 사진 세 장을 연구하고 이어 유명인 기자들의 후속 관찰을 안내하는 분석을 준비했다. 벨 박사는 스나이더의 눈꺼풀이 '납작'한데, '특히 왼쪽이 그랬으며' 얼굴의 형태가 '브리검 영[66]처럼 아주 뚜렷'해서 '복혼주의 성향'을 명백하게 보여준다고 지적했다. 그녀의 또 다른 눈에 띄는 특징은, 모든 사람들이 다 눈치챘는데, 바로 입이었다. "마치 말린 레몬의 갈라진 틈처럼 차갑고, 단단하고, 무자비했다." 몇몇 기자들이 그녀의 각진 '남성적인' 턱을 언급했지만, 벨 박사는 그녀의 턱이 '배신'과 '배은망덕'을 보여주는 듯 '고양이의 얼굴 아랫부분처럼' 좁아진다고 생각했다. 전체적으로, 벨 박사는 그녀의 얼굴에서 "절제 없는 방종에 익숙한, 천박한 쾌락을 추구하는 성격으로, 결국에는 현대 범죄사에서 유례를 찾기 힘든 살인적인 열정과 욕정의 난교로 끝을 낼” 징조가 쉽사리 보인다고 판단했다.[67] 이러한 유사 과학적 증거 덕에, 루돌프 발렌티노의 두번째 아내이자 유명 인사이고 기자인 나타샤 람보바는 법정에서 한 시간 동안 루스 스나이더를 관찰한 후에 이렇게 결론지을 수 있었다. “그녀의 성격에 진정으로 결여된 하나는 이타심이었다. 그녀는 명백히 그걸 갖고 있지 않았고 결코 갖지 않을 것이다. 그녀의 잘못은 그녀에게 마음이 없다는 거였다.”[68] 소설가 사이라 샘터 윈즐로가 5월 6일 법정을 방문했을 때는 할 말이 별로 남아 있지 않았지만 그녀는 성격을 드러내는 모든 특징을 언급했다. 스나이더의 “차갑고 야비한 눈매와 찢어진 입매는 들었던 것보다 훨씬 잔인해 보였다. 그녀의 단호한 턱은 신문이 그렇다고 말한 그대로였다.”[69] 극작가 윌러드 맥은 매우 호평받은 기사에서 광분했다. “만약 루스 스나이더가 여자라면, 그렇다면, 오 세상에! 어머니, 아내, 자매를 부를 다른 명사를 찾아야만 할 것이다.”[70]

그와 반대로, 스나이더의 연인이자 공동 피고인인 헨리 저드 그레이는 아주 괜찮은 사람으로 여겨졌다. 그를 체포한 형사마저도 “그는 만나 보고 싶은 괜찮은 신사로 보였다”[71]고 평했다. 어린 시절의 여자친구와 십일 년 동안 결혼 생활을 함께했고, 스나이더처럼, 아홉 살 딸을 둔 그는 자신의 공동체인 뉴저지 주의 이스트오렌지에서 ‘모범’ 시민으로 인정받았다.『뉴욕 헤럴드 트리뷴』은 이렇게 보도했다. “그는 세계대전 때 적십자사에서 일했고, 제일 감리교회의 일요 학교에서 부지런히 일했고, 집에서도 예의 발랐으며, 그 지역 컨트리클럽의 회원이었다. 그는 골프를 치고 브리지 게임을 하고 자동차를 운전했다. 그는 오래된 남성 사교 클럽인 엘크스의 오렌지 로지 회원이었다.”[72] 간단히 말하면, 보통 남자였다. 그러나 그도 또한 살인자처럼 보였다. 그건 어떻게 설명할 수 있을까?

그의 변호인단은 우선 그레이의 충격받은 아내가 한 제안을 따랐다. “그는 미친 게 분명해요!” 4명의 ‘정신 감정 의사’가 그레이의 척수액을 빼내고, 머리의 엑스레이 사진을 찍고, 며칠간 그를 면담했지만, 그들은 그가 미쳤다는 사실을 밝혀낼 수 없었다. 사실,

그는 네 의사 중 대변인인 실베스터 레이히 박사에겐 '건강하고 교양있는 친구'로 '아주 붙임성'이 있어 보였다.[73] 그래서 의사들은 그레이가 자백한 바로 그날 경찰이 처음 내놓은 이론으로 되돌아갔다. 『뉴욕 헤럴드 트리뷴』이 그 당시 보도했듯이 말이다. "이제 제출된 모든 사실은 사랑에 미친 남자가 강철의 의지와 능동적이고 지적인 뇌를 지닌 여성에게 완전히 휘둘렸다는 걸 가리킨다. 그녀는 그를 지배했고, 그녀의 제안 중 몇 개를 거절하고 싶었을 때조차 그녀는 자신의 의지를 그에게 강요했다고 경찰은 말했다."[74] 정신 감정 의사들은 그 개념을 취해 재판이 시작되기 전에 언론에 반복했다. "스나이더 부인의 낯선 마력이 그로 하여금 그렇게 하도록 했습니다. (…) 그녀의 성격이 그를 지배했고 그는 무력했습니다."[75] 백육십오 센티미터에 오십사 킬로그램인 그레이는 비겁한 약골의 역할에 알맞았다. 그래서 변호사 윌리엄 밀러드가 헨리 저드 그레이의 변호를 위해 사건을 요약했을 때 이론은 복음이 되었다. "저 여자는"이라고 그는 배심원과, 모든 단어를 베끼듯 받아 적는 기자들을 향해 말을 시작했다. "독사처럼 저드 그레이를 반짝거리는 자신의 똬리로 끌어들였고 탈출은 있을 수 없었습니다. 참으로 특이하게 매혹적인 유혹이었습니다. 철 조각이 튀어 올라 강력한 자석에 달라붙듯, 그렇게 저드 그레이는 저 여자의 강력하고, 억누를 수 없는 매력의 힘 안으로 들어갔습니다. 그녀는 그를 단단히 붙잡았습니다. 이 여자, 인류의 이 유독하고 특이한 종족은 비정상적이며, 모든 걸 소진시키고, 모든 걸 앗아 가는 열정, 동물의 욕정을 소유하고 있어 결코 만족하지 않을 것입니다."[76] 밀러드 변호사의 상상력으로 갱신된 에덴에서, 루스 스나이더는 요부 이브이면서 동시에 뱀이었고 가엾은 저드 그레이는, 아담처럼, 현명하지 못하게, 무력하게 굴복해 버렸다. 저드 그레이는 한심한 인물, 강철로 된 여자 바이킹의 의지대로 주물러진 '고무찰흙 남자', 그리고 그녀에게 속아 넘어간 가엾은 앨버트 스나이더와 같은 그녀의 피해자가 되었다. 다행스럽게도 그레이를 동정해야 할 창조물로 만든 바로 그 약점이 그를 보통 남자와 구분시켜 주었다. 왜냐하면 진짜로 **남성적인** 남자는 여자를 지배하고 통제할 힘을 보유하고 있기 때문이었다.

　　처음 그레이가 그렇게 붙임성이 좋은 걸 발견하고, 자신이 홀렸고 지배당했다는 그의 이야기를 대중에게 전달한 건 모두 남자인 형사들이었다. 원래는, 처음 자백에서 스나이더와 그레이는, 둘 다 거짓말을 했고 점점 신랄하게 실제 살인에 관해 상대를 탓하며 서로 비난했지만, 경찰은 그레이를 믿었다. 그가 나중에 자기 이야기를 바꿨을 때조차, 그도 형사도 그가 여자의 인형이었다는 이론을 포기하지 않았다. 남성 정신 감정 의사들도 마찬가지로 자신을 피해자로 보는 그레이의 해석을 받아들였고 스나이더와는 전혀 면담하지 않았다. 법정에서 배심원은 여전히 뉴욕 주의 법에 따라 모두 남자였고 모두 중년에 자녀가 있는 기혼자로 죽은 앨버트 스나이더 또는 저드 그레이와 아주 많이 유사한 남자들이었다. 그렇다고 여자들이 자기들 입장에서, 루스 스나이더를 더 관대하게 판단해 준 것도 아니었다. 그녀는 반복해서 아내들과 어머니들의 동정에 호소했지만 아무런 동정도 받지 못했다. 여성 신문 기자들은 전부 그녀가 '비여성적'이고 인정이 없다는 걸 알아차렸고, 배심원 중의 1명의 아내는 자신의 남편이 그렇게 '뻔뻔스러운 여자'[77]한테 휘둘리지 말기를 바라는 희망을 공공연하게 표현했다. 스나이더는 여성 배심원들이 '가정사의 복잡함과 의견 다툼을 알기' 때문에 '남자들 무리보다 사건을 자신의 편'에서 볼 수 있을 거라고 생각했지만 6명의 여성 기자와 6명의 남성 기자로 이루어진 비공식적인 언론 배심원단은 그녀에게 사형을 선고했다. 여자들도, 남자들처럼, 공식적으로 용인된 버전의 사건을 받아들였다.[78]

　　그 버전은 오래된 성적 이중 잣대에 굳건하게 기반을 두고 있었고, 그건 결국 '평평하게 다림질'되어 있지 않았다. 스나이더와 그레이는 같은 정의의 저울로 무게를 달지 않았기 때문에 다르게 판단되었다. 루스 스나이더는 저드 그레이를 처음 만난 순간부터 '나쁜 여자'로 찍혔다. 그에게 쪽지를 보낸 것도 나빴고, '코르셋 가봉'을 하러 그의 사무실에 방문한 것도 나빴고, 그와 섹스를 한 것도 나빴다. 그리고 『뉴욕 포스트』가 지적했듯, 스나이더가 검사를 마주하며 피고석에 섰을 때 그녀는 '살인 대신 간통'[79]으로 재판을 받는 것처럼 보였다.

　　저드 그레이는, 그와 반대로, 앨버트 스나이더의 살인에 참여하기까지는 잘못한 게 아무것도 없었다. 공식적으로 간통은

남자 여자 양측에 다 눈살을 찌푸릴 일이었고 『뉴욕 데일리 미러』의
사설에서 코닐리어스 밴더빌트 주니어는 결혼의 충실함을 포함해 단
하나의 성적 잣대만을 주장[80]했지만, 비공식적으로 말한다면 남자들이
더 잘 알았다. 해블록 엘리스가 이렇게 말한 것처럼 말이다. "직업적인
성매매 여성도 아니면서, 저능하거나 미치지도 않았으면서도 난잡한
여자는 어느 시대건 드물지만, 실질적으로 난잡하게 구는 많은
남성들은 세계에서 두각을 나타낸다."[81] 이것이 바로 극작가이자
『뉴욕 포스트』의 칼럼니스트인 우드워드가 그레이의 다음과 같은
자기 평가를 인정할 수 있었던 이유였다. "난 언제나 신사였고 언제나
모두에게 정직했다."[82] 비록 그 '모두'에 그레이의 아내를 포함하지
않았다는 건 분명했지만 말이다.

저드는 오랜 친구 해던 그레이(친척이 아니다)의 도움으로 살인에
대한 자신의 알리바이를 세웠는데, 해던 그레이는 저드의 아내에게
두 통의 편지를 보내고, 저드의 호텔 침대를 헝클어뜨린 뒤 문에
'방해하지 마시오' 팻말을 걸어 저드가 실제로는 여자친구를 만나고
있는 동안에도 계속 시러큐스에 있는 것처럼 보이게 만들었다. 저드가
살인을 자백했다는 걸 알게 될 때까지, 해던은 경찰에게까지 거짓말을
해서 친구의 알리바이를 유지했다. 해던 그레이가 진실을 말하기 위해
재판에 섰을 때, 그는 남자라면 친구를 위해 해야 할 일을 한, 즉 남자가
아내 몰래 여자친구를 만날 수 있도록 용감하게 거짓말한 충성스러운
친구이자 진정한 신사로 언론에 그려졌다. 어떤 논평가들에겐 저드
그레이의 정교한 살인 계획조차 무해한 오락으로 보였다. 칼럼니스트
우드워드는 『뉴욕 포스트』에 '이 온화한 코르셋 세일즈맨'은 아마
'강하고 잔인한 야만인이 되어 경쟁자를 박살낸다'는 생각으로 '자신의
외로운 여행'을 위로했을 거라고 짐작하며 썼다. 그리고 스나이더가
너무 심하게 다치지 않도록 그레이는 살인 직전 도르래 추를 종이로
감쌌는데 그건 그레이가 '바탕은 친절한 남자'임을 보여준 '인간적인'
동작이었다.[83] 극작가 윌러드 맥은 『뉴욕 데일리 미러』에서 그레이가
"결코 마음속 깊이 살인자는 아니었다"[84]고 다시 메아리치듯 말했다.
법정의 어떤 참관인에 따르면 그는 그저 "좋아하는 사람을 위해서
세상의 어떤 일이라도 할"[85] 것 같은 훌륭한 사람이었다. 소위 성

혁명이라고 불리는 일 이후에도 여전히 지속되는 이중 성적 잣대로 인해, 스나이더와 그레이는 같이 죄를 지었지만 똑같이 심판받을 수 없었다. 살인이 일어나기 전에 멈췄더라도 루스 스나이더는 여전히 '나쁜' 여자였지만 저드 그레이는 그저 보통 남자였을 터였다. 그레이는 신문이 그에 대해 표현한 대로, 즉 가엾은 멍청이, 약골, 인형, 바보 이상으로 나쁘지 않았다. 그는 그저 '누군가 주무르는 걸 잊어버린 반죽 한 덩이'[86]였고 '도와주지 않으면 크로케 세트도 정리할'[87] 수 없는 남자였다.

　　1920년대의 위대한 도덕극이자 언론 이벤트였던 스나이더 사건은 거의 전적으로 여성의 교화를 위한 것이었다. 그레이의 누나인 마거릿 로건은 재판 동안 기자 회견의 성명을 준비하면서 교훈의 필요성을 언급했다. "전에는 결코 얼마나 많은 비극이 우리를 둘러싼 집들에 감춰져 있는지 깨닫지 못했습니다. 사악한 여성들에 의해 일어난 일입니다. 행복한 가정생활을 파괴하는 그들은 대부분 공개되지도 않습니다. 바로 우리 가족에게 일어난 그런 대참사 같은 끔찍한 상황까지는 거의 가지 않으면서요."[88] 여자를 악마와 연합한 이브처럼 악의 근원으로 만들자 모든 구식의 기사도 개념이 다 뒤집어졌다. 루스 스나이더는 "올바르게 생각하는 남자들이 언제나 기품있는 여성성에 부여하는 기사도, 보호와 배려를 받을 자격이 없는"[89] 악귀가 되었다. 그래서 스나이더의 변호사 중 1명이 사건의 최종 변론을 하면서, 제대로 알지 못한 채 기사도에 호소했을 때, 그는 청중들의 킥킥대는 웃음을 답으로 들었다. 『뉴욕 포스트』 기자가 묘사한 것처럼 말이다. "그는 금발의 살찐, 얼음처럼 냉혹한 주부로 변장한 황금 처녀를 위해 형편없는 승률의 전투를 벌이는 기사였다."[90]

　　이 사건의 참다운 여성은 피고인들에게 충직한 채로, 큰 슬픔에 잠긴 어머니 조지핀 브라운과 마거릿 그레이가 재현했다. 특히 저드의 어머니는 언론에 너무나 기품있게 굴어서 그녀가 저드를 마마보이로 만들었다는 소문은 재빨리 눌러 죽어 버렸다. 그녀는 그의 범죄로 욕을 먹지는 않아서 "내가 어디에서 실패했을까?"[91]라고, 소리 내어 의아해하는 걸 아무도 방해하지 않았다. 재판 동안 은둔 생활을 하던 그레이의 아내 이저벨에 대해선 거의 거론되지 않았지만 유죄 선고를 받은 후 그를 용서하려고 교도소를 방문했을 때, 그녀는 '좋은 아내'의 충성심을 보여주었다는 점에서 찬양받았다. 딸들인 로렌 스나이더와 제인 그레이는 둘 다 아버지의 사랑을 뺏겼다는 이유로 크게 동정받았다.

통곡하는 여인들의 코러스 가운데, 이 연극에 영웅이 있다면, 저드 그레이뿐이었다. 그리고 충분히 기이하게도, 오래된 기사도의 규칙이 뒤집힌 상황에서 그는 애인을 보호하는 게 아니라 밀고하는 것으로 그 역할을 채울 수 있었다. 재판 마지막 날에, 그레이는 '진실'을 말함으로써 자신의 남성성을 복원하기 위해 피고석에 섰다. 루스 스나이더가 살인을 저질렀다는 진실 말이다. 저드는 당연히 현장에 있었다. 그도 절대 그걸 부정하지는 않았다. 그러나 그는 그녀를 설득해 그만두게 하려 애썼고, 그 집을 나가려 애썼지만 자신이 그녀에게는 무력했다고 말했다. 그래서 루스와 위스키 한 병으로 자극받은 그는, 단지 앨버트를 깨운 뒤 맞서 싸우기 위해 도르래 추로 첫번째 가격을 했다. 계속 내리칠 수 없어, 그레이는 "나 좀 도와줘, 엄마"라고 소리 질렀다. 그리고 '엄마'가 일을 끝냈다. 증언 마지막에 그레이는 모든 의심을 씻어낼 눈물을 터뜨렸다. 『뉴욕 데일리 미러』가 쓴 것처럼, 그레이는 "자신이 미끄러져 들어간 늪에서 올라와 거의 모두가 쓰기를 실패한 왕관을, 진실의 왕관을 썼"[92]다. 검찰마저도, 스나이더와 그레이 형사 사건의 최종 진술에서 그레이를 '번듯하고, 정력적인 남성, 정직한 미국 시민'[93]이라고 불렀다.

루스도 말하고 싶은 자신만의 이야기가 있었지만 아무도 듣고 싶어 하지 않았다. 법정에서 변호사와 판사는 그녀에게 네 또는 아니요로만 대답하고 설명하려 하지 말라고 계속 말했다. 신문은 그녀가 "자신의 싸구려 가죽이라도 구하려는 개처럼 거짓말했다"[94]고 썼다. 그녀가 결코 말할 기회를 갖지 못한 이야기들[95]이 있었고, 그래서 나중에, 사형수 감방에서, 그녀는 『뉴욕 데일리 미러』에 전할 자신의 이야기를 썼다. 고통스러운 기억, 분노, 종교적인 상투어, 그리고 비통함이 마구 뒤섞인 혼란스러운 이야기였다. 여자들에게 '파는' 일에 익숙해 달콤한 말을 해대는 방문 판매원 그레이를 만나기 전까지 자신은 존경받는 헌신적인 아내였다고 그녀는 말했다. 그가 다른

여자들을, 로체스터의 앨리스와 '큉큉이'로 불리는 누군가를 만난다는
걸 알면서도 그녀는 그와 사랑에 빠졌다. 그러나 그는 이번에 90달러,
다음에는 100달러, 이렇게 돈을 요구하기 시작했고, 돈을 갖고 오지
않는다면 앨버트와 이야기할 수도 있다는 암시를 주기 시작했다.
그녀는 불륜을 끝내고 싶었지만 앨버트와의 결전에서 딸을 잃을까 봐
그가 하라는 대로 했다. 보험과 살인은 그레이의 생각이라고 그녀는
주장했다. 그는 '만취'할 때마다, 거의 항상 그런 상태였는데, 그걸
이야기했지만, 루스는 전에도 그랬듯이 그가 그러지 않도록 설득할
수 있다고 생각했다. 살인 전날 밤 그녀는 그가 요구한 밀주 위스키를
꺼냈지만, 그레이는 그녀가 바란 대로 병을 들고 떠나는 대신 술을
마시고 머물렀다. 그녀와 앨버트가 파티에서 돌아왔을 때도 그는
여전히 거기 숨어 있었다. 앨버트가 자러 간 후에 그녀는 저드더러 떠나
달라고 사정했고, 말을 들었다고 생각했을 때, 그는 그녀가 욕실에 있는
동안 위층으로 올라가 앨버트를 살해했다. 그리고 그때부터, '웅크린
채로, 거짓말하는 자칼'은 그녀의 치맛자락 뒤에 숨어 있었다.

　　겉으로 보기에, 루스 스나이더의 이야기나 저드 그레이의
이야기나 믿기 힘들긴 매일반이었다. 그리고 그레이가 살인 무기를
사고 미리 알리바이를 잘 만들어 두었다고 증인이 입증하는 동안
루스 스나이더가 살인에 참여했다는 유일한 증거는 그레이 자신의
증언뿐이었다. 여전히, 어느 누구도 그녀의 이야기 중 단 한 부분도
믿지 않았다. 그녀가 감옥에서 가톨릭으로 개종했을 때조차, 그 일에
대해 질문한『뉴욕 데일리 미러』의 기자들과 이야기를 나눈 대부분의
뉴욕 사람들은 그녀가 가톨릭 주지사인 앨 스미스에게서 감형을
받으려는 희망으로 그랬을 뿐이라고 생각했다. 이야기를 끝내며, 루스
스나이더는 물었다. "'바깥'에서 내가 말한 걸 하나라도 믿지 않을까?"[96]
하지만 그녀는 이미 답을 알고 있었다.

　　루스 스나이더를 의심하고 그녀를 단죄한 신문의 독자들은
전기의자에서 죽을 그녀의 권리를 열렬히 지지했다. 재판이 시작되기도
전에, 여성 사회 복지사는『뉴욕 데일리 미러』에서 이렇게 주장했다.
"남자의 범죄를 저지른 여자는 남자의 처벌을 받아야죠."[97] 그리고
브루클린의 주 상원 의원 윌리엄 래스럽 러브는 "여성 범죄자에 관한

동등한 '권리'"를 주장하면서 "여성은 자신이 저지른 범죄에서 남성에게 할당된 같은 처벌로 고통받아야 한다"고 말을 이었다. "여자가 같은 목표를 이룰 기회를 두고 남자와 경쟁에 들어설 거라면 왜 같은 처벌로 고통받으면 안 되는지 나는 이해를 못 하겠습니다."[98] 스나이더 사건의 평결을 기다리는 동안 몇몇 신문은 뉴욕에서 전기의자로 죽은 마지막 여성인 마사 플레이스의 1899년의 죽음에 대한 이야기를 실었고, 『뉴욕 데일리 미러』는 감형을 거절한 그 당시 주지사 시어도어 루스벨트의 결정에 찬성하며 인용했다. "범죄 행위에서, 여자는 유사한 사건이라면 남자와 동일한 비난을 감수해야만 한다. 나는 여자를 남자와 조금의 차이도 없이 대할 것이다."[99] 1928년 1월 10일, 스나이더와 그레이가 싱싱 교도소의 사형수 감방에서 기다리고 있는 동안, 주지사 앨 스미스는 주지사 권한으로, 감형해 달라는 그들의 청원을 거부하는 유사한 성명을 발표했다. "여성에게 이러한 판결을 집행하는 것은 매우 괴롭기 때문에, 주지사의 권한으로 감형을 해 달라는 청원을 받았을 때 법의 집행에 제가 개입하는 걸 정당화할 수 있는 사실이 뭐라도 드러나기를 바랐습니다. 그러나 이번에는 그런 일이 일어나지 않았습니다."[100] 스미스의 단호한 태도가 대통령 선거 운동에서 유리하게 작용할 것이라는 예측이 널리 퍼졌고 확실히 마사 플레이스의 탄원에 대한 루스벨트의 단호함은 정치적 미래에 불리하지 않았다. 스미스의 결정에 기뻐하면서 『뉴욕 타임스』는 사설에서 다음과 같이 말했다. "동등한 선거권으로 여성은 새로운 위치에 놓였다. 그들이 법 앞에 남성과 동등하다면, 법을 위반했을 때 남성과 같은 처벌을 받아야만 한다."[101]

　　페미니스트들은 이 동등한 권리에 대해서라면 거의 이의를 제기할 수 없었지만 이 사건에서는 분명 정의보다는 편의를 위한 사리사욕의 기미가 있었다. 스나이더는 간통과 살인으로, 그레이는 살인만으로 재판을 받은 법정에서 둘이 '조금의 차이도 없이' 같이 다루어졌다고는 어느 누구도 주장할 수 없었다. 그리고 미국노동입법협회(American Association of Labor Legislation)의 대변인이 다른 상황에서 지적했듯이 "평등하지 않은 사람들을 평등하게 대하는 것이 가장 커다란 불평등"[102]이다. 그러나 루스 스나이더는 오로지 남자들에게만

속해 있었던 성적 특권을 자신을 위해 주장했다. 그녀의 사형 집행을 통해 '평등'의 완전한 의미가 페미니스트와 플래퍼 모두에게 통렬하게 전달되었다. 그레이와 스나이더 둘 다 사형되어야 한다고 주장하면서 윌러드 맥은 평등한 권리에 대한 주장 뒤에 숨겨진 앙심을 드러냈다. 루스 스나이더가 연인과 '**한 침대**'를 원했다고 맥은 말을 시작했다. 그럼 '**의자도 하나만**' 갖게 해야지.[103]

연극의 마지막 장에서, 스나이더와 그레이는 둘 다 1928년 1월 12일 밤에 의자로 갔다. 그리고 그때조차도 스나이더는 언론에서 혹평을 받았다. 1927년 5월 9일 선고가 내려졌을 때, 그 '돌 같은 여성'은 히스테리를 일으켰고, 후에 감방에서는 신문이 '정신 이상의 전조'라고 부른 '신경 마비'와 '뇌전증 경련'으로 고통받았다. 그레이는, 그에 반해, '침착하게 기도하며' 선고를 받아들였다. "그레이는 징징대지 않고 약을 받아들일 만큼의 전통적 남성성을 자신 안에서 찾았다"라고『뉴욕 데일리 미러』는 보도했다. 그러나 "루스 스나이더, 여자는, 남자의 마음에서 동정심을 짜내는 그 성별의 태곳적 술책으로 향했다. 벌써 그녀는 아프고 고통에 시달리고 있었다. 속죄의 시간이 다가올수록 그녀가 점점 더 나빠질 것으로 예상된다."[104] 어떻게 행동을 바꿔도 언론이 이미 스나이더와 그레이에 관해 만들어낸 의견을 바꿀 수는 없었고, 사형 집행 날 밤에 루스 스나이더는 정말 더 악화되었다. 더 동요하는 죄수를 먼저 처형하는 싱싱의 전통에 따라 그녀가 먼저 전기의자로 갔다. 그녀는 추레한 죄수복 셔츠와 겉옷을 입은 채 '엉망진창'이었고 금발 머리는 거의 회색으로 변해 있었다. 그녀는 기도를 중얼거리며 사형장으로 들어왔지만 전기의자를 보자 소리를 지르며 주저앉았고, 같이 들어온 2명의 여자 간수가 들어 앉혀야만 했다. 재빨리 집행인들이 그녀를 묶었고, 간수들은 나갔다. 사형을 반대하는 교도소장 루이스 로스는 등을 돌렸고, 사제가 기도를 읊조리는 동안 스나이더가 흐느끼며 "아버지, 자신들이 무엇을 하는지 알지 못하는 저들을 용서해 주소서"라고 소리 지를 때 집행장 로버트 엘리엇이 스위치를 내렸다.『뉴욕 월드(New York World)』의 상상력 풍부한 기자는 전류가 그녀의 몸에 흐를 때 "그녀의 왼손이 마치

묶어 놓은 줄에서 빠져나가려 애쓰듯이 뒤로, 위로, 비틀렸고 그 손의
집게손가락이 자신을 가리켜 비난하는 자세로 굳어졌다"[105]라고 썼다.
그리고 경쟁사『뉴욕 데일리 미러』에 한발 앞서 보려는『뉴욕 데일리
뉴스(New York Daily News)』가 마지막 시도로 몰래 들여보낸『시카고
트리뷴』의 독창적인 사진 기자는 바짓단을 올리고 발목에 묶어 둔 소형
카메라로 그녀의 사진을 찍었다.[106] 그녀는 30명의 기자, 의사, 교도소
간부, 모두 남자들인 그들의 눈앞에서 이천 볼트의 전선을 감은 흔한
미식축구 헬멧을 쓰고 죽었다.

몇 분 후 잘 다려진 "보이지 않는 줄무늬의" 어두운 회색 양복을
입은 저드 그레이가 교도소 목사와 방으로 들어왔다. "여기 남자가
있었다"라고『뉴욕 선』은 말했다. "그는 차분한 상태로 죽음으로 갔다.
그는 도와주는 손 없이 문지방을 건넜다. 그의 걸음은 힘차고 대담했다.
그는 어깨를 약간 뒤로 젖힌 채 몸을 곧게 펴고 걸었다. 무릎에도 전혀
주저함이 없었고 손이나 입술에도 아무런 떨림이 없었다."[107] 목사가
진복팔단[108]을 암송했고, 스위치가 당겨질 때까지, 그레이는 들리지
않게 기도를 따라했다. "심령이 가난한 자는 복이 있나니, 천국이
그들의 것이리라."

그런 다음 모두 끝이었다. 저드 그레이는 반복해서 젊은
남자들에게 나쁜 술과 나쁜 여자를 멀리하라고 충고했고, 마지막엔
남자처럼 죽었다.『뉴욕 데일리 미러』의 첫 페이지엔 루스 스나이더의
사진이 웃고 있는 찰스 린드버그의 얼굴로 교체되었다. 재판을 떠돌던
쇼 비즈니스의 유명인들은 할리우드와 브로드웨이로 돌아갔다.[109]
데이비드 워크 그리피스는 영화로, 에벌린 로는 브로드웨이 뮤지컬로,
그리고 새로운 희곡의 자료를 모으려고 재판에 참석했었던 데이비드
벨라스코도 수천 명이 퀸스 법정으로 가느라 등을 돌린 동안 더
작은 공연들은 접었던 브로드웨이로 되돌아갔다.『뉴욕 타임스』는
뉴욕에서 사십 년 만에 처음 있었던 처형인 남편 살인마의 처형이
절실히 필요했던 방지 효과를 갖기를 바랐고,『뉴욕 데일리 미러』는
'천 번의 설교보다 더 효과적인 스나이더 사건의 감동적인 교훈'[110]이
셀 수 없이 많은 사람을 자신들이 저지를 '멍청한 짓'으로부터 구원할
거라고 자축했다. 그렇게 도덕극은 끝났다.『뉴욕 포스트』가 '퀸스

가장행렬의 피날레'라고 이름 붙인 사형 집행 후에, 칼럼니스트 너낼리 존슨은 '폭력의 드라마'를 요약했다. "그게 끝이었다. 웅장한 쇼였다. 단 한 번도 실패하지 않았다. 기습적인 장면도, 고상하고 어려운 장면도, 모더니즘도 없었다. 치열하게 잘 만들어진 좋은 옛이야기였다. 냉혹하고 웅장했다. 이야기는 드라이저의 소설처럼 천천히 그리고 필연적으로 움직였다. 그리고 마침내, 지난밤, 관객이 기대하던 훌륭하고 대단한, 비할 나위 없는 커튼이 내려졌다. 모두가 만족스러운 기분으로 걸어 나갔다. 명실상부한 공연이었다."[111]

그리고 모두 다 아주 만족했을 것이다. 교훈이 이보다 더 분명할 수는 없었으니 말이다. 스나이더와 그레이 드라마의 마지막 교훈은 루스 스나이더가 스스로 배운 교훈이었다. 『뉴욕 데일리 미러』와 한 마지막 인터뷰와 그녀가 전한 마지막 이야기에서 그녀는, 차례로, 대중을 위해 그 교훈을 다시 말했다. "다시 한번 살게 된다면, 난 내 아이가 됐으면 하는 사람이 될 거예요. 착한 소녀가 되어, 정말로 신에 대한 두려움을 지침으로 삼아 올바른 삶을 살 거예요."[112] 그녀는 또 이렇게 썼다. "전에도 '똑바로 살아라'라고 말했지만 정말 더더욱 그렇습니다. 그리고 죄를 짓고 있을 많은 여자들이 여기로 와서 죄를 통해 내가 나한테 무슨 짓을 했는지 볼 수 있기를 바라요. 그들은 몇 달간 내가 했던 생각을 하겠죠. 그리고 그들은 자신의 집에 만족하면서 다른 건 바라지 말아야 해요. 가질 수 없는 건 없이 지내도록 노력해야죠."

"비록 남편을 좋아하지 않더라도 좋은 집을(그리고 아내를 위해 할 수 있는 한 최선을 다하는 남편을) 가진 여자들도 있겠죠. 모든 게 다 완벽할 순 없다고 마음을 다잡기만 하면 참을 수 있어요."

"어떤 남편은 아내가 갖고 싶은 걸 살 수 있을 만큼 돈을 못 벌기도 해요. 하지만 생각이 있는 아내라면 그냥 자기 몫을 받아들이고 잘 살도록 해야죠."

그리고 또 썼다. "오, 신이시어, 여자들이 이리 와서 제가 받는 벌을 본다면 얼마나 많은 여자들이 바뀔 수 있겠습니까."[113]

어떤 여자들은 그래도 배우지 못한다. 서른세 살 루스 스나이더가 싱싱의 사형장으로 걸어 들어간 밤의 바로 전날 밤, 뉴욕의 서른세 살 패니 크렐릭은 도끼로 남편 존의 머리를 쳤고, 그녀와 연인이 체포되었을 때 그녀가 알고 싶어 하던 단 한 가지는 천 달러 보험금을 수령할 수 있는지 뿐이었다.[114] 스나이더 사형 다음 날, 스물한 살 벨마 웨스트는 1927년 12월 페리의 '신혼여행용 방갈로'에서 망치로 남편을 죽도록 때려 오하이오 주 페인스빌에서 기소되었다고 신문에 보도되었다. 벨마 웨스트의 남편은 그녀가 저녁에 클리블랜드의 브리지 게임 파티에 가지 못하게 했다. 그래서 그녀는 그를 죽이고, 차를 타고, 클리블랜드로 몰고 가서, 브리지를 즐겼다. 신문은 그녀를 '조현병 플래퍼 살인마'로 이름 짓고 그녀를 본보기 삼아 벌을 줄 준비를 했지만, 변호사들이 '밝힐 수 없는 출처에서 사건에 영향을 미치는 압력을 받은' 이후 타협을 보았다. 그녀는 이급 살인으로 감형된 혐의에 대해 유죄를 인정했고 종신형을 받아들였으므로 주 정부는 그녀의 '다른 여성에 대한 애정'을 법정에서 공개하지 않기로 했다.[115] 십 년 후 가석방 심사를 할 수 있는 메리스빌 감화원으로 떠나며 벨마 웨스트는 사형을 피한 걸 기뻐했다. "난 삶을 사랑하고 살고 싶거든요"라고 그녀는 말했다. "그게 젊음의 방식 아닐까요."[116]

도대체 어떤 세상이 올지 더 '구식'의 사람들이 놀라는 것도 무리가 아니었다. 푸르덴셜 보험 회사의 자문 통계학자인 프레더릭 호프먼 박사는 미국의 백이십 개 도시 중, 사람들이 굳이 수치로 기록하려 애쓴 오십일 개 시의 살인 상승률에 개탄했다.[117] 이 모든 살인, 특히 '잔학무도한' 스나이더와 그레이 사건은 미국의 학교, 교회 그리고 주가 범죄 예방에 너무나 필수적인 '인격 수양'에 성공하지 못했다는 걸 가리킨다고 그는 말했다. 프레더릭 호프먼의 경종에 사심이 없다고는 할 수 없는 게 그 당시 그의 회사는 고객인 앨버트 스나이더의 죽음에 대한 보험금 지불을 피하기 위해 소송에 들어가고 있었다. 그러나 아이다 오스틴과 연인 아서 아바도어가 '깡패'(이후 보안관 대리로 밝혀졌다)에게 남편 프레드를 죽여 달라고 100달러를 제안했을 때, 신문을 읽는 모든 대중은 남편의 목숨값이 그렇게 비싸지 않다는 걸 알았다. 프레드 오스틴은 구 년의 결혼 생활 동안 아내에게 '단 한 번도 친절하게 말한 적이 없지만', 아내를 용서하고 카나리아 두 마리를 교도소에 있는 그녀에게 가져다주었다. 여전히 독자들은 불안했다.[118]

보험 통계학자인 호프먼은 사형은 범죄를 예방하는 데 도움이 되지 않는다고 생각했지만 사회의 아버지들은 그의 의견을 공유하지 않았다. 필요가 생겨나면, 교훈을 주기 위해 그들은 사형이란 처벌을 다시 불러냈다. 그래서 세 아이의 어머니인 스물여덟 살의 애나 안토니오는 1934년 8월 9일 싱싱의 전기의자로 걸어가 앉았다. 뒤이어, 올버니 근처의 고속도로에서 안토니오의 남편을 쏘고 찌른 빈센트 새타와 새뮤얼 페라치가 전기의자로 불려 왔다. 그들은 애나 안토니오에게 남편을 죽일 계획이고 보험금에서 한 몫을 원한다고 말했다. 그녀는 대답했다. "당신들이 뭘 하든 난 상관없어요. 난 아이들만 있으면 돼요." 결국 새타와 페라치가 남편을 죽였을 때, 애나 안토니오도 같이 살인으로 기소되어, 재판을 받고, 유죄 판결을 받았다.[119]

1936년 7월 16일, 서른여섯 살의 메리 프랜시스 크레이턴[120]은 싱싱에서 휠체어로부터 전기의자로 옮겨진 최초의 사람이 되었다. 주지사가 임명한 특별 조사 팀의 의사 중 몇은 크레이턴 부인이 히스테리로 인한 마비를 겪고 있다고 말했고, 다른 의사들은 그녀가 꾀병을 부리는 거라고 말했는데, 어떤 경우건, 그녀는 걸을 수가 없었다. 간수들이 그녀를 밀고 들어와, 의자에 묶고, 어쨌든 1935년 9월 서른여섯 살의 에이다 아펠게이트 부인을 비소로 살인한 죄로 사형시켰다. 그녀의 뒤를 따라 미국재향군인회 제2부서, 나소 카운티의 과거 지휘관이었던 약 서른여섯 살의 에버렛 아펠게이트가 의자에 앉았다. 아펠게이트는 스스로 인정한 바에 따르면 크레이턴 부인의 열다섯 살 된 딸의 연인이었고, 크레이턴 부인에 따르면 또한 그녀 자신의 연인이기도 했다. 반백의 머리가 벗겨지는 뚱뚱한 남자인 아펠게이트는 크레이턴 부인의 딸과 결혼하고 싶어 했지만, 그는 아내의 죽음에 가담했다는 혐의는 부인했다. 크레이턴 부인은 에이다가 딸의 명예에 해가 되는 이야기를 유포했기 때문에 에이다 아펠게이트를 독살했다고 솔직하게 인정한 한편, 살인할 때, 에버렛 아펠게이트가 도왔다고 말했다. 그래서 공모자로 추정되는 둘은 사형당했는데, 스나이더와 그레이의 죽음에 있었던, 입맛을 다실 만한 만족감은 없었다. 크레이턴과 아펠게이트 사건에는 좀 심하게 어두컴컴하고 좀 심하게 추저분한 뭔가가 있었다. 칠 년 동안 존과 메리 프랜시스 크레이턴과 그들의 두 자녀는 방 다섯 개짜리 방갈로를 에버렛과 에이다 아펠게이트와 그들의 열세 살짜리 딸과 나누어 썼는데, 그게 기껏해야 시간제로만 고용되곤 하는 제일차세계대전의 퇴역 군인 두 사람이 생계를 꾸려 나갈 수 있는 유일한 방식이기 때문이었다. 어쨌든 그들은 자신들이 선택하지 않은, 무슨 일이라도 벌어질 것 같은 친밀함 속으로 던져졌고, 대공황을 간신히 헤쳐 나가던 독자들은 그걸 이해할 수 있었다. 크레이턴 부인은 별난 여자였고, 어쩌면 미친 여자였다. 몇 년 전, 1923년, 그녀는 뉴저지 주에서 재판을 받고 무죄로 풀려났는데 처음은 형제를 비소로 살해한 혐의였고 두번째는 시어머니를 비소로 살해한 혐의 때문이었다. 그러나 에버렛 아펠게이트는 전쟁에 참전해 미국재향군인회의 존경받는 장교가 되었다. 모든 일이 다 불쾌한 뒷맛을 남겼다.

　그밖에 생각해야만 할 다른 일도 있었다. 대공황의 마지막 몇 년은 이웃의 죄에 대해 걱정할 시간이 없었고 그다음엔 진주만이라는 장소가 윤리적 지도를 가득 채웠다. 남자들은 전쟁터로 갔고 유례없는 수의 여성들이 일을 하러 갔다. 후방에서 해야 하는 일은 뭐든, 기차를 운전하는 것부터 군수물자를 조립하는 것까지 여자들이 했다. 그 후, 사회의 아버지들은 전시에서의 뛰어난 협력에 대해 축하해 준 다음 여자들더러 집으로 가라고 말했다. 그러고 나서 남자들은 전쟁터에서 집으로 왔고 일하러 나갔다. 그리고 많은 여자들은 일터에서 집으로 돌아왔고 교외로 갔다. 대공황과 전쟁으로 거의 한 세대가 지난 후, 번영과 평화가 돌아왔으며, 그와 더불어 가정의 완벽한 행복도 돌아왔다. 십오 년의 풍년이 십오 년의 흉년을 뒤이었다. 모든 게 아이젠하워의 미소처럼 장밋빛으로 보였다. 베티 프리단이 뭔가 잘못되었다는 걸 알게 된 주부들의 깊은 불만을 '이름 없는 문제'[12]라고 확인해 주기 전까진 말이다. 많은 기혼 여성들이 노동 인구에서 떠나가기를 딱 잘라 거절했을 때인 전쟁 말부터 분노는 굵고 부풀어

오르고 있었고, 이제 이 모든 세월 동안 '그냥 주부'였던 여자조차
뭔가를 하고 싶어 했다. 그녀는 앞치마를 벗고 처음에는 주저하면서,
학교로 돌아갔고, 일을 하러 밖으로 나갔고, 그리고 얼마 지나지 않아
모호한 열망으로 반란의 버튼을 누르게 되는, 여성의 의식을 일깨우는
집단으로 들어갔다. 별안간 한꺼번에 '함께'라는 단어는 폐소 공포증을
유발했고 자기만족은 불안으로 바뀌었다. 재개된 여성 운동의 첫번째
속삭임이 온 나라를 가로질러 바스락거렸고 고삐 풀린 여자들에 대한
오래된 공포가 휘저어졌다. 걱정스러운 시간이었다. 새로운 대소동을
위한 시간이었다.

1965년 7월 플로리다 주 데이드 카운티 대배심원이 남편 자크 모슬러를
키 비스케인에 위치한 아파트에서 1964년에 살해한 혐의로 캔디스
모슬러와 연인 멜빈 레인 파워스를 기소했을 때, 신문은 '찾았다'고
생각했다.[122] 1966년 1월 그 한 쌍이 마이애미에 재판을 받으러 왔을
때, 전국에서 온, 40명이 넘는 기자들이 덤벼들려고 기다리고 있었다.
『시카고 데일리 뉴스(Chicago Daily News)』는 재판이 "현대 범죄 사건
중에서 가장 무시무시하고 피로 얼룩진 사건 중 하나가 될 모든 징조를
보이고 있다"고 보도했다. 『휴스턴 크로니클(Houston Chronicle)』은 이
사건에 "사랑, 증오, 탐욕, 야만적 열정, 음모, 근친상간과 성적 도착의
실들"이 레이스처럼 직조되었다고 적었다. 분명 사건은 대중 신문이
대성공을 이룰 모든 요소를 다 갖추고 있었다. 그러나 신문의 모든
칸을 채우는 보도 기사에도 불구하고 이 사건은 스나이더와 그레이
사건이 누렸던 도덕극의 지위를 절대 달성하지 못했다. 모슬러와
파워스 재판은 도덕극이 아니라 금발로 탈색한 미인과 평판 나쁜
증인들의 퍼레이드, 그리고 자신이 이십세기의 가장 위대한 변호사라고
스스로 언론에 애처럼 떠들어대는, 번쩍거리는 텍사스 주 출신 퍼시
포먼이 주연을 맡은 할리우드의 사치스러운 쇼였다. 신문의 독자들은
스나이더와 그레이의 드라마에서 그랬던 것과 달리 선과 악의 전투에
끌려 들어가지 않았다. 그 대신 그들은 뒤로 기대앉아 보는 걸로
만족했다. 법정의 한 방청객은 말했다. "영화보다 더 좋았습니다."[123]
그러나 영화만큼 비사실적이었다.

재판을 선과 악의 드라마로 바꾸려고 언론은 정말 열심히 노력했다.[124]『시카고 트리뷴』은 죽은 모슬러의 수다스러운 아내를 동정심이 드는 인물로 만들려고 시도했다. "위로를 필요로 하지도 원치도 않은 채 단지 우정을 나눌 친구만을 찾는 것처럼 보이게 만드는 사교적인 성격으로 그녀는 주목받았다. 또한 그녀는 쾌활함으로, 활기로, 그리고 그 밑으로 흐르는, 그녀의 최후의 갑옷인, 지성으로 주목받았다." 허스트 언론사의 짐 비숍은 루스 스나이더를 모델로 삼아 악의 인물을 만들려고 애썼다. "잘 만들어진 백오십이 센티미터짜리 연철 같은 숙녀였다. 금발에 창백하고 구부러지지 않았다. 신이 만들어 주신 게 아니었다. 캔디스 스스로 만든 것이었다. 아주 오래전 그날, 조지아 주의 작은 미녀가 남자가 여자의 상스러운 매력에 끌린다는 걸 알아냈을 때, 캔디스는 그 작은 몸에 너무나 많은 꿀과 열정을 덧발라 버렸고 혹시라도 진짜 캔디스가 드러났다면, 모슬러 부인은 아마 그녀를 버렸을 것이다." 그러나 오래된 공식은 효력이 없었다. 재판이 진행되면서 미국연합통신(AP)은 소속 신문 육십 개를 조사했는데 그중 스물한 곳은 특히 흥미진진한 이면이 들어나는 증언이 나오는 날인데도 그 이야기를 내지 않았고, 오로지 일곱 군데만 일면에 기사를 실었다. 연합통신의 일반 보도 편집자는 "이 재판은 예전과 같은 영향력을 갖고 있지 않다. 오늘날 세상에는 더 중요한 일들이 일어나고 있다"라고 적었다. 국제연합통신(UPI)의 편집장이 스물다섯 개 신문 중 세 군데만 그 뉴스를 낸다는 걸 알았을 때 그는 그 기사가 일면에 나와야 하는지 질문하면서 "캔디[125]는 베트남전쟁과 경쟁할 수 없는 것뿐"이라고 분석했다.『뉴스위크(Newsweek)』는 재판 소식을 '썩은 캔디'라고 언급했다.

그러나 모슬러와 파워스 사건의 진짜 문제는 그 사건이 동시에 너무 예측 가능하고 너무 기괴했다는 것이었다. 어떤 면에서 모슬러의 결혼과 살인은 책에나 있는 가장 오래된 이야기 같았다. 자크와 캔디스가 뉴올리언스에서 만났을 때, 그는 백만장자이자 휴스턴 은행의 거물이었고 그녀는 두 아이를 키우는 젊고 아름다운 이혼녀로 모델 에이전시를 운영하며 간신히 생계를 꾸리고 있었다. 십육 년의 결혼 생활 이후 자크는 플로리다 주 아파트에서 속옷 바람으로 잠드는 예순아홉 살의 남자가 되어, 언론에서 '상스럽'고 '나긋나긋'한 휴스턴 사교계 인사로 묘사한 마흔다섯 살의 금발 미녀에게 이혼하겠다고 협박하고 있었다. 늙은 부자 남자가 돈이나 자신의 목숨으로 건강한 젊은 여자를 낚는 이야기는 결혼에 대한 민담의 일부였다. 처음에는 젊음이 가득 찬 신부로 인해 사람들의 시샘을 받지만 곧 바보, 조롱거리가 되어 버리는, 절대 측은하게 바라봐지지 않는 인물 말이다. 모슬러의 살인자가 과하게 공격하긴 했지만, 머리를 내려친 다음 서른아홉 번을 찌르긴 했지만, 듣고 싶은 이야기가 뭐가 또 있단 말인가?

반면, 모슬러 사건에 연루된 사람들은 그냥 옆집 사는 사람들이 아니었다.(살인과 근친상간 혐의에 대한 의견을 요청받자, 캔디스는 말했다. "글쎄요, 기자님, 누구도 완벽하지 않아요.") 대부분의 미국인에게, 부자는 다른 사람이었고 모슬러 부부는 실제로 아주 부자였다. 그리고 라나 터너의 더 섹시한 버전으로 종종 묘사되는 캔디스는 매혹적이었다. "자기 이름처럼, 온갖 예쁜 색깔과 달콤한 목소리를 갖고 있었다. 분홍빛 입술, 옅은 초록빛 아이섀도, 은발. 그리고 그녀의 삶과 생활 방식은 (…) 한밤의 드라이브 (…) 침대로 쓰러지듯 들어가면서 아이의 뺨에 해 주는 굿 모닝 키스, 온 나라에 걸쳐 구슬처럼 늘어선 아파트들, 넷, 다섯, 여섯 대의 차로 이루어져 있었고 (…) 유원지에서 막대기에 꽂은 채 팔고 있는 바로 그것 같았다. 공기 같은 요정"[126]이라고 『마이애미 헤럴드(Miami Herald)』는 묘사했다. 그녀는 멕시코시티 콘티넨털 힐턴 호텔에서 그곳의 편지지로 연인에게 편지를 썼다. "네가 날 아주 따뜻하게 해 줬으면 해."[127] 그리고 그 연인, 캔디가 병원 응급실에서 편두통으로 자신의 알리바이를 만드는 동안 실제 살인을 했다는 혐의를 받고 있던, 크고 건장한 스물네 살의 멜빈 파워스는 옛이야기 속 전형적인 젊은 연인과 단 하나 중요한 점이 달랐다. 그는 그녀의 조카, 즉 여동생의 아들이었다. 그리고 꼬리를 물고 법정에 나타나 신문에서 '일련의 성애적 행위'라고만 칭해질 수 있는 행동들을 구체적으로 진술하며 멜의 성적인 기교를 증언할 불쾌한 남자들에게 그는 엄청 떠벌렸다. 국제연합통신 편집장은 많은 신문들이 '그냥 섹스가 너무 많다'[128]는 이유로 사건을 취재하지 않는다고 불만을 토로했다. 그러나 독자들의 관심을 가장 집중시킨 것은 캔디와 멜빈의 성적 행위였고 그러한 행위들은, 품위 유지를 위해 보도할 수 없었다. 직접 가서 봐야 하는 거라면 재판의 신문 취재가 무슨 소용이 있었겠는가?

재판 자체는 살인 근처에도 가지 못했다. 검찰은 모슬러 부인과 조카 사이의 부정한 관계에 대한 많은 증거를 가져왔고, 계속해서 파워스나 모슬러 부인 또는 두 사람이 같이 '일격'에 대한 돈을 제안했다는 걸 증언할 일련의 죄수들을 세웠다. 휴스턴 자택 그리고 마이애미로 가는 비행기에서 파워스를 본 증인도 있었다. 마이애미 공항에 놓아 둔 차에서 그의 지문이 나왔고, 자크 모슬러의 부엌 조리대에는 그의 피 묻은 손바닥 자국이 있었다. 깔끔하게 해치운 일이 아니었다. 그러나 파워스의 변호사 포먼은 자크 모슬러의 동성애에 대한 가설과 이후 태도를 바꿨을 다른 젊은 남자들에 관해 이야기하는 걸 더 선호했다. 포먼은 검찰이 내세운 죄수들의 신뢰도를 떨어뜨릴 만한 한 무리의 죄수들을 내놓았고, 두 번의 재판에서는 그들을 악명 높은 거짓말쟁이라고 말하는 죄수의 아내들을 데려왔다. 캔디스 모슬러와 파워스가 단 한 번도 피고인석에 서지 않은 채로 칠 주가 지나갔다. 포먼은 파워스의 변호를 위한 증인을 아무도 부르지 않았고 재판 동안 자신의 의뢰인더러 어느 누구하고도 말하지 말라고 했다. 9명의 변호사들이 최종 변론을 끝내는 데만 며칠이 걸렸고 포먼 혼자서만 배심원들에게 다섯 시간을 연설했다. 그런 다음 모두 남성인 배심원들은 사흘을 더 교착 상태와 카드 게임으로 보내다 무죄를 결정했다. 그제야 캔디스와 멜빈은 서로를 껴안았다. 또 캔디는 모든 배심원들과 키스했고 멜빈은 결국은 마이애미에 있었다고 인정했다. 기자 회견에서 캔디스는 기자의 질문에 대해 그들이 당장은 결혼 계획이 없다고, 이모와 조카는 미국의 어디에서건 법적으로 결혼할 수 없다는 사실은 제쳐 둔 채로, 답했다. 둘은 클라이드 우디 변호사의 컨버터블의 지붕을 내린 채로 졸업 무도회의 왕과 여왕처럼 군중에게 미소 지으며 손을 흔들며 타고 갔다. 그런 다음 캔디스는 2,800만 달러만큼 더 부유해져 자신의 휴스턴 저택으로 돌아갔다. 검사는 실망했지만 철학적이었다. "이게 미국의 사법 체계죠. 사건은 종결되었습니다."[129]

『뉴욕 데일리 뉴스』는 그 끝을 "우리 시대의 가장 선정적이고 가장 소름 끼치는 살인 사건 중 하나에 대한 할리우드식 엔딩"[130]이라고 불렀고 정말 영화 한 편이 끝나 버렸다. 캔디는 이후에도 가끔 모습을 드러냈다. 포먼에게 담보물 반환 소송을 제기했을 때, 명예 훼손으로 『새터데이 이브닝 포스트(Saturday Evening Post)』를 고소했을 때, 1971년 서른네 살의 남자와 결혼했을 때, 또 1972년 그가 불가사의하게 지붕에서 떨어졌을 때, 그리고 1974년 그들이 이혼했을 때. 그녀는 1975년 마이애미에 있는 호텔 방에서 약물에 취해 잠을 자던 중 질식사로 죽었고, 몇 달 후에 650명의 사람들이 '평판 나쁜' 여자의 기념품이라도 찾고자 그녀의 휴스턴 사유지 경매에 나타났다.[131] 그러나 그녀 자신의 최선을 다한 노력, 그리고 포먼과 40명 기자단의 그만큼의 노력에도 불구하고, 그녀는 결코 미국 중산층의 공포를 건드리거나 진정으로 그 상상력을 사로잡지 못했다. 그녀는 너무나 '공기 같은 요정'으로 남아 있었다. 그녀의 업적은 라나 터너의 가족에게 일어난 살인 사건[132], 바로 터너의 십대 딸이 스타를 학대하는 연인을 죽인 일보다 더 실제 같지 않았다. 전부 다 그냥 할리우드의 이야기였다. 허황된 허튼 소리. 독자들은 이러한 사건들에 자극을 받았지만 어느 누구도 모슬러나 터너 같은 여자들의 혼외정사 무용담에 더 이상 도덕적으로 격분하지 않았다. 오로지 터너 자신만 사건의 악명을 이용하려는 영화에서 모슬러를 연기해 달라는 요청을 받고 격분했다.[133] 사회는 모험가 숙녀가 자신의 일탈을 할리우드 또는 자신의 가족 안에서만 저지르는 한 흘깃대며 눈을 끔벅거려 줄 수 있다고 하는 것 같았다.

그러나 모슬러 사건의 결과는 기만적이었는데 왜냐하면 이 사건은 할리우드에서 스릴 넘치는 일이 될 수는 있어도 보통 사람들의 거리에서는 위협적인 일이 되었기 때문이었다. 부자와 빛나는 미녀를 위해 느슨해진 성적 기준은 여전히 일상의 주부들을 엄격하게 에워쌌다. 그건 모슬러와 파워스의 사건과 동시에 터진 사건에서 명확해졌다. 1965년 7월 대배심원이 플로리다 주에서 모슬러와 파워스를 살인으로 기소한 바로 그때, 퀸스의 한 남성이 뉴욕

107지구대에 전화해 아이들이 없어졌다고 신고했다.

퀸스의 큐가든스에 있는 아파트에 도착했을 때 경찰은, 너무 많이 마신 맥주로 살이 찐, 거구의 항공기 정비사 에드먼드 크리민스와 그의 스물여섯 살 아내 앨리스를 발견했다. 아내와 별거 중인 에드먼드는 아침 아홉시에 다급한 전화를 받고 그녀에게 불려 온 거였다. 아이들, 다섯 살 에디와 미시라고 불리는 네 살 앨리스 마리가 침실에서 없어졌다는 전화였다. 상급 형사들의 부재로, 제러드 피어링 형사에게 첫번째 큰 사건의 지휘가 떨어졌고, 모든 보도에 따르면 그는 앨리스 크리민스를 한 번 보고는 그녀가 싫어졌다. 신문에 따르면 앨리스 크리민스는 카프리 팬츠를 입은 '좋은 몸매'의 여자로, 붉은 기가 도는 금발을 정성 들여 손질해 윤을 냈고, 화장은 완벽하게 되어 있었다. 캔디스 모슬러와 라나 터너 같은 모습으로 자신을 꾸몄지만 그녀는 노동 계급의 주부였다. 가톨릭 신자이자 여섯 아이의 아버지인 제러드 피어링에게 그녀는 '어머니'처럼 보이지 않았다. 그는 파트너에게 에드먼드와 앨리스 크리민스를 따로 신문하라는 명령을 내리며 선언했다. "그년은 내가 맡을게."[134] 그날 오후 그는 죽은 딸을 보게 하려고 약 팔백 미터 떨어진 공터로 앨리스 크리민스를 데려갔다. 미시는 태양 아래 옆으로 누운 채로 잠옷 윗도리가 목에 묶여 있었고 몸에는 파리 떼가 들끓고 있었다. 앨리스 크리민스는 비틀거리다 기절하며 형사의 팔 안으로 쓰러졌지만, 울지 않았다. 피어링에게 그녀의 반응은 너무 연극적이었고 진짜 엄마 같지 않아 그는 살인자를 잡았다고 확신했다. 그날 저녁 크리민스의 아파트에 케네스 그로스 기자가 취재를 갔을 때 앨리스 크리민스의 얼굴에 플래시를 터뜨리던 다른 기자들과 사진 기자들이 경찰이 자신들에게 한 말을 전했다. "저년이 자기 애들을 죽였어."[135]

경찰은 에드먼드 크리민스를 계속 신문했고, 좀도둑과 성범죄자들에 대한 정보를 확인했지만, 앨리스 크리민스에게 초점을 맞췄다. 그녀의 전화를 엿듣고, 위기 상황에서 잠시 화해한 그녀와 에드먼드가 같이 사는 새 아파트를 도청하고, 앨리스 크리민스의 삼년 동안의 삶을 들었지만 그녀에게 불리하게 사용할 수 있는, 그녀를

범인으로 만들 증거는 전혀 찾을 수가 없었다. 어쩌면 그래서 그들은
험악해졌고 그녀를 다른 식으로 괴롭히기 시작했다. 그녀가 자기
아파트에서 다른 남자와 침대로 가면, 듣고 있던 경찰은 에드먼드에게
전화해서 집으로 가라고 말했다. 중역 비서로 일했었고 주위의 평에
따르면 맡은 일에 월등하게 뛰어났던 그녀가 결혼 전의 이름으로
새로운 직장을 구할 때마다 경찰은 고용주를 방문해서 그녀가
누구인지를 말해 주었다. 비록 도청 테이프는 법정에서 증거로 채택될
수 없었지만 앨리스가 아이들을 죽인 증거를 자신들이 잡았다고
언론에 말을 흘렸다. 곧 경찰과 언론 사이에서는 앨리스 크리민스가
살인죄를 저질렀다는 게 '주지의 사실'[136]이 되었는데, 그때까지도 이를
입증할 증거가 나오지 않았다. 그러나 앨리스 크리민스가 여러 명의
다른 남자와 성적인 관계를 맺고 있었다는 증거는 녹음된 것으로도,
그리고 녹음되지 않은 것으로도 많이 있었다. 더구나 그녀는 그걸
결코 부인하지 않았고, 결코 수치스러워하지 않았고, 경찰이 계속해서
자신을 보고 있다는 걸 알았을 때조차, 자신의 방식을 바꾸려는
최소한의 노력조차도 전혀 하지 않았다. "내 아내였다면, 죽여 버렸을
것"[137]이라고 피어링 형사가 말했다. 그 대신 1967년 9월 13일 그는 딸의
살인죄로 앨리스 크리민스를 체포했다. 그녀는 재판을 받고 과실치사로
유죄 판결을 받았다.

　　재판 동안 논쟁의 여지가 없는 사실이 거의 없었다. 이 사건의
물리적 증거를 구성해야 할 많은 증거[138]가 오로지 피어링 형사의 기억
속에서만 존재했다. 아이들이 침실 창문을 통해 납치된 건지 유인된
건지, 그리고 저녁으로 아이들이 송아지 고기를 먹었는지 마니코티
파스타를 먹었는지는 논쟁의 결정적인 쟁점이었다. 그러나 오로지
피어링만이 창문 아래 책상 위에 쌓인 먼지와 쓰레기통 속 마니코티
상자를 봤다. 그는 그때는 어디에 적어 두지도 않았고 사진 기록도
남기지 않았다. 그는 그냥 기억하고 있었다. 검찰의 주요 증인인
조지프 로레츠와 소피 이어로미스키의 증언도 그만큼 문제가 많았다.
앨리스 크리민스의 예전 남자친구인 로레츠는 한때 돈을 마구 굴리던
도급업자로 지금은 급격히 파산 중이었는데, 그녀가 화가 나 미시를
죽이고 다른 남자친구의 도움을 받아 살인을 목격한 아들 에디를

입막음하려 살인 청부업자를 불렀다는 내용을 자백했다고 증언했다. 앨리스는 로레츠가 거짓말을 하고 있다고 소리를 질렀다.

양쪽 다 논쟁의 여지가 없는 증거는 없었다. 모든 게 누구의 말을 믿느냐에 달려 있었다. 아이들이 실종된 지 십팔 개월 후에 나타나, 1965년 7월 14일 새벽 두시에 앨리스 크리민스, 작은 소년, 개, 그리고 거구의 남자가 차 뒤에 짐 꾸러미를 던지는 걸 봤다고 하는 주요 증인, 중년의 주부 소피 이어로미스키의 증언을 믿을 수 있었을까? 변호사는 소피 이어로미스키가 직장에서 '노란 쥐'가 그녀의 팔 위로 뛰어오르는 바람에 머리를 부딪쳐 생긴 뇌 손상에 대해 산재 보험을 신청했고, 신경 안정제 과다 복용으로 자살을 시도했고, 한번은 머리를 오븐에 넣은 채 발견되었다고 지적했다.(저녁 식사용 음식을 확인 중이었다고 그녀는 말했다.) 소피 이어로미스키는 군인처럼 법정으로 행진해 들어와, 그럴듯하지 않은 이야기를 말하고, 법정에 모인 군중이 환호하는 가운데 승리의 주먹을 들어 올리고 다시 행진해 나갔다. 그녀는 모든 신문에 그 순간의 영웅으로, 그렇게 사진 찍혔다. 지금 일어나는 일이 정의에 대한 탐색이 아니라 앨리스 크리민스에 대한 전쟁이라는 걸 그렇게까지 명확하게 보여주는 건 없었다.

크리민스는 그에 따라 반응했다. 냉소적으로, 창피한 줄 모르고, 상처받으며, 그리고 도전했다. 법정 바깥에서 그녀는 절망적이고 부서질 듯한 쾌활함 뒤로 대중과 공유하기를 거부한 비애를 숨겼다. 법정 안에서 그녀는 화를 냈고 피고석에 섰을 때 그녀의 차가운 분노는 그녀에게 불리했다. 자신의 증언을 다시 읽으면서 자신이 '쌍년'처럼 들린다고 생각했다고 나중에 그녀는 그로스 기자에게 말했다. "그러나 요점은, 난 화가 나 있었다는 거예요. 난 그냥 핵심을 이야기하고 싶었어요. 그 남자는, 검사는, 계속해서 섹스에 대한 질문들을 했어요. 난 핵심을 이야기하고 싶었고요. 그는 단지 섹스에 관해서만 알고 싶어 했죠."[139] 그녀의 변호사들조차 그녀가 머리 모양, 옷, 스타일을 바꾸길 원했고 그녀가 무너져 배심원 앞에서 울기를 원했지만 그녀는 그러지 않았다. 검찰은 그녀의 분노로 인한 냉정함을 냉혹함 또는 더 나쁜 뭔가로 받아들였다.

언론에서 그녀는 성적으로 자유분방한 사람이었다. 싸구려 잡지

『프런트 페이지 디텍티브(Front Page Detective)』는 그녀를 '죄 많은 아내, 키르케, 미국 성 혁명의 징후를 보여주는, 많은 정사를 벌인 부도덕한 여자'라고 부르며 '재판에 선 육감녀'의 이야기를 특집으로 실었다.[140] 『뉴욕 데일리 뉴스』는 그녀를 '햄스터의 도덕성을 지닌 퀸스 주부'라고 불렀다. 그녀의 이름은 풍만한, 보기 좋은, 몸매가 좋은, 불타는 머리카락, 금발 미녀 같은 서술적인 비난 없이는 거의 언급되지 않았다. 그리고 항상 그녀는 단지 육 개월을 일했을 뿐인 직업인 칵테일 웨이트리스로, 단번에 앨리스 크리민스와 여성 노동자들의 전체 범주를 비웃기 위해 경멸적으로 사용된 그 용어로 신분을 부여받았다. 오래 지나지 않아 그 용어들은 원래 의미를 잃어버린 그저 욕이 되었고 그래서 신문의 한 페이지 안에서도 그녀는 한 단에서는 '매끈하게 매력적인 붉은 머리'로 불렸고 다음 단에서는 '몸매가 좋은 금발'로 불렸다. 그 단어 모두가 쌍년으로, 그리고 죽일 수 있는 능력으로 이어졌다.[141] 재판에 여러 번 출석했던 퀸스의 한 주부는 『뉴욕 타임스』 기자 레이시 포스버그에게 어떤 여자라도 자기 아이들을 죽일 수 있다고 믿기는 힘들지만 "그런 여자라면… 음… 이해하기 더 쉬울 것 같아요."[142]라고 말했다. 배심원 중 하나도 동의했다. "그런 행실 나쁜 여자는 뭐라도 다 할 수 있어요."[143] 앨리스 크리민스가 '그런' 여자라는 데는 의문이 없었고, 그녀의 변호사도 그녀가 '비도덕'적이라고 말하며 배심원이 많은 '쓰레기'[144]를 들을 수밖에 없다는 걸 인정했다.

그러나 앨리스 크리민스는 검찰이 절대 핵심으로 가지 않으리라고 생각해, 새로운 변호 팀을 구해 맞서 싸웠다. 1968년 5월 상고 심리부는 배심원 중 3명이 허가 없이 범죄 현장을 방문한 것을 인정해 그녀의 유죄 판결을 뒤집고 새로운 재판을 명령했다. 검찰은 두번째 대배심원 앞으로 사건을 가져가는 걸로 대응했고, 1970년 7월, 딸의 죽음에 대해서는 과실치사로 아들의 죽음에 대해서는 살인으로 앨리스 크리민스의 혐의를 기소했다.(딸의 죽음에 대해 그녀를 살인 혐의로 두 번 기소하는 것은 일사부재리 원칙에 어긋나게 된다.) 1971년 3월 15일 그녀는 다시 재판을 받았다.

법원은 전에 신문을 채웠던 모순되고, 확정적이지 않은 증거를 채택했고, 몇 명의 추가 증인들이 혼란을 더했다. 크리민스의 전 남자친구 조지프 로레츠가 확인한, 살인 청부업자로 추정되는 사람이 변호사 쪽 증인으로 섰다. 마약 혐의로 애틀랜타 교도소에서 이십 년을 복역 중인 빈센트 컬러벨라는 이전에 앨리스 크리민스를 한 번도 본 적이 없다고 증언했지만 전 퀸스 지방 검사보가 크리민스의 아파트로 가서 이미 두 아이가 죽은 것을 발견했다고 말한다면 그를 "자유롭게 집으로 가게"[145] 해 주겠다고 제안했던 걸 증언했다. 한 여성은 소피 이어로미스키가 본 것과 같은 무리, 여자, 소년, 개, 그리고 짐 꾸러미를 든 남자를 봤다고 증언했다. 마빈 와인스타인은 새벽 두시에 큐가든스에 있는 친구의 아파트를 떠난 그와 자신의 가족이 이어로미스키가 본 사람들일 거라고 증언했다. 친구인 앤서니 킹은 와인스타인 가족이 자신의 집에 있지 않았다고 말했다. 와인스타인 부인은 그들이 그 집에 있었다고 말하려고 법정으로 들어왔고, 킹을 아는 다른 사람은 킹이 악명 높은 거짓말쟁이라고 증언했다.

　　그렇게 뉴욕 검시 의사이자 의심할 여지 없이 세계에서 가장 유명한 '선출 검시관'인 밀턴 헬펀 박사가 미시 크리민스는 '마카로니'로 구성된 마지막 식사를 한 지 두 시간 안에 죽었다고 명확하게 증언할 때까지 사건은 엎치락뒤치락했다.[146] 어쨌든, 비난과 맞비난의 으르렁거림 속에서, 헬펀의 증언은 아이들에게 일곱시 삼십분에 송아지 고기를 먹였고 자정까지 살아 있는 걸 봤다는 그녀 자신의 주장에도 불구하고, 앨리스 크리민스와 사라진 마니코티 상자에 살인 혐의를 가두는 결정적이고 과학적인 사실로 보였다. 그동안 언론은 다시 한번 앨리스 크리민스의 성생활을 파헤쳤고, 단 한 번도 격리되지 않은, 반백의 중년 남성 배심원 12명이 그걸 받아들이지 못하도록 막는 건 아무것도 없었다. 판사는 상식을 활용하라고 배심원들을 지도했고 1971년 4월 23일, 그들은 평결을 선언했다. 일급 살인 유죄. 그들이 도달할 수 있는 가장 엄한 평결이었다. 크리민스는 살인으로 종신형을, 과실치사로 오 년에서 이십 년을 선고받았다. 그녀가 살인이 아니라 정숙함에 대해 재판받아 왔다고 계속해서 주장한 변호사 허버트 라이언이 그녀의 방면을 위해 복잡한 법적 싸움을 시작하면서 보석은 기각되었다.

　　이 년 후, 1973년 5월 7일에 상고 심리부는 피고에 편견을 가진 검찰이 저지른 여러 가지의 '오류와 부적절함' 때문에 두 건의 유죄 판결을 뒤집었다.[147] 법원은 살인죄 판결을 기각하고 크리민스가 과실치사 혐의로 재판을 다시 받도록 명령했다. 감옥에서 이 년을 복역한 크리민스는 석방되었지만 1975년 2월 주 최고 법원은 항소 법원의 결정을 뒤집었다.(최고 법원은 실종 닷새 후에 발견되어 부검을 하기엔 너무나 심하게 훼손된 아들 에디 크리민스가 실제로 살해되었다는 것을 주 정부가 합리적 의심의 여지를 넘어서서 증명할 수 없었기 때문에 살인죄를 기각하는 데 동의했다.) 그러나, 그러면서 과실치사죄는 유지했다. 이러려면 법에 대한 새로운 해석을 해 줘야 하는데도 말이다. 이전 재판 절차의 오류는, 만약 그 오류가 일어나지 않았을 경우 배심원이 피고에게 무죄 판결을 내렸을 거라는 '합리적인 가능성'이 있다면 피고에게 불리한 걸로 여겨졌다. 최고 법원은 이제 오류는 단지 그 오류가 없었다면 사건이 다른 식으로 진행되었을 거라는 '상당한 가능성'이 있는 경우에만 편파적이라고 주장했다. 반대 의견을 낸 두 판사는 새로운 기준을 받아들인다면 법원이 "앵글로 색슨 형법의 초석이 되는, 합리적 의심의 여지를 넘어선 증거의 기준을 위험할 정도로 약화시킨다"고 주장했지만 다수의 판사들은 사건을 상고 심리부 판사들에게 다시 보라는 명령과 함께 되돌려 보냈고, 상급 법원에서 적용한 새로운 기준의 관점으로 상고 심리부는 자체적으로 한 번복을 다시 번복해서 앨리스 크리민스는 실제로 과실치사에 유죄라고 선고했다. 1975년 5월 16일 그녀는 자신의 오 년에서 이십 년의 형기를 채우기 위해 교도소로 돌아갔고 12월 최고 법원은 그녀가 더 이상 항소할 수 없다고 결정했다. 지방 검사들이 연달아 일을 이어받았고, 수많은 부하 직원, 수천 명의 경찰 인력, 세 차례의 대배심, 두 번의 재판, 항소법의 재해석이 있었으며, 그리고 십 년이라는 시간이 걸렸지만, 마침내 앨리스 크리민스는 감옥으로 치워졌다.

어쩌면 앨리스 크리민스는 유죄일지도 모른다. 어쩌면 아닐 수도 있다. 분명 단편적인 증거는 합리적 의심을 넘어선 유죄를 증명하지 못했지만 그녀는 어떤 무죄 추정의 원칙도 부여받지 못했다. 누군가가 나서서 결백한 여자를 범죄자로 만들자고 고의적으로 무언가를 한 건 아니지만 피어링 형사부터 시작해서 너무나 많은 사람이 거의 즉각적으로 그녀가 '그런 여자'라 죄를 지었을 거라고 추정했다. 그 추정은 초기 수사를 틀어 버렸고 경찰에게는 침대에 있는 앨리스 크리민스를 녹음한 몇 시간이나 되는 테이프는 있었지만 아이들이 납치되었을 통로일 수도 있는 창문 사진은 한 장도 없었다. 그리고 그 추정 거의 모두를 남성 언론 부대가 집어 가 그다음에 따라오는 모든 걸 물들였다. 앨리스 크리민스는 피어링 형사의 화만 돋운 것이 아니라 너무 과도한 가족의 유대에 진저리 치기 시작하자, 난감해진 사회의 화를 돋우었다. 한 기자는 크리민스가 자신의 아이들을 죽이지 않았더라도 많은 죄책감을 느껴야 한다고 말했다. **"만약** 그녀가 정숙한 아내 그리고 어머니였다면, 주된 관심이 자기 가정, 자기 남편, 그리고 자기 아이들이었다면, 아마 남편하고 소원해지지도 않았을 겁니다. **만약** 소원해지지 않았다면, 남편이 그 운명적인 밤에 틀림없이 집에 있었겠죠. (…) **만약** 남편이 그날 밤 집에 있었다면, 아이들은 절대 납치되지 않았을 거고, 절대 살해되지도 않았겠죠."[148] 그러나 1920년대에 그랬던 것처럼, 여자들은 남자들 몫으로 둔 성적 특권을 빼앗은 것처럼 보였다. 만약 앨리스 크리민스가 퀸스에서 유일하게 '아무하고나 자고 다니는' 다정한 가톨릭 가정주부였다면, 그녀를 공공의 본보기로 만들 필요는 없었을 것이다. 그러나 물론 그녀 하나만이 그러지는 않았다.

검사, 기자, 경찰, 그리고 배심원 모두 그녀의 도덕성은 단죄했지만 단 한 번도 그녀의 섹스 파트너였던 기혼 남성들에 대해서는 질문하지 않았다. 별거하는 동안 앨리스의 전화를 도청하고, 그녀가 집에 없을 때 그저 그녀의 '물건들'을 헤집으려 아파트로 가고, 그녀가 다른 남자들과 섹스하는 소리를 들으려 침실 아래 지하실에 숨어 있던 이들 중, 그 스스로 시인한 바에 따르면 공원에서 어린 소녀들에게 성기를 노출한 남편 에드먼드 크리민스의 행동을 특별히 이상하다고 여긴 사람은 없었다. 여자들에게, 앨리스 크리민스는 가정 파괴범이었다. 행복하건 행복하지 않건 집과 남편의 안정에 매달리는 전통적인 아내보다 더 자유롭고 위협적인 여자. 그리고 어머니들에게, '좋은' 어머니와 '나쁜' 어머니 모두에게 그녀는 사악한 재앙이었다. 크리민스가 순간적인 분노로 미시의 목을 졸랐다는 검찰의 이론을 보충하면서 언론은 묻고 또 물었다. "도대체 어떤 종류의 여자가 그런 짓을 할 수 있는가?"[149]
고등학교 동급생은 앨리스가 "나머지 우리와 전혀 다르지 않기" 때문에
그런 짓을 할 수 없다고 말했다. 그러나 언론은 재빨리 여자 중 '그런
종류'에서 답을 찾았다. 탈색한 금발, 문란한 전직 칵테일 웨이트리스.
'나머지 우리'와 완전히 다른 여자. 그러나 어떤 어머니라도 며칠을
계속해서 자신의 아이들과 함께 고립되어 본다면, 알 것이다. 만약
어떤 어머니라도 감히 그런 생각을 할 수 있다면, 어쩌면, 그냥 어쩌면,
그녀도 할 수 있을 거라고. 몇 년이 더 지나지 않아 신문에 정기적으로
통계가 나타나기 시작했다. 닫힌 문 안에서 어머니와 아버지에 의해
얼마나 많은 아이들이 맞고, 불과 끓는 물에 화상을 입고, 목 졸리고,
부러지고, 죽는지에 관한 통계 수치 말이다. 그러나 그때는 통계 없이도
그걸 알고 있는 수천 명의 여자와 남자가 있었다.

　　뉴욕 래디컬 페미니스트만이 앨리스 크리민스를 지지하겠다고
제안했지만 그들의 제안은 변호사들에 의해 거절당했다.[150] 크리민스는
이미 그녀가 어떤 남자의 통제나 보호 아래 놓여 있지 않다는 바로
그 이유로 공격당하고 있었다. 적어도 성적으로 그녀는 누구와도
잘 수 있는 자유를 실행했고 그로 인해 사회에 위협이 되었다. 비록
역설적이게도 앨리스 크리민스와의 전쟁을 일으킨 그 불안감은 의심할
여지없이 갱신된 여성 운동으로 인한 것이었지만, 크리민스의 변호사가
가장 원치 않은 일은 그녀만큼 전복적인 페미니스트들과 그녀를
동일시하는 일이었다. 그로스 기자는 이렇게 결론지었다. "앨리스
크리민스 사건은 (…) 사건이 터졌을 때 여성 운동이 막 생겨났기 때문에
위협적으로 인식되었고, 주부가 반항적이고 통제를 벗어났다는 생각은
현재 상태를 유지하는 데 이해관계가 있다고 느끼는 사람들을 겁에
질리게 했다."[151] 분명 크리민스 자신은 페미니스트가 아니었다. "오,
같은 일에 같은 돈을 받는 것, 찬성해요"라고 그녀는 1971년 말했다.
"하지만 모든 과격한 그런 걸 찬성하는 건 아니에요. 난 남자를
싫어하지 않아요. 여자는 남자를 섬기려고 이 땅에 왔다고 믿거든요.
남자가 군림해야죠. 여자의 해방을 믿지만 내 여성성을 대가로 치르긴
싫어요."[152] 래디컬 페미니스트들의 "앨리스 크리민스를 풀어 줘라"라는
간단한 구호만이 진짜 문제를 드러냈다. 그 '여성적'인 앨리스

크리민스는, 사실, 성 정치학의 포로였다.

　　1976년 1월 앨리스 크리민스는 외부 취업 프로그램에 참여 자격이 주어졌고 비서직으로 일을 시작했다. 1977년 3월 가석방 자격이 주어졌지만, '범죄의 극심한 중대성을 고려한' 가석방심의위원회는 '지금의 석방이 법에 대한 무시를 촉진'할까 봐 그녀의 청원을 거절했다.[153] 덧붙여, 위원회는 그녀가 '법을 위반하지 않고 자유로운 채로 살'[154] 수 있을지 의심했다. 그러던 중 1977년 8월 『뉴욕 포스트』는 일면 사진 기사에서 앨리스 크리민스가 "수감 기간 중 많은 화창한 여름 일요일을 시티아일랜드의 호화 유람선에서 보냈다"는 뉴스를 터뜨렸다. 크리민스는 외부 취업 프로그램의 다른 죄수들처럼 격주 주말을 혼자서 보낸 듯했는데, 그중 많은 주말을 부유한 예순여섯 살 도급업자인 앤서니 그레이스, 그녀에게 살인 청부업자인 컬러벨라를 소개했다고 추정되는 그 남자친구와 보냈다. 그레이스는 두 번의 재판에서 피고를 위해 증언했고, 수감 생활 동안 크리민스를 정기적으로 방문했고, 『뉴욕 포스트』가 곧 알아낸 것처럼, 1977년 7월 교정 공무원의 허가를 받아 그녀와 결혼했다. 비키니와 티셔츠를 입은 "서른일곱 살이라기엔 놀라울 만큼 매력적으로 보이는" 크리민스의 망원 렌즈 사진을 실은 한 면짜리 기사에서 『뉴욕 포스트』는 몇 년에 걸쳐 너무나 많은 신문을 팔게 했던 공공의 분노를 들춰내려 애썼다.[155] 『뉴욕 포스트』는 그다음 날 퀸스 검사인 존 산투치의 의견을 제목으로 한 면짜리 기사를 연속으로 실었다. "앨리스는 감옥에 있어야만 한다." 남편의 하얀 캐딜락으로 막 들어가려는 크리민스(이제 공식적으로 그레이스 부인인)의 사진 옆에 신문은 그녀를 유죄 판결로 이끈 배심원의 말을 인용했다. "감옥에 가두고 열쇠를 던져 버려야죠." 산투치는 "이 피고는 유죄 판결을 받은 범죄에 걸맞은 시간만큼 복역하지 않았다"라고 주장하며 크리민스의 가석방 요청에 반대한다고 선언했다.[156] 『뉴욕 데일리 뉴스』에서, 칼럼니스트 피트 해밀은 "과하게 아첨 떠는" 작은 기사를 비난하며 조롱했다. "산투치는 재선을 위해 달리는 중이라 무관한 큰 문젯거리를 보면 알아본다."[157]

　　그런 다음, 마침내, 신문들은 포기했다. 왜냐하면 바닥을 뒤져 재활용한 앨리스 크리민스 사건은 역사의 수치였기 때문이었다.

『뉴욕 포스트』마저도 그 이슈가 더 이상 섹스가 아니라 계급이라는 걸 알았다. 아무도 더 이상은 크리민스가 누구랑 자는지 상관하지 않았고 그녀는 앤서니 그레이스(그들이 진짜로 결혼을 했는지 아닌지 누가 신경 쓰겠는가?)와 잤기 때문이 아니라 캐딜락을 몰고 다니고 '요트' 위에서 편하게 누워 있기 때문에 공격받았다. 크리민스 사건은 너무 오래 지속되었다. 가장 충실한 대중 신문 독자마저도 십이 년이 지나자 묻기 시작했다. "왜 계속 이 여자를 후벼 파는 거야?"

그래서, 1977년 9월 7일 앨리스 크리민스 그레이스는 가석방되었다.[158] 위원회는 할 수 있는 한 일을 끌었다. 그들은 그녀에게 정신 감정을 받으라고 했다. 그다음 '거의 사용하지 않았던 선택권을 실행'했고 그녀에게 또 다른 정신 감정을 받게 했다. 그다음 1977년 9월 9일, 그녀를 풀어 줘야만 했다. 산투치 검사는 가석방을 막으려 애썼다. 두번째 크리민스 재판에서 검사 중 한 사람이었던 그는 퀸스 의회 의원으로 그 결정을 공공연하게 비난했다. 그러나 완벽하게 합법적인 결정이었고 크리민스는 감옥에서 삼십 개월을 그리고 외부 취업 시설에서 구 개월을 보낸 후에 풀려났다. 역설적이지만, 만일 그녀가 첫번째 유죄 판결을 받고 절대 항소하지 않았더라면 그녀는 육 년 더 먼저 가석방 심사를 받을 수 있었을 것이다.

앨리스 크리민스는 여전히 오명에 대한 해명을 원했지만 새로운 재판에 대한 그녀의 청원은 1977년 11월 1일 거부되었다. 그래서 그녀는 사회의 변속기에 부서진 여자로, 사람들이 무죄라고 생각하기에는 자기 시대를 너무나 앞서 버렸고, 유죄라고 생각하기에는 너무 뒤처진 채로 남게 되었다. 많은 남자들이 그녀를 교훈으로 삼았고, (존 산투치처럼) 앨리스 크리민스에 대한 전쟁을 계속하는 것이 표나 승진을 얻지 못할 거라는 걸 알게 되자 포기했지만, 앨리스 크리민스는, 루스 스나이더와 다르게, 결코 포기하지 않았고 왜 일이 이렇게 되어 버렸는지를 단한 번도 놓친 적이 없었다. 두번째 재판에서 선고를 받기 전에 그녀는 2명의 검사에게 몸을 돌려 말했다. "과거에 당신들이 나한테 했던 일 중 어떤 것도 (…) 지금 나에게 하고 있는 일 중 어떤 것도 (…) 그리고 미래에 나한테 할 수도 있는 어떤 것도, 아이들이 유괴되어 살해되었던 육 년 전에 나한테 저지른 일보다 더 나쁠 수는 없어요. 그리고 난 당신들 모두가 나한테 저지른 거짓과 음모를 세상이 보게 되기만을 그저 바라고 기도하고 있어요. 그리고 난 언젠가는 당신들의 지금 모습대로 당신들 모두를 입 닥치게 할 기회를 갖게 되기를 그저 바라고 기도하고 있어요."159

6

여자 부수기

1

1977년 3월 9일 프랜신 휴스는 상업 학교에서 미시간 주 댄스빌의 집으로 돌아와 남편 제임스를 위해 냉동 저녁을 오븐에 넣었다.[1] 그는 마음에 들지 않았다. 그는 프랜신이 학교로 달려 나갈 게 아니라 그를 위해 집에 있으면서 식사를 준비해야만 한다고 말했다. 전에도 많이 그랬듯이 그는 그녀를 때렸고, 자신의 말을 제대로 알아듣도록 하기 위해 그녀의 교재와 기말 과제를 찢어 버렸고, 그것들을 그녀 스스로 쓰레기통에 넣고 불을 지르라고 강요했다. 열두 살 크리스티 휴스가 경찰을 불렀고, 경찰은 집으로 와서 제임스가 진정될 만큼 충분히 오래 있었지만, 전에도 자주 그랬듯, 제임스를 체포하는 건 거부했다. 경찰은 프랜신을 때리느라 지친 제임스가 침실에서 자는 걸 보고 떠났다. '그냥 멀리 가 버리자'라고 결심한 프랜신은 아이들을 차에 차례차례 태웠다. "이번엔 돌아오지 말자, 엄마"라고 아이들은 말했다. 그녀는 휘발유 통을 침실로 가져가 제임스가 자고 있는 침대 주변에 내용물을 붓고, 방에서부터 뒷걸음쳐 나와 성냥을 그었다. 불길이 치솟아 문을 훅 당기듯 닫아 버렸다.

프랜신 휴스는 미친 듯 "했어. 내가 했어"[2]라고 소리를 지르며 곧장 잉햄 카운티 보안관 사무실로 차를 몰았다. 그녀는 일급 살인으로 기소되었다.

댄스빌은 미시간주립대학교의 본거지로, 많은 사회 활동 단체가 있는 이스트 랜싱과 인접해 있었다. 두 달 만에 랜싱 지역의 페미니스트와 다른 관심있는 사람들이 그녀를 변호하기 위해 돈을 모으고 대중의 인식을 높이려 '프랜신 휴스 변호위원회'를 만들었다. 그들은 자신들이 살인을 옹호하거나 용서해 주려는 게 아니라는 걸 말하는 데 주의를 기울이며 폭력에 직면한 여성들이 스스로를 지킬 권리를 가져야 한다고 주장했다. 그들은 "프랜신 휴스는 물론, 그와 유사한 혐의로 기소된 다른 많은 여성이 처벌의 위협에서 자유로워야만 한다"³고 주장했다. 왜냐하면 프랜신 휴스는 매 맞는 여성이었기 때문이었다.

그 당시 아내 구타는, 많은 면에서 닮아 있는 범죄인 강간을 공격하는 페미니스트의 발꿈치 뒤에 바싹 붙어 오는, 점점 커져가는 페미니즘 사안이었다. 강간과 아내 구타 둘 다 여성에 대한 폭력 범죄였다. 둘 다 만연해 있었고, 신고가 적었고, 사소하게 치부되었고, 사법 제도로부터 불충분한 처벌을 받았다. 둘 다 위협을 통해 모든 여자들을 분수에 맞는 자리에 두고자 하는 테러리즘 행위이다. 사실, 강간은 종종 아내 학대의 일부지만, 아직까지도 몇몇 주에서만 결혼 내 강간의 가능성을 인정하고 있다.⁴ 혼외 강간의 피해자가 끔찍한 기억과 살아야만 한다면 학대받은 아내는 가해자와 살아야만 한다는 점이 두 범죄의 주된 차이이다. 수전 브라운밀러의 말을 빌리면, 강간범들은, 남성 우월주의의 '돌격대'⁵다. 그렇다면 아내 구타범들은 국토 방위군이다.

미국 페미니스트들은 1971년에 매 맞는 여성과 그들의 자녀를 위한 영국의 첫 전용 피난처인 치스윅여성원조(Chiswick Women's Aid)의 설립자 에린 피지의 업적에 대해 배우면서 아내 구타 문제를 본격적으로 다루기 시작했다. 1973년 11월 1일, 애리조나 주 피닉스에 알코올 중독자의 학대받는 가족을 위한 미국의 첫 피난처인 '레인보우 리트리트(Rainbow Retreat)'가 문을 열었고, 1972년 전화 서비스로 시작한 공동체인 '여성옹호(Women's Advocates)'는 1974년 10월 매 맞는 아내와 그 자녀들을 위한 '여성의 집'을 미네소타 주 세인트폴에 열었다. 레인보우 리트리트는 처음 이 년 반 동안, 600명이 넘는 여성과 자녀의 피난처가 되었다. 세인트폴의 침실 다섯 개짜리 여성의 집은 운영 첫 달에 22명의 여성과 15명 자녀들의 피난처가 되었고, 일 년이 채 안 되어 여성옹호는 두번째 집을 사려고 협의 중이었다. 전국에 걸쳐 피난처 운동은 패서디나, 샌프란시스코, 시애틀, 보이시, 앨버커키, 피츠버그, 앤아버, 보스턴, 뉴욕으로 퍼져 나갔다.⁶ 피난처를 여는 건 밤이 다 새기도 전에 수용 인원이 넘치도록 채워지는 일이었다. 갑자기 어디에나 매 맞는 여자가 있는 것 같았다.

활동가들이 피난처를 여는 동안, 연구자들과 작가들은 아내 구타,

또는 학술적인 인쇄물에서는 좀 더 완곡하게 '가정 폭력'이라고 부르는 문제를 문서화하면서 공격을 시작했다. 기록으로 보면 애틀랜타 야간 전화의 60퍼센트는 가정 내 분쟁과 관련되어 있었다.[7] 미국에서 가장 부유한 카운티 중 하나인, 버지니아 주 페어팩스 카운티에서 경찰은 1974년 4,073건의 소란 행위에 관한 전화를 받았다.[8] 1975년에서 1976년 사이의 십 개월 동안 플로리다 주 데이드 카운티의 주민분쟁해결센터는 거의 천 건의 아내 구타 사건을 다뤘다.[9] 보스턴과 오마하의 병원 응급실에서 받은 폭행 사건 피해자의 70퍼센트가 집에서 공격받은 여성이었다.[10] 미시간 주 웨인 카운티의 이혼 사건 중 80퍼센트는 학대 혐의와 관련되어 있었다.[11] 밀워키의 여성 법률 구조 고객의 99퍼센트는 남자에게 학대당한 경우였다.[12]

에프비아이는 모든 인종과 사회적 계층의 여성을 통틀어 매년 백만 명이 아내 구타의 피해자일 거라고 추측했다. 작가 로저 랭글리와 리처드 레비는 그 숫자가 2,800만 명보다 더 된다고 추정했다.[13] 남성과 결혼했거나 동거하는 여성 4명 중 1명은 피해자가 된다고 보는 사람도 있었다. 또 다른 이들은 3명 중 1명이라고 봤다. 어떤 지역에서 피해 발생률은 그보다도 더 높은 것으로 나타났다. 캘리포니아 주에서 2명 중 1명은 맞는다고 전문가들은 말했다. 그리고 오마하 시의 여성지위위원회는 95퍼센트의 여성이 한 번 이상의 학대를 당한 경우가 있었다고 추정했다.[14] 추가적인 증거가 거의 필요하지 않은 것처럼 매번 새로운 평가마다 같은 통계가 나타나기 시작했는데, 그만큼 반복적으로 보일지라도, 그 수치들은 너무나 분명하게 아내 구타가 어마어마한 규모의 사회적 문제라는 걸 보여주었다.

언제나 그래 왔을 수 있다. 영국 보통법은 남편에게 아내를 징벌할 수 있는 권리를 주었지만 뉴잉글랜드의 불안정한 청교도 식민지에서는 시민 정부에게 그 권리를 주었다. 개개인의 남편이 '매질'을 실시하는 걸 금지하는 한편, 안정적인 가족의 삶에 그 지속적 존립을 기대고 있는 국가가 가족 분쟁을 중재하고 처벌을 할당하는 임무를 맡았다. 독립 이후 보통법 기준으로 회귀한 미국은 남편의 손에 막대기를 돌려줘 각각의 남자가 자신의 가정을 바로잡을 수 있도록 했다. 1824년 미시시피 주 대법원은 "관련된 모든 당사자에게 수치와 불명예를 불러일으키는, 폭행과 불법적인 신체 침해에 대한 소권 남용의 고발 대상이 되지 않고" 적절하게 자신의 아내를 징벌할 수 있는 권리를 남자가 갖도록 규정했다. 십구세기 후반 이상적 가정이라는 개념에 의해 법원은 징벌 규칙을 더 수정했다. 노스캐롤라이나 주 법원은 징벌이 남편의 권리일 뿐만 아니라 "영구한 장애를 일으키거나 도를 넘는 폭력이 있을 경우"가 아니라면 주 정부가 간섭할 일이 아니라고 규정했다. 그 외에는 "가정의 토론에 침입하거나 몰래 들어가지" 말고 차라리 "문제를 원만히 해결하고 남자와 아내가 그래야만 하는 식으로 같이 살도록 유도하는 최선의 방식인, 당사자들끼리 내버려두는" 것이 법의 취지였다. 십구세기 말이 되면서, 그러나, 국가가 '혐오스러운 판례'를 거부하기 시작했고, 이십세기가 된 후로도 이십 년이 지나서야 법원은 윌리엄 블랙스톤의 '야만'의 시대 이래 사회가 너무나 많이 발전했으므로 남편에게는 더 이상 "아내에게 그녀의 의무와 종속을 가르치기 위해" 막대기가 필요하지 않다는 사실을 발견했다. 그리고 "고대에는 그랬다 해도, 아내를 막대기로 때리고, 그녀의 머리카락을 잡아당기고, 그녀의 목을 조르고, 그녀의 얼굴에 침을 뱉거나 그녀를 바닥에서 차거나, 또는 다른 모욕적인 대우를 그녀에게 가하는 특권"은 더 이상은 "우리의 법에서는 인정"되지 않았다.[15]

법에 일어난 그러한 변화는 부분적으로는 십구세기 페미니스트들의 꾸준한 노력을 통해 이뤄졌는데 아내 구타가 '새로운' 사안이 아니었기 때문이었다.[16] 금주, 기혼 여성의 재산권, 완화된 이혼, 자녀 양육권과 여성 참정권을 위한 모든 여성 운동의 투쟁 뒤에는 생계를 의존하는 여성과 자녀가 육체적 성적 폭행을 당하고 있다는 냉혹한 사실이 놓여 있었다. '모욕적 대우'나 '만행'이라는 십구세기의 언급 이면에는 구타하고 성적으로 학대하는 남편이 서 있었다. 이십세기 초 높은 비율의 가정 폭력과 살인으로 인해 도러시 딕스는 완화된 이혼법을 주장할 수밖에 없었다.

그러나 법을 바꾸는 게 그 법을 강제할 거라는 걸 의미하지는 않았다. 여성이 투표를 하게 된 후 페미니스트들의 흥분이 가라앉았을 때, 그 문제도 묻혔다. 그리고 여느 폭행처럼, 아내 구타를 구체적으로 가리키는 성문법이 있음에도 불구하고, 국가는 고개를 돌린 채 비공식적으로 그저 불간섭의 정책을 계속했다. 아내 구타는 불법이었지만, 거의 이십세기 내내 경찰, 법원, 공무원들은 그에 대해 눈을 감았다.

그 문제에 관한 정보는, 1970년대에 다시 새롭게 파헤쳐지면서, 여기저기서 나타나기 시작했다. 1974년 6월 『미즈(Ms.)』 잡지는 영국의 단체 '여성원조(Women's Aid)'를 보도했고,[17] 캐런 더빈은 『레이디스 홈 저널(Ladies' Home Journal)』에서 아내 구타를 논의했으며,[18] 7월 『뉴스위크』는 경찰이 분쟁을 '해결'하고 집을 떠나자 아내를 쏜, 아내 구타범에 대한 일화로 경찰의 위기 개입 훈련에 대한 보도를 시작했다.[19] 같은 해, 그 스스로도 매 맞는 아내였고, 이제는 아내 구타에 대한 정보 유통 센터를 혼자 운영하는 여성이 된 베시 워리어는 전국의 여성 센터와 여성 책방에 배포할 소책자 『매 맞는 삶(Battered Lives)』을 인쇄했다. 1975년에는 미시간대학교 법대생 2명이 전미여성협회 미시간 주 앤아버 지부를 위해 준비한 보고서 「폭행당하는 아내: 다시 찾은 사각지대(The Assaulted Wife: 'Catch 22' Revisited)」가 널리 유포되었다.[20] 그 연구를 인용한 『맥콜스(McCall's)』의 6월 호는 아내 구타를 '대중의 인식'을 필요로 하는 중요한 사회적 문제로 이야기했고[21] 『뉴욕 데일리 뉴스』는 매 맞는 아내 문제가 뉴욕에서 표면에 드러나기 시작했다고 적었다.[22]

1976년에 대중의 인식은 당연히 극적으로 증가했을 것이다. 『뉴스위크』는 2월에 아내 구타를 보도했고[23] 『우먼스 데이(Woman's Day)』는 3월에,[24] 『피플(People)』은 5월,[25] 『두 잇 나우(Do It Now)』(전미여성협회 출간물)는 6월에, 그리고 『굿 하우스키핑(Good Housekeeping)』은 7월에 기사를 실었다.[26] 8월에 『미즈』는 그런 흐름에 맞춰 표지에 구타당한 얼굴을 올리고 잡지 맨 뒤의 페이지 전면에 봉사 단체와 피난처의 목록을 실을 수 있었다.[27] 『미즈』는 8월 호에 답하는 너무나 많은 편지를 받았고, 12월 호에 새로운 프로젝트에 대한 추가적인 언급과 함께 그중 몇 통의 편지를 실었다.[28] 동시에 『미즈』의 편집자인 글로리아 스타이넘은 공영 텔레비전의 '우먼 얼라이브!(Woman Alive!)' 시리즈의 프로듀서 조앤 시게카와와 매 맞는 아내에 관한 프로그램을 만들었고 이는 1977년 4월에 처음으로 방송되었다. 샌프란시스코의 작은 출판사인 글라이드 퍼블리케이션스는 여전히 그 주제에 관해 가장 좋은 책으로 남아 있는 델 마틴의 『매 맞는 아내들(Battered Wives)』을 발간했고, 1977년 11월 프랜신 휴스가 재판에 나갈 때, 이를 포켓 북스 출판사가 전국적 배포를 위해 비싸지 않은 페이퍼백으로 재출간했다.

말은 빠르게 번져 갔다. 그래서 휴스의 재판이 열렸을 때, 미시간 주 페미니스트들은 그걸 문제화할 준비가 되어 있었다. 사안은 정당방위였다.

사실 그 문제는 이미 다른 맥락에서 싸움이 진행 중이었다. 자신을 강간하는 걸 도운 남자를 쏴 죽인 캘리포니아 주의 여성, 이네스 가르시아는 길고 비싼 소송을 치르고 1977년 3월에 살인 혐의를 벗었다. 주거 침입 혐의로 수감된 노스캐롤라이나 주 흑인 여성, 조앤 리틀은 자신을 성적으로 학대하던 간수를 찌른 후 1975년 살인 혐의를 벗었다. 그리고 자신을 공격한 사람에게 상해를 입히고 아동 성추행범이자 강간범이라고 여긴 다른 사람을 죽인 걸로 1974년에 두 번의 이십 년 형과 한 번의 오 년 형을 선고받은 워싱턴 주 콜빌의 원주민 여성 이본 완로는 1977년에 마침내 새로운 재판을 받게 되었고, 그녀는 과실치사와 이급 폭행으로 낮아진 혐의에 유죄를 인정하고 집행유예로 오 년을 선고받았다. 가르시아와 완로 둘 다 자신이 정신 상태에 장애가 있다고 주장했고, 완로의 경우에는 정당방위를 주장했음에도 불구하고, 첫 재판에서 유죄 판결을 받았지만, 가르시아의 두번째 재판은, 조앤 리틀의 재판처럼, 정당방위를 근거로 설득에 성공했다. 그리고 완로의 처음 유죄 판결은 배심원이 정당방위에 대해 제대로 교육받지 못했다는 근거에 의해 일부 뒤집어졌다.[29]

그 획기적인 결정에서 워싱턴 주 대법원은 '이성적인 남성'(그리고 우연히 남성 대명사로 표현된)의 기준에 맞춰진 배심원 교육이 여성의 관점을 충분히 드러내지 않았고 따라서 법 아래에 여성의 동등한 보호를 부정할 수 있는 위험이 있다는 주장을 견지했다. 법원의 결정이 법을 '만들고' 법적 절차에서 '완로의 배심원 교육'을 정립했기 때문에,

이는 길게 인용할 가치가 있다.

> [재판 법정에서 주어지는 교육은] 배심원들에게 객관적인
> 기준이 적용될 것이라는 인상을 남기는데 이는 두 남자 사이의
> 언쟁이라면 타당하다. 그렇게 생겨난 인상은, 다리에 깁스를 하고
> 목발을 사용하는 백육십삼 센티미터의 여성이, 그 법 아래에서는,
> 어떻게든지 백팔십팔 센티미터의 술 취한 남자를 무기 사용 없이
> 자신을 방어하며 물리칠 수 있어야만 한다는 것을 가리킨다.
> 만약 배심원이 위험의 정도에 대한 여성의 결정을 객관적으로
> 타당하다고 보지 않는다면, 이는 법적으로 별개의, 명백히
> 잘못된 진술을 구성하는 것이며, 이 사건의 맥락에서는 법의
> 동등한 보호에 대한 피고의 권리를 위반하게 된다. 피고에게는,
> 그녀의 행동에 대해 우리 국가의 '길고 불행한 성차별의 역사'의
> 산물이었던 인식을 포함해, 상황에 대한 인식을 피고 자신의
> 관점에서 배심원이 고려해야만 하는 권리가 있다. (…) 그러한
> 역사의 영향이 말소되는 시기까지, 성차별의 산물인 개개인의
> 불리한 신체적 조건을 고려해 여성들의 행동이 판단될 권리를
> 여성에게 확실하게 부여할 수 있도록 우리의 정당방위 지침에
> 주의를 기울여야만 한다. 그렇게 하지 못한다면 남성 피고에게
> 적용될 수 있는 동일한 규정을 통해 재판에 관련된 각 여성의
> 권리를 부인하는 것이 된다.[30]

전통적으로 살인을 하는 여성들은 미쳤거나, 부자연스럽거나,
비정상적이라고 여겨졌지만 '완로 지침'은, 리틀, 가르시아, 완로의
변호인단이 그랬듯 자신이나 자신의 아이들을 임박한 죽음의 위협이나
커다란 신체적 상해로부터 구하려 살인을 하는 여성은 **이성적이며
정당한** 방식으로 행동한 것이라고 논쟁할 수 있게 해 주었다.

조앤 리틀의 재판과 이네스 가르시아의 두번째 재판에서,
배심원들은 리틀과 가르시아가 그런 상황에서 자신을 방어하려 어떤
이성적인 여성이라도 할 정도의 일을 했다고 확신했기 때문에 당연히
무죄 판결을 내렸다. 이제, 통계에 따르면 자신을 가장 많이 죽일 수

있는 남자들, 즉 그들 자신의 남편과 연인으로부터 여성이 스스로를 지키기 위한 권리를 가졌다고 배심원들을 확신시킬 수 있는지 시험할 때가 된 것 같았다.

기본권수호활동센터(Center for Constitutional Rights)의 변호사 엘리자베스 슈나이더와 낸시 스턴스가 완로의 항소 재판에서 이기기 전부터도, 이 사안이 결국은 법정으로 가게 될 거라는 건 아내 구타 문제와 관련해 일하는 여성들에게는 분명했다. 그래서 1976년 12월 뉴저지 주 캠던의 왜소한 흑인 여성 록산 게이[31]가 자고 있는 남편, 백이 킬로그램의 필라델피아 이글스 팀 수비수인 블렌다 게이의 목에 칼을 꽂았을 때, 페미니스트들은 시험할 사건이 생겼다고 생각했다. 기록에 따르면 록산 게이는 삼 년 반의 결혼 생활 동안 경찰에게 도움을 청하는 전화를 최소 스무 번은 했고 이글스가 경기에서 질 때마다 블렌다 게이가 말 그대로 아내를 벽에다 튕겨대듯 던졌다고 이웃들은 언론에게 말했다. 그녀는 상해로 입원한 적도 있었고, 한번은 합의를 한 다음에 그에 대한 고소를 취하했다. 변호위원회가 그녀를 지지하기 위해 모였고, 모금 행사에서 글로리아 스타이넘은 록산의 변호사와 그녀의 형제와 함께 『피플』에 낼 사진을 찍었다. 11월, 프랜신 휴스가 재판을 받으면서, 『미즈』는 게이 사건의 사실에 대한 간략한 설명을 싣고 기금을 모집했다. 그러나 록산 게이의 재판은 그녀가 정신 감정을 받으면서 미뤄지고 또 미뤄졌다. 블렌다 게이의 가족들은 록산이 항상 불안하고 폭력적인 여성이었다고 주장했고, 다른 목격자들은 몇 년에 걸친 구타와 고립된 생활로 그녀에게 심각한 자살 우울증이 생겼다고 믿었다. 어떤 경우건, 1978년 3월의 정신 감정 심리에서는 그녀가 주장해 왔고 여전히 주장하지만, 매 맞는 아내라는 증거가 불충분하다고 보았다. 그 대신, 모두 남자인 4명의 정신과 의사는 그녀가 '불안'하고 '의심 많은' 여자이며 '남편과 가족, 경찰이 자신을 죽일 계획을 짜고 있다는 망상으로 고통받고' 있다고 진단했다. 캠던 경찰은 그녀가 종종 구타를 고발했다고 증언했지만, 그녀의 변호사는 블렌다 게이가 아내를 때렸다는 "증거는 전혀 없다"고 말했다.[32] 그녀에 대한 살인 혐의는 기각되었고 록산 게이는 정신 이상으로, 공식적으로 편집증적 조현병으로 기록되어, 뉴저지 주립 병원으로 이송되었다.

록산 게이가 주립 정신 병원의 망각으로 미끄러져 들어가는 동안, 프랜신 휴스는, 그녀가 자신을 지키려 이성적으로 행동했다고 함께 논쟁할 준비가 된 페미니스트 변호위원회의 지지를 받으며 시험이 될 사건의 자리로 들어왔다.

매 맞는 여성의 자격이란 게 있다면 프랜신 휴스는 전혀 의심할 수 없는 적격자였다.[33] 그녀는 1963년 열여섯 살에 학교에서 만난 남자친구 제임스와 결혼했고 미시간 주 잭슨의 고등학교를 그만두었다. 그들은 근처 댄스빌로 이사했으며, 거기서 제임스는 벽돌공으로 일했고, 프랜신은 육 년의 구타와 정신적인 학대 속에서 4명의 아이들을 낳았다. 마침내 1971년, 그녀는 그와 이혼하고 아이들을 데리고 잭슨으로 돌아갔다. 약 육 개월 후에 제임스는 아이들을 보러 와서 프랜신과 심하게 말다툼을 한 후에 문을 박차고 나가서 곧장 차를 몰아 죽을 뻔한 교통사고를 당했고, 보기엔 멀쩡했지만 일을 할 수 없어 돌봄이 필요한 듯한 상태가 되어 버렸다. 프랜신은 스스로의 죄책감과 그의 부모 때문에 결국 댄스빌로 돌아와 휴스 가족의 옆집에 살았다. 이제 영원히 실직 상태인 제임스는 자신의 어머니와 전처가 자신을 돌보도록 두 집을 오가며 시간을 보냈고 구타는 다시 시작되었다. 1976년 프랜신은 제임스와 생활 보호 대상자 명단에서 벗어날 수 있도록 필요한 기술을 익힌 다음, 직업을 구하기로 결심했다. 제임스는 만약 자기를 떠나면 그녀를 찾아내어 죽이겠다고 맹세했지만, 그녀는 상업 학교에 등록하고 친구에게 제임스를 떠나 아이들을 혼자서 키우고 싶다고 털어 놓았다.

그러다 1977년 3월 9일 저녁, 제임스는 그녀의 책을 찢고 학교로 돌아가는 걸 허락하지 않을 거라고 말했다. 그리고 아이가 부른 경찰이 여전히 집에 있는데도 그는 바로 그날 밤 그녀를 죽일 거라고 그녀에게 말했다. 그러나 경찰은 그걸 '의미 없는 협박'으로 여기며 떠났고, 프랜신은 죽는 대신 제임스를 죽였다. 나중에 제임스를 '비열한 개새끼'라고 묘사한 이웃은 "그자가 여자를 해치우기 전에 여자가 해치운 것"이라는 이론을 내놓았다.[34]

그럼에도 불구하고, 정당방위를 주장하기에는 살인 방식에 논란의 여지가 많았다. 전통적으로 정당방위에서 치명적인 무력은 비견할 만한 치명적인 무력에 맞서 행사되어야만 한다.[35] 한 남자가 칼을 들고 다른 남자를 찌른다. 다른 남자는 마침 손에 쥐고 있던 타이어용 쇠지레로 처음 남자를 내려쳐 죽인다. 그게 정당방위다. 그러나 그의 방에 불을 놓으려고 자고 있는 남자에게 몰래 다가가는 것은 전혀 다른 종류의 방식으로 보였다. 자신을 죽이겠다고 협박하는 이 남자가 어떻게 할지에 대해 그녀가 아는 모든 것과 그녀가 배운 모든 것을 (법이 규정하듯이) 고려한 채로, 프랜신 휴스의 관점에서 분명하고 공정하게 보지 않는다면 말이다. 국제 분쟁에서는 그렇게 널리 사용되는 '선제 공격'의 개념이 남자에게 몰래 다가간 매 맞는 여성에게 적용되면 완전히 비겁하고 공정하지 못한 걸로 보이게 된다. 그래서, 휴스의 변호사는, 위험을 감수하지 않고, 페미니스트들에겐 너무나도 명확한 정당방위의 원칙을 비껴가, 한 세기 전 유혹당해 버려진 처녀들의 변호사들이 주로 그랬듯이, 여자가 일시적으로 미쳤다고 주장했다. 그는 그러나, 더 나아가 사법적 전통에 익숙한 이유로 휴스가 일시적 정신 이상을 겪은 게 아니라 구타를 당한 여성이기 **때문에** 정신 이상 상태였다고 주장했다. 그녀가 구타를 당했다는 증거는 제출되어 그녀의 정신 상태를 보여주기 위해 제시되었고 결국 배심원은 일시적 정신 이상의 근거로 그녀에게 무죄를 선고했다. 그녀는 일반적인 정신 감정을 거친 뒤 풀려났다.

페미니스트들에게 그건 허무한 승리였고 주심 판사 레이 호치키스까지도 기자들에게 재판의 진정한 사안은 다루지 않았다고 이야기했다. 그는 말했다. "갑자기, 우리는 법 아래에서 전혀 도움받지 못하는 수천의 사람들이 있다는 걸 깨달았습니다. 이 사람들이 도와 달라고 울부짖을 때 우린 어디 있었습니까? 정당방위가 진정한 사안이지만 재판에서 진정으로 논의된 적은 결코 없었습니다."[36] 그러나 휴스 사건은 호치키스 판사나 변호위원회가 추측한 것보다 훨씬 더 큰 반향을 불러일으켰다.

재판이 시작되기도 전에, 변호위원회는 이 사건을 전국적인 관심사로 끌어올렸다. 9월, 토요일 전국 네트워크 뉴스를 위한 기사를 취재하던 에이비시 방송국의 실비아 체이스는 미시간 주 페미니스트들이 프랜신 휴스가 "조앤 리틀이 강간 피해자들의

400

상징이 되었듯, 매 맞는 여성들의 상징이 되길" 바라고 있지만 사건은 여전히 "법적으로 거의 승산이 없었다"고 말했다.[37] 재판 일주일 후 프랜신 휴스와 그녀의 변호사 애리언 그레이더너스가 뉴욕의 더블유에이비시가 만들고 스탠리 시절이 진행하는 토크쇼에 출연했다. 〔시절은 곧장 핵심으로 들어갔다. "좋습니다. [광고가 끝나고] 돌아와서 아주 중요한 질문을 할 건데요. 십삼 년을 사람들 앞에서 창피를 당하고, 맞고, 아기는 발로 차이고, 당신의 개를 얼어 죽게 하도록 지낸 후, 남편한테 불을 질렀다는 걸 깨달았을 때 당신이 무엇을 느꼈는지 묻고 싶습니다."〕시절은 휴스 사건을 '법의 역사'를 만들 '충격적인 판례'라고 잘못 생각하고 있었지만 여자에게 가장 안전하고 가장 오래된 변호라는 바로 그 이유로 일시적 정신 이상 변호를 선택한 변호사 그레이더너스는 그에게 휴스 사건의 유일한 의의는 사건을 둘러싼 '미국에서 이런 형태의 학대를 겪는 엄청난 수의 여성'이라는 사회 상황에 놓여 있다고 말했다. 그레이더너스는 주 행정부와 연방 정부가 매 맞는 여성을 위해 '뭔가'를 하지 않는다면, "같은 일이 또 일어날 것이고, (…) 배심원은 또 같은 일을 저지른 여성에게 무죄를 선고할 겁니다"라고 경고했다.[38]

　그레이더너스의 경고는 구타당하는 여성을 위한 대중의 지지를 요청하려는 의도였지만 어떤 남자들에겐 최악의 공포를 확인하는 일이었다. 뜰에서 프랜신을 때리는 제임스를 끌어낸 적이 있는 이웃은 그럼에도 불구하고 기자들에게 말했다. 프랜신은 "남은 평생 동안 감옥에 있어야만 해요. (…) 감옥에서 나온다면 죽은 남자들이 온 주변에 널릴 겁니다."[39] 제임스 휴스의 친구는 기자들에게 프랜신 휴스의 무죄 판결은 "남자 사냥을 허가해 주는 거죠"[40]라고 말했다. 프랜신 휴스가 살인을 저지르고도 무사하다면, 같은 일을 하려고 드는 다른 여자들을 어떻게 막을 수 있겠는가?

　그 질문은 전국의 언론을 괴롭혔다.『워싱턴 포스트(Washington Post)』의 칼럼니스트 리처드 코언은 이렇게 대서특필했다. '**여성 운동으로 돌아온 자경단의 정의**'.[41]『타임(Time)』은 '살인의 변명'이라는 제목을 단 기사에서, "줄을 선 여성들 무리가 남편 또는 전남편까지 죽인 후에도 처벌 없이 걸어 나갈 수 있게 되었다"라고 적었다.

『타임』은 이 '줄을 선' 여성 가운데 휴스와 시카고의 글로리아 말도나도를 포함해 3명의 여성을 직접적으로 인용했다. 글로리아 말도나도는 남편이 신발을 들고 여덟 살 아들을 공격하는 동안 증인들이 보는 앞에서 술 취한 남편을 쏘았고, 이는 너무나 분명한 정당방위였기 때문에 주 검찰은 기소조차 하지 않았다. 그러나 『타임』에게 문제는 제임스 휴스의 친구들과 이웃들에게 그랬듯, 처벌이 아니라 다른 이들을 억제하는 일이었다. 제니퍼 패트리가 남편 살해 혐의로 재판을 앞두고 있던 위스콘신 주 워파카의 로런스 슈미스 보안관은 이렇게 말했다. "저 사람들[페미니스트들]이 자기들이 뭔 짓을 하고 있는지 아는지 궁금하네요. 저 사람들 마음대로 하게 되면, 살인이 엄청 많이 일어날 겁니다."[42] 1978년 1월 『뉴스위크』는 '맞받아친 아내들'의 사건에서 '폭력적인 보복의 새로운 합법성'을 창조한다고 할 수 있는 '흐름', '변방의 정의라는 불쾌한 낌새가 보이는' 흐름을 알아차릴 수 있었다.[43]

　　이상하게도 노스다코타 주 비즈마크의 오래된 변방 동네는 프랜신 휴스의 무죄 판결을 침착하게 받아들였다. 실제로 노스다코타 주 스틸에서 1975년 캐서린 로리치 재판을 주재한 지방 법원 판사 베니 그래프는 『비즈마크 트리뷴(Bismarck Tribune)』에 로리치 사건은 페미니스트들이 휴스 사건에서 얻지 못한 바로 그 판례를 제공했다고 생각한다고 말했다.[44] 캐서린 로리치는 11명의 자녀들과 함께 구타의 세월을 견뎌낸 후에야, 그리고 몇 번이나 지역 경찰의 도움을 거절당한 후에야 자고 있는 남편을 네 번 쏘았다. "정신 이상은 단 한 번도 우리 사건에서 주장된 적이 없습니다"라고 그래프 판사는 말했다. 그 대신 그는 정당방위와 "이성적으로 확고부동한 사람을 그 압박에 저항할 수 없도록 만드는 힘"으로 정의한 강제성에 근거해 배심원들에게 사건을 제출했다. 그래프 판사가 '벽에 밀쳐진' 여자라고 묘사한 캐서린 로리치가 그런 상황에서 남편을 쏜 것이 그에게는 완벽하게 합리적으로 보였고, 그녀를 무죄로 방면한 배심원들에게도 그렇게 보였음이 틀림없었다. 사설에서 휴스와 로리치, 그리고 경찰의 보호를 거절한 다음 자신을 협박하는 남자에게 살해당한 다른 젊은 비즈마크 여성의 사건을 언급하면서, 『비즈마크 트리뷴』은 여성들이 죽이거나 죽는 걸

기다리지 말고 위협받거나 학대받는 여성들을 보호할 방법을 구해야 한다고 서술했다.[45]

그러나 『비즈마크 트리뷴』은 법 안에서 동등한 보호를 받을 여성의 권리에 대한 우려를 표하는 거의 유일한 매체였다. 다른 간행물들은 정당방위의 동등한 권리를 주장하는 여성들이 "살인을 저지르고도 빠져나갈" 수 있다면 남성의 생명이 위험해질 수 있다고 하는 영향력있는 매체 『타임』과 『뉴스위크』의 우려에 동조했다. 백래시가 진행 중이었고, 돌이켜 보면 프랜신 휴스 사건의 진정한 의의는 이것이었다는 게 분명해졌다. 그 사건은 페미니즘의 쟁점의 발전 과정 가운데 전환점이었고, 백래시의 시작이었고, 걱정하던 사회의 아버지들이 "그만!"이라고 말하며 전부 다 되돌리려 힘을 모았던 순간이었다.

사실혼 관계의 남편을 쏜 혐의로 캐시 토머스가 재판을 기다리고 있었던 오하이오 주 클리블랜드의 한 카운티 검사는 법이 "여자에게 살인 면허증을 주는"[46] 걸 원하지 않는다고 진술했다.(토머스는 살인으로 유죄 판결을 받아 십오 년을 선고받았고 근처 페인스빌에서 남편을 살해하고 유죄 판결을 받은 퍼트리샤 헤일은 십오 년에서 이십오 년 형을 받았다.) 버클리 로스쿨의 한 교수는 배심원들이 "매 맞는 아내를 사면하기 위해 법을 확대 해석"하고 있으며, 그러한 무죄 판결은 "남편 사냥철을 열었다는 포고문"일 수 있다고 주장했다.[47] 1978년 동안 몇몇 여성 작가들은, 특히 『마더 존스(Mother Jones)』의 앤드리아 드워킨과 『비바(Viva)』의 캐런 린지는 계속해서 매 맞는 여성의 힘든 상황을 설명했지만[48] 대중의 인식을 높이려는 이러한 유익한 기사는 유행이 끝난 뒤였다. 언론 보도는 그 대신 일관되게 '최소 열두 건'이라고 말하지만 대개 두세 사건만 상술하면서, 살인을 저지르는 여성들이 "무사히 빠져나갔다"는 사건의 무시무시한 요약에 전념했다.[49]

오래 지나지 않아, 매 맞는 아내 편에서 일하던 몇몇 여성마저도 정당화된 살인의 평결로 인해 남자들이 맞이하게 되는 잠재적 위험이 여성과 아이들에게 실제로 존재하는 위험을 훨씬 능가한다는 백래시 주장에 찬성했다. 뉴욕의 학대여성긴급구조(Abused Women's Aid in

Crisis)의 설립자이자 매 맞는 여성에 관한 자료집의 편집자인 마리아 로이는 『뉴욕 타임스』 기자 애나 퀸들런에게 "무죄 방면이 널리 알려지면서 어떤 여자들이 그걸 해결책으로 볼 위험이 생겨났다"[50]고 말했다. 퀸들런 자신은 무죄 방면이 '일부 남성들이 갖고 있는, 여성 운동에 대한 최악의 생각을 확인'하도록 했다고 적었다. 그러나 진짜 위험은, 자신들의 문제를 해결하려 살인으로 향하는 일부 여성들이 아니라, '여성 운동에 대한 최악의 생각'을 진정시키고자 겁에 질린 남성들이 법 아래 동등한 평등을 여성에게서 박탈하고 수천의 남성과 여성의 목숨을 폭력으로 소진시켜 버리는 것이었다.

1979년, 논쟁이 가라앉는 것처럼 보였지만 불안은 남아 있었다. 남편을 죽인 여성들의 무죄 방면은 여전히 뉴스거리였다. 3월 『뉴 웨스트(New West)』는 '툴레어 카운티의 사랑, 죽음, 그리고 법에 관한 발라드'라는 낭만적인 소제목이 붙은 「채노와 블랑쉬(Chano and Blanche)」의 이야기를 실었다. 그것은 전혀 발라드가 아니었고, 1977년 12월 남편 랠프를 쏘아 죽이고 세 번의 재판 후 살인 혐의를 벗은 이데일리아 메히아가 구타당하고 성적으로 학대당한 암울한 이야기였다.[51] 4월 『패밀리 서클(Family Circle)』은 미시간 주 포트휴런에서 학대받던 여성이 1978년 5월 가해를 당하는 도중에 남편을 쏘고 9월에 무죄로 풀려난 '퍼트리샤 그로스' 사건을 실었다.[52] 역설적으로, 자신을 지키려 그럴 수밖에 없었던 여자들에게 동정적이었던 이러한 기사들이 점점 더 많은 여자들이 살인을 저지르고도 무사히 풀려난다는 인상을, 잘못된 인상을 대중에게 심어 주는 데 기여했다.

『뉴욕 타임스』나 『워싱턴 포스트』처럼 전국적으로 유포되는 신문들 또한 국가 차원에서 중요해 보이는 사건의 결과를 보도했고, 적어도 당분간은, 그건 살인 혐의에서 무죄로 풀려나는 여자들의 사건을 뜻했다. 그래서 1979년 4월 미시간 주 게일로드에서 지넷 스미스가 자신을 학대하던 남편을 죽인 이급 살인에서 혐의를 벗었을 때, 『뉴욕 타임스』와 『워싱턴 포스트』 두 신문은 그 이야기를 보도했다. 『워싱턴 포스트』는 "이 년 동안 세번째로 미시간 주 배심원은 남편을 죽인 혐의에 대한 변론으로 배우자 학대를 주장한 피고를 무죄 판결했다"[53]는 말로 기사를 열었다. 뉴스였다. 그러나 어떤 신문도 미시간 주에서 1975년 유죄 판결을 받은 엘시 모닉이나 1977년의 바이얼릿 메이 앨런 또는 헤이즐 모리스를 언급하지 않았다. 훨씬 더 정곡을 찌르는 사건도 취재하지 않았다. 예를 들면 미시간 주에서 지넷 스미스가 무죄 판결을 받기까지 한 달도 되지 않아 살인으로 유죄 판결을 받은 뉴욕 주 이타카의 버너뎃 파월의 경우 말이다. 살인을 저지르고 풀려 나가지 못한 그런 여자들은 뉴스의 가치가 **없었다.**

무죄로 풀려난 여자들은, 반면에, 규칙이 아니라 예외였기 때문에 바로 그 이유로 뉴스가 되었지만, 무죄 방면만 보도되기 때문에 독자들에게 여자들이 점점 증가하는 빈도로 '풀려나'며 살인으로는 거의 유죄 판결을 받지 않는다는 잘못된 생각을 남겼다. 무죄로 풀려난 여자들을 기록하는 신문의 설명은 종종 1977년 11월에 각각, 캘리포니아 주의 오렌지 카운티와 미시간 주의 마켓에서 남편을 살해하고 재판을 받아 무죄 방면된 에벌린 웨어와 샤론 맥니어니를 언급했다. 그 설명에서 같은 달에 있었던 다른 재판의 결과는 언급되지 않았다. 예를 들어, 워싱턴 주 터코마에서 전 남자친구를 총으로 쏜 샤론 크리글러는 과실치사로 십 년 형을 선고받았고, 캐럴린 매켄드릭은 필라델피아에서 동거 중이던 남자친구를 쏘고 삼급 살인으로 오 년에서 십 년 형을 선고받았다. 그리고 클로디아 새커는 워싱턴 주 포트오처드에서 남편을 죽인 뒤 이급 살인으로 오 년에서 이십 년 형을 선고받았으며, 캐럴 앤 와일즈는 인디애나 주 에번즈빌에서 남편을 쏘아 죽인 후 이급 살인으로 십오 년에서 이십오 년 형을 선고받았다.[54]

다른 언론 보도에 따르면 1976년 사우스다코타 주에서는 그녀를 구타하던 남편이 '겨우' 부러진 빗자루 손잡이만으로 무장했을 뿐이지만 자신과 태어나지 않은 아이(그 당시 임신 칠 개월이었다)를 지키려 그랬다는 근거로 무죄 방면된 말린 론 이글의 사건이 다뤄졌다.[55] 같은 달, 메릴랜드 주의 바버라 진 길버트가 일급 살인으로 유죄 판결을 받은 사건은 사실상 거의 알려지지도 못한 채로 지나갔다.[56] (첫 재판에서 종신형에 무기 은닉 혐의로 오 년 형을 더해 선고받은 길버트에게는 변호사의 무능함을 근거로 새로운 재판이 허가되었고, 1978년 7월 재심을 받고 비자발적 과실치사로 유죄가 인정되어 최대 형량인 팔 년 형이 내려졌다.) 프랜신 휴스, 에벌린 웨어, 샤론 맥니어니, 말린 론 이글과 더불어 일리노이 주 록퍼드의 번스틴 테일러도 살인 혐의로 무죄 방면된 '일련의 여성들' 목록에 주기적으로 올랐다.『뉴 웨스트』기사의 주인공이었던 번스틴 테일러와 이데일리아 메히아는 둘 다 1977년 12월에 무죄로 풀려났다. 그 같은 달에 헤이즐 콘토스는 앨라배마 주에서 일급 살인으로 종신형을 선고받았다. 테네시 주 채터누가에서 릴리언 퀼스는 이급 살인으로 십 년 형을 선고받았다. 그리고 위스콘신 주 워파카에서 제니퍼 패트리는 과실치사로 유죄를 선고받았다.[57] 많은 다른 여자들, 셜리 가르시아, 셜리 마틴, 제나 켈시는 이미 감옥에 있었다.[58] 목록은 계속 길어졌다. 1979년 3월 스무 살의 마사 허친슨은 그녀가 엄중히 처벌받지 않는다면 (플로리다 주) '매리언 카운티의 남자 사냥철이 시작'될 것을 두려워한 지방 검사의 격렬한 기소로 십오 년 형을 선고받았다. '맞받아친 아내들'을 무죄 방면하는 쪽으로 흐르던 전국적인 '추세'는 대중이 믿은 것만큼 그렇게 결정적이지 않았다.

제니퍼 패트리의 사건[59]은 대중이 선별적인 저널리즘으로 어떻게 오도되는지를 꽤 분명하게 설명한다. 1977년 3월 26일, 즉 프랜신 휴스가 남편의 침실에 불을 지른 지 두 주 후에, 제니퍼 패트리는 별거 중인 남편 로버트를 십이 구경 산탄총으로 두 번 쏴 죽였다. 그런 다음 그녀는 그의 차를 없애고, 시체를 싸서, 얕은 무덤에다 묻고는 핏자국을 지우고, 집에 불을 놓았다. 소방국장이 잔해 더미에서 사람 손이 튀어나온 걸 보고는 보안관을 불렀다. 제니퍼 패트리는 일급 살인으로 기소되어 그녀의 오빠와 죽은 남편의 형이 변호사, 그녀를 풀어 주고 대변할 앨런 아이젠버그라는 이름의 밀워키에서 온 대도시 변호사를 찾기 전까지 10만 달러의 보석금이 걸린 채로 감옥에 삼 개월간 있었다. 아이젠버그는 이 사건이 "조앤 리틀 사건이 강간 피해자에게 그랬던 것만큼 매 맞는 여성들을 위해 공헌하기"[60]를 바라며 전미여성협회 위스콘신 주 지부에 지지를 요청했다. 그는 어쩌면 앨런 아이젠버그 스스로의 경력에도 도움이 되리라 여기면서 홍보를 촉구했다. 또한 그는 패트리 재판이 프랜신 휴스의 방면 바로 한 달 뒤에 개정된다는 것을 기회로 삼았다.

휴스의 무죄 방면 이후 나온 『타임』의 "남편을 죽인 뒤 처벌받지 않고 걸어 나갈 수 있었던" 여성에 대한 기사는 임박한 패트리 사건을 논의하면서 제니퍼 패트리를 서른두 살의 "루터 교회 일요 학교에서 가르치고, 그 지역의 학부모회를 주재하고, 바쁘게 돼지 농장을 관리"하는 "행복하고 활동적인" 아내로 묘사했다. 그 글은 또한 남편 로버트가 항상 취한 채 그녀를 마구 때리며 "고통스러운 성적 학대로 그녀를 묶어"두고 열두 살 딸을 성추행했다고 묘사했다. 기사는 재판 과정에서 중요한 단 한 가지 사실만을 빠뜨렸다. 남편이 딸들을 '방문'할 자신의 권리를 두고 싸우던 중에 제니퍼 패트리가 그를 쐈을 때, 큰 식칼을 들고 있던 로버트 패트리는 그녀의 입을 영원히 닫치게 해 버리겠다고 협박하고 있었다. 그 대신, 기사는 (시내에서 다른 여자와 살고 있었던) 로버트 패트리가 "딸들을 소풍에 데려가려고" 나타났을 때, "제니퍼 혼자 옆에 장전한 산탄총을 두고 그를 기다리고 있었다"라고 적었다. 같이 실린 사진에서 선웃음을 웃는 아이젠버그 변호사 앞에 제니퍼 패트리는 냉랭하게 미소 짓고 있었다.[61]

전국으로 배포되는 언론에서는 재판에 대한 내용은 취재하지 않았고, 재판 자체도 쉽지 않았다. 제니퍼가 죄를 자백한 경찰들은 그녀가 남편이 결코 자신을 때린 적이 없다고 말했다고 증언했고, 『밀워키 저널(Milwaukee Journal)』 기자는 마치 페미니스트들의 신뢰할 수 없는 노력이 끝나 버린 것처럼 "페미니스트 단체들이 패트리 부인의 지지 활동을 했었다"[62]고 비웃었다. 로버트 패트리의 어머니와 형이 제니퍼의 편에서 증언했지만 제니퍼 자신은 총을 쏜 장소에 대한 이야기를 바꾸었고, 남편을 쏜 시각과 체포된 시각 사이에 무슨 일이 일어났는지를 기억하지 못했다.[63] 변호인 측의 변론은 기대했던 대로 흘러가지 않는 것 같았고 결국 배심원은 과실치사라는 결론에 도달했다. 재판에 참석한 전미여성협회 대표들은 평결을 '대패배'라고 불렀는데 왜냐하면 계획 살인도 정당방위도 아닌, 사건 자체의 사실 관계를 거의 이해하지 못한, 일종의 반쪽짜리 타협안이었기 때문이었다.

1월에 제니퍼 패트리는 다시 한번 전국적 언론의 관심을 받았는데, 이번에는 피고와 그녀의 미소 짓는 변호사의 다른 사진을 실은『뉴스위크』의 '맞받아친 아내들' 기사에서였다. 비록 익명의 워파카 주민은 패트리가 아마 그 닳고 닳은 도시인이 아니었다면 완전히 '풀려났을' 거라고 주장했지만 아이젠버그는 과실치사 판결을 '완벽하고 완전한 승리'[64]라고 불렀다. 그녀의 인생 이야기에 한 출판사가 선금 5만 달러를 지불했고 조앤 우드워드와 클로리스 리치먼 둘 다 영화에서 제니퍼 패트리를 연기하는 데 관심이 있다고 말했다는 보도가 나왔다. 그런 다음 제니퍼 패트리는 전국 언론에서 지나가 버렸다.『타임』과『뉴스위크』의 독자들에게 그녀는 '언쟁' 후에 남편을 등 뒤에서 쏘고, 시체를 숨기고, 이후 법정에서 완벽하고 완전한 승리를 즐긴 냉정한 여자로 남겨졌다.

　　제니퍼 패트리에게 이야기는 계속되었다. 그녀는 십 년간 복역할 것을 선고받았고 테이치다 교도소에서 수감 생활을 시작했다. 그런 다음, 1978년 12월, 살인 재판 일 년 후에, 검사는 총을 쏜 후에 자신의 집에 불을 낸 방화 혐의로 그녀를 다시 재판에 회부했다.[65] 배심원은 기소된 대로 유죄 평결을 내렸지만 그다음 날, 정신 상태를 감정하는 재판의 두번째 국면에서, 그들은 정신 이상의 이유를 들어 그녀가 유죄가 아니라고 결정했다. 피고 측 정신과 의사는 패트리가 총을 쏘고 나서 불을 질렀을 때 일시적으로 미쳤었다고 증언했지만, 배심원들은 더 나은 전문가에게 갔고, 그녀가 여전히 정신 이상 상태이며 감옥에서 주립 정신 병원으로 이송되어야 한다고 판단했다. 그리고 거기에 '완벽하고 완전한 승리'를 거둔 제니퍼 패트리가 남아 있다.

2

분명 살인을 저질렀는데도 무사히 빠져나간 걸로 보이는 여자들에 대한 불안은 여러 형태를 취한다. 피해자를 탓하는 익숙한 현상도 나타났다. 단순히 고통에 대한 쾌락을 가리킨다고 널리 알려진 프로이트의 마조히즘 이론이 매 맞는 여성들의 전세를 역전시킬 공식을 제공했다. 그래서 매 맞는 여성들은 법적 절차의 매 단계마다 이런 똑같은 질문에 대한 답을 되풀이했다. "무슨 짓을 해서 그를 화나게 했나요?" "이봐요, 당신도 그 사랑의 매를 좋아하잖아요." 그리고 항상 이런 항의를 들었다. "좋지 않았다면, 왜 그냥 떠나지 않은 거죠?" 매 맞는 여성에 대한 모든 인기있는 기사마다 '왜 그녀는 머물렀나'라는 제목의 글이 들어가 있었고 학계의 사회학자들도 같은 질문을 연구했다.[66] 매 맞는 여성들의 지지자들은 너무나도 분명한 답을 그 질문에 하느라 과도한 시간을 보냈다. 여자들은 정서적으로 그리고 경제적으로도 그들의 남편에게 의존하고 있다. 그들은 대개 시장 경제에 필요한 직업적 기술이 없고, 고용된 여성조차도 현재 시장에서는 남성이 1달러를 벌 때 57센트밖에 벌지 못한다. 그녀는, 때리지 않을 때는 완벽하게 좋은 남자일 수 있는 그를 여전히 사랑하고 있을 수 있다. 그녀는 아마 결혼을 잘 유지하는 게 여자로서 자신의 의무를 다하는 거라고 믿도록 키워졌을 수 있다. 실패한 결혼은 여자의 잘못이니까. 그녀에게는 아마 여러 명의 자녀를 데리고 갈 곳이 없을 것이다. 그녀는 집을 떠나면 자신의 모든 재산과 자녀들에 대한 법적 권리까지도 잃을 수 있다는 걸 깨달았을 수 있다. 그녀는 제임스 휴스가 그랬듯, 자신을 쫓아와 죽일 거라고 협박하는 남편을 무서워하는 것일 수 있다.

여러 매 맞는 여성의 살인 재판에서 전문가로서 증언했던 심리학자 르노어 워커는 많은 매 맞는 여성들이 자신들의 삶을 바꾸는 데 실패하는 걸 설명하기 위해 '학습된 무기력'[67] 이론을 구축했다. 워커에 따르면, 남편의 예측할 수 없는 폭력에 직면한 매 맞는 여성들은 곧 자신들이 하는 일과 자신들에게 일어난 일 사이에 필연적인 연관성이 없다는 걸 배우게 된다. 남편은 달걀을 너무 삶았다고, 덜 삶았다고, 텔레비전을 켰다고, 또는 껐다고, 말을 했다고 또는 말을 안 했다고 아내를 때린다. 매 맞는 여성 중 많은 이들이 자다가 공격을 받았다고 말했다. 매 맞는 여성들은 도움받을 곳을 찾으면서 무력감을 다시 학습하게 된다. 경찰은 체포하지 않고, 검사는 기소하지 않고, 판사는 선고하지 않고, 너무나 자주 가족이나 친구조차도 도와주지도 자신을 믿어주지도 않을 것이라는 무력감이다. 여성은 이러한 환경에서 스스로를 돕고자 무슨 일을 하건 다시 맞거나, 기껏해야 아무 일도 일어나지 않는다는 걸 알게 된다. 왜 굳이 계속 애써야 하나? 한때 매 맞는 아내였던 앤드리아 드워킨은 복종으로 추락하는 걸 이렇게 묘사했다.

너무나 많은 여자들이 죽음을 기다리며 숨어 있던 열린 무덤인, 집으로 점점 더 기어들어 갔던 걸 난 기억한다. 정말 필요한 게 생길 때만 그것을 사러 나갔다. 개들을 산책시켜야 할 때만 나갔다. 탈출할 힘이 있었을 때 돈 없이, 종종 겉옷도 입지 못한 채로, 단지 울면서 겁에 질려, 도움과 피난처를 찾아 비명을 지르며 달아났었다. 내가 마주친 건 피하는 눈길과 차가운 응시뿐이었고, 혼자서 웃으며 상스러운 성폭력을 해대는 남자들은 날 다시 위험하지만 적어도 익숙한 가족이 있는 집으로 달려가게 했다. 집, 내 집이자 그의 집. 집, 내가 가진 유일한 곳. 결국 내 안의 모든 게 부서져 내렸다. 난 포기했다. 난 앉아서, 멍하니, 기다렸고, 복종하듯 마비된 채로, 아무와도 이야기하지 않고, 나 자신과 내 개들이 살아남을 수 있을 만큼 최소한도로 삶을 유지했다. 그동안 남편은 단지 날 때리고 다시 나가기 위해 문을 여닫았고 점점 더 긴 시간 동안 나가 있었다. 아내가 안 보인다고 아무도 궁금해하지 않았다. (…) 아내들은, 결국 집에 속해 있으니까. 집 밖의 어떤 것도 그들을 필요로 하지 않았다.[68]

앤드리아 드워킨은, 그러나, 더 이상 매 맞는 아내가 아니라 페미니스트 작가였다. 그리고 왜 매 맞는 여자들이 학대를 용인하는지에 대한 대량의 연구들은 가장 명백한 대답을 어렵게 만들 뿐이다. 이게 답이다. 용인하지 않는다. 미국에 사본이 없는 한 연구에서, 집을 떠났다 돌아 온 여성들을 인터뷰한 영국의 정신과 의사 게이퍼드는 27명의 여성이 남편이 바뀌겠다고 약속했기 때문에 돌아왔고, 8명은 남편을 사랑하거나 남편이 불쌍해 돌아왔고, 17명은 협박과 더 심한 폭력 때문에 돌아왔고, 13명은 자녀들이 여전히 집에 있어서, 그리고 14명은 갈 수 있는 다른 피난처가 없기 때문에 (남자가 아니라 공유된 피난처인) 집으로 돌아왔다는 걸 알았다. 결국 게이퍼드의 연구에서, 35명의 여성은 기대가 있어서 남편에게 돌아갔지만 다른 44명에 대해서는 자발적으로 남자와 "머물겠다"고 말했다고 할 수는 없었다.[69] 미국의 웨스턴미시간대학교 사회복지 대학의 연구자들은 자신들이 미시간 주 캘러머주에서 조사한 매 맞는 여성의 "대부분"은

"신체적 보호를 위해 경찰을 불렀고, 삼분의 이가 넘는 이들이 상담을 받았으며 (…) 절반 이상이 변호사와 상의해 그중 거의 절반이 이혼을 택했다"고 보고했고, 덧붙여 "피해자의 삼분의 이는 친구나 가족의 정서적인 지지에 의존하거나 긴급 피난처를 고려했다"고 보고했다. 놀란 연구자들은 "여기 보고된 조사의 표본에 있는 피해자들은, 그들이 실제로는 도움받기를 원하지 않는다는 사람들의 일반적인 개념에 맞지 않는다"고 적었다.[70] 매 맞는 아내들에 대한 또 다른 연구는 그들 중 80퍼센트는 이혼했거나 이혼 중이라고 밝혔다.[71] 결혼에 실패하는 걸 겁내고 남편의 바뀌겠다는 약속에 이끌려 많은 여성들이 수년간 학대받는 상황을 견디지만, 상승하는 이혼율, 가득 찬 경찰의 전화 교환대, 미어터지는 피난처, 그리고 총에 맞고, 칼에 찔리고, 불에 타 죽는 남편들은 수동적으로 머무르고 머무르고 머무르며 폭행당하는 아내라는 널리 퍼진 이미지를 지탱해 주지 못한다.

다른 한편으로, 때리는 남편들은, 대개 독점욕이 극단적으로 강한 사람들이라고 아내들은 설명한다. 그들은 대부분 아내가 직장이나 학교에 가지 못하도록 말리거나 강제로 못 가게 한다. 그들은 가족과 친구들에게 냉정하거나 무례하게 굴며 점차 아내들의 사회적 접촉을 끊어낸다. 어떤 남편들은 차 열쇠를 내주지 않고 어떤 이들은 아내의 차를 영구히 망가뜨린다. 다른 이들은 아내가 외출할 수 있을 만큼의 돈을 절대 갖지 못하게 해 둔다. 어떤 남편들은 아내가 전화도 쓰지 못하도록 한다. 제임스 휴스는 프랜신이 전화를 사용했다는 생각이 들면 전화선을 벽에서 뜯어냈고 다른 남편은 콘크리트 바닥에 전화기가 산산조각이 나도록 내던졌다. 어떤 이들은 아내를 집에 가뒀고 다른 이들은 아내가 집을 나서면 뒤를 밟았다. 또 다른 이들은 아내를 말 그대로 수감자로 만들었다. 다섯 달 동안의 결혼 생활에서, 노스캐롤라이나 주 샬럿의 게리 바토시는 '감시 속에 욕실을 갔다 오는 것' 말고는 단 한 번도 아내 아일린이 시야에서 벗어나지 못하도록 했다. 그가 마지막으로 등을 돌렸을 때, 그녀는 그를 쐈다.[72] 배우자 살해에서 피해자들과 가해자들이 자신들의 성 역할을 어떻게 인지하는지를 분석한 연구는 여성들보다 약 열 배가 넘는 남성들이 자신의 배우자를 '개인적인 소유 대상'으로 규정하고 그에 따라

배우자를 대한다고 밝혔다.[73] 그리고 그렇게 하는 남자들이 살해당했을 거라는 게 별로 놀랍지는 않다.

살인은 마지막 피난처였고, 대부분 남자가 도저히 그만두지 않을 때 일어났다. 자신의 살인 재판에서 한 여성이 증언했듯이 말이다. "달아나려고 더 애쓸수록, 그는 더 심하게 날 때리는 것 같았어요."[74] 글로리아 티먼스는 남편을 떠났지만 그는 그녀를 추적해서 강간하고 구타했다. 마지막에 그가 스크루 드라이버로 공격했을 때, 그녀는 그를 쐈다.[75] 퍼트리샤 에번스는 이혼 소송을 제기했지만 남편은 계속 돌아와 그녀를 개 사슬로 때리고 권총을 휘두르다 그녀를 쏘았다. 마지막으로, 그녀가 일곱 번을 입원한 후에, 그녀는 그를 쏘았다.[76] 샤론 크리글러는 같이 살던 남자친구를 쫓아냈고, 그녀가 쏘겠다고 협박을 했는데도 그는 계속 고집을 부리며 아파트로 들어왔다.[77] 제니퍼 패트리는 이혼을 신청했지만, 남편은 계속 그녀를 협박하고 딸들을 만나기 위해 돌아왔고 적어도 딸 중 하나를 성적으로 추행했다.[78] 루스 칠더스는 이혼했고, 남편은 재혼했지만 그는 재산 문제로 그녀를 협박하고 논쟁하는 걸 그만두지 않았다.[79] 버너뎃 파월은 이혼했지만, 전남편은 한 번 더 그녀를 공포에 질리게 하겠다고 결심했다.[80] 재니스 스트랜드는 남편이 그녀 부모의 목숨을 걸고 협박하자 할 수 없이 남편에게 돌아가야만 했다.[81] 퍼트리샤 그로스의 남편은 미시간 주에서 미시시피 주까지 그녀를 추적해 와서, 자신에게 강제로 돌아오도록 하려고 그곳에 있는 친척들을 죽이겠다고 협박했다.[82] 주디 오스틴과 동거 중이던 남자친구는 캘리포니아 주에서 애리조나 주까지, 그리고 다시 와이오밍 주까지 그녀를 쫓아갔다.[83] 캐시 토머스의 남자친구는 그녀에게 총을 겨눈 채 강제로 집으로 돌아오게 만들었다.[84] 메리 맥과이어의 남편은 복종에 대해 가르치려고 자신이 아내의 무덤을 파는 걸, 가족이 키우는 고양이를 죽이는 걸, 그리고 키우던 말의 목을 베는 걸 지켜보도록 했다. 그녀가 달아나자 그는 총구를 아이의 머리에 댄 채로 그녀를 데려왔다.[85] 큐 클럭스 클랜 단원인 마사 허친슨의 남편은 자신을 떠나면 죽이겠다고 협박했고 그녀가 달아나자 그녀의 집 잔디밭에서 십자가를 태우고 권총과 산탄총으로 그녀를 쏘면서 숲으로 쫓아갔다.[86] 애그니스 스콧의 남편은 그녀가 떠난 지 칠 년 만에

412

그녀를 발견하고 조각조각 잘라냈다.[87] 아내들이 남편을 떠나 숨어 산 지 이십오 년이 지난 후에도 여전히 아내를 구타하고 괴롭힌 남자들의 사건 기록이 있다.[88] 연구자들이 병리학적인 행동을 여자들에게 부여하려고 그렇게까지 열심히 애쓰지 않았더라면, 물어봤어야만 하는 분명한 질문은 "왜 여자들은 머무르는가?"가 아니라 "왜 남자들은 보내 주지 않는가?"라는 걸 알 수 있었을 것이다. 그러나 역행적인 불안의 늪에서 허우적대느라, 페미니스트들조차 용감하게, 의미 없이, 잘못된 질문을 묻고 답하는 걸 계속하고 있었다.

여자들이 '무사히 빠져 달아난다'고 과장하며 처음부터 여자 때문에 문제가 생겼다고 탓을 해댄 그 불안감은 또한 '평등'의 밝고 기만적인 깃발 주변으로 반동 세력들을 불러 모았다. 법 아래 동등한 보호를 요청한 페미니스트들은 특별한 편애를 요구한다고 비난받았다. "다른 모든 영역에서는 평등을 주장하면서 왜 여자들은 이제 와서 정당방위에서 더 관대한 법을 주장하는가?"라고 한 여성 검사가 물었다. 어느 국선 변호인은 자신이 '시민 사회의 기본'이라고 여기는 정당방위의 개념에 어떠한 변경도 있어서는 안 된다고 주장했다. "정당방위는 **자신**(man)의 목숨만을 지키도록 허락하고 **그의**(his) 목숨이 임박한 위험에 처할 때만 다른 사람의 목숨을 앗을 수 있도록 허락합니다."[89] 1978년 4월 법적 전략을 발전시키고 전국에 걸쳐 변호사들을 보조하기 위해 기본권수호활동센터와 '전국 배심원 프로젝트(National Jury Project)'의 공동 후원으로 만들어진 '여성 정당방위 법 프로젝트(Women's Self-Defense Law Project)'의 변호사들은 정당방위에 관한 법은 항상 남자의 경험을 반영하는 남자들에 의해 형성된 법이었고, 완로 판결이 인정했듯이, 성차별의 역사가 있는 나라에서 여자의 경험은 아주 다른 형태를 취해야만 한다고 반격했다.

소년들은 신체적으로 적극적이어야 한다고 배우고 소녀들은 얌전해야 한다고 배운다. 많은 소년들이 좋건 싫건, 체육 훈련을 받는 동안, 여자들은 아주 최근까지도 운동 수업에서 배제되어 있었고 여전히 몸을 접촉하는 운동에서 '밀려나'진다. 그리고 수천의 남자들에게 군대는 폭력 학교의 마무리 과정이라고 할 수 있는 경험을 제공한다.(매 맞는 여성들은 남편이 눈에 띄는 흔적을 남기지 않고 심한 고통을 가하는 방법을 군대에서 배워 왔다고 호소했다.) 신체적이고 심리적인 훈련의 이러한 차이가 배우자 사이에 흔한 체격과 힘의 차이와 짝을 이루면 정당방위는 여자에겐 다른 문제가 된다. 한 남자가 다른 남자를 주먹으로 공격할 때, 법원은 그들이 어느 정도는 맞수가 된다고 가정하고 일반적으로 남자가 무기로 맞서 공격하는 것을 용인하지 않는다. 그러나 오십 킬로그램의 여성이 백십육 킬로그램의 남편에게 맞서기 위해 무기가 필요하다거나 남편이 무방비일 때 공격하려고 시도할 수 있다고 인정하는 것은 특별 청원이 아니라 사실을 직면하는 일이다. 육탄전에서 훈련받지 않은 작은 체구의 여성에게 남자의 주먹과 발은 치명적인 무기로 보일 수 있고, 사실 그러하며, 많은 여성들은 맞고 난 후 유산을 경험한다. 남편에게 살해당한 대부분의 여자들은 총이나 칼이 아니라 그저 죽을 때까지 맞거나 발에 차였다.[90] 남편의 주먹에 총으로 맞서는 여자는 **사실상** 치명적인 무력으로 치명적인 무력을 마주하고 있는 것에 지나지 않는다.

그러나 평등의 깃발을 높이 치켜든 이들은, 여자와 남자가 육탄전에서 동등하게 맞수가 될 뿐만 아니라 사실상 남자들이 질 수도 있다고 주장한다. 어쩌면 매 맞는 아내들에 대한 백래시의 가장 우스꽝스러운 부분은 충격적인 비율로 존재하는 또 다른 사회적 문제, 바로 매 맞는 남편들의 발견이었다. 처음부터 가짜 문제였고, 학대받은 아내를 위한 일부 지역 사회 센터에서 남성에게도 서비스를 제공하겠다고 결정한 것에 비해 매 맞는 남성을 위한 '운동'은 단 하나의 피난처나 프로그램도 만들어내지 않았고 단 1명의 자원자도 모집하지 않았다. 그러나 언론에서는 큰 주목을 받았다.

가정 폭력에 관한 연구를 처음 출판한 사회학자들인 리처드 겔스, 머리 스트라우스, 수잰 스타인메츠는 가족 안에서의 전반적인 폭력 수준에 대해 관심을 가졌다. 겔스가 저술해 1974년에 출간된, 그 주제에 관한 첫번째 책의 제목은 단순히 『난폭한 집(The Violent Home)』이었다.[91] 그가 취합한 자료에 따르면 폭력은 여자들**에 의해서**보다는 여자들**에게** 훨씬 더 자주 사용되었지만, 누가 누구를 왜 때리는지는 겔스의 일차적인 관심이 아니었다. 그래서 아내도 가끔 신체적으로 자신의 남편을 학대한다는 사실을 공표하는 것은 수잰 스타인메츠의 몫으로 남겨졌다. 국립정신건강연구소의 기금으로 준비해 학술 출판지인 『빅티몰로지(Victimology)』에 1978년 초 실릴 예정이었던 '매 맞는 남편 증후군'에 대한 그녀의 논문은 1977년 가을 언론에 공개되었고, '**남편이 더 많이 매 맞는 배우자라는 의혹을 뒷받침하는 연구**'라는 제목을 달고 국제연합통신의 기사로 보도되었다.[92]

스타인메츠는 매기가 문 앞에서 지그스를 밀대로 환영하는 것 같은 (남자들이 그린) 온갖 오래된 신문 연재 만화[93]를 인용하면서, "남편 구타가 배우자 폭력의 상당 부분을 구성한다"는 자신의 주장을 뒷받침했다. 직접 조사한 연구 결과에서 그녀는 아내와 남편이 때리고, 밀치고, 물건을 던진 경우를 대략 같은 수로 기록했지만 사건의 맥락을 간과하고 매 맞는 여자들이 대부분 경험하는 신체적 공격의 형태는 완전히 제외시켰다.[94] 발로 차기, 밟기, 물어뜯기, 목 조르기, 머리카락 잡아당기기, 불에 태우기, 베기, 단단히 고정된 물체를 향해 머리를 밀치기 말이다.

스타인메츠의 사변적인 논문은 다른 4명의 학자(엘리자베스 플렉, 조지프 플렉, 말린 그로스먼, 폴린 바트)의 즉각적인 공격을 받았는데, 이들은 「매 맞는 피해자 정보 증후군(The Battered Data Syndrome)」이라는 논문이 실제로는 그녀가 자신의 논문에 맞추려 정보를 왜곡한 것에 불과하다고 지적했다. 예를 들어 스타인메츠는 남편들도 똑같이 피해자가 된다는 증거로 남편들이 아내들을 죽이는 것과 거의 같은 빈도로 아내들도 남편들을 죽인다고 밝힌 범죄학자 마빈 울프강의 고전적인 필라델피아 연구를 인용했지만, 여자들은 정당방위로 행동하다가 남자를 죽이는 경우가 남자보다 일곱 배 더 많다고 밝히는 울프강의 결론은 언급하지 않았다. 스타인메츠의 연구에 대해 비평가들은 이 연구가 '우리 직업에서 가장 심각한 윤리적 문제'[95]를 제기한다고 결론지었지만 가해는 이미 이루어진 다음이었다. 매 맞는 여성들을 위한 활동가들은 매번 전환점을 돌 때마다 스타인메츠의 보고서와 갑자기 맞닥뜨려야만 했다. 구타는 여성들의 문제가 아니라는 말을 들어야 했다. 매 맞는 여성들을 위한 지원이 끊겼다.

다른 곳으로 관심을 돌리기 좋은 쟁점에 언제나 신경 쓰는 언론은 당장 뛰어들어 매 맞는 남편을 위한 확성기를 들었고, 수잰 스타인메츠가 어느 정도 유명세를 탔다는 걸 분명 알아차렸을 동료 학자들도 같이 확성기를 들었다. 그래서 1978년 3월 『타임』이 '매 맞는 남편'의 역경에 한 페이지를 전부 할애했을 때 머리 스트라우스는 "여성도 남성처럼 배우자에게 폭력을 사용하는 경향이 있다"고 단언하면서 스타인메츠에게 동의했다. 그리고 리처드 겔스는, 울프강 연구를 또 다르게 왜곡하며, "남자와 여자는 언제나 가정 폭력의 동등한 피해자였다. 살인 사건 가해자의 50퍼센트는 남성이다. 50퍼센트는 여성이다. 그 사실은 적어도 오십 년간은 변하지 않았다"라고 주장하며 뛰어들었다. (『타임』기사는 영국의 에린 피지가 매 맞는 남성을 위한 집을 설립했다는 오보로 끝났는데, 사실 치스윅남성원조(Chiswick Men's Aid)가 때리는 남성들을 위한 집이었다.)[96] 그러나 이때쯤, 스타인메츠는 몇 가지 수치를 내놓았다. 매년 "적어도 25만 명의 미국의 남편은 아내에 의해 심하게 구타당한다. (…) 가장 많이 보고되지 않는 범죄는 아내 구타가 아니다. 남편 구타이다." 작가 랭글리와 레비는 스타인메츠의 과장된 수치를 받아 1977년 자신들의 책인 『아내 구타: 고요한 위기(Wife Beating: The Silent Crisis)』에서 '매 맞는 남편'에 관한 장에 의견을 추가했다.[97] 곧 그들은 순회 대담 프로그램에서 스타인메츠와 만났고 7월에 랭글리는 오색으로 멍든, 잘생긴 남자 모델을 표지 사진으로 내건 『뉴욕 데일리 뉴스』의 일요판을 위해 '매 맞는 남편들'에 관한 기사를 썼다.[98] 랭글리와 레비는 매 맞는 남자들의 수를 미국 남편들의 20퍼센트로 올렸고, 조이스 브러더스 박사는 그들의 '놀라운 결론'[99]을 자신이 기고하는 칼럼에서 보고했다. 랭글리와 레비가 숫자를 1,200만으로 올렸을 때는 스타인메츠조차 그 수치가 "터무니없다"[100]고 말하며, 랭글리 혼자 「데이비드 서스킨드 쇼(The David Susskind Show)」를 하게 남겨 두곤 그 분야를 떠났다.

1978년 2월에 처음 방영되어 아직도 정기적으로 재방송되고 있는 그 쇼는 어쩌면 매 맞는 남편 성전의 정점이었을 것이다. 그러나 랭글리의 잡지 기사나 랭글리와 레비의 책을 읽은 시청자들은 조심스럽게 얼굴을 가린 매 맞는 남편들이 식상하고 똑같은 개인적 경험을 말하는 걸 들으면서 어딘가 실망해 버렸다. '운동'은 실제로는 이 3명의 같은 남자로만 구성되어 있는 건가? 그리고 자신의 이야기를 바꿔 이야기한 사람은 어떤가? 한 초대 손님이 랭글리가 책에 인용한 것과 똑같은 남편 구타 사건을 이야기했다. 그 사건에서는 남편이 화나게 한 것도 없는데 아내가 그의 뺨을 때리고 손톱으로 얼굴을 할퀴어서 피를 냈다. "화가 났다기보다는 당혹스럽고 상처받았죠"라고 그는 랭글리에게 말했다. 하지만 텔레비전에서 그는 자신의 반응을 다르게 묘사했다. "아내의 블라우스와 리본 끈을 잡고 바닥에서 구십 센티미터 정도 들어 올려 화장실 벽으로 밀치고는 말했죠. '또 그러면, 없어질 줄 알아. 말 그대로 없애 버린다고. 내가 당신을 여기서 목요일까지 팰 거라고' 하고요."

　　매 맞는 남편에 대해 떠드는 확성기 차량은 그 뒤로 사상자를 끌며 지나갔다. 이전에는 훌륭한 연구를 해 온 세 사람 모두, 사회학자 스타인메츠와 스트라우스, 그리고 겔스는 어리석어 보였다. 실제로 아내로부터 신체적인 학대를 당한 남자들을 위한 법률적인 요구도 신뢰를 잃었다. 그리고 가장 중요하게도, 남편 구타를 아내 구타와 평균화시켜 버린 매 맞는 남편에 대한 과대 보도는, 아내 학대라는 거대한 문제를 애매하고 사소한 문제로 만들어 버렸다. 그러나 이 반동적 소란 한가운데에서도, 페미니스트들은 예상치 않은 곳에서 상식적인 지지를 발견했다. 자살 말고는 전혀 기댈 데가 없는 셀 수 없이 많은 매 맞는 남편을 위한 피난처 설립을 촉구하는 편지에 회답하면서, 미국에서 가장 널리 읽히는 인생 상담 칼럼니스트인 앤 랜더스는 딱 잘라 말했다. "분명 확신하건대 그런 경우보다 더 많은 남자들이 자신의 아내를 패고 있다고 봐요. 하지만 매 맞는 남편들을 위한 피난처가 필요하다고 생각하신다면, 같이 그 마음을 모아서 피난처를 만들면 됩니다. 난 그 길 반대편에서 일할 테니까요, 선생님."[101]

　　백래시에도 불구하고, 페미니스트들은 매 맞는 여성들을 위해 계속 일했다. 많은 여성이 왜 가해자는 자유롭게 남아 있는 채로 여성과 자녀 들이 피난처로 도피해야만 하는지 궁금해하기 시작했지만 피난처 운동은 성장했다. 왜 때리는 남성을 가두고 여자들과 아이들을 자신들의 집에 있도록 하지 않는가? 그 목표를 위해, 뉴욕의 매 맞는 아내들은 법 안에서 동등한 보호를 받을 권리를 부인하는 경찰과 법원을 고소하는 소송을 제기했다.[102] 최종적으로 70명이 넘는 여성들이 모인 소송은 가해자 체포를 거절한 경찰의 불법적 행위와 법원 관계자들이 여성들이 법원의 보호 명령을 얻기 위해 판사에게 접근하는 걸 거부한 불법적 행위를 고소했다. 주 대법원은 사건을 기각하는 걸 거절했고 1978년 6월 경찰국은 아내에게 중범죄의 폭행을 저지른 남자들을 체포하는 데 동의하면서 법정 밖에서 합의했다. 또한 경찰은 신고한 아내들에게 권리를 통지하고 그들이 의료적인 도움을 받을 수 있도록 돕는 데 동의했고, 만약 남편들이 현장을 떠난 경우에는 다른 용의자들에게 하듯이 남편을 수색하는 데 동의했다. 6명의 변호사와 25명의 법대생, 변호사 보조들, 비서들이 삼 년을 일한 결과인 이 획기전인 사건은 다른 도시에서도 되풀이되고 있다.

드디어 뉴욕 경찰은 그들의 직업적 임무에 따라 규정된 의무를 수행하기로 완전히 동의했다. 국제경찰국장협회(International Association of Chiefs of Police)의 1976년 훈령은 아내 구타를 신체적 폭력을 포함하지 않은 일상적인 가정 내 소란으로부터 구체적으로 구분했다. 이 훈령은 양쪽 사건 다 위기 개입 기술이 요구된다고 설명하면서도, 아내 구타 사건이 발생하면 경찰관은 '폭행 수사를 수행할 준비가 되어 있어야 한다'고 지시한다. 훈령은 계속해서 설명하고 있다. "'가정 내 소란'과 '아내 구타'를 동의어라고 간주해서는 안 되며 아내 학대를 피해자가 없는 범죄나 단지 힘든 결혼 생활의 표현으로 여겨서도 안 된다. 아내 구타는 무엇보다도 폭행이고 반드시 수사해야만 하는 범죄이다."[103]

그럼에도 불구하고, 경찰이 더 이상은 단순히 '법의 집행자'가 아니라 '인간의 위기와 갈등의 관리자'[104]가 되어야 한다고 믿는 뉴욕 심리학 교수(전직 경찰관)인 모턴 바드의 지도 아래 1960년대부터 폭행 수사보다는, 위기 개입으로 경찰을 훈련시키는 프로그램이

확산되어 왔다. 그 훈련은 의심할 여지없이 신체적인 폭력을 포함하지 않는 가정 내 소란에 대한 신고 중 51퍼센트에서 71퍼센트에 대응하는 경찰들에게는 유용했다. 그러나, 실제로는, 경찰은 그들의 새로운 개입 기술을 일률적으로 적용하면서 폭행 범죄를 그저 또 다른, 가족끼리의 말다툼으로 다루었다. 표준 경찰 훈련 지침은 경찰들에게 어떤 일이 있더라도 체포를 피하고 여성 신고자에게 기소를 진행하는 게 얼마나 어렵고 비용이 비싼지를 이야기해서(종종 잘못된 이야기였다) 단념시키라고 권고했다. 미시간 주 경찰서의 한 관내 게시문은 경찰들에게 여자의 '허영심'에 호소해서 일을 부드럽게 처리하라고 조심시키며 "경찰은 단지 가족의 문제인 것을 절대로 경찰의 문제로 만들지 말아야 한다"[105]고 상기시키고 있다.

　　남자를 체포하지 말라는 이 정책은 분명하게 여성을 차별하는 것이었지만 경찰은 다양한 변명을 내놓았다. 경찰관들은 종종 때리는 남편을 체포하는 건 그저 그를 더 화나게 만들어 상황을 더 위험하게 만들 뿐이라고 주장했고, 아내들에게도 그렇게 충고했지만, 단 한 번도 아내 구타범을 체포해 본 적이 없었으므로 그들에겐 이 의견을 검증하거나 반박할 자료가 없었다.(아내 구타에 대한 법 집행 자료는 유별나게도 분실되거나 다른 것과 뒤섞여 있었다. 인디애나 주의 한 카운티에서 보안관은 아내 구타를 기록했다고 했지만, 개 짖는 소리에 대한 신고 옆에 같이 기록했다.)[106] 경찰이 기소에 대한 결정을 아내가 하도록 하면, 남편은 아내가 자신의 체포에 대한 모든 책임을 진다고 여겨 더 화를 내거나 더 위협적으로 변한다고 매 맞는 아내들은 자주 이야기했다. 하지만 그와 반대로 경찰관 스스로 체포를 감행하면 남편들은 종종 겁을 먹고 적어도 잠깐이나마 제대로 행동한다고 아내들은 보고했다.

　　두번째로, 경찰은 그들의 비체포 정책이 목숨을, 경찰의 목숨을 구한다고 주장했다. 바드가 처음 위기 개입 훈련 프로그램을 개발하기 시작한 이래 가정으로 출동한 경찰 사상자의 추정치는 증가했지만 말이다. 바드 자신도 "사망한 경찰관 수의 약 22퍼센트는 (…) 가족 간의 분쟁에 개입하는 과정에서 **자주** 발생"했으며 "같은 방식에서 경찰 부상자의 약 40퍼센트가 발생했다"고 주장했다.[107] 많은 여성들에겐 경찰이 경찰 일을 하지 않는 근거가 너무 위험해서라고 변명해야 한다는 것이 기이하게 느껴졌는데, 이제 보니 경찰이 겪는 위험은 계속 과장되어 온 것 같다.

에프비아이의 통계로는 도대체 얼마나 많은 경찰이 가정 내 소란에 대응하다가 죽거나 부상당했는지를 판단하기 힘든데, 왜냐하면 그러한 신고들이 길거리 싸움과 아주 위험한 '총 든 남자'에 대한 신고도 같이 포함하고 있는 범주인 '소란'이라는 일반적인 범주에 속하기 때문이었다. 게다가 1968년에서 1977년까지의 기간 동안, 에프비아이 통계에는 대부분의 경찰이 강도 및 무장 강도 신고(287건)에 응하거나 다른 체포(241건)를 시도하다가 죽었다고 되어 있다. 모든 종류의 소란(175건)에서만큼이나 교통 추격(121건)으로 경찰이 목숨을 잃었다.[108] 1979년 연구에서 뉴욕 경찰국의 제임스 파이프 경위는 가족 내 싸움이 가장 위험한 임무라는 많은 경찰들의 잘못된 믿음, 비체포 정책을 정당화하려 발전되어 가정 위기 개입에 대한 집중 훈련으로 강화된 믿음으로 인해 경찰들은 사실 훨씬 더 위험한 '일상'의 강도를 다룰 때 준비 없이 가게 되면서 더 큰 위험으로 내몰린다고 시사했다. 파이프의 연구에서 다룬 오 년, 1970년부터 1975년까지 경찰이 총을 발사한 사건의 약 삼분의 일은 강도 사건이었다.[109] 반면, 총격의 12퍼센트만이 술집의 난동부터 아내 폭행까지 모든 종류의 분쟁에 의해 일어났다. 그리고 경찰관 사망의 가장 빈번한 이유는 가정 분쟁 신고가 아니라 자살이었다.

그럼에도 불구하고, 많은 여자들은 아내 구타범의 체포와 기소를 꺼린다. 백인 중산층의 진보적인 여성들에게, 법과 질서란 뭔가 불편하게 느껴진다. 그들은 체포가 실제로 구타를 막을 수 있을지는 알지 못하지만, 빈곤한 비백인 남자들에게 불균등하게 가해지는 체포의 충격은 잘 알고 있다. 그러나 뉴욕 경찰과 법원에 대한 고발에 참여한 많은 가난한 비백인 여성들은 '자신들의 남자들'로부터 법적인 보호를 원한다고 말했다. 누가 봐도 '거기 출신'인 데다 게토 폭력이나 남자다움이라는 '윤리'의 자발적 피해자로 보이는, 경찰의 보호를 가장 받지 못하고, 정당방위로 행동한다면 법 아래에서 가장 고생할 그 여자들이 말이다. 뉴욕 경찰국의 정책 변화는 뉴욕에 있는 모든 계급의 수천 명의 매 맞는 여성들의 목숨에 즉각적인 효과를 낼 뿐만 아니라, 또한 '훌륭한' 뉴욕 경찰을 뒤따를 다른 경찰국에서 선례를 만들 수 있기 때문에 이런 여성들에게는 너무나 용기가 생기는 일이었다.[110] 그렇지만 남자를 가두는 게 최종적인 해결책이라고 주장하는 여자들은 거의 없을 것이다.

다른 기관들은 매 맞는 여자들을 돕는 일을 경찰보다 훨씬 더 꺼리는 것처럼 보였다. 의회의 경우, 하원 의원 바버라 미컬스키, 린디 보그스, 뉴턴 스티어스와 상원 의원 웬들 앤더슨, 에드워드 케네디가 발의한 1978년의 가정 폭력 법안이 하원에서 부결되었다.[111] 납세자들의 강한 저항에 조심스러워진 몇몇 의원은 '지역 문제'를 다루는 또 다른 연방 프로그램을 시작하는 걸 내키지 않아 했고 정보가 빈약했던 다른 입법자들은 그 법안의 완곡한 명칭인 '가정 폭력 법안[112]'이 미국 내의 정치적 테러리즘을 언급한다고 생각했다. 의회가 1980년 올림픽에 배당한 딱 그만큼의 금액인 1,500만 달러를 첫 해에 양 성별의 학대받은 '배우자들'에게 제공하게 되는 그 법안은 최소 득표수조차 확보하지 못했다.

다른 정부 기관들은 새 진보 프로그램 뒤에 숨어 자신들의 행동하지 않음을 가렸다. 예를 들어 아낌없는 지원을 받고 있는 법무부의 법 집행 지원국은, 위기 개입 경찰 훈련에 대한 보조금 프로그램을 계속해 나갔다. 논평가들은 노동 협상에서 빌려 온 분쟁 조정 절차는 당사자들이 거의 동등한 권한을 가진 위치에서 자발적으로 참여할 때만 제대로 이루어진다고 지적했다. 폭행으로 고소하려는 멍이 들고 피 흘리는 여자에게 가해자와 '협상'하라고 요구하는 것은 말도 안 될 뿐만 아니라 사실상 여성이 신체적 상해로부터 보호받을 권리를 부정하므로 불법적인 행위이다. 많은 경찰관들조차 사회 복지사보다는 경찰이 되겠다고 말하면서 그 프로그램에 반대했다. 캘리포니아 주 오클랜드의 한 순찰 경찰관은 폭행 사건에서 경찰의 역할이 결혼 상담사를 추천해 주는 것밖에 없다면 "그냥 자기 아내를 쏘라고 총을 그 남자에게 주겠다"[113]고 말했다. 그리고 배우자 살해 사건 중 85퍼센트에서 경찰은 그 이전에 적어도 한 번 '개입'했고, 50퍼센트의 사례에서는 그 이전에 적어도 다섯 번 분쟁을 '중재'했다는 걸 보여주는 캔자스시티 경찰국의 연구가 그의 관점을 뒷받침해 주고 있다.[114] 경찰 위기 개입 옹호자들[115]은, 한편, 위기 개입 프로그램을 한번 경험한 여성들은 다시는 개입을 요청하지 않는다고 말하며, 특히 (일부 '상급' 프로그램에서처럼) 요청 여부와 관계없이 결혼 상담을 해 줄 준비가 된 사회 복지사나 목사가 동반하는 경우에는 특히 그렇다고 보고했다. 사실, 맞아서 경찰에게 전화를 했는데 목사를 데리고 온다면 그 여자가 다시 전화를 할 거라고 상상하긴 어렵다.

1979년, 과거에 매 맞는 여성을 위한 피난처와 다른 프로그램을 지원해 온 미국법집행동맹(Law Enforcement Alliance of America)은 그 대신 때리는 남자들을 위한 프로그램을 장려하기로 결정했다. 주안점에 이러한 변화가 생긴 논리적 근거는 아내 구타의 '문제'는 그 근원을 공격함으로써 가장 잘 제거할 수 있다는 것이었다. 바로 남자 말이다. 아내 구타범의 체포와 기소를 찬성하는, 여성들의 지지자들은, 문제의 중심이 남성 폭력에 놓여 있다는 것에 동의했지만 구타범들을 위한 새 프로그램은 처벌이 아니라 이해와 재활을 목적으로 해야 한다고 의견을 모았다. 법이 범죄로 규정한 것을 미국법집행동맹은 '문제'로 재규정했다.

불행하게도, 구타범들을 교정하는 프로그램은 거의 성공을 보장하지 못했다. 이전의 모든 연구가 가리키듯이 구타하는 남자들은 주먹으로 '대화'하고 자신의 감정을 말로 표현하지 못하기 때문에, 상담, 즉 말로 하는 과정을 통해 그 문제를 해결할 수 있을 것 같지 않았다. 두번째로 모든 사회적 계층과 모든 분야에 존재하는 때리는 남자들은, 대부분의 친구들, 대부분의 고용주들과 상담사마저 그들을 정상적인 남자들로 묘사하고 있듯이, 알려져 있는 어떤 의학적 의미로도 '아픈' 게 아니라고 예비 연구는 지적했다. 그리고 상담이 개개의 경우에서는 도움이 된다고 증명할 수 있겠지만, 미국 내 아내를 때리는 남자의 수가 전체 남성 인구의 절반만큼 높게 추정되는 가운데 그들만의 특정한 성격 구조나 병리적 현상을 발견할 수 있을 것 같지는 않았다.

많은 여자들에게 치료적 접근은 그 자체가 의심스러웠는데,

왜냐하면 심리학은 그 분야를 발명한 남자들의 관점에서 '문제'를 보는 경향이 있기 때문이었다. 전형적으로, 1964년 매사추세츠 주 프레이밍햄에서 남편들을 폭행으로 고발한 매 맞는 아내들에 관한 프로이트의 연구는 아내들이 공격적이고, 남성적이고, 불감증과 마조히즘 성향을 갖고 있으며, 남편의 공격적인 행동은 '아내가 저항하고 있을 때조차도 아내의 욕구를 채우는' 기능을 한다고 밝혔다.[116] 너무나 종종, 심리학은 여성의 '저항'을 기각하는 것처럼 보인다. 1978년 12월 스물여섯 살의 린 디터는 별거 중인 남편 데이비드를 두 번의 성폭행과 한 번의 폭행 및 구타로 인한 신체 침해로 고발했고, 이 일은 네브래스카 주의 법에서 남편이 아내를 강간하는 것이 불법인지 여부를 가리는 획기적인 사건이 되었다. 1979년 보석으로 풀려난 데이비드 디터가 아내를 쏴 죽이는 바람에 사건은 결코 재판까지 가지 못했다. 남편이 계속해서 자신을 따라다니고 협박한다며 린 디터가 보석을 철회해 달라고 요청하러 1월 5일 법원으로 간 이후에도 판사는 네브래스카 주 정신 건강 클리닉의 정신과 의사의 보고서에 따라 보석을 유지했다. 보고서 내용은 이랬다. "검사 결과 디터 씨가 지금 전반적으로 공격적이거나 위험하다고 간주되어야만 하는 어떤 징후도 발견하지 못했습니다. 그는 지금 정서적으로, 신체적으로 자기 제어를 잘하고 있다는 모든 증거를 보여주고 있습니다."[117]

남자들의 문제를 치료하는 데에서 가장 큰 장애물은 단연 대부분의 아내 구타범이 자신에게 아무 문제가 없다고 생각한다는 것이다. 폭력적인 가정에서 결혼 상담이나 치료를 찾는 건 언제나 변함없이 아내이고 한 번이나 두 번의 상담 후에 그만두거나 처음부터 상담을 거절하는 건 언제나 변함없이 남편이다. 런던에서 단명한 남성지원센터를 관리한 레이 리는 몇몇 남자들은 아내를 집으로 돌아오도록 구슬리는 책략으로만 센터에 오고 또 다른 남자들은 자신들이 "나았다"고 선언하고는 한 주나 두 주 후에 센터를 떠났다고 말했다.[118] 1964년 프레이밍햄에서 매 맞는 아내들에 관한 연구를 한 3명의 정신과 의사들[119]은 실제로 때리는 남편들에 관한 연구를 시작했다. 그들은 매사추세츠 주 법의학 부서가 설립한 법원 연계

클리닉에 직원을 배치해 공격적인 남성에 대한 정신 분석 결과와
치료를 제공하려 했지만, 오 년의 운영 기간 동안 클리닉에 의뢰된
37명의 구타범들은 협조를 거부했다. 구타범들은 문제가 있는 건
자신들의 아내라고 말했고 정신과 의사들은 따로 할 일이 있는
것도 아니라서 협조적인 아내를 연구하고 그 말에 동의했다. 1978년
인디애나 주 검사 제임스 키저는 증인 앞에서 전 부인을 죽을 때까지
때리고 차고, 쓰러진 채로 죽어 가는 그녀를 강간한 남자를 살인으로
기소하기를 거부했다. 대신 과실치사 혐의를 제기하면서 "여자를
죽일 의도는 없었습니다. 그는 그저 매 타작 한번 제대로 하려던
거였어요"라고 의견을 냈다.[120] 그리고 플로리다 주에서 열네 살 소녀를
유괴, 폭행, 강간하고 항문 성교 강간을 한 쉰아홉 살 남자는 범죄
혐의를 벗으려고 소녀와의 결혼을 제안했다.[121] 구타범들을 위한 어떤
프로그램이든 분명 가장 힘든 부분은 그들이 잘못을 저질렀다는 걸
남자들에게 납득시키는 거였다. 하지만 매 맞는 남편들에 대한 이전의
관심이 그랬듯 구타범을 위한 프로그램도 매일 발로 차이고 주먹으로
맞아 죽는, 셀 수도 없이 많은 매 맞는 여자들에게, 그리고 자신을 지킬
어떤 방법도 보이지 않는 절망의 끄트머리에 있는 몇몇 여자들에게
가야 할 관심과 돈을 전용할 것이다.

몇몇 전문가들은 우려하며 모든 형태의 "폭력에 대한 절대적인
금지"[122]를 요청하기도 한다. 다른 이들은 비관적이다. 어떤 이들은
다음 세대의 폭력과 범죄의 '일차 근원지'로 가정 폭력을 조장하는 형법
체계 자체를 고발한다.[123] 결국, 폭력과 범죄가 없다면 형법 체계는 할
일이 없어질 테니 말이다. 마르크스주의자들은 아내에게 휘두르는
폭력이 착취당한 노동자들을 위한 감정의 배출구를 제공하기 때문에
가정 폭력은 언제나 자본주의에 의해 조장될 것이라고 주장한다.
페미니스트들은 포르노적 선전으로 권장되는 여성에 대한 공공연한
폭력이 남성 우월주의의 첫 무기이자 마지막 무기라는 걸 알고 있다.

학자들은 폭력의 원인에 대한 연구를 계속하고 있다.
사회생물학자들은 유전자와 테스토스테론을 들여다보고,
심리학자들은 거세하는 아내와 과보호하는 어머니 탓을 하고,
사회심리학자들은 환경적 스트레스를 이야기하고, 사회학자들은

밀치고 주먹질하고 일격을 가한 횟수를 계속해서 센다.
마르크스주의자들은 자본주의를, 목사들은 믿음의 상실을 말하고,
보수주의자들은 폭력의 이유가 뭐가 됐건 우리는 가족의 신성함에
간섭해서는 안 된다고 계속 주장한다. 한 가지 점에서는 모두가
동의하고 있다. 폭력은 본보기로 학습되고 한 세대에서 다음 세대로
전해진다는 것. 그러므로 사회가 뭔가를 해야만 한다는 점은 피할 수
없어 보인다. 테스토스테론 쪽 사람들은 사임했지만 다른 연구자들은
희망에 차서 완전 고용, 빈곤의 퇴치와 3천만 명의 아내 구타범들의
재활을 이야기하고 있다. 그리고 그러는 동안 남편을 죽인 여자들은
백래시를 마주하러 법정으로 들어온다.

3

루스 칠더스[124]는 1978년 12월 인디애나 주 벤턴 카운티에서 살인으로
재판을 받을 때 그 백래시와 충돌했다. 그녀는 전남편 클리퍼드를
쏜 혐의로 기소되었다. 검찰 쪽이든 피고 쪽이든 발사에 대한 모든
증인의 증언은 1978년 8월 18일 칠더스 농장에서 일어난 일에 대한
묘사에서 거의 전부 일치했다. 새 집으로 이사 갈 준비를 하고 있던
루스와 십대 아들들은 가구와 농장 장비 같은 잡동사니를 빌린
트럭에 싣고 있었는데, 최근 클리퍼드 칠더스로부터 농장을 산 남자가
그것들 중 몇 가지는 자신에게 속한다고 주장했다. 루스는 이혼 합의
조건에 따라 부동산이 자신에게 속한다고 생각했고, 사실 그랬지만,
옮기기 전에 기꺼이 믿을 수 있는 의견을 기다리기로 했고, 새로운
소유주는 클리퍼드 칠더스와 보안관에게 연락했다. 만취한 클리퍼드는
시비를 걸며 도착했다. 루스는 그에게 보안관을 기다리라고 말하고는
변호사에게 전화를 하러 집으로 들어갔다. 통화 중 신호를 듣고 다시
걸려고 기다리는 동안 딸이 클리퍼드가 트럭에서 짐을 내리고 있다고
알려줬다. 루스는 문가에 놓아둔 산탄총을 집어 들고 클리퍼드와
맞서러 트럭으로 걸어갔다. 그녀는 말했다. "이렇게 방해하는 게 몇
번째야. 자, 트럭에서 내려서 보안관을 기다려." 그러나 클러퍼드는
루스 쪽으로 돌진했고 그녀는 뒤로 물러서다 비틀거렸다. 총이
발사됐다. 구급차는 늦게 도착했고 병원은 몇 킬로미터나 떨어져

있었다. 클리퍼드 칠더스는 수술대에서 죽었다.

살인 혐의를 부인하며, 루스 칠더스의 변호사들은 두 개의 변론을 제시했다.[125] 첫번째, 십팔 년간의 구타로 인해 전남편을 두려워하는 루스 칠더스는 그가 가까이 오지 못하도록 총을 들어 정당방위로 행동했고, 두번째, 그러다 총이 사고로 발사되었다. 그녀의 변호사들은 사고 변론이 루스의 죄를 과실치사로 경감하고, 나아가 정당방위 변론이 다른 모든 범죄 책임을 상쇄하기를 바랐다. 총이 사고로 발사되었으므로 그녀는 살인의 죄를 짓지 않았다고 그들은 주장했고, 정당방위로 총을 집어 들었으므로 과실치사의 죄도 성립되지 않는다고 덧붙였다. 그들은 잘 준비해서 사건을 변론했고 정당방위 진술은 여성 정당방위 법의 본보기가 될 만했다. 그러나 배심원들은 받아들이지 않았다.

그들은 명백한 '살인 무기', 다시 말해 싸구려 소형 권총의 장총 격인 할인점의 산탄총이 여러 면에서 결함이 있으며 촉발 방아쇠를 가진 총이라는 영국의 총포 제작자 데이비드 트리밸리언의 전문가 증언을 받아들였다. 트리밸리언은 바닥에서 툭 치는 것만으로도 총이 발사되도록 할 수 있었고, 증인들은 발사 현장에서 옮기는 동안에도 총이 자기 멋대로 발사되었다는 증언을 했다. 그러나 배심원은 누가 봐도 '매 맞는 여성 증후군'으로 고통받는 루스 칠더스가 왜 자신을 방어하려 총을 들었는지 설명한 심리학자 엘리자 베네덱의 전문가 증언은 받아들이지 않았다. 다른 곳에서는 여자들이 그런 일을 하고도 빠져나갈지 몰라도 벤턴 카운티에서는 아니었다. 배심원은 칠더스에게 비자발적인 과실치사 혐의로 유죄 평결을 내렸고 페리 시프먼 판사는 법규에 정해진 형량, 오 년 형을 선고했다.

시프먼 판사는 형량을 이 년으로 줄이거나 완전히 유예할 수 있었지만 그러지 않았다. 루스 칠더스가 자신이 복역하는 동안 고생할 4명의 미성년 자녀를 둔 어머니이고 재범을 저지를 일이 거의 없는, 법을 어긴 적이 없는 시민으로 인디애나 주 법령의 모든 조항 안에서 집행유예의 자격이 충분했는데도 말이다. 그 전에 벤턴 카운티에서 마지막으로 살인죄 판결을 받은 두 사람은, 둘 다 남자였는데, 비교적 쉽게 풀려난 듯했다. 아내를 쏜 한 사람은 자발적 과실치사로 최소 형량 일 년에서 십 년을 받았고, 아내를 때려 죽이고 '제대로 매 타작'을 하는 동안 아내를 강간했던 다른 남자는 살인으로는 단 한 번도 재판을 받지 않았지만(보안관이 '많은 증거'라고 부른 게 있었음에도 불구하고) 과실치사의 혐의를 인정하고 육 년의 형을 받았다.[126]

    매 맞는 여자들의 대부분의 경우처럼, 루스 칠더스의 문제는 법적 절차의 모든 단계마다 정의의 지배적인 기준이 남자라는 것이다.[127] 변호사인 엘리자베스 슈나이더와 수전 조던이 쓴 것처럼 말이다.

> 정당화되는 살인의 기준은 남자의 규범과 기대에 기반하고 있다. 정당방위의 익숙한 이미지는 군인, 자신의 집과 가족, 아내의 정조를 보호하는 남자, 또는 가해자를 물리치는 남자. 사회는 그 사회의 검사, 배심원, 그리고 판사를 통해 강간범을 죽인 여자보다 아내의 연인을 죽인 남자를 더 선뜻 용서해 준다. 남자와 여자의 행동은 서로 다른 법적 기대와 규범에 속해 있다. 남자의 행동은, 법적으로 항상 용서받지 않는다 해도 동정적인 시선을 받는다. 용서받지는 못하지만, 진짜 남자는 자신의 자존심과 소유물을 위해 죽을 때까지 싸운다는 기대에 그의 행동이 일치하므로, 그 행동을 심판하는 자리에 앉은 자들은 그의 동기를 이해한다.[128]

남자에 의해, 남자를 위해 만들어지고 역사가 생긴 이래 그들의 이익을 위해 쌓아 올려진 법은 남성적인 편견을 성문화하고 여성의 관점을 무시함으로써 여성을 체계적으로 차별한다. 오늘날 법은 여전히 대개는 남성에 의해 집행되고, 해석되고, 운영되며, 그래서 여전히 하나의 집단으로서의 남자의 이익을 위해 작동한다. 좋은 시민 의식을 갖도록 남자처럼 교육받은 여자들은 법의 남성적 편견을 객관적인 정의로 받아들이고, 같은 규칙을 가르친 여성 변호사, 여성 판사, 여성 배심원은 대개 같은 남성적 기준을 지지한다. 그리고 그 남성적 기준이 의도적인 성차별이든 또는 남성적 관점의 공유로 인한 순진한 부작용이든, 여자에게 그 결과는 같다. 그들은 법 안에서 매 단계마다 동등한 보호에서 제외되고, 정당하고 동등한 대접을 받은 여자들마저도 뭔가 다른 이유가 있어 빠져나간 거라고 간주되기 쉽다.

그러한 남성적 편견은 종종 법적 절차의 여러 단계에서 '재량권'을 행사할 때 드러난다. 판사나 검사 또는 경찰관이 '더 나은 판단'을 내리도록 허락하는 그 내재된 유연성이 개개의 사건을 공정하게 다루려 애쓰는 법 체계의 본질이라는 데 전문가들은 동의한다. 그러나 재량권은 대개 남자들에 **의해**(또는 남성적 기준으로 훈련받은 여자들에 의해) 실행되기 때문에, 대개 남자들을 **위해**, 남성적 기준을 위해 실행된다. 사법 재량권은 반복적으로 같은 남성의 이익을 보호하려 행해지면서 법의 기저에 깔린 여성에 대한 체계적인 차별을 덮는 가면이 된다. 법적 재량권의 특징적인 남성 편향은 매 맞는 여성이 저지른 모든 살인 사건을 불리하게 만든다.

편향은 대부분 부서의 정책 문제로, 경찰과 더불어 시작될 수 있다. 경찰은 지넷 스미스를 구타한 남편을 체포하지 않기로 결정했고, 그가 다시 그녀에게 몸을 돌리고 그녀가 스스로를 부엌칼로 지켰을 때 경찰은 여전히 집 앞에 있었다. 프랜신이 대신 그를 죽인 바로 그날 밤 그녀를 죽이겠다는 그의 협박에도 불구하고 경찰은 제임스 휴스를 체포하지 않기로 결정했다. 벤턴 카운티 보안관은 어쩌면 부부에게 끝까지 싸우고 진정할 시간을 주려고 한 건지 모르겠지만, 칠더스 농장에서 온 마지막 전화에 답하는 데 거의 삼십 분이나 걸렸고 루스 칠더스는 도움을 기다리며 결함있는 총으로 남편이 자신에게 가까이 오지 못하게 하려고 애썼다.

남성 가해자가 체포되었을 때조차, 대부분의 아내 폭행 사건은 검찰로 넘어가지도 않는다. 형사 법원 담당자들은 고소한 여성들에게 가정 법원이나 민사 법원으로 가라고 말한다. 민사 법원 담당자들은 형사 법원으로 안내한다. 그리고 대부분의 사법 권역에서 검찰의 불기소 정책은 불체포 정책과 같이 간다. 매 맞는 여성들이, 자신의 가해자를 알고 있는 다른 고소인보다 더 자주 고소를 취하한다는 증거는 전혀 없지만 검사들은 여자들이 습관적으로 기소를 취하하기 때문에 사건이 시간 낭비라고 주장한다. 반면에, 그들이 고소를 원하는 여성들을 단념시키거나 고소하는 걸 실제로 막은 증거는 아주 많다. 그리고 린 디터처럼, 많은 여자들은 그렇게 기소하려고 애쓰다가 실패한 남자들에 의해 살해당한다.[129] 인디애나 주 티페카누 카운티의 존 마이어스라는 검사처럼 여자가 기소를 원하는지 여부는 중요하지 않다고 믿는 관리들도 있다. 일반적으로 폭력은 사회에 해롭고 가정에서 학습된다는 데 동의하기에 검사들은 여성의 의사와 상관없이 사람들을 이롭게 하기 위해 기소해야만 하는 의무가 있다. 아내 구타와 어린이 학대에 대해 '강경 정책'을 적용하면서 마이어스는 "세대를 거쳐 전해지는 폭력의 양상에 대해 무언가를 하려면 어디에선가는 시작을 해야만 한다"라고 주장한다.[130]

그러나 매 맞는 여성들이 살인에 의탁할 때를 제외하면 마이어스처럼 열정적인 검사는 드물다. 어떤 특이한 사건에서 한 검사가, 뒤늦기는 했지만, 그 오래된 불안을 현명하게 바로잡았다. 1978년 7월 뉴올리언스 검사는 사실혼 관계의 남편 해럴드 랜돌프의 머리와 목에 두 번 그리고 등에 총을 열한 번 쏜 비올라 윌리엄스의 기소를 취하했다. 재판 전 조사 결과 랜돌프가 그녀를 십 년 동안 구타했고 그녀의 얼굴을 개미굴에 밀어 넣었으며 야구 방망이로 그녀를 때린 후 단순 폭행으로 유죄를 한 번 인정했다는 사실이 밝혀졌다. 또한 그녀가 그를 쏘았을 때 그는 칼을 들고 그녀를 공격하고 있었다는 것도 밝혀졌다. 그녀는 자신을 지키기 위해 두 번 쏘았고 지금까지 그가 자신에게 한 일을 떠올리며 열한 번을 더 쏘았다고 말했다. 검사보 실라 마이어스는 기소하지 않는다는 결정을 발표하면서 윌리엄스가 '유효한 정당방위 주장'을 했다고 인정했다. "당국이 더 일찍 돕지 못해서 유감입니다"라면서 검사보는 다음과 같이 말했다. "우리는 예전에도 여러 번 그녀가 도움을 청했다는 증거를 가지고 있습니다."[131]

이런 사례보다 훨씬 빈번하게 검사들은 살인에 대한 전면적인 금지로 간주하는 것을 시행함으로써 상황에 대응한다. 열심히 일하는 브루클린의 한 검사보인 에드워드 맥뉴는 대배심에서 정보를 보류한 채로 애그니스 스콧에 대해 1978년 과실치사 기소를 얻어냈다. 배심원들은 왜 애그니스 스콧이 별거 중인 남편에게 부엌칼을 밀어 넣었는지 알고 싶어 했지만 스콧의 열세 살 딸이 자기 아버지가 (이미 애그니스를 가죽 허리띠로 때리고 나서) 자신과 남동생을 때릴 '준비'를 하고 있었다고 증언했을 때 검사보는 배심원들에게 그 소녀의 생각을 무시하라고 지시했다. 배심원들이 살인이 일어난 아파트가 애그니스

스콧의 법적 거주지인지를 묻자 검사보는 그 질문은 무관하다고 말했다. 그는 육 개월 전에 남편이 아파트에 침입했을 때 애그니스 스콧이 남편에 대한 형사 소송 절차를 시작했다는 것을 배심원들에게 말해 주지 않았고, 살인 넉 달 전에 리처드 스콧이 애그니스를 길에서 칼로 공격했다는 것과 그가 가족에게 접근하지 말라는 법원의 명령 아래 있었다는 것도 언급하지 않았다. 검사보는 대배심원 앞에 나오지 못한 점에 대해 그녀의 침묵이 의심스럽다고 언급했지만 사실 그는 증언을 할 권리에 대해 애그니스에게 통지하지 않았다.[132]

애그니스 스콧에게 다행스럽게도, 그녀의 변호사인 마거릿 래트너가 기소 취하를 요청했고, 뉴욕 주 대법원은 대배심원에 대한 검사의 지시에 '공공연하게 치명적인 결함'이 있다고 판결하며 기소를 기각했다. 줄리어스 헬렌브랜드 판사는 배심원이 검사로부터 '거의 아무런 이해'도 얻지 못했다고 판결했다. 그는 치명적인 무력의 정당한 사용에 관한 법을 설명하지 못한 맥뉴의 실패를 "단순한 오류나 무해한 절차상의 결함이 아니라" 바로 "적법 절차에 대해 본질적으로 편파적인 부인"이라고 선언했다.[133]

가끔은 여성 자신의 변호사가 남성적 사법 기준을 적용하면서 여성의 이익에 반해 행동하는 경우가 있다. 한 여성은 이전에 형법을 다뤄 본 경험이 전혀 없으면서도 무죄 판결을 얻어낼 수 있다는 자신감으로 충만한 변호사를 택했다. 그는 의뢰인에게 굳이 통지하지 않고, 과실치사의 죄를 인정하면 감형을 해 줄 수 있다는, 의뢰인이라면 받아들였을 검사의 제안을 거절했다. 변호사는 패소했고 의뢰인은 사고였던 일로 팔 년을 복역했다.[134] 시애틀에서 열아홉 살의 글로리아 티먼스[135]는 별거 중인 남편에게 강간당하고 맞고 끓는 물에 화상을 입었다. 1973년 1월, 그가 계단 아래로 집어 던져 생긴 부상으로 글로리아가 입원해 있는 동안 그는 병원으로 찾아와 다시 그녀를 때렸다. 병원 직원에게 제지당한 그는 체포되었으나 재판을 기다리다 풀려났고, 다시 드라이버를 들고 그녀를 쫓아왔을 때 그녀는 이십이 구경 권총으로 그를 즉살했다. 글로리아는 살인 혐의로 기소되었고 정당방위에 대한 충분한 증거에도 불구하고 변호사는 과실치사의 죄를 인정하도록 그녀를 설득했다. 그녀는 처음부터 결코 재판에 회부되지 않아도 되었던 '범죄'로 일 년에서 이십 년의 형을 선고받아 오 년 육 개월을 복역했다.

주마다 다른 법 체계로 인해 어떤 사법권은 여성에게 더 가혹할 수 있다. 1971년 매사추세츠 주에서 로버타 셰퍼[136]는 전에도 그랬듯이 자신과 어린 아들을 때리겠다고 협박하는 약혼자 존 페루초를 쏘고 과실치사로 기소되었다. 그녀는 아들과 딸을 숨겨 놓은 자기 집 지하실로 달아났고 페루초가 계속 다가오자 그를 쏘았다. 그러나 매사추세츠 주 법은, 폭력을 피하기 위해 피고인이 가능한 한 멀리 물러나야만 한다고 요구하고 있었고 로버타 셰퍼는 지하실까지만 물러났다. 셰퍼는 어린 자녀들을 데리고 더 멀리 물러날 수는 없었고 또한 자녀들을 두고 갈 수는 없었다고 주장했지만, 1976년 매사추세츠 주 대법원은 유죄를 확정했다. 아이러니하게도 거의 모든 다른 주에서라면, 로버타 셰퍼는 무죄 판결을 받을 수 있었다. 대부분의 주는 자신이 소유한 합법적인 거주지에서 물러나야만 하는 의무가 없다고 보고 있었고, 미시간 주에서는 판사가 배심원에게 피고가 자신의 집에서 공격으로부터 물러날 필요가 없다고 알려 주지 않아 남편을 살해하고 유죄 판결을 받은 아내에 대한 판결이 뒤집힌 적도 있었다.[137]

종종 배심원이 피고를 과도하게 동정한다고 느끼고 '법과 질서'의 편에서 자신의 재량권을 행사하는 판사들이 있다.[138] 한 여성은 중서부의 한 주에서 구타당하다 남편을 쏘고 비자발적인 과실치사로 기소되었다.[139] 그는 반복적으로 그녀를 때렸고, 사망한 날에도 그녀를 집에 가둔 채 전화기를 부수고 그녀를 심하게 때렸다. 남자가 아기를 공격할 거라고 생각했을 때, 여자는 남자를 쏘았다. 배심원의 판결에는 동정심이 없지 않았고, 그들은 며느리를 처벌하지 말아 달라고 청하는 시어머니의 증언에 마음이 움직였다. 그녀가 모범적인 아내이고 어머니였다고 말하는 한편, 아들의 경우 군대에서 돌아온 이래 폭력적으로 변했고 '달라졌다'고 시어머니는 말했다. 그럼에도 불구하고 1972년 1월 판사는 최고형인 십 년 형을 선고했다. 이어서 국선 변호인이 피고의 우수한 고용 기록과 봉사 기록을 인용하고 집에 어린 자녀가 둘 있다는 사실로 감형 청원을 했다. 주의 법무 차관보는 "정의의 길을 동정심이 막아서는 안 된다"는 근거로 감형하지 말 것을 대법원에 요청했지만 법원은 형량이 과도하다고 판단하고 절반으로 줄였다. 그렇게 해서 그녀는 일 년 후에 가석방 자격이 생겼지만 또 다른 임의 재량권을 가진 기관인 가석방심의위원회는 그녀의 공동체가 그녀의 귀환에 "준비가 되지 않았다"는 이유로 그녀가 모범수이기는 하지만 일 년 더 감옥에 있어야 한다고 결정했다.

스무 살의 미혼모 샤론 크리글러[140]는 워싱턴 주 터코마에서 전 남자친구가 들어오려고 시도하던 아파트 문으로 총을 발사해 그를 죽였고 일급 과실치사 죄로 십 년 형을 선고받았다. 선고하면서, 제임스 램스델 판사는 그녀가 일을 하러 가는 대신 생활 보호 상태에 머물러 있는 걸 '바랐기' 때문에 자신은 그녀에게 어떠한 동정심도 느낄 수 없다고 말했다. 가석방 신청 자격을 얻으려면 최소한 오 년을 복역해야만 하는 중형이 그녀에게 내려졌다.

메릴랜드 주에서 바버라 진 길버트[141]는 두 번의 재판 끝에, 십오 년 간 자신을 때린 남편의 죽음에 대한 비자발적인 과실치사죄로 최종 판결을 받았다. 비록 두 번의 재판과 한 번의 항소라는 긴 시련 동안 그녀를 줄곧 지켜본 가석방및보호관찰심의위원회가 시민이자 네 자녀의 어머니로서 그녀의 행동을 '모범적'이라고 평가하며 보호관찰을 요청했고 그녀를 기소한 검사는 구형을 거부했지만 판사 새뮤얼 멀로이는 최고형인 팔 년 형을 선고했다. "당신은 목숨을 빼앗았습니다"라고 그는 말했다. "그러므로 법정은 당신에게 고통을 가하고 박탈감을 줄 권리가 있습니다." 크게 낙담한 검사는 길버트가 갱생될 필요가 없고 범죄를 더 저지르지 못하게 제어할 필요도 없기 때문에 '그냥 벌을 준 것'뿐이라고 말했다.

프랜신 휴스 사건의 첫 여파로, 1977년 12월 테네시 주 채터누가에서 판사는 배심원들에게 만약 남편을 살해한 릴리언 쾰스를 풀어준다면 '위험한 선례'를 만드는 거라고 경고했다. 의무에 충실한 배심원들은 이급 살인으로 유죄 평결을 내렸고 판사는 십 년 형을 선고했다. 십오 년의 잔학한 결혼 끝에 남편이 마지막 공격으로, 그녀를 의자로 때리는 동안 정당방위로 행동한 것이라고 쾰스는 주장했다. 그 세월 동안 릴리언 쾰스는 척추와 갈비뼈가 부러져 고통받았고, 임신 중 구타로 인해 조산했으며, 한쪽 눈이 실명되었다. 그녀의 남편은 기록된 부상이 전혀 없었다. 그럼에도 불구하고, 판사는 선고하면서 말했다. "이 매 맞는 아내 증후군은 그저 다른 이유, 그저 오래 싸워 온 부부에 대한 새로운 단어입니다. (…) 그녀가 매 맞는 아내였다고 생각하지만, 그도 매 맞는 남편이었습니다."[142]

루스 칠더스의 사건에서 판사는 재량권을 행사하지 않음으로써 자신의 재량권을 행사하는 쪽을 선택했다. 법규 안에서 칠더스의 형량을 낮출 수 있는 많은 가능성이 그에게 열려 있었음에도 불구하고 그는 단순하게 정해진 형기대로 지시했다. 시프먼 판사는 선고를 내리며 판사는 종종 왜 특정한 형량을 할당하도록 결정했는지를 설명한다고 말했다. 그리고 종종 하지 않는다고도 말했다. 판사는 원하지 않으면 스스로 설명할 필요가 없다고 그는 말했다. 그는 하지 않았다.

법 집행 공무원들의 재량권은 성별 이외에 고려해야만 하는 다른 요소에도 영향을 받는다. 계급도 한 요소이고 인종도 그러하다. 그래서 만약 제니퍼 패트리, 루스 칠더스, 바버라 진 길버트와 같은 중산층 백인 여성이 부당하게 다루어진다면 가난한 유색 인종 여성은 아예 기회조차 없었다. 사실, 정당방위 주장의 성공 여부는 종종 사건의 사실이 아니라 '범죄자'의 피부색에 달려 있다. 샤론 크리글러, 애그니스 스콧, 퍼트리샤 에번스, 캐럴린 매켄드릭, 글로리아 티먼스, 버너뎃 파월, 매티 브라이언트, 베벌리 이븐타마스, 그리고 캐시 토머스는 모두 흑인이다. 흑인 여성은 백인 배심원들의 눈에는 남자들이 때리는 걸 자제해야만 하는 진짜 '숙녀들'이 아니었으므로 정당방위를 주장할 수 있는 여지가 더 적었다. 이들은 단순하게 흑인이라서 흑인 남성 폭력의 표적이 될 위험이 크다고 가정된다. 인종차별주의적인 마음으로 그러한 위험을 가정하면서, 경찰은 그들을 보호해야 할 모든 책임에서, 그리고 법원은 자신들의 인식을 고려해야 할 모든 책임감에서 풀려난다. 그래서 정당방위로 죽인 흑인 여성은 죽을 때까지 총질을 해 댄 그저 또 다른 폭력적인 흑인으로 보이기 쉬웠다. 1979년 5월 뉴저지 주에서 벌리사 깁스는 남편을 쏘았기 때문에 십칠 년까지의 형량이 가능한 잔학한 폭행과 구타로 유죄 판결을 받았다.[143] 비록 생존한 남편이 자신이 그녀를 끓는 물에 담그려고 움직이자 정당방위로 행동한 거라고 증언했지만 그랬다. 말도 안 되지만, 흑인 남자는 본성적으로 폭력적이고 위협적이라고 너무나 열심히 믿고 싶어 하는 형법 체계가, 흑인 남자들이 공격한 사람들이 그들의 흑인 아내거나 여자친구일 경우에 **한해서만** 무죄 추정의 원칙을 기꺼이 주려 한다.

관할서에서부터 대법원까지 매 단계에는 남성의 기준이 적용되어 있다. 차별적인 법과 경찰, 검사, 판사와 배심원 모두 같이 행사하는 차별적 재량권에서도 드러난다. 그렇게 여성을 위한 형법 체계는 변덕스럽고, 징벌적이고, 차별적이고, 부당하게 만들어진다.

버너뎃 파월[144]은 처음부터 남편 허먼 스미스와 사는 게 힘들었다. 그는 술을 너무 많이 마셨고 종종 그녀를 때렸지만 사람들은 가끔씩만 그녀를 도와주러 왔다. 그녀의 남동생 가이델이 부부와 같이 지내고 있는 동안 때리는 소리를 듣고 달려가 경찰을 불렀다. 그녀의 오빠 오스카는 끼어들어 허먼과 끝까지 싸웠다. 호의적인 여자 변호사가 가정 법원에서 보호 명령을 얻고 마지막으로는 이혼을 할 수 있도록 파월을 도와주었다. 뉴욕 주 베스털의 지역 경찰은 요청을 받을 때마다 집으로 왔다. 스미스를 체포하려다 갈비뼈 두 개에 금이 가는 일을 겪었던(그리고 스미스를 체포했던) 리처드 펀디스 경위는 버너뎃 파월을 위해 증언했다.

이혼 후에도, 일곱 살 아들의 양육권을 가진 버너뎃과 아들을 방문할 권리가 있던 허먼은 아이를 어떻게 키워야 할지에 대해 의견이 일치하지 않았으므로 싸웠다. 파월이 허먼 스미스가 술을 마시며 카드 놀이를 하고 있는 집으로 아들을 데리러 간 1978년 7월 8일까지, 분노는 자라났다. 스미스는 차로 집에 데려다주겠다고 말하며 그녀와 같이 나갔고 그런 다음 그가 길거리 싸움에서 사용했다고 알려진 총을 꺼냈다. 그는 자기가 아이의 양육권을 가질 수 있도록 그녀를 "헤로인으로 잔뜩 채워 버리겠다"고 협박하면서 여러 시간을 운전했다. 그러다 뉴욕 주 이타카 외곽의 모텔 숙박부에 이름을 올리고는 총을 겨누고 또 한 시간을 횡설수설하더니 잠이 들었다. 버너뎃 파월은 달아나기 위해 전남편의 바지에서 총을 꺼내려고 했는데 그가 갑자기 일어나 방아쇠를 당겼다고 말했다. 이십이 구경 총알 한 발이 심장을

434

관통하면서 그는 거의 즉사했다.

살인 혐의로 기소되었지만 버너뎃 파월은 자신있었다. 그녀도 그녀의 무심한 변호사도 검사가 그녀를 기소한 사건에 대해 별 준비가 되어 있지 않았다. 검사 조지프 조크는 버너뎃과 전남편 사이의 증오를 증언해 그녀에게 죄를 씌울 만한 일련의 증인들을 내세웠는데, 가장 불리한 증언은 살인 무기를 버너뎃 파월에게 팔았다고 말한 한 남자와 거래 현장에 (버너뎃은 아니지만) 판매원을 배치했다는 또 다른 남자의 증언이었다. 종종 배심원 없이 진행되는 공판 절차에서 첫번째 남자는 아내를 구타해 병원에 보낸 적이 한 번 있었고 두번째 남자는 계류 중인 두 건의 강간 기소를 포함해서 여성에 대한 일련의 폭행으로 기소됐다는 게 밝혀졌다. 자신에게 불리한, 그런 증언을 할 누군가가 예정되어 있다는 걸 알게 된 버너뎃 파월은, 믿을 수 없는 적개심으로 거짓말을 할 오래된 원수를 마주칠 것이라 생각해 법정에서 히스테리를 일으키고 달아나려 했다. 하지만 주요 증인은 총기 판매원이라는 사람이었는데, 그녀가 이전에 단 한 번도 본 적이 없는 남자였고, 그녀는 그의 주장에 맞설 답변이 없었다. 변호사는 배심원에게 파월에 대해 불리한 증언을 한 남자의 협조는 뭔가를 '보상'해 주는 대가로 확보했을 거라는 암시를 주었다.

결국 그 사람들과 파월의 주장은 서로 맞서게 되었다. 배심원은 누굴 믿어야 할지 선택해야만 했다. 선택을 앞둔 배심원을 돕는다며 조크 검사는 엄청난 열의로 버너뎃 파월의 인격을 신뢰할 수 없도록 보이게 만드는 일부터 착수했다.

변호사는 파월이 자신과 아이 때문에 너무나 겁에 질려 그 긴 밤의 드라이브에서 전남편으로부터 탈출할 생각을 못했다는 것을 보여주려 결혼 동안 겪었던 구타의 증거를 가져왔지만 조크 검사는 그 진의를 설명하라며 맞공격했다. 검사는 파월이 묶이고 맞는 걸 즐겼을 수도 있으며 그런 식으로 성적 쾌감을 얻었을 거라고 제안했다. "마조히스트가 뭔지 아십니까?"라고 그는 물었다. "당신은 다치는 걸 좋아하는 사람인가요?" "아닙니다." 그녀는 말했다. "전 그렇지 않아요." 파월의 오빠가 자신이 막았던 공격에 대해 묘사하자 조크는 허먼 스미스에 관해 질문했다. "그의 성기가 나와 있었나요?" 허먼 스미스는 5천 달러 가치의 소유물을 파괴한 적이 있었지만, 조크는 화를 돋우지 않았다면 어떤 남자도 허먼 스미스가 저지른 것 같은 짓을 저지르지 않을 거라고 주장했다. 그는 파월을 바가지를 긁는, 언제나 스미스에게 돈을 더 달라고 따라다니고 언제나 섹스나 아들을, 또는 둘 다를 핑계로 위협해서 남편을 조종하는 아내로 그렸다. 재판이 진행될수록 공격은 점점 더 악질적으로 변했다. 버너뎃 파월에 대한 인신공격은 증거를 훨씬 더 넘어섰고 정의 구현에 대한 사람들의 관심을 훨씬 더 벗어났다. 조크 검사가 그린 바에 따르면 허먼 스미스는, 너무나 무자비하게 그를 볶아대는 바람에 폭력으로 앙갚음할 수밖에 없었던, 자신을 거세해 멋대로 조종하려는 아내에게서 평범한 휴식조차도 한번 얻어 보지 못한 남자였다. 그러나 증인석에는 가정 법원에서 내린 보호 명령 기록을 든, 직접 본 멍 자국을 기억하는 파월의 이혼 변호사가 앉아 있었다. 그리고 숙련된 경찰관이자 전직 아마추어 레슬링 선수였던 건장한 펀디스 경위가 불쌍한 피해자가 되고 있는 허먼 스미스에게 자신의 갈비뼈가 어떻게 금이 갔는지를 말하려고 앉아 있었다.

그러는 내내, 뉴욕 대법원 서류철에는 사적이고 전혀 연관 없어 보이는 비공개 서류가 있었다. 바로 한 달 전 거의 구 년의 결혼 생활 끝에 조지프 조크 검사로부터 이혼을 얻어낸 원고 마리 드 종 조크의 소송 기록 사본이었다. 논의의 여지가 없었던 소송에서 검사의 아내는 이렇게 진술했다.

1974년 11월경 (…) 1974년 12월 6일 (…) 1975년 3월 8일 (…) 1975년 5월 (…) 1975년 4월 15일 (…) 1976년 5월 (…) 1976년 8월 (…) 1976년 10월 (…) 1976년 12월 (…) 1977년 3월 5일 (…) 1977년 6월 7일 (…) 1977년 6월 18일 (…) 1977년 8월 17일 (…) 부부의 집에서 (…) 부부의 집에서 (…) 침실에서 (…) 부부의 집에서 (…) 부부의 집에서 (…) 부부의 집에서 (…) 침실에서 (…) 지하실에서 (…) 침실에서 (…) 진입로에서 (…) 침실에서 (…) 부부의 집에서 (…) 부부의 집에서 (…) 자동차에서 (…) 부부의 집에서 (…) 부부의 집에서 (…) 피고가 주먹과 손으로 원고의 머리를 때리고 구타해서 원고는 어린 아이를 안고 있는 상태로

마루로 쓰러졌다 (…) 원고를 잔인하고 폭력적으로 밀어서 (…)
원고의 얼굴과 머리를 잔인하고 폭력적으로 때려 (…) 반복적으로
원고의 얼굴과 몸을 때리고 세게 구타하고 (…) 원고를 가격하고 두
당사자의 아들을 가격하고 (…) 원고를 폭력적으로 잡아서 밀치고
(…) 잔인하게 원고를 가격하고 (…) 악의적으로 자신의 자동차를
원고를 향해 몰고 (…) 반복적으로 밀치고 (…) 반복적으로 때리고
(…) 밀치고 (…) 때리고 (…) 가격하고 (…) 주먹으로 치고 (…) 끌고 (…)
때리고….[145]

매 맞는 아내 버너뎃 파월은 바로 그 조크에 의해 광적으로 기소되어
이급 살인으로 유죄 판결을 받아서 십오 년에서 종신형을 선고받았다.

뉴욕 주 남부의 공신력있는 『뉴욕 타임스』는 파월의 사건을 보도하지
않았지만 4월 미시간 주에서 지넷 스미스가 무죄로 풀려난 사건은
보도했고,[146] 1979년 5월 "'매 맞는 아내' 사건에서 정당방위에 대한
여성의 권리가 성취되다: 매 맞는 아내들을 위한 강력한 전략"이라는
제목을 단 기사에서 휴스턴의 (스스로도 죽으려 했었던) 다이앤 바슨과
사우스캐롤라이나 주 찰스턴의 신시아 허토의 무죄 판결을 보도했다.
페이지 마지막에서 기자는 디트로이트 변호사 마저리 코언이 한 말을
인용했다. "이게 진짜 백래시예요 (…) 공공의 편에서는요. 사람들은
여자라면 남편을 죽이고 빠져나갈 수 있다고 생각하거든요."[147] 그러나
『뉴욕 타임스』 기사 자체는 그저 더해지는 백래시의 결과에 불과했을
수도 있다. '프랜신 휴스 증후군'이라고 알려지게 된 그건, 적어도
신문에서는, 유행병처럼 보였다.
　　사실, 여자가 저지른 살인은 지난 이십 년간 다소 감소한 반면,
여성이 살인의 **피해자**가 될 확률은 꾸준히 증가했다. 1960년에 백인
여성 10만 명마다 1명, 흑인 여성 10만 명마다 11명이 살해당했다.
1973년에는 그 숫자가 3명의 백인 여성과 16명의 흑인 여성으로
올라갔고 계속 올라가고 있다. 4명의 살인 피해자 중 1명이 여성이다.
10명의 살해당한 여성 중 9명은 남자에 의해 살해당했다. 5명 중 4명은
집에서 살해당했다. 4명 중 거의 3명을 남편이나 연인이 살해했다.

모르는 사람에게 살해된 여성은 거의 없었다.[148]

그와 반대로, 연구에 따르면, 살인을 저지르는 여성의 적어도 40퍼센트는 정당방위로 살인한다.[149] 그리고 살인하는 여자들의 대부분은, 이유가 뭐가 됐건, 처벌받는다. 비록 여자들이 스스로를 지키도록 만들었던 그 엄청난 도발에 대한 보답으로 종종 적은 형량을 받는 것처럼 보이지만 말이다. 남자들 역시 살인을 저지르고도 종종 빠져나간다는 사실은 훨씬 덜 공개된다. 자신의 아내를 죽인, 때리는 남편들은 종종 과실치사의 죄를 인정하고 적은 형량을 받는다. 메릴랜드 주의 프린스 조지 카운티에서 아내가 문을 잠그는 걸 잊었기 때문에 아내 얼굴에 이십 구경 산탄총을 쏜 남자는 이급 살인죄를 인정하고 살인이 '그답지 않은, 이례적인 행동'이라는 이유로, 오드리 멜버른 판사로부터 집행유예를 선고받았다.[150]

뉴햄프셔 주의, 기록된 유일한 성취라곤 무당벌레[151]를 주 공식 곤충으로 지정한 것밖에 없는 단체인, 여성지위위원회는 아내 구타가 페미니즘에 의해 **야기된다**는 근거로 매 맞는 아내를 위한 피난처 제안을 거절했다. 위원 중 한 사람은 "그 여자 해방 운동 지지자들이 남편을 머리 꼭대기까지 화가 나도록 귀찮게 했다"고 말했다.[152] 사실, 남편을 죽이는 매 맞는 여자는 페미니즘을 무시하거나 반대하는 경우가 많다.[153] 맞는 일은 언제라도 어느 여자에게라도 일어날 수 있지만, 매 맞는 많은 여자들은 십대에 결혼하고 자신을 위한 교육이나 자신의 일을 포기한 여자들이다. 결혼이 완벽한 안식처가 아닐 때 여자들은 스스로를 탓하도록 배운다. 많은 매 맞는 아내들은 어떻게 하면 남편과 남자친구를 기쁘게 해서 때리는 걸 멈추게 할지를 배우려고 자기희생의 성서인 마라벨 모건의 영향력 있는 책『완전한 여자(The Total Woman)』를 공부한다고 말한다. 그런 다음 여자들은 남자 스스로 방아쇠를 당기는 폭력에 자신들의 행동이 거의 영향을 끼치지 못한다는 걸 배우고 절망 속에서 커다란 식칼로 손을 뻗는다.

자신들을 때리는 남편이나 연인을 살인하는 여자들은 거의 항상 커다란 회한과 슬픔을 표현한다. 그들은 여전히 죽은 남자를 사랑한다고 말하고 그를 잃은 것을 비통해한다. 어떤 여자들은 너무나 죄책감을 느끼고 낙담해서 스스로의 목숨을 끊으려는 시도를 하거나 돌봐야 할 아이들이 없으면 그랬을 거라고 말한다. 그러나 동시에, 많은 여자들은 안도로 마음이 가벼워지는 경험을 한다. 한 여성은 말했다. "감옥에 가야 한다는 사실을 알았을 때조차 머리 위에서 돌로 된 손이 들어 올려지는 것 같았어요." 다른 여자는 말했다. "갑자기 산책을 갈 수도, 어머니에게 전화를 할 수도, 웃을 수도 있다는 걸 알았어요. 그리고 다 괜찮다는 걸 알았죠. 십일 년 만에 처음으로, 무섭지 않았어요." 다른 여자는 이렇게 말했다. "재판을 기다리면서 보석으로 나와 있는 동안, 그렇게 끔찍한 일을 저질렀는데도, 아이들과 난 몇 년 만에 처음으로 즐거웠어요." 어떤 여자들은 사람들이 자신들을 경외심 비슷한 것과 함께 대하기 시작하면서 스스로에 대해 새로운 느낌을 경험한다. "십오 년 동안 맞고 있는 걸 비웃기만 하던 보안관마저, 갑자기 날 더 돕지를 못해 안달인 거예요"라고 한 여자는 말했다. 많은 여자들은 고통스럽게 얻어낸 자긍심을 매 맞는 여성을 위한 프로그램을 통해 다른 여자들을 돕기 위해 쓴다. 여자들의 메시지는 언제나 같다. "나와요. 그걸 견디지 않아도 돼요." 그리고 어떤 여자들은 자신들의 힘을 직접적으로 쓴다. 남편을 쏘아서 죽게 한 일로 팔 년을 복역한 한 여성은 만약 딸이 남편이나 남자친구에게 맞는 걸 발견하면 어떻게 할 것인지에 대해 이렇게 답했다. "그냥 그 남자를 옆으로 데려가 비폭력에 대해 이야기를 좀 할 것 같아요. 그런 다음에 내가 누구인지를 말할 거예요."[154]

7

여자들의 권리와 잘못

1

1980년 3월 10일, 진 해리스가 뉴욕 주 퍼처스에 있는 허먼 타노어 박사의 침실에서 자신의 삼십이 구경 '해링턴 앤드 리처드슨' 총의 방아쇠를 당겼을 때, 나는 휴가 중이었다.

친구들은 딱 내가 다룰 만한 사건이라고 말하며 총격에 관한 처음 보도들을 보내 주었다. 경찰에 연행되었을 때 해리스는 "얼굴과 팔에 심하게 멍이 들어" 있었다고 보도되었고, 그녀의 변호사인 조엘 오르누는 그녀가 정당방위로 죽였을 수 있다고 시사했다. "진 해리스가 피해자일 수도 있다는 가능성을 배제하지 않고 있습니다"[1]라고 그는 말했다. 그러나 또한 초기 보도들은 '경기장의 새 여자'에 대해서도 설명했다. 린 트라이포로스는 스카스데일 병원의 '젊고, 이국적 용모의 아름다운 비서'로서, 지역 사회의 심장병 전문의이자 1979년 다이어트 책으로 백만장자가 된 자신의 상사와 오랫동안 '깊은 관계'에 있었다.[2]

피해자가 유명한 사람이었으므로 대서특필할 가치가 충분한 살인이었다. 스카스데일 다이어트 의사의 손에 자신의 삶을 적어도 이 주 정도 맡겨 보지 않은 사람이 누가 있을까? 그리고 그 살인 용의자는 중상류층 숙녀(스미스대학[3] 1945년 졸업생)로, 버지니아 주의 소녀들을 위한 호화로운 사립 학교인 머디라여학교의 교장이었다. 뭐가 됐건 '중요한' 사람들에게 일어난 일은 틀림없이 중요하다고 생각하는 언론은 의미를 부여해야만 한다고 보는 듯했다. 타노어의 이웃들이 삼각관계를 마무리 지은 살인이었다는 암시를 주자 기자들은 '고전적인 사건'이라고 부르기 시작했다.

그러나 나에게 이 사건은 거의 시작부터, 어떤 의미가 있기에는 그냥 보더라도 너무나도 뻔하고 너무나도 이례적이었다. 나는 생각했다. '이제부터, 남자를 향한 여자의 어쩔 수 없었던 열정에 대해, 비굴한 헌신과 질투 그리고 보답 없는 사랑에 대해 끝도 없이 듣게 될 거야.' 그건 뻔한 부분이었는데, 사실 질투가 살인을 저지르는 여자들의 동기가 되는 경우는 거의 없었으므로 해리스 사건은 여성 살인 사건에서는 비전형적으로 보였고, 그러므로 사건을 넘어서서 밝혀질 게 별로 없을 듯했다.

1981년 1월, 진 해리스가 웨스트체스터 법정 피고석에 서서 8명의 여성과 4명의 남성으로 된 배심원들과 기자들, 저명한 여성 작가들에게 자신의 이야기를 하는 동안, 나는 인디애나 주 인디애나폴리스의 과열된 교도관 휴게실의 불편한 플라스틱 의자 끄트머리에 앉아 십 년, 십오 년 또는 그 이상을 황량한 수용소에 갇혀 있는 여자들의 이야기를 듣고 있었다. 이 여자들은 책에 필요한 정보를 보내 주며 날 도왔고, 교도소에 있는 대부분의 여자는 면회자가 많지 않아서, 내가 보러 갔었다. 모두 다 살인자였다.

어떤 이들은 사고로 살인을 저질렀다. 그 말은 그저 때리는 걸 막거나 멈추게 하려다 우연하게 쳤거나 촉발 방아쇠를 건드려 대신 죽게 했다는 의미였다. 캐럴 앤 와일즈 같은 다른 여자들은 재빠르게 정당방위로 반격했다. 게리 와일즈는 임신으로 부풀어 오른 아내의 배를 주먹으로 치면서 "씨발 애새끼 같은 거"라며 소리 질렀다. "애도 죽여 주지!" 그러자 그녀는 그의 총을 낚아채 총알을 다 쓸 때까지 방아쇠를 당기고 또 당겼다. 공들여 미리 계획했던 여자들도 몇 명 있었다. 보이지 않는 추위를 막으려 부드러운 격자무늬 숄로 몸을 감싼 작고 여윈 조이스 드빌즈는 남편 버나드의 인질로 지낸 이십삼 년에 대해 이야기했다. 도망가지도 못하고, 자신이 죽지 않으면 구타당하는 자신의 십대 아들이 버나드를 죽이게 될까 봐 겁이 난 그녀는 살인 청부업자를 고용했다.(오늘, 감옥에서 칠 년을 지내고 있는 그녀는 버나드 옆에서의 삶과 감옥에서의 삶 사이에서 선택해야 한다면 감옥을 택하겠다고 말한다.)[4]

이 모든 사건들에서, 사고부터 정당방위 살인, 계획적인 살인까지 여자들은 자신의 남자에 대한 격렬하고 독점적인 사랑이 아니라 죽을 것 같은 공포에 몰려 그런 일을 저질렀다. 사고로 산탄총이 발사된 루스 칠더스는 말했다. "여기서 나가면 난 집에 절대 총을 두지 않을 거예요." 조이스 드빌즈가 말을 이어 받았다. "만약 여기서 나가게 된다면 난 다시는 절대 집에 **남자**를 두지 않을 거예요." 진 해리스가 아니라 이 여자들이, 맞고 성적으로 학대당해 결국 가해자에게 저항한 이 여자들이 우리 시대의 '고전적' 살인자들이다.

1980년 11월, 진 해리스가 재판을 받고 있던 중, 조지아 주 앳킨슨 카운티에서 배심원은 십삼 년 동안 매 맞는 아내였던 일레인 멀리스[5]를 남편 코니를 살해한 혐의로 유죄라고 평결하고 종신형을 선고했다. 살해 현장을 목격한 그녀의 열두 살 아들은 코니 멀리스가 인사불성으로 취해 그날 일찍 일레인을 공격했다고 증언했다. 그날 저녁 늦게, 그녀가 부엌에서 토마토를 썰고 있는 동안 그는 다시 그녀를 공격했다. 그는 일레인을 난폭하게 붙잡아 흔들고 목을 조르다 술 취한 채로 비틀거리면서 그녀가 들고 있던 과도로 쓰러졌다. 십 센티미터 칼날이 가슴에 낸 건 네 바늘만 꿰매면 되는 작은 상처였지만 동맥을 건드렸다. 지연되고 부적절한 치료는 그의 목숨을 구하는 데 실패했다. 배심원은 멀리스가 아들도 때렸으므로 맞는 어머니를 더 편애할 것이라 의심해 소년의 증언을 무시했고, 또한 코니 멀리스의 살인의 이런 우연적인 요소를 고려해 주지 않았다. "우리는 그녀를 놓아줄 수는 없었습니다"라고 한 배심원이 재판 후에 말했다. "그러면 앳킨슨 카운티에 남편에 대한 사냥철이 열릴 테니까요." (그 카운티의 법과 질서는 코니 멀리스의 양부인 보안관에 의해 유지되고 있었다.) 이제 그런 사건은 너무 익숙해서 그 기록을 나 혼자서도 쓸 수 있었다. **그게** 바로 고전이었다.

그러나 내가 해리스 사건에서 생각하지 못한 건 얼마나 많은 사람들이 이 일 자체에 매혹되는지, 그들이 얼마나 많이 이 특정한 남자에 대한 이 특정한 여자의, 겉으로는 그렇게 침착해 보이는 이 여자의 집착에 대해 듣고, 말하고 싶어 하는지였다. 처음에는 기자들이 모였고 그들의 노력을 통해 우리가 듣지 않는 게 불가능해질 때까지 사건은 주목을 받게 되었다. 재판이 늘어지자, 거의 모르는 사이인 사람들까지도 살인의 권위자인 내가 좀 반복되어 가는 대화에 새로운 실마리를 가져오지 않을까 하는 기대로 날 저녁 식사에 초대했다. 거의 모든 여자들이 '타노어 타입'의 메스꺼운 남자를 알고 있는 것처럼 보였고, 많은 남자들에게는, 자신들이 알고 있는, 일을 제대로 하지 못하거나 몰래 술을 마시며 일하는 '젊은 여성'에 대해 할 수 있는 이야기가 있었다. 그 길고 지루한 대화는 계속해서 '여성 해방'과 동등한 권리와 상상 속의 '미국 가족'의 불확실한 미래에 대한 오래된 불안을 키우며 우리 주위를 맴돌았다. 전에도 다 들어 봤으므로, 나는 재판에 참석하지도, 그리고 당분간 어떤 저녁 식사에도 참석하지 않기로 결심했다. 그러나 결국엔, 내가 모든 신문을 사들이고 있는 걸 알아차렸다.

예순아홉 살의 허먼 타노어는 자정이 다 되어 하인들을 불렀다. 그들은 총상 네 군데에서 나온 피로 푸른 잠옷이 흠뻑 적셔진 채 침대 사이에 수그리고 있는 그를 발견했다. 진 해리스는 차를 몰고 나가 경찰을 만났고 "내가 했다"고 말하며 경찰을 집으로 데려왔다. 넉 달에 걸친 재판에서 검찰은 살인이 고의에 의한 것이며 십사 년을 타노어의 정부로 지내다 쉰일곱에 내쳐진 진 해리스가 자신의 딸 뻘로 어린(서른일곱 살로 타노어에겐 손녀 뻘로 어린) '다른 여자'에 대한 질투로 격노해, 그를 살해할 의도로 머디라여학교에서 타노어의 집까지 다섯 시간을 차를 몰고 갔다고 주장했다. 검사 조지 볼런은, 총격이 있던 바로 그날 우연히 의사가 "제기랄, 진, 그만 좀 귀찮게 굴었으면 좋겠어"[6]라고 말하는 전화 통화의 일부를 들었다는 타노어 박사의 환자를 증인으로 세웠다. 그리고 가장 효과적이게도 검사는 의학 전문가를 데려왔는데, 그는 타노어 손의 조직이 그의 가슴에 묻어 있었고, 그것은 방어하려고 올린 손을 통과해 가슴으로 들어간 치명적인 한 발의 총알 때문이라는 신비스러운 증언을 제시했다. 그건 배심원들이 느낌과 추측의 바다에서 헤매다 붙잡을 수 있는 일종의 과학적 '사실'이었다.

그와 반대로, 변호사는, 살인은 사고로 일어났고 불운한 상황의 결과로 타노어 박사는 (애니타 루스[7]의 유명한 말을 빌리면) "총에 맞게 돼 버렸다"[8]는 주장을 유지했다. 마음이 꺼져 자기가 저지른 일을 감당할 수 없게 되어 해리스는 죽고만 싶었다. 처음에는 타노어가 자기를 죽이게 하려고 그녀 스스로 퍼처스로 운전해 간 것이라 보도되었다. 재판 때 그녀는 자살할 의도였다고 주장했다. 봄에는 수선화가 피는 타노어의 연못 근처에서 죽길 원했고, 그에 앞서 너무나 오랫동안 사랑해 온 남자와 마지막 위로의 한마디 말을 하고 싶었거나 또는 그녀의 변호사가 말한 것처럼, 살해된 남자에 대한 배려 없는 암시가 돼 버린 "그녀의 사랑스러운 왕자에게 잘 자라고"[9] 말하고 싶었을 뿐이었다.

불행하게도, 이 사건의 왕자는 그 전에 이미 저녁용 완하제를 먹고 잠자리에 들었다. 그는 자고 싶었다. "제발"이라고 그녀가 꽃다발과 삼십이 구경 총을 넣은 손가방을 들고 들어왔을 때 그는 말했다. "한밤중이야." 그는 베개를 안으며 몸을 뒤집었다. 그의 '주의'를 끌기 위해 해리스는 트라이포로스의 잠옷과 헤어 롤 상자를 포함한 물건을 던지기 시작했고 그러다 창문이 깨졌다.(이건 해리스다운 행동이 아니었다. 타노어의 가정부는 십사 년 동안 해리스가 타노어에게 분노를 표출하는 걸 두 번 봤다고 말했고 해리스 자신도 그들은 가정법 동사 사용 때문에 단 한 번 다퉜다고 말했다.) 타노어는 침대에서 나와 그녀를 때렸고, 그녀는 총을 자신의 머리에 가져다 댔으며, 그들은 몸싸움을 벌였다. 그녀는 그의 손에 총을 한 번 쐈다고 말했고 다시 싸우는 중에 총구가 자신의 배에 닿았다고 생각했다. 그녀가 자신의 머리에 대고 다시 겨눴을 때, 빈 약실에서 찰칵 소리가 나서 확인해 보려고 발사했는데, 다시 발사된 총알은, 침대 머리판을 관통했다. 다른 두 발, 치명적인 두 발은, 그녀가 기억하지 못했다. 그녀는 다시 총을 머리에 댔고 "쏘고 쏘고 쐈"지만 빈 총이었다. 그리고 타노어는 죽어 가고 있었다. 진 해리스 쪽 이야기의 엔딩은 허먼 타노어가 그녀의 목숨을 구하려 애쓰면서 죽어 버린 로맨스였다.[10]

변호사는 해리스가 말한 대로 몸싸움이 일어났을 수 있다고 주장하기 위해 의료 및 탄도학 전문가들을 행렬을 이룰 만큼 모집했다. 6명의 전문가들은 가슴의 상처에서 아무런 손바닥 조직도 찾아내지 못했다. 해리스가 제공한 대본을 재연해 본 배심원들도 그 순서로 그 자리에 그 상처들을 제대로 놓을 수가 없었다. 그래서 그들은 해리스 편의 전문가들을 믿지 않았다. 더 안 좋은 건, 해리스가 스스로를 변호하기 위한 주요 증인이 되면서 그들은 해리스도 믿지 않았다는 점이다.

해리스가 보고, 피고석에서 팔 일 동안 말한 진실은 종종 다른 사람들이 본 진실과 일치하지 않았다. 선서를 한 뒤 그녀는 린

트라이포로스를 질투하지 않았다고 주장했다. 그러나 뒤이어 검사는 버지니아 주를 떠나기 직전에 해리스가 타노어에게 부친, 징징대는 자기 연민을 담은 편지로, 해리스가 다시 전화를 걸어 읽지 말고 없애 달라고 그에게 부탁한, 공인받은 편지이자 변호사가 증거에서 빼내려 했지만 결국 실패한 편지인, 그 악명 높은 스카스데일 편지를 요청했다. (그 모든 예의범절을 다 갖춘 해리스는 에밀리 포스트[11]가 "남자에게 자신의 모든 감정을 쏟아붓는 편지를 쓰고 싶어지지만 (…) **절대 안 돼!**"라고 '어리석은 소녀들'과 '멍청한 여자들'에게 한 엄중한 경고를 간과했다. 포스트는 "어떤 여자라도 절대 써서는 안 되는 편지"가 "매일매일 법정에서 증거"로 나온다고 경고했다.[12]) 이 편지에서 해리스는 반복해서 트라이포로스를 '창녀'라고 불렀고, 더 불리한 건, 그녀는 트라이포로스가 있다고 해도, 트라이포로스가 "젖꼭지에 초콜릿을 바른 채로 케이크에서 벌거벗고 튀어나온다"[13]고 해도 타노어의 생일 축하연에 꼭 참석할 거라고 고집을 부렸다는 점이었다. 배심원들은 편지가 질투에 찬 광분으로 씌어졌다고 생각했고, 질투를 부인함으로써 해리스는 모든 신뢰를 잃었다.

부인(否認)은, 진 해리스가 습관적으로 살아 온 일상의 방식 같았다. 부인과 투사(投射). 트라이포로스가 자신의 옷을 망가뜨렸다고 생각한 해리스는 트라이포로스가 타노어에게 준 선물을 망가뜨렸다. 트라이포로스가 자신을 괴롭히려고 한밤중에 전화했다고 생각한 해리스는 그만하라고 말하려고 한밤중에 트라이포로스에게 계속 전화했다. 십 년간 타노어가 처방해 준 메스암페타민 데소신(필로폰), 바르비투르산염과 기분을 바꿔주는 여섯 종류의 다른 약에 중독된 해리스는 중독을 부인했다. 하지만 그녀의 마지막 광기를 촉발시킨 머디라여학교의 위기 때, 해리스는 대마초를 피운 4명의 상급생을 퇴학시켰다. (자신의 중독을 완곡하게 말하면서 해리스는 증언했다. "단 한 번도 그걸 의존이라고 생각해 본 적 없어요. 그건 제가 사용하는 거고 없으면 아무것도 할 수가 없어요. (…) 먹고 나면 기분이 나아집니다." 그녀가 "하이(Hi)[14]가 죽었을 때"라고 언급한 사건 겨우 이틀 전에 필로폰이 다 떨어졌다.[15]) 타노어가 여자들을, 대개는 날씬한 금발 여성을 수집한다는 걸 알면서도, 해리스는 다른 여자들을 헤픈

여자들로 생각했고 자신이 그 무리에서 '유일하게 제대로 된 여자'라고
생각했다. '당신의 사이코 창녀'라는 악질적인 언급이 담긴 스카스데일
편지는, 한 배심원이 "해리스 부인도 린 트라이포로스가 한 것과
똑같은 짓을 타노어 박사와 하고 있지 않았습니까?"[16]라고 질문했듯이,
특히나 쓴맛을 남겼다. 한 칼럼니스트는 해리스가 스스로에게조차
진실을 말하지 못할 거라고 결론지었고,[17] 다른 칼럼니스트는 해리스가
다른 사람들에게 거짓말을 할 수 없을 거라고 했다.[18] 아마 둘 다 맞을
것이다. 한 여자 배심원은 단순하게 정리했다. "해리스는 스스로도
제대로 몰랐어요."[19]

해리스의 증언을 통해 밝혀진 이야기는 이러했다. 해리스와
타노어는 1966년에 친구의 집에서 만났다. 그들은 데이트를 했고
피에르[20]에서 춤을 췄다. 1967년 그는 해리스에게 커다란 다이아몬드를
선물하며 청혼했다. 몇 달 후에, 날짜를 정하라고 해리스가 밀어붙이자,
타노어는 물러섰다. 그녀는, 꽤 올바르게, 반지를 돌려주겠다고 했고,
다른 선물, 데속신, 발륨, 넴뷰탈, 퍼코댄, 플렉소날, 퍼코바브[21] 등을
받았다. ("난 하이를 믿었어요"라고 그녀는 말했다. "그이가 준 걸
먹었어요.[22]) 칼럼니스트 메리 맥그로리는 실연으로 부서진 마음에
약을 처방한다는 걸 의심스럽게 생각했지만, 그건 전국의 닥터
필굿[23]들이 침묵부터 극악한 폭행에 이르는 결혼 생활의 고통을 겪는
여자들에게 주기적으로 나눠 주는 수천 장의 처방전과 같은 거였다.
진 해리스는 고분고분하게 알약과 함께 분노를 삼켰고, 하이 타노어가
다른 여자들에게 눈을 돌릴 때마다 그의 바람기에 대해 쓰라리게 웃긴
시를 썼다. "크리스마스 전날 밤 (…) / 손님방에 누운 허먼 / 잠들려
애쓰다 / 양 대신 / 인생의 계집들을 세고 있네."[24]

결국, 동일한 부인 기제가 어쩌면 살인이라는 무서운 사실이
정신에 미칠 충격을 완화해 주고 그녀의 신념을 불러일으켰을 것이다.
극한의 상황에 처한 사람이 완전히 자신답지 않은 행동을 하고 그
사건을 억제하거나 부인하거나 '잊는' 일이 종종 생긴다. 누구라도
목숨을 건 싸움과 같은 커다란 정신적인 압박을 당한 사람이라면
정확하게 무슨 일이 일어났는지 또는 그 사건 자체를 '잊어 버리기'
쉽다. 그러나 이제껏 나온 설명으로 해리스에 대해 좀 더 기대하게 된

배심원단은(어쨌거나 그녀는 교장 선생님 아닌가?) 그녀가 타노어에게 치명상을 입힌 두 발을 기억하지 못할 수 있다는 점을 받아들일 수 없었다. 배심원장이 타노어의 피 묻은 잠옷 상의를 입고, 다른 배심원들이 함께 총을 잡으려 차례로 난투를 벌일 때까지 그들의 의견은 무죄 판결로 향했었다. "우린 다 해 봤습니다"라고 한 배심원이 나중에 말했다. "어떻게 해도 해리스 부인이 말한 식으로 될 수는 없었어요."[25]

    2월 24일, 팔 일간 심사숙고한 후에, 일급 살인은 경찰관과 교도관을 살해한 경우에만 주는 주에서 해리스에게 줄 수 있는 가장 중죄인 이급 살인죄 평결을 들고 배심원은 돌아왔고, 그게 배심원이 고려한 단 하나의 혐의였다. 3월 20일, 당연히 해리스의 저명했던 사회적 위치와 깨끗한 기록을 고려해 러셀 레깃 판사는 가능한 한 가장 가벼운 선고를 내렸다. 십오 년 형에서 종신형. 그녀는 즉각 카운티 구치소에서 뉴욕 주 여성 교도소인 베드퍼드힐스 교정 시설로 이송되었다.

그때쯤, 해리스 사건은 여성 살인 사건을 대표해서가 아니라, 앙심 품은 여자에 대한 전통적인 「프랭키와 조니(Frankie and Johnny)」[26] 식의 남성 판타지와 너무나 깔끔하게 맞아떨어져서 고전이 되었다. '숙녀'에게 알맞은 감정과 행동에 대한 무서울 정도로 오래된 개념이 법정에서 양측의 주장을 만들었고, 대놓고 과거로 밀쳐지는 느낌을 받은 많은 페미니스트들은 혼란 속에 남겨졌다. 검사는 해리스가 살인을 저지를 만큼 질투에 사로잡혀 있었다고 주장했고, 변호사는 직장에서의 과도한 문제로 자살하고 싶을 만큼 우울했었다고 주장했다. 양측의 관점 모두 진 해리스가, 지적이고 매력적이며 잘 교육받고 성공한, 누가 봐도 독립적인 해리스가 단순히 사랑하는 남자 없이는 일하고 살아갈 수 없다는, 그를 위해 몇 년간의 수치와 모욕을 기꺼이 견디고 그런 다음에 남자의 무관심과 바닥난 약병을 발견하고 망가져 버렸다는 불쾌하고 피할 수 없는 결론에 도달하게 되었다. 배심원들은 일시적 정신 이상을 근거로 다행스럽게 무죄 평결을 내리겠다고 말했지만 변호사 오르누의 전략은 그러한 고려를 막았다. 오르누에게 해리스의 비굴한 종속과 자포자기의 절망은 고귀한 열정과 맞먹었다. "이건 사랑 이야기입니다"라고 그는 최후 변론에서 말했다. "잘못된 사랑, 남자가 받을 수 있는, 또는 남자가 다룰 수 있는 것보다 더 주었던 여자의 사랑. (…) 여자가 주어야만 하는 가장 위대한 선물을 그가 받지 못했으므로 이 이야기는 비극입니다."[27]

우리가 언제까지 여자가 남자에게 강아지처럼 의존하는 걸 견딜 수 있을지는 모르겠다. 그러나 분명한 건 이게 오래된 전통이라는 점이다. 그리고 또 분명한 건, 해리스 사건에서는 그게 요점이었다. 아무리 독립적으로 보일지라도 여자가 자기들 없이는 절대 살아갈 수 없다는 점을 아는 건 남자들에겐 안심이 되는 일이었다. '여성 해방 운동'으로 헷갈리던 주부들도, 전문직 여성들의 진짜 어려운 직업이 자신만의 남자를 낚아채는 살벌한 전투라는 점을 아는 건 안심되는 일이었다. 그리고 그것은 사랑과 결혼, 그리고 남성에 대한 헌신으로부터 여자들을 빼내 가는 페미니스트들에게도, 평등과 독립에 대한 그 모든 이야기에도 불구하고, 남성에 대한 여성의 오래된 굴종이, 마치 살인이 그러하듯, 알려지게 될 시기적절하고 엄중한 교훈이었다. 다른 대중 신문에 실린 동시대의 큰 재판, 즉 루스 스나이더와 앨리스 크리민스의 재판처럼, 진 해리스의 재판도 여성의 변화하는 역할에 관한 대중적인 두려움에 실체를 주었다. 재판은 변호사, 언론, 그리고 피고인 스스로도 성차별적인 편견에서 주제를 찾으면서, 깔끔 떠는 해리스 교장이 몇 년을 해 온 일인, '착한 소녀'들에게 좋은 행실을 가르치는 연속극의 탈을 쓴 도덕극이 되었다. 해리스 사건은 우리 시대의 반페미니스트 강의가 되었다.

착한 소녀들은 여전히 나쁜 소년마저도 사랑한다는 이토록 안심되는 이야기는, 일시적 정신 이상으로 무죄 판결을 받거나 정당방위 살인으로 판명된, 강간당하고 매 맞은 여자들의 악명 높은 몇몇 사건 다음에 일어나면서 불안에 떨던 대중에게 이중으로 환영받았다. 불과 이 년 전만 해도 '여성 운동의 자경단식 정의' 덕에 '남편 사냥철의 시작'을 예측했던 전국의 출판물들은 이제 가장 성공한 숙녀를 포함해서, 참된 여자는 여전히 남자를 위해 미쳐 버릴 수 있다는 걸 재확인했다. 그리고 특별한 매력도 없는, 머리가 벗겨진 예순아홉 살의 바람둥이조차도, 제대로 패만 뽑는다면, 자기 침대에 누울 특권을 차지하기 위해 젊고 예쁜 여자들이 손톱을 세워 가며 싸우도록 할 수 있었다.

이 위안이 되는 개념이 페미니즘의 실패를 나타내는 것은 아니다. 사실, 만약 페미니즘이 많은 여자들과 남자들의 사회적 관행과 태도를 조금이라도 바꾸지 않았더라면, 대중은 그런 위안이 필요하지 않았을 것이다. 모든 것이 바뀔 것 같은, 역사에서 가장 긴장된 바로 그 순간이 되면, 사람들은 여자가 있어야 할 자리에 있는지를 제일 걱정한다. 제일차세계대전이 막 지나가고 여성 참정권 운동 및 '포효하는 1920년대'²⁸의 성 혁명 시기에, 만약 그런 자리가 있다고 한다면, 여자들이 제자리에 밀어 넣어진 채로 있어야만 했던 시기에, 루스 스나이더는 처형당했다. 소위 말하는 성 혁명과 재개된 여성 운동의 각성에 뒤이어 앨리스 크리민스의 시련이 따라왔다. 역사의 되풀이되는 주기를 흘낏 보기만 하더라도 1970년대 페미니즘의 물결과 '남자 사냥철의 시작'에 대한 상상이 불안감을 휘젓고, 건방진 여자들을 교육하기 위한 새로운 도덕극을 요구할 거라는 점을 알 수 있을 것이다.

해리스 사건에는 한 가지 새로운 급진전이 있었다. 본보기가 되는 이런 사건에서 여자의 운명은 여자가 가진 나쁜 성격의 결과로 그려지는 게 관습이었다. 착한 소녀였다면 나쁜 결과를 맞지 않았을 거라는 간단한 교훈적 가르침이었다. 만약 루스 스나이더가 불륜을 저지르지 않았다면, 그녀는 살인과 전기의자로 전락하지 않았을 것이다. 만약 앨리스 크리민스가 난잡하지 않았다면, 그녀의 남편은 집을 떠나지 않았을 것이고, 그녀의 아이들은 죽지 않았을 것이고, 그녀는 결코 감옥에 가지 않았을 것이다. 그게 교훈이었다.

그러나 모든 설명이 우리에게 말해 주듯이, 진 해리스는, 뿌리 깊은 속물이었다는 걸 빼면, 존경받을 만한 숙녀였다. '고결한 진'이 정식으로 결혼도 못 한 채로 그 추잡한 상황에서 수치를 느끼며 연인에게 매달린 건 사실이지만 대중은 그 일을 당연하게 받아들이는 것 같았다. 그녀의 잘못은 남자에게 부정했었던 게 아니라 너무나 심하게 헌신적이었다는 데 있었다. 남자라면 동정해야 마땅한 잘못이었다. 좋은 태도와

예의범절, 약으로 만들어진 침착함까지, 그녀는 숙녀라면 마땅히 그래야만 하는 모습 그 자체였다. 스스로 자초한 인생에서 만족을 찾지 못하는 무능함, 자신을 푸대접하는 남자에게 비참하게 종속된 채 자신의 경쟁자에 대한 적의까지 갖춘 여자, 그에 따라 스스로 그리고 페미니스트들이 옹호하는 다른 여자들과 대조되며 진짜 숙녀가 어떻게 행동하는지에 대한 기이한 본보기가 된, 유죄 판결을 받은 진 해리스를 위해 변호사들과 기자들이 다 같이 울었던 게 이상할 리 없었다. 그녀가 미쳐 날뛰기 전까지는 말이다.

"난 사람이에요. 아무도 그걸 몰라 줘." 진 해리스는 연인과의 최후의 만남을 위해 떠나기 전에 마지막으로 그 처량한 쪽지를 썼다. 숙녀한테서 사람을 보기란 힘들었다. 타노어는 그러지 못했다. 해리스 자신도 그러지 못했다. 변호사 오르누 역시 자신만의 명백하게 남성적인 가설 너머를 보지 못했고 그 결과 자신의 의뢰인을 위험에 빠뜨렸다. 여성의 열정, 오르누가 말한 그녀가 내줘야만 했던 그 한없는 사랑이란 남성의 특권을 섬겨야만 하는 것이지 그 특권에 저항해서는 안 되는 것이었다. 그래서 사랑과 절망에 대해 그녀가 훌쩍이면서 한 모든 자백을 기꺼이 믿고 싶었던 배심원단 안팎의 참관인들은 살인이 어떻게 일어났는지에 대한 그녀의 이야기에서 뒷걸음질 쳤다. 그리고 그녀 인생의 모든 증거와 필로폰 중독자(만약 다른 계급이나 다른 인종이었더라면 이렇게 불렸을 것이다)였던 그녀가 해독 과정을 견디며 마약에 굶주려 벌인 지난 주말의 정신 나간 그 모든 과대망상은, 피 묻은 잠옷을 입은 배심원장을 과녁으로 두고 서툴게 계산된 배심원실의 탄도 실험 앞에서 전부 사라졌다.

그럼에도 불구하고, 캐시미어와 고급 트위드와 밍크 목도리로 공들여 휘감아진 피고는 너무나 잘 알아볼 수 있는 중상류층의 숙녀였기 때문에 많은 논평가들은 처음부터 그녀가 쉽게 빠져나갈 거라고 암시했다. 그 예로, 급진적 변호사인 윌리엄 쿤스틀러는 재판이 '딱 중류층 연속극'이라 '대본'을 따라가는 배심원들이 절충된 평결을 내놓거나 아예 평결을 내리지 못할 거라고 생각했다.[29] 그러한 논평가들은 자신들의 좌익적인 분석에 오도되어 이렇게 어려운 시기에 여자가 살인으로 재판에 회부되면 결정적인 쟁점이 계급이 아니라 젠더가 된다는 걸 이해하지 못했거나 적어도 인정하지 않았다.[30] (한 남성 변호사는, 평결에도 불구하고 자신의 계급적 분석을 격렬하게 부여잡고서 법은 부자를 차별한다는 멍청한 결론을 냈다.[31]) 그리고 해리스는 그렇다고 주장하지만 타노어의 살인이 사고가 아니라면, 그렇다면 그녀도 어쩌면 살인을 저지르는 그 모든 매 맞는 여성들이 그렇다고 보여지듯, 복수심에 차 있는 것일지도 몰랐다. 불안해하는 남자들에게 다행스럽게도, 뉴욕의 텔레비전 프로그램「채널 포(Channel Four)」가 길에서 인터뷰한 남자가 말했듯이, 해리스의 유죄 판결은 남자가 바람을 피웠다고 해서 남자를 쏘면 안 된다는 교훈을 모든 여자들에게 주게 될 터였다.(그 교훈은 절실히 필요했는데, 왜냐하면 그렇지 않을 경우, "모든 남자가 총에 맞을 것"이라고 그는 덧붙였다.) 그 교훈은 또한 모든 사회 계층의 매 맞는 여자들이 유죄 판결을 받는 '윤리'와도 놀라울 만큼 유사했다. 남자가 자신들을 때린다 해서 여자가 총으로 쏘면 안 된다는 것이다. 이십세기 초 사회의 아버지들은 루스 스나이더와 앨리스 크리민스 같은 여자들의 성적 무법 행위를 두려워하고 처벌했다. 오늘날 그들은 단순한 복수를 제일 무서워하는 것 같다.

가게에서, 엘리베이터에서, 버스에서, 그리고 신문 가판대에서 들려온다. "음, 여자가 남자를 죽였어. 남자를 죽이면 안 되지." 그런데 사실 그래도 된다. 목숨을 빼앗는 것은 윤리적으로 잘못되었다고 여겨지지만, 법은 언제나 특정한 상황이라면 처벌받지 않고 목숨을 빼앗아도 된다고 인정해 왔다. 정당방위 살인은 정당화되는 살인이고, 사고로 인한 죽음(타노어의 죽음이 그랬다고 해리스가 주장했듯)은 일정 정도의 부주의나 과실이 밝혀지지 않는다면 처벌받지 않는다. 모든 범죄 사건에서, 혐의가 무엇이건 간에, 피고인은 죄가 입증될 때까지 무죄로 추정되어야만 한다. 그럼에도 불구하고, 남자가 죽어서 누워 있고 여자가 총을 들고 있으면, 우리는 자동적으로 살인이 일어났다고 결론짓는다. 그녀는 그 값을 치러야만 한다. 해리스 사건의 맥락에서, "남자를 죽이면 안 된다"의 의미는 "여자는 남자를 죽일 수 없다. 그 남자가 무슨 짓을 그 여자에게 했건. 그리고 죽여 놓고 무사히 빠져나가지 못한다"의 의미이다.

현대 범죄학의 아버지인 체사레 롬브로소는 대략 한 세기 전에 남자가 버린 여자가 찾을 수 있는 유일하게 명예로운 길은 자살이라고 우리에게 말했다.[32] '착한 소녀들'은, 결국, 실망했다면 스스로에게 위해를 가하도록, 화내고 공격적으로 굴지 말고 낙담하고 자기 파괴적으로 되도록 훈련받아 왔다. 그 전통에 따라, 진 해리스는 자살을 선택했어야만 했다. 봄이면 수선화가 피어나는 그 연못가, 그곳에서 자신을 죽이는 데만 성공했어도, 그녀는 얼룩 하나 없는 우아한 기록을 남겼을 것이고, 사법 당국은 주로 가난한 비백인 여자에게 쓰려고 만든 감옥에 숙녀를 집어넣는 수치를 겪지 않았을 것이다. 분명 그녀는 숙녀라면 모름지기 따라야 할 훨씬 단정한 본보기를 마련했을 것이다.

　　그러나 그녀는 걸어 들어갔고, 그는 몸을 돌렸고, 베개를 안으며 다음과 같은 말을 했다. "오, 닥쳐, 진. 나 잠 좀 자자고." 그런 다음 모든 게 잘못되어 버렸다.

해리스 사건을 돌이켜 보면, 기대했던 그만큼 예측 가능했고 그만큼 특이했던 것 같다. 다시 한번 법정은 교훈을 주는 극장이 되었고, 공연은 똑같은 대중 신문과 유명 작가들로 홍보했다. '유죄!'라는 헤드라인 아래 철창에 갇힌 여자를 흐릿하게 확대한 전면 사진까지 똑같았다. 스나이더 재판과 크리민스 재판의 재방송이었다. 그렇지만 그 모든 대소동을 벌였음에도 "네 남자를 사랑하고 네 자리를 알라"는 해리스 사건의 교훈은, 옛 프로그램을 보자고 주파수를 맞추기엔 사느라 너무 바쁜 일상 속 많은 여자들을 놓쳤다.

　　마지막 남은 권위를 끌어모아, 몇몇 저명한 남성 변호사들은 해리스의 유죄를 여성 배심원의 탓으로 돌렸다.(사실 대부분은 해리스에 대한 깊은 동정심을 표했고, 1명은 끝까지 평결에 동의하지 않고 버텼다.) 남성으로만 이루어진 배심원단으로 캔디스 모슬러를 처리했던 퍼시 포먼은 여자들이 언제나 여자들에게 가장 가혹하게 군다는 진부한 말을 되풀이했다. "남자에 대한 남자의 잔인함은 여자에 대한 여자의 잔인함에 댈 게 아니요." 멜빈 벨리도 동의했다. "밀로의 비너스도 여자가 심판하게는 두지 않을 겁니다." 반면 벨리는 또 다른 한편에서 케케묵은 농담을 꺼내 들어 말했다. "남자가 직접 여자한테 손을 댈 수는 없죠."[33] (변호사 오르누는 분명 다르게 생각했을 것이다. 재판 전 인터뷰에서 그는 그가 찾고 있는 배심원들의 주된 자질이 '늘씬한 다리'[34]라고 말했다.)

　여성에게 형을 선고해야 하는 불가피한 고통에 대해 사과하며 레깃 판사는 직접 해리스에게 십오 년에서 종신형을 선고했고, 역시 한 종류의 여자와 다른 종류의 여자 사이에 있는 계급과 신분의 구분, 진 해리스의 마음을 더럽힌 만큼이나 자신의 법정을 뿌옇게 한 구분에 대해 다시 강조하는 짧은 연설을 했다. 레깃은 "여자들에게 줄 게 너무나 많은 뛰어난 여자"라며 그녀를 칭찬했다. 그의 생각에 "**다른 여자**들의 삶에 빛을 가져옴으로써" 그녀는 교도소에서 가장 유용할 수 있으며, 이런 다른 여자들을 가르칠 기회를 그녀에게서 **빼앗는** 것은 "사회와 다른 재소자들에게 커다란 축복을 앗아 가는 것"일 터였다.[35] (제대로 된 여자를 다른 여자와 구분하는 이 오래된 체계를 충실하게 따랐던 진 해리스는 만약 누구를 죽일 의도였다면 그 대상은 린 트라이포로스였을 거라고 샤나 알렉산더에게 마음을 털어놓았다.[36])

　그런 다음 레깃 판사는 중년의 중상류층 백인인 해리스를 젊고 가난한 흑인 버너뎃 파월을 가둔 바로 그 교도소로 보냈다. 진 해리스는 교도소에 가는 걸 겁냈다고, 다른 여자들, 악질적인 여자들, 레즈비언 여자들, 가난한 여자들, 교육받지 못한 여자들, 히스패닉 계열의 여자들, 흑인 여자들, 버너뎃 파월과 같은 여자들을 겁내고 있다고 보도됐다. 처음 교도소에 들어섰을 때 너무 충격을 받아 말을 잃었던 버너뎃은 그 두려움을 이해했을 것이다. 한마디 말도 못하고, 그녀는 문 밑으로 새어 들어오는 빛에 얼굴을 댄 채로 감방 바닥에서 잠들었다.

　인종과 출신과 계급의 모든 장벽에도 불구하고 이 여자들은 이제 공동의 교도소를 공유한다. 마치 바깥의 모든 여자들이 맨 처음부터 종교적 교리, 과학적 '사실', 정치 제도, 경제 체계, 사회 관습, 심리 이론, 생물학적 '운명', 성적 관행, 대중 철학, 언론의 수사적인 표현, 일반적인 교육 과정, 가부장적 태도, 폭력, 가족 구조, 전통, 몸가짐, 패션, 포르노, 언어, 습관, 무지, 타성, 두려움, 여성혐오, 법에 의해 같은 사회적 상자에 갇혀 있는 것처럼 말이다. 진 해리스는 자신이 '다르다'고 생각했지만, 법과 정면으로 충돌했을 때, 가장 중요한 건 흰 피부도 진주 목걸이도 대학의 학위도 아니라는 걸 알게 되었다. 가장 중요한 건 그녀의 성별이었다. 여자 교도소에서, 모든 수감자들은 '숙녀들(ladies)'이다.

2

진 해리스는 죄수 번호 '81-G-98'이 되었다. 그 말은, 그녀가 1981년 베드퍼드힐스 교정 시설에 들어온 아흔여덟번째 수감자라는 뜻이다. 교도소에서 지낸 십 년 동안, 그녀가 한 모든 항소와 감형 청원은 거부되었고, 그녀는 심장 발작을 한 번 겪었으며, 두 권의 책〔그중 한 권의 제목은 『그들은 언제나 우리를 숙녀라고 부른다(They Always Call Us Ladies)』였다〕을 썼다.[37] 그녀는 변했다. 두려움과 잘난 척은 벗겨져 나갔고 그녀는 여성 수감자를 위한 웅변가가 되었다.

그녀의 책은 직접 체험한 여성 교도소의 삶과 여성을 그곳으로 보낸 수감 이전의 삶에 대해 우리가 가진 유일한 보고이다. 대부분의 수감자들은 젊고 가난하고 흑인이다. 대부분은 어머니이다. 기혼자는 드물다. 많은 여성들의 건강이 아주 나쁘다. 다수는 교도소에 들어오기 전에 다른 치료나 치과 치료를 받은 적이 없었다. 많은 여성들이 문맹이다. 어떤 여성들은 영어를 하지 못한다. 아주 많은 여성들이 정신병을 앓고 있다. 그들 중 60퍼센트 이상이 어린이였을 때부터 "신체적으로, 성적으로, 정서적으로, 또는 그 세 가지 다로" 학대받았다.[38] 절반 이상이 "평생 동안 한 번은 성적인 학대"를 받았다.[39] 대다수가 단 한 번도 그렇게 지낼 수 있는 기회를 가져 보지 못했지만, 어린이처럼 행동한다. 그렇지만 그들은 무감하며 병적으로 초연하다. 평균적인 수감자에 대해, 해리스는 자신의 백인 중산층 독자들에게 이렇게 썼다. "아마 [그녀가] 별로 마음에 들지 않을 것이다. 그녀는 당신이 고개를 돌릴 만한 습관과 자질을 갖고 있다. (…) 사법 정의에서 가장 부당한 일 중 하나는 결정에 영향을 끼치는 게 단지 그 행동만이 아니라 그 행동들이 종종 우리에게 매력적이지 않은, 아니, 그보다 역겹게 여겨지는 사람들에 의해 행해졌다는 사실에 영향을 받는다는 것이다."[40] 그러나 이 불운한 여자들의 "그릇되고, 웃기고, 용감하고, 음란하고, 비극적인"[41] 삶에 대한 해리스의 열정적인

설명에서, 이들은 이름과 사람의 얼굴을 갖게 된다. 그들은 해리스의
이웃이다.

단연코 그들은 페미니스트가 아니다.(여성의 해방이 여성
범죄자라는 새로운 종족을 만들어낼 거라는 범죄학자들의 무시무시한
경고가 무색하게 말이다.) "그들은 남자를 두려워하고, 남자라면
경멸하기까지 한다"[42]라고 해리스는 적었다. 그러나 그들은 '오래오래
행복하게의 신화'를 붙들고 있고, 해리스에 따르면 평균적인 수감자는
"페미니즘은, 혹시 생각이라도 해 봤다면, 백인 중산층 얘기라고
여긴다. (…) 그녀는 또한 페미니즘은 남자를 싫어하는 거라고
생각하는데, 그리고 아무리 남자한테 끔찍한 일을 당했더라도, 그녀는
남자들을 싫어하지 않는다. 그녀가 가장 깊숙하게 품고 있는 소망은
자신과 자신의 아이들을 먹여 살리는 좋은 남자를 찾는 것이다."
남성의 폭력이나 무책임이 아니라, 가난이 '그녀 인생에 달라붙은
악귀'였다.[43]

베드퍼드힐스의 평균적인 여성 수감자는 재산죄나 약물 관련
범죄로 선고받아 교도소에서 이 년 칠 개월을 머문다. 그러나
과실치사나 살인죄로 유죄 판결을 받은 여자들은 더 길게 복역한다.
따라서 해리스의 이웃 중 40퍼센트는 살인죄로 복역 중이다.[44] 그들
대부분이 매 맞은 여성들이라고 해리스는 말한다. 그녀는 이렇게
적었다.

이 교도소의 많은 역설 중 하나는 최장기 형을 받은 많은 여자들이
가장 덜 위험하고, 이곳에 오기 전에 가장 열심히 살아 왔다는
것이다. (…) 그들은 잔인함의 마지막 지푸라기가 그 모든 다른
지푸라기 위에 놓인 그날 또는 그날 밤까지는 좋은 딸, 좋은
아내, 좋은 어머니였고, 좋은 시민이었다. (…) 판사와 검사의
태도에 따라, 그들에게는 삼 년에서 이십오 년 또는 종신형까지
멋대로 형이 주어진다. 소니아의 남편은 습관적으로 그녀의 팔을
부러뜨렸다. 그녀는 결국 그를 죽였고 삼 년 형을 받았고 이 년
만에 출소했다. 가넬은 남편이 딸을 강간하는 걸 알았다. 그녀는
남편을 죽이고 팔 년 사 개월에서 이십오 년 형을 받았다. 그녀는

458

아직 여기 있다. 페니의 남편은 해고당하기 전까지 경찰이었다. 그녀가 삼 년을 더 그를 먹여 살리는 동안 그는 마음에 들지 않는다며 저녁 식사를 그녀에게 집어 던지고 잔인하게 때렸다. 그녀는 반복해서 경찰의 보호를 요청했지만 알다시피 아무리 타당한 이유로 해고되었다고 해도 경찰은 옛 동료를 체포하진 않는다. 그녀는 그를 죽였고 역시 팔 년 사 개월에서 이십오 년 형을 받았다. 클로딘의 남편은 산 용액과 얼음을 깨는 송곳으로 그녀를 죽이려고 했다. 그녀의 상반신과 얼굴은 끔찍한 흉터로 덮여 있고 그녀는 한 팔을 거의 애원하는 몸짓처럼 몸에 붙인 채로 살아야만 한다. 싸움 중에 그녀는 그에게 산 용액을 집어 던졌다. 그는 심장 마비로 죽었다. 그녀는 육 년에서 십팔 년 형을 선고받았다. 누군가를 피해자로 봐야 한다면 분명 피해자는 이 여자들이다. 그리고 지금 그들은 이중의 피해자이다.[45]

진 해리스가 교도소에 갇혀 있었던 십 년 동안, 이와 같은 이야기는 사람들에게 익숙해졌다. 그동안, 미국의 여자들은 매년 평균 800명의 남편을 죽였고 그 절반 정도 되는 수의 남자친구를 죽였다. 그리고 매년 1,500명 이상 되는 아내들이 남편의 손에 죽었고, 그동안 또 다른 500명의 여자들이 남자친구에 의해 살해되었다.[46] 십 년 동안, 미국에서 매 맞는 아내를 위한 활동은 대중의 인식을 높였고, 공동체의 지지를 얻었으며, 각 주와 담당 기관, 특히 사법 체계의 대응에서 변화를 가져오기 위해 막대한 노력을 수행했다.[47] 1985년 가정 폭력이 '유행병'에 달하는 비율을 차지한다고 지적하며 미국 공중보건국 국장은 가정 폭력을 '공공 보건의 위협'으로 묘사했다.[48] 1991년 상원 법사위원회는 "거리와 가정에서 일어나는 여성에 대한 폭력과 범죄와의 전쟁 법안"[49]에 대한 청문회를 열었다. 만약 통과된다면, 그 법안은 (다른 무엇보다도) 공격적인 '배우자'의 체포와 기소를 장려하고, 주 경계선을 넘어 아내를 추적하는 것을 범죄로 규정하며, 거리와 가정에서의 젠더에 따른 혐오 범죄를 시민권 침해로 인정하고 시민권 구제책을 마련할 수 있게 될 것이다.

그럼에도 불구하고, 남자들은 여자들을 계속해서 때린다.

보수적으로 어림잡더라도 내년이면 미국에서 200만 명의 여성들이 그들의 '파트너'에게 '심각하게 폭행'당할 것이다.[50] 이 분야의 연구자들은 그 수치를 400만 명으로 잡는다.[51] 지난 십 년간 학대받는 여성의 편에서 이룬 엄청난 업적과 놀랄 만한 성과를 보면서, 난 너무나 명백한 사실에 충격받는다. 더 많이 바뀔수록, 여전히 더 많이 남아 있다.

십 년의 투쟁 덕에 그 이유를 더 쉽게 알 수 있었다. 우선 학대의 본질이 더 명확해졌고, 그 학대가 사회에 그리고 개개의 남자의 삶에 미치는 목적이 더 명확해졌다. 사회학자 에머슨 도배시와 러셀 도배시는 스코틀랜드에서 아내에 대한 폭력을 연구한 후 1979년에 발전시킨 논문에서 페미니스트 연구자들과 활동가들의 일을 실증하고 있다. 즉, 남편과 아내 사이의 폭력은 아내에 대한 남편의 역사적인 지배와 통제의 연속이고 "본래 강압적인 통제로 이해되어야만 한다"[52]는 것이다. 다른 말로 한다면, 가정 폭력은 비록 그 대상이 되는 여자에게는 종종 그런 식으로 보이겠지만, 그저 일련의 고립된 폭발, 분노나 스트레스, 혹은 과음의 결과가 **아니라**는 것이다. 그보다 가정 폭력은 **피해자를 만들어내고자 하는 사람의 의지대로, 피해자를 강제할 의도로 고안된 협박의 과정**이다.

그 강제의 과정은 신체적인 학대보다 더한 것을 포함한다. 때리는 남자를 위한 보스턴의 상담 프로그램인 '이머지(Emerge)'는 폭력에 대한 이러한 실제적인 정의를 사용한다. 폭력은 "피해자가 원하지 않는 일을 하도록 시키거나 그녀가 하고자 하는 일을 하지 못하도록 막는 일, 그리고 그녀가 겁을 내는 원인이 되는 모든 행동"이다. 그들은 "벽을 치거나 말로 협박하거나 심리적으로 학대해서 같은 결과를 달성할 수 있으므로 폭력이 **반드시 피해자와의 신체적인 접촉을 포함하는 것은 아니다**"라고 지적한다. "직접적으로 (…) 자주적 결정이나 자존감을 손상시키는 행동"으로 정의되는 심리적 학대는 신체적 폭력과 섞일 때 "특히나 강력"해진다. "소리 지르고, 욕하고, 삐치고, 화를 내며 비난"하는 것과 같은 행동도 만약 다른 사람을 겁에 질리게 하거나 강요한다면, 심지어 아주 쉽게 그렇게 되듯이 "주기적이나 또는

460

종종 일어나는 [신체적인] 폭력으로 강화"된다면, **폭력이다**. 남성의 가장 숙달된 형태의 강압은 인질과 전쟁 포로에게 가해지는 협박과 공포심 유발, 세뇌, 고문과 유사하다. 하지만 이러한 강압은 '정상적인' 권력 관계를 강제하려는 목적이므로 교활하다.[53] 247명의 매 맞는 여성과 그중 자신을 구타한 사람을 죽였거나 죽이려고 시도한 42명의 여성들을 연구한 사회심리학자 앤절라 브라운은 "남성 파트너에 의한 학대와 여성 피해자의 대응은 로맨스에 대한 우리의 문화적 **기대**의 연장"[54]이라고 결론지었으며, 이는 극단에 이른, '소년이 소녀를 얻는다(boy gets girl)'[55]의 예시이다. 여자에 대한 폭력과 싸우려 애쓰다 여자들이 맞닥뜨린 것은 '남성성', 권력, 그리고 여성과 남성 사이의 '정상적인' 관계를 재구성하는 임무였다.

두번째로, 법이 전통적인 권력 관계(법 **자체**의 권력은 말할 것도 없고)를 유지하는 기능을 하므로, 법 자체와 법의 집행은 여자들이 이성, 공정성, 평등과 정의에 호소하며 예상했던 것보다 훨씬 더 저항적이다. 미국에서 매 맞는 여성 운동은 법, 법적 개정과 개개인의 권리에 맞춰져 있는 반면 영국에서 유사한 활동을 하는 이론가들은, 특히 캐럴 스마트는 법에게 권능을 부여하는 것에 대해 페미니스트들에게 경고했다.[56] 이 주제에 내가 초점을 맞추는 것은 지난 십 년간 미국의 경험이 영국의 경고에 담긴 지혜를 실증하고 있다고 믿기 때문이다. 사실 미국에서 법은 지갑에 타격을 받을 때만 취약해 보인다. 적어도 그게 트레이시 서먼의 끝나지 않은 이야기에 담긴 교훈인 것 같았다.

어린 아들을 데리고 트레이시 서먼은 1982년, 짧고 폭력적인 결혼 생활 끝에 때리는 남편 찰스를 떠났다. 찰스 서먼은 이혼을 거부했다. 대신 팔 개월 후 그는 전화로, 그리고 직접 찾아와 그녀를 괴롭혔고, 죽이겠다고 공개적으로 협박했다. 그는 (그녀가 차 안에 있을 때) 트레이시의 차 앞 유리창을 부수었고 법정은 그에게 집행유예 판결을 내렸다. 그는 이를 위반하고 그녀와 아이를 쏘겠다고 협박했지만 경찰은 체포를 거부했다. 그녀는 접근 금지 명령을 받아냈지만 경찰은 집행을 거절했다. 그녀는 나중에 기자에게 말했다. "할 수 있는 건 다 했어요. 전남편이 전화로 위협하면, 난 경찰서로 곧장 전화해 '이걸 기록에 남기고 싶어요'라고 말했어요. 왜냐하면 찰스 서먼의 이름을 충분히 듣다 보면, 결국에는 그를 잡아갈 거라고 생각했거든요.”[57] 그러나 경찰은 그를 잡아가지 않았다.

1983년 6월 10일, 트레이시 서먼은 다시 경찰에 전화해서, 자신의 집 밖에서 또다시 자신을 협박하고 있는 찰스를 체포해 달라고 신고했다. 출동을 요청받은 경찰관은 먼저 경찰서에서 화장실에 들렀다가 트레이시 서먼의 집에 이십오 분 후 도착했는데, 찰스는 이미 벅 나이프로 트레이시의 얼굴을 베고 반복적으로 가슴, 목, 기도를 찌른 뒤였다. 경찰관은 찰스가 땅에 쓰러진 트레이시를 다시 공격하는 동안 옆에 서 있었다. 찰스는 그녀의 얼굴로 달려들어 목을 부러뜨렸다. 그제서야 경찰은 그를 체포했다.[58]

트레이시 서먼은 살아남았다. 영구적으로 손상되고 부분적으로 마비되었지만 말이다. 찰스 서먼은 폭행죄로 십오 년 형을 받았다.(현재 그는 가석방 자격이 있고 '일을 끝내겠다'고 다짐하고 있다.) 트레이시 서먼은 코네티컷 주의 토링턴과 24명의 경찰관을 자신과 자신의 아들을 위해 고소했다. 그녀는 미국 수정 헌법 제14조의 조항에 따라 연방 법원에 소송을 제기했다. 조항 일부는 이렇게 말하고 있다. “어느 주도 (…) 그 사법권 안의 어떤 사람에게도 법의 동등한 보호를 부인해서는 안 된다.” 그녀는 학대받는 배우자로서 자신이 받을 수 있는 법의 동등한 보호를 토링턴과 그곳의 경찰이 부인했다고 주장했다. 폭행하는 남편들을 체포하지 않는 정책에 따라 토링턴 경찰은, 가족 관계 바깥에서 일어나는 유사한 폭행의 피해자에게 제공하는 동일한 보호를 학대받는 배우자와 자녀에게는 제공하지 못했다고 그녀는 말했다.

연방 지방 법원도 이에 동의했다. 법원은 부분적으로 이렇게 판결했다.

단지 그가 그녀의 남편이라는 이유로 남자가 여자를 신체적으로 학대하거나 위험하게 하는 일이 용인되어서는 안 된다. 그에 따라, 경찰관은 이러한 폭력에 간섭하는 것을 고의로 삼가서는 안 되며, 단순히 가해자와 피해자가 서로 결혼했기 때문에 자동적으로 체포를 거부해서는 안 된다. (…) 시 공무원과 경찰관은 법과 질서를 유지하고 공동체 안의 개인들의 사적 안전을 보호할 적극적인 의무 아래 놓여 있다. (…) 만약 공무원이 가족 관계에서 여성에 대한 공격의 가능성을 인지한다면 (…) 그들은 공동체에서 그러한 개인의 사적 안전을 보호하기 위해 합리적인 조치를 취할 적극적인 의무 아래 놓이게 된다. 이러한 의무를 수행하는 데 실패하는 것은 법의 동등한 보호를 거부하는 일에 해당한다.[59]

배심원단은 보상적 손해 배상으로 트레이시 서먼에게 230만 달러를 지급하도록 판결했다.[60] 그러자 상황이 바뀌기 시작했다. 수백만 달러의 손해 배상금을 지불해야 하는 상황에 직면한 보험 회사들은 경찰에게 폭행하는 남성을 체포하도록 압력을 넣었다. 더 높은 보험 비용, 더 많은 세금, 무거운 돈이 걸린 소송과 파산한 도시 재정을 보자 시 당국과 주 의회는 더 단호한 법 집행 정책으로 대응했다. 거의 하룻밤 사이에 코네티컷 주에서는 폭행하는 '배우자들'의 강제 체포를 요청하는 새로운 포괄적 가정 폭력 법안이 채택되었다. 남자들은 감옥에 갔다. 단 일 년 사이에 코네티컷 주에서 가정 폭력으로 체포된 건수는 대략 5천 건에서 2만 5천 건 이상으로 많아졌다.[61] 그리고 폭행하는 남자들이 체포될 거라는 게 분명해지자, 코네티컷 주 가정 폭력 핫라인으로 도움을 찾는 매 맞는 여성들의 숫자는 일 년에 1만 4천 건에서 2만 건으로 급증했다. 전화한 많은 사람들이 경찰을 불렀을 때 받은 (새로운 법에서 필수 절차로 정한) 안내 카드에서 핫라인 번호를 얻었다.

서먼 판결 이후 몇 달 동안, 사법 체계는 여성의 권리를 걱정하는 것처럼 보였다. 그러나 물론 걱정하는 건 달러였다. 1980년대 내내 미국 전역에 걸쳐, 캘리포니아 주와 캔자스 주와 펜실베이니아 주와 텍사스 주에서, 여성들은 트레이시 서먼과 유사한 소송을 했다.[62] 사건에 사건이 이어지면서 같은 양상의 사실들이 진술됐고 매 맞는 여성들이 보호를 거절당하는 게 예외가 아니라 규칙이었다는 것이 명백하게 드러났다. 그러나 법정은 트레이시 서먼이 안전과 정의와 돈을 쥐게 된 허점을 막으려 재빠르게 행동했다. 사건마다, 여자들은 패소했다. 사건마다, 경찰과 공무원은 매 맞는 여성을 보호하지 못한 이유로 기소되지 않을 면책권을 받아냈다. 마침내 1989년, 아버지에게 구타당한 아이가 영구적인 뇌 손상을 입은 사건에서, 미국 대법원은 "국가가 사적인 폭력에 대해 개인을 보호하지 못한 것"은 개인의 헌법적 권리의 "침해를 구성하지 않는다"고 판결했다.[63] 법정의 평결에 따르면 이러한 '비극적'인 상황에서 공공 담당관에게 "옆에 서서 아무것도 하지 않았다"라고 탓하는 것 말고는 아무것도 할 수 있는 게 없었고, 이는 트레이시 서먼이 망가져 가는 동안 토링턴 경찰이 한 일을 정확하게 묘사한 말이었다. '적극적 의무'는 이제 그만 끝이었다.

이게 십 년 동안 힘들게 얻은 교훈이었다. 그 모든 진보적인 미사여구에도 불구하고, 법은 여성의 권리를 보호하는 데 관심이 없다. 신체적인 가해로부터 자유롭게 살 수 있는 기본적인 권리를 누구라도 가질 수 있어야만 한다는 걸 인정조차 하지 않는다. 더 이상 여자들이 뭘 바랄 수 있겠는가? 법은 구타하는 사람이 구타당한 여자와 관련된 딱 그만큼만 구타당한 여자를 위한 옹호자로서 서 있다. 법은 같은 목소리로, 지배하는 남자의 목소리로 말한다. 여자의 시민권을 지키느니, 법은 계속 잘못할 뿐이다.

정당방위로 살인을 한 여자들의 예를 생각해 보라. 십오 년간 페미니스트 변호사들은 남자들처럼 여자들도 정당방위를 주장할 권리를 갖도록 법원을 설득해 왔다. 그러나 법학 교수 엘리자베스 슈나이더(6장에서 설명한, 이본 완로의 획기적인 항소를 주장한 변호사)는, "법을 밀어붙이면, 법이 취하고자 하는 형태를 제어할 수 없다"[64]고 보았다. 1980년 그녀는 『하버드 시민권—시민 자유권 법 리뷰(Harvard Civil Rights—Civil Liberties Law Review)』에서 정당방위에 대한 여성의 권리를 주장할 때의 이론적인 어려움을 논했다.[65] 그녀는 "법적 원칙에 포함된 남성적 전제와 법원의 판결에서 그러한 전제들이 드러나는 것은 (…) 여성에게 남성 피고인과 동등하게 정당방위를 주장할 기회를 부인하는 것이다"라고 지적했다. 그녀는 "매 맞는 여성이 가해자를 죽이는 특수한 상황과 인식에 대한 (…) 고려를 허용하는 접근이 이러한 여성 피고인들에게 불리한 법의 성적 편견을 바로잡을 것이다"[66]라고 낙관적으로 결론지었다.

그러나 겉에 덮힌 성적 편견만 벗겨낸다고 법의 잘못이 바로잡혀 그 안에 단단하게 박혀 있다는 평등주의가 드러나게 되는 것은 아니다. 때린 사람이 마음 깊숙이는 폭력적이지 않다고 믿어야 할 이유가 없듯이, 법도 그 깊숙한 마음은 편향되지 않았다고 믿어줘야 할 이유는 없다. 법 자체는 많은 페미니스트 법학자들이 지적했듯 성별이 있으며, 그 성별이 법 권력의 본질이다. 남성의 지배가 위기에 처하면 법은, 아니 더 두드러지게는 법의 이름으로 말하는 판사의 얼굴을 하고, 귀를 막거나 공격적으로, 또는 퉁명스럽게 굴 수 있다. 법이 힘을 과시하는 것이다.

법은 무엇이 연관되고 무엇이 연관되지 않은지를 결정하는 힘을 독점한다. 주어진 사건에서 무엇을 듣고 무엇을 제외시킬지를 결정하는 일은 검사와 변호사 그리고 주심 판사에게 달려 있다.(또는, 우리 시대의 지적 전문 용어로 다시 말한다면, 페미니즘이 아니라 법이 법의 담론을 구성한다.) 대개 검사들과 변호사들이 생략하고 판사들이 제외시키는 바로 그게 여자들이 자신들의 변호를 위해 해야만 하는 말이다. 그들은 과거의 학대와 협박의 증거는 시기적으로 너무 멀다고, 사망자의 폭력적인 행동의 증거는 직접적인 관련이 없다고 여길 수도 있다. 여자가 연관된 사실로 보는 것을 배심원 앞에 두지 못하게 한다면, 여자는 자신의 정당방위 주장을 이해시킬 수 없다. 법의 편견을 공유한 어떤 변호사들은 단순히 여자의 이야기를 누락시킨다.[67] 매 맞은 여자의 학대당한 과거사가 증거의 기준에 따라 재판에 **반드시** 제출되어야 한다고 보지 않는 다른 변호사들은, 배심원 앞에서 어떻게 여자의 이야기를 전달할지를 알지 못한다. 그들의 답변은 이렇다. 말해 줄 다른 사람을 데려와. 전문가 증인 들어와.

대개 전문가는, 배심원들의 마음속 제일 먼저 떠오른 질문인, "왜 그 여자는 그 남자를 죽였지?"와 "왜 여자는 그냥 떠나지 않았지?"에 답하기 위해, 르노어 워커가 처음 널리 알린 '학습된 무기력' 이론[68]으로 무장한 심리학자나 정신과 의사이다. 또한 워커 박사 스스로도 종종 전문가 증인이 되어, 삶에 대한 통제력 손실, 실제 또는 인지된 선택권의 결여와 겁에 질린 채 마비되는 우울증을 포함하는 양상인 '매 맞는 여성 증후군'[69]을 설명하기도 한다. 전문가는 아무런 **법적인**

변론을 제시하지 않는다. 그보다, 전문가는 살인 당시의 피고인의 **마음 상태**를 배심원들이 이해할 수 있도록 돕는다고 되어 있다. 전문가는 그래서 일반적으로 매 맞는 여성에 대해 심리학이 말하는 것(그 '증후군')과 특히 학대받은 피고인의 과거사, 여자가 자신을 지켜야만 하겠다고 생각하도록 만든 그 과거사를 이야기함으로써 이해를 돕는다. 변호사가 제시하는 피고인의 **법적** 변론은 그녀가 정당방위로 행동했다는 것이지만, 사건마다 언론과 대중의 관심을 사로잡는 것은 전문가이다. 그래서 변호사, 법정, 대중 모두에게 '매 맞는 여성 증후군'이 사실상 법적인 변론처럼 보이게 된다.

페미니스트 법 이론가들의 관점에서 전문가 증언의 본래 의도는, 판사와 배심원의 마음에 있는 질문에 답해 피고인이 처해 있는 특별한 상황 속에서, 피고인의 '범죄'를 **타당하고 정당화할 수 있는** 행동으로 볼 수 있도록 하는 거였다. 그리고 종종 그런 식으로 작동하는 것 같았다. 전문가를 고용할 수 있는 피고인은, 그러나, 또한 가장 유능한 변호사도 고용할 수 있고, 전문가를 데려오는 건 변호사의 몫이므로 결국엔 그날의 승소가 전문가 증인 덕인지 영리한 변호사 덕인지 아니면 피고인의 두툼한 주머니 덕인지 말할 수 있는 방법이 없었다. (살인을 저지른 매 맞는 여자들 중 소수만이 무죄 판결을 받는다고 일부 연구들이 지적하지만 그 연구들은 전문가의 증언이 도움이 되었는지 방해가 되었는지, 심지어는 제공이 되었는지조차 기록하지 않는다.[70])

그러나 법원은 여성 피고인을 위해 결과를 바꿀 수 있는 전문가의 잠재력을 깨달았다. 놀랍지 않게도, 많은 법정들이 피고의 이야기뿐만 아니라 전문가 증언도 마찬가지로 제외했다. 그렇게 되면 피고가 유죄 판결을 받았을 때, 종종 전문가 증언의 배제는 항소 절차에서 중요한 문제가 된다. 따라서 특정 유죄 판결을 뒤집으려는 싸움은 전국에 걸쳐 전문가 증언을 증거로 인정받으려는 싸움으로 전개되었다. 오늘날 전문가 증언은 어떤 주에서는 허용되고 어떤 주에서는 허용되지 않는데, 그 문제를 에둘러 가려고, 어떤 법정은 현재 매 맞는 여성을 위한 **별개의** 허용 기준을 세우고 있다. 동등한 대우에 대한 오랜 싸움이, 그래서, 도달해야 하는 목표와 넘어서야 하는 목표 둘을 만들어낸다.

매 맞는 여성 증후군은 '학습된 무기력'으로 마비되어 있다가 갑자기 극심한 공포의 순간에 살인을 저지르는, 구타의 '피해자'를 그려낸다.[71] 그러나 피해자 만들기에 대한 이러한 강조는 모든 단계마다 문제점을 안고 있다. 이론가 수전 슈이터는 "피해자 만들기에 초점을 맞추는 것은 매 맞는 여성의 권리를 위한 싸움이 여성 해방을 위한 더 보편적인 싸움과 연결되어 있다는 통찰"과 그러한 폭력이 개인의 피해일 뿐만 아니라 집단적인 억압이라는 결과론적인 통찰을 "흐리는 데 일조한다"고 썼다.[72] 법정에서 피해자 만들기에 대한 강조는 매 맞는 여성을 따로, 특별한 계급에 놓는 일이 된다. 그리고 분열을 일으키는 질문을 제기한다.

처음부터, 만약 이러한 매 맞는 여자들이 그렇게 무력하다면, 그녀의 결정적인 **행동**은 어떻게 설명될 수 있는가? 그리고 배심원은 추정된 '무기력함'을 그녀 인생의 사실들과 어떻게 일치시킬 수 있는가? 자녀를 키우거나 직업을 유지하거나 이혼 소송을 시작하거나 복지 혜택을 얻어내는 매 맞는 여자는 어떤가? 계속해서 남편과 맞서 왔던, 경찰을 부르거나 남편을 고발한 매 맞는 여자는 어떤가? 절망하지 않고 진저리를 치며 분노하는 매 맞는 여자는 어떤가? 여자들이 정당방위를 주장하는 살인의 약 85퍼센트는 폭력적이고 생사가 걸린 상황에서 일어나지만, 프랜신 휴스처럼 남자가 자고 있을 때 죽이거나, 조이스 드빌즈처럼 청부업자를 고용하는 희귀한 매 맞는 여자는 어떤가? 이게 '무력함'인가? 이 여자들은, 정의에 따른다면 '진정한' 매 맞는 여자의 자격이 있는 것 같지는 않다. 그리고 만약 '매 맞는 여성 증후군'이 정당방위 진술의 본질적인 요소라면 이러한 여자들은 그 주장을 할 아무런 권리가 없는 것처럼 보인다.

그러나 점점 더 많은 매 맞는 여성들이 자신들의 이야기를 할수록, '학습된 무기력'은 특히나 유감스러운 오칭으로 여겨졌다. 매 맞는 여성들의 추정된 수동성과 무기력함은 은신으로, 즉 능동적이고 유서 깊은, 일시적이며 현명한 생존 전략으로 이해하는 게 낫다.[73] 워커 자신도 "여자들은 최소한의 부상으로 살아남도록 하는 대처 또는 생존 기술을 발전시킨다"[74]고 보았다. 간단히 말한다면, 법정이 기꺼이 듣고자 하는 유일한 이야기와 실제로 일치하는 여자는 거의 없을 것이다. 그러나 엘리자베스 슈나이더가 경고했듯이, 법정은 '여자들의 목소리를 보완하는 게 아니라 대체'하기 위해 전문가들이 점점 유용하다는 걸 알았다.

법정 소송에서, 잘못 씌어진 재판 보도에서, 대중의 마음에서, '매 맞는 여성 증후군'은 새로운 고정 관념을 만들어냈다. 거기에 들어맞지 않은 여성들은 전문가가 등장하기 전보다 유죄 판결을 받을 위험성이 더 커졌다. 들어맞는 여자들은, 정당화가 아니라 **변명**을 하는 것처럼 보였다. 그들은 무죄 판결을 받을지는 몰라도, 이성적인 남자처럼, 공격으로부터 자신을 지키는 걸 **정당화할** 수 있는 이성적인 여자라서 아니었다. 그보다는 차라리, 정신 이상을 이유로 십구세기에 남편 살해 혐의에서 무죄 판결을 받은 여자들처럼, 매 맞는 여성 증후군에 시달렸다고 추정되는 여자들은 '아프기' 때문에 '놓아주는' 것이 된다. 그들의 '범죄'는 심리학적으로 분석되고, 변론은 그들이 처한 사회적 조건이 아니라 그들의 성별과 손상된 정신에 중점을 둔 특별한 종류의 변명이 되어 버린다. 심리학과 법은 오래된 사업에서 힘을 합쳤다. 냉혈한 살인자와 합당한 피고를 구분하고, '좋은'(말하자면 비교적 좋은) 소녀들을 나쁜 소녀들로부터 따로 떼어 놓는 사업 말이다.

이건 그저 페미니즘 담론에는 절대 휘둘리지 않는 법, 페미니스트들의 주장을 왜곡하고 지연시키는 법의 이름으로 움직이는 이들이 가진 권력의 (사례가 더 필요하다면) 또 한 가지 사례일 뿐이다. 그럼에도 불구하고 '매 맞는 여성들의 연구'를 통해 법을 '밀어붙이는' 일에 참여하고 있는 오늘날의 법 이론가 페미니스트들은 어쩌다 이 지경이 되었는지 다시 들여다보고, 너무나 단호히 성차별적으로 치우쳐 여성에게 너무나 징벌적인 법의 어두운 마음을 고민하며, 오래전 시작한 동등한 권리를 위한 주장을 다시 주장할 새로운 전략을 짠다.

그러는 동안 다른 어느 시민들처럼 매 맞는 여자들도 법의 보호와 법 집행이 필요하기 때문에 계속 법에 호소했다. 페미니스트 활동가들은 학대받는 여성의 요구에 경찰들, 검사들과 판사들이 좀 더 응답하도록 그들과 계속 맞섰다. 그리고 그들은 계속해서 학대받는 여성들에게, 내가 그랬듯이, 자신들을 보호하는 데 사법 체계를 이용하라고 촉구했다. 인구 9만 2천 명의 도시인 미네소타 주 덜루스의 모범적인 가정 폭력 중재 프로젝트는 경찰, 검사, 판사, 보호관찰관, 구타자들의 교육 담당자, 여성 옹호자, 페미니스트 정치 활동가, 정신 건강 기관, 약물 남용 상담사, 미국 원주민 공동체의 지도자가 여성과 아이를 보호하기 위해 하나의 공동 노력으로 모였다. 덜루스에서는 통계적으로 남자 시민 24명 중 1명이 가정 폭력 범죄로 법정에 서는 걸로 밝혀졌다. 그에 따라 24명의 남자 시민 중 1명은 단지 그의 행동만이 아니라 남성, 여성과 권력에 대한 관점을 교정하도록 고안된 구타자 재교육 과정을 거치게 된다. 1980년에 프로그램을 창설한 엘런 펜스는 이제 자신있게 말한다. "이 프로그램이 없었다면 죽었을 남자와 여자 들이 오늘도 덜루스를 걸어 다니고 있죠."[75] 그러나 다른 공동체에서는 체제의 한쪽 영역에서 보호된 매 맞는 여성들이 다른 영역에서 배신당한다. 그 결과는 치명적이다.

1988년 12월 27일, 조지프 그로호스키는 별거 중인 스물네 살의 아내 리디아의 집 문을 차고 들어와 십이 구경 산탄총으로 얼굴을 쐈다. 그런 다음 자신도 쐈다.[76] 이틀 후 윌리엄 크로프는 서른 살의 별거 중인 아내 엘리자베스가 운전하던 차를 들이받고 라이플총으로 쏜 뒤, 두 살 딸을 안고 뛰어 달아나는 그녀를 차로 쫓았다. 그는 여자의 머리를 쐈고 아이도 다치게 한 뒤 총으로 자살했다.[77] 일주일 후에 앤서니 라살라타는 퇴근하던 서른세 살의 전처 에이프릴을 그녀의 집 문 앞에서 쐈다.[78] 경찰은 며칠 후 롱아일랜드 고속도로 휴게소에 주차된 차에서 그를 발견했다.[79] 그는 총으로 자살한 상태였다. 이 세 건의 살인 후 자살 사건은 뉴욕 주 서퍽 카운티(롱아일랜드)에서 일어났다. 3명의 여성 살인 피해자 모두 살인자가 가까이 오지 못하도록 요청하는 보호 명령인 법적 접근 금지 명령을 받은 상태에서 죽었다.

함께 살던 엘리자베스 크로프의 어머니는 기자들에게 말했다. "그 애는 전남편이 체포되길 원했지만 경찰은 아무것도 하지 않았어요."[80] 사망 사흘 전에 그녀는 남편이 보호 명령을 위반했다는 걸 신고하러 법원으로 갔고 그의 체포 영장을 요청했다. 살해당했을 때, 영장은 아직 타이핑되기 전이었다.(그녀는 이 사실을 몰랐고 판사는 그녀에게 이야기해 주지 않았는데, 그녀는 영장이 **필요**하지 않았다. 법에 따르면,

경찰은 보호받는 피해자가 구두로 고발한 것만으로도 체포할 수 있었고 체포했어야만 했다.) 리디아 그로호스키는 삼 주 전에 남편이 자신을 공격한 혐의인, 무모하게 위험을 야기하고, 공격하고, 위협을 가한 혐의에 대해 그가 재판받을 때 증언하기로 예정되어 있었다. 그녀를 죽였을 때 그는 10,500달러의 보석금을 내고 풀려난 상태였다. 앤서니 라살라타도 역시 살인 미수 혐의로 재판을 기다리고 있었다.[81] 그는 십일 개월 전인 1988년 2월에 소총과 칼로 무장하고 에이프릴의 집에 침입해 그녀의 가슴을 여러 번 찔렀다. 그는 8월에 2만 5천 달러의 보석금을 내고 풀려났다. 검사들과 에이프릴 라살라타 스스로도 판사에게 보석금을 올려 라살라타를 수감해 달라고 항소했지만 판사는 거절했다. 에이프릴 라살라타는 또한 자신을 보호했을 수도 있는 총기 소유 허가증도 거부당했다. 지난 이 년 동안 서퍽 카운티에서만 보호 명령을 받은 12명의 여자들이 살해당했고,[82] 칼에 스물세 번 찔린 서실리아 이글스턴과 같은 다른 여자들은 거의 죽을 뻔했다.("그를 보고 몇 번이나 경찰을 불렀지만 그들은 결코 나타나지 않았어요"라고 이글스턴은 말했다.)

이런 이야기들은 놀라울 정도로 규칙적으로 언론에 나타난다. 그러나 사법 체계의 어느 누구도 자신의 실수를 인정한 적은 없다. 357 매그넘으로 이웃을 죽여 이미 폭력으로 널리 이름을 알린 바 있던 데이비드 건서는 1987년 콜로라도 주 웨스트민스터에서 별거 중인 아내 패멀라의 집에 침입해 그녀를 인질로 잡고 다섯 시간을 경찰과 대치했다.[83] 패멀라 건서 역시 그에 대한 접근 금지 명령을 받았고 여러 번 경찰을 불렀었다. 데이비드 건서가 마침내 항복하자 경찰은 총을 압수하고 그를 만 달러 보석금으로 풀어 주었다. 그는 아내의 신용 카드를 이용해 다른 총을 샀고 그녀를 죽였다. 후에, 검사 제임스 스미스는 기자들에게 이렇게 말했다. "전 법이 패멀라 건서를 버렸다고 느끼지 않습니다." 그리고 데이비드 건서가 이후 살인으로 유죄 판결을 받은 것에 대해 언급하면서 덧붙였다. "어느 순간이 되면 대부분의 범죄자가 자신의 행동에 대해 책임을 지도록 해야 한다는 걸 우린 건서 사건에서 배웠습니다."[84]

인디애나 주 미셔와카의 리사 비앙코는 사법 체계를 이용했고,

피난처의 직원으로서 다른 매 맞는 여자들에게도 그렇게 하라고 상담한 또 다른 매 맞는 여자였다. 그녀가 앨런 머시니와 이혼했을 때, 그는 아이들을 유괴해서 인디애나 주에서 달아났다. 그는 체포되었지만 보석으로 풀려난 후 그녀의 집에 무단 침입해 그녀를 강간하고 교살하려 했다. 오 년 형을 선고받은 머시니는 비앙코를 죽이겠다고 협박하면서 계속 전화로 괴롭혔다. 머시니가 "잘 적응하고" 있고 "사회에서 기능하는 데 방해될 만한 정신적 장애가 없어" 보인다며 만족한 교도관들은 1989년 3월 4일 하루 휴가를 주었다. 그는 곧장 미셔와카로 차를 몰고 가, 산탄총을 훔쳐 리사 비앙코를 때려 죽이는 데 사용했다.[85] 이 년 후 비앙코를 살해한 것으로 아직도 복역하고 있는 감옥에서 인터뷰할 때, 머시니는 미소를 지으며 "아무런 후회가 없다"[86]고 말했다.

인디애나 주는 어땠을까? 주 교정 당국의 대변인은 비앙코가 살해당할 당시 누군가가 '부족한 판단'을 했을 수 있다고 인정했다.[87] 이 년 후 1991년 2월, '보니'라고만 밝혀진 또 다른 인디애나 주의 여성이 폭행죄로 복역하고 있는 전남편이 곧 풀려난다고 기자에게 말했다. 검사는 그녀에게 총을 사거나 '이주'하라고 경고했다. 그녀는 아이를 데리고 숨었다. 그녀는 말했다. "검사 쪽 사람들이 서류를 읽고는 그러더군요. '저라면 죽을 만큼 무서울 거예요.' 그러니, 도와주세요. 난 리사처럼 더 많은 사람들을 일깨우는 또 다른 언론의 '비극'이 되고 싶지 않아요. 리사의 죽음이 아주 많이 도움이 됐다고 그 사람들은 말했어요. 무슨 도움이요? 나한텐 아무 도움도 되지 않았어요."[88]

이러한 '언론의 비극'이 뉴스를 장식할 때, 매 맞는 여자들은 알아듣는다. 집 안의 폭행에서 자신들을 보호해 주지 못한 법은 집을 떠나도 보호하지 않는다는 것을. 데이비드 건서가 패멀라 건서를 죽였을 때, 패멀라가 이용한 피난처에 있던 한 매 맞는 여성은 "너무, 너무 겁난다"고 말한 것으로 보도되었다.[89] 어떤 옹호자는 말했다. "여성들이 자신을 때린 배우자에게 돌아가요. 왜냐하면 죽는 걸로 끝나 버리느니 차라리 주기적으로 얻어맞고 언어적 학대를 당하면서 살아남으려는 거죠." 뉴욕 주 서퍽 카운티의 한 옹호자는 리디아 그로호스키, 엘리자베스 크로프, 에이프릴 라살라타가 살해된 후 자기 피난처의 매 맞는 여자들이 '여자들에 대한 사냥철이 시작'된 것처럼 느낀다고 말했다.[90] 보호 명령을 받고 아이와 함께 피난처에서 숨어 지내던 다른 여자는 말했다. "보호 명령을 얻어내고도 이 여자들한테 일어난 일을 보니, 나도 그럴 수 있고, 내가 다음일 수 있다는 생각이 들었어요."[91] 1985년 쉰한 살 제인 캠벨이 두번째 남편 블론드 콜 헌터의 총에 맞아 죽은 후 콜로라도 주 피난처의 활동가들은 겁에 질린 여자들의 '눈사태처럼 덮쳐 오는 전화'를 받았다고 말했다. 남편들이 "집 주변에 살인 기사가 실린 신문을 일부러 두고" 가고 "제인 캠벨에게 무슨 일이 일어났는지 좀 더 주의를 기울이라"고 경고했다고 여자들은 말했다.[92] 리사 비앙코의 어머니는 "사람들은 언제나 여자 탓을 하면서 그러죠. '왜 여자들은 떠나지 않지?'라고요. 그래서 안 떠나는 거예요. 죽거든요."[93]

1974년 이후 미국에서 남자가 여자에게 저지른 폭력 범죄는 50퍼센트 증가했다.[94] 이제 강간은 육 분마다 일어나고, 가정 폭력은 십이 초마다 일어난다. 이제 가정 폭력은 미국 여자들에게 자동차 사고, 강간, 강도를 합친 것보다 매년 더 많은 상해를 일으키는, 가장 선두에 있는 부상의 원인이다. 그리고 혼자 사는 젊은 여자에 대한 폭력 범죄, 즉 강간, 집단 강간, 폭행, 살인은 가장 급격하게 증가하고 있다.

그에 반해 여자가 남자에게 저지르는 폭력 범죄는 12퍼센트 감소했다. 가장 극적으로 줄어든 범죄는 살인이다. 앤절라 브라운은 1990년 미국 상원 법사위원회에서 1976년부터 1987년까지 여성이 남성 배우자를 살해한 건수가 25퍼센트 감소했다고 보고했다.[95] 사실 여성에 의한 남성 살해는 폭력이 만연한 미국에서 상승하고 있지 않은 **유일한** 살인 범죄이다. 이러한 감소는 특히 학대받는 여성을 위한 피난처와 도움을 제공하는 지역에서 드러나는데, 브라운과 같은 주요 연구자들은 여성이 가해자로부터 벗어날 다른 길이 있다면 살인에 의존하지 않을 거라고 결론짓는다.

유사하게, 1987년부터 국제구타여성변호기관(National Clearinghouse for the Defense of Battered Women)의 공동 창립자이자 이사를 맡고 있는 수 오스트호프는 남편과 남자친구를 죽이려 드는 매 맞는 여성은 거의 없다고 적었다. 오스트호프는 '지난 십오 년간 매 맞는 여성을 위한 활동의 모든 힘든 노력' 덕에 여자들이 학대하는 남자들을 떠날 수 있는 더 많은 기회가 만들어졌다고 말했다. 스스로를 지키려다 범죄 혐의와 맞서게 된 350명 이상의 매 맞은 여성들 사건을 맡아 온, 오스트호프는 말한다. "남편을 죽이고 **싶어한** 여자는 유일하게 한 사람 만났어요. 매 맞는 여자들은 그러고 싶어 하지 않아요. 그리고 그들은 정말로 그럴 수밖에 없는 게 아니라면 살인하지 **않을** 겁니다." 그러나 매 맞는 여성을 위한 활동을 하는 많은 여성들처럼, 오스트호프는 미국에서 여성에 대한 폭력이 상승하는 추세에 경악하고 있다. "여자들을 도우려고 이 일에 뛰어들었죠"라고 그녀는 말했다. "이제 보면 우리 모두 이 모든 세월 동안 **남자**들의 목숨을 구하려고 아주 열심히 일해 온 것 같군요. 그걸 염두에 둔 건 아니었는데 말이죠."[96]

리사 비앙코의 어머니가 본 것처럼, **여자들은 떠나기 때문에**, 또는 그러려고 시도했기 때문에 죽게 된다. 한 연구자는 학대자를 떠나는 여성 중 최소 절반이 다시 쫓기거나 괴롭힘을 당하거나 공격당하고 많은 여자들이 그로 인해 죽는다고 말한다.[97] 미국과 영국에서 살해당하는 여성들은 타인보다 남편이나 남자친구에 의해 죽는 경우가 훨씬 많고, 그러한 살인 사건 중 많은 수가 여성들이 집을 나갔을 때 일어난다.[98]

여성이 남성을 종종 죽이는 동안, 남성이 여성을 '일반적으로' **과잉** 살해하는 것도 역시 의미심장하다.[99] 남성은 보통 아내와 여자친구를 죽이려 흉기로 스무 번을 내리치고(리사 비앙코), 스물세 번을 찌르거나(서실리아 이글스턴), 셀 수 없을 만큼 때린다. 이러한 여성혐오의 넘쳐나는 증거들은 페미니스트들에게는 놀랄 일이 아니지만, 남자들이 왜 그런 포악함으로 계속해서 여자들을 때리고 강간하고 죽이는지는 연구자들이 아직도 맞서야만 하는 문제이다. 우리에게 '매 맞는 남편'을 주고 공공 비용으로 수년에 걸쳐 너무나 많은 잘못된 통계들을 수집했던 저명한 사회학자들과 심리학자들은 여전히 6장에서 제기한 문제인 "왜 남자는 여자를 놓아주지 않는가?"에 대해 이야기하고 있지 않다. 법과 심리학처럼, 학계는 페미니스트들의 주장에는 절대 흔들리지 않으면서도 동시에 페미니스트라는 주제로 꽤 이익을 얻고 있는 듯 보인다. 그곳도 역시 지배적인 남성의 목소리로 말한다. 그러나 최근, 그 분야의 '표준 문헌'을 재검토하면서 2명의 남성 '전문가'는 이렇게 지적했다. "놀라운 건 여성의 특징을 검토해 남성의 행동을 설명하고자 하는 엄청난 노력이다. 미래의 연구를 통해서는 폭력적인 남성적 행동을 촉진하는 요소에 관해 좀 더 보여주고 설명할 수 있는 더 강력한 이론이 발전되기를 바라고 있다."[100] 그러나 바라고 있는 사람이 누구인지는 명시되지 않았다.

　'사회적 문제'에 관한 어떤 토론이건 그냥 이렇게 긍정적인 방향으로 결론짓는 게 미국의 관습이다. 그렇다면 이제 최근 언론에 나온 즐거운 이야기를 할 차례다. 1991년 1월 10일, 퇴임하는 오하이오 주지사 리처드 셀레스트는 오하이오 주 교도소동에 있는 여성 사형수 4명을 종신형으로 감형했다.[101] 네 여성 모두 살인으로 유죄 판결을 받았다. 4명 모두 흑인이었다. (오하이오 주 인구의 10퍼센트가 흑인이며, 오하이오 주 사형수 수감동에 있는 죄수의 50퍼센트가 흑인이다.) 그중 1명인 비어트리스 램프킨은 또한 앞으로 가석방의 가능성이 주어진 2명 중 1명이기도 했는데, 남편을 죽이려 청부업자를 고용한 매 맞는 여성이었다.(나머지 3명의 여성 중 2명은 지적 장애가 있다고 판단되었고, 셋 다 어렸을 때 학대를 당한 것으로 알려져 있다.) 셀레스트 주지사의 결정으로 미국 교도소 사형수 수감동에는 33명의 여성이 남았다. **적어도** 그중 14명은 남편이나 남자친구를 살해해서 유죄 판결을 받았다.[102] 그들 모두 또는 일부가 폭행을 당한 여성일 가능성이 높고 어쩌면 정당방위로 죽였을 수도 있지만, 대부분의 경우 **재판에서 그 여자들을 대변한 변호사는 그녀가 폭력을 겪었는지 아닌지 알지 못한다.**

　한 달 전인 1990년 12월 21일, 주지사 셀레스트는 미국 역사상 처음으로 여성 수감자의 대규모 사면으로 25명의 수감자를 석방한다고 발표했다. 사면된 모든 여성들은 "신체적으로 자신을 학대한 (…) 남편이나 동거인을 죽이거나 공격해서 유죄 판결"을 받았다고 그는 기자들에게 말했다. 셀레스트는 오하이오 주 교도소에 있는 100명 이상의 여성들의 사건을 재검토한 후, 이 25명은 "정서적으로 그리고 신체적으로 갇혀 있었던 (…) 폭력의 피해자"라고 결론지었다.[103]

그들은 자신들을 공격한 남자로부터 스스로를 방어했지만, 1990년 이전 오하이오 주 법정은 '매 맞는 여성 증후군'에 관해 전문가 증인의 증언을 인정하기를 거절했기 때문에, 법정에서 자신들을 방어하지 못했다.

성별 편견에 치우친 체제가 성별 편견에 치우친 변호를 그들에게서 박탈했었다는 이유로 정당방위 살인을 저지른 여성들이 풀려나야만 한다는 역설을 페미니스트들은 놓치지 않았다. 그럼에도 불구하고, 그들은 일말의 용기라도 있었더라면 모든 주지사들이 할 수 있었던 일인 사법적 잘못을 바로잡은 설레스트 주지자를 칭찬했다. 그는 보수 언론으로부터 아주 많은 비난을 받았다. 그러나 페미니스트들은 기분이 좋았다. 하루나 이틀은 그게 거의 정의로까지 느껴졌다.

3

정의는 눈가리개를 한 여성 동상으로 표현된다. 어떤 이들은 눈가리개가 무관한 문제에 영향받지 않는 정의의 공정함을 나타낸다고 말한다. 어떤 이들은 여성인 정의가 남성인 법이 그녀의 이름으로 하는 짓을 도저히 볼 수 없어 눈가리개를 쓴 것이라고 말한다. 오늘날, 미국에서, 그리고 세계 모든 곳에서 여성이 살고 있는 상황을 생각해 보라. 그리고 정의를 생각해 보라.

미국에서 지난 십오 년 동안 보고된, 여성에 대한 모든 종류의 범죄는 전체 범죄보다 훨씬 더 높은 비율로 증가했다. 보고된 강간 범죄는 현재 어떤 다른 범죄보다도 네 배 빠르게 올라가고 있다.(대부분의 강간은 집에서 일어나고 결코 보고되지 않는다.) 미국에서 보고된 강간 범죄의 비율은 영국보다 열세 배 높고, 독일보다 네 배 높으며, 일본보다 스무 배 높다. 스무 살에서 스물네 살 사이의 여성에 대한 다른 신체적 공격은 지난 십오 년간 50퍼센트 올라갔다.(같은 연령대의 남성에 대한 공격은 감소했다.)[104] 가정 폭력에 대한 보고는 매년 증가한다. 모든 수치에서 미국 내 여성에 대한 폭력은 현재 최고치이고 계속 올라간다.

지난 십오 년간 페미니스트들이 다루었던 여성에 대한 범죄에는 아내 학대, 아동 학대, 근친상간, 강간, 불평하는 여성을 진정시키는 일상의 관행(허먼 타노어가 진 해리스에게 한 것처럼), 그리고 그 결과로 약물 중독 여성들 사이에 만연하게 되는 약물 남용으로 인한 정신 이상과 자살 문제가 있다. 이 모든 범죄는 마지 벨마 불러드 버크 바필드의 삶으로 한데 모인다. 그리고 그곳에 법의 궁극적인 범죄, 법의 궁극적인 폭력이 있다.

1978년에서 1984년까지 마지 벨마 불러드 버크 바필드[105]는 사형수 수감동에 있는 여성 중 1명이었다. 진 해리스처럼, 그녀는 백인이었다. 진 해리스처럼, 그녀는 정당방위로 죽이지 **않았다**. 진 해리스처럼, 그녀는 너무 많은 약을 삼킨 탓에 왜 그런 식으로 일이 일어났는지 제대로 설명하지 못했다. 그러나 벨마는, 그 이름으로 불렸는데, 진 해리스처럼 부유하지도, 교육을 많이 받지도 않았다. 그녀는 가난하게 시작해서 가난하게 끝났다. 그녀는 1932년 10월 29일 노스캐롤라이나 주 샘슨 카운티에서 평범한 미국인의 삶을 살기 시작했다. 4명의 미국 여성 중 3명이 남자가 저지른 폭력 범죄에 대해 최소 한 번의 피해자가 된다는 사실을 고려한다면, 그녀의 인생은 '정상'이라고 말할 수 있을 것이다. 그녀는 노스캐롤라이나 주가 그녀를 죽인 1984년에 생을 마쳤다. 그녀는 1962년 이래, 거의 사반세기 만에 미국에서 처음으로 처형당한 여성이었다. 주 정부가 그녀를 죽인 이유는 벨마가 자신의 피해자들을 죽인 이유보다 훨씬 더 명확하지 않다.

벨마는 9명의 자녀가 있는 집에 태어났다. 그녀의 아버지 머피 불러드는 벌링턴 공장에 고정된 직조기에서 일했다. 가족은 한 달 봉급으로 간신히 다음 달 봉급 날까지 살았다. 머피 불러드는 집 바깥에서는 좋은 남자로 알려졌지만 집에서는 두려운 남자였다. 쉰두 살의 나이로 세상을 떠나기 얼마 전, 벨마는 머피 불러드의 집에서 보낸 어린 시절을 이렇게 묘사했다. "아빠는 아주, 아주 화를 잘 냈어요. 우리를 조금도 견디지 못했고 때때로 아주 폭력적으로, 때리거나 욕을 했어요. 날 많이 때렸어요. (…) 올리브 오빠를 때리는 걸 보곤 오빠가 살 수 있을까 하는 생각이 들었고 내가 그만큼을 견딜 수 있을까 생각했죠. 술을 마시면 더 심해졌어요. (…) 그리고 어머니는 아버지를 무서워했어요. (…) 우시는 걸 많이 봤죠. 그, 그러니까 아빠 때문에, 아빠가 욕하고 위협해서 어머니가 벌벌 떠는 걸 봤어요. (…)

몇 번이고 깼어요. (…) 밤에 아버지가 집에 오면 들리던 어머니의 비명 소리 때문에요. 어머니 팔을 비틀고, (…) 부엌에서 총으로 죽이겠다고 협박하면서 어머니를 잡고 있었어요. (…) 엄마는 한 번도 우릴 보호해 주지 않았고 그래서 언제나 화가 났고 싫었어요. (…) 엄마도 우리만큼이나 아버지를 무서워했다는 걸 알아요. 그렇지만 엄마한테 화가 났어요. 왜 우리를 보호해 주지 않는지 이해를 못 했어요. 엄마는 좋은 사람이었어요. 참을성이 있고, 아주 많고, 아마 내가 살면서 알아 온 사람 중에서 제일 참을성이 많은 사람이 엄마일 거예요."[106]

머피 불러드는 벨마를 성추행하기 시작했고 열세 살의 그녀를 강간했다. 벨마는 너무나 겁에 질려 아무한테도 말하지 못했고, 죽을 때가 되어서야 목사에게 비밀을 털어놓았다. 열여섯 살에 그녀는 고등학교 한 학년 위인 토머스 버크와 데이트를 시작했다. 그녀가 막 열일곱 살이 되었을 때, 둘은 같이 가출했다. 그리고, 벨마의 말에 따르면, 그 후 십오 년은 벨마의 인생에서 최고의 시기였다. 그녀는 말했다. "누구도 더 이상은 결코 날 때리게 두지 않겠다고, 어떤 남자도 내가 본 아빠가 그랬듯이 내 아이들을 때리도록 하지 않겠다고 다짐했던 것 같아요. (…) 아이 둘이 결혼한 것치고, 우린 꽤 잘해 나갔어요."[107] 토머스는 펩시콜라 회사에서 배달원으로 일했다. 벨마는 벌링턴 공장에서 야간 근무를 했다. 열아홉 살에 아들을, 스물한 살에 딸을 낳았다. 벨마의 딸은 그때를 회상하며 "우린 그냥 평범한 미국인 가족이었어요"[108]라고 말했다.

그러다 일련의 불운이 일어났다. 토머스 버크는 그의 아버지가 죽으면서 궁핍해졌다. 토머스는 차 사고를 당했고 그 이후 눈을 못 뜰 정도의 두통으로 괴로워했다. 아주 많이 술을 마시기 시작했다. 직장을 잃었다. 그는 폭력적으로 변했고 학대하기 시작했다. 벨마는 토머스가 결코 자기를 때리지 않았지만 시도한 적은 있다고 말했고 그녀는 그가 무서워졌다. 한번은 그가 음주 운전으로 수감되자, 그녀는 그가 치료를 위해 입원하도록 서류에 서명했다. 병원은 사흘 만에 그를 퇴원시켰지만 벨마의 아들은 그 일에 대해 이렇게 말했다. "아버지는 부끄러워했고 (…) 그 일로 절대 어머니를 용서하지 않았어요."[109] 아들은 또한 토머스가 술을 마시면서, 벨마가 두 아이를 '혼자' 키웠고 그러기 위해 두 군데의 직장에서 일했다고 말했다. 그녀는 몸무게가 많이 줄었고 어떤 날은 기절했다. 응급실 의사는 안정제를 처방하고 그녀를 집으로 보냈다. 그녀 또한 차 사고를 당했고 허리의 통증과 두통으로 고통받기 시작했다. 알약은 도움이 되었다.

1968년 토머스는 취한 채로 잠자리에 들었고, 담배를 피우다 의식을 잃었으며, 그렇게 화재가 발생해 질식사했다. 그 무렵 벨마는 이미 여러 병원을 돌며 진정제와 안정제 처방을 모으고 있었다. 그다음 십 년 동안, 벨마의 오빠의 말에 따르면 "그녀는 언제나 투약 중이었다."¹¹⁰ 벨마는 남부 사투리로 "뭔 일이 생길까 봐 항상 겁을 냈다"고 스스로에 대해 설명했다. 그녀는 "사람들이 약에 대해 알게 될까 봐 겁났어요. (…) 약이 정말 줄어들면, 내가 약을 더 얻으려 해야 하는지, 정말 겁났어요"라고 말했다.¹¹¹ 그렇지만 그녀는 계속해서 페이엣빌의 백화점에서 일을 했다. 거기서 일하는 젊은 남자가 벨마를 은퇴한 공무원으로 혼자 된 자신의 아버지 제닝스 바필드에게 소개시켰다.

바필드는 폐기종과 심장병에 시달리고 있었지만, 1970년 8월 벨라는 그와 결혼했다. 벨마는 결혼에 대해 "그땐 내가 약에 중독되었단 걸 나도 알았고 그를 절대 사랑한 건 아니었어요. 그렇지만 그냥 그가 가여웠어요, 모르겠네요. (…) 하지만 나한테 잘해 줬어요. 좋은 사람이었거든요."¹¹² 팔 개월 후인 1971년 3월, 바필드는 심장 마비로 죽었다. 벨마는 더 깊이 약과 우울증으로 빠져 들어갔다.

1972년 1월 초, 벨마는 고의적인 과다 복용으로 병원에 급히 실려 갔다. 1월 중순에 그녀는 약에 취한 채로 넘어져 멍이 들어 다시 병원으로 갔다. 진단은 '우울 반응', 자살 시도와 '마약 중독'이었다. 그녀는 더 많은 약으로 치료받았다. 달마인, 엘라빌, 리브륨.¹¹³ 4월에 벨마의 아버지가 죽었고 다섯 달 후에 그녀는 다시 자살을 시도했다. 이번에 병원은 그녀를 이십일 일 동안 입원시키면서 더 많은 약으로 치료했다. 딜란틴,¹¹⁴ 달마인, 리브륨. 그녀는 백화점에서 해고되었고 다시 공장으로 돌아갔다. 그리고 곧 다시 과다 복용을 했다. "많이 그랬죠"라고 그녀는 말했다. "솔직하게 말하면, 살든 죽든 상관없었어요. 여러 번 그렇게 느꼈어요."¹¹⁵

1973년 3월 벨마는 '부도 수표'를 쓴 혐의로 체포되었다. 보호 관찰 명령을 받았다. 한 달 후에 그녀는 '허위로 약을 얻으려다' 체포되었다. 이후 어머니 릴리 불러드의 집으로 들어간 그녀는 약물 복용을 지속하기 위해 대출을 받은 뒤 릴리의 계좌로 발행된 수표에 릴리의 서명을 위조하기 시작했다. 1974년 12월, 릴리 불러드는 독감의 악성 발작처럼 아프다가 죽었다.

얼마 지나지 않아 1975년 2월, 벨마는 다시 '약물 의존과 남용 및 우울 신경증'으로 다시 입원했다. 열흘 후 그녀는 "과다 복용 (…) 만성적 약물 중독, 내인성 우울증과 왼쪽 쇄골 골절"로 다시 병원에 왔다. 약에 취한 상태에서 벨마는 다시 넘어졌다. 그녀는 더 많은 약을 받았다. 항우울제, 그리고 통증이 심해 진정제를 처방받았다. 주치의인 정신과 의사의 보고에 따르면 진정제로 인해 '제대로 된 치료'가 불가능했다. 비록 정신과 의사가 "환자 자신이 여전히 우울한 생각을 한다고 인정함. 그중 몇 가지는 아주 병적이며 그에 대해 환자가 자신의 문제를 적절하게 표현하지 못한다고 느끼고 있음"[116]이라고 기록했지만, 그녀는 퇴원했다. 벨마 자신은 이렇게 말했다. "사람들은 항상 날 병원으로 데려갔고, 가장 오래 머문 건 삼 주였는데, 약을 (…) 다시 병원으로 들어갈 만큼의 약을 가지고 집으로 오는 거죠."[117]

입원 직후인 1975년 초에 벨마는 부도 수표를 사용한 혐의로 유죄 판결을 받았고 노스캐롤라이나 주 여성 교정 시설에 육 개월 동안 수감되었다. 교도소에서, 그녀의 말로는 계속 '투약'을 받았다고 했다. 원래 있었던 우울증과 벨마가 여기저기 의사들에게 쇼핑하듯 얻어낸 안정제의, 기분을 가라앉히는 효과에 반대 작용을 하도록 기분을 상승시키는 항정신성 약 엘라빌이었다. 그녀는 교도소에서 '더 안전하다고' 느꼈다고 말했다.

출소 후, 벨마는 노인을 위한 입주 간호 조무사로 일하기 시작했다. 1976년 9월, 여든다섯 살의 돌리 테일러 에드워즈를 위해 일하는 동안, 그녀는 에드워즈 부인의 조카를 만났다. 스튜어트 테일러는 담배 농부로 벨마보다 열 살이 많았고, 벨마가 묘사한 바로는 '심한 알코올 문제'를 갖고 있었다. 벨마는, "그는 학대를 할 수도 있었어요. 폭력적이었거든요. 스스로 자신이 그렇다고 말했죠.

아주 고압적이었어요. 그가 술을 마실 때 종종 같이 있다가 난 나가곤 했어요. 내가 왜 그와 같이 있고 싶었던 건지 이해조차 할 수 없어요. 그저 가끔 외로웠다는 것만 빼면요. 누군가 말을 나눌 사람이 필요했어요"[118]라고 말했다. 그들은 1978년 여름에 결혼할 계획이었다. 그러나 1978년 2월 3일, 테일러는 죽었다.

정례적인 검시 결과 비소가 발견되었다. 한 가지 사실이 형사들을 다른 곳으로 이끌었다. 벨마와 가까운 다른 네 사람의 사망 증명서를 확인했을 때, 형사들은 세 건에서 전형적인 비소 중독인 위장 장애를 발견했다. 스튜어트 테일러를 살해한 혐의로 벨마를 체포했던 날, 벨마는 엘라빌 두 알과 네 종류의 서로 다른 안정제를 평소보다 두 배로 삼킨 상태였다. 그녀는 테일러의 맥주와 차에 개미 약을 넣었다고 자백했다. 죽일 의도는 없었고 단지 아프게 한 다음 나아지도록 간호해서, 계좌에서 수표를 위조한 일로 자신에게 화를 내지 않도록 하기 위해서였다고 말했다. 돌리 테일러 에드워즈도 독살했고 자신이 돌보던 또 다른 팔십대 남성 존 헨리 리에게도 그랬다고 인정했다. 그녀는 테일러를 독살한 것과 같은 이유로 리를 독살했다고 말했다. 벨마가 리의 이름으로 50달러 수표를 위조한 걸 그와 그의 아내가 알아차렸기 때문이었다. 돌리 에드워즈를 살해한 것에 대해서는 벨마는, "별 이유는 없어요. 그때는 정신이 진짜 몽롱했거든요"[119]라고 말했다. 약을 사기 위해 그녀가 빌린 대출금을 갚을 시간을 벌려고, 벨마는 또한 자신의 어머니도 독살했다고 말했다.

벨마는 1978년 11월 27일 스튜어트 테일러 살인 혐의로 재판에 섰다. 재판 전 심리 평가에서 그녀가 편집증적 조현병을 앓고 있을 수 있다는 증거들이 나왔지만 법원이 지정한 그녀의 변호사는 그 이야기를 꺼내지 않았다. 그가 처음으로 맡은 큰 살인 사건이었다. 이십팔 개월 동안 스물세 건의 사형 판결을 받아냈고 한 번에 13명의 '범죄자' 모두를 사형수 수감동에 넣은, 기네스 세계 기록에 '세상에서 가장 치명적인 검사'로 오른 조 프리먼 브리트가 기소를 담당했다. 재판은 엿새 만에 전부 끝났고 벨마는 사형을 선고받았다.

그런 다음 대부분 사형을 반대하는 변호사들이 진행한 일련의 항소가 시작되어 미국 대법원까지 이어졌다. 항소는 벨마의 변호사의 무능한 지원과 노스캐롤라이나 주 법으로는 사형을 감형할 수 있는 상황인 그녀의 심각한 약물 중독을 포함한 법적 문제에 근거했다. 법적 절차가 지연되면서, 벨마는 여성 교도소에서 약을 끊고 그녀가 자기 인생의 '어두운 시절'이라고 부르는 시간에서부터 벗어났다. '아주 종교적인 사람'으로 그녀를 묘사한 교도관들은 그녀가 많은 젊은 여성 재소자들에게 지원과 상담을 제공하는 모범수라고 인정했다.[120] 그녀는 기자에게 말했다. "그 십 년 동안 모든 일을 알고 있었던 날들과 아무것도 몰랐던 날들이 있었어요. 처음으로 모든 게 명확해진 건 여기 있었을 때예요."[121] 그녀의 형제자매, 자녀들, 그리고 2명의 손녀들이 정기적으로 면회를 왔다.

1984년 벨마 바필드는 할 수 있는 법적 항소는 다 했고, 그리고 종신형으로 감형해 달라고 주지사 제임스 헌트 주니어에게 청원했다. 헌트는 감형을 간청하는 벨마의 가족을 만났고, 감형 거부를 요청하는 스튜어트 테일러와 존 헨리 리의 친척들을 만났다. 벨마의 처형은 헌트가 낙선시키고자 하는, 보수적인 공화당원이자 현직 상원 의원 제시 헬름스의 선거 나흘 전으로 예정되어 있었다. 주도의 한 신문 편집장은 이렇게 썼다. "만약 주지사가 벨마 바필드의 감형을 승인한다면, 그는 투표 결과로 값을 비싸게 치를 것이다. (…) 그리고 이번 선거는 굉장한 접전이다." 노스캐롤라이나 주 주민의 78퍼센트가 사형 제도에 찬성한다는 걸 지적하면서, 그는 "헌트는 감형을 거절하는 게 정치적으로 더 안전할 것이다"라고 논평했다.[122] 바필드의 변호사가 말했듯이 역사적으로 사형은 "압도적으로 흑인 남성에 대해 적용되어" 왔으므로 백인이고 여성인 벨마 바필드는 "통계적으로 죽어도 괜찮았다."[123] 9월 헌트 주지사는 벨마 바필드의 형을 감형하지 않을 것이라고 발표했다. 그것은 꽤 "힘든 결정"이지만 "종종 주지사로서 해야만 하는 결정"[124]이라고 그는 말했다.

1984년 11월 2일, 벨마 바필드의 사형이 집행되었고 그녀는 이십이 년 만에 처음으로 미국에서 처형된 여성이 되었다. (11월 6일 제시 헬름스는 상원 의원에 재선되었다.) 처형 전에, 벨마는 짧은 성명을 발표하며 이렇게 말했다. "모든 사람이 큰 고통을 겪었다는 걸 알고 있습니다. 연관된 모든 가족분들이요. 죄송합니다. 그리고 이 모든 세월

동안 절 지지해 준 모든 사람에게 감사드리고 싶습니다."[125] 그녀는
마지막 식사 제공을 거절했고 그 대신 콜라와 치즈 과자를 먹었다.
그녀의 변호사는 그녀가 "노스캐롤라이나 주가 허락하는 한에서
최대의 품위를 지킨 채"[126] 죽기를 원했다고 말했다.

그녀는 집행을 위해 분홍색 잠옷과 파란색 실내화를 신었다.
노스캐롤라이나 주 정부의 대표자들은 그녀를 바퀴 달린 침대에 묶어,
약에 취하게 하고 정맥 주사를 꽂았다. 사람들이 롤리 중앙 교도소의 옛
가스실인 사형장으로 그녀를 밀고 갔다. 16명의 참관인이 유리 패널을
통해 보고 있었다. 그녀에게는 보이지 않는 곳에 자리한 교도관이
정맥 주사 관을 통해 벨마 바필드의 심장을 멈추기 위해 버튼을
누르자, 강력한 근육 이완제 판큐로늄 브롬화물 오 밀리리터가 그녀
안으로 한 방울씩 떨어졌다. "그녀는 그냥 편안해 보였어요"라고 한
공식 참관인이 말했다. "그녀에게서 어떤 종류의 고통도 알아차리지
못했어요."[127]

주(註)

출전에 대한 일러두기

살인 조사는 쉽지 않은데 정치적 암살 말고 다른 살인은 대개 역사에서 누락되기 때문이다. 아무도 '우리 동네'에서 살인이 있었다고 인정하고 싶어 하지 않는다. 따라서 찾을 수 있는 모든 곳에서 정보를 찾아야만 했다. 타블로이드판 신문부터 재판 속기록, 정신병에 관한 십구세기 의학 교과서부터 법률 보고서, 구겨진 1센트짜리 소책자에서 감시 속에 이루어진 교도소 면회까지 말이다. 입증되지 않은 출전을 헤치고 다니는 건 언제나 위험하지만 특히 종종 너무나 선정적인 목적으로 남용된 주제일 경우는 더욱 그랬다. 내가 할 수 있는 말은, 책을 쓰며 수년의 조사 경험과 건강한 회의주의로 무장한 채 조사에 들어갔고 할 수 있는 한 최선을 다했다는 것뿐이다. 미국 식민지 시절 정보는 주로 매사추세츠 주와 버지니아 주의 출전에 의존했는데 그곳의 자료들이 더 풍부했고(매사추세츠 주 청교도들은 특히 범죄**와** 죄를 기록하는 데 부지런했다) 그 두 곳이 미국 법제에 가장 지속적인 영향을 끼치고 있기 때문이었다. 찰스 에번스의 『미국의 서지목록(American Bibliography)』에 정리된 식민지 시대 사형장 설교는 귀중한 자료였다. 십구세기를 논하면서 토머스 맥데이드(Thomas McDade)의 『살인 연대기: 식민지 시대부터 1900년까지의 미국의 살인에 관한 책과 소책자 서지목록(The Annals of Murder: A Bibliography of Books and Pamphlets on American Murders from Colonial Times to 1900)』(Norman Oka.: University of Oklahoma Press, 1961), 특히 뉴욕역사협회에 있는 계속 증보된 판본은, 없어서는 안 될 자료였다. 그리고 어느 시대건 단명하는 사실들을 신문보다도 더 풍부하게 갖고 있는 출전은 없다. 자주 인용되는 다음의 문헌은 아래와 같이 축약해서 표기했다.

UCR: U.S. Department of Justice, Federal Bureau of Investigation, *Uniform Crime Reports for the United States*, Washington, D.C.: U.S. Government Printing Office, annaul editions.

AST: *American State Trials*, 17 vols., John D. Lawson (ed.), St. Louis: Charles C. Thomas, 1914–1937.

HWS: *History of Woman Suffrage*, 6 vols., ed. Elizabeth Cady Stanton, Susan B. Anthony, Matilda Joslyn Gage, New York: Fowler & Wells, 1881.

개정판 서론

1   Howard Zinn, *A People's History of the United States: 1492–Present*, New York:

483

Perennial Classics, 2001.

2   반란을 일으킨 여자들에 관해서는 다음을 참조. Zinn, *A People's History of the United States: 1492–Present*, p.108.

3   Catherine Parayre, "The Conscience of the Past: An interview with historian Howard Zinn," *Flagpole Magazine Online*, Feb. 18, 1998.

4   *Ledbetter v. Goodyear Tire & Rubber Co.*, 550 U.S. 618 (2007). 릴리 레드베터는 이십 년(1979–1998) 동안의 근무에서 비슷한 위치의 남자에 비해 누계로 임금을 덜 받았다고 주장했다. 이는 거의 끝 무렵에 그녀가 밝혀낸 사실이었다. 대법원에서 그녀는 패소했는데 차별이 사안이 아니었다. 그보다는 고용주가 그녀를 차별하려는 결정을 한 지 백팔십 일 안에 고소를 하도록 요구하는 공소시효 조항 뒤로 숨어 내린 판결이었다. 2009년 1월 버락 오바마 대통령은 릴리 레드베터 동일임금법에 서명했다.

5   2009년 5월 26일, 버락 오바마 대통령은 뉴욕의 연방 항소 법원 판사인 소니아 소토마요르를 데이비드 수터 판사의 다가오는 은퇴로 생기는 공석을 채우기 위해 대법원에 추천할 것이라고 발표했다. 승인되었다면, 푸에르토리코인인 부모에게서 태어나 브롱크스 공공 주택 단지에서 자란 소토마요르는 최초의 히스패닉계 판사가 되었을 터였다. 또한 9명으로 구성된 대법원의 여섯번째 가톨릭 판사가 되었을 터였다. 승인에 반대하는 사람들은 그녀가 2001년에 했던 강연의 다음과 같은 언급을 들어 반대했다. 즉, "여성과 유색 인종으로서의 우리의 경험은 우리의 결정에 영향을 끼칩니다"라는 말과 그녀 스스로 "풍부한 경험의 현명한 라틴계 미국인 여성이 그 삶을 살아 보지 않은 백인 남성보다 더 나은 결론에 더 많이 도달하기를 바란다"는 말이었다. 백인 남자처럼 보이지 않는 판사보다 유일하게 더 나쁜 경우는 명백하게 백인 남자처럼 생각하지 않는 판사일 것이다. Peter Baker and Jeff Zeleny, "Obama Hails Judge as 'Inspiring,'" *New York Times*, May 27, 2009.

6   L. A. Greenfeld, T. L.Snell, *Women offenders*, Washington, D.C.: Bureau of Justice Statistics, 1999, NCJ-175688, p.10. 이에 따르면 1996년까지 "여성의 형량은 소유 재산과 관련된 범죄를 제외한(재산 관련 범죄의 평균 형량은 동일하다) 모든 형태의 범죄에서 남자보다 적었다. 평균적으로 여성의 적은 형량은 특히, 여자와 비교해 형을 선고받은 남자 범죄자의 범죄 이력에 폭력이 더 만연하다는 걸 반영한다면 전반적인 남자와 여자의 전과 차이에 기인할 수 있다."(남편과 남자친구의 폭력적인 죽음으로 기소된 여자들이 어떤 범죄자 범주로 속하더라도 대체로 가장 최소한의 폭력 전과를 가지고 있다고 많은 전문가들이 지적했다.) 그러나 동시에, 모든 범죄의 평균 형량이 증가했으므로 폭력 범죄로 유죄 판결을 받은 여자의 평균 형량은 1986년의 구 년에서 1997년의 십오 년으로 올라갔다. U.S. General Accounting Office, *Women in prison: Issues and challenges confronting U.S. correctional systems.* GAO/GGD-00-22 Managing Female Inmate Populations, Washington, D.C.: U.S. General Accounting Office, 1999, p.30.

7   Department of Justice, Office of Justice Programs, Bureau of Justice Statistics,

"Homicide Trends in the U.S.: Intimate homicide," http://ojp.usdoj.gov/bjs/homicide/intimates.htm.

8   로텐버그법은 후원자인 뉴저지 주 민주당 상원 의원 프랭크 로텐버그의 이름을 땄다.

9   R. Weisheit, "Structural correlates of female homicide patterns," *Homicide: The victim/offender connection*, A. Wilson (ed.), Cincinnati: Anderson, 1993, p.198.

10 codependency. 성격 장애로 여겨질 정도로 타인에게 과도하게 의존하는 상태.— 옮긴이

11 "Homicide Trends in the U.S.: Intimate homicide," http://ojp.usdoj.gov/bjs/homicide/intimates.htm. 2008년, 전국에서 아내와 여자친구 살인율이 가장 높은 주인 노스캐롤라이나 주에서는 나흘에 한 건씩 사건이 발생했다.

12 VAWA 제3장에 관한 내 논의는 다음에 기반한다. Elizabeth M. Schneider, Cheryl Hanna, Judith G. Greenberg, Clare Dalton, "Domestic Violence As A Violation of Civil Rights," *Domestic Violence and the Law: Theory and Practice*, 2nd ed., Minnesota: West Group, 2007, pp.849–899.

13 *United States v. Morrison*, 529 U.S. 598 (2000).

14 Schneider, et al., "Domestic Violence As A Violation of Civil Rights," *Domestic Violence and the Law: Theory and Practice*, p.885.

15 Schneider, et al., "Domestic Violence As A Violation of Civil Rights," *Domestic Violence and the Law: Theory and Practice*, p.882. 이런 능수능란한 궤변은 듣는 이로 하여금 아예 이해를 하지 못하도록 하고, 그렇게 해서 반박하지 못하게 한다.

16 Schneider, et al., "Domestic Violence As A Violation of Civil Rights," *Domestic Violence and the Law: Theory and Practice*, p.883.

17 Schneider, et al., "Domestic Violence As A Violation of Civil Rights," *Domestic Violence and the Law: Theory and Practice*, p.888.

18 *George W. Bush, et al. v. Albert Gore, Jr., et al.* 531 U.S. 98 (2000).

19 2000년 대선 결과 이후 나온 플로리다 주의 재검표 논란에 대한 판결을 말한다. 2000년 12월 8일 플로리다 주 대법원은 검표 기계가 놓친 6만 1천 표에 대한 재검표를 명령했지만 미 연방 대법원은 당선인의 합법성에 '돌이킬 수 없는 피해'를 입힌다는 이유로 플로리다 주 대법원의 판결을 불법으로 규정하고 중지시켰다.— 옮긴이

20 Schneider, et al., "Domestic Violence As A Violation of Civil Rights," *Domestic Violence and the Law: Theory and Practice*, p.884.

21 조지 오웰의 『1984』에 나오는 말로, 구어를 대체하는 신어로 매년 언어의 양을 계속 줄여 나가도록 하는 목표를 가지고 있다. 이를 통해 인간의 사고를 최소화하려는 집권층의 의도가 드러난다.—옮긴이

22 Ann Jones, *Next Time, She'll Be Dead*, rev. ed., Boston: Beacon, 2000, pp.214–216.

23 아동 빈곤에 대한 현재 데이터에 대해서는 아동 보호 기금 웹사이트를 참조. http://

www.childrensdefense.org.

24 여성의 목소리를 막는 일에 관해서는 다음을 참조. Susan Faludi, *The Terror Dream: Fear and Fantasy in Post-9/11 America*, New York: Metropolitan Books, 2007.

25 조지 W. 부시 행정부에서 다시 나온 미국의 승리주의에 관해서는 다음을 참조. Tom Engelhardt, *The End of Victory Culture: Cold War America and the Disillusioning of a Generation*, 2nd ed., Amherst, MA: University of Massachusetts Press, 1998.

26 밀려난 여성의 관심사에 관해서는 다음을 참조. Elizabeth M. Schneider, "The Dangers of Summary Judgement: Gender and Federal Civil Litigation," 59 *Rutgers Law Review* 705, Rutgers University, Summer 2007. 정당방위로 살인을 한 매 맞는 여성의 법적 변호를 개척한 법학 교수 엘리자베스 슈나이더는 시민권과 고용 차별, 특히 적대적인 근무 환경과 성적 괴롭힘에 대한 여성의 주장을 연방 법원으로부터 배척하는 약식 재판의 불균형적인 실행을 문서로 정리하고 있다. 가정에서의 신체적인 폭력처럼, 경제적인 차별도 성 불평등을 유지하는 '사법적 재량'의 가면을 쓰고 있다.

27 'A'와 'B'로 대조되는 두 성격 유형 중 하나로, 흔히 능률적이고 조직적이며 효율을 중시하고 공격적인 이들을 가리킨다.—옮긴이

28 Fox Butterfield, "Wife Killings at Fort Reflect Growing Problem in Military," *New York Times*, July 29, 2002; Karen Houppert, "Base Crimes," *Mother Jones*, July 1, 2005.

29 Lizette Alvarez, Dan Fosch, "A Focus on Violence by Returning G.I.'s," *New York Times*, January 2, 2009.

30 Lizette Alvarez, Deborah Sontag, "When Strains on Military Families Turn Deadly," *New York Times*, February 15, 2008.

31 Alvarex, Frosch, "A Focus on Violence by Returning G.I.'s," *New York Times*.

32 여성 군인에 관해서는 다음을 참조. Helen Benedict, *The Lonely Soldier: The Private War of Women Serving in Iraq*, Boston: Beacon, 2009.

33 Bob Herbert, "The Great Shame," *New York Times*, March 21, 2009.

34 에린 에드워즈에 관해서는 다음을 참조. Alavarez, Sontag, "When Strains on Military Families Turn Deadly," *New York Times*.

35 시저 로린은 최고 종신형을 받을 수 있다는 걸 알면서 인도되었다. 2009년 6월 8일 그는 일급 살인과 그에 수반한 범죄로 노스캐롤라이나 주 온슬로 카운티에서 기소되었다. 군대의 여성 살해에 관해서는 다음을 참조. Kevin Maurer, "Marine facing NC murder charge pleads not guilty," *News & Observer*, June 9, 2009; Ann Wright, "Military Town Newspaper Challenges US Military on Murder of Military Women," *Truthout*, October 17, 2008; Stacy Davis, "Fort Bragg soldiers appear in court on murder charges," Capitol Broadcasting Company, WRAL.com, October 6, 2008; Paul Woolverton, "Marine charged with murder in Holley Wimunc's death," *Fayetteville Observer*, July 14, 2008.

36 Peter Vronsky, *Female Serial Killers*, New York: Berkeley, 2007, pp.10–15.

37 에일린 워노스에 대해서는 다음을 참조. Sue Russell, *Lethal Intent*, New York: Pinnacle Books, 2002; Michael Reynolds, *Dead Ends*, New York: St. Martin's, 2004.

38 http://ccadp.org/EU-bushplea.htm.(the website of the Canadian Coalition Against the Death Penalty.) 유럽 의회의 의장인 니콜 폰테인의 편지는 또한 무죄를 입증하는 새로운 디엔에이 증거에도 불구하고 살인으로 기소되어 사형 판결을 받은 미국 흑인 남성인 오델 반스에 대한 텍사스 주의 집행에도 항의했다. 육 년의 주지사 재임 동안 조지 W. 부시는 최근 재임한 어떤 주지사보다도 더 많은, 백오십이 건의 처형을 주재했다. Sister Helen Prejean, "Death in Texas," *The New York Review of Books*, vol.52, no.1, January 13, 2005. 대통령으로서 그는 1963년 이래 최초였던 세 건의 연방 처형을 주재했다. 그중 둘은 첫 걸프 전쟁에서 훈장을 받은 퇴역 군인이었다. 흑인인 루이스 존스 주니어 상사는 1995년 이라크 침공 전날에 텍사스에서 육군 훈련병 트레이시 조이 맥브라이드를 강간하고 살해한 혐의로 처형되었다. 그리고 티머시 맥베이는 오클라호마 시 폭탄 테러범이었다.

39 Reynolds, *Dead Ends*, p.291.

40 샬리즈 세런은 에일린 워노스의 실화를 바탕으로 만들어진 영화 「몬스터(Monster)」(2003)에서 주인공 워노스 역을 맡아 제76회 아카데미시상식에서 여우주연상을 받았다.—옮긴이

41 2003년 이라크에 주둔하던 미군을 향한 공격을 우려하는 목소리에 대해, 이라크에 강력한 민주 정권이 들어설 때까지 싸우겠다는 강력한 의지 표명을 하면서 조지 W. 부시 대통령이 한 말.—옮긴이

서문

1 미국의 사서이자 작가로, 범죄 실화를 바탕으로 하는 저서들로 명성을 얻었다. 대표작으로는 당대 큰 파장을 불러일으킨 '리지 보든' 사건을 다룬『살인의 연구(Studies in Murder)』가 있다.—옮긴이

초판 서론

1 샤론 '피치' 위긴스에 관해서는 다음을 참조. Harrisburg *Patriot*, June 4, 1969, p.31; Dec. 3., 1968, pp.1–2; *Pittsburgh Courier*, June 14, 1969, p.1; Sharon "Peachie" Wiggins, interview, March 6–7, 1979. 내가 샤론 위긴스를 만날 수 있었던 것은 제인 앨퍼트 덕이다.

2 본문에서 자주 언급되는, 이러한 상대적 형량은 선고받은 최대 형량 안에서 정해지지 않은 형기 동안 투옥하는 것을 의미한다. 가석방심의위원회에 의해 가석방을 심사받을 자격이 주어지며, 형을 집행하는 나라에 따라 최소 집행 형량이 다르다. 대개 선고받은 형량의 절반에서 삼분의 이 정도를 복역한 후에 가석방 심사

자격이 주어진다.—옮긴이

3   Freda Adler, *Sisters in Crime: The Rise of the New Female Criminal*, New York: McGraw-Hill, 1975, pp.13, 15. 또한 다음을 참조. "The Hand That Rocks the Cradle Increasingly Holds a Gun, Warns a Woman Criminologist," *People*, Oct. 13, 1975, pp.20–22; Lucinda Franks, "Who did what, how and where, but not why," *New York Times Book Review*, July 6, 1975, p.7; Freda Adler, "Sisters in Crime," *Pennsylvania Gazette*, Nov. 1975, pp.32–37; Lois Defleur Nelson, "Will Changing Roles Have an Impact on Women in Crime and on the Way They Are Treated?" *Washington Post*, Oct. 13, 1977, p.D.C.5; Judy Klemersrud, "A Criminologist's View of Women Terrorists," *New York Times*, Jan. 9, 1978, p.A24. 여기서 프리다 애들러는 "페미니즘의 일탈된 표현으로서의 [여성] 테러리스트"를 본다. 그녀의 관점은 애들러의 남편이자 유엔 범죄예방및형사분과장인 거하드 뮬러 교수의 공식 보도 자료로 널리 유포되었다. Kathleen Teltsch, "The Women in Crime," *New York Times*, May 18, 1975, p.56.

4   Tom Buckley, "Critics Assail Linking Feminism with Women in Crime," *New York Times*, March 14, 1976, p.48; Adler, "Sisters in Crime," *Pennsylvania Gazette*, p.16; *UCR*, 1973, pp.126, 131.

5   Buckley, "Critics Assail Linking Feminism with Women in Crime," *New York Times*, p.48; Judy P. Hansen, "Women's Rights, and Wrongs," *New York Times*, March 17, 1975, p.29; Harold M. Schmeck, Jr., "Crime Rise Tied to Heroin Price Rise," *New York Times*, April 25, 1976, p.36; Nancy Hicks, "U.S. Study Links Rise in Jobless to Deaths, Murders and Suicides," *New York Times*, Oct. 31, 1976, pp.1, 23.

6   Robert Shannon, "Equality on the Wanted List," *Oui*, April 1975, p.122.

7   Kai T. Erikson, *Wayward Puritans: A Study in the Sociology of Deviance*, New York: John Wiley & Sons, 1966; Stephen Nissenbaum, Paul Boyer, *Salem Possessed: The Social Origins of Witchcraft*, Cambridge, Mass.: Harvard University Press, 1974.

8   1692년과 1693년에 매사추세츠 주 세일럼에서 200명 이상의 사람들을 마녀술을 행했다는 이유로 기소하고 재판, 처형한 사건이다.—옮긴이

9   사회 질서를 보호하려는 수단으로서의 유럽의 마녀사냥에 관해서는 다음을 참조. George Rosen, *Madness in Society: Chapters in the Historical Sociology of Mental Illness*, New York: Harper & Row, 1968. 현대의 사례에 관해서는 다음을 참조. Ann Jones, "Nurse Hunting in Michigan: The Narciso-Perez Case," *The Nation*, Dec. 3, 1977, pp.584–588.

10   Lee H. Bowker, *Women, Crime, and the Criminal Justice System*, Lexington, Mass.: D. C. Heath, 1978, pp.4, 10; Rita James Simon, *Women and Crime*, Lexington, Mass.: D. C. Heath, 1975, p.36; Laura Crites (ed.), *The Female Offender*, Lexington, Mass.: D. C. Heath, 1976, pp.33–35.

11   Bowker, *Women, Crime, and the Criminal Justice System*, p.6. 현재가 될수록 체포율은

점점 더 낮아진다. 1976년에서 1977년 사이 지정 범죄 여성 체포는 단지 1퍼센트 증가했고 전반적으로는 3퍼센트 증가했다. 청소년 체포는 소년, 소녀를 통틀어 3퍼센트 증가했다. *UCR*, 1977, p.171.

12   "'Violent' Women's Unit to Close at Kentucky Prison," *Women's Agenda*, Jan. 1979, p.12.

13   Simon, *Women and Crime*, p.18.

14   Edwin H. Sutherland, Donald R. Cressey, *Principles of Criminology*, 6th ed., Philadelphia: J. B Lippincott, 1960, p.111. 남성은 여전히 체포된 사람의 80퍼센트에 달하고 폭력 범죄에서는 90퍼센트에 달한다. *UCR*, 1977, p.171.

15   현대 범죄학에 관해서는 다음을 참조. Cesare Lombroso, William Ferrero, *The Female Offender*, New York: D. Appleton, 1897, trans. from *La Donna Delinquente, La Prostituta E La Donna Normale*, 1893; William I. Thomas, *Sex and Society: Studies in the Social Psychology of Sex*, Chicago: University of Chicago Press, 1907; Thomas, *The Unadjusted Girl*, 1923; rpt. Montclair, N. J.: Patterson Smith, 1969; Otto Pollak, *The Criminality of Women*, Philadelphia: University of Pennsylvania Press, 1950. 페미니스트적인 입장에서 보려면 다음을 참조. Dorie Klein, "The Etiology of Female Crime: A Review of the Literature," *Issues in Criminology*, vol.8, no.2, Fall 1973, pp.3–30.

16   리벳공 로지(Rosie the Riveter)는 제이차세계대전 당시 공장과 조선소에서 일하며 군수 물자를 공급했던 여성의 문화적 상징이다. 전쟁에 나간 남성을 완전히 대체해서 생산직에서 일했던 리벳공 로지는 미국의 페미니즘과 여성의 경제적 성장을 보여주는 상징으로 쓰인다.—옮긴이

17   Lombroso, *The Female Offender*, pp.28, 274.

18   Lombroso, *The Female Offender*, p.99.

19   Lombroso, *The Female Offender*, p.100.

20   Thomas, *The Unadjusted Girl*, pp.4, 17, 109.

21   Thomas, *Sex and Society: Studies in the Social Psychology of Sex*, pp.172, 241.

22   Pollak, *The Criminality of Women*, p.127. 오토 폴락의 개념의 대부분은 다음에서 찾을 수 있다. Erich Wulffen, *Woman as a Sexual Criminal*, trans. David Berger, New York: American Ethnological, 1934. "여자의 (…) 독립적인 정신"에 대한 우려와 "여자의 범죄성"이 "갑자기 도약"할지도 모른다는 (통계로 지탱된) 두려움에서 촉발된 불펜의 글(pp.156–157)은 나치 독일의 3K 운동 '*kinder, küche und kirche*'('어린이, 부엌, 교회'를 뜻하는 독일어로, 여성이 있어야 할 장소를 지칭해 사회에서 여성의 역할을 묘사한 나치의 표어—옮긴이)와 잘 조응한다.

23   Pollak, *The Criminality of Women*, pp.4–5. 그러나 폴락의 데이터조차도 여자는 살인으로 남자보다 기소되기 쉽다는 것을 확인해 준다. 폴락의 기사도에 관한 논문을 대중적으로 다듬은 것은 다음을 참조. Janet Kole, "Women Who Murder," *New Times*, Jan. 24, 1975, pp.34–39.

24   1972년에서 1974년에 일어난 정치적 스캔들로, 당시 미국 대통령 리처드 닉슨이 그로 인해 사임했다. 도청을 하기 위해 당시 민주당 본부였던 워터게이트 빌딩을 침입한 사건에 재선을 노린 닉슨 행정부가 연루되었다고 밝혀진 사건이다.—옮긴이

25   Bowker, *Women, Crime, and the Criminal Justice System*, p.213.

26   Ronald G. Iacovetta, "Corrections and the Female Offender," *Resolution of Correctional Problems and Issues*, Summer 1975, p.25.

27   중범죄를 저지르는 도중에 사망자가 생긴다면 범죄자의 의도와 상관없이 살인죄를 적용하는 영미법의 법리.—옮긴이

28   Bowker, *Women, Crime, and the Criminal Justice System*, p.211.

29   Carolyn Engel Temin, "Discriminatory Sentencing of Women Offenders: The Argument for ERA in a Nutshell"; rpt. from 11/355/ *American Criminal Law Review*, 1973, in Crites, *The Female Offender*, pp.51–58.

30   Gisela Konopka, *The Adolescent Girl in Conflict*, Englewood Cliffs, N. J.: Prentice-Hall, 1966, pp.18–19; Karen DeCrow, *Sexist Justice*, New York: Random House, 1974, pp.215–217.

31   Sheldon Glueck, Eleanor T. Glueck, *Five Hundred Delinquent Women*, New York: Alfred A. Knopf, 1934, p.300.

32   Mabel Ruth Fernald, et al., *A Study of Women Delinquents in New York State*, New York: Bureau of Social Hygiene, 1920, pp.380–382.

33   Thomas, *The Unadjusted Girl*, p.101. 또한 다음을 참조. Sophonisba P. Breckenridge, Edith Abbott, *The Delinquent Child and the Home*, New York: Russell Sage, 1917, pp.106–107.

34   Konopka, *The Adolescent Girl in Conflict*, p.51.

35   Susan Reed, interview, April 24, 1979. 범죄학자들은 '비행' 소녀들의 강간이나 근친상간 고소를 범죄 여성을 특징짓는 거짓말로 조종하려는 전형적 행동인 '무고'라고 봤다. Pollak, *The Criminality of Women*, pp.24–26; Wulffen, *Woman as a Sexual Criminal*, p.182; Lombroso, *The Female Offender*, pp.226–230. 무고는 적어도 멀게는 보디발의 아내(성경에서 요셉을 사 간, 애굽 왕의 친위대장 보디발의 아내로, 요셉을 유혹하려다 실패하자 남편에게 요셉을 모함했다—옮긴이)까지 거슬러 올라간다. 수전 브라운밀러는 남성 경찰관이 아니라 여성 경찰관이 조사한 강간 '무고' 사건은 전혀 거짓으로 드러나지 않았다는 흥미로운 사실을 보고했다. 브라운밀러는 이렇게 결론지었다. "여자는 다른 여자의 말을 믿는다. 남자들은 그렇지 않다." Susan Brownmiller, *Against Our Will: Men, Women and Rape*, New York: Simon and Schuster, 1975, p.387. 근친상간에서도 같은 경우가 진실로 드러났다.

36   Lombroso, *The Female Offender*, pp.204–206.

37   Thomas, *The Unadjusted Girl*.

38   Pollak, *The Criminality of Women*, p.149.

39   Carol Smart, *Women, Crime and Criminology: A Feminist Critique*, London: Routledge

& Kegan Paul, 1976, p.52. 미국 범죄학의 낮은 지적 수준은 캐럴 스마트의 저작이 있음에도 불구하고 지속적으로 폴락의 저작을 여성 범죄자에 대한 결정판으로 여기고 있다는 사실에서 잘 드러난다. Joy Pollock, "Early Theories of Female Criminality," in Bowker, *Women, Crime, and the Criminal Justice System*, pp.25–55. 여성 범죄학에 관한 미국의 공헌은 월터 렉클리스가 내놓은 '맥베스 부인 요소(the Lady Macbeth Factor)'와 바버라 케이가 말한 '고양이 증후군(the Feline Syndrome)'을 포함한다. 법집행및사법행정대통령위원회로 제출된 렉클리스와 케이의 논문을 참조. Walter C. Reckless, Barbara Kay, *The Female Offender*, 1967, pp.13, 15; Reckless, Charles L. Newman (eds.), *Interdisciplinary Problems in Criminology: Papers of the American Society of Criminology, 1964*, Columbus, Ohio: Ohio State University Press, 1965, p.212.

40 미국의 사회개혁가이자 여성 참정권 운동에서 커다란 역할을 한 여성 인권 옹호자.—옮긴이

41 Ferdinand Lundberg, Marynia F. Farnham, *Modern Woman: The Lost Sex*, New York: Harper & Bros., 1947, pp.197–198, 167.

42 "Life, Last Words and Dying Confession of Rachel Wall," Boston: a broadside, 1789, rpt. Linda Grant DePauw, Conover Hunt, *Remember the Ladies: Women in America, 1750–1815*, New York: The Viking Press, 1976, p.64.

43 항정신성 안정제인 클로르프로마진의 한 상표.—옮긴이

44 Susan Reed, interview, April 24, 1979.

45 Sharon Wiggins, interview, March 6, 1979.

46 미국의 노예 폐지론자, 여성 참정권 옹호자로 여성의 권리를 위해 투쟁했다. 결혼 이후에도 자신의 성을 고수했고, 남편 헨리 브라운 블랙웰과 『우먼스 저널(Woman's Journal)』을 발행했다.—옮긴이

47 Enid Bagnold, "Call Me Jacky" (1968), *Four Plays*, London: Heinemann, 1970, pp.330–331.

48 Florence Monahan, *Women in Crime*, New York: Ives Washburn, 1941, p.260.

1 미국을 세운 어머니들: 여러 음란한 여자들

1 마거릿 니컬슨에 관해서는 다음을 참조. *Hampshire Gazette*, Oct. 4, 1786, p.1.

2 Abbot Emerson Smith, *Colonists in Bondage: White Servitude and Convict Labor in America, 1607–1776*, New York: W. W. Norton, 1971, pp.92–93.

3 Smith, *Colonists in Bondage: White Servitude and Convict Labor in America, 1607–1776*, p.300.

4 Cheesman A. Herrick, *White Servitude in Pennsylvania: Indentured and Redemption Labor in Colony and Commonwealth*, Philadelphia: J. J. McVey, 1926, p.141.

5 *Pennsylvania Gazette*, April 11, 1751, p.2; rpt. *Virginia Gazette*, May 24, 1751, p.3.

6   Edith Abbott, *Historical Aspects of the Immigration Problem, Select Documents*, Chicago: University of Chicago Press, 1926, pp.544–545.

7   코네티컷 주, 버지니아 주, 메릴랜드 주의 제한적 이민에 관해서는 다음을 참조. Emberson Edward Proper, "Colonial Immigration Laws: A Study of the Regulation of Immigration by the English Colonies in America," *Studies in History, Economics and Public Law*, vol.XII, no.2, 1900, p.33; Abbott, *Historical Aspects of the Immigration Problem, Select Documents*, pp.542–544.

8   Smith, *Colonists in Bondage: White Servitude and Convict Labor in America, 1607–1776*, pp.110–111.

9   Frederick Howard Wines, *Punishment and Reformation: A Study of the Penitentiary System*, rev. ed., New York: Thomas Y. Crowell, 1919, p.169.

10   찰스 디킨스의 소설 『위대한 유산(Great Expectations)』의 주요 인물 아벨 매그위치(감옥선에서 탈출한 죄수)를 의미.—옮긴이

11   Abbott, *Historical Aspects of the Immigration Problem, Select Documents*, p.703.

12   James D. Hardy, Jr., "The Transportation of Convicts to Colonial Louisiana," *Louisiana History*, vol.VII, no.3, 1966, pp.207–220.

13   다양한 추산만이 있을 뿐이며 초기 기록은 단편적이다. 애벗 에머슨 스미스(Abbot Emerson Smith)는 십팔세기에 미국에 3만 명의 죄수, 즉 올드 베일리(영국의 중앙 형사 재판소를 가리키는 별칭—옮긴이)에서 유죄를 선고받은 수의 약 70퍼센트가 당도했다고 봤다. Smith, *Colonists in Bondage: White Servitude and Convict Labor in America, 1607–1776*, pp.116–117. 또한 십칠세기에 영국에서 온 수천 명과 독일과 프랑스의 감옥에서 온 무수한 중죄인들을 고려해 볼 때, 적게 잡아도 5만 명은 될 것으로 보인다. 스미스는 이송된 중죄인 중 약 사분의 일을 여자로 계산했다. 월터 하트 블루먼솔(Walter Hart Blumenthal)은 그 수치를 삼분의 일로 보았다. Blumenthal, *Brides from Bridewell: Female Felons Sent to Colonial America*, Westport, Conn.: Greenwood Press, 1962, pp.17, 36.

14   Blumenthal, *Brides from Bridewell: Female Felons Sent to Colonial America*, pp.15–25; James Davie Butler, "British Convicts Shipped to American Colonies," *American Historical Review*, vol.II, no.1, Oct. 1896, pp.24–25.

15   영국에서 식민지로 수송될 죄수들 가운데 칠 년 형을 받은 죄수들을 가리킨다.— 옮긴이

16   Butler, "British Convicts Shipped to American Colonies," *American Historical Review*, p.30.

17   화형과 교수형을 당한 영국 여성에 관해서는 다음을 참조. Blumenthal, *Brides from Bridewell: Female Felons Sent to Colonial America*, p.61.

18   Smith, *Colonists in Bondage: White Servitude and Convict Labor in America, 1607–1776*, p.105.

19   대니얼 디포(Daniel Defoe)의 소설 제목이자 주인공의 이름으로, 소설은 물질주의

사회의 냉혹한 현실에서 살아남기 위해 위장 결혼, 사기, 절도 등의 방법을 통해 삶을 이어 나가는 여인의 불안정한 일대기를 다루고 있다.—옮긴이

20 Daniel Defoe, *The Fortunes and Misfortunes of the Famous Moll Flanders*, 1722; rpt. New York: Modern Library, 1950, p.14

21 Lawrence Stone, *The Family, Sex and Marriage in England 1500–1800*, London: Weidenfeld & Nicolson, 1977, p.380. 또한 다음을 참조. Arthur W. Calhoun, *A Social History of the American Family from Colonial Times to the Present*, vol.I, 1917; rpt. New York: Barnes and Noble, 1945, p.34.

22 Defoe, *The Fortunes and Misfortunes of the Famous Moll Flanders*, p.66.

23 Mary Wollstonecraft, *A Vindication of the Rights of Women*, 1792; rpt. New York: W. W. Norton, 1975, p.65.

24 Defoe, *The Fortunes and Misfortunes of the Famous Moll Flanders*, p.60.

25 Blumenthal, *Brides from Bridewell: Female Felons Sent to Colonial America*, p.23.

26 Raphael Semmes, *Crime and Punishment in Early Maryland*, Baltimore: Johns Hopkins Press, 1938, pp.172–173; Julia Cherry Spruill, *Women's Life and Work in the Southern Colonies*, 1938; rpt. New York: W. W. Norton, 1972, p.327.

27 Charles Bateson, *The Convict Ships, 1787–1868*, Glasgow: Brown, Son & Ferguson, 1959, pp.96, 101–102, 105–106. 오스트레일리아로 여성을 수송한 일에 관해서는 다음을 참조. Anne Summers, *Damned Whores and God's Police: The Colonization of Women in Australia*, Ringwood, Victoria: Penguin, 1975.

28 Linda Grant DePauw, Conover Hunt, *Remember the Ladies: Women in America, 1750– 1815*, New York: The Viking Press, 1976, p.68; Blumenthal, *Brides from Bridewell: Female Felons Sent to Colonial America*, pp.46–47.

29 Spruill, *Women's Life and Work in the Southern Colonies*, pp.8–9. 이송된 90명의 여성들에 대한 정보는 런던 지방 법원에 제출한 보고서(Nov. 21, 1621)에서도 확인된다. "젊고, 잘생기고, 정직하게 교육받은 처녀들을 제공해서 돌봐야 할 아내와 자녀들의 유대로 농장주들의 마음은 버지니아 주에 더 단단하게 묶일 수 있다." 다음을 참조. Edward D. Neill, *History of the Virginia Company of London*, 1869; rpt. New York: Burt Franklin, 1968, pp.262, 566. 기록에 따르면 1620년 도착한 90명의 여자들은 조너선호와 런던머천트호에 승선했고, 1621년에 57명의 여자들이 더 왔으며, 그중 38명은 타이거호에, 11명은 마머듀크호에, 나머지는 워윅호에 탔다. 회사는 100명을 또 보내고, 다시 60명을 보낼 계획을 발표했지만 계획은 실패로 돌아간 듯하다.

30 영국의 군인이자 탐험가로, 버지니아 주 제임스타운 건설에 중요한 역할을 했으며, 1607년부터 1609년까지 버지니아 식민지의 지도자였다. 처음으로 버지니아 주 체사피크 만의 지도를 완성했다.—옮긴이

31 윌리엄 로빈슨과 오언 에번스에 관해서는 다음을 참조. Carl Bridenbaugh, *Vexed and Troubled Englishmen, 1590–1642*, New York: Oxford University Press, 1968, p.419

32 Stone, *The Family, Sex and Marriage in England 1500–1800*, p.382. 다음의 글에 나오는 밀턴(J. Milton)의 말을 인용했다. "Animadversions Upon the Remonstrant's Defence", Columbia ed., vol.III, p.160. 아서 캘훈(Arthur W. Calhoun)은 단호하게 "결혼하지 않은 딸들은 각 가정의 원치 않은 구성원이었다"라고 진술했다. vol.I, p.34.

33 Bridenbaugh, *Vexed and Troubled Englishmen, 1590–1642*, pp.419–420. 또한 마음을 참조. Blumenthal, *Brides from Bridewell: Female Felons Sent to Colonial America*, pp.64–78; Richard Hofstadter, *America at 1750: A Social Portrait*, New York: Vintage Books, 1973, pp.34–37.

34 Blumenthal, *Brides from Bridewell: Female Felons Sent to Colonial America*, pp.82, 86.

35 Abbott, *Historical Aspects of the Immigration Problem, Select Documents*, p.28.

36 Isabel M. Calder, *Colonial Captivities, Marches and Journeys*, New York: Macmillan, 1935, p.151.

37 앤 본과 앤 비틀에 관해서는 다음을 참조. Semmes, *Crime and Punishment in Early Maryland*, p.139.

38 Roger Thompson, *Women in Stuart England and America, A Comparative Study*, London: Routledge & Kegan Paul, 1974, p.36.

39 Thompson, *Women in Stuart England and America, A Comparative Study*, p.36.

40 Spruill, *Women's Life and Work in the Southern Colonies*, p.161.

41 Semmes, *Crime and Punishment in Early Maryland*, pp.222–223.

42 Spruill, *Women's Life and Work in the Southern Colonies*, p.134.

43 Butler, "British Convicts Shipped to American Colonies," *American Historical Review*, p.29.

44 Thompson, *Women in Stuart England and America, A Comparative Study*, p.42.

45 George Elliott Howard, *A History of Matrimonial Institutions, Chiefly in England and the United States*, vol.II, Chicago: University of Chicago Press, 1904, pp.161–162. 또한 다음을 참조. *Historical Collections of the Essex Institute*, vol.VII, Salem: Essex Institute, 1865, p.129

46 John Winthrop, *Winthrop's Journal: "History of New England," 1630–1649*, ed. James Kendall Hosmer, vol.I New York: Charles Scribner's Sons.1908; rpt. *Original Narratives of Early American History*, vols.18–19, p.282.

47 *Historical Collections of the Essex Institute*, vol.VII, p.187; *Records and Files of the Quarterly Courts of Essex County, Massachusetts*, vol.I (1636–1656), Salem: Essex Institute, 1911, p.9.

48 Difficult. 여기에는 '힘든'의 의미로 쓰였다.—옮긴이

49 Winthrop, *Winthrop's Journal: "History of New England," 1630–1649*, vol.I, p.283. 당시의 공격적인 여자에 대한 성차별적인 편견은, 그 공격성의 원인이 무엇이건, 도러시 탤비를 '순종적이지 않고 노골적으로 남성적'이고 '심술궂은 여자(vixen)'로 묘사한

헨리 로런스의 표현으로 확인할 수 있다. Henry W. Lawrence, *The Not Quite Puritans*, Boston: Little, Brown, 1928, pp.162–163. 처음의 출전에는 그녀가 실제로 순종적이지 않다고 나와 있지만, 로런스의 용어는 가치 평가가 담긴 자의적인 서술이다.

50 일 부셸은 약 이십팔 킬로그램이다.—옮긴이

51 *Records and Files of the Quarterly Courts of Essex County*, vol.I, p.73.

52 "사람을 죽인 자는 반드시 죽일 것이요."—옮긴이

53 "만일 미워하는 까닭에 밀쳐 죽이거나 기회를 엿보아 무엇을 던져 죽이거나 악의를 가지고 손으로 쳐 죽이면 그 친 자는 반드시 죽일 것이니 이는 살인하였음이니라. 피를 보복하는 자는 살인자를 만나면 죽일 것이니라."—옮긴이

54 살인에 관한 식민지 시대 법과 처벌에 관해서는 다음을 참조. George Lee Haskins, *Law and Authority in Early Massachusetts: A Study in Tradition and Design*, New York: Macmillan, 1960, p.149; Edwin Powers, *Crime and Punishment in Early Massachusetts, 1620–1692: A Documentary History*, Boston: Beacon Press, 1966, pp.258–259; Daniel J. Boorstin, *The Americans: The Colonial Experience*, New York: Random House, 1958, pp.20–28; Julius Goebel, Jr., "King's Law and Local Custom in Seventeenth Century New England," 31 *Columbia Law Review* 416, 1931.

55 *Records of the Colony of New Plymouth in New England*, Nathaniel B. Shurtleff (ed.), vol.II, Boston: White, 1855, p.134.

56 Samuel Eliot Morison, *Builders of the Bay Colony*, Boston: Houghton Mifflin, 1930, p.75. 성년이 되어 매사추세츠 주에 온 윈스럽(J. Winthrop)은 완전한 영국인의 사고방식을 지닌 채였고, 그 뒤를 이은 식민지 지도자들보다 여자의 상황에 대한 고려가 더 부족했다.

57 Abbott, *Women in Industry: A Study in American Economic History*, New York: D. Appleton, 1913, p.33.

58 노동에 참여한 여성에 관해서는 다음을 참조. Abbott, *Women in Industry: A Study in American Economic History*, pp.11, 34; DePauw, *Remember the Ladies: Women in America, 1750–1815*, pp.61–62; Elisabeth Anthony Dexter, *Colonial Women of Affairs: Women in Business and the Professions in America Before 1776*, 2nd ed., Boston: Houghton Mufflin, 1931; Eugenie Andruss Leonard, Sophie Hutchinson Drinker, Miriam Young Holden, *The American Woman in Colonial and Revolutionary Times, 1565–1800*, Philadelphia: University of Pennsylvania Press, 1962; Boorstin, *The Americans: The Colonial Experience*, pp.186–187; Thompson, *Women in Stuart England and America, A Comparative Study*.

59 Edmund S. Morgan, *The Puritan Family: Religion and Domestic Relations in Seventeenth-Century New England*, New York: Harper & Row, 1966, p.29.

60 Thompson, *Women in Stuart England and America, A Comparative Study*, pp.135, 161–169; Mary R. Beard, *Woman as Force in History: A Study in Traditions and Realities*,

1946; rpt. New York: Collier, 1962, pp.87–105.

61 Semmes, *Crime and Punishment in Early Maryland*, pp.91–92; Thompson, *Women in Stuart England and America, A Comparative Study*, p.76.

62 1675년 버지니아 주의 존 허스트는 장래의 아내인 엘리자베스 앨퍼드의 재산에 '간섭'하는 것을 금지당했다. 죽은 남편으로부터 재산을 상속받고 자녀가 있는 여성의 경우에는 이러한 계약이 관습적이었다. 다음을 참조. Philip Alexander Bruce, *Social Life of Virginia in the Seventeenth Century*, 2nd ed., Lynchburg, Va.: J. P. Bell, 1927, p.236; Thompson, *Women in Stuart England and America, A Comparative Study*, pp.165–166.

63 Leonard, *The American Woman in Colonial and Revolutionary Times, 1565–1800*, pp.33–35. 투표권을 부여받은 여성의 수는 적었지만 남자의 수도 적었다.

64 Spruill, *Women's Life and Work in the Southern Colonies*, p.9.

65 간음(fornification)과 간통(adultery)은 각각 결혼하지 않은 상태에서 일어나는 성관계와 배우자가 있으면서 혼외정사를 하는 경우로 구분된다.—옮긴이

66 Winthrop, *Winthrop's Journal: "History of New England," 1630–1649*, vol.II, pp.161–163. 성서의 선례를 따르면, 간통은 동등하게 규정되지 않았다. 법적으로 간통은 '결혼했거나 사실혼, 약혼 상대가 있는 여자'와 '사람(person)'이 저지른 행동이었다. 다음을 참조. Powers, *Crime and Punishment in Early Massachusetts, 1620–1692: A Documentary History*, p.261; Haskins, *Law and Authority in Early Massachusetts: A Study in Tradition and Design*, p.149. 그럼에도 불구하고, 플리머스 식민지에서 남편의 간통은 이혼의 근거였다. 다음을 참조. Thompson, *Women in Stuart England and America, A Comparative Study*, p.176.

67 Rollin G. Osterweis, *Three Centuries of New Haven, 1638–1938*, New Haven: Yale University Press, 1953, pp.18–19.

68 Frances Manwaring Caulkins, *History of New London Connecticut from the First Survey of the Coast in 1612, to 1852*, New London: author, 1860, pp.576–577; Thomas M. McDade, *The Annals of Murder: A Bibliography of Books and Pamphlets on American Murders from Colonial Times to 1900*, Norman, Okla.: University of Oklahoma Press, 1961, p.216; Henry Channing, *God Admonishing His People of Their Duty, As Parents and Masters, A Sermon Preached at New-London, December 20th, 1786*, New London: T. Green, 1787, pp.29–31; *Hampshire Gazette*, Jan. 10, 1787, p.3. 십구세기 초, 어린이들과 청소년들은 보통 처형당하지 않았다. 앤서니 플랫은 두 번의 예외를 인용했다. 열두 살 소년인 길드는 1828년 뉴저지 주에서 나이 든 여자를 때려서 죽게 해 처형되었다. 그리고 1858년 앨라배마 주에서 자신의 연을 망가뜨린 네 살 소년을 살해한 고드프리가 처형되었다. 길드와 고드프리 둘 다 흑인 노예였고, 백인이었더라면 거의 분명히 처형당하지 않았을 것이다. Anthony M. Platt, *The Child Savers: The Invention of Delinquency*, Chicago: University of Chicago Press, 1969, pp.194–202.

69 Winthrop, "A Model of Christian Charity," *The American Puritans: Their Prose and*

Poetry, Perry Miller (ed.), 1938; rpt. New York: Doubleday, 1956, p.79.

70 Winthrop, "A Model of Christian Charity," *The American Puritans: Their Prose and Poetry*, p.79.

71 Morgan, *The Puritan Family: Religion and Domestic Relations in Seventeenth-Century New England*, p.19.

72 Cotton Mather, *A Family Well-Ordered, or an Essay to Render Parents and Children Happy in One Another*, Boston: B. Green & J. Allen 1699, p.66.

73 John Cotton, "Limitation of Government," in Miller, *The American Puritans: Their Prose and Poetry*, p.86.

74 Winthrop, "A Model of Christian Charity," *The American Puritans: Their Prose and Poetry*, p.79.

75 Powers, *Crime and Punishment in Early Massachusetts, 1620–1692: A Documentary History*, p.542. 같은 법으로 아내도 남편을 때리는 것이 금지되었다. 도러시 탤비는 이 법을 위반해서 처음으로 소환되었다.

76 Howard, *A History of Matrimonial Institutions, Chiefly in England and the United States*, vol.II, pp.328–333.

77 Haskins, *Law and Authority in Early Massachusetts: A Study in Tradition and Design*, pp.154–157.

78 Morison, *Builders of the Bay Colony*, p.92.

79 Winthrop, "Speech to the General Court," in Miller, *The American Puritans: Their Prose and Poetry*, pp.92–93.

80 Cotton, "Limitation of Government," in Miller, *The American Puritans: Their Prose and Poetry*, p.87.

81 Calhoun, *A Social History of the American Family from Colonial Times to the Present*, vol.I, p.144.

82 Winthrop, *Winthrop's Journal: "History of New England," 1630–1649*, vol.II, pp.218–219.

83 경반역죄에 관해서는 다음을 참조. William Blackstone, *Commentaries on the Laws of England*, vol.IV, Philadelphia: Robert Bell, 1771; rpt. from 4th London ed., p.75.

84 Hugh F. Rankin, *Criminal Trial Proceedings in the General Court of Colonial Virginia*, Williamsburg: Colonial Williamsburg, 1965, p.222.

85 Blackstone, *Commentaries on the Laws of England*, vol.IV, p.93.

86 캐서린 베번에 관해서는 다음을 참조. *Pennsylvania Gazette*, June 17–24, 1731, p.493; Sept. 9–23, 1731, p.540.

87 Cotton Mather, *Magnalia Christi, or, The Ecclesiastical History of New-England*, vol.II, 1702; rpt. from 1852 ed., New York: Russell, 1967, p.385.

88 John Hope Franklin, *From Slavery to Freedom: A History of Negro Americans*, 3rd ed., New York: Vintage Books, 1969, p.101.

89 Mather, *Magnalia Christi, or, The Ecclesiastical History of New-England*, vol.II, p.408.

주(註)

전락하게 되는 또 다른 죄는 부모에게 불복종하는 것이었다.

90 Mather, *A Family Well-Ordered, or an Essay to Render Parents and Children Happy in One Another*, pp.66–67.

91 Mather, *A Family Well-Ordered, or an Essay to Render Parents and Children Happy in One Another*, p.67

92 Franklin, *From Slavery to Freedom: A History of Negro Americans*, pp.105–106; Douglas Greenberg, "Patterns of Criminal Prosecution in Eighteenth Century New York," *New York History*, vol.LVI, no.2, April 1975, p.139.

93 글을 읽고 쓸 줄 알았던 대장장이 노예로 1800년 여름 버지니아 주 리치먼드에서 대규모 노예 반란을 계획했으나 실행 전 계획이 누설되면서 체포되었다. 그와 25명의 추종자들이 잡혀 교살형으로 처형되었다.—옮긴이

94 사우스캐롤라이나 주 찰스턴의 흑인 지도자로, 노예 신분에서 자유를 얻어 1822년 6월, 7월 14일로 계획된 대규모 노예 반란이 될 뻔한 봉기의 지도자로 고발되어 유죄 판결을 받았다. 7월 2일 처형되었다.—옮긴이

95 미국의 흑인 노예로, 1831년 역사상 유일하게 실행되었고 여파를 남긴 흑인 봉기를 이끌었다. 그의 봉기로 인해 겁에 질린 남부의 백인들은 노예제를 더욱 강화했다. 노예들이 자신의 상태에 만족하고 있다거나 무장봉기를 하기에는 본성적으로 순종적이라는 남부 백인들의 그릇된 믿음을 깬 봉기이기도 하다. 터너는 봉기 후 육 주 만에 잡혀 처형당했다.—옮긴이

96 *Pennsylvania Gazette*, July 22–29, 1731, p.513.

97 *Virginia Gazette*, Feb. 18–25, 1737, p.4.

98 *Virginia Gazette* (Pardie & Dixon), no.953, Aug. 24, 1769, p.2. 보도에 따르면 두 사람은 여자의 주인인 제임스 샌즈라는 사람과 그의 아내, 아이에게 독을 먹였다. 아이는 죽었다. 다음을 참조. Albert Matthews, "Burning Criminals," *Virginia Magazine of History and Biography*, vol.IV, 1896–1897, p.341.

99 Arthur P. Scott, *Criminal Law in Colonial Virginia*, Chicago: University of Chicago Press, 1930, pp.196–197; A. G. Grinan, "The Burning of Eve in Virginia," *Virginia Magazine of History and Biography*, vol.III, 1895–1896, pp.308–310.

100 불완전한 기록에도 불구하고 1774년과 1864년 사이 버지니아 주에서만 노예들이 삼백사십육 건으로 알려진 살인을 포함해 최소 1,418명이 사형에 해당하는 중죄로 유죄를 선고받았다. 그중 이백팔십육 건의 살인에서 삼분의 이가 넘는 이들이 백인이었다. 다음을 참조. Ulrich B. Phillips, "Slave Crime in Virginia," *American Historical Review*, vol.XX, 1914–1915, pp.336–340.

101 필리스와 마크에 대해서는 다음을 참조. Abner C. Goodell, Jr., "The Murder of Captain Codman," *Proceedings of the Massachusetts Historical Society*, vol.XX, 1882–1883, pp.122–157; *Boston Evening Post*, Sept. 22, 1755, p.4; "The Trial of MARK and PHILLIS (Negro Slaves) for Petit Treason, in the Murder of Captain John Codman, their Master, Cambridge, Massachusetts, 1755," *AST*, vol.XI, 1919, pp.511–527.

102 마리아는 1681년 9월 22일 보스턴에서 화형당했다. 같이 처형된 흑인 남자 노예 체사리어 잭은 노스햄스턴에서 방화죄로 따로 유죄 판결을 받았는데, 죽을 때까지 목을 매달고 그 후에 마리아를 산 채로 집어삼켰던 불로 태웠다. 마리아를 태워 버린 법적 근거는 분명하지 않은데 (몇몇 주석자들이 그러듯) 주인의 신체나 재산에 대한 가해를 포함하도록 법이 되어 있지 않다면 그녀의 사건은 경반역죄로 여겨질 수 없기 때문이었다. 인크리스 매더(Increase Mather, 목사이자 코튼 매더의 아버지이다—옮긴이)는 1681년 9월 22일 일기에 마리아가 불을 낸 집 중 한 곳에서 어린이가 불에 타 죽었다고 썼지만, 그 어린이가 마리아의 여주인이 아니었다면, 마리아에 대한 기소는 방화와 과실치사였을 것이고, 두 범죄 다 교수형 처벌이 가능했다. 다음을 참조. *Records of the (Massachusetts) Court of Assistants*, vol. I, pp.198–199; John Noble, "The Case of Maria in the Court of Assistants in 1681," *Publications of the Colonial Society of Massachusetts*, vol.VI, 1904, pp.323–336. 브리든보는 1664년 주인의 집에 불을 놓아 화형을 당한 흑인 여성 사건을 언급한다. Bridenbaugh, *Cities in the Wilderness: The First Century of Urban Life in America, 1625–1742*, New York: Ronald Press, 1938, p.69.

103 Goodell, "The Murder of Captain Codman," *Proceedings of the Massachusetts Historical Society*, p.148. 블랙스톤은 시체를 걸어 둔 그 교살에 대해 '모세의 율법'에 나오는 "가해자의 시신은 밤새 나무에 남겨 두어서는 안 된다. 그날 어떻게든 묻어야만 한다. 그래야 땅이 더럽혀지지 않으니(신명기 21:23)"라는 명령에 반한다고 지적했다. 그는 그 관행이 "그로 인한 공포심 말고도, 즉, 죽은 자의 친지와 친구들에게는 위안이 되는 광경이라고 그 관행에 또 다른 이유를 주는 민법으로부터 빌려 온 걸로 보인다"고 말했다. 여기서 죽은 자는 추정상 살인자의 피해자를 말하는 듯하다. Blackstone, *Commentaries on the Laws of England*, vol.IV, p.202. 1798년 1월 1일 작성된 리비어의 일기에 대해서는 다음을 참조. *1 Massachusetts Historical Collections*, vol.V, p.107.

104 은세공업자이자 미국 독립혁명에서 주요한 역할을 했다.—옮긴이

105 헨리 뱀퍼드 파크스는 1730년과 1770년 사이 "혼외자 출생이 두 배 또는 세 배 또는 네 배까지 늘었다"고 보고했다. Henry Bamford Parkes, "Morals and Law Enforcement in Colonial New Englad," *The New England Quarterly*, vol.V, 1932, p.443.

106 Bridenbaugh, *Cities in the Wilderness: The First Century of Urban Life in America, 1625–1742*, p.226.

107 Bridenbaugh, *Myths and Realities, Societies of the Colonial South*, Baton Rouge, La.: Louisiana State University Press, 1952, pp.173–174.

108 혼외아 출생에 대한 법과 처벌에 관해서는 다음을 참조. Thompson, *Women in Stuart England and America, A Comparative Study*, p.251; Semmes, *Crime and Punishment in Early Maryland*, pp.187–197; Scott, *Criminal Law in Colonial Virginia*, pp.279–281; Betty B. Rosenbaum, "The Sociological Basis of the Laws Relating to Women Sex Offenders in Massachusetts (1620–1860)." *Journal of American Institute of Criminal*

Law and Criminology, vol.28, May–June, 1937–March–April, 1938, pp.832–833; Susies M. Ames, *Studies of the Virginia Eastern Shore in the Seventeenth Century*, Richmond: Dietz Press, 1940, pp.186–187; Boorstin, *The Americans: The Colonial Experience*, p.130.

109 Nelson Manfred Blake, *The Road to Reno: A History of Divorce in the United States*, New York: Macmillan, 1962, p.51.

110 Cotton Mather, *Warnings from the Dead, or, Solemn Admonitions Unto All People*, Boston: Bartholomew Green, 1693, p.44.

111 *Report of the Trial of Susanna, A Coloured Woman*, Troy, New York: Ryer Shermerhorn, 1810, p.29.

112 Thomas Foxcroft, *Lessons of Caution to Young Sinners, A Sermon Preach'd on Lord's-Day Sept. 23, 1773*, Boston: Kneeland & Green, 1733, from the Preface "by Mr. Cooper" citing *Province Laws*, Chapter 11, 1696.

113 *The Trial of Alice Clifton for the Murder of her Bastard-Child*, n.p., n.d., p.13.

114 Foxcroft, *Lessons of Caution to Young Sinners, A Sermon Preach'd on Lord's-Day Sept. 23, 1773*, p.50.

115 Eliphalet Adams, *A Sermon Preached on the Occasion of the Execution of Katherine Garret, An Indian-Servant Who was Condemned for the Murder of her Spurious Child*, New London: T. Green, 1738, p.30.

116 메리 마틴에 관해서는 다음을 참조. Winthrop, *Winthrop's Journal: "History of New England," 1630–1649*, vol.II, pp.317–318; Mather, *Magnalia Christi, or, The Ecclesiastical History of New-England*, vol.II, pp.404–405.

117 burning bush. 또는 불붙은 떨기나무라고도 불린다. 성경 출애굽기 3장에서 모세가 신의 사자를 만나는 장면에서 나온 말로, 기독교 문학에서는 신이 극적인 방식으로 인간 앞에 모습을 드러내는 것을 뜻한다.—옮긴이

118 Foxcroft, *Lessons of Caution to Young Sinners, A Sermon Preach'd on Lord's-Day Sept. 23, 1773*, p.36.

119 *Hampshire Gazette*, April 16, 1788, p.3; Charles Allen Converse, *Some of the Ancestors and Descendants of Samuel Converse, Jr., Major James Convers, Hon. Herman Allen, M. C., Captain Jonathan Bixby, Sr.*, vol.I, Boston: Eben Putnam, 1905, p.79. 아비엘 컨버스는 컨버스 가계도에서 남자로 잘못 밝혀져 있다.

120 *Records of the Court of Assize and General Gaol Delivery*, vol.II, Hampshire County(Massachusetts), 1698, p.193.

121 수재나에 관해서는 다음을 참조. *Report of the Trial of Susanna, A Coloured Woman*, pp.15, 45.

122 Eleanor Flexner, *Century of Struggle: The Woman's Rights Movement in the United States*, Cambrigde, Mass.: Harvard University Press, 1973, p.95. 유아 살해를 저지른 것으로 밝혀진 흑인 노예들은 종종 주인에 의해 처벌받았기에 이러한 사건의 공식

기록은 희귀하다. 의심할 여지없이 여자는 심하게 처벌받았지만, 재산으로 가치가 있는 노예였으므로 죽이지는 않았을 것이다.

John Rogers, *Death the Certain Wages of Sin to the Impenitent... Occasioned by the Imprisonment, Condemnation and Execution of a Young Woman, Who was Guilty of Murdering her Infant begotten in Whoredom*, Boston: B. Green & J. Allen, 1701, pp.2, 153.

124 Adams, *A Sermon Preached on the Occasion of the Execution of Katherine Garret, An Indian-Servant Who was Condemned for the Murder of her Spurious Child*, p.42.

125 Adams, *A Sermon Preached on the Occasion of the Execution of Katherine Garret, An Indian-Servant Who was Condemned for the Murder of her Spurious Child*, p.25. 십팔세기 이 지역의 총인구를 본다면, 이 정도 군중은 정말 놀라운 일이다. 수백만이 모인 것에 달하므로 현재에 비교할 사건은 없을 것이다.

126 Caulkins, *History of New London Connecticut from the First Survey of the Coast in 1612, to 1852*, p.468.

127 Rogers, *Death the Certain Wages of Sin to the Impenitent... Occasioned by the Imprisonment, Condemnation and Execution of a Young Woman, Who was Guilty of Murdering her Infant begotten in Whoredom*, p.3.

128 다음의 책에 수록된 야베스 피치의 서문을 참조. William Shurtleff, *The Faith and Prayer: A Sermon Preached December 27, 1739 On Occasion of the Execution of two Criminals*, Boston: J. Draper for D. Henchman, 1740, p.i.

129 시므온 클랩에 대해서는 다음을 참조. Judd Manuscript, Collections of the Forbes Library, Misc. vol.X, Northampton, Massachusetts, p.108.

130 Foxcroft, *Lessons of Caution to Young Sinners, A Sermon Preach'd on Lord's-Day Sept. 23, 1773*, p.35.

131 휴 랜킨(Hugh F. Rankin)은 『버지니아 가제트(Virginia Gazette)』에 보도된 쉰아홉 건의 살인 재판 중 열두 건이 자신의 혼외아를 죽여 기소된 여자들의 사건에 대한 것이라고 확신했다.

132 글랜빌 윌리엄스는 "사회의 필연적 결과라기보다는 철학적 태도의 표현으로 금하는 살인의 형태, 또는 거의 살인에 준하는 형태가 있다. 유아 살해, 낙태와 자살 등이다. (…) 이 세 가지 범죄에 적용되는 살인 금지는 공공의 안전을 고려한 것이 아니다. 이러한 금지가 정당화되는 근거는 윤리-종교적이거나 인종적인 근거일 뿐이다"라고 썼다. Glanville Williams, *The Sanctity of Life and the Criminal Law*, New York: Alfred A. Knopf, 1957, p.x.

133 Shays's Rebellion. 셰이스의 반란은 개인과 개인의 거래에 세금을 징수하려는 주 정부에 반대하며, 시민들 사이의 채무 위기로 인해 매사추세츠 주 서쪽과 우스터 지역에서 일어난 무장봉기이다. 전투는 1786년과 1787년 사이 스프링필드와 그 주변에서 이루어졌다.—옮긴이

134 Judd Manuscript, Misc. vol.I, p.321.

135 Aaron Bascom, *A Sermon Preached at the Execution of Abiel Converse*, Northampton, Mass.: William Butler, 1788, p.19.

136 Bascom, *A Sermon Preached at the Execution of Abiel Converse*, p.6.

137 *Report of the Trial of Susanna, A Coloured Woman*, p.23.

138 Bascom, *A Sermon Preached at the Execution of Abiel Converse*, p.19.

139 린다 고든은 "유아 살해가 오늘날의 대부분의 사회에서 적절치 않은 건 우리가 도덕적으로 우월해서가 아니라 더 나은 피임 방식을 찾았기 때문이다"라고 말했다. Linda Gordon, *Woman's body, Woman's right: A Social History of Birth Control in America*, New York: Grossman, 1976, p.35.

140 많은 사회가 인구를 통제하기 위해 체계적인 유아 살해를 실행해 왔지만 린다 고든은 "유아 살해가 합법적인 곳에서는, 거의 항상 남자들이 적용에 대한 권한을 쥐고 있다. 여자들에게 아기의 운명을 결정할 권리를 주는 것은 남자들이 자신들의 가부장적인 권력의 핵심 부분을 포기할 것이라는 걸 의미한다"고 지적했다. Gordon, *Woman's body, Woman's right: A Social History of Birth Control in America*, p.33.

141 *Hampshire Gazette*, April 30, 1788, p.3; Bascom, *A Sermon Preached at the Execution of Abiel Converse*, p.22. 최고의 현대 역사가들조차도 비판 없이 식민지 시대 목사들의 판단을 받아들이는 것은 기이하다. 존 로저스(John Rogers) 목사가 에스터 로저스를 창부 같다고 비난했다는 근거로, 역사가 데이비드 로스먼은 그녀를 '성매매 여성'으로 규정했다. David J. Rothman, *The Discovery of the Asylum: Social Order and Disorder in the New Republic*, Boston: Little Brown, 1971, p.15.

142 Foxcroft, *Lessons of Caution to Young Sinners, A Sermon Preach'd on Lord's-Day Sept. 23, 1773*, p.48. (디도서 2장 5절의 킹 제임스 성경본에서 인용한 것으로 원래 킹 제임스 성경본의 구절과 약간 다르다. 원 구절은 다음과 같다. "신중하고 순결하고 착한 여자가 되어 집안 살림을 잘해야 하느님의 말씀이 모독을 당하게 되지 않을 것입니다."—옮긴이)

143 Benjamin Franklin, "What Are the Poor Young Women to Do? The Speech of Polly Baker." *The Writings of Benjamin Franklin*, vol.II, Albert Henry Smyth (ed.), New York: Macmillan, 1905, pp.463–467.

144 프랑스의 장 드 샤스텔뤼 후작은 프랑스 원정군의 일원으로 미국 독립전쟁에 참여해 로샹보 백작과 조지 워싱턴 사이의 연락 장교로 일했다. 작가, 역사가, 철학자로도 알려졌으며, 아카데미 프랑세즈의 회원이었다.—옮긴이

145 Marquis de Chastellux, *Travels in North America, in the Years 1780, 1781 and 1782*, trans. Howard C. Rice Jr., vol.I, 1786; rpt. Chapel Hill: University of North Carolina Press, 1963, pp.67, 253–254.

146 Records of the Court of General Sessions of the Peace, Hampshire County, Massachusetts, May Term, 1785. *Sessions Records*, Book no.14, May 1776–Jan. 1790, pp.184–185.

147 Rogers, "The Declaration & Confession of Esther Rodgers," *Death the Certain Wages*

of Sin to the Impenitent... Occasioned by the Imprisonment, Condemnation and Execution of a Young Woman, Who was Guilty of Murdering her Infant begotten in Whoredom, p.124.

148 Records of Plymouth County Court, vol.II, 1696, p.49.

149 캐서린 개릿에 대한 '짧은 설명'은 다음을 참조. Adams, A Sermon Preached on the Occasion of the Execution of Katherine Garret, An Indian-Servant Who was Condemned for the Murder of her Spurious Child, p.38.

150 Records of the Superiour Court of Judicature Court of Assize and General Gaol Delivery of Suffolk County, vol.II, 1698, p.199.

151 Trial of Alice Clifton, p.3.

152 Rogers, Death the Certain Wages of Sin to the Impenitent... Occasioned by the Imprisonment, Condemnation and Execution of a Young Woman, Who was Guilty of Murdering her Infant begotten in Whoredom, p.122.

153 Shurtleff, The Faith and Prayer: A Sermon Preached December 27, 1739 On Occasion of the Execution of two Criminals, pp.ii–iii.

154 Shurtleff, The Faith and Prayer: A Sermon Preached December 27, 1739 On Occasion of the Execution of two Criminals, p.25.

155 Shurtleff, The Faith and Prayer: A Sermon Preached December 27, 1739 On Occasion of the Execution of two Criminals, pp.26, 29.

156 Mather, Warnings from the Dead, or, Solemn Admonitions Unto All People, p.74.

157 The Declaration, Dying Warning and Advice of Rebekah Chamblit, Boston: Kneeland & Green, 1733.

158 Rogers, Death the Certain Wages of Sin to the Impenitent... Occasioned by the Imprisonment, Condemnation and Execution of a Young Woman, Who was Guilty of Murdering her Infant begotten in Whoredom, p.122.

159 Shurtleff, The Faith and Prayer: A Sermon Preached December 27, 1739 On Occasion of the Execution of two Criminals, pp.27–28.

160 Mather, Warnings from the Dead, or, Solemn Admonitions Unto All People, pp.70–71; Magnalia Christi, or, The Ecclesiastical History of New-England, vol.II, pp.418–419.

161 Rogers, Death the Certain Wages of Sin to the Impenitent... Occasioned by the Imprisonment, Condemnation and Execution of a Young Woman, Who was Guilty of Murdering her Infant begotten in Whoredom, pp.147–148.

162 Shurtleff, The Faith and Prayer: A Sermon Preached December 27, 1739 On Occasion of the Execution of two Criminals, p.28.

163 Rogers, Death the Certain Wages of Sin to the Impenitent... Occasioned by the Imprisonment, Condemnation and Execution of a Young Woman, Who was Guilty of Murdering her Infant begotten in Whoredom, pp.127–128.

164 Foxcroft, Lessons of Caution to Young Sinners, A Sermon Preach'd on Lord's-Day Sept. 23, 1773, p.ii; The Declaration, Dying Warning and Advice of Rebekah Chamblit.

주 (註)

165 Mather, *Magnalia Christi, or, The Ecclesiastical History of New-England*, vol.II, p.420.

166 Mather, *Warnings from the Dead, or, Solemn Admonitions Unto All People*, pp.72–74.

167 Shurtleff, *The Faith and Prayer: A Sermon Preached December 27, 1739 On Occasion of the Execution of two Criminals*, p.26.

168 Harry B. Weiss, Grace M. Weiss, *An Introduction to Crime and Punishment in Colonial New Jersey*, Trenton: Past Times, 1960, p.55.

169 Adams, *A Sermon Preached on the Occasion of the Execution of Katherine Garret, An Indian-Servant Who was Condemned for the Murder of her Spurious Child*, pp.32, 39.

170 *A Faithful Narrative of Elizabeth Wilson; Who Was Executed at Chester, January 3rd, 1786*, Philadelphia: n.p., 1786, p.11.

171 Shurtleff, *The Faith and Prayer: A Sermon Preached December 27, 1739 On Occasion of the Execution of two Criminals*, p.iii.

172 Rogers, *Death the Certain Wages of Sin to the Impenitent... Occasioned by the Imprisonment, Condemnation and Execution of a Young Woman, Who was Guilty of Murdering her Infant begotten in Whoredom*, pp.131, 126.

173 Caulkins, *History of New London Connecticut from the First Survey of the Coast in 1612, to 1852*, p.468; Mather, *Magnalia Christi, or, The Ecclesiastical History of New-England*, vol. II, p.420; *The Declaration, Dying Warning and Advice of Rebekah Chamblit*.

174 John Williams, *Warnings to the Unclean: in a Discourse From Rev.XXI.8 Preacht at Springfield Lecture, August 25th, 1698. At the Execution of Sarah Smith*, Boston: B. Green & J. Allen, 1699, title page; Foxcroft, *Lessons of Caution to Young Sinners, A Sermon Preach'd on Lord's-Day Sept. 23, 1773*, title page, p.19.

175 Rogers, *Death the Certain Wages of Sin to the Impenitent... Occasioned by the Imprisonment, Condemnation and Execution of a Young Woman, Who was Guilty of Murdering her Infant begotten in Whoredom*, p.144.

176 Adams, *A Sermon Preached on the Occasion of the Execution of Katherine Garret, An Indian-Servant Who was Condemned for the Murder of her Spurious Child*, p.41.

177 Shurtleff, *The Faith and Prayer: A Sermon Preached December 27, 1739 On Occasion of the Execution of two Criminals*, p.26.

178 Rogers, *Death the Certain Wages of Sin to the Impenitent... Occasioned by the Imprisonment, Condemnation and Execution of a Young Woman, Who was Guilty of Murdering her Infant begotten in Whoredom*, p.153.

179 Adams, *A Sermon Preached on the Occasion of the Execution of Katherine Garret, An Indian-Servant Who was Condemned for the Murder of her Spurious Child*, p.42.

180 Foxcroft, *Lessons of Caution to Young Sinners, A Sermon Preach'd on Lord's-Day Sept. 23, 1773*, p.63.

181 Thomas Hobbes, *Leviathan*, 1651, p.166; rpt. London: J. M. Dent, 1965; Jon Locke, *Of Civil Government*, vol.II, 1690, p.120; rpt. London: J. M. Dent, 1924. 이러한 생각은

몽테스키외의 "법의 과도한 엄격함은 그 실행을 방해한다. 처벌이 모든 수단을 초월하면 대중은 종종 형벌을 면하려 인간성을 벗어던진다"라는 말과 비교해 볼 수 있다.

182 Michael Foucault, *Discipline & Punish: The Birth of the Prison*, trans. Alan Sheridan, New York: Vintage, 1979, pp.8–11.

183 Hofstadter, *America at 1750: A Social Portrait*, pp.187–194.

184 Judd Manuscript, Misc. vol.X, p.108; Parkes, "Morals and Law Enforcement in Colonial New Englad," *The New England Quarterly*, pp.446–447.

185 톰프슨 부인에 관해서는 다음을 참조. *Virginia Gazette*, July 6, 1769, p.3.

186 Grinan, "The Burning of Eve in Virginia," *Virginia Magazine of History and Biography*, p.310.

187 세라 커크에 관해서는 다음을 참조. Delaware Federal Writers' Project (U. S. Works Progress Administration), *New Castle on the Delaware*, New Castle, Del.: New Castle Historical Society, 1936, p.103.

188 Herbert William Keith Fitzroy, "The Punishment of Crime in Provincial Pennsylvania," *Pennsylvania Magazine of History and Biography*, vol.LX, no.3, July 1936, pp.256–257.

189 뱃세바 스푸너에 관해서는 다음을 참조. Peleg W. Chandler, *American Criminal Trials*, vol.II, Boston: Little, Brown: T. H. Carter, 1841–1844, pp.1–58, 375–383; "The Trial of Bathsheba Spooner, William Brooks, James Buchanan and Ezra Ross for the Murder of Joshua Spooner, Massachusetts, 1778," *AST*, vol.II, 1914, pp.175–201.

190 Chandler, *American Criminal Trials*, vol.II, p.52.

191 Jack Kenny Williams, *Vogues in Villainy: Crime and Retribution in Ante-Bellum South Carolina*, Columbia, S.C.: University of South Carolina Press, 1959, p.22.

2 가정의 참극

1 역사가들은 종종 십구세기 외국인 여행가들의 관찰을 편견에 사로잡힌, 피상적인 관찰로 일축했다. 미국 사회에 비판적인 외국의 의견은 그 당시 격렬한 비난을 불러일으켰지만, 엄밀하게 보아 그 반발은 그러한 의견이 너무나 정확하게 핵심을 찔렀기 때문이기도 했다. 남녀 관계의 문제에서, 여행가들의 관점은 무시해 버리기에는 너무나 한결같았다. 미국 사회에 대한 그들의 묘사가 종종 피상적으로만 보인다면 찰스 디킨스가 지적했듯이 바로 그게 핵심이다. 사회는 피상적이었고 여자와 남자의 관계는 부자연스러웠다.

2 Charles Joseph LaTrobe, *The Rambler in North America*, vol.II, London: Seeley & Burnside, 1836, p.143.

3 Frances Trollope, *Domestic Manners of the Americans*, vol.I, London: Whittaker, Treacher, 1832, pp.82–83; vol.II, p.101.

4   Edward Augustus Kendall, *Travels Through the Northern Parts of the United States in the Years 1807 and 1808*, vol.I, New York: I. Riley, 1809, p.327.

5   Basil Hall, *Travels in North America in the Years 1827 and 1828*, vol.I, Philadelphia: Carey, Lea & Carey, 1829, pp.259–260; Richard Weston, *The United States and Canada in 1833 with the View of Settling in America*, Edinburgh: Weston, 1836, pp.86–87; Morris Birkbeck, *Notes on a Journey in America From the Coast of Virginia to the Territory of Illinois*, Dublin: T. Larkin, 1818, pp.88–89.

6   Thomas Hamilton, *Men and Manners in America*, vol.I, Philadelphia: Carey, Lea & Blanchard, 1833, pp.69–70, 131.

7   Trollope, *Domestic Manners of the Americans*, vol.II, pp.161, 100.

8   저녁 식사는 정찬(dinner)과 격식 없이 먹는 식사(supper)로 나뉘는데 여기에서는 후자를 가리킨다.—옮긴이

9   Kendall. *Travels Through the Northern Parts of the United States in the Years 1807 and 1808*, vol.I, pp.327–328.

10 Henry Duhring, *Remarks on the United States of America, With Regard to the Actual State of Europe*, London: Simpkin & Marshall, 1833, p.78.

11 스코틀랜드 출신으로, 영국의 여행가이자 작가, 군인이었다. 템스 강변에 '클레오파트라의 바늘'을 놓고자 추진한 사람들 중의 하나였다. 왕립지리학회를 창설했고, 그가 수집한 자료를 기반해서 탐험한 존 애로스미스는 서아프리카의 오렌지 강에 '알렉산더 만'을 그의 이름을 따 명명했다.—옮긴이

12 James Edward Alexander, *Transatlantic Sketches*, vol.II, London: R. Bentley, 1833, p.311.

13 "담배를 **피우고 씹는** 역겨운 습관과 거의 **무차별적으로 침을 뱉어대는 것**"에 관해서는 다음을 참조. John Fowler, *Journal of a Tour in the State of New York in the Year 1830*, London: Whittaker, Treacher, Arnot, 1831, p.217. 미국 여성의 관점을 살펴보려면 다음을 참조. Catherine Maria Sedgwick, *Morals of Manners, or Hints for our Young People*, New York: G. P. Putnam, 1846, pp.25–30.

14 Russel Blaine Nye, *The Cultural Life of the New Nation, 1776–1830*, New York: Harper & Row, 1960, p.124; 또한 다음을 참조. Charles Dickens, *American Notes for General Circulation*, John S. Whitley and Arnold Goldman (eds.), 1842; rpt. London: Penguin, 1972, pp.94, 136–139.

15 1845년 캐서린 비처는 보고했다. "인구 총조사에 따르면, 뉴잉글랜드에서 여성 인구는 반대 성별의 인구보다 1만 4천 명이 더 많다." 이처럼 남아도는 여성 인구는 특히 공장과 의복업에서 여성 노동자의 착취로 이어졌고, 여성이 적었던 서부에서는 전통적으로 여성의 일로 여겨진 어린이를 가르치는 일이 남성에게 떠맡겨졌다. 양쪽 상황의 '부적절함'에 놀란 비처는 동부의 미혼 여성들에게 전도 교사로서 서부로 갈 것을 제안했다. Catharine Beecher, *The Duty of American Women to their Country*, New York: Harper & Bros., 1845, p.119; *The Evils Suffered by American Women and*

American Children: the Causes and Remedy... Also, An Address to the Protestant Clergy of the United States, New York: Harper & Bros., 1846, pp.6, 12. 1858년 『세인트폴 파이어니어 앤드 데모크랏(St. Paul Pioneer and Democrat)』은 미네소타 주에는 여자보다 남자가 2만 5천 명 더 많은데 이는 "아내를 무서워하는 남편과 다른 이들이 [매사추세츠 주] 여자들로부터 도망치려는 (…) 바람" 때문이라고 주장했다. *St. Paul Pioneer and Democrat*, March 18, 1858, p.2. 1883년, 메리 리버모어가 '넘쳐나는 여자들'에 대해 강연했을 때 매사추세츠 주에서 여자는 남자보다 6만 명이 더 많았다. Mary Livermore, *What Shall We Do with Our Daughters? Superfluous Women and Other Lectures*, Boston: Lee & Shepard, 1883, p.138. 뒤에 남겨진 많은 여자들은 결혼한 여자들이었다. 1859년 뉴잉글랜드 여성인권대회에서 보스턴의 존 사전트(John T. Sargent) 목사는 "가난하고, 외롭고, 버려진 수백 명의 여자들이, 특히 겨울에 (…) 아내와 자식들로부터 가능한 모든 생계 수단을 다 빼앗고 그들을 공공 자선에 의존해야 할 빈민으로 남겨 둔 채 캘리포니아 주나 캔자스 주, 서부로 가 버린, 쓸모없는 주정뱅이 남편 때문에 생겨난 가난, 유기, 횡포 등의 비슷비슷한 불쌍한 이야기들을 들고 온다." *HWS*, vol.I, pp.270–271.

16 미국의 7대(1829–1837) 대통령 앤드루 잭슨이 펼친 정치 사상으로, '부패한 귀족'에게 대항할 일반인의 권리를 확장하는 것을 목표로 두었다. 잭슨 민주주의는 이십일 세가 넘는 대부분의 백인 남성에게 참정권을 주고 많은 연방 기관을 재건한 십구세기의 미국 정치 철학을 기반으로 한다.─옮긴이

17 잭슨 대통령 재임 시절 있었던, 미국 제2은행의 재인가를 둘러싼 정치적 투쟁.─옮긴이

18 William Alexander Alcott, *The Young Woman's Guide to Excellence*, New York: Clark, Austin & Smith, 1852, p.175.

19 Duhring, *Remarks on the United States of America, With Regard to the Actual State of Europe*, p.74. 여성의 영역에 관한 정의는 다음을 참조. Nancy F. Cott, *The Bonds of Womanhood: "Woman's Sphere" in New England, 1780–1835*, New Haven: Yale University Press, 1977, pp.63–100.

20 Dorcas society. 교회에 기반을 둔, 가난한 사람들에게 옷을 제공하는 지역 여성들의 모임.─옮긴이

21 펜을 닦는 도구.─옮긴이

22 Trollope, *Domestic Manners of the Americans*, vol.II. pp.71–75.

23 Harriet Martineau, *Society in America*, vol.III, London: Saunders & Otley, 1839, p.47.

24 Birkbeck, *Notes on a Journey in America From the Coast of Virginia to the Territory of Illinois*, p.128.

25 Alexander, *Transatlantic Sketches*, vol.II, pp.114–115.

26 Anna Howard Shaw, "The Story of a Pioneer" (1915), in Mary R. Beard, *America Through Women's Eyes*, New York: Macmillan, 1933, p.105

27 Michael Lesy, *Wisconsin Death Trip*, New York: Pantheon, 1973, entry for the year

1893.

28   Calhoun, *A Social History of the American Family from Colonial Times to the Present*, vol. II, p.133. 최근의 연구가 이러한 관찰을 지지한다. 다음을 참조. "[십팔세기 중반에서 십구세기 중반 사이] 미국 사회는 여자와 남자의 정서적인 차별적 분리를 이끄는, 전반적으로 사회와 가족 안에서의 엄격한 성 역할 구분으로 특징지어진다." Carroll Smith-Rosenberg, "The Female World of Love and Ritual: Relations Between Women in Nineteenth-Century America," *Signs*, vol.I no.1, Autumn 1975, p.9. 고든 라트레이 테일러는 "두 성별 사이에 아주 강력한 분노가 존재한다는 확실한 신호에 충격받았"다. 테일러는 영국 사회를 연구했지만 그가 논의하는 많은 심리학적인 요소는 미국에도 마찬가지로 적용되며, 미국은 그 시기 모든 것에서 영국으로부터 많은 영향을 받았다. Gordon Rattray Taylor, *The Angel Makers: A Study in the Psychological Origins of Historical Change, 1750–1850*, New York: E. P. Dutton, 1974, p.13.

29   Francis J. Grund, *The Americans, in Their Moral, Social, and Political Relations*, vol.II, London: Longman, Rees, 1837, p.1 ff; Fowler, *Journal of a Tour in the State of New York in the Year 1830*, p.215.

30   Henry Adams, *History of the United States of America During the Administration of Thomas Jefferson*, 1891–1896; rpt. New York: Antiquarian, 1962, pp.174–175. 애덤스는 미국인의 탐욕은 유럽인만큼 나빴으며 일종의 고귀한 면까지도 맞닿아 있었다고 보았다.

31   Thomas L. Nichols, *Forty Years of American Life*, vol.I, 1864; rpt. New York: Johnson Reprint, 1969, pp.403–404.

32   Duhring, *Remarks on the United States of America, With Regard to the Actual State of Europe*, pp.65–66.

33   Trollope, *Domestic Manners of the Americans*, vol.I, pp.215–216. 1854년 뉴욕에서 열린 로버트 오웬(Robert Owen)의 여든세번째 생일 축하연은 루시 스톤(Lucy Stone)과 어니스틴 로즈(Ernestine Rose)와 같은 숙녀들이 "관습이 그러듯, 신사들의 식사를 보기 위해 회랑에 앉아 있지 않고 (…) 연회의 모든 과정을 같은 몫으로 즐겼다"는 면에서 기억해 둘 만하다. *HWS*, vol.I, p.619. 외국 여행가들의 기록을 연구한 역사가 페이지 스미스는 "미국 남자들은 다른 어느 나라에서보다 더 존경을 담아 자신들의 여자를 칭찬하고, 더 많은 돈을 쏟아붓고, 여자들을 더 경외한다. 그러나 그들이 여자들을 특별하게 좋아하는 것은 아니다. 그들은 같이 교제하기를 즐기지 않는다. 그들은 여자들이 사람 또는 여자 자체로 흥미롭거나 가치가 있다고 보지 않는다. 그들은 여자들을 아내와 어머니로서만 가치를 둔다. 여자들을 두고 감상에 젖고 여자들을 향한 자신들의 계몽된 태도를 두고 자축한다. 그렇지만 그들은 여자들을 특별나게 좋아하지 않았고 지금도 좋아하지 않는다"라고 결론지었다. Page Smith, *Daughters of the Promised Land: Women in American History*, Boston: Little, Brown, 1970, p.92. 남부 사회에서의 이러한 행동에 대한 언급에 관해서는 다음을 참조. William R. Taylor, *Cavalier and Yankee: The Old South and American National Character*,

New York: Doubleday Anchor, 1961, pp.123–155. 테일러는 여성의 역할에 깊은 우려를 보이는 남부 '대농장 소설(plantation fiction)'의 성장은 '여성 인권 운동의 첫 시작'과 일치한다(p.144)고 지적했다.

34   Martineau, *Society in America*, vol.I, p.206.

35   Sarah Grimké, *Letters on the Equality of the Sexes and the Condition of Woman*, Boston: Issac Knapp, 1838, p.15. 또한 "그들[남자들]은 여호와가 여자를 남자보다 낮은 단에 두었다고 결정했으므로, 당연히 남자들은 여자를 거기에 계속 두고 싶어 했다"는 세라 그림케의 판단(p.61)을 참조.

36   Maria J. McIntosh, *Woman in America: Her Work and Her Reward*, New York: D. Appleton, 1850, pp.22–23.

37   Martineau, *Society in America*, vol.III, p.115. "인간으로서 남자와 여자의 의무에 구별이 있다는 (…) 비성서적인 개념"에 반대해 세라 그림케는 주장했다. *Letters on the Equality of the Sexes and the Condition of Woman*, p.20. 그와 반대로, 리디아 시고니는 그걸 전부 받아들였다. 시고니는 '수동적이고 인내하는 미덕'은 여성적이라면서 어린이에 대한 사랑은 남자들에겐 미덕이지만 여자들에겐 그저 타고난 것이라고 말했다. Lydia Sigourney, *Letters to Mothers*, Hartford, Con.: Hudson & Skinner, 1838, pp.48, 198.

38   Duhring, *Remarks on the United States of America, With Regard to the Actual State of Europe*, pp.64–65.

39   James Fenimore Cooper, *The Travelling Bachelor; Or, Notions of the Americans*, New York: W. A. Townsend, 1859, pp.199.

40   Albert Mathews (Paul Siegvolk), *Ruminations: The Ideal American Lady and Other Essays*, 2nd ed., New York: G. P. Putnam's, 1894, pp.74–75.

41   Trollope, *Domestic Manners of the Americans*, vol.II, p.170; vol.I, p.103. 문학사가인 앤 더글러스는 여자들이 영향력과 권력을 가지려 공모했다고 암시했다. Ann Douglas, *The Feminization of American Culture*, New York: Alfred A. Knopf, 1977. 프랜시스 트롤로프와 같은 동시대의 관찰자들은 전혀 다르게 보았다. 그들이 보기에 교회는 무시받고 힘없는 여자들의 안식처였고 그들이 갈 수 있는 거의 유일한 장소였다. 역사가 바버라 웰터는 여자들이 '힘의 공백기'로 들어갔지만 교회 일을 통해 개혁 운동과 여성 영역의 확장으로 그들을 이끈 자신감, 기술, 사회적 관심을 얻었다고 주장했다. Barbara Welter, "The Feminization of American Religion: 1800–1860," *Clio's Consciousness Raised: New Perspectives on the History of Women*, Mary S. Hartman, Lois Banner (eds.), New York: Harper & Row, 1974, pp.137–157.

42   Peter Neilson, *Recollections of a Six Years' Residence in the United States of America*, Glasgow: David Robertson, 1830, p.265.

43   Frederick Marryat, *A Diary in America, with Remarks on its Institutions*, vol.II, New York: D. Appleton, 1839, p.225.

44   Frances Wright (D'Arusmont), *Views of Society and Manners in America*, New York:

Bliss & White, 1821, p.28.

45 Axel Klinkowström, *Baron Klinkowström's America, 1818–1820*, trans. Franklin D. Scott (ed.), Evanston, Ill.: Northwestern University, 1952, pp.124, 133.

46 Frances Anne Kemble (Butler), *Journal*, vol.I, Philadelphia: Caery, Lea & Blanchard, 1835, p.160. 유사한 언급이 다음 책에 언급된 미출간 일기에도 나온다. Cott, *The Bonds of Womanhood: "Woman's Sphere" in New England, 1780–1835*, pp.53–54; Anne Firor Scott, *The Southern Lady, From Pedestal to Politics, 1830–1930*, Chicago: University of Chicago Press, 1970, p.27.

47 Wright, *Views of Society and Manners in America*, p.24.

48 Hamilton, *Men and Manners in America*, vol.I, p.149.

49 Trollope, *Domestic Manners of the Americans*, vol.I, p.166.

50 Martineau, *Society in America*, vol.III. p.131; Neilson, *Recollections of a Six Years' Residence in the United States of America*, p.265; Grund, *The Americans, in Their Moral, Social, and Political Relations*, vol.I, pp.35–36; Beecher, *The Evils Suffered by American Women and American Children: the Causes and Remedy... Also, An Address to the Protestant Clergy of the United States*, p.14.

51 William Alexander Alcott, *The Young Wife, Or Duties of Woman in the Marriage Relation*, Boston: G. W. Light, 1838, p.229.

52 Beecher, *Letters to the People on Health and Happiness*, 1855; rpt. in Nancy F. Cott (ed.), *Root of Bitterness: Documents of the Social History of American Women*, New York: E. P. Dutton, 1972, pp.263–270.

53 Abba Gould Woolson, *Woman in American Society*, Boston: Roberts Bros., 1873, pp.189–190.

54 Martineau, *Society in America*, vol.III, pp.154–156; Wright, *Views of Society and Manners in America*, pp.314–316.

55 Frances Anne Kemble, *Records of Later Life*, New York: H. Holt, 1884, pp.23–24. 십구세기의 의학적 사회적 문제로서의 '코르세티티스(Corsetitis)'에 관해서는 다음을 참조. John S. Haller, Jr., Robin M. Haller, *The Physician and Sexuality in Victorian America*, New York: W. W. Norton, 1974, pp.146–174.

56 Woolson, *Woman in American Society*, pp.192, 194.

57 Martineau, *Society in America*, vol.III, pp.159–160. 매사추세츠 주 브래드퍼드의 여성금주협회(Female Temperance Society)와 같은 초기 몇 군데의 금주협회는 특히 **여자**의 금주를 위해 애썼다. 다음을 참조. Cott, *The Bonds of Womanhood: "Woman's Sphere" in New England, 1780–1835*, p.180. 미국 빅토리아 시대에 커져 가던 여성의 알코올 중독과 아편 중독 문제에 관해서는 다음을 참조. Haller, Jr., Haller, *The Physician and Sexuality in Victorian America*, pp.273–303.

58 Martineau, *Society in America*, vol.III, pp.89–90. 또한 다음을 참조. Sedgwick, *Morals of Manners, or Hints for our Young People*, pp.20–22 세즈윅은 젊은 숙녀더러 그에 대한

감사를 공언하라고 충고했다.

59   Grimké, *Letters on the Equality of the Sexes and the Condition of Woman*, p.127.

60   Hall, *Travels in North America in the Years 1827 and 1828*, vol.II, p.156.

61   Nichols, *Forty Years of American Life*, vol.II, p.15.

62   Martineau, *Society in America*, vol.III, p.106. 또한 다음을 참조. James Stuart, *Three
      Years in North America*, vol.I, New York: J. J. Harper, 1833, p.60; Patrick Shirreff, *A
      Tour Through North America; Together with a Comprehensive View of the Canadas and the
      United States*, Edinburgh: Oliver & Boyd, 1835, p.76.

63   Klinkowström, *Baron Klinkowström's America, 1818–1820*, p.133; Wright, *Views of
      Society and Manners in America*, pp.315–316; Martineau, *Society in America*, vol.III,
      pp.117–118.

64   Alexis de Tocqueville, *Democracy in America* (1838), vol.II, trans. Henry Reeve, 4th
      ed., New York: Henry G. Langley, 1845, p.225. 산업 자본주의와 함께 도래하는
      성별에 따른 독특하고 새로운 노동 구분에 관한 논의는 다음을 참조. Ann Oakley,
      Woman's Work: The Housewife, Past and Present, New York: Vintage Books, 1976,
      pp.1–59; Frederick Engels, *The Origin of the Family, Private Property and the State* (1891),
      introd. Eleanor Burke Leacock; rpt. New York: International, 1972.

65   이 단어(spinster)는 '실을 잣는 여성'이라는 의미와 '혼기를 놓친 미혼 여성'이라는
      이중적 의미가 있다.—옮긴이

66   Jane Swisshelm, *Letters to Country Girls* (1853), in Gerda Lerner, *The Female
      Experience: An American Documentary*, Indianapolis: Bobbs-Merrill, 1977, pp.117–118.
      또한 다음을 참조. Eliza W. Farnham, *California, In-Doors and Out*, New York: Dix,
      Edwards, 1856.

67   Timothy Dwight, *Travels; in New-England and New-York*, vol.IV, New Haven: T.
      Dwight, 1821–1822, p.474.

68   Calhoun, *A Social History of the American Family from Colonial Times to the Present*, vol.
      II, pp.91–92; Shirreff, *A Tour Through North America; Together with a Comprehensive
      View of the Canadas and the United States*, p.45.

69   Martineau, *Society in America*, vol.III, p.131.

70   Sigourney, *Letters to Mothers*, p.9.

71   "The Women of Philadelphia," *Public Ledger and Daily Transcript*, in Calhoun, *A
      Social History of the American Family from Colonial Times to the Present*, vol.II, pp.84–85.

72   여성 고유의 일에 관해서는 다음을 참조. Scott, *The Southern Lady, From Pedestal
      to Politics, 1830–1930*, pp.31–35; Julia Cherry Spruill, *Women's Life and Work in the
      Southern Colonies*, 1938; rpt. New York: W. W. Norton, 1972; Lydia Maria Child,
      "Employments in 1864," in Lerner, *The Female Experience: An American Documentary*,
      pp.125–126. 메리 리버모어는 여자들이 "사실, 많은 경우, 육체적으로 적응한 것처럼
      보이는 힘든 육체 노동"의 가장 무거운 종류를 수행한다고 보았다. 그녀는 다음과

같이 썼다. "여자들은 역사의 시작과 일치하는 시기부터, 그리고 의심의 여지없이, 그 이전부터 언제나 임금 노동자였지만 여자들이 노동의 더 높은 분야로 들어가 더 나은 보상을 받기 전까지는, 스스로를 위해 울 때를 제외한다면, 그들을 위해 어떤 눈물도 흘려진 적이 없었다. 보라! 비통함의 수문을 높이 들어 올리면 그곳에 위로받지 못할 애도가 있을 터이니." Livermore, *What Shall We Do with Our Daughters? Superfluous Women and Other Lectures*, pp.134, 136.

73 다음의 책에 수록된 리디아 마리아 차일드의 말을 인용함. Sigourney, *Letters to Young Ladies*, Hartford, Conn.: William Watson, 1835, p.29. 피보디 자매, 올컷 자매, 블랙웰 자매처럼 주목할 만한 유명한 십구세기의 여성들이 자매라는 건 분명 우연의 일치가 아니다. 그들은 집안일을 나눠 할 수 있었고 그래서 공부할 시간을 가질 수 있었다.

74 Gerda Lerner, "The Lady and the Mill Girl: Changes in the Status of Women in the Age of Jackson, 1800–1840," *The Majority Finds Its Past: Placing Women in History*, New York: Oxford University Press, 1979, pp.15–30; rpt. Nancy F. Cott and Elizabeth H. Pleck (eds.), *A Heritage of Her Own: Toward a New Social History of American Women*, New York: Simon & Schuster, 1980; Cott, *The Bonds of Womanhood: "Woman's Sphere" in New England, 1780–1835*, pp.5–6, 58. 여성의 지위 하락에 관해서는 다음을 참조. Smith, *Daughters of the Promised Land: Women in American History*, pp.57–59; William O'Neill (ed.), *The Woman Movement: Feminism in the United States and England*, New York: Barnes & Noble, 1969, pp.15–19; Charlotte Perkins Gilman, *The Home: Its Work and Influence*, New York: McClure Phillips, 1903.

75 Mary R. Beard, *Woman as Force in History*, New York: Macmillan, 1946, pp.117–155; Grimké, *Letters on the Equality of the Sexes and the Condition of Woman*, pp.74–83. 식민지 시대 미국에서 여성의 더 나은 법적 위치에 관해서는 다음을 참조. Richard B. Morris, *Studies in the History of American Law*, 2nd ed., Philadelphia: J. M. Mitchell, 1959, pp.126–200.

76 Grimké, *Letters on the Equality of the Sexes and the Condition of Woman*, p.81.

77 Sigourney, *Letters to Young Ladies*, p.37.

78 Tocqueville, *Democracy in America* (1838), vol.II, 225–226.

79 초기 여성의 권리를 옹호한 사회 운동가로, 극작가, 시인으로 활동했다.—옮긴이

80 Grimké, *Letters on the Equality of the Sexes and the Condition of Woman*, p.10.

81 미국 초기 초월주의 운동을 펼친 사상가로 여성의 권리를 옹호했으며, 기자, 편집자, 비평가로 활동했다. 미국 최초의 여성 종군 기자로 활약했다.—옮긴이

82 *HWS*, vol.I, p.88; Margaret Fuller, *Woman in the Nineteenth Century*, 1845; rpt. New York: W. W. Norton, 1971, pp.32–33.

83 Grimké, *Letters on the Equality of the Sexes and the Condition of Woman*, pp.78, 88.

84 *New York Spectator*, Feb. 17, 1832, p.3. 대중 작가인 패니 펀(세라 페이슨 윌리스 파턴(Sara Payson Willis Parton)의 필명)이 쓴 한 장면은 가정 폭력이 어떻게

받아들여지는지를 알아볼 수 있는 하나의 지표가 되어 준다. 잔인하고 폭력적인 아버지가 아들을 때리고 아들이 결국 머리에 입은 상처로 죽게 되자 아버지는 아주 미안해하고는 다시는 성질을 내지 않았다. 그러나 그 회개하는 아버지가 윤리적으로나 법적으로 살인죄를 지었다는 건 아무도 생각하지 못한다. Fanny Fern, "The Passionate Father," *Fern Leaves from Fanny's Portfolio*, Auburn: Derby & Miller, 1853, pp.135–138.

85 *Commonwealth v. Hugh McAfee*, 108 Mass 458, 1871.

86 *Commonwealth v. William H. Devlin*, 126 Mass 253, 1879.

87 bloomer-girl. 블루머는 여성의 하의로, 십구세기 미국 여성들의 무겁고 몸을 구속하는 드레스 의복의 대안으로 나온, 건강하고 편한 옷을 지칭한다. 이 옷을 강력히 옹호했던 당시의 페미니스트 어밀리아 블루머(Amelia Bloomer)의 이름을 따서 불렀다.─옮긴이

88 counter jumper. 십구세기의 포목상 남자 직원의 멸칭이었으나 지금은 그 의미가 많이 사라져서 판매원을 뜻하는 말이 되었다.─옮긴이

89 E. Douglas Branch, *The Sentimental Years, 1836–1860*, New York: D. Appleton, 1934, pp.40, 215.

90 *HWS*, vol.I, p.138.

91 *New York Times*, Sept. 3, 1873, p.5.

92 Calhoun, *A Social History of the American Family from Colonial Times to the Present*, vol. II, pp.125–126.

93 Calhoun, *A Social History of the American Family from Colonial Times to the Present*, vol. II, p.96. 도망간 노예를 찾는 신문 광고 옆에는 도망간 아내를 찾는 광고가 종종 실렸다.

94 Jonathan F. Stearns, "Female Influence and the True Christian Mode of its Exercise" (1837), in Aileen Kraditor, *Up From the Pedestal: Selected Writings in the History of American Feminism*, Chicago: Quadrangle, 1968, p.47.

95 루크레치아 채프먼에 관해서는 다음을 참조. *Trial of Lucretia Chapman, Otherwise Called Lucretia Espos y Mina, Who was Jointly Indicted With Lino Amalia Espos y Mina, for the Murder of William Chapman, Esq. Late of Andalusia, County of Bucks, Pennsylvania, In the Court of Oyer and Terminer, Held at Doylestown, for Bucks, December Term, 1831, Continued to February Term, 1832.* Prepared by William E Dubois, Philadelphia: G. W. Mentz, 1832. 이 문헌에 포함된 서류는 다음을 참조. "Supplement: Trial of Lino Amalio Espos y Mina for the Murder of William Chapman, Court of Oyer and Terminer, holden at Doylestown, for the County of Bucks, April Session, 1832."; "The Trial of Lucretia Chapman for the Murder of William Chapman, Andalusia, Pennsylvania, 1832," *AST*, vol.VI, 1916, pp.99–396; "The Trial of Carolino DeMina for the Murder of William Chapman, Andalusia, Pennsylvania, 1832," *AST*, vol. VI, 1916, pp.397–410; *Trial and Execution of Mina, the Murderer Who was executed at*

Doylestown, Bucks County Pennsylvania June 21, 1832, for poisoning Doctor Chapman, New York: C. Brown, 1832.『내셔널 가제트(National Gazette)』와『뉴욕 스펙테이터(New York Spectator)』의 신문 기사 또한 참고했다.

96 Trial and Execution of Mina, the Murderer Who was executed at Doylestown, Bucks County Pennsylvania June 21, 1832, for poisoning Doctor Chapman, p.48.

97 rpt. in National Gazette, Oct. 1, 1831, p.1.

98 공모자들의 재판 분리에 관한 사례는 다음과 같다. 재판장 게이로드 처치와 배석판사들이 남편 존 마이어스를 비소로 살인한 혐의로 기소된 메리 마이어스와 존 파커가 따로 재판을 받을 권리가 없다고 판결하자, 1847년 펜실베이니아 주의 또 다른 사건은 아주 다르게 흘러갔다. 11명의 자녀를 둔 사십대의 착실한 어머니인 메리 마이어스는 배심원의 동정심을 얻을 수도 있었을 것이다. 존 마이어스는 폭음을 해대는 무절제한 사람이었고, 그녀에게 불리한 증거는 이혼하고 싶다는 말을 자주 했다는 점과 남편과 같이 자지 않은 지 스무 달이 되었다고 인정했음에도 그녀가 임신하고 있었다는 사실, 그리고 그가 죽기 전 아팠을 때 그녀가 간호했다는 사실이었다. 한편, 파커는 이웃들이 마이어스 부인과 자신의 관계를 어떻게 생각하는지와 독극물에 지나친 관심을 보였다. 그는 비소를 두 번이나 은밀하게 구입했고, 마이어스가 마지막으로 아팠을 때 그의 음료를 준비했으며, 그와 같이 있겠다고 주장했고, 유죄로 여겨질 일들을 알고 있었던 걸로 보였다. 배심원들에게 어떻게 증거가 제시되었는지는 모르지만, 겉으로 보기에 메리 마이어스는 루크레시아 채프먼보다도 훨씬 더 불리할 것 같지 않았다. 그러나 파커와 관련된 유력한 증거들로 인해 그와 마이어스는 유죄로 판결되어 교수형당했다. 배심원에게는 한 사람은 유죄로, 다른 한 사람은 무죄로 결정할 수 있는 선택권이 있었지만, 남자와 여자가 같이 재판을 받으면, 특히 간통죄가 입증된 경우에는, 같은 죄를 지은 걸로 여겨지기가 훨씬 쉽다. The Trial and Conviction of Mary Myers and John Parker, for the Murder of John Myers (The Husband of Mary Myers) Late of Rockland Township, Venango County, Penn'a, By Administering Arsenic, Franklin, Pa.: E. S. Durban, 1847.

99 Sociology for the South, or the Failure of Free Society, Richmond: Morris, 1854, pp.214–215. 피츠휴의 말은 당시 인기있었던 개념을 표현한 것이다. 다음의 회중교회제의 성직자들의 관점과 비교해 볼 수 있다. "신께서 여자에게 스스로를 보호하라고 주신 그 나약함을 의식하는 데서 흘러나오는 의존에 여자의 힘이 있다. (…) 그러나 여자가 남자의 자리와 말투를 취하면 (…) 우리의 여자에 대한 보살핌과 보호는 필요 없는 것처럼 보이므로, 우리는 여자에 맞서 자기방어의 자세를 취하게 된다. 그녀는 신이 스스로를 보호하라고 주신 힘을 포기하는 것이고 그녀의 성품은 부자연스러운 것이 된다." "Pastoral Letter of the General Association of Massachusetts (Orthodox) to the Churches Under Their Care," The Liberator, Aug. 11, 1837, in Kraditor, Up From the Pedestal: Selected Writings in the history of American Feminism, p.51. 인기있는 여성 작가의 관점 또한 참고해 볼 수 있다. "독립에는, 사실, 뭔가 비여성적인 게

있다. 본성에 어긋나고 그러므로 본성을 위반한다. (…) 정말로 합리적인 여자는 자신의 의존을 느낀다. (…) 그녀는 열등함을 알고 있고 그러므로 도움받는 것에 대해 감사한다. (…) 여자는, 이런 면에서, 어딘가 어린이와 같다. 여자들은 도움이 필요하다는 걸 더 보여줄수록, 더 매력적이다." Mrs. John Sandford (Elizabeth Poole), *Woman in her Social and Domestic Character*, 6th ed., Boston: Otis, Broaders, 1842, pp.15–16.

100 비소와 수소의 화합물인 맹독성의 기체.—옮긴이

101 *Trial and Execution of Mina, the Murderer Who was executed at Doylestown, Bucks County Pennsylvania June 21, 1832, for poisoning Doctor Chapman*, p.188. 이 질문은 끝까지 해결되지 못했다. 윌리엄 스콧 케첨(William Scott Ketchum) 장군에게 빚을 지고 그를 토주석으로 독살한 혐의로 기소된 엘리자베스 워튼(Elizabeth Wharton)의 악명 높은 사건에서 한 소대 규모의 의학 전문가들이 양편에 섰지만, 워튼 부인은 무죄를 받았다. 이후 의학 잡지에서는 의학적 증거들을 계속해 검토했다. 1872년 4월의 『아메리칸 저널 오브 메디컬 사이언스(American Journal of Medical Sciences)』의 기사에서 모든 증거를 요약한 후에 펜실베이니아대학의 법의학 및 독물학 교수인 존 리스(John J. Reese)는 이렇게 결론지었다. "이런 재판에서 사건이 일반적으로 그렇듯, 의학과 화학 양 분야 전문가들 사이에서 전문적인 의견이 상당히 충돌하므로 (…) 우리는 결정을 현명한 독자들에게 맡기는 걸로 만족해야만 한다." *A Review of the Recent Trial of Mrs. Elizabeth G. Wharton on the Charge of Poisoning General W. S. Ketchum* (rpt. Philadelphia: n. p., 1872), p.27. 뉴욕 검시소의 독물학자인 도널드 호프먼(Donald Hoffman)은 채프먼 사건의 의학 증거들을 믿을 수 없고 확실치 않다고 보았다.

102 *Trial and Execution of Mina, the Murderer Who was executed at Doylestown, Bucks County Pennsylvania June 21, 1832, for poisoning Doctor Chapman*, p.35.

103 *Trial and Execution of Mina, the Murderer Who was executed at Doylestown, Bucks County Pennsylvania June 21, 1832, for poisoning Doctor Chapman*, p.172.

104 *Trial and Execution of Mina, the Murderer Who was executed at Doylestown, Bucks County Pennsylvania June 21, 1832, for poisoning Doctor Chapman*, p.212.

105 *Trial and Execution of Mina, the Murderer Who was executed at Doylestown, Bucks County Pennsylvania June 21, 1832, for poisoning Doctor Chapman*, p.41.

106 Esposimina. 에스포스 이 미나의 애칭.—옮긴이

107 *Trial and Execution of Mina, the Murderer Who was executed at Doylestown, Bucks County Pennsylvania June 21, 1832, for poisoning Doctor Chapman*, p.42.

108 *Trial and Execution of Mina, the Murderer Who was executed at Doylestown, Bucks County Pennsylvania June 21, 1832, for poisoning Doctor Chapman*, p.45.

109 *Trial and Execution of Mina, the Murderer Who was executed at Doylestown, Bucks County Pennsylvania June 21, 1832, for poisoning Doctor Chapman*, p.48

110 미나가 석방된 날짜와 그가 채프먼가에 맨 처음 나타난 날짜 둘 다 5월 9일에서

5월 19일까지 다양하게 나오지만, 두 사건은 같은 날 일어난 걸로 보인다. 아마 5월 19일이 정확한 날짜일 것이고, 5월 9일은 그 사실을 반복하면서 일어난 표기 실수일 것이다.

111 *Trial and Execution of Mina, the Murderer Who was executed at Doylestown, Bucks County Pennsylvania June 21, 1832, for poisoning Doctor Chapman*, pp.180–181.

112 *Trial and Execution of Mina, the Murderer Who was executed at Doylestown, Bucks County Pennsylvania June 21, 1832, for poisoning Doctor Chapman*, pp.192–193.

113 *Trial and Execution of Mina, the Murderer Who was executed at Doylestown, Bucks County Pennsylvania June 21, 1832, for poisoning Doctor Chapman*, p.99.

114 *Trial and Execution of Mina, the Murderer Who was executed at Doylestown, Bucks County Pennsylvania June 21, 1832, for poisoning Doctor Chapman*, p.71.

115 *Trial and Execution of Mina, the Murderer Who was executed at Doylestown, Bucks County Pennsylvania June 21, 1832, for poisoning Doctor Chapman*, p.155.

116 *Trial and Execution of Mina, the Murderer Who was executed at Doylestown, Bucks County Pennsylvania June 21, 1832, for poisoning Doctor Chapman*, pp.149–151.

117 수재나 로슨(Susanna Rowson)이 쓴 소설 『샬럿 템플(Charlotte Temple)』의 주인공 여학생으로, 영국 장교 존 몬트라빌에게 유혹당해 그와 함께 도망치지만, 이후 임신한 채로 버려진다.—옮긴이

118 원문에 '악당'이라는 의미의 'villain'의 철자가 'villian'으로 잘못 씌어져 있어 '익당'으로 옮겼다.—옮긴이

119 *Trial and Execution of Mina, the Murderer Who was executed at Doylestown, Bucks County Pennsylvania June 21, 1832, for poisoning Doctor Chapman*, p.84–85. 이 긴 편지가 전부다 낭만적이지는 않다. 편지의 목적은 쿠에스타를 설득해 자신을 위한 변호사를 구하는 것이었다.

120 *Trial and Execution of Mina, the Murderer Who was executed at Doylestown, Bucks County Pennsylvania June 21, 1832, for poisoning Doctor Chapman*, p.195.

121 *National Gazette*, Feb. 28, 1832, p.3; *New York Spectator*, Feb. 24, 1832, p.4.

122 *National Gazette*, May 1, 1832, p.2.

123 *Trial of Lucretia Chapman, Otherwise Called Lucretia Espos y Mina, Who was Jointly Indicted With Lino Amalia Espos y Mina, for the Murder of William Chapman, Esq. Late of Andalusia, County of Bucks, Pennsylvania, In the Court of Oyer and Terminer, Held at Doylestown, for Bucks, December Term, 1831, Continued to February Term, 1832*. p.9.

124 *National Gazette*, May 1, 1832, p.2; *The Life and Confession of Carolino Estradas De Mina, Executed at Doylestown, June 21, 1832, for Poisoning with Arsenic, William Chapman, Written By Himself in the Spanish Language While under Sentence of Death in the Jail at Doylestown, and Delivered by Him to the Sheriff of Bucks County, with a Request to have the same Translated into English*, trans. C. G., Philadelphia: Robert DeSilver, 1832. 미나의 심란한 환상은 남녀 관계의 숨겨진 면에 관해 많은 것을 드러낸다. 그럼에도

불구하고 사랑하고 사랑받는 채로 존재하는 아버지에 맞서는 반항의 심리학적인
주제가 미나와 '입양된 아버지' 윌리엄 채프먼의 우정 어린, 살인을 불러온 경쟁
관계에서 작용하는데, 그 살인으로 미나는 자신이 처벌받을 거라고 전혀 예상하지
않았다. 이 논의의 문맥에서 더 의미심장한 것은 '자백'의 중심에 있는 심리학적인
동기이다. 모든 악의 근원인 여자들에 대한 공포와 증오, 그리고 여자들을
수치스럽게 하고 싶다는 압도적인 욕망 말이다.

125 The Life and Confession of Carolino Estradas De Mina, Executed at Doylestown, June 21,
     1832, for Poisoning with Arsenic, William Chapman, Written By Himself in the Spanish
     Language While under Sentence of Death in the Jail at Doylestown, and Delivered by Him to
     the Sheriff of Bucks County, with a Request to have the same Translated into English, p.31.

126 미나에 대한 남자들의 재빠르고 가차 없는 응징은 브램 스토커의 소설
     『드라큘라(Dracula)』(1897) 기저에 깔려 있는 동일한 남성적 불안을 말해 준다.
     트란실바니아 백작처럼, 미나도 태생이 기이한 불가해한 외국인으로서 문명사회에
     알려지지 않은 방식으로, 여자의 법적인 주인과 크게는 공동체에 치명적으로 위험한
     존재가 되도록, 그렇지 않았더라면 훌륭했을 여자의 성적 욕망을 도발시켰다. 남성
     사회의 모든 힘인 과학, 종교, 법이 사회를 오염시키는 침입자를 공격하려 소집됐다.
     충분히 기이한 방식으로 미나는 바로 그런 역할로 보이는 것 같았다. 그는 "낮지만
     넓은 이마에, 눈은 안쪽으로 꺼져 있고, 입술은 얇고 안색은 누르스름하면서도
     창백한 푸른 기가 돌아 마치, 아파 보이는 녹색이라고 해야 제일 잘 어울릴 법한
     색깔을 띠고 있었고, 얼굴의 아랫부분이 위보다 불균형적으로 작았다." Trial
     and Execution of Mina, the Murderer Who was executed at Doylestown, Bucks County
     Pennsylvania June 21, 1832, for poisoning Doctor Chapman, p.2.

127 그러나 이 일반화는 흑인 여성 또는 숙녀보다 더한 위협으로 인식되는 다른
     사람들에게는 적용되지 않는다. 1874년 토니 넬럼(Tony Nellum)이 헨리
     해리스(Henry Harris)를 루이지애나 주에서 도끼로 살해했을 때, 앨시 해리스(Alcee
     Harris)는 "자신을 때리고 죽이겠다고 위협했던 남편의 죽음에 기뻤다"고 말했다.
     해리스가 자신의 침대에서 죽었으므로 앨시 해리스는 살인을 넬럼과 공모한 게
     분명해 보였는데, 1875년 11월 26일 먼로에서 넬럼과 그녀는 '대부분 유색 인종'인
     5,000명의 군중들을 앞에 두고 교수형을 당했다. 이 이야기의 주인공 세 사람은 모두
     흑인이었고 앨시는 스물네 살이었다. New York Times, Nov 27, 1875, p.1.

128 The Trials of Richard Smith, and Ann Carson, Alias Ann Smith, As Accessary for the Murder
     of Captain John Carson on the 20th Day of January, 1816, at a Court of Oyer and Terminer
     Held at Philadelphia, May, 1816, By the Judges of the Court of Common Pleas, Judge Rush...
     President; Together with the Arguments of Counsel, the Charges and Sentence of the
     President, Philadelphia: Thomas DeSilver, 1816. 또한 다음을 참조. "The Trial of
     Richard Smith for the Murder of John Carson, Philadelphia 1816," AST, vol.V, 1916,
     pp.713–725.

129 femme sole. 결혼의 유무와 상관없이 남편 없이 혼자 지내는 여성을 일컫는다.

결혼한 여성이 '은폐된 여성(femme covert)'이라는 이름 아래 민법상 재산권을
비롯한 모든 권리가 남편에게 완전히 귀속되는 것에 반해 자신의 이름으로 재산을
소유하고 계약을 할 수 있었다.—옮긴이

130 판사의 설명에는 분명 의문의 여지가 있다. 펜실베이니아 주 이혼법은 기혼 남녀 둘
다 배우자가 한마디 말도 없이 이 년 동안 부재하고 그리고 배우자의 죽음에 대한
증거가 존재하면 다시 결혼할 수 있다고 되어 있다. 판사는 존 카슨의 죽음에 대한
소문이 그가 사실상 죽었다는 충분한 증거를 구성하지 않는다고 판결했다.

131 법적으로는 다시 돌아와 배우자의 재혼을 알게 된 기혼자라면 남녀 모두 육 개월
안에 자신의 결혼을 복원해 달라고 법원에 신청할 수 있도록 되어 있었다. 그래서
앤 카슨은 단지 여자라서 자신의 선택권을 잃어버린 것은 아니었고, 만약 반대로
그녀가 부재 끝에 돌아와 존이 재혼할 걸 알았다면 첫 결혼을 이어갈지 떠날지에
대한 결정은 그녀의 몫이었을 것이다. 현실에서는 여자들이 세상을 덜 떠돌아다녔기
때문에, 선택권은 주로 돌아오는 남자들에게 떨어졌다.

132 *The Trials of Richard Smith, and Ann Carson, Alias Ann Smith, As Accessary for the Murder
of Captain John Carson on the 20th Day of January, 1816, at a Court of Oyer and Terminer
Held at Philadelphia, May, 1816, By the Judges of the Court of Common Pleas, Judge Rush...
President; Together with the Arguments of Counsel, the Charges and Sentence of the
President,* p.iii.

133 *The Trials of Richard Smith, and Ann Carson, Alias Ann Smith, As Accessary for the Murder
of Captain John Carson on the 20th Day of January, 1816, at a Court of Oyer and Terminer
Held at Philadelphia, May, 1816, By the Judges of the Court of Common Pleas, Judge Rush...
President; Together with the Arguments of Counsel, the Charges and Sentence of the
President,* p.247.

134 *Trial of Elsie D. Whipple, Charged with being Accessary to the Murder of her Husband John
Whipple, at a Special Court of Oyer and Terminer, Holden in Albany, July, 1827,* n.p., n.d.
또한 다음을 참조. *The Trial of Jesse Strang, for the Murder of John Whipple,* Albany: n.p.,
1827.

135 *Celebrated Murders, as Shown in Remarkable Capital Trials, By a Member of the
Massachusetts Bar,* Chicago: Belfords, Clarke, 1879, pp.327–331.

136 *"The Last Writing" of Marion Ira Stout, Containing His Confession, Revelations, and also
his "so Called" Principles of Philosophy and Religion. He was Executed at Rochester, N. Y.,
Oct. 22, 1858, for the Murder of his Brother-in-Law, Charles W. Littles, on the 19th Dec., 1857,*
Rochester, New York: H. Sellick Merrill, 1858, p.14. 또한 다음을 참조. *Confession of
Sarah E. Littles, of the Murder of her Husband, by Marion Ira Stout. A True Statement, Made
at Sing Sing, Saturday, October 30th, 1858,* Rochester, New York: Curtis, Butts, 1858.

137 뉴욕 주 로체스터에서 사형에 반대하며 매리언 아이라 스타우트를 교수형에서
구해내려 했던 모임의 '중요 인사'는 수전 앤서니였다. *New York Times,* Oct. 11, 1858,
p.5.

138 Hyman Gross, *A Theory of Criminal Justice*, New York: Oxford University Press, 1978, pp.102–106.

139 해나 키니에 관해서는 다음을 참조. *Trial of Mrs. Hannah Kinney for the Alleged Murder of her Husband, George T. Kinney, By Poison. Before the Supreme Court of Massachusetts, Judges Shaw, Putnam, and Wilde, Present; Sitting at Boston, from Dec. 21st to Dec. 26th, with the Arguments of Counsel, and the Charge of the Chief Justice Fully Reported*, By a Member of the Bar, Boston: Times & Notion, 1840. 또한 다음을 참조. "The Trial of Hannah Kinney for the Murder of George T. Kinney, Boston, Massachusetts, 1840," *AST*. vol.XVII, 1936, pp.535–649.

140 *Trial of Mrs. Hannah Kinney for the Alleged Murder of her Husband, George T. Kinney, By Poison. Before the Supreme Court of Massachusetts, Judges Shaw, Putnam, and Wilde, Present; Sitting at Boston, from Dec. 21st to Dec. 26th, with the Arguments of Counsel, and the Charge of the Chief Justice Fully Reported*, p.27.

141 *A Review of the Principal Events of the Last Ten Years in the Life of Mrs. Hanna Kinney: Together with Some Comments Upon the Late Trial, Written by Herself*, Boston: J. N. Bradley, 1841, p.8.

142 *A Review of the Principal Events of the Last Ten Years in the Life of Mrs. Hanna Kinney: Together with Some Comments Upon the Late Trial, Written by Herself*, pp.38, 53.

143 *A Review of the Principal Events of the Last Ten Years in the Life of Mrs. Hanna Kinney: Together with Some Comments Upon the Late Trial, Written by Herself*, p.66.

144 Alcott, *The Young Wife, Or Duties of Woman in the Marriage Relation*, pp.25, 33. 강조는 저자의 것이다. 『더 리버레이터(The Liberator)』에 보낸 1851년의 편지에서 헨리 라이트(Henry C. Wright)는 같은 '성서적' 주장을 펼쳤다. "남자는 힘으로 여자를 지배해야만 하고, 여자는 사랑, 친절, 그리고 오랜 인내로 남자를 지배해야만 한다." *HWS*, vol.I, p.310.

145 Mrs. Farley Emerson, *Woman in America: Her Character and Position as Indicated by Newspaper Editorials and Sustained by American Social Life*, Cincinnati: author, 1857, p.21.

146 가끔은 이 변론이 설득력을 가졌다. 살인 피해자로 추정된 자가 자살했다고 확신한 시카고 배심원단은 1873년 1월 일리노이 주 러레인에서 남편을 독살한 혐의를 받은 애나 어데어를 풀어 주었다. *New York Times*, April 11, 1873, p.1. 1866년 열여덟 살의 세라 헨리 루벤스는 뉴욕 주 록포트의 노동자인 남편 제임스 루벤스를 살해한 혐의를 벗었다. 그 이유는 독실한 밀러라이트[Millerite, 1843년에서 1844년 사이 예수가 재림할 거라고 주장한 윌리엄 밀러(William Miller)의 추종자—옮긴이]라 그달 말까지 세상의 악이 정화되어야 한다고 믿고 있었던 제임스가 또한 밀러라이트였던 예전 약혼자의 부정으로 자신도 '지복천년'의 은총을 같이 누릴 수 없게 되었다는 편지를 최근에 받았기 때문이었다. *New York Times*, Oct. 1, 1866, p.5.

147 『아메리칸 스테이트 트라이얼스(American State Trials)』의 편집장인 로슨은 의학적

증거가 적절치 못했고 "혹시 독살일지라도 돌팔이 의사가 돈을 받고 했을 독살 가능성이 무한대로 크다"고 생각했다. *American State Trials*, vol.17, p.xxix. 뉴욕 검시소의 도널드 호프먼 박사는 검사 결과가 비소의 존재를 보여주지만 **누가** 비소를 키니에게 주었는지를 말해 주지는 않는다고 생각했다.

148 피를 바깥으로 내어 순환과 조절을 돕는다고 알려진 유사 의료법이다.—옮긴이

149 필라델피아의 윌리엄 스웨임(William Swaim)이 특허를 얻어 1820년경부터 사용된 강장제로 1920년대까지 판매되었다. 감기, 류머티즘, 매독까지 모든 병을 다 낫게 한다고 광고했다.—옮긴이

150 *Trial of Mrs. Hannah Kinney for the Alleged Murder of her Husband, George T. Kinney, By Poison. Before the Supreme Court of Massachusetts, Judges Shaw, Putnam, and Wilde, Present; Sitting at Boston, from Dec. 21st to Dec. 26th, with the Arguments of Counsel, and the Charge of the Chief Justice Fully Reported*, pp.47, 53.

151 *Trial of Mrs. Hannah Kinney for the Alleged Murder of her Husband, George T. Kinney, By Poison. Before the Supreme Court of Massachusetts, Judges Shaw, Putnam, and Wilde, Present; Sitting at Boston, from Dec. 21st to Dec. 26th, with the Arguments of Counsel, and the Charge of the Chief Justice Fully Reported*, pp.3, 5, 44.

152 Ward Witham, *A Brief Notice of the Life of Mrs. Hannah Kinney, for Twenty Years*, n.p.: author, 1840. p.106.

153 *Trial of Mrs. Hannah Kinney for the Alleged Murder of her Husband, George T. Kinney, By Poison. Before the Supreme Court of Massachusetts, Judges Shaw, Putnam, and Wilde, Present; Sitting at Boston, from Dec. 21st to Dec. 26th, with the Arguments of Counsel, and the Charge of the Chief Justice Fully Reported*, p.5. 노턴과 플로어 사건에 대한 또 다른 기록은 찾을 수 없었다.

154 *The Life and Confession of Carolino Estradas De Mina, Executed at Doylestown, June 21, 1832, for Poisoning with Arsenic, William Chapman, Written By Himself in the Spanish Language While under Sentence of Death in the Jail at Doylestown, and Delivered by Him to the Sheriff of Bucks County, with a Request to have the same Translated into English*, pp.49–50.

155 앤 심프슨 사건에 대해서는 다음을 참조. *The Trial of Mrs. Ann K. Simpson Charged with the Murder of her Husband, Alexander C. Simpson, By Poisoning with Arsenic. Before His Honor, Judge William H. Battle, At the Fall Term of the Superior Court of Law for the County of Cumberland, Holden at Fayetteville, North Carolina, on Thursday and Friday, Nov. 14th and 15th, A. D. 1850*, Reported by William H. Haigh, Fayetteville, N. C.: Edward J. Hale, 1851. 또한 다음을 참조. "The Trial of Ann K. Simpson for the Murder of Alexander C. Simpson, Fayetteville, North Carolina, 1850," *AST*, vol.V, 1916, pp.369–527.

156 염화수은의 약품명. 설사약이나 매독 치료제로 사용되었다.—옮긴이

157 우유나 크림에 포도주, 감미, 향료를 더한 음료.—옮긴이

158   *The Trial of Mrs. Ann K. Simpson Charged with the Murder of her Husband, Alexander C. Simpson, By Poisoning with Arsenic. Before His Honor, Judge William H. Battle, At the Fall Term of the Superior Court of Law for the County of Cumberland, Holden at Fayetteville, North Carolina, on Thursday and Friday, Nov. 14th and 15th, A. D. 1850*, pp.95−96.

159   *The Trial of Mrs. Ann K. Simpson Charged with the Murder of her Husband, Alexander C. Simpson, By Poisoning with Arsenic. Before His Honor, Judge William H. Battle, At the Fall Term of the Superior Court of Law for the County of Cumberland, Holden at Fayetteville, North Carolina, on Thursday and Friday, Nov. 14th and 15th, A. D. 1850*, p.121.

160   *The Trial of Mrs. Ann K. Simpson Charged with the Murder of her Husband, Alexander C. Simpson, By Poisoning with Arsenic. Before His Honor, Judge William H. Battle, At the Fall Term of the Superior Court of Law for the County of Cumberland, Holden at Fayetteville, North Carolina, on Thursday and Friday, Nov. 14th and 15th, A. D. 1850*, p.98.

161   셰익스피어의 비극 『오셀로(Othello)』에 나오는 악당 이아고를 말한다. 이아고는 오셀로의 질투심을 부추겨 아내를 죽이도록 했다.—옮긴이

162   *The Trial of Mrs. Ann K. Simpson Charged with the Murder of her Husband, Alexander C. Simpson, By Poisoning with Arsenic. Before His Honor, Judge William H. Battle, At the Fall Term of the Superior Court of Law for the County of Cumberland, Holden at Fayetteville, North Carolina, on Thursday and Friday, Nov. 14th and 15th, A. D. 1850*, pp.182−183.

163   *The Trial of Mrs. Ann K. Simpson Charged with the Murder of her Husband, Alexander C. Simpson, By Poisoning with Arsenic. Before His Honor, Judge William H. Battle, At the Fall Term of the Superior Court of Law for the County of Cumberland, Holden at Fayetteville, North Carolina, on Thursday and Friday, Nov. 14th and 15th, A. D. 1850*, pp.187−188.

164   *The Trial of Mrs. Ann K. Simpson Charged with the Murder of her Husband, Alexander C. Simpson, By Poisoning with Arsenic. Before His Honor, Judge William H. Battle, At the Fall Term of the Superior Court of Law for the County of Cumberland, Holden at Fayetteville, North Carolina, on Thursday and Friday, Nov. 14th and 15th, A. D. 1850*, p.144.

165   *The Trial of Mrs. Ann K. Simpson Charged with the Murder of her Husband, Alexander C. Simpson, By Poisoning with Arsenic. Before His Honor, Judge William H. Battle, At the Fall Term of the Superior Court of Law for the County of Cumberland, Holden at Fayetteville, North Carolina, on Thursday and Friday, Nov. 14th and 15th, A. D. 1850*, p.53.

166   *The Trial of Mrs. Ann K. Simpson Charged with the Murder of her Husband, Alexander C. Simpson, By Poisoning with Arsenic. Before His Honor, Judge William H. Battle, At the Fall Term of the Superior Court of Law for the County of Cumberland, Holden at Fayetteville, North Carolina, on Thursday and Friday, Nov. 14th and 15th, A. D. 1850*, p.153.

167   *The Trial of Mrs. Ann K. Simpson Charged with the Murder of her Husband, Alexander C. Simpson, By Poisoning with Arsenic. Before His Honor, Judge William H. Battle, At the Fall Term of the Superior Court of Law for the County of Cumberland, Holden at Fayetteville, North Carolina, on Thursday and Friday, Nov. 14th and 15th, A. D. 1850*, p.59.

주(註)

168 *The Trial of Mrs. Ann K. Simpson Charged with the Murder of her Husband, Alexander C. Simpson, By Poisoning with Arsenic. Before His Honor, Judge William H. Battle, At the Fall Term of the Superior Court of Law for the County of Cumberland, Holden at Fayetteville, North Carolina, on Thursday and Friday, Nov. 14th and 15th, A. D. 1850*, pp.146−147.

169 윌리엄 세이어의 기사에 대해서는 다음을 참조. "The Thyng Case," *New Bedford Sunday Standard*, Feb. 7, 1909. 또한 다음을 참조. B. F. H. Reed, *Trial of Rosalie A. Thyng at New Bedford for the Murder of Her Husband, George H. Thyng*, New Bedford: n.p., 1876.

170 독살범으로 유명한 루크레치아 보르자에 관한 속설을 뜻한다. 실제로 그랬는지는 모르지만, 능란하게 독을 사용해 적들을 제거하고 원하는 것을 쟁취하는 장인한 성격이었다고 한다. '독의 공주(poison princess)'라는 별명으로 불리기도 했다.— 옮긴이

171 *The Trial of Mrs. Ann K. Simpson Charged with the Murder of her Husband, Alexander C. Simpson, By Poisoning with Arsenic. Before His Honor, Judge William H. Battle, At the Fall Term of the Superior Court of Law for the County of Cumberland, Holden at Fayetteville, North Carolina, on Thursday and Friday, Nov. 14th and 15th, A. D. 1850*, p.72.

172 J. E. Butler, "Introduction," *Trial of Jane M. Swett, of Kennebunk, for Homicide. S. J. C., Jan. Term, 1867, Hon. R. P. Tapley, J. Presiding*; J. E. Butler (ed.), Biddeford, Maine: Butler & Place, 1867, pp.3−4.

173 *The Trial of Mrs. Ann K. Simpson Charged with the Murder of her Husband, Alexander C. Simpson, By Poisoning with Arsenic. Before His Honor, Judge William H. Battle, At the Fall Term of the Superior Court of Law for the County of Cumberland, Holden at Fayetteville, North Carolina, on Thursday and Friday, Nov. 14th and 15th, A. D. 1850*, p.87.

174 제인 스웨트 사건에 관해서는 다음을 참조. Butler, *Trial of Jane M. Swett, of Kennebunk, for Homicide. S. J. C., Jan. Term, 1867, Hon. R. P. Tapley, J. Presiding*.

175 1851년에 창립된 단체로, 십구세기의 가장 큰 금주 단체였다. 주류 제조 및 판매업자와 술집의 면허증을 뺏는 정책을 옹호했고, 완전한 절주를 지지했다.— 옮긴이

176 *Trial of Jane M. Swett, of Kennebunk, for Homicide. S. J. C., Jan. Term, 1867, Hon. R. P. Tapley, J. Presiding*, pp.60−62. 강조는 저자의 것이다.

177 *Trial of Jane M. Swett, of Kennebunk, for Homicide. S. J. C., Jan. Term, 1867, Hon. R. P. Tapley, J. Presiding*, pp.80−81.

178 엘리자베스 밴 발켄버그 사건에 관해서는 다음을 참조. *The Confession of Elizabeth Van Valkenburgh, Who was Executed for the Murder of her Husband, John Van Valkenburgh, January 24, 1846; Comprising a History of her Life, in which Some Awful Disclosures are Made; Together with the Sentence of the Judge, and the Letter of the Governor Refusing to Interfere with the Execution of the Law*, Johnstown, N. Y.: G. Henry & W. N. Clark, n. d. 또한 다음을 참조. *Confession and Awful Disclosures of Elizabeth Van Valkenburgh, … Who*

Was Executed for the Murder of her Husband on the afternoon of Jan. 24, 1846, in Fulton County, New York, New York: n.p., n.d.

179 *Confession and Awful Disclosures of Elizabeth Van Valkenburgh, ... Who Was Executed for the Murder of her Husband on the afternoon of Jan. 24, 1846, in Fulton County, New York*, p.11.

180 위스키나 브랜디와 같은 독한 술에 뜨거운 물, 꿀, 허브를 넣어 만든 음료.―옮긴이

181 *Confession and Awful Disclosures of Elizabeth Van Valkenburgh, ... Who Was Executed for the Murder of her Husband on the afternoon of Jan. 24, 1846, in Fulton County, New York*, pp.12–13, 15–16.

182 법은 또한 아내의 바람과 상관없이 남편이 가족의 재산을 쓰거나 처분할 수 있도록 했다. 삼십 년 동안 조너선 피크(Jonathan Peake)와 결혼 생활을 했고 자신의 두 자녀와 그의 아홉 자녀를 키운 리베카 피크(Rebecca Peake)는 남편이 자신의 장남 에프라임에게 모든 재산을 준다고 결정했을 때 그의 장남을 독살했다. 그녀는 버몬트 주 오렌지 카운티에서 1835년 교수형을 선고받았지만 처형을 기다리다 감옥에서 죽었다. *Trial of Mrs. Rebecca Peake, Imdicted for the Murder of Ephraim Peake, Tried at Orange County Court, Dec. Term, 1835. Embracing the Evidence, Arguments of Counsel, Charge, and Sentence*, Montpelier, Vermont: E. P. Walton, 1836.

183 Fuller, *Woman in the Nineteenth Century*, p.32; *HWS*, vol.I, pp.212–215. 법무 관련 일에서 여자들을 배제하는 일리노이 주를 지지하는 1873년 대법원의 결정에 대해 판사 브래들리는 이렇게 썼다. "많은 여자들이 결혼하지 않아 결혼한 상태에서 생겨나는 어떠한 의무, 분규, 무능함에 영향받지 않는 것은 진실이지만, 그러한 일은 일반적인 법칙의 예외이다. 여자의 가장 중요한 운명과 임무는 아내와 어머니의 고귀하고 자비로운 책무를 채우는 것이다. 이것이 창조주의 법이다. 그리고 시민 사회의 법은 사물의 일반적인 구성에 맞춰야만 하고 예외적인 사건에 근간을 둘 수 없다." *Bradwell v. Illinois*, 38 U.S. (16 Wall) 130, 141–42 (1873). 법에서 이 주장에 관한 주해를 보려면 다음을 참조. Susan Cary Nicholas, Alice M. Price, Rachel Rubin, *Rights and Wrongs: Women's Struggle for Legal Equality*, Old Westbury, New York: Feminist Press, 1979, pp.6–7.

184 Grimké, *Letters on the Equality of the Sexes and the Condition of Woman*, p.21.

185 "Social Purity" (1875), Kraditor, *Up From the Pedestal: Selected Writings in the history of American Feminism*, p.159. 남편에 의해 부당하게 십팔 개월 동안 정신 병원에 갇힌 여성을 앤서니가 구조한 사건은 다음을 참조. *HWS*. vol.I, p.469.

186 *HWS*, vol.I, p.70.

187 Lerner, *The Female Experience: An American Documentary*, pp.345–346.

188 Kraditor, *Up From the Pedestal: Selected Writings in the history of American Feminism*, p.220.

189 Smith, *Daughters of the Promised Land: Women in American History*, p.120. 또한 다음을 참조. *New York Herald Tribune editiorial*, Sept. 12, 1852, in *HWS*, vol.I, pp.853–854; Kraditor, *Up From the Pedestal: Selected Writings in the history of American Feminism*,

pp.189–191.

190 Mrs. A. J. Graves, *Woman in America*, in Cott, *Root of Bitterness: Documents of the Social History of American Women*, p.145.

191 1830년대와 1840년대에 사회의 성적 문란함의 추방과 성매매 여성 교화, 성별 이중 잣대 폐지, 젊은 사람들의 혼전 순결 등을 목표로 활동한 사회 운동.—옮긴이

192 십구세기 기독교의 입장에서 부도덕하다고 여겨지는 성적 행위를 반대한 사회 활동.—옮긴이

193 Barbara J. Berg, *The Remembered Gate: Origins of American Feminism: The Woman and the City, 1800–1860*, New York: Oxford University Press, 1978; O'Neill, *The Woman Movement: Feminism in the United States and England*, pp.19–21.

194 Oneida Community. 1848년 존 험프리 노이스(John Humphrey Noyes)와 그 추종자들이 뉴욕 주 오나이다 근방에 세운 종교 공동체.—옮긴이

195 데이비드 브리온 데이비스가 지적했듯이 1840년대의 미국 문학은 여자 안에 있는 악을 인식하는 데 충격적일 정도로 관심이 많았다. 그는 "간통과 여성적인 악에 대한 관심은 여성의 위치에 대한 점차 커지는 불확실성과, 이상과 현실 사이의 점점 커지는 차이에 대한 명백한 결과였다"고 보았다. "사악한 여자의 초상은 의심할 나위 없이 간통에 대한 자라나는 공포를 드러내고, 그다음에는, 여자의 변화하는 위치에 대한 일반적인 불안감을 반영한다. (…) 성과 죽음의 결합에서 극단적인 형태로 사회적 혼란이 재현될 수 있었다." David Brion Davis, *Homicide in American Fiction, 1798–1860*, Ithaca, New York: Cornell University Press, 1957, pp.201–202, 209. 교훈담에서, 간통은 여자의 범죄 중 가장 작은 범죄였고, 그들은 죽음의 직접적인 원인이었다. 어쩌면 그 주제의 가장 정제된 형태는 너새니얼 호손의「라파치니의 딸(Rappaccini's Daughter)」일 것이다. 그 이야기에서는 여자 자체가 독을 품고 있었다. 호손은 당연히 다른 주제도 염두에 두었겠지만 이러한 은유는 결코 우연한 게 아니었다.

196 *Life and Confession of Ann Walters, the Female Murderess!*, Boston: Skinner's, 1850, p.3.

197 허구의 살인녀들에 관해서는 다음을 참조. *Life and Confession of Mary Jane Gordon, Who was Tried, Condemned, and Hung, on the 24th Day of February, 1847, for the Murder of Jane Anderson, A Native of Vassalboro, Maine... Carefully Collected by the Author, J. S. Calhoun, Attorney at Law, Augusta, Maine*, Augusta: author, 1847. 이 소책자는 다음의 문헌으로 재출간된다. *Life and Confession of Mary Jane Gordon, Who was Tried, Condemned, and Hung, on the Twenty-Fourth Day of February, 1849, for the Murder of Jane Anderson, A Native of Covington, Kentucky... Carefully Collected by the Author, J. S. Calhoun, Attorney at Law, Covington, Kentucky*, Covington, Ky.: author, 1849; Ellen Irving, *The Female Victimizer, Who Cruelly Murdered Sixteen Persons in Cool Blood, for Revenge on Her First Love, William Shannon, Who Had Betrayed Her. Also, An Account of Her Association with Charles Dorian, An Italian Murderer*, Rev. Robert B. Russel (ed.), Baltimore: Arthur R. Orton, 1856; *Private History and Confession of Pamela Lee, Who Was Convicted*

at Pittsburgh, Pa., December 19th, 1851, for the Wilful Murder of Her Husband and Sentenced to be Hanged on the 30th Day of January, A. D. 1852. Written at her Request and According to her Dictation, and Prepared by the Rev. Augustus Dimick, Pittsburgh, Pa.: n. p., 1852; Trial, Conviction, and Confession of Mary B. Thorn, Who Was Sentenced to be Hanged at Portsmouth, Va., December 22nd, 1854, for the Murder of Thos. Brady and Family. Written at Her Request, and According to Her Dictation, and Prepared by the Publisher, William C. Murdock, Norfolk, Va.: William C Murdock, 1854; Life and Confession of Ann Walters, the Female Murderess!, Boston: Skinner's, 1850. 다음의 문헌으로 재출간되었다. Confession of Ann Walters, the Murderess, Boston: Skinner, 1856. 앤 월터스 이야기의 두 판본은 다음 출판물의 개정판이다. Narrative and Confessions of Lucretia P. Cannon, Who Was Tried, Convicted, and Sentenced to be Hung at Georgetown, Delaware, with Two of Her Accomplices, Containing an Account of Some of the Most Horrible and Shocking Murders and Daring Robberies Ever Committed By One of the Female Sex, New York: n.p., 1841.

198 Life and Confession of Ann Walters, the Female Murderess!, pp.14–15, 17–18.

199 Life and Confession of Ann Walters, the Female Murderess!, p.3; Narrative and Confessions of Lucretia P. Cannon, Who Was Tried, Convicted, and Sentenced to be Hung at Georgetown, Delaware, with Two of Her Accomplices, Containing an Account of Some of the Most Horrible and Shocking Murders and Daring Robberies Ever Committed by One of the Female Sex, p.1.

200 Trial, Conviction, and Confession of Mary B. Thorn, Who Was Sentenced to be Hanged at Portsmouth, Va., December 22nd, 1854, for the Murder of Thos. Brady and Family. Written at Her Request, and According to Her Dictation, and Prepared by the Publisher, William C. Murdock, p.31; Private History and Confession of Pamela Lee, Who Was Convicted at Pittsburgh, Pa., December 19th, 1851, for the Wilful Murder of Her Husband and Sentenced to be Hanged on the 30th Day of January, A. D. 1852. Written at her Request and According to her Dictation, and Prepared by the Rev. Augustus Dimick, p.32.

201 Private History and Confession of Pamela Lee, Who Was Convicted at Pittsburgh, Pa., December 19th, 1851, for the Wilful Murder of Her Husband and Sentenced to be Hanged on the 30th Day of January, A. D. 1852. Written at her Request and According to her Dictation, and Prepared by the Rev. Augustus Dimick, pp.5, 16–17.

202 Life and Confession of Mary Jane Gordon, Who was Tried, Condemned, and Hung, on the Twenty-Fourth Day of February, 1849, for the Murder of Jane Anderson, A Native of Covington, Kentucky... Carefully Collected by the Author, J. S. Calhoun, Attorney at Law, Covington, Kentucky, p.4.

203 Trial, Conviction, and Confession of Mary B. Thorn, Who Was Sentenced to be Hanged at Portsmouth, Va., December 22nd, 1854, for the Murder of Thos. Brady and Family. Written at Her Request, and According to Her Dictation, and Prepared by the Publisher, William C. Murdock, p.14.

204 *Private History and Confession of Pamela Lee, Who Was Convicted at Pittsburgh, Pa., December 19th, 1851, for the Wilful Murder of Her Husband and Sentenced to be Hanged on the 30th Day of January, A. D. 1852. Written at her Request and According to her Dictation, and Prepared by the Rev. Augustus Dimick*, p.5.

205 *Life and Confession of Mary Jane Gordon, Who was Tried, Condemned, and Hung, on the Twenty-Fourth Day of February, 1849, for the Murder of Jane Anderson, A Native of Covington, Kentucky... Carefully Collected by the Author, J. S. Calhoun, Attorney at Law, Covington, Kentucky*, p.7.

206 *Life and Confession of Ann Walters, the Female Murderess!*, pp.9, 14.

207 Nathaniel W. Chittenden, *Influence of Women Upon the Destinies of a People: Being an Oration of Salutory Addresses—Delivered at the Annual Commencement of Columbia College, Oct. 3, 1837*, in Berg, *The Remembered Gate: Origins of American Feminism: The Woman and the City, 1800–1860*, p.70.

208 *The Bad Wife's Looking Glass Or, God's Revenge Against Cruelty to Husbands. Exemplified in the Awful History of the Beautiful, But Depraved Mrs. Rebecca Cotton, Who Most Inhumanly Murdered Her Husband John Cotton, Esq. for Which Horrid Act God Permitted Her, in the Prime of Life and Bloom of Beauty, to be Cut Off by her Brother Stephen Kannady, May 5th 1807. With a Number of Incidents and Anecdotes, Most Extraordinary and Instructive*; 2nd ed. improved, Charleston: Author, 1823, pp.26–27.

209 Laura Bullard, "What Flag Shall We Fly?" *The Revolution*, Oct. 27, 1870, p.264, in O'Neill, *Everyone Was Brave: A History of Feminism in America*, Chicago: Quadrangle, 1969, pp.19–20.

210 "What Justifies Marriage?" *The Revolution*, Aug. 18, 1870, p.104. 다른 사회 평론가들도 이러한 주장을 했다. 결혼 개혁론자인 토머스 니콜스와 그의 아내 메리 고브 니콜스는 1854년에 다음과 같이 썼다. "깨어지지 않는 결혼에 속해 있다는 절망은 결혼의 가장 커다란 사악함 중 하나이다. (…) 남편과 아내는 그들의 운명을 돌이킬 수 없다고 느낀다. (…) 남자가 자신의 사유 재산이라는 이유로 아내를 때리거나, 럼주, 분노 또는 질투에 취해 죽일 때 나는 인간성의 고귀함을 이상화할 수가 없다. 아내들이 자신의 남편을 독살할 때, 그리고 여자들이, 결혼했건 미혼이건, 자신의 아기를 살해할 때 말이다." Thomas Nichols, Mary Gove Nichols, *Marriage*, Cincinnati: v. Nicholson, 1854, pp.240–241.

211 Orestes A. Brownson, "The Woman Question" (1869, 1873), in Kraditor, *Up From the Pedestal: Selected Writings in the history of American Feminism*, pp.192–193.

212 다음을 참조. Elizabeth Fee, "The Sexual Politics of Victorian Social Anthropology," in Hartman, Banner, "The Feminization of American Religion: 1800–1860," *Clio's Consciousness Raised: New Perspectives on the History of Women*, pp.86–102.

213 미국의 기자이자 칼럼니스트인 엘리자베스 메리웨더 길머(Elizabeth Meriwether

526

Gilmer)의 필명.—옮긴이

214 "Dorothy Dix on the Great Poison Mystery," *New York Evening Journal*, June 4, 1906, p.2. 또한 딕스의 기사를 참조. "Things Worse Than Divorce: If it Were Abolished, Would Not the Number of Wife Murders be Increased?" *New York Evening Journal*, March 29, 1911, p.19. 많은 여자들이 결혼에서 벗어나려 살인했지만, 결혼을 하기 위해 살인을 한 몇몇 여자도 있다고 말하는 게 공정하다. 예를 들어, 열여섯 살인 리비 개러브랜트(Libbie Garrabrant)는 열여섯 살 연인인 밴 윙클 보거트(Van Winkle Bogert)와 살림을 꾸릴 가구를 마련하려 자신이 고용된 뉴저지 주 술집 패터슨의 소유주인 랜섬 버로스(Ransom Burroughs)를 독살했다. 그녀는 1872년 7월 19일 퍼세이익에서 교수형을 선고받았다. *New York Sun*, April 23, 1872, p.1; Mat 20, 1872, p.3.

215 리디아 셔먼에 관해서는 다음을 참조. *The Poison Fiend! Life, Crimes, and Conviction of Lydia Sherman, (The Modern Lucretia Borgia,) Recently Tried in New Haven, Conn., for Poisoning Three Husbands and Eight of Her Children*, Philadelphia: Barclay, 1873; *"Truth Stranger Than Fiction." A Thrilling History. Lydia Sherman. Confession of the Arch Murderess of Connecticut...*, Philadelphia: T. R. Callender, n. d.

216 브랜디에 물, 설탕, 레몬, 라임 등을 탄 찬 음료.—옮긴이

217 *"Truth Stranger Than Fiction." A Thrilling History. Lydia Sherman. Confession of the Arch Murderess of Connecticut...*, pp.10–11.

218 만성 납중독 증상.—옮긴이

219 *"Truth Stranger Than Fiction." A Thrilling History. Lydia Sherman. Confession of the Arch Murderess of Connecticut...*, pp.11–12.

220 *"Truth Stranger Than Fiction." A Thrilling History. Lydia Sherman. Confession of the Arch Murderess of Connecticut...*, p.12.

221 *"Truth Stranger Than Fiction." A Thrilling History. Lydia Sherman. Confession of the Arch Murderess of Connecticut...*, p.25.

222 *"Truth Stranger Than Fiction." A Thrilling History. Lydia Sherman. Confession of the Arch Murderess of Connecticut...*, p.14.

223 영국의 살인하는 여자들을 연구하면서, 패트릭 윌슨은 유사한 방식을 발견했다. 지방, 즉 가족에게 생계를 의존하는 지역에서, 여자들은 리디아 셔먼이 허레이쇼 셔먼의 가정에서 자신의 자리를 확실하게 하려고 한 것처럼, 가족 안에서 안전한 위치를 갖기 위해 살인을 했다. 자신의 자녀를 위해 남편의 농장을 가지려고 의붓아들을 독살한 리베카 피크가 그러한 사례였다. *Trial of Mrs. Rebecca Peake, Imdicted for the Murder of Ephraim Peake, Tried at Orange County Court, Dec. Term, 1835. Embracing the Evidence, Arguments of Counsel, Charge, and Sentence.* "자신과 첫 남편의 사이에서 얻은 자녀들을 위해 노인의 농장 소유권을 얻으려" 남편을 독살한 뉴저지 주 몬트빌 군구의 헨리 밀러의 두번째 아내 역시 그러하다. *New York Tribune*, Nov. 4, 1870, p.5. 그와 반대로, 생존이 혼자 버티는 데 달려 있는 도시에서는, 여자들은

세라 제인 로빈슨이나 또한 리디아 스트럭 셔먼이 그랬듯이, 쓸모없는 부양가족을
제거하려 죽인다. 자신의 친 가족을 여러 명 죽인 영국 여자들한테서 윌슨은 공통된
특징을 하나 찾았다. "자신과 자유를 위한 욕망, 뭔가 불분명한, 더 나은 미래를
위한 희망으로 집안의 모두를 쓸어내 버려야 할 필요성." Patrick Wilson, *Murderess*,
London: Michael Joseph, 1971, pp.46, 172.

224 *The Poison Fiend! Life, Crimes, and Conviction of Lydia Sherman, (The Modern Lucretia
     Borgia,) Recently Tried in New Haven, Conn., for Poisoning Three Husbands and Eight of Her
     Children*, p.30.

225 *New York Times*, April 17, 1872, p.1.

226 *The Poison Fiend! Life, Crimes, and Conviction of Lydia Sherman, (The Modern Lucretia
     Borgia,) Recently Tried in New Haven, Conn., for Poisoning Three Husbands and Eight of Her
     Children*, pp.30−31.

227 보험을 든 가입자들이 그 보험 회사나 단체를 공동 소유하는 방식을 말한다. 총
     보험금에서 나온 이익도 공동으로 분배된다. '계'를 운영하는 방식과 흡사하다.—
     옮긴이

228 세라 제인 로빈슨에 관해서는 다음을 참조. *The Official Report of the Trial of Sarah
     Jane Robinson for the Murder of Prince Arthur Freeman in the Supreme Judicial court of
     Massachusetts*, Boston: Wright & Potter, 1888. 이 사건에 대한 내 설명은 『뉴욕
     선(New York Sun)』과 『보스턴 글로브(Boston Globe)』의 취재에 기반한다.

229 *New York Sun*, Dec. 12, 1887, p.5; *Boston Globe*, evening ed. Aug. 12, 1886, p.1, 『보스턴
     글로브』는 로빈슨이 '독약을 조제'한 걸로 8월 11일 체포되었고 그날 공식적으로
     인정 여부를 추궁당하고 살인으로 기소되기 전까지는 8월 12일에 일어난 윌리엄의
     죽음을 알지 못했다고 보도했다.

230 *The Official Report of the Trial of Sarah Jane Robinson for the Murder of Prince Arthur
     Freeman in the Supreme Judicial court of Massachusetts*, p.135.

231 commonwealth. 미국 건국 이전 동부의 네 개 주인 켄터키 주, 매사추세츠 주,
     펜실베이니아 주, 버지니아 주를 가리키는 말로, 법과 조직이 영국 보통법의 영향을
     더 크게 받았다.—옮긴이

232 *New York Sun*, Dec. 16, 1887, p.3.

233 Edmund Pearson, *More Studies in Murder*, New York: Harrison Smith & Robert
     Haas, 1936, p.34.

234 애니 프리먼의 시신에서 비소가 나왔지만, 독살을 사망 원인으로 단정 짓지는
     못했는데 이미 시신이, 어쩌면 비소였을 물질로 방부 처리 되었기 때문이었다.
     장의사는 무엇을 사용했는지 기억하지 못했다.

235 *The Official Report of the Trial of Sarah Jane Robinson for the Murder of Prince Arthur
     Freeman in the Supreme Judicial court of Massachusetts*, p.37.

236 *Boston Globe*, Aug. 22, 1886, p.4.

237 *Boston Globe*, evening ed. Aug. 12, 1886, p.1.

238 Charles F. Folsom, *Studies of Criminal Responsibility and Limited Responsibility*, n.p.: author, 1909, p.99.

239 *New York Sun*, Feb.8, 1888, p.2. 정서는 가난한 자들을 꾀어낸 보험 회사에 적대적으로 변했다. 1873년 『뉴욕 이브닝 포스트(New York Evening Post)』 사설은 "보험료를 지불하고 남은 돈으로 생계를 지탱할 아무런 가시적인 수단이 없는" 사람들에게 보험 증권을 팔도록 한, 보험 중개인들 사이의 경쟁을 비난했다. 사설은 피보험인이 다른 사람의 시신으로 자신의 죽음을 꾸민 악명 높은 보험 사기 두 건을 인용하며 그 결과는 수치스러운 살인과 남용이라고 말했다. 보험 회사에 사기를 친 로빈슨 부인과 다른 사람들의 방법에 대해서는 언급하지 않았다. "Murder and Life Insurance," *New York Evening Post*, June 6, 1873, p.2.

240 *Boston Globe*, Aug. 15, 1886, p.2.

241 *Chicago Tribune*, Nov. 20, 1922, p.6.

242 영국의 많은 살인자들에 관한 설명은 다음을 참조. Wilson, *Murderess*. 방식은 여전히 같았다. 열다섯 살에 조지아 주의 농부 고델과 결혼한 재니 루 깁스는 보험금 총액 3만 1천 달러를 위해 남편, 세 아들, 손자를 비소로 살해하고 다섯 번의 연속 종신형을 받았다.

243 *Chicago Tribune*, May 7, 1908, p.3. 벨 거니스에 대한 나의 설명은 주로 이 신문의 보도에서 가져온 것이다. 또한 그녀의 수익에 대해서는 다음에서 찾아볼 수 있다. *Chicago Tribune*, May 18, 1908, p.6. 릴리언 드 라 토르가 추정한 수익은 3만 달러였다. Lillian de la Torre, *The Truth About Belle Gunness*, New York: Fawcett, 1955, p.174. 현재의 구매력과 동등하게 본다면 그 수치는 37만 5천 달러거나 20만 달러에 달할 것이다.

244 *Chicago Tribune*, May 8, 1908, p.3.

245 de la Torre, *The Truth About Belle Gunness*, p.171.

246 다음의 기사에 수록된, 벨 거니스가 앤드루 헬겔레인에게 보낸 편지 중에서. *Chicago Tribune*, May 9, 1908, p.2.

247 대중적인 범죄 소설 작가들은 피터 거니스에게 이번에는 도착한 지 닷새 만에 죽은 유아가 있었고 검진한 의사가 아이가 고의로 질식당했다고 의심했다는 주장을 반복한다. de la Torre, *The Truth About Belle Gunness*, p.41. 나는 이 일에 관한 증거는 찾지 못했다. 다만 피터에게는 벨을 만나기 전에 죽은 유아가 있었고, 유아와 피터의 첫 부인은 출산 전후에 죽은 것으로 추정된다.

248 *Chicago Tribune*, May 9, 1908, p.2. 신문에서 그는 올라프 린봄(Olaf Lindbom)으로 확인되었다.

249 *Chicago Tribune*, May 9, 1908, p.2. 이 광고는 1908년 3월 노르웨이어 신문 『스칸디나벤(Scandinaven)』에 실린 광고를 번역하고 다시 실은 것이다. 알려진 거니스의 마지막 광고였다.

250 이 지점의 증언은 서로 충돌한다. 검시관은 시신에서 비소를 발견했지만 장의사가 부검 **전에** 비소로 시신들을 방부 처리했다. 검시관이 스트리크닌도 같이 발견했다는

지적도 있었다. 시신의 상태는 그들이 화재 전에 죽었다는 걸 분명하게 보여주지만 사망 원인을 결정짓지는 못했다.

251 여자가 저지른 범죄는 더 잔혹할수록 더 그 죄를 믿기 힘들어진다. 반대로, 아무리 평범한 남자라도 잔학무도한 행위를 저지를 수 있다고 여겨진다. 1893년 뉴저지 주 트렌턴에서 매티 센(Mattie C. Shann)은 매독에 걸린 아들 존을 수은으로 살해하려고 했다. 그녀는 아들을 2천 달러 보험에 들어 두었다. 존이 죽은 후, 보험 회사가 부검을 요구한다는 걸 알게 된 매티 센은 몇 시간이 안 되어 존의 내장을 다 끄집어냈다. 그 내장은 영영 찾지 못했다. 매티 센 쪽 주장은 한밤중에 세 남자가 벨을 눌러, 문을 열자 자신을 밀치고 들어와 위층으로 달려가 아들의 내장을 꺼내고는 사라졌다는 것이다. 그녀의 변호인은 "여자라는 이름을 지닌 인간이 자신이 낳은 자식을 이렇게 끔찍한 방식으로 훼손하기를 고려할 수 있다"고 믿는 게 불가능하다고 보았다. 그는 뉴욕에서 범죄를 조사하러 온 보험 조사관 고프를 범인으로 몰았다. 고프가 스스로 부검을 하려고 존 센의 내장을 훔쳤다가 자신이 범죄를 저질렀다는 걸 깨닫고는 겁이나 분실된 장기를 돌려주지 못했다고 변호인은 주장했다. Chauncy H. Beasley, *Closing Argument On the Part of the Defense in the Case of the State vs. Mattie C. Shann Under Indictment of Murder*, Trenton, New Jersey: MacCrellish & Quigley, 1893, pp.28–31.

252 de la Torre, *The Truth About Belle Gunness*, pp.55–56. 당시의 선정적인 소책자 『거니스 부인의 미스터리(The Mrs. Gunness Mystery)』는 그녀가 마흔두 건의 살인을 저질렀다고 했지만 그 추정에 사실적인 근거는 없다. 내 대략적인 추측은 열여섯 건이다.

253 *Chicago Tribune*, May 9, 1908, p.2.

254 *Chicago Tribune*, Nov. 27, 1908, p.1.

255 이 목사는 램피어가 체포된 후 비밀을 털어놓을 영적인 '고해 목사'로 자신을 써 달라고 램피어를 강요한 다음 신문에 그 고백을 실었다. 그를 신뢰할 수 없는 기회주의자로 보는 것조차 관대해 보인다.

256 *Chicago Tribune*, May 11, 1908, p.1.

257 라포트(La Porte)라는 도시 이름은 영어로 항구를 뜻하는 '포트(port)'와 발음이 같다.—옮긴이

258 콩, 다진 소고기, 토마토, 칠리 등을 넣고 맵게 끓인 붉은색의 요리.—옮긴이

259 *Chicago Tribune*, May 10, 1908, p.2.

260 *Chicago Tribune*, May 11, 1908, p.1.

261 *Chicago Tribune*, May 11, 1908, p.2.

262 앙리 데지레 랑드뤼(Henri Désiré Landru). 프랑스의 연쇄 살인범으로, 프랑스 강베에서 1915년에서 1919년 사이 7명의 여성을 살해했다. 범죄 수법과 외모로 인해 '강베의 푸른 수염'이라는 별명으로 불렸다.—옮긴이

263 *Chicago Tribune*, May 9, 1908, p.2. 직업적으로 여러 명을 살인한 또 다른 살인자인 제인 토팬(Jane Toppan) 또한 그녀에게 기대하는 겉모습의 역할을 너무나 잘

연기했기에 크게 성공했다. 매사추세츠 주 종합 병원의 일자리와 케임브리지 병원의
수석 간호사라는 지위에 이어 개인 가정에서 일해 온 토팬은 케임브리지에서 가장
뛰어난 간호사로 널리 알려졌다. 그러나 그녀는 여기저기서 많은 돈을 훔쳤고,
모르핀에 중독되어 있었으며, 육 년에 걸쳐 아주 많은 사람들, 대개 자기가 큰
금액의 돈을 빌린 사람들을(그녀는 서른한 번의 살인이라고 자백했다) 독살했다.
그녀는 정신 이상으로 판명되어 톤턴 정신 병원에 평생 감금되었다. 벨 거니스처럼
아주 뛰어나게 영리했고, 설득력있고 야심 찼던, 이 특이한 여성에 대한 흥미로운
동시대의 평가에 관해서는 다음을 참조. Folsom, *Studies of Criminal Responsibility and
Limited Responsibility*, pp.102–153.

264 sex kitten. 성적 매력이 있는 적극적인 젊은 여성을 뜻하는 속어로, 프랑스 배우
      브리지트 바르도(Brigitte Bardot)를 지칭하면서 쓰이기 시작했다.—옮긴이

265 미국의 배우 및 모델, 가수로, 1940–1950년대 할리우드에서 유명했던 섹스
      심벌이다.—옮긴이

266 *Chicago Tribune*, Nov. 21, 1908, p.20.

267 *Chicago Tribune*, Nov. 23, 1908, p.2.

3   처녀 망치기

1 John S. Haller, Jr., Robin M. Haller, *The Physician and Sexuality in Victorian America*,
   New York: W. W. Norton, 1974, p.50.

2 Thomas Wentworth Higginson, *Common Sense About Women*, 4th ed., London:
   Swan Sonnenschein, 1891, p.14. 저자는 책에서 다윈과 헉슬리에 대해 요약하고
   있다.

3 O. S. Fowler, *Sexual Science; Including Manhood, Womanhood, and Their Mutual
   Interrelations; Love Its Laws, Power, etc.*, Cincinnati: National, 1870, p.134.

4 Jules Michelet, *Love*, trans. from 4th Paris, J. W. Palmer (ed.), New York: Rudd &
   Carleton, 1859, p.76.

5 Fowler, *Sexual Science; Including Manhood, Womanhood, and Their Mutual interrelations;
   Love Its Laws, Power, etc.*, pp.134–135. 적절한 문학적 사례는 헨리 제임스(Henry
   James)의 『워싱턴 스퀘어(Washington Square)』이다.

6 Fowler, *Sexual Science; Including Manhood, Womanhood, and Their Mutual interrelations;
   Love Its Laws, Power, etc.*, pp.322–323.

7 *HWS*, vol.I, pp.144–145. 여자들이 얼마나 단호하게 '망쳐지'고 '내쫓기'는지가
   이디스 윌슨의 사례에 잘 묘사되어 있다. 뉴욕 주 옷세고 카운티의 이디스 윌슨은
   1873년에서 1874년 사이 장로교회 일요 학교의 감독관이자 그 학군의 이사인
   마흔 살의 기혼 남성 찰스 스미스에 의해 반복해서 강제로 성관계를 맺고 결국은
   임신했다. 이디스 윌슨은 부분적 장애를 가지고 있었고 임신 당시 열한 살이었다는
   게 밝혀졌다. 그녀의 많은 친구들이 "갑자기 떠나갔"고, 그들은 "그 어린이의 집 앞에

모든 죄를 다 놓고 간 것 같았다. 그녀와 가까이 교제했던 사람들이 이제는 등을 돌리고 전에는 아무리 좋은 말도 이디스 윌슨에게는 부족하다고 생각했던 사람들이 이제는 그녀에 대한 자신들의 나쁜 의견을 표현할 충분히 나쁜 말을 찾지 못할 정도였다. 약한 자를 구하고 고통받는 자를 위로해야 할 사람들마저, 이제는 사실상 그 어린이를 자신의 운명에 버려 버렸"다. 그녀의 아버지도 또한 그녀를 버렸다. *The Trial and Conviction of Charles S. Smith of Otego, N.Y., Elder of the Presbyterian Church, Superintendent of the Sunday School, and Trustee of the School District, for Bastardy, with Sketch of Lucy Edith Wilson, His Victim, a Girl Eleven Years and Five Months Old, and One of His Sunday School Scholars*, Otego, New York: Otego, 1874, p.12.

8   Lady Cook (Tennessee Claflin), "Virtue," *Essays on Social Topics*, London: Roxburghe, n.d., pp.5–9, rpt. from *Woodhull & Claflin Weekly*, Dec. 23, 1871.

9   영어로 덕행을 뜻하는 'virtue'의 'vir'는 어원적으로 '남성적인'이라는 의미를 지닌다.—옮긴이

10   Fowler, *Sexual Science; Including Manhood, Womanhood, and Their Mutual interrelations; Love Its Laws, Power, etc.*, pp.326–327.

11   Fowler, *Sexual Science; Including Manhood, Womanhood, and Their Mutual interrelations; Love Its Laws, Power, etc.*, pp.326–327. 강조는 저자의 것이다.

12   "Report of the committee on the judiciary, for laws to suppress licentiousness," State of New York Assembly Docuents, no.333, April 23, 1840, p.5. 수전 앤서니는 1875년 '사회적 순결'에 대한 연설에서 "직업적 성매매 계층은 자신들 삶의 끔찍한 비밀을 더 이상 감출 수 없는, 유혹당하고 버려진, 절망적인 불운한 이들에 의해 계속해서 다시 채워진다"고 지적했다. Ida Husted Harper, *The Life and Work of Susan B. Anthony*, Indianapolis: Bowen Merrill, 1899–1908, p.1005.

13   George Lippard, *The Midnight Queen; Or, Leaves from New York Life*, New York: Garrett, 1853, p.100.

14   "Report of the committee on the judiciary, on petitions praying for the suppression of licentiousness," State of New York Assembly Documents, no.159, Mar. 30, 1842, pp.2, 10.

15   State of New York Assembly Documents, no.159, Mar. 30, 1842, "An Act to prevent licentiousness," p.3, articles 4, 3.

16   Fowler, *Sexual Science; Including Manhood, Womanhood, and Their Mutual interrelations; Love Its Laws, Power, etc.*, p.323, 326.

17   Barbara J. Berg, *The Remembered Gate: Origins of American Feminism: The Woman and the City, 1800–1860*, New York: Oxford University Press, 1978, p.175. 전체 논의를 보려면 다음(pp.161–180)을 참조.

18   Livermore, *What Shall We Do with Our Daughters? Superfluous Women and Other Lectures*, Boston: Lee & Shepard, 1883. 유혹과 그 결과에 대한 페미니스트의 입장은 영국에서 이민 온 하녀로 고용주에게 유혹당해 결국은 혼외자의 사망으로 유아

살해로 기소되어 사형을 선고받고 최종적으로 사면되어 추방된 헤스터 본(Hester Vaughn)을 풀어 달라는 직업여성연합(Working Women's Association)의 1868년 운동으로 요약된다. 페미니스트들은 여성에게 결여된 직업의 기회, 낮은 임금, 경제적 의존으로 인한 성적 취약함, 성별에 따른 이중 잣대, 결혼하지 않은 어머니에 대한 사회적 추방, 배심원직의 여성 배제를 비난했다. *The Revolution*, Nov. 19, 1868, p.312; Dec. 10, 1868, p.361; Aug. 19, 1869, p.105. 또한 다음을 참조. "A Struggle for Life," *New York Times*, Nov. 6, 1868, p.5; Ellen Carol Dubois, *Feminism and Suffrage: The Emergence of an Independent Women's Movement in America, 1848–1869*, Ithaca, New York: Cornell University Press, 1978, pp.145–147; Lois W. Banner, *Elizabeth Cady Stanton: A Radical for Woman's Rights*, Boston: Little, Brown, 1979, pp.106–108.

19 *Brooklyn Daily Eagle*, Nov. 9, 1846, in Clifton Joseph Furness (ed.), *The Genteel Female, An Anthology*, New York: Alfred A. Knopf, 1931, pp.98–99.

20 Speech at National Women's Rights Convention, Cincinnati, Ohio, Oct. 17–18, 1855, in *HWS*, vol.1, p.166. 『포틀랜드 트리뷴(Portland Tribune)』에서 나온 이 문제와 비교해 볼 것. "필라델피아의 누군가가 한 벌당 12.5센트로 셔츠를 만드는 여성을 구하는 광고를 내자, 약 800명의 여자들이 그 일에 지원했다." rpt. *Advocate of Moral Reform*, Jan.1, 1844, p.7. 더 높은 임금을 위한 여성의 동요에도 불구하고, 필라델피아에서 셔츠 제조 임금은 이 사설과 루시 스톤의 연설 사이 십 년간 꼼짝도 하지 않았다. 수전 앤서니의 항의와 비교해 볼 것. "빈곤이 여성 성매매의 원인이라는 청원이 진실이 아니라면, 정직한 빵을 벌 수 있는 완벽하게 동등한 기회가 그 구실을 없애고 여자를 남자와 똑같은 위치에 놓음으로써 거짓을 증명할 것입니다. 그렇게 하고도, 악과 범죄의 자리에서 여자를 찾게 된다면, 그녀는 남자와 똑같은 이유로 거기 있을 것이고, 그녀는 동정의 대상이 아니라, 남자처럼 경멸에 들어맞는 주체가 될 것입니다." Harper, *The Life and Work of Susan B. Anthony*, p.1007.

21 1977년 [뉴욕] 퀸즈의 지방 검사는 성매매 여성과 함께 남성 '고객'도 체포하라고 경찰에게 명령함으로써 엄청난 소동을 일으켰다. 여성도덕개혁단체는 1830년대에 그러한 일을 실행해 달라고 요청했다. 국제적으로 그리고 주 사이에서 여성 매매가 여전히 번성한다는 증거를 보려면 다음을 참조. Kathleen Barry, *Female Sexual Slavery*, Englewood Cliffs, New Jersey: Prentice-Hall, 1979.

22 Fowler, *Sexual Science; Including Manhood, Womanhood, and Their Mutual interrelations; Love Its Laws, Power, etc.*, pp.324–326. (파울러의 인종차별주의는 그의 '인디언'에 대한 잦은 언급에서 명백하게 드러난다.) 정말 이상하게도, 여성의 타고난 연약함에 대한 원칙은 보수 도덕주의자 샌포드 부인과 같은 많은 개혁론자들에 의해 후기 칼뱅파의 자매 관계와 같은 주장으로 구축되었다. "같은 열정이, 태아에게도, 모든 마음에도 존재하며 오로지 자유와 유인만이 필요합니다. 순하고 상냥하고 다정한 여자들은 신께서 죄짓지 않도록 해 주신 은총에 신을 찬양할 것이고 자신을 더 받아들일수록, 악에게 굴복한 이들을 불쌍히 여기는 것이 더 쉬워질 것입니다." John Sandford, *Woman in Her Social and Domestic Character*, 6th ed., Boston: Otis,

Broaders, 1842, p.75.

23 어밀리아 노먼에 관해서는 다음을 참조. "Trial and Acquittal of Amelia Norman,"
    Advocate of Moral Reform, Feb.1, 1844, pp.21–23. 이 사건에 대한 내 설명은『뉴욕
    포스트(New York Post)』의 보도에도 기반하고 있다. 수전 브라운밀러 덕으로 이
    사건에 관심을 갖게 되었다.

24 재판에서 이 일은 사산으로, 의사는 산파로 언급되었지만 육 개월 내에 2명의
    사산아를 '출산'하는 여자는 거의 없다.

25 "Trial and Acquittal of Amelia Norman," p.23.

26 Margaret Fuller, *Woman in the Nineteenth Century*, 1845; rpt. New York: W. W.
    Norton, 1971, pp.148–149.

27 "Trial and Acquittal of Amelia Norman," p.21.

28 "Why Do You Ask a Law?" *Advocate of Moral Reform*, Feb. 1,1844, p.20.

29 *Advocate of Moral Reform*, Feb. 1, 1844, pp.20–21. 유혹당해 버려지는 미혼 여성의
    또 다른 흔한 운명에 대한 묘사에 관해서는 다음을 참조. *The Victim of Seduction: An
    Affecting Narrative of the Tragical Death of Miss Fanny Salisbury, A Native of New Jersey,
    Who, Having Been Enticed From Her Widowed Parents and Basely Seduced By a Young Man
    of the City of New York, After Enduring Incredible Hardships in That City, Terminated Her
    Own Existence By Hanging Herself In a Forest Near Newark, on the 23d of January Last*,
    Boston: Artumus Belcrey, 1820.

30 *The Philadelphia North American*; rpt. *New York Post*, March 5, 1844.

31 "Unpunished Crime," *Advocate of Moral Reform*, July 15, 1843, p.108.

32 "Trial and Acquittal of Amelia Norman," p.22–23.

33 *New York Post*, Jan.20, 1844, p.1.

34 『보스턴 쿠리어(Boston Courier)』에 보낸 리디아 마리아 차일드의 서신("L.M.C.");
    rpt. *New York Post*, Feb. 8, 1844, p.1.

35 "The Last Death by Seduction," *New York Tribune*; rpt. *Advocate of Moral Reform*,
    Oct.15, 1845, p.160. 또한 다음을 참조. "Sarah Decker and Her Destroyer," *Advocate
    of Moral Reform*, Nov. 1, 1845, pp.165–166.

36 메리 모리아티에 관해서는 다음을 참조. *Trial of Mary Moriarty, for the Murder of John
    Shehan, Her Seducer, Also, the Speech of Milton A. Haynes, Esq. in Her Defense. Before
    the Criminal Court of Memphis, Tenn., 1855*, Memphis: Memphis Typographical
    Association, 1855.

37 메리 해리스에 관해서는 다음을 참조. "The Trial of Mary Harris for the Murder of
    Adoniram J. Burroughs, Washington, D.C., 1865," *AST*, vol.XVII, 1936, pp.233–373;
    *Official Report of the Trial of Mary Harris, Indicted for the Murder of Adoniram J. Burroughs,
    Before the Supreme Court of the District of Columbia, (Sitting As A Criminal Court.) Monday,
    July 3, 1865. Prepared by James O. Clephane, Official Reporter*, Washington, D.C.: W. H. &
    O. H. Morrison, 1865.

38   패니 하이드에 관해서는 다음을 참조. *Official Report of the Trial of Fanny Hyde, for the Murder of Geo. W. Watson, Including the Testimony, the Arguments of Counsel, and the Charge of the Court, Reported Verbatim. With Portraits of the Defendant and the Deceased. From the Short-hand Notes of William Helmstreet, Official Reporter of the Court*, New York: J. R. McDivitt, 1872.

39   케이트 스토더트에 관해서는 다음을 참조. *The Goodrich Horror Being the Full Confession of Kate Stoddart, or Lizzie King. Why She Killed Charles Goodrich. Showing A Deserted Woman's Vengeance*, Philadelphia: Franklin, 1873.

40   "The Trial of Mary Harris for the Murder of Adoniram J. Burroughs, Washington, D.C., 1865," *AST*, p.295.

41   *Trial of Mary Moriarty, for the Murder of John Shehan, Her Seducer, Also, the Speech of Milton A. Haynes, Esq. in Her Defense. Before the Criminal Court of Memphis, Tenn., 1855*, pp.7, 10–11. '불문율'을 적용한 오늘날의 성차별적 변호는 다음의 책을 참조. Leo Kanowitz, *Women and the Law: The Unfinished Revolution*, Albuquerque: University of New Mexico Press, 1969, pp.92–93.

42   한 세기 후에 조앤 리틀과 이네즈 가르시아가 자신들의 강간범을 죽였을 때, 그들의 자기방어권은 몇 명의 급진적인 페미니스트한테서만 지지받았고 대중의 동정을 누리지는 못했다. 사회에서는 강간범을 죽이는 게 유혹자를 죽이는 것보다 더 중죄가 되는데, 유혹자는 남자의 재산에 상해를 가하는 걸로 사회를 위협하지만 강간범은 여자들을 공포에 질리게 해, 있어야 할 곳에 있도록 함으로써 사회에 기여하기 때문이다. 다음을 참조. Susan Brownmiller, *Against Our Will: Men, Women and Rape*, New York: Simon & Schuster, 1975.

43   *New York Post*, Jan. 20, 1844, p.2.

44   James Hendrie Lloyd, "The Claim of Moral Insanity in its Medico-Legal Aspects," *The Medical Record*, May 14, 1887; rpt. New York: Trow's, 1887, p.15. 또한 다음을 참조. David Brion Davis, *Homicide in American Fiction, 1798–1860: A Study in Social Values*, Ithaca, New York: Cornell University Press, 1957, pp.60–76.

45   Herbert Fingarette, *The Meaning of Criminal Insanity*, Berkeley: University of California Press, 1972, pp.11–12.

46   번역문에서는 드러나지 않지만 이 형법 규정에서 주어는 남성형이다.—옮긴이

47   Winfred Overholser (ed.), *A Treatise on the Medical Jurisprudence of Insanity*, 1838; rpt. Cambridge, Mass.: Harvard/Belknap, 1962, pp.127–172; C. H. Hughes, "Moral (Affective) Insanity: A Plea for its Retention in Medical Nomenclature," Abstract of a paper presented to the International Congress at London, Aug. 1881, n.p.,n.d. 레이의 이론의 수용에 관해서는 다음을 참조. Norman Dain, *Concepts of Insanity in the United States, 1789–1865*, New Brunswick, New Jersey:Rutgers University Press, 1964, pp.71–83.

48   Edward C. Mann, *Insanity; Its Etiology, Diagnosis, Pathology, and Treatment, With Cases*

Illustrating Pathology, Morbid Histology, and Treatment, New York: G. P. Putnam's Sons, 1875, p.16; William A. Hammond, *Insanity in Its Relations to Crime. A Text and A Commentary*, New York: D. Appleton, 1873, p.74.

49 Lloyd, "The Claim of Moral Insanity in its Medico-Legal Aspects," *The Medical Record*, p.4.

50 Fowler, *Sexual Science; Including Manhood, Womanhood, and Their Mutual interrelations; Love Its Laws, Power, etc.*, p.72.

51 Isaac Ray, *Contributions to Mental Pathology*, 1873; rpt. Delmar, New York: Scholars' Facsimiles, 1973, p.286.

52 Mann, *Insanity; Its Etiology, Diagnosis, Pathology, and Treatment, With Cases Illustrating Pathology, Morbid Histology, and Treatment*, pp.7–8; Ray, *Contributions to Mental Pathology*, p.286.

53 Michelet, *Love*, p.48.

54 Henry Putnam Stearns, *Insanity: Its Causes and Prevention*, New York: G. P. Putnam's, 1883, pp.188–189.

55 Thomas Smith Clouston, *Clinical Lectures on Mental Diseases*, Philadelphia: Henry C. Lea's, 1884, p.336.

56 Stearns, *Insanity: Its Causes and Prevention*, pp.190–191, 196. 오늘날 월경을 질병으로 여기는, 선두적인 옹호자인 영국의 의사 캐서리나 돌턴은 아주 빈약한 사례에 기반해서 10명의 여자 중 5–8명이 비정상적인 월경으로 고통받는다고 결론지었는데, 이 수치로 본다면 어떻게 '정상'이 결정되는지가 누구라도 의아해진다. 그녀의 십구세기 동료들처럼, 돌턴의 주된 관심은 인접한 남자들의 삶에 조금의 잔물결도 튀지 않게 하는 것이 여자들의 삶에 있는 유일한 목적이기라도 한 것처럼, 여자의 비정상적인 월경이 남편과 아들들(딸에 대한 언급은 없었다)에게 미치는 영향이었다. Katharina Dalton, *The Menstrual Cycle*, New York: Pantheon, 1969.

57 Clouston, *Clinical Lectures on Mental Diseases*, p.336; Hughes, "Moral (Affective) Insanity: A Plea for its Retention in Medical Nomenclature," p.1.

58 Clouston, *Clinical Lectures on Mental Diseases*, p.237. 또한 다음을 참조. Stearns, *Insanity: Its Causes and Prevention*, p.196.

59 Clouston, *Clinical Lectures on Mental Diseases*, p.336.

60 Overholser (ed.), *A Treatise on the Medical Jurisprudence of Insanity*, pp.154–158.

61 "The Trial of Mary Harris for the Murder of Adoniram J. Burroughs, Washington, D.C., 1865," *AST*, pp.243, 246.

62 "The Trial of Mary Harris for the Murder of Adoniram J. Burroughs, Washington, D.C., 1865," *AST*, pp.270, 321. 또한 다음을 참조. Paula Weideger, *Menstruation and Menopause: The Physiology and Psychology, the Myth and the Reality*, New York: Dell, 1975, p.152. 이 문헌에 들어간 삽화는 옷을 다 입고, 서 있는 환자의 치마 밑으로 한

손을 올리고 있는, 무릎을 꿇고 있는 의사에 의해 수행되는 피상적인 부인과 검사를 묘사하고 있다. 피치 박사는 그 짧은 방문에서 그런 검사를 수행했을 수도 있지만 별로 알게 된 것은 없었을 것이다.

63 "The Trial of Mary Harris for the Murder of Adoniram J. Burroughs, Washington, D.C., 1865," *AST*, pp.270−271.

64 "The Trial of Mary Harris for the Murder of Adoniram J. Burroughs, Washington, D.C., 1865," *AST*, p.251.

65 *Official Report of the Trial of Fanny Hyde, for the Murder of Geo. W. Watson, Including the Testimony, the Arguments of Counsel, and the Charge of the Court, Reported Verbatim. With Portraits of the Defendant and the Deceased. From the Short-hand Notes of William Helmstreet, Official Reporter of the Court*, pp.28−29.

66 *Official Report of the Trial of Fanny Hyde, for the Murder of Geo. W. Watson, Including the Testimony, the Arguments of Counsel, and the Charge of the Court, Reported Verbatim. With Portraits of the Defendant and the Deceased. From the Short-hand Notes of William Helmstreet, Official Reporter of the Court*, p.102.

67 *Official Report of the Trial of Fanny Hyde, for the Murder of Geo. W. Watson, Including the Testimony, the Arguments of Counsel, and the Charge of the Court, Reported Verbatim. With Portraits of the Defendant and the Deceased. From the Short-hand Notes of William Helmstreet, Official Reporter of the Court*, p.31.

68 *Official Report of the Trial of Fanny Hyde, for the Murder of Geo. W. Watson, Including the Testimony, the Arguments of Counsel, and the Charge of the Court, Reported Verbatim. With Portraits of the Defendant and the Deceased. From the Short-hand Notes of William Helmstreet, Official Reporter of the Court*, p.74.

69 *Official Report of the Trial of Fanny Hyde, for the Murder of Geo. W. Watson, Including the Testimony, the Arguments of Counsel, and the Charge of the Court, Reported Verbatim. With Portraits of the Defendant and the Deceased. From the Short-hand Notes of William Helmstreet, Official Reporter of the Court*, p.150.

70 *New York Sun*, April 17, 1872, p.1.

71 *New York Times*, Jan. 21, 1873, p.2.

72 *The Goodrich Horror Being the Full Confession of Kate Stoddart, or Lizzie King. Why She Killed Charles Goodrich. Showing A Deserted Woman's Vengeance*, p.8.

73 *The Goodrich Horror Being the Full Confession of Kate Stoddart, or Lizzie King. Why She Killed Charles Goodrich. Showing A Deserted Woman's Vengeance*, p.4.

74 *New York Sun*, April 18, 1872, p.3.

75 *The Goodrich Horror Being the Full Confession of Kate Stoddart, or Lizzie King. Why She Killed Charles Goodrich. Showing A Deserted Woman's Vengeance*, p.24.

76 *Official Report of the Trial of Fanny Hyde, for the Murder of Geo. W. Watson, Including the Testimony, the Arguments of Counsel, and the Charge of the Court, Reported Verbatim*.

With Portraits of the Defendant and the Deceased. From the Short-hand Notes of William Helmstreet, Official Reporter of the Court, p.143.

77 "The Trial of Mary Harris for the Murder of Adoniram J. Burroughs, Washington, D.C., 1865," *AST*, p.365.

78 *New York Tribune*, July 20, 1865, p.5.

79 *New York Herald*, July 20, 1865, p.1.

80 "The Trial of Mary Harris for the Murder of Adoniram J. Burroughs, Washington, D.C., 1865," *AST*, p.339.

81 *Official Report of the Trial of Fanny Hyde, for the Murder of Geo. W. Watson, Including the Testimony, the Arguments of Counsel, and the Charge of the Court, Reported Verbatim. With Portraits of the Defendant and the Deceased. From the Short-hand Notes of William Helmstreet, Official Reporter of the Court*, p.37.

82 *Trial of Mary Moriarty, for the Murder of John Shehan, Her Seducer, Also, the Speech of Milton A. Haynes, Esq. in Her Defense. Before the Criminal Court of Memphis, Tenn., 1855*, p.11.

83 Fowler, *Sexual Science; Including Manhood, Womanhood, and Their Mutual interrelations; Love Its Laws, Power, etc.*, p.326.

84 *Official Report of the Trial of Fanny Hyde, for the Murder of Geo. W. Watson, Including the Testimony, the Arguments of Counsel, and the Charge of the Court, Reported Verbatim. With Portraits of the Defendant and the Deceased. From the Short-hand Notes of William Helmstreet, Official Reporter of the Court*, p.29.

85 *The Goodrich Horror Being the Full Confession of Kate Stoddart, or Lizzie King. Why She Killed Charles Goodrich. Showing A Deserted Woman's Vengeance*, p.18.

86 "The Trial of Mary Harris for the Murder of Adoniram J. Burroughs, Washington, D.C., 1865," *AST*, p.298.

87 *New York Post*, Feb. 8, 1844, p.1.

88 "The Trial of Mary Harris for the Murder of Adoniram J. Burroughs, Washington, D.C., 1865," *AST*, p.298.

89 Lucretia, Verginia. 로마 시대의 여성들로 죽음으로 자신에게 가해진 성폭행을 드러냈다. 그의 죽음으로 정권이 바뀌었으며 그 이후 여성이 목숨으로 정절을 지킨 사례로 문학에서 칭송되었다.—옮긴이

90 Hyman Gross, *A Theory of Criminal Justice*, New York: Oxford University Press, 1978, p.17.

91 *Trial of Mary Moriarty, for the Murder of John Shehan, Her Seducer, Also, the Speech of Milton A. Haynes, Esq. in Her Defense. Before the Criminal Court of Memphis, Tenn., 1855*, p.10.

92 State of New York Assembly Documents, no.333, April 23, 1840, pp.1–2.

93 State of New York Assembly Documents, no.159, March 30, 1842, pp.4–5.

94 Lady Cook, "Which Is to Blame?" *Essays on Social Topics*, pp.123–131; rpt. from *Woodhull & Claflin Weekly*, Jan 6, 1872. 이 똑같은 딜레마는 이십세기 초에도 반복되었다. 모든 노동자들의 직업 환경이 개선되어야 한다는 개혁론자들의 요구가 여성 고용인에 대한 보호 법안을 제시했을 때, 이정표가 된 '멀러 대 오리건 사건'(1908)에서 브랜다이스(L. Brandeis)는 생물학적 재생산 기능 때문에 여자들은 별개의 부류라고 주장했다. 이 보호 법안이 직업과 승진에서 여자들을 제외시키는 데 사용될 거라고 예견한 페미니스트들은 극히 소수였다. Albie Sachs, Joan Hoff Wilson, *Sexism and the Law: A Study of Male Beliefs and Legal Bias in Britain and the United States*, New York: Free Press, 1978, pp.111–116.

95 대니얼 시클스의 사건에 관해서는 다음을 참조. W. A. Swanberg, *Sickles the Incredible*, New York: Charles Scribner's Sons, 1956, pp.57–76; "The Trial of Daniel E. Sickles for the Murder of Philip Barton Key. Washington, D.C., 1859," *AST*, vol. XII, 1919, pp.484–762.

96 *New York Times*, May 10, 1914, IV, p.7; Swanberg, *Sickles the Incredible*, p.390.

97 *National Intelligencer*, July 11, 1865, p.1; July 20, 1865, p.3.

98 *New York Times*, July 20, 1865, p.4.

99 *New York Times*, July 20, 1865, p.4.

100 Gerda Lerner, *The Female Experience: An American Documentary*, Indianapolis: Bobbs-Merrill, 1977, p.345.

101 *The Revolution*, May 19, 1870, pp.306–307.

102 로라 페어에 관해서는 다음을 참조. "The Trial of Laura D. Fair for the Murder of Alexander P. Crittenden, San Francisco, California, 1871," *AST*, vol.XV, 1926, pp.197–464.

103 William Seagle, "Wolves in the Fold," *Acquitted of Murder*, Chicago: Henry Regnery, 1958, pp.99–100.

104 *New York Times*, Nov. 22, 1872, p.1.

105 *New York Tribune*, July 21, 1865, p.4.

106 *New York Tribune*, July 21, 1865, p.4.

4 법과는 무관하게

1 *HWS*, vol.I, p.701.

2 *HWS*, vol.I, p.744. 위원회는 엘리자베스 케이디 스탠턴, 수전 앤서니, 어니스틴 로즈, 리디아 모트, 마사 라이트로 구성되어 있었다.

3 *HWS*, vol.I, p.675.

4 *HWS*, vol.I, p.597. 여자가 배심원을 하기까지는 오랜 시간이 걸렸다. 1957년 인권법은 여자가 연방 배심원을 할 수 있는 권리를 보장했지만, 1962년까지도 스물한 개 주에서는 여전히 여자에게 남자와 동등하게 배심원을 할 수 있도록 허락하지

않았다. 1973년 모든 주에서 여자가 배심원을 할 수 있도록 허용했지만, 열아홉 주는 여전히 특별한 자격 요건이나 면제 요건을 부과했다. 1975년 대법원이 다음의 재판으로 성별에 기반한 제한적 배심원 법을 무효화할 때까지 그랬다. *Taylor v. Louisiana*, 419 U.S. 522, 1975. 이 글을 쓰는 지금도 미주리 주와 테네시 주는 여전히 여자는 자동적으로 면제시키고 있지만 미주리 주의 배심원 선정 방식에는 '더렌 대 미주리' 재판에서 범죄 피고인을 대신해 미국자유인권협회(American Civil Liberties Union, ACLU)에 의해 법원에 이의가 제기되었다. 다음을 참조. Albie Sachs, Joan Hoff Wilson, *Sexism and the Law: A Study of Male Beliefs and Legal Bias in Britain and the United States*, New York: Free Press, 1978, pp.123, 213: *Civil Liberties*, Nov. 1978, p.5.

5   *HWS*, vol.I, p.597.

6   *St. Paul Pioneer and Democrat*, May 26, 1859, p.3. 빌란스키 사건에 관한 나의 설명은 주로 이 신문을 참조했다.

7   *St. Paul Pioneer and Democrat*, March 17, 1859, p.3. 뉴욕 검시소 독물학자인 도널드 호프먼은 빌란스키 사건의 의학적 증거가 불만족스럽고 결론을 내릴 수 없다고 보았다. 이 늦은 검사에는 의문의 여지가 많다.

8   맨리 웨이드 웰먼은 남편 알렉산더를 독살하고 1850년에 무혐의로 풀려난 페이엣빌의 앤 심프슨과 앤 빌란스키가 같은 사람이라고 본다. Manly Wade Wellman, *Dead and Gone: Classic Crimes of North Carolina*, Chapel Hill: University of North Carolina Press, 1954, pp.40–41. 그러나 월터 트레너리는 두 여자의 신체 묘사가 일치하지 않는다고 지적했다. Walter Trenerry, *Murder in Minnesota: A Collection of True Cases*, St. Paul: Minnesota Historical Society, 1962, pp.230–231. 웰먼의 주장은 무서운 범죄자들이 동일인이거나 최소한 서로 혈연관계에 있다는 대중적인 개념을 보여주는 사례이다. 다시 말해 그런 범죄자들은 한정된 소수의 사람들로, 인류라는 나머지 가족으로부터 분명하게 떨어져 있다는 의견이다.

9   *St. Paul Pioneer and Democrat*, May 25, 1859, p.3. 트레너리는 사건에 대해 두 사람이 연인인 것처럼 썼다.

10   *St. Paul Pioneer and Democrat*, March 19, 1859, p.3.

11   *St. Paul Pioneer and Democrat*, June 7, 1859, p.3.

12   *St. Paul Pioneer and Democrat*, May 28, 1859, p.3.

13   J. Fletcher Williams, *A History of the City of Saint Paul and the County of Ramsey, Minnesota*, St. Paul: Minnesota Historical Society, 1876, pp.389–390.

14   Williams, *A History of the City of Saint Paul and the County of Ramsey, Minnesota*, p.388.

15   Williams, *A History of the City of Saint Paul and the County of Ramsey, Minnesota*, p.392; *St. Paul Pioneer and Democrat*, Jan. 28, 1860, p.3.

16   *St. Paul Pioneer and Democrat*, June 5, 1859, p.2.

17   Trenerry, *Murder in Minnesota: A Collection of True Cases*, p.38.

18   *St. Paul Pioneer and Democrat*, March 9, 1860, p.2.

19 *St. Paul Pioneer and Democrat*, March 9, 1860, p.2.

20 *St. Paul Pioneer and Democrat*, March 24, 1860, p.3.

21 *St. Paul Pioneer and Democrat*, March 9, 1860, p.2; March 24, 1860, p.3.

22 메리 하르퉁에 관해서는 뉴욕 주 올버니의 신문인 『저널(The Journal)』『애틀러스 앤드 아거스(Atlas and Argus)』『올버니 쿠리어 앤드 인콰이어러(Albany Courier and Enquirer)』『뉴욕 타임스(New York Times)』 및 뉴욕의 다른 일간지 취재 자료를 참고했다. 또한 다음을 참조. William Seagle, "The Case of the Susceptible Solons," *Acquitted of Murder*, Chicago: Henry Regnery, 1958, pp.47–79.

23 George R. Howell, Jonathan Tenney, *BiCentennial History of Albany. History of the County of Albany, N.Y., from 1609 to 1886*, New York: W. W. Munsell, 1886, pp.305–306.

24 Seagle, "The Case of the Susceptible Solons," *Acquitted of Murder*, p.67.

25 선출직으로 법원의 모든 서류와 행정 업무를 총괄한다.—옮긴이

26 *New York Times*, April 8, 1859, p.8.

27 *New York Post*, April 8, 1859, p.2.

28 Robert Sullivan, *Goodbye, Lizzie Borden*, Brattleboro, Vermont: Stephen Greene, 1974, p.193.

29 *New York Times*, April 9, 1859, p.4.

30 *New York Times*, April 11, 1859, p.4.

31 "Report of the Select Committee on the Petitions for a Repeal of the Death Penalty in this State," State of New York Assembly Documents, no.82, Feb. 16, 1860, p.20.

32 State of New York Assembly Documents, no.82, Feb. 16, 1860, pp.1, 3.

33 Laws of the State of New York, 83rd Session, Chapter 410, Section 1, 4, 5, 10, 11, pp.712–714. 매사추세츠 주는 1852년에 사실상 사형 제도를 폐지하는 방식으로 유사한 법안을 통과시켰지만, 뉴욕 주와 달리 그 법을 소급 적용하지는 않았다.

34 Laws of the State of New York, 84th Session, Chapter 303, pp.693–694. 법안은 1861년 4월 17일에 통과되었다.

35 Seagle, "The Case of the Susceptible Solons," *Acquitted of Murder*, p.78. 아내 살인범 스티븐스는 아니었다. 그는 1860년의 법령이 통과되기 직전인 1860년 2월 3일에 처형되었다. *New York Times*, Feb. 4, 1860, p.2.

36 *New York Times*, April 9, 1859, p.4.

37 앤 루이즈 제르맨 드 스탈-홀스타인(Anne Louise Germaine de Staël-Holstein, 1766–1817). 마담 드 스탈로 알려졌으며, 프랑스 혁명을 옹호했고, 나폴레옹 집권 당시 파리에서 추방당해 제네바에서 살았다.—옮긴이

38 Address to the New England Convention, May 27, 1859, *HWS*, vol.I, p.275.

39 *New York Times*, April 15, 1859, p.4.

40 Thorstein Veblen, *The Theory of the Leisure Class: An Economic Study of Institutions*, 1899; rpt. New York: The Viking Press, 1965, pp.148–149.

주(註)   541

41   Veblen, *The Theory of the Leisure Class: An Economic Study of Institutions*, p.179.

42   '미스터(mister)'는 '씨'라는 단순한 의미를 뜻하는 한편, 주인이라는 의미를 지닌 '마스터(master)'의 변형이기도 하다.—옮긴이

43   최근의 유동성 연구는 미국이 언제나 유동적인 사회였다는 인기있는 믿음을 반박하는 방향으로 의견의 일치를 보였다. Edward Pessen (ed.), "The Myth of Antebellum Social Mobility and Equality of Opportunity," *Three Centuries of Social Mobility in America*, Lexington, Mass.: D. C. Heath, 1974, pp.110–121.

44   Mrs. C. S. Hilborn, *Modern Aristocracy, Or Money Worship*, Providence: Knowles, Anthony, 1857, p.9.

45   Veblen, *The Theory of the Leisure Class: An Economic Study of Institutions*, p.68.

46   Lester F. Ward, "Social Classes in the Light of Modern Sociological Theory," *The American Journal of Sociology*, vol.XIII, no.5, March 1908, p.627.

47   Ward, "Social Classes in the Light of Modern Sociological Theory," *The American Journal of Sociology*, p.619. 그는 여자와 남자의 차이에도 같은 의견을 말했을 것이다.

48   William Graham Sumner, *What Social Classes Owe to Each Other*, 1883; rpt. Caldwell, Idaho: Caxton, 1952, p.62.

49   Veblen, *The Theory of the Leisure Class: An Economic Study of Institutions*, p.41.

50   *St. Paul Pioneer and Democrat*, March 8, 1860, p.2.

51   Harriet Martineau, *Society in America*, vol.III, London: Saunders & Otley, 1839, p.136.

52   브리짓 더건에 관한 나의 설명은 대부분 『뉴욕 타임스』의 기사에 기반한다.

53   *New York Times*, May 21, 1867, p.1.

54   *New York Times*, May 28, 1867, p.1.

55   *New York Times*, May 23, 1867, p.1.

56   그 당시 미국의 모든 사람들은, 미국 원주민을 제외하고 모두 이민자 출신이었고 이름에서 대개 출신지를 유추해 볼 수 있었다. 이 이름들에서도 그 주인들이 그 당시 유럽의 어느 나라에서 왔는지를 대강 추측할 수 있는데, 밴더벤터(Vanderventer)와 밴 다이크(Van Dyke), 스커더(Scudder)는 네덜란드, 그랜트(Grant)는 영국, 메슬러(Messler)는 독일로 추정된다.—옮긴이

57   *New York Times*, May 29, 1867, p.1.

58   *New York Times*, May 29, 1867, p.1.

59   *New York Times*, May 28, 1867, p.1.

60   *New York Times*, May 28, 1867, p.1.

61   *New York Times*, Aug. 25, 1867, p.6.

62   Issac Ray, *Contributions to Mental Pathology*, 1873; rpt. Delmar, N. Y.: Scholars' Facsimiles, 1973, pp.278–279.

63   Ray, *Contributions to Mental Pathology*, p.280–281.

64   M. G. Exheverria, "Criminal Responsibility of Epileptics, as Illustrated by the Case of David Montgomery," *American Journal of Insanity*, Jan. 1873, p.414. 저널의

412쪽에서 에체베리아는 들라시오브의 말을 인용한다.

65   Ray, *A Treatise on the Medical Jurisprudence of Insanity*, Winfred Overholser (ed.), 1838; rpt. Cambridge, Mass.: Harvard/Belknap, 1962, p.95. 코리엘은 또한, 자신의 의학적 권위를 유지하려면 그러지 말았어야 했지만, 뇌전증과 강직증을 혼동했다. 존 러셀 레이놀즈 경은 1861년에 다음과 같이 썼다. "강직증의 특징은 너무 특이해서 뇌전증으로 오인할 수는 없다." John Russell Reynolds, *Epilepsy: Its Symptoms, Treatment, and Relation to Other Chronic Convulsive Diseases*, London: John Churchill, 1861, p.288.

66   *New York Times*, May 28, 1867, p.1.

67   뇌전증 정신 이상 청원이나 뇌전증으로 감형을 제안하는 것은 남자한테도 언제나 도움이 되지는 않았다. 이전에는 무해한 젊은 남자였던 조지 위너모어(George Winnermore)는 필라델피아에서 1867년 5월에 파일러와 더건 사건과 아주 유사한 상황에서 면도날로 여자를 죽이려고 했다. 그는 1867년 8월 29일, 브리짓 더건보다 하루 앞서, 감옥 안에서 단지 몇 명의 간수 앞에서 조용히 처형되었다. 아이작 레이 박사와 다른 주요 정신과 의사들은 위너모어의 편에서 중재를 하려 애쓰면서 사면이나 연기를 요청했고, 그 노력이 실패하자 레이는 곧이어 위너모어를 너무 성급하고 부당하게 해치웠다고 주장했다. 파일러와 위너모어 사건은 종종 법의학 책에서 언급되었지만, 내가 아는 한에는, 더건 사건은 한 번도 언급되지 않았다. 하지만 위너모어와 더건 사건의 그보다 주된 차이는 피고인의 성별과 더건 처벌의 별난 잔인성이다. 위너모어 사건과 파일러 사건의 개요는 다음을 참조. Ray, "Trial of Winnermore," *Contributions to Mental Pathology*, pp.264–281.

68   *New York Times*, May 29, 1867, p.1; June 1, 1867, p.2.

69   Rev. Mr. Brendan, *Life, Crimes, and Confession of Bridget Durgan, The Fiendish Murderess of Mrs. Coriel: Whom She Butchered, Hoping to Take Her Place in the Affections of the Husband of Her Innocent and Lovely Victim. The Only Authentic and Hitherto Unpublished History of Her Whole Life; And the Hideous Crime for Which She Was Executed at New Brunswick, N. J.*, Philadelphia: C. W. Alexander, 1867, p.21.

70   *New York Times*, Aug. 25, 1867, p.6.

71   *New York Times*, Aug. 25, 1867, p.6.

72   *New York Times*, June 1, 1867, p.2.

73   *New York Times*, June 18, 1867, p.8.

74   *New York Times*, May 23, 1867, p.1.

75   *New York Times*, Aug. 31, 1867, p.8.

76   *New York Times*, Aug. 31, 1867, p.8. 1930년 『뉴브런즈윅 선데이 타임스(New Brunswick Sunday Times)』가 '뉴저지 주에서 처음으로 사형된 여자'의 사건이라고 이 일을 소환했을 때, 브리짓의 사형 집행 장면은 완전히 재건되었다. 신문은 다음과 같이 썼다. "브리짓은 쓰라린 최후에 용기를 보여주었다. 끔찍한 긴장의 순간에는 연약한 인간성을 지탱하는, 하늘에서 보내준 것과 같은 힘이 존재한다. 단두대에

오르기 전날 밤 마리 앙투아네트를 그렇게 용감하게 만들었던 것과 같은 종류의 바로 그 힘이 낯선 사람들 사이에서 빠르고 끔찍한 죽음을 직면하게 된 아일랜드계 하녀에게도 찾아온 것 같았다." *New Brunswick Sunday Times*, June 22, 1930.

77 Brendan, *Life, Crimes, and Confession of Bridget Durgan, The Fiendish Murderess of Mrs. Coriel: Whom She Butchered, Hoping to Take Her Place in the Affections of the Husband of Her Innocent and Lovely Victim. The Only Authentic and Hitherto Unpublished History of Her Whole Life; And the Hideous Crime for Which She Was Executed at New Brunswick, N. J.*, p.43.

78 그 당시의 유명한 살인자로, 농장의 일꾼으로 일하다 주인 가족과 다른 고용인을 살해했다. 1866년, 8명의 피해자를 헛간으로 유인해 죽인 후 훔친 돈을 쓰다 체포되어 처형되었다.—옮긴이

79 Brendan, *Life, Crimes, and Confession of Bridget Durgan, The Fiendish Murderess of Mrs. Coriel: Whom She Butchered, Hoping to Take Her Place in the Affections of the Husband of Her Innocent and Lovely Victim. The Only Authentic and Hitherto Unpublished History of Her Whole Life; And the Hideous Crime for Which She Was Executed at New Brunswick, N. J.*, p.47.

80 *The Life and Confession of Bridget Dergan [sic], Who Murdered Mrs. Ellen Coriell, the Lovely Wife of Dr. Coriell, of New Market, N. J., to Which is Added Her Full Confession, and An Account of Her Execution at New Brunswick*, Philadelphia: Barclay, 1867, p.46. 이 소책자는 1881년에 재간행되었다.

81 미국의 가장 유명한 여성 살인자에 관한 정보는 방대하다. 나의 설명은 대부분 프랭크 버트의 공식 기록을 기반으로 하며, 버트의 기록은 매사추세츠대학교 애머스트캠퍼스에 마이크로필름 복사본으로 보관되어 있다. Frank H. Burt, *Trial of Lizzie Andrew Borden: upon an indictiment charging her with the murder of Abby Durfee Borden and Andrew Jackson Borden; before the Superior Court for the County of Bristol: Mason, C. J., and Blodgett and Dewey, J. J. Official stenographic report*, New Bedford, Mass.: 1893. 다만 문장의 인용은 좀 더 접근이 용이한 책을 참고했다. Edmund Lester Pearson (ed.), *Trial of Lizzie Borden: Edited, with a History of the Case*, Garden City, New York: Doubleday, Doran, 1937.

82 chaperone. 사교장에 함께 따라가서 보살펴 주는 사람으로, 대개 나이가 많은 부인이다.—옮긴이

83 미국의 저명한 밴더빌트 가문의 딸로 영국의 아홉번째 말버러 공작과의 결혼으로 공작 부인이 되었다. 미국 금박 시대(Gilded Age)의 사랑 없는 정략결혼의 사례로 유명했다.—옮긴이

84 제니 제롬은 미국인 출신의 영국 사교계 여성으로 랜돌프 처칠 경과 결혼해 훗날 영국의 총리 윈스턴 처칠의 어머니가 되었다.—옮긴이

85 Pearson, *Trial of Lizzie Borden: Edited, with a History of the Case*, p.153.

86 Pearson, *Trial of Lizzie Borden: Edited, with a History of the Case*, pp.156–158.

87   Pearson, *Trial of Lizzie Borden: Edited, with a History of the Case*, p.418.

88   Pearson, *Trial of Lizzie Borden: Edited, with a History of the Case*, p.413.

89   *New York Sun*, June 6, 1893, p.1; June 13, 1893, p.1.

90   *New York Sun*, June 14, 1893, p.3.

91   *New York Sun*, June 6, 1893, p.1. 또한 다음을 참조. Lombroso, Ferrero, *The Female Offender*, pp.147−191. 유명한 범죄학자는 이러한 특징을 '타고 태어난 범죄자' 여성의 전형으로 묘사한다.

92   *Fall River Daily Globe*, Aug. 5, 1892, p.7.

93   *New York Sun*, June 13, 1893, pp.1−2.

94   *New York Sun*, June 13, 1893, p.2.

95   *New York Sun*, June 6, 1893, p.1.

96   *Fall River Daily Globe*, May 13, 1893, p.8.

97   *New York Times*, June 8, 1893, p.8.

98   *New York Sun*, June 10, 1893, p.2.

99   Pearson, *Trial of Lizzie Borden: Edited, with a History of the Case*, p.194.

100 Pearson, *Trial of Lizzie Borden: Edited, with a History of the Case*, pp.306−307.

101 Transcript of the trial of Lizzie Borden, p.1,620.

102 Transcript of the trial of Lizzie Borden, p.1,680.

103 *Fall River Daily Globe*, Aug. 8, 1892, p.7.

104 *Fall River Daily Globe*, Aug. 16, 1892, p.8.

105 *Fall River Daily Globe*, Aug. 6, 1892, p.8.

106 Pearson, *Trial of Lizzie Borden: Edited, with a History of the Case*, p.255.

107 영문에서는 남성형 소유격(his)을 쓰고 있는데 이는 그 당시 법조인들이 폭력적인 살인을 남성의 전유물로 보았다는 견해를 암시한다.—옮긴이

108 Pearson, *Trial of Lizzie Borden: Edited, with a History of the Case*, p.312.

109 *New York Sun*, June 13, 1893, p.2. 강조는 저자의 것이다.

110 Pearson, *Trial of Lizzie Borden: Edited, with a History of the Case*, pp.356−357. 강조는 저자의 것이다.

111 미국에서 '소녀(girl)'라는 단어는 구어적으로 나이와 상관없이 쓰이는 경우가 많으며 애칭인 동시에 성인 여성에게는 멸칭이기도 하다.—옮긴이

112 Transcript of the trial of Lizzie Borden, pp.1,856−1,857.

113 *Fall River Daily Globe*, Aug. 29, 1892, p.8.

114 *New York Sun*, June 13, 1893, p.2.

115 *New York Times*, June 20, 1893, p.9. 강조는 저자의 것이다. 『뉴욕 타임스』가 부연한 더 긴 진술은 다음에서 찾을 수 있다. Pearson, *Trial of Lizzie Borden: Edited, with a History of the Case*, p.286.

116 *Fall River Daily Globe*, April 20, 1892, p.4.

117 *Fall River Daily Globe*, Aug. 15, 1892, p.7; Aug. 12, 1892, p.1.

118 *Boston Globe*, evening ed. Oct. 11, 1892, p.1.

119 Pearson, *Trial of Lizzie Borden: Edited, with a History of the Case*, p.286.

120 Transcript of the trial of Lizzie Borden, pp.1,618–1,619.

121 John H. Wigmore, "The Borden Case," 27 *American Law Review* 819, 1893, p.833. 강조는 저자의 것이다.

122 Pearson, *Trial of Lizzie Borden: Edited, with a History of the Case*, pp.297–298.

123 *New York Sun*, June 21, 1893, p.1.

124 *New York Sun*, June 13, 1893, p.2.

125 *New York Sun*, June 16, 1893, p.1.

126 Transcript of the trial of Lizzie Borden, p.1,743.

127 *Fall River Daily Globe*, Aug. 13, 1892, p.7.

128 *New York Sun*, June 11, 1893, p.1.

129 *Fall River Daily Globe*, Aug. 16, 1892, p.7.

130 Pearson, *Trial of Lizzie Borden: Edited, with a History of the Case*, p.326.

131 Pearson, *Trial of Lizzie Borden: Edited, with a History of the Case*, p.327; Transcript of the trial of Lizzie Borden, pp.1,757–1,758.

132 Transcript of the trial of Lizzie Borden, pp.1,776–1,777.

133 Pearson, *Trial of Lizzie Borden: Edited, with a History of the Case*, p.344.

134 Pearson, *Trial of Lizzie Borden: Edited, with a History of the Case*, pp.344–345. 강조는 저자의 것이다.

135 Pearson, *Trial of Lizzie Borden: Edited, with a History of the Case*, p.345. 강조는 저자의 것이다.

136 Transcript of the trial of Lizzie Borden, p.1,809.

137 *New York Times*, June 16, 1893, p.8.

138 Sullivan, *Goodbye, Lizzie Borden*, pp.218–234.

139 Transcript of the trial of Lizzie Borden, p.1,917; Sullivan, *Goodbye, Lizzie Borden*, pp.227, 231.

140 *Boston Globe*, June 21, 1893, p.4. 듀이의 언급은 보든에게 해당되는 자기부죄거부에 대한 수정 헌법 제5조의 보호를 위반한다. 그의 설명은 그 당시 위그모어 교수와 찰스 데이비스에 의해 공격받았다. Charles G. Davis, *The Conduct of Law in the Borden Case, with Suggestions of Changes in Criminal Law and Practice*, Boston: Boston Daily Advertiser, 1894. 최근에는 전(前) 매사추세츠 주 상급 법원 판사 로버트 설리번(Robert Sullivan)에 의해서도 공격받았다. 한편, 재판에서의 그의 행동을 비난하기는 했지만, 위그모어는 '재판이 응당 그래야만 하는 모범'이라는 말도 안 되는 선언을 했다. 27 *American Law Review* 819, 1893, p.835.

141 Victoria Lincoln, *A Private Disgrace: Lizzie Borden By Daylight*, New York: G. P. Putnam's Sons, 1967, pp.219–220.

142 Pearson, *Trial of Lizzie Borden: Edited, with a History of the Case*, p.327. 강조는 저자의

것이다.

143 *New York Times*, June 21, 1893, p.1.

144 *New York Sun*, June 21, 1893, p.2.

145 *New York Times*, June 21, 1893, p.4.

146 *New York Sun*, June 21, 1893, p.1.

147 *Boston Globe*, June 21, 1893, p.5.

148 Edwin H. Porter, *The Fall River Tragedy. A History of the Borden Murders*, Fall River, Mass.: author, 1893, p.80.

149 *New York Times*, June 21, 1893, p.2.

150 Pearson, *Studies in Murder*, New York: Macmillan, 1924, p.32.

151 Q. Patrick, "The Case for Lizzie, or A Theoretical Reconstruction of the Borden Murders," *The Pocket Book of True Crime Stories*, Anthony Boucher (ed.), New York: Pocket Books, 1943, p.254.

152 Marie Belloc Lowndes, *Lizzie Borden: A Study in Conjecture*, New York: Longmans, Green, 1939, p.178.

153 Charles Samuels, Louise Samuels, *The Girl in the House of Hate*, New York: Fawcett, 1953, pp.8–9; Lincoln, *A Private Disgrace: Lizzie Borden By Daylight*, pp.41–48.

154 Samuels, *The Girl in the House of Hate*, p.144.

155 앨리스 크리스티아나 애벗에 관해서는 다음을 참조. *New York Times*, May 25, 1867, p.1.

156 "Lizzie Borden Believed Innocent," *The Woman's Journal*, Aug. 20, 1892, p.270.

157 "A Flaw in the Jury System," *The Woman's Journal*, June 17, 1893, p.188.

158 Mary Livermore, "A Talk with Lizzie Borden"; rpt. *The Woman's Journal*, May 27, 1893, pp.162–163.

159 여성의 범죄율에 관해서는 다음을 참조. J. Sanderson Christison, *Crime and Criminals*, 2nd ed., Chicago: author, 1899, pp.12–13.

160 Samuels, *The Girl in the House of Hate*, p.18.

161 Agnes De Mille, *Lizzie Borden: A Dance of Death*, Boston: Little, Brown, 1968, p.134.

5 그게 교훈이 되도록

1 무성 영화에서 유성 영화로 넘어가던 1920년대에 미국에서 유명했던 배우.—옮긴이

2 최초로 뉴욕에서 파리까지 직항 비행을 한 것으로 유명한 비행사, 작가, 사회운동가.—옮긴이

3 '롱 카운트 파이트(Long Count Fight)'로도 알려진, 1927년 9월 22일에 있었던 세계 헤비급 챔피언 진 터니와 그 직전 챔피언인 잭 뎀프시의 경기. 십 라운드로 이루어졌고, 터니의 승리로 끝났다. 칠 라운드에서 터니가 쓰러졌을 때 뎀프시가 자신의 자리로 돌아가지 않아 카운트가 미뤄졌던 일로 이렇게 불린다. 이 일이

승패와 관련이 있는지는 확실치 않다.—옮긴이

4   Silas Bent, "The Hall-Mills Case in the Newpapers," *The Nation*, Dec. 8, 1926,
     pp.580–581; Bruce Bliven, "The Hall-Press-Mills Case," *The New Republic*, Dec. 1,
     1926, pp.39–40.

5   미국의 기자이자 단편소설 작가.—옮긴이

6   미국의 가십 전문 칼럼니스트이자 시나리오 작가.—옮긴이

7   미국의 전도사.—옮긴이

8   Charles Boswell, Lewis Thompson, *The Girl in Lover's Lane*, New York: Fawcett,
     1953, p.96.

9   Bliven, "The Hall-Press-Mills Case," p.40.

10   벌거벗긴 온 몸에 타르를 문지르고 깃털로 뒤덮어 버리는 처벌로, 비공식적인
     복수나 형 집행에서 수치심을 안기고 복종시키려 사용했다.—옮긴이

11   William M. Kunstler, *The Minister and the Choir Singer: The Hall-Mills Murder Case*,
     New York: William Morrow, 1964, pp.317–334.

12   flapper. 짧은 치마를 입고, 머리를 짧게 자르고, 재즈를 들으며, 사회 규범을
     경멸하며 조롱했던 1920년대의 젊은 여성.—옮긴이

13   샬럿 밀스의 사진과 이 말은 다음의 책에 다시 실렸다. Kunstler, *The Minister and the
     Choir Singer: The Hall-Mills Murder Case*, p.168.

14   재즈 음악과 춤이 재빠르게 미국 전역의 인기를 얻었던, 1920년대와 1930년대
     사이의 시기.—옮긴이

15   Robert S. Lynd, Helen Merrell Lynd, *Middletown, A Study in Contemporary American
     Culture*, New York: Harcourt Brace, 1929, pp.138–139; Phyllis Blanchard, Carlyn
     Manasses, *New Girls for Old*, New York: Macaulay, 1930, p.3.

16   Ernest R. Groves, *The American Woman: The Feminine Side of A Masculine Civilization*,
     New York: Greenberg, 1937, p.390.

17   Mrs. Henry W. Peabody, "Woman's Morality A Light Through the Ages," *Current
     History*, vol.19, no.4, Jan. 1924, pp.588–589.

18   Blanchard, Manasses, *New Girls for Old*, p.13.

19   Alice B. Stockham, *Karezza: Ethics of Marriage*, New York: R. F. Fenno, 1896.

20   Ellen Key, *Love and Ethics*, New York: B. W. Huebsch, 1911, pp.30–31.

21   Havelock Ellis, *Studies in the Psychology of Sex*, 1901; rpt. vol.I, part 2, New York:
     Random House, 1936, pp.250–251; *On Life and Sex: Essays of Love and Virtue*, 1922,
     1931; rpt. vol.I, New York: Garden City, 1937, p.112.

22   Margaret Sanger, *Happiness in Marriage*, New York: Brentano's, 1926, p.100.

23   William Fielding Ogburn, "Eleven Questions Concerning American Marriages,"
     Social Forces, vol.VI no.1, Sept. 1927, p.7; "The Family and Its Functions," *Recent
     Social Trends in the United States: Report of the President's Research Committee on Social
     Trends*, vol.II, New York: McGraw-Hill, 1933, p.687. 여성의 섹슈얼리티와 모성(즉,

이성애적인) 운명의 급작스러운 발견은 부분적으로 십구세기 후반의 여성들 간의 유대 관계의 증가에 대한 반응으로 나타났을 수 있는데, 이는 특히 교육받은 여성들 사이에서 결혼과 출생률이 감소하고 여성 단체가 늘어난 것에서 알 수 있다. 다음을 참조. Nancy F. Cott, *The Bonds of Womanhood, "Woman's Sphere" in New England, 1780–1835*, New Haven: Yale University Press, 1977, pp.160–196; William R. Taylor, Christopher Lasch, "Two 'Kindred Spirits': Sorority and Family in New England, 1839–1846," *New England Quarterly*, vol.XXXVI, 1963, pp.23–41.

24   Edward A. Ross, *The Social Trend* (1922) in *The American Woman: Who Was She?*, Anne Firor Scott (ed.), Englewood Cliffs, New Jersey: Prentice-Hall, 1971, pp.130–131.

25   Charles Franklin Thwing, "The Family at the Parting of the Ways," *Current History*, vol.19, no.4, Jan. 1924, p.591.

26   Ellen Key, *The Woman Movement*, trans. M. B. Barthwick, New York: G. P. Putnam's Sons, 1912, p.187; *The Century of the Child*, New York: G. P. Putnam's Sons, 1909, p.71.

27   Havelock Ellis, *The Task of Social Hygiene*, Boston: Houghton Mifflin, 1912, pp.65–66; Elaine Showalter (ed.), *These Modern Women: Autobiographical Essays from the Twenties*, Old Westbury, New York: Feminist Press, 1978, p.145.

28   Hannah Stone, Abraham Stone, *A Marriage Manual: A Practical Guide-book to Sex and Marriage*, New York: Simon & Schuster, 1939, p.3.

29   Robert C. Binkley, Frances Williams Binkley, *What Is Right with Marriage: An Outline of Domestic Theory*, New York: D. Appleton, 1929, p.52.

30   Sanger, *Happiness in Marriage*, p.196.

31   Marie Carmichael Stopes, *Married Love: A New Contribution to the Solution of Sex Difficulties*, 7th ed., London: G. P. Putnam's Sons, 1919, pp.127–128.

32   Havelock Ellis, *Man and Woman: A Study of Secondary and Tertiary Sexual Characters*, Boston: Houghton Mifflin, 1929, pp.v, 25, 461–469; Ellis, *The Task of Social Hygiene*, pp.101, 131.

33   Ellis, *The Task of Social Hygiene*, p.127.

34   Blanchard, Manasses, *New Girls for Old*, pp.175–184, 237.

35   Floyd Dell, *Janet March*, New York: Alfred A. Knopf, 1923, p.456.

36   Ferdinand Lundberg, Marynia F. Farnham, *Modern Woman: The Lost Sex*, New York: Harper & Bros., 1947, p.361.

37   Charlotte Perkins Gilman, "Toward Monogamy," *Our Changing Morality: A Symposium*, Freda Kirchwey (ed.), New York: A. & C. Boni, 1930, p.58.

38   Suzanne LaFollette, *Concerning Women*, New York: A. & C. Boni, 1926, p.96.

39   June Sochen, *The New Woman: Feminism in Greenwich Village, 1910–1920*, New York: Quadrangle, 1972, pp.52–60; Blanche Wiesen Cook (ed.), *Crystal Eastman on Women and Revolution*, New York: Oxford University Press, 1978, pp.29–30. '붉은 얼룩'이 온건한 사회주의 페미니스트들조차도 불신하도록 사용된 분석에 관해서는 다음을

참조. J. Stanley Lemons, *The Woman Citizen: Sicoal Feminism in the 1920s*, Urbana: Illinois University Press, 1975, pp.209–227.

40   Showalter, *These Modern Women: Autobiographical Essays from the Twenties*, p.143.

41   현대의 심리학적 견해에 관해서는 다음을 참조. Lundberg, Farnham, *Modern Woman: The Lost Sex*, p.196. 만개한 신프로이트적 해석을 가장 잘 드러내므로 1947년의 이 진술을 사례로 썼지만, 그 핵심은 무지한 페미니스트와 그들의 유별난 집착을 생색내듯 퇴짜 놓는 해블록 엘리스에게서 찾을 수 있다. 십구세기 결혼하지 못한, 억눌린 여성 참정권자들에 대한 말도 안 되는 믿음은 여전히 당연히 알 만한 사람들 사이에서도 지속되고 있다. 다음을 참조. "십구세기 페미니스트들은 여성에게 결혼과 공적인 삶이 모순된다는 걸 알지 못했다. 이후 그들은 그 둘이 상호 배타적이라는 것을 깨달았고 둘 중 하나를 선택해야 할 필요성을 받아들였다." Showalter, *These Modern Women: Autobiographical Essays from the Twenties*, p.5. 실제로 십구세기 여성 운동의 이름난 지도자들, 엘리자베스 케이디 스탠턴, 수전 앤서니, 루크레치아 코핀 모트, 마사 코핀 펠햄 라이트, 루시 스톤 블랙웰, 앤트와네트 브라운 블랙웰, 올림피아 브라운, 캐리 채프먼 캐트, 어니스틴 로즈, 마틸다 조슬린 게이지, 클라리나 아이린 하워드 니콜스 부인, 해리엇 스탠턴 블래치 모두 (앤서니를 제외하고) 최소 한 번 이상 결혼했다. 앤서니와 로즈를 제외하고는 모두 자녀가 있었고 앤서니는 많은 시간을 케이디 스탠턴을 보살피며 보냈다.

42   소년 사법 제도에 대한 상세한 분석에 관해서는 다음을 참조. Anthony M. Platt, *The Child Savers: The Invention of Delinquency*, Chicago: University of Chicago Press, 1969, pp.9–10. 마지막으로 한 번 더 그는 모성적 정의의 체계가 고안된 것은 여자의 탓이라고 쐐기를 박았다. 많은 여자들이 자연스럽게 소년 사법 제도에서 일자리를 찾았는데, 왜냐하면 간호나 교육, 그리고 다른 양육에 관련된 일처럼 사회 복지 역시 여성의 영역의 합법적인 연장선으로 여겨졌기 때문이다. 플랫은 아이와 하층 계급의 가족을 수혜자가 아니라 제도의 희생자로 보았다. 그러나 그와 동시에 모든 계급의 여자들이 그 제도로 인해 희생자가 되는 것은 이해하지 못했다.

43   Lundberg, Farnham, *Modern Woman: The Lost Sex*, p.305; '모미즘'(1942년 필립 와일리가 어머니의 과한 애정과 자식에 대한 지배욕을 비난하기 위해 만든 조어.─ 옮긴이)에 대한 가장 인기있고 영향력있는 비난에 관해서는 다음을 참조. Philip Wylie, *Generation of Vipers*, New York: Holt, Rinehart and Winston, 1942.

44   William J. Fielding, "The Art of Love," *Sex in Civilization*, V. F. Calverton, S. D. Schmalhausen (eds.), New York: Macaulay, 1929, p.652; Sanger, *Happiness in Marriage*, p.125; Ellis, *Studies in the Psychology of Sex*, vol.I, part 2, pp.239–246; Ellis, *Sex in Relation to Society*, London: W. Heinemann, 1937, p.419; Stone, *A Marriage Manual: A Practical Guide-book to Sex and Marriage*, p.227.

45   Ellis, *Studies in the Psychology of Sex*, vol.I, part 2, p.239n.

46   루스 스나이더 사건은 신문에서 크게 다뤄졌다. 나는 좀 더 사실에 관심을 기울인 뉴욕 주요 일간지 보도에 기반해 썼으며, 뉴욕 대중 신문의 보도로 정보를 보충했다.

47 이탈리아계 이민자이자 무정부주의자인 사코와 반제티는 1920년 매사추세츠
   주의 공장에 무장 강도로 들어가 2명의 직원을 죽이고 칠 년 후 사형당했다.
   무정부주의자, 이탈리아 이민자에 대한 편견으로 인해 사형 집행이 이루어졌다고
   평가된다.─옮긴이

48 *New York Herald Tribune*, March 24, 1927, p.10.

49 *New York Daily Mirror*, March 24, 1927, p.4.

50 *New York Herald Tribune*, March 25, 1927, p.15.

51 *New York Post*, March 23, 1927, p.7.

52 *New York Times*, Oct. 19, 1922, p.2.

53 *New York Herald Tribune*, April 13, 1927, p.2.

54 *New York Daily Mirror*, April 21, 1927, p.6.

55 *New York Post*, May 3, 1927, p.8.

56 *Outlook*, May 18, 1927, p.75.

57 *New York Herald Tribune*, March 24, 1927, p.10.

58 *Outlook*, May 18, 1927, p.75.

59 *New York Herald Tribune*, March 24, 1927, p.16.

60 *New York Daily Mirror*, May 6, 1927, p.18.

61 이때의 '무자비한(Ruthless)'은 또한 '루스(Ruth)'가 '없다(less)'는 의미의
   말장난이기도 하다.─옮긴이

62 *New York Daily Mirror*, March 21, 1927, p.3. 또한 1927년 3월 24일 자 뒤표지를 참조.
   이 모든 표현들은 반복적으로 사용되었다. 마지막으로는 아이린 쿤(Irene Kuhn)이
   다음에 실린 칼럼에서 사용했다. *New York Daily Mirror*, May 3, 1927, p.6.

63 *New York Post*, April 27, 1927, pp.1, 10; April 28, 1927, p.1.

64 *New York Herald Tribune*, March 24, 1927, p.10.

65 로마 황제 클라우디우스의 세번째 부인으로 방탕함과 난교로 유명했다.
   남편에 대한 반역을 꾀해 처형되었다. 방탕함과 난교는 후대에 과장된 소문이었다고
   여겨진다.─옮긴이

66 미국의 정치인, 종교 지도자, 식민주의자로 모르몬교의 2대 교주.─옮긴이

67 *New York Daily Mirror*, March 26, 1927, p.4.

68 *New York Daily Mirror*, April 23, 1927, p.3.

69 *New York Daily Mirror*, May 7, 1927, p.7.

70 *New York Daily Mirror*, May 10, 1927, p.4.

71 *New York Herald Tribune*, March 22, 1927, p.12.

72 *New York Herald Tribune*, March 23, 1927, p.12.

73 *New York Herald Tribune*, April 16, 1927, p.2.

74 *New York Herald Tribune*, March 23, 1927, p.12.

75 *New York Herald Tribune*, April 17, 1927, p.13.

76 *New York Daily Mirror*, May 10, 1927, p.9. 이 판본이 내가 본, 이 사건에 대한 이후의

모든 설명에 씌어진 이야기다. 루퍼트 퍼노의 '무해한 작은 남자를 사악한 살인자가 되도록 몰아붙인 교외 주부 이야기'가 전형적이다. Rupert Furneaux, *Courtroom USA 2*, Baltimore: Penguin, 1963, p.82.

77 *New York Daily Mirror*, April 22, 1927, p.4; *New York Herald Tribune*, April 21, 1927, p.12.

78 *New York Daily Mirror*, March 26, 1927, p.4; May 7, 1927, p.3.

79 *New York Post*, May 3, 1927, p.8.

80 *New York Daily Mirror*, April 15, 1927, p.19.

81 Samuel D. Schmalhausen, V. F. Calverton (eds.), "Woman's Sexual Nature," *Woman's Coming of Age: A Symposium*, New York: Horace Liveright, 1931, p.232.

82 *New York Post*, April 28, 1927, p.19.

83 *New York Post*, April 28, 1927, p.19.

84 *New York Daily Mirror*, May 5, 1927, p.11.

85 *New York Daily Mirror*, May 7, 1927, p.6.

86 *New York Daily Mirror*, April 29, 1927, p.31

87 *New York Daily Mirror*, May 2, 1927, p.3.

88 *New York Post*, April 22, 1927, p.6.

89 *New York Daily Mirror*, May 2, 1927, p.3.

90 *New York Post*, May 9, 1927, p.1.

91 *New York Daily Mirror*, April 22, 1927, p.35. 같은 호의 37쪽에서 독자들은 연재 만화로 실리는 시어도어 드라이저(Theodore Dreiser)의 소설 『미국의 비극(An American Tragedy)』 속 클라이드 그리피스의 어머니가 뱉는, 죄의식으로 가득한 유사한 비탄을 찾을 수 있었다.

92 *New York Daily Mirror*, May 5, 1927, p.12.

93 *New York Daily Mirror*, May 10, 1927, p.9.

94 *New York Daily Mirror*, May 5, 1927, p.11.

95 「루스의 마지막 이야기(Ruth's Last Story)」는 『뉴욕 데일리 미러』 앞면에서, 1928년 1월 6일에서 12일까지 연재되었다.

96 *New York Daily Mirror*, Jan. 6, 1928, p.3. 기자의 질문에 관해서는 다음을 참조. *New York Daily Mirror*, May 18, 1927, p.4.

97 *New York Daily Mirror*, March 30, 1927, p.4.

98 *New York Herald Tribune*, April 13, 1927, p.2.

99 *New York Daily Mirror*, May 9, 1927, p.6.

100 *New York World*, Jan. 11, 1928, p.1.

101 *New York Times*, Jan. 14, 1928, p.16.

102 1922년에 평등법 개정에 반대하며 아이린 오스굿 앤드루스(Irene Osgood Andrews)가 한 말로, 다음에 인용되었다. Ann J. Lane (ed.), *Mary Ritter Beard: A Sourcebook*, New York: Schocken Books, 1977, p.25.

103 *New York Daily Mirror*, May 5, 1927, p.11.

104 *New York Daily Mirror*, May 10, 1927, p.1; May 11, 1927, p.15.

105 *New York World*, Jan. 13, 1928, p.1.

106 *New York Daily News*, extra ed., Jan. 13, 1928, p.1. 또한 다음을 참조. *New York Sun*, Jan. 13, 1928, p.16.

107 *New York Sun*, Jan. 13, 1928, p.16.

108 성경의 마태복음 5장에 기록된 예수의 여덟 가지 행복에 대한 설교.—옮긴이

109 *New York Daily Mirror*, April 29, 1927, p.27.

110 *New York Daily Mirror*, May 13, 1927, p.21.

111 *New York Post*, Jan. 13, 1928, p.3.

112 *New York Herald Tribune*, Jan. 13, 1928, p.10.

113 *New York Daily Mirror*, Jan. 11, 1928, p.10.

114 *New York Times*, Jan. 12, 1928, p.29.

115 *New York Daily Mirror*, Jan. 13, 1928, p.2, back page; *New York Times*, March 6, 1928, p.9.

116 *New York Times*, March 7, 1928, p.2.

117 *New York Times*, March 29, 1928, p.21.

118 *New York Times*, May 14, 1928, p.23; May 15, 1928, p.16; May 16, 1928, p.8. 또한 그녀는 이바 오스틴(Iva Austin)으로, 그리고 그녀의 연인은 아서 베도(Arthur Bedore)나 바도(Badour)라는 다른 이름으로 등장하기도 했다.

119 *New York Times*, Aug. 10, 1934, p.1.

120 메리 프랜시스 크레이턴에 관한 내용은 『뉴욕 타임스』 기사에 기반했다. 특히 다음을 참조. Oct. 7, 1935, p.1; July 16, 1936, p.8; July 17, 1936, pp.1, 18.

121 Betty Friedan, *The Feminine Mystique*, New York: Dell, 1963, pp.11–27.

122 "The Armored Lady," *Time*, Feb. 4, 1966, p.43.

123 "Crime: The Candy Trial," *Newsweek*, March 14, 1966, p.35.

124 *Time*, Feb. 4, 1966, p.43; "Press: Stale Candy," *Newsweek*, March 14, 1966, p.64.

125 캔디스의 애칭이자 '사탕'의 영어인 '캔디(candy)'로 말장난을 한 것.—옮긴이

126 *Miami Herald*, July 2, 1964, p.1.

127 *Miami Herald*, July 8, 1964, p.1.

128 *Newsweek*, March 14, 1966, p.64.

129 L. H. Lapham, "The Trials of Candy and Mel," *Saturday Evening Post*, Sept. 10, 1966, p.46. 재판에 대한 이 보도는 다음의 책에 수록되었다. Lewis H. Lapham, *Fortune's Child*, New York: Doubleday, 1980, pp.31–69.

130 *New York Daily News*, March 7, 1966, p.3.

131 "Memories of Murder Case Draw Many to Sale," *New York Times*, April 5, 1977, p.20.

132 Joe Morella, Edward Z. Epstein, *Lana*, New York: Dell, 1971, pp.166–206. 배우 라나 터너의 딸 셰릴 크레인(Cheryl Crane)은 1958년 4월 4일 자기 어머니의 침실에서 조니 스톰파나토(Johnny Stompanato)를 찔렀다. 검시 배심원은 스톰파나토의

죽음을 정당방위로 판결했고 검찰은 기소하지 않았다.

133 Morella, Epstein, *Lana*, pp.247–248.

134 Kenneth Gross, *The Alice Crimmins Case*, New York: Alfred A. Knopf, 1975, p.17.

135 Gross, *The Alice Crimmins Case*, p.ix.

136 Gross, *The Alice Crimmins Case*, p.viii.

137 Gross, *The Alice Crimmins Case*, p.122.

138 Gross, *The Alice Crimmins Case*, pp.29, 69–70.

139 Kenneth Gross, "Crimmins," *Newsday*, April 10, 1971, p.14W.

140 West Peterson, "Sexpot on Trial," *Front Page Detective*, Sept. 1968, p.44.

141 Files of the *New York Daily News*; *Daily News*, April 24, 1971, p.3.

142 *New York Times*, March 29, 1971, p.54.『뉴욕 타임스』기자 레이시 포스버그는 그녀에 대해 쓰면서 익숙한 비하적 용어를 단 한 번도 쓰지 않은 유일한 신문 기자였다. 그녀가『뉴욕 타임스』를 떠나고 남성 기자가 사건을 이어 받자, 그 신문에서는 처음으로 크리민스는 '전 칵테일 웨이트리스'가 되었다. Lacey Fosburgh, *New York Times*, Feb. 26, 1975, p.34.

143 Gross, *The Alice Crimmins Case*, p.230.

144 *Newsday*, April 10, 1971, p.13W; Gross, *The Alice Crimmins Case*, p.259.

145 *New York Times*, April 24, 1971, p.30.

146 다음을 참조. *New York Times*, April 24, 1971, pp.1, 30; *New York Daily News*, April 24, 1971, pp.3, 10. 사건에 관한 자신의 책에서 그로스는 헬펀이 검사로부터 압박을 받으면서 가능한 사망 시간을 좁히려고 최초의 결론을 바꿨다고 비난했다. Gross, *The Alice Crimmins Case*, pp.65, 124–125. 헬펀은 과학적 분리를 주장하면서, 그 비난을 가리켜 '터무니없는 소리'라고 말했다. Milton Helpern, Bernard Knight, *Autopsy: The Memoirs of Milton Helpern, the World's Greatest Medical Detective*, New York: St. Martin's Press, 1977, pp.120–121.

147 *New York Times*, Feb. 26, 1975, p.34.

148 George Carpozi, Jr., *Ordeal by Trial: The Alice Crimmins Case*, New York: Walker, 1972, p.79.

149 *New York Daily News*, Aug. 11, 1968, M1.

150 Susan Brownmiller, of New York Radical Feminists, interview, Feb.1, 1979.

151 Gross, *The Alice Crimmins Case*, p.x.

152 *Newsday*, April 10, 1971, p.14W.

153 *New York Times*, March 20, 1977, p.45.

154 *New York Times*, Sept.8, 1977, p.A1.

155 *New York Post*, Aug. 22, 1977, pp.1–7.

156 *New York Post*, Aug. 23, 1977, p.1.

157 *New York Daily News*, Aug. 24, 1977, p.4.

158 *New York Daily News*, Sept. 8, 1977, p.3.

159 Carpozi, *Ordeal by Trial: The Alice Crimmins Case*, p.323. 아마 그녀는 확실히 유죄로
기억될 것이다. 사건에 관한 책을 쓴 두 기자 중에서, 케네스 그로스는 그녀가
유죄가 아니라고 보았고, 조지 카포지는 그녀에 대한 기소가 증명되지 않았다고
보았다. 책의 330쪽에서 그는 다음과 같이 말한다. "앨리스 크리민스가 자신의
아이들을 죽였다고 확신하지 않는다. 그녀가 하지 않았다고도 확신하지 않는다."
투스데이 웰드(Tuesday Weld)가 주연한 텔레비전 영화는 크리민스라는 인물에
동정적이었다. 그러나 사건의 가장 인기있는 판본이자, 아주 얄팍한 픽션의 껍질을
쓴 이야기인 도러시 어낵의 판본은 주인공 키티 킬러(Kitty Keeler)를 유죄로 그린다.
Dorothy Uhnak, *The Investigation*, New York: Simon & Schuster, 1977. 이 책은 판매
중인 하드커버 가운데 베스트셀러였고 세 군데의 큰 북 클럽이 중요하게 선택한
책이었으며 페이퍼백(New York: Pocket Books, 1977) 저작권이 158만 5천 달러에
팔렸을 때 소프트커버 중에서도 베스트셀러였다. 또한 다음을 참조. *New York Post*,
April 18, 1977, p.6. 대부분의 사람들은 이 책의 이야기를 통해 앨리스 크리민스를
'알고' 있다.

6 여자 부수기

1   제임스와 프랜신은 이혼했지만 같이 살고 있었다.

2   Michael Hirsley, "Battered ex-wife becomes new murder trial cause," *Chicago
Tribune*, sec. 1, Sept. 11, 1977, p.22.

3   "Newsletter of the Francine Hughes Defense Committee," n.d., p.1.

4   아칸소, 델라웨어, 아이오와, 하와이, 오리건 주는 강간에 관한 법령에서 배우자
강간에 대한 처벌을 면제하는 조항을 없앴고, 뉴저지 주는 배우자 강간을 포함하기
위해 강간법을 개정했다. 1979년 9월 21일 매사추세츠 주의 제임스 크레틴(James
K. Chretien)에 대한 강간 유죄 판결은 미국에서의 첫번째 배우자 강간 유죄
판결이었다. *Response to Violence in the Family*, (newsletter of the Center for Women
Policy Studies), November 1979, p.4.

5   Susan Brownmiller, *Against Our Will: Men, Women and Rape*, New York: Simon &
Schuster, 1975, p.209.

6   Del Martin, *Battered Wives*, New York: Pocket Books, 1977, pp.197–254. 이 책은
피난처 운동에 대한 자세한 설명과 참여 방식을 서술한다.

7   "Cops and Couples," *Newsweek*, July 8, 1974, p.79.

8   Maritn, *Battered Wives*, p.20.

9   "Battered Women," *Newsweek*, Feb. 2, 1976, p.47.

10 Betsy Warrior, "Battered Lives," *The Second Wave*, vol.4 no.2, Fall 1975, p.8; Louan
Moody, "Legal Control of Discrimination," Unpublished report for the Lincoln-
Lancaster (Nebraska) Commission on the Status of Women, Task Force on
Abused Women, Dec. 8, 1976, p.3.

주(註)

11 Martin, *Battered Wives*, pp.15−16.

12 Margo Huston, "Abused Women: Who's at Fault," *Milwaukee Journal*, Jan. 26, part 2, 1976, p.4.

13 Roger Langley, Richard C. Levy, *Wife Beating: The Silent Crisis*, New York: Pocket Books, 1977.

14 Moody, "Legal Control of Discrimination," p.2.

15 *Bradley v. State*, 2 Miss. (Walker) 156, 158 (1824); *State v. Black*, 60 N. C. 162, 163, 86 Am. Dec. 436 (1864); *Harris v. State*, 71 Miss. 462, 464, 14 So. 266 (1894); Stedman, *Right of Husband to Chastise Wife*, 3 Va. L. Reg., n.s., 241 (1917); Sue E. Eisenberg, Patricia L. Micklow, "The Assaulted Wife: 'Catch 22 Revisited,'" *Women's Rights Law Reporter* 138, vol.3, 1977, pp.138−139.

16 예를 들어 다음의 문헌에서는 '이혼의 부재'가 곧장 가정에서의 살해를 야기한다고 주장한다. *HWS*, vol.I, p.730. 또한 다음의 옛이야기는 익숙한 현대의 방식을 따르고 있다. 1847년 뉴욕 주 화이츠버러의 오십세 정도의 메리 런클(Mary Runkle)은 오후 다섯시부터 그녀를 주먹으로 치고, 발로 차고, 목을 조르는 남편에 맞서 한밤중까지 주먹으로 싸우다 그를 죽였다. 그녀는 "살해할 의도는 없었지만 그의 공격으로부터 나를 보호하려고 그랬다"(p.30)고 주장했다. 그녀는 교수형에 처해졌다. *Life and Confession of Mary Runkle Who Was Condemned and Sentenced to be Executed at Whitesboro, Oneida Co., N.Y. on the 9th day of November 1847, for the Murder of her Husband, John Runkle*, Troy, New York: J. C. Kneeland, 1847.

17 Gay Search, "London: Battered Wives," *Ms.*, June 1974, pp.24−26.

18 Karen Durbin, "Wife-Beating," *Ladies' Home Journal*, June 1974, pp.62−72.

19 *Newsweek*, July 8, 1974, p.79.

20 Eisenberg, Micklow, "The Assaulted Wife: 'Catch 22 Revisited,'" *Women's Rights Law Reporter* 138.

21 Marj Jackson Levin, "The Wife Beaters," *McCall's*, June 1975, p.37.

22 Ricki Fulman, "Wife Abuse," *New York Daily News*, June 10, 1975, p.44.

23 *Newsweek*, Feb. 2, 1976, p.47.

24 Susan Edmiston, "The Wife Beaters," *Woman's Day*, March 1976, pp.61, 110−111.

25 "The Battered Wife, and Expert Says, Can Be Found in Millions of American Homes, Rich and Poor," *People*, May 3, 1976, pp.35−38.

26 Joseph N. Bell, "New Hope for the Battered Wife," *Good Housekeeping*, July 1976, pp.94−95, 133−138.

27 Judith Gingold, "One of These Days-POW Right in the Kisser"; "Ms. Gazette," *Ms.*, Aug. 1976, pp.51−52, 95−98.

28 "Unforgettable Letters From Battered Wives," *Ms.*, Dec. 1976, pp.97−100.

29 *People v. Garcia*, Cr. No.4259 (Superior Court, Monterey County, Cal. 1977); *State v. Little*, 74 Cr. No.4176 (Superior Court, Beaufort County, N. C. 1975); *State v. Wanrow*,

88 Wash. 2d 221, 559 P. 2d 548, (1977). 이 사건들을 비롯해 여성 피고인이 정당방위 항소를 한 다른 많은 사건들에 관해서는 다음을 참조. Elizabeth M. Schneider, Susan B. Jordan, "Representation of Women Who Defend Themselves in Response to Physical or Sexual Assault," *Women's Rights Law Reporter* 149, vol.4, 1978. (이 중요한 글들의 사본은 다음의 문헌에서 볼 수 있다. Women's Self-Defense Law Project, Center for Constitutional Rights, 853 Broadway, 14th Floor, New York, N. Y. 10003.) 또한 다음을 참조. Women's Self-Defense Law Project, *Representation and Support of Women Who Defend Themselves Against Physical or Sexual Assault*, Charlottesville, Va.: Michie, 1980.

30   *State v. Wanrow, supra* 559 P. 2d 548 (1977) pp.558–559. 또한 다음을 참조. Jennifer Marsh, "Women's Self-Defense Under Washington Law—*State v. Wanrow*, 88 Wn. 2d 221, 559 P. 2d 548 (1977)," 54 *Washington Law Review* 221, 1978. 법을 진술하면서 여성형을 쓰는 것만으로도 관점을 바꿀 수 있다. 일급 살인으로 기소된 '사우스캐롤라이나 주 대 신시아 허토(South Carolina v. Cynthia Hutto)' 재판에서 판사는 배심원에게 "여성의 가정은 그녀의 성이다(a woman's home is her castle)"라고 설명했다. 그녀는 무죄로 풀려났다. 그러나 '플로리다 주 대 마사 허친슨(Florida v. Martha Hutchinson)' 사건에게 판사는 완로 법정에서 제안한 식으로 정당방위 법령을 해석하는 것을 거부했고, 그에 따라 아내 학대가 이루어졌다는 실질적인 증거를 인정하지 않는다고 결정했다. 허친슨은 이급 살인으로 유죄 판결을 받고 십오 년 형을 선고받았다. (Responses to defense attorney questionnaires, Files of the Women's Self-Defense Law Project.)

31   록산 게이에 관해서는 다음을 참조. Lynne Baranski, "A Pro Football Player is Stabbed to Death, and Wife Abuse is Roxanne Gay's Defense," *People*, Oct. 24, 1977, pp.34–35; "The Case of Roxanne Gay," *Ms.*, Nov. 1977, p.19.

32   "Murder charges dropped against gridder's wife," *Bergen (New Jersey) Record*, March 12, 1978, p.A16.

33   "Francine Hughes Defense Committee Newsletter"; Linda Grant, "Self Defense Standard at Stake in Michigan Trial," *In These Times*, Aug. 10–16, 1977, p.6.

34   Hirsley, "Battered ex-wife becomes new murder trial cause," p.22.

35   법원은 시종일관 경범죄 폭행은 치명적인 무력에 의존하지 않고 견뎌야만 하는 것으로 판결했다. 여러 건의 살인 사건에서, 중범죄 아내 구타 폭행에 저항하는 것을 방어 행위로 보지 않기로 판결했는데, 이유는 "정당한 살인으로 법령에 의해 고려되는 중범죄는 (…) 사적인 폭행보다 더 위험한 것이며 (…) 남편이 아내를 구타하는 것을 중범죄로 만든 법적인 목적은 가정에서 폭력에 의존하도록 촉진하기 위함이 아니라 가정의 분쟁을 축소하기 위함이기 때문이다." *People v. Jones*, 191 Cal. App. 2d 478, 12 Cal. Rep. 777 (1961). *State v. Copley*, 101 Ariz. 242, 218 P. 2d 579 (1966). 이 두 사건 모두에서 정당방위로 행동한 매 맞는 여자들은 유죄 판결을 받았는데 테리사 존스(Theresa Jones)는 과실치사로, 밀드러드 코플리(Mildred

Copley)는 일급 살인으로 형을 선고받았다.

36 "Ferns Hail Her Acquittal for Slaying Ex-Husband," *New York Daily News*, Nov. 5, 1977, p.4.

37 "ABC Saturday News" with Sylvia Chase and Tom Jarriel, Sept. 3, 1977.

38 Transcript of "The Stanley Siegel Show," WABC TV, New York, Nov. 11, 1977, pp.15, 22–23.

39 Hirsley, "Battered ex-wife becomes new murder trial cause," p.22.

40 "Wife Cleared in Ex-Mate's Death," *Bergen (New Jersey) Record*, Nov. 4, 1977.

41 *Washington Post*, Dec. 4, 1977, pp.B1–2.

42 "A Killing Excuse," *Time*, Nov. 28, 1977, p.108.

43 "Wives Who Batter Back," *Newsweek*, Jan. 30, 1978, p.54. 그 질문은 법 또한 괴롭혔다. 다음을 참조. Marilyn Hall Mitchell, "Does Wife Abuse Justify Homicide?" 24 *Wayne Law Review*, 1978, p.1,705. 미첼은 "'매 맞는 아내' 변론을 정당방위에 견주어 성립시키는 건 (…) 자경대들의 정의 같은 걸 유효화할 뿐 아니라 (…) 실질적인 성차별 등급을 만들어내는 것이다"(p.1,731)라고 주장했다.

44 "Judge Reflects on Steele Case: State Ruling 'Clearer Landmark,'" *Bismarck (North Dakota) Tribune*, Nov. 4, 1977.

45 John O. Hjelle, "The Abused and Threatened," *Bismarck Tribune*, Nov. 5, 1977.

46 Katherine L. Hatton. "A right to defend myself," Cleveland *Plain Dealer*, May 15, 1978, p.11A. 토머스 사건의 결말에 대해서는 다음을 참조. "Battering-defense fails; Ms. Thomas is guilty of murder," *Plain Dealer*, June 21, 1978, pp.1, 9A. 헤일의 유죄 판결에 대해서는 다음을 참조. *Plain Dealer*, June 8, 1978, p.6.

47 Nadine Joseph, "When battered wife turns killer juries often sympathize," *Bergen (New Jersey) Record*, p.A1. Undated clip in files of Women's Action Alliance.

48 Andrea Dworkin, "The Bruise that Doesn't Heal," *Mother Jones*, July 1978, pp.31–36; Karen Lindsey, "When Battered Women Strike Back: Murder or Self-Defense," *Viva*, Sept. 1978, pp.58–59, 91–94.

49 Joseph, "When battered wife turns killer juries often sympathize," *Bergen (New Jersey) Record*; Peter S. Greenberg, "Thirteen Ways to Leave Your Lover," *New Times*, Feb. 6, 1978, p.6; "Battered Wives and Self-Defense Pleas," *Washington Post*, Dec. 4, 1977, pp.A1, A14; Laura Meyers, "Battered Wives, Dead Husbands," *Student Lawyer*, March 1978, pp.47–51; Anna Quindlen, "Women Who Kill Their Spouses: The Causes, the Legal Defenses," *New York Times*, March 10, 1978, p.B4. 균형을 맞춘다고 하지만 오로지 무죄 석방만을 다룬 법 평론 기사인 미첼의 기사 또한 참조. Mitchell, "Does Wife Abuse Justify Homicide?" 24 *Wayne Law Review*, 1978, p.1,705.

50 Quindlen, "Women Who Kill Their Spouses: The Causes, the Legal Defenses," p.B4.

51 Tom DeVries, *New West*, March 12, 1979, pp.48–66.

52 Bonnie Remsberg, Charles Remsberg, *Family Circle*, April 24, 1979, pp.58–60, 152–55.

53 "Abused Spouse Acquitted," *Washington Post*, April 12, 1979, p.A7. 또한 다음을 참조. "Woman in Michigan is Freed in Slaying," *New York Times*, April 15, 1979, p.28. 모닉, 앨런, 모리스, 파월의 유죄 판결은 각각 다음 글에서 인용되었다. Jane Myers, "The Beaten Wife," *Ann Arbor (Michigan) News*, Sept. 18, 1975; Lindsey, "When Battered Women Strike Back: Murder or Self-Defense," *Viva*, p.93; Files of the Women's Self-Defense Law Project; Fred Gaskins, "Jury finds Powell guilty of murder," *Ithaca (New York) Journal*, March 22, 1979.

54 Richard Sypher, "Woman handed 10 years for slaying boyfriend, 24," *Tacoma (Washington) News-Tribune*, Nov. 29, 1977; Murray Dubin, "Mrs. McKendrick found guilty," *Philadelphia Inquirer*, Dec. 3, 1977, p.1; Deborah McBride, "Thatcher [sic] case raises questions," *The Spokesman Review* (Spokane, Wash.), Jan. 15, 1978; letter to author from Carol Ann Wilds, April 13, 1979. 샤론 크리글러의 판결은 1979년 7월 13일 항소 법원에서 뒤집어졌다. 23 Wash. App. 716, 598 P. 2d 739 (1979).

55 『뉴스위크』는 론 이글이 "비록 빗자루 손잡이로 한 번 맞았다고 살해당할 위험은 거의 없었음에도" 무죄로 풀려났다고 언급했다. *Newsweek*, Jan. 30, 1978, p.54. 이 보도에서 주목해야 할 부분은 남편이 겨우 **단 한 대를** 때렸을 것이라는 추정이다.

56 "Battered Woman: Vindictive Sentence in Md," *The Guardian*, July 26, 1978.

57 콘토스, 퀼스, 패트리, 허친슨의 유죄 판결은 각각 다음 글에서 인용되었다. Lindsey, "When Battered Women Strike Back: Murder or Self-Defense," *Viva*, p.93; "Killed Husband: Jury Convicts 'Beaten Wife'" *Tennessean*, Dec. 11, 1977; Pat Hensel, "Patri Defense Claims Victory," *Milwaukee Journal*, Dec. 16, 1977, p.1; Files of the Women's Self-Defense Law Project.

58 Files of the Women's Action Alliance and the Women's Self-Defense Law Project. 제인 토트먼은 배우자를 죽이고 캘리포니아 주 교도소에 수감된 30명의 여자 중 28명이 "피해자로부터 당해서는 안 될 불합리한 신체적, 언어적인 굴욕이라고 그들이 정의 내린 일을 당해" 왔다고 밝혔다. Jane Totman, *The Murderess: A Psychosocial Study of Criminal Homicide*, San Francisco: R and E Research Associates, 1978, p.48.

59 "Jennifer Patri Defense Committee Fact Sheet," n.d.; Alan Eisenberg, telephone interview, June 4, 1979. 또한 『밀워키 저널(Milwaukee Journal)』과 『워파카 위스콘신 포스트(Waupaca Wisconsin Post)』의 보도를 참고했다.

60 Annie Laurei Gaylor, "Battered woman fights fears," *Daily Cardinal*, Madison, Wis.), Sept. 28, 1977, p.1.

61 *Time*, Nov. 28, 1977, p.108.

62 Hensel, "Sheriff Says Patri Never Hit Wife," *Milwaukee Journal*, Dec. 9, 1977, p.18. 강조는 저자의 것이다.

주(註)

63   Hensel, "Patri Was a Violent Man Jury Told," Milwaukee Journal, Dec 11, 1977, p.25; "Mrs. Patri Veers From Earlier Stories," *Milwaukee Journal*, Dec. 13, 1977, p.14. 심리학 용어로 '일시적 기능 장애(episodic dysfunction)'인 해리 상태에 **빠져들어**, 여자들은 종종 기억하지 못했다. 정당방위로 남편을 쏜 후, 다이앤 바슨은 시신을 토막 낸 뒤 쓰레기봉투에 담아 자신의 차 트렁크에 넣고 텍사스 주에서 캘리포니아 주로 운전해 갔고, 그곳에서 자살을 시도했다. 살인이라는 생각할 수도 없는 사실을 감당하지 못하는 여자의 무력함에서 비롯된 이 기이한 행동은 냉혈한 도살처럼 **보인다.** (극한적인 상황에서 정당방위로 행동한 게 분명했던 바슨은 무죄로 풀려났다.) Files of the Women's Self-Defense Law Project.

64   *Newsweek*, Jan. 30, 1978, p.54 위스콘신 주에 두 건의 유사한 사건이 있었기에 낙관적이었다고 아이젠버그 변호사는 공공연하게 인정했다. 1974년 베티 진 카터에 대한 기소가 살인에서 과실치사로 바뀌어 집행유예를 받은 사건, 그리고 1975년 에바 메이 헤이굿이 무죄로 풀려난 사건이었다. 패트리의 유죄 판결은 '닳고 닳은 도시인' 때문이라기보다는 앞서 일어난 그런 '새로 유행하는' 결정의 반동이었을 것이다. 다음을 참조. Myra MacPherson, "Battered Wives and Self-Defense Pleas," *Washington Post*, Dec. 4, 1977, pp.A1, A14.

65   "Jury Finds Mrs. Patri Guilty of Arson Charge," *Milwaukee Journal*, Dec. 11, 1978, p.15; "Mrs. Patri Mentally Ill and Needs Care, Jury Says," *Milwaukee Journal*, Dec. 12, 1978, p.11.

66   Richard J. Gelles, "Abused Wives: Why Do They Stay?" *Journal of Marriage and the Family*, vol.38, Nov. 1976, pp.659–668; rpt. *Family Violence*, Beverly Hills, Ca.: Sage, 1979.

67   Lenore E. Walker, *The Battered Woman*, New York: Harper & Row, 1979. 또한 다음을 참조. Seymour L. Halleck, *Psychiatry and the Dilemmas of Crime: A Study of Causes, Punishment & Treatment*, Berkeley: University of California Press, 1971, p.69.

68   Dworkin, "The Bruise that Doesn't Heal," p.36.

69   J. J. Gayford, "Wife Battering: A Preliminary Survey of 100 Cases," *British Medical Journal*, Jan. 25, 1975; rpt. "Battered Wives," *Violence and the Family*, J. P. Martin (ed.), New York: John Wiley, 1978, p.25. 이와 더불어, 캘리포니아 주에서 배우자 살해로 수감된 30명의 여성에 관한 톳맨의 연구는 9명은 집을 떠났고, 12명은 떠나고 싶었지만 갈 곳이 없거나 보복이 두려웠고, 1명은 떠나는 방법으로 자살을 시도했다는 걸 보여준다. Totman, *The Murderess: A Psychosocial Study of Criminal Homicide*, pp.52–53.

70   John P. Flynn, "Recent findings related to wife abuse," *Social Casework*, Jan. 1977, p.18.

71   Eisenberg, Micklow, "The Assaulted Wife: 'Catch 22 Revisited,'" *Women's Rights Law Reporter* 138, p.143

72   프랜신 휴스와 그 변호사는 「스탠리 시걸 쇼(The Stanley Siegal Show)」에서 제임스

휴스의 전화기를 뜯어내는 버릇에 관해 말했다. 내가 인터뷰했던, 배우자를 죽인 매 맞는 여성들은 또 다른 행동들에 대해 말해 주었다. 아일린 바토시 사건에 관해서는 다음을 참조. Marilyn LeVine, "Beaten Wife Free in Husband's Death," *Charlotte North Carolina* News, Oct. 7, 1977, pp.1B, 6B.

73 다음의 문헌에서 인용된 마리 윌트(G. Marie Wilt)와 제임스 배넌(James Bannon)의 연구를 참조. Marjory D. Fields, "Wife Beating: Government Intervention Policies and Practices," unpublished paper, Dec. 29, 1977, p.65.

74 Testimony of Ruth Childers, *State of Indiana v. Lois Ruth Childers*, Benton County Circuit Court, Cause No.578–569 (1978).

75 Juana Brown, "Battered Women—2: In prison for self-defense," *The Guardian*, June 1, 1979, p.9.

76 Bob Greene, "Free battered woman who killed?" *Chicago Sun-Times*, Oct. 11, 1977, p.3.

77 Sypher, "Victim warned to stay away before fatal shot," *Tacoma News-Tribune*, Sept. 20, 1977.

78 "The Battered Woman—A Classic Example," *Common Ground: The Women's Coalition Monthly Newsletter* (Milwaukee), Sept. 1977.

79 Testimony of Ruth Childers, *State of Indiana v. Lois Ruth Childers*, Benton County Circuit Court, Cause No.578–569 (1978).

80 Testimony of Bernadette Powell, *People of the State of New York v, Bernadette Powell*, Indictment No.78–63, State of New York, County Court, County of Tompkins (1979). 또한 다음을 참조. Edward Hower, "From Inside Tompkins County Jail: Bernadette Powell Tells Her Story," *Ithaca Times*, Aug. 16–22, 1979, pp.1, 3, 5.

81 interview, April 13, 1979. 실명은 쓰지 않았다.

82 Remsberg, *Family Circle*, p.152.

83 Files of the Women's Self-Defense Law Project.

84 "Report from the Gold Flower Committee: The Right to Self-Defense?" *What She Wants*, June 1978, p.5.

85 Lindsey, "When Battered Women Strike Back: Murder or Self-Defense," *Viva*, pp.91–92; Mary McGuire, interview, Feb 2–3, 1980.

86 Files of the Women's Self-Defense Law Project.

87 "Agnes Scott Defense Committee Fact Sheet," n.d.

88 Lindsey, "When Battered Women Strike Back: Murder or Self-Defense," *Viva*, p.92.

89 Meyers, "Battered Wives, Dead Husbands," p.48. 강조는 저자의 것이다.

90 Marvin E. Wolfgang, *Patterns in Criminal Homicide*, Philadelphia: University of Pennsylvania Press, 1958, p.162; Wolfgang (ed.), "A Sociological Analysis of Criminal Homicide," *Studies in Homicide*, New York: Harper & Row, 1967, p.15. 또한 다음을 참조. Lee H. Bowker, *Women, Crime, and the Criminal Justice System*,

Lexington, Mass.: D. C. Heath, 1978, p.123.

91 Richard J. Gelles, *The Violent Home: A Study of Physical Aggression Between Husbands and Wives*, Beverly Hills, Ca.: Sage, 1974.

92 *Chicago Daily News*, Aug. 31, 1977. 또한 다음을 참조. Elizabeth Pleck, Joseph H. Pleck, Marlyn Grossman, Pauline B. Bart, "The Battered Data Syndrome: A Comment on Steinmetz's Article," *Victimology*, vol.2, nos.3&4, 1977–1978, p.682; "A reply to Suzanne K. Steinmetz, 'The Battered Husband Syndrome,'" *Victimology*, vol.2, nos.3&4, pp.499–508.

93 미국의 만화가 조지 맥매너스가 그린 연재만화로, 87년간 실렸다. 아일랜드 부부 지그스와 매기의 생활을 통해 웃음을 유발했다.—옮긴이

94 같은 한계가 그녀의 다음 연구에도 영향을 끼쳤다. Steinmetz, *The Cycle of Violence: Assertive, Aggressive, and Abusive Family Interaction*, New York: Praeger, 1977.

95 Pleck, et al., "The Battered Data Syndrome: A Comment on Steinmetz's Article," *Victimology*, p.683.

96 "The Battered Husbands," *Time*, March 20, 1978, p.69. 사실 1948년부터 1952년까지 필라델피아에서 있었던 백 건의 배우자 살해에 대한 울프강의 연구는 53명의 희생자가 아내였고 47명이 남편이었다고 밝혔다. "남편에게 살해당한 아내의 수는 살해당한 전체 여성의 41퍼센트를 구성하는 반면, 아내에게 살해당한 남편은 살해당한 모든 남성의 11퍼센트만을 채울 뿐이다." Wolfgang, *Studies in Homicide*, p.23. 47명의 남성 피해자 중 28명이 자신의 죽음을 촉발했지만 53명의 아내 중에는 5명만이 그렇게 했다고 울프강은 결론지었다. Wolfgang, *Studies in Homicide*, p.82. 그 유의미한 발견은 '피해자 촉발'이라는 울프강의 개념의 부적절함을 삭제하면서 없어져 버렸다. 그래서 심리학자 데이비드 에이브러햄슨은 "희생자 스스로 무의식적으로 남편으로 하여금 자신을 살해하도록 부추기기" 때문에 여자들이 가장 많은 가정 폭력 살인의 희생자가 된다고 단호하게 주장했다. David Abrahamsen, *The Murdering Mind*, New York: Harper & Row, 1973, p.39.

97 Langley, Levy, *Wife Beating: The Silent Crisis*, pp.198–208.

98 "Battered Husbands," *New York Sunday News Magazine*, July 2, 1978, pp.7, 21, 28.

99 Joyce Brothers, "Husbands can be battered," *Bergen Record*, July 13, 1978.

100 Susan Abrams, "The Battered Husband Bandwagon," *Seven Days*, Sept. 28, 1978, p.20.

101 날짜가 표시되지 않은, 네브래스카 주 링컨의 학대여성특별위원회의 서류를 참조. Ann Landers, "Arise, battered husbands!"

102 "Police Will Arrest Wife Beaters in Reversal of New York Policy," *New York Times*, June 27, 1978, pp.A1, A16; Barbara Miner, "Cops Ordered to Arrest Wife-Beaters," *The Guardian*, July 12, 1978, p.7. '브루노 대 코드 외 다수(Bruno v. Codd, et al)' 소송의 여성 고소인들을 대리해 뉴욕비영리법률자문단체, 브루클린법률자문단체, 법률구조협회, 기본권수호활동센터의 변호사가 사건을 맡았다. 매 맞는 여성에 대한

보호를 보장하는 연방 시민권을 위반한 경찰의 체포 정책을 기소한 캘리포니아 주 오클랜드의 연방 소송은 법 집행관들이 여자들에게 신체적 상해로부터 동등한 보호를 제공하도록 강제하는 또 다른 법적 접근을 보여준다.

103 "Training Key #245: Wife Beating," published by the Police Management and Operations Divisions of the International Association of Chiefs of Police, Inc. 1976, p.3. 또한 다음을 참조. "Training Key #246."

104 Morton Bard, "The Police and Family Violence: Practice and Policy," *Battered Women: Issues of Public Policy*, Washington, D.C., Jan.30–31, 1978, p.49. 미국시민권위원회가 후원한 자문이다.

105 Eisenberg, Micklow, "The Assaulted Wife: 'Catch 22 Revisited,'" *Women's Rights Law Reporter* 138, p.156; Cynthia Krolik, "Study says no legal protection from husband assault," *Michigan Free Press*, April 14, 1975.

106 Attorneys John Gambs, Jay Seeger, interview, April 10, 1979.

107 Bard, *Battered Women: Issues of Public Policy*, p.49. 강조는 저자의 것이다. 이후 '자주'라는 단어는 삭제되었으며, 수치는 가정 내 소란으로만 언급되면서 인용된다.

108 *UCR*, 1977, p.291.

109 Leonard Buder, "A Police Study Challenges Belief Family Fights Are Riskiest Duty," *New York Times*, Feb. 11, 1979, p.50.

110 '브루노 대 코드(Bruno v. Codd)' 소송에서 제시된 지침을 따른 경찰 체포 정책의 변화는 시카고와 코네티컷 주 뉴헤이븐의 변호사들에 의해 성공적으로 조정되었다. 다음을 참조. Laurie Woods, "Litigation on Behalf of Battered Women," *5 Women's Rights Law Reporter* 7, (1978) 31, n.156.

111 Virginia Wheaton, "What Happened to the Domestic Violence Act of 1978?" *The Grantsmanship Center News*, Jan./Feb. 1979, pp.13–18, 83. 개정된 가정 폭력 법안(S. 1843, H.R. 2977)이 1979년 늦게 다시 발의되었지만 실행되지 않았다.

112 '가정'으로 번역한 'domestic'은 또한 '국내'를 의미하기에, 이는 '국내 폭력 법안'으로도 이해할 수 있다.—옮긴이

113 *Time*, July 8, 1974, p.79. 위기 개입 옹호자인 모턴 바드는 조지 오웰의 『1984』에 나오는 허구의 언어로 미국시민권위원회에서 다음과 같이 말했다. "많은 경찰관들은 (…) 체포가 제공하는 간단한 해결을 간절히 바라죠." 바드는 경찰들이 '법에 의존'해 '불법과 위법'을 인지하는 것을 막는 일은 어렵다고 말했다. Bard, *Battered Women: Issues of Public Policy*, p.51.

114 Warrior, *The Second Wave*, p.9.

115 '가정 내 폭력'을 다루도록 목회자들을 훈련하는, 미국법집행동맹 기금을 받은 프로그램에 관해서는 다음을 참조. "FVP Grantees Train Clergy," *Response to Violence in the Family* (newsletter of the Center for Women Policy Studies), July 1979, p.3.

116 John E. Snell, Richard J. Rosenwald, Ames Robey, "The Wifebeater's Wife: A

Study of Family Interaction," *Archives of General Psychiatry*, vol.11, Aug. 1964, pp.110–111.

117 네브래스카 주 링컨의 학대여성특별위원회의 미확인 서류를 참조. "Man accused of murdering wife was free despite intimidation reports," AP dispatch, Columbus, Nebraska. 역설적으로 그 보고서는 거의 모든 매 맞는 여자들의 남편에 대한 보고, 즉 그들은 밖에서는 '정서적으로, 신체적으로 자기 제어를 잘하고 있다는 모든 증거'를 보여준다는 보고와 일치한다. 만약 그 남자들이 밖에서도 집에서 하듯이 굴었다면, 오래전에 그들은 수감되었을 것이다. 테리사 카펜터(Teresa Carpenter)가 보도한 이와 버위드(Ewa Berwid) 살인 사건을 참조. "Murder on a Day Pass," *The Village Voice*, Feb. 25, 1980, pp.1, 23–27.

118 Joy Melville, "A Note on 'Men's Aid,'" in Martin, *Battered Wives*, pp.311–312.

119 Snell, et al., "The Wifebeater's Wife: A Study of Family Interaction," *Archives of General Psychiatry*, pp.107–112.

120 Ken Rains, "Cops a Plea to Manslaughter," *Lafayette (Indiana) Journal and Courier*, June 13, 1978.

121 네브라스카 주 링컨의 학대여성특별위원회의 미확인 서류를 참조.

122 Marjory Fields, "Wife-beating Update," "The MacNeil-Lehrer Report," PBS, Dec. 22, 1978.

123 미국법집행동맹이 자금을 지원하고 그해 가장 우수한 프로젝트로 선정된, '매 맞는 여성 프로젝트'를 이끌었던 위스콘신 주의 밀워키 지방 검사보인 찰스 슈드슨(Charles Schudson)은 결국 일을 그만두었다. 슈드슨은 1978년 1월 30일과 31일에 열린 미국시민권위원회에서 형법 체계는 더한 폭력과 범죄의 '일차 근원지'로 가정 폭력을 유지하는 데 봉사한다고 증언했다. Bard, *Battered Women: Issues of Public Policy*, p.81.

124 루스 칠더스에 관해서는 다음을 참조. Sherry Brown, "'I'm sorry', wife said over husband's body," *Lafayette (Indiana) Journal and Courier*, Dec. 7, 1978. 내 설명은 주로 이 신문에 실린 셰리 브라운의 기사와 더불어 루스 칠더스, 그녀의 가족과 친구, 2명의 변호사 존 갬스(John Gambs)와 제이 시거(Jay Seeger), 1979년 4월의 전문가 증인 데이비드 트리밸리언(David Trevallion)과의 인터뷰에 기반한다. 루스 칠더스와의 만남을 주선해 준 벳시 워리어(Betsy Warrior)에게 고마움을 전한다.

125 Gambs, Seeger, interview.

126 Rich Linden, "Grammer guilty: charge cut," *Lafayette Journal and Courier*, May 27, 1978, p.1; Rains, "Cops a Plea to Manslaughter," *Lafayette (Indiana) Journal and Courier*, June 13, 1978.

127 최근 1961년까지도 미국 대법원은 자동적으로 여자를 배심원직에서 면제하는 주의 법이 합헌이라고 봤다. 다음을 참조. *Hoyt v. Florida*, 368 U.S. 57 (1961). 이 결정은 1975년 다음의 재판에서까지 기각되지 않았다. *Taylor v. Louisiana*, 419 U.S. 522 (1975). 여자와 남자 모두로 이루어진 배심원을 가질 자격이 있다고 주장한, 호이트 사건의

여성 피고인은 자신을 학대하는 남편을 야구 방망이로 살해한 혐의로 모두 남성으로 이루어진 배심원으로부터 유죄 판결을 받았다. 다음을 참조. Albie Sachs, Joan Hoff Wilson, *Sexism and the Law: A Study of Male Beliefs and Legal Bias in Britain and the United States*, New York: The Free Press, 1979, pp.123–124.

128 Schneider, Jordan, "Representation of Women Who Defend Themselves in Response to Physical or Sexual Assault," *Women's Rights Law Reporter* 149, p.153.

129 네브라스카 주에서 린 디터가 살해된 사건이 적절한 사건이다. 캘리포니아 주 새너제이에서 루스 버넬이 살해된 사건(p.100)과 뉴욕의 '로레타'가 살해된 사건(p.117)에 관해서는 다음의 책을 참조. Martin, *Battered Wives*. 필라델피아에서 베버리 카터가 살해된 사건에 관해서는 다음을 참조. "'Battered' Wife Murdered," *The Guardian*, Oct. 4, 1978, p.11. 학대하는 남편에 대한 법적 기소를 시작하다가 살해당한 재클린 휴스, 앨리차 워렌, 다이앤 홀먼, 제럴딘 윌리엄스의 사례는 널리 보도되었다. 이런 종류의 사건은 흔했다.

130 Rains, "Law to get tougher on child, wife beaters," *Lafayette Journal and Courier*, Feb. 15, 1979. 폭력적인 행동의 전염성에 대해 참고하려면 다음을 참조. Marvin E. Wolfgang, Franco Ferracuti, *The Subculture of Violence: Towards an Integrated Theory in Criminology*, London: Tavistock, 1967, pp.147–148.

131 Clancy DuBos, "Battered Woman Freed, Slay Charges Dropped," *New Orleans Times-Picayune*, sec.1, July 25, 1978, p.2.

132 "The Agnes Scott Case Before the Grand Jury: A Case History of Prosecutorial Misconduct and Control of Grand Jury Proceedings," *Quash*, Jan./Feb. 1979, pp.9–10.

133 Jerry Capeci, "Slew mate to save kids; she's freed," *New York Post*, June 21, 1978, p.24. 이 결정은 상고 심리부에서 수정되었지만 검사가 다시 스콧을 기소하려 했을 때, 두번째 대배심원은 스콧의 증언을 받아들였고, 기소하기를 거부했다. 다음을 참조. William Kunstler, "Jury Refuses to Indict Agnes Scott: People v. Scott—A Primer in Grand Jury Procedure," *Quash*, June/July 1979, pp.1–2.

134 interview, April 15, 1979. 이름은 밝히지 않음.

135 글로리아 티먼스에 관해서는 다음을 참조. Brown, "Battered Women—2: In prison for self-defense," *The Guardian*, p.9; Lindsey, "When Battered Women Strike Back: Murder or Self-Defense," *Viva*, p.91.

136 로버타 셰퍼에 관해서는 다음을 참조. "The Right to Kill," *Newsweek*, Sept. 1, 1975, p.69; "Parole board to consider woman's commutation," *Hampshire Gazette*, Northampton, Mass. June 2, 1975, p.9.

137 *People v. Paxton*, 47 Mich. App. 144, 149, 209 N. W. 2d 251, 253–254 (1973). 다음의 문헌에서 인용되었다. Eisenberg, Micklow, "The Assaulted Wife: 'Catch 22 Revisited,'" *Women's Rights Law Reporter* 138, p.147.

138 위스콘신 주 밀워키 법률구조협회의 협회장인 토머스 캐넌(Thomas Cannon)은

사법 제도에서 여성을 제외시킨 결과를 강조한다. "이러한 재량권을 여성들이 더 많이 행사한다면, 그것은 다른 방식으로 실행될 것이라고 확신합니다." Huston, "Abused Women: Who's at Fault," *Milwaukee Journal.* 이 말은 사법 제도가 남성의 요새로 남아 있는 이유를 암시한다. 미국에서는 연방 판사석에 앉은 여성보다 기관차를 모는 여성이 더 많다. 다음을 참조. Susan Ness, "A Sexist Selection Process Keeps Qualified Women Off the Bench," *Washington Post*, March 26, 1978, p.C8.

139 interview, April 13, 1979. 이름은 밝히지 않음. 만남을 주선해 준 델 마틴에게 고마움을 전한다.

140 Sypher, "Woman handed 10 years for slaying boyfriend, 24," *Tacoma (Washington) News-Tribune.* 크리글러의 판결은 1979년 7월 13일 항소 법원에서 뒤집어졌다. 23 Wash. App. 716, 598 P. 2d 739 (1979).

141 바버라 진 길버트에 관해서는 다음을 참조. John Feinstein, "'Exemplary' Woman Receives Top Sentence," *Washington Post*, July 13, 1978, pp.C1, C3; "Vindictive Sentence," *The Guardian*, July 26, 1978.

142 "Killed Husband: Jury Convicts 'Beaten Wife'" *Tennessean*, Dec. 11, 1977.

143 페미니스트와 지역 사회 공동체의 지지가 강하게 드러난 후에야, 11명 자녀의 어머니이자 학교 버스 운전사로 일하던 깁스는 집행유예로 오 년을 선고받았다. Files of the Women's Self-Defense Law Project.

144 버너댓 파월에 대한 정보는 내가 직접 기록한 재판 내용, 1979년 3월 10일에서 20일 사이 『이타카 저널(Ithaca Journal)』에 실린 프레드 개스킨스(Fred Gaskins)의 기사와 개인적으로 진행한 인터뷰에 기반한다.

145 *Marie de Jong-Joch v. Joseph Joch*, Index no. 78–1293, Supreme Court, County of Tompkns, New York, 1979.

146 "Woman in Michigan is Freed in Slaying," April 15, 1979, p.28.

147 Wayne King, "Right of Women to Self-Defense Gaining in 'Battered Wife' Cases," May 7, 1979, pp.A1, A18.

148 "A Statistical Portrait of Women in the United States," *Current Population Reports, Special Studies Series*, P-23, no.58, U. S. Department of Commerce, Bureau of the Census, April 1976, p.64; Bowker, *Women, Crime, and the Criminal Justice System*, pp.122–129.

149 "Study of Female Killers Finds 40 Percent Were Abused," *New York Times*, Dec. 20, 1977, p.20. 또한 다음을 참조. Wolfgang (ed.), *Studies in Homicide*, pp.23–24, 82–83. 영국의 여성 살인자들에 대한 연구에서 패트릭 윌슨은 그들이 종종 남편을 정당방위로 죽인다고 보았다. "전형적인 남편 살인자들은 (…) 교외의 메살리나〔영국의 소설가 들라필드(E. M. Delafield)의 1924년 소설인 『교외의 메살리나(Messalina of the Suburbs)』의 주인공으로, 실존 인물이었던 이디스 톰프슨(Edith Thompson)의 이야기를 바탕으로 한다. 이디스 톰프슨은 1922년

566

연인과 함께 남편을 살해했고 이후 체포되어 교수형당했다.—옮긴이)가 아니라, 토요일 밤마다 남편이 자신을 두들겨 패자 결국은 술 취한 남편에게 식칼을 꽂은, 노동자 동네 대가족의 중년 어머니다." Wilson, *Murderess*, p.25.

150 *Shelter Network News*, Newsletter no.7, 1978, p.23.

151 영어로 무당벌레는 '레이디버그(ladybug)'이다.—옮긴이

152 "New Hampshire Panel Rejects Proposal to Aid 'Battered Wives,'" *Washington Post*, Sept. 14, 1977, p.A12.

153 개인 인터뷰. 또한 다음을 참조. Lindsey, "When Battered Women Strike Back: Murder or Self-Defense," *Viva*. 30명의 캘리포니아 주 여자들에 관한 연구에서 토트먼은 한계에 다다른 여자들에 대해 묘사하며 다음과 같이 끝맺는다. "배우자와의 관계가 자신과 여자로서 자신의 정체성에 직접적으로 그리고 공공연하게 파괴적이라고 느낄 때, 자신의 걱정을 공유하지 못해 다른 의미있는 관계나 공동체의 자원으로부터 적절한 지지와 도움을 받지 못한다고 느낄 때, 실제 또는 환상 속에서 모든 다른 대안적 행위 과정을 소진하고 자신이 생존할 수 있을 것 같지 않다는 걸 알게 되어 끝내 자신의 부정적인 상황을 재규정하거나 재해석해서 마침내 전에는 가능하다고 여기지 않았던 행동이 필요해졌을 때 여자는 자신의 배우자를 살해한다." Totman, *The Murderess: A Psychosocial Study of Criminal Homicide*, p.94.

154 개인 인터뷰, 이름은 밝히지 않음.

7 여자들의 권리와 잘못

1 "The Lady and the Doctor," *Newsweek*, March 24, 1980, p.41.

2 Lally Weymouth, "The Trial and Trials of Jean Harris," *New York*, Dec. 15, 1980, p.24; "The Lady and the Doctor," *Newsweek*, p.42.

3 1871년에 설립된 미국의 명문 사립 여자 대학으로 많은 여성 유명 인사를 배출했고, 주로 상류층 여성들이 졸업하는 학교로 알려져 있다. 마거릿 미첼, 줄리아 차일드, 베티 프리단, 실비아 플라스, 글로리아 스타이넘, 바버라 부시 등이 이 학교 졸업생에 속한다.—옮긴이

4 interviews, Jan. 23–27, 1981.

5 일레인 멀리스에 관해서는 다음을 참조. Carole Ashkinaze, "Holiday Brings Little Cheer for Elaine," *Atlanta Journal and Constitution*, Nov. 29, 1980, p.4B; Rhonda Cook, "Abused Wife in Prison for Killing Husband," *Savannah Press*, Dec. 22, 1980, p.36; Bill Boyd, "The Mullis Case," Macon *Telegraph and News*, Dec. 27, 1980, p.1B; Ron Taylor, "Elaine and her man: a sad tale of rural love, abuse, ending in death," *Atlanta Journal*, Jan. 18, 1981, pp.1B, 3B; Carol C. Preston (representing Committee to Free Elaine), telephone interviews, March 20, 23, 1981.

6 Theo Wilson, "Jury told of angry phone talk," *New York Daily News*, Feb. 10, 1981,

pp.3, 20. 살인과 재판에 관한 나의 설명은 주로 다음에 기반한다. *New York Daily News*, *New York Post*, and *New York Times*, March 1980, Nov. 1980–March 1981.

7   미국의 배우이자 극작가, 소설가. 1912년 할리우드 최초의 여성 스태프 시나리오 작가가 되었다. 이후 뮤지컬과 영화로 각색된, 1925년의 소설『신사는 금발을 좋아해(Gentlemen Prefer Blondes)』로 유명하다.─옮긴이

8   *Gentlemen Prefer Blondes*, New York: Popular Library, 1963, p.46.

9   Weymouth, "The Trial and Trials of Jean Harris," *New York*, p.23. 이 대사는, 당연히, 죽은 햄릿에게 하는 호레이쇼의 작별 인사이다.

10   Theo Wilson, "Jean tells of Doc's death night," *New York Daily News*, Jan. 30, 1981, p.22.

11   미국의 작가이자 사교계 인사로, 예의범절에 관한 글로 유명하다.─옮긴이

12   Emily Post, *Etiquette*, 10th ed. New York: Funk & Wagnalls, 1960, pp.553–534.

13   스카스데일 편지의 전문이 다음 지면에 실렸다. *New York Daily News*, Feb. 5, 1981, pp.40–41.

14   허먼 타노어의 별칭.─옮긴이

15   Theo Wilson, "Harris—the defense rests," *New York Daily News*, Feb. 7, 1981, p.18.

16   Lisa Zumar, "A juror's diary," *New York Daily News*, Feb. 27, 1981, p.21.

17   Murray Kempton, "Pros in center stage create a lull," *New York Post*, Feb. 11, 1981, p.47.

18   Shana Alexander, "A Matter of Integrity," *People*, March 9, 1981, p.91.

19   Lally Weymouth, "Was Jean Harris's Defense Bungled?" *New York*, March 16, 1981, p.33.

20   The Pierre. 뉴욕의 고급 호텔.─옮긴이

21   전부 신경 안정제와 진통제의 상표명이다.─옮긴이

22   Charles Lachman, Joe Nicholson, "I became a drug addict on the diet doctor's pill," *New York Post*, Feb. 6, 1981, p.5.

23   Dr. Feelgood. 의사 자격증을 가진, 안정제나 진통제를 쉽게 처방해 주는 의사들을 일컫는 속어.─옮긴이

24   "Jean Harris: the ultimate unliberated woman," *New York Post*, Feb. 9, 1981, p.31; "Jean Harris' Amazing Sex Poem," *New York Post*, Jan. 28, 1981, pp.1, 3.

25   Zumar, "A juror's diary," *New York Daily News*, Feb. 28, 1981, p.9.

26   미국의 전통 대중가요로, 가사 속 프랭키는 연인 조니를 위해 헌신했지만 조니가 다른 여자와 어울려 다니는 걸 발견하고 총으로 쏘아 죽였다.─옮긴이

27   Theo Wilson, "Harris trial: Defense, prosecutor go for broke," *New York Daily News*, Feb. 17, 1981, p.22. 오르누는 첫 변론에서 이 사건이 "여자는 남자로부터 독립된 자신만의 삶, 자신만의 느낌, 자신만의 감정을 가질 수 있다"는 걸 증명할 거라고 말했다. Weymouth, "The Trial and Trials of Jean Harris," *New York*, p.23. 해리스가 페미니스트 영웅이라는 이 초기의 암시는 유지되지 못했다.

28 Roaring Twenties. '포효하는 1920년대' 또는 '광란의 1920년대'는 서구 사회와 문명에서 경제적 부흥 및 뚜렷한 문화적 특징을 가진 시기였던 1920년대를 가리키는 표현이다.—옮긴이

29 Mike Hurewitz and Pat Smith, "Defense made big mistakes, say top lawyers," *New York Post*, Feb. 25, 1981, p.4.

30 폭력이 하층 계급의 문제라는 넓게 퍼진 믿음으로 인해 가난한 비백인 남자들은 여자들과 마찬가지로 형법 체계에서 비싼 대가를 치른다. 사실 세상에 나와 있는 모든 통계되는 통계에서 폭력은 압도적으로 남성을 가리킨다. 최근의 남성 폭력은 특히 여자와 어린이를 겨냥하며, 살인만큼이나 아내와 자녀 폭행, 강간, 근친강간이 너무나 증가하고 있어서 캘리포니아 주 버클리와 오클랜드의 페미니스트들은 현재 '페미사이드(여성 살해)'에 대한 첫 국제 총회를 계획하고 있다.

31 다음에서 인용된 제임스 더건(James J. Duggan)의 글("a well-regarded defense lawyer")을 참조. Weymouth, "Was Jean Harris's Defense Bungled?" *New York*, p.30.

32 Caesar Lombroso, William Ferrero, *The Female Offender*, New York: D. Appleton, 1897, trans from *La Donna Delinquente, La Prostituta E La Donna Normale*, 1893, p.274. 오르누 변호사의 열정적인 사랑에 대한 관점을 롬브로소의 이 주장과 비교해 볼 것. "살인이 아니라 자살을 행하는 여자들이 이렇게 우세하다는 것은 여자에게 있는 사랑의 본성에 대한 우리의 관점과 완벽하게 조화를 이룬다. 여자에게 사랑은 일종의 노예 상태로, 모든 개성을 희생해 만들어진 것이라는 걸 우리는 알고 있었다. 이 요소들은 (…) 열정적인 본성에서 너무나 과장되어지므로 그들의 연인들 쪽에서 주는 부당한 대접은 자기희생의 분노만을 증가시킨다."(p.274). "순수하고, 강렬한 열정이, 여자에게 존재할 땐, 그녀를 범죄보다도 자살로 몰고 간다. (…) 살인적인 공격을 할 능력은 (…) 진정한 여자, 완결된 여자에게는 낯설다. 사랑의 진정한 범죄는, 그렇게 부를 수 있다면, 여자에게는 자살이다."(p.276).

33 Richard Rosen, "Say female jurors did Jean in," *New York Daily News*, Feb. 25, 1981, p.5. 샤나 알렉산더 또한 배심원들을 탓했는데, 성별이 아니라 계급을 이유로 들었다. Alexander, "A Matter of Integrity," *People*, p.90.

34 Lindsay Van Gelder, "The Scarsdale-Diet-Doctor Murder Case," *Ms.*, Aug. 1980, p.70. 오르누와 타노어의 여자에 대한 태도 사이의 명백한 유사성은 만약 그 태도가 그렇게까지 흔한 게 아니었다면 놀라웠을 것이다.

35 James Feron, "Defiant Jean Harris Sentenced to Mandatory 15 Years," *New York Times*, March 21, 1981, pp.1, 26. 강조는 저자의 것이다.

36 Alexander, "A Matter of Integrity," *People*, p.100.

37 Jean Harris, *Stranger in Two Worlds*, New York: Macmillan, 1986; *"They Always Call Us Ladies": Stories from Prison*, New York: Charles Scribner's Sons, 1988.

38 Harris, *Stranger in Two Worlds*, p.223.

39 Harris, *"They Always Call Us Ladies": Stories from Prison*, p.116.

40 Harris, *Stranger in Two Worlds*, p.224.

41   Harris, *"They Always Call Us Ladies": Stories from Prison*, p.7.

42   Harris, *"They Always Call Us Ladies": Stories from Prison*, p.116.

43   Harris, *Stranger in Two Worlds*, pp.229–230.

44   Harris, *Stranger in Two Worlds*, pp.235–236.

45   Harris, *"They Always Call Us Ladies": Stories from Prison*, p.219.

46   Angela Browne, Kirk R. Williams, "Trends in Partner Homicide By Relationship Type and Gender: 1976–87,"; interviews, Feb. 12, 1991. 1976년과 1987년 사이, 38,648명의 미국 여성과 남성이 통계학자들이 '배우자 살인'이라고 부르는 사건에서 살해되었다. Angela Browne, testimony before the United States Senate Committee on the Judiciary, Dec. 11, 1990. 미국에서 총기는 살인을 저지르는 남자와 여자 모두에게 70퍼센트 이상 선택되는 무기였지만, 여성 피해자의 11.8퍼센트(남성 피해자의 경우 1.6퍼센트)가 맞아 죽었다. James A. Mercy, Linda E. Saltzman, "Fatal Violence among Spouses in the United States, 1976–85," *American Journal of Public Health*, vol.79 no.5, May 1989, p.596.

      같은 시기 영국에 관해서는 다음을 참조. Official Criminal Statistics, Home Office, 1990. 미국과 달리 영국에서는 총기가 흔하게 사용되지 않기 때문에 대부분의 남성 피해자들은 날카로운 도구에 의해 죽었다. 여성 피해자들은 32퍼센트가 날카로운 도구에 의해 죽었지만, 대부분의 경우 여자들은 무기 없이, 권총이 유통되기 전의 미국에서처럼, 살해당했다. 영국의 여성 피해자 중 26퍼센트는 교살되었고, 12퍼센트는 둔기로 맞아 죽었고, 11퍼센트는 손에 맞아 죽었다. "Crime: The facts, the figures, the fears," *Observer*, Feb. 17, 1991. 잉글랜드와 웨일스의 살인 사건 자료를 제공해 준 수 리스(Sue Lees)와 옥타비아 와이즈먼(Octavia Wiseman)에게 감사를 전한다.

47   R. Emerson Dobash, Russell P. Dobash, "The Response of the British and American Women's Movements to Violence Against Women," *Women, Violence and Social Control*, Jalna Hanmer, Mary Maynard (eds.), Atlantic Highlands, NJ: Humanities Press International, 1987, pp.169–179.

48   "Wife Abuse: An Opportunity for Prevention," *Injury Prevention Network Newsletter*, vol.5 no.1, Spring/Summer 1988, pp.2–3.

49   1990년 6월 20일, 8월 29일, 12월 11일 '상원 법안 2754'에 대한 청문회가 실행되었다. 법안은 백한번째 의회와 함께 기각되었지만 1991년 다시 '상원 법안 15'로 백두번째 의회에 나왔다.

50   Browne, Senate testimony, Dec. 11, 1990.

51   Browne, Senate testimony, Dec. 11, 1990.

52   R. Emerson Dobash, Russell P. Dobash, *Violence Against Wives: A Case Against the Patriarchy*, New York: The Free Press, 1979, p.15.

53   David Adams, "Treatment Models of Men Who Batter: A Profeminist Analysis," *Feminist Perspectives on Wife Abuse*, Kersti Yllo, Michele Bograd (eds.), Newbury

Park, CA: SAGE, 1988, p.191.

54 Angela Browne, *When Battered Women Kill*, New York: The Free Press, 1987, p.3.

55 이 표현은 남녀 관계가 시작되는 첫번째 행동을 낭만적으로 묘사하면서도 그 안에
    폭력성이 함축되어 있기도 하다.—옮긴이

56 가장 철저하고 설득력있는 경고를 담은 분석에 관해서는 다음을 참조. Carol Smart,
    Feminism and the Power of Law, London: Routledge, 1989.

57 "Hitting Home," *48 Hours*, CBS TV, June 18, 1988.

58 Amy Eppler, "Battered Women and the Equal Protection Clause: Will the
    Constitution Help Them When the Police Won't," *Yale Law Journal*, vol.95, 1986,
    p.788.

59 *Thurman v. City of Torrington*, 595 F. Supp. 1521 (1984); *Thurman v. City of Torrington*,
    USDC DConn, No. H-84-120, June 25, 1985.

60 그 결정은 상고되었고 서먼은 법정 밖에서 190만 달러로 합의했다. 배심원은 또한
    아들에게도 30만 달러를 보상했다.

61 Anne Menard, Connecticut Coalition Against Domestic Violence, interview, Feb.
    14, 1991.

62 다음의 사례들을 참조. *Balistreri v. Pacifica Police Dept.*, 855 F. 2d 1421 (9th Cir. 1988);
    Watson v. City of Kansas City, Kan., 857 F. 2d 690 (10th Cir. 1988); *Hynson v. City of
    Chester Legal Dept.*, 864 F. 2d 1026 (3rd Cir. 1988); *McKee v. City of Rockwall, Tex.*, 877 F.
    2d 409 (5th Cir. 1989).

63 *DeShaney v. Winnebago County DSS*, 109 S. Ct. 988 (1989) 1007.

64 Elizabeth Schneider, interview, Feb. 14, 1991.

65 Schneider, "Equal Rights to Trial or Women: Sex Bias in the Law of Self-
    Defense," *Harvard Civil Rights-Civil Liberties Law Review*, vol.15 no.3, Winter 1980,
    pp.623–647.

66 Schneider, "Equal Rights to Trial or Women: Sex Bias in the Law of Self-
    Defense," *Harvard Civil Rights-Civil Liberties Law Review*, p.647.

67 다음을 참조. Ann Jones, "When Battered Women Fight Back," *Barrister*, vol.9 no.4,
    Fall 1982, pp.48, 51.

68 Lenore E. Walker, *The Battered Woman*, New York: Harper & Row, 1979, pp.42–54.

69 Walker, *The Battered Woman Syndrome*, New York: Springer, 1984; *Terrifying Love:
    Why Battered Women Kill And How Society Responds*, New York: Harper & Row, 1989.

70 Charles Patrick Ewing, *Battered Women Who Kill: Psychological Self-Defense as
    Legal Justification*, New York: Lexington, 1987, pp.41–43; Sue Osthoff, National
    Clearinghouse for the Defense of Battered Women, interview, Feb. 11, 1991.
    르노어 워커는 다음의 글에서 자신이 참여한 사건의 결과를 논의했다. Walker, "A
    Response to Elizabeth M. Schneider's *Describing and Changing: Women's Self-Defense
    Work and the Problem of Expert Testimony on Battering*," *Women's Rights Law Reporter*,

vol.9 nos.3&4, Fall 1986, p.224.

71   매 맞는 여성의 사건에서의 전문가 증언의 이론, 사용 및 오용에 관해서는 다음을 참조. Elizabeth M. Schneider, "Describing and Changing: Women's Self-Defense Work and the Problem of Expert Testimony on Battery," *Women's Rights Law Reporter*, vol.9 nos.3&4, Fall 1986, pp.195–222.

72   Susan Schechter, *Women and Male Violence: The Visions and Struggles of the Battered Women's Movement*, Boston: South End Press, 1982, p.252.

73   미국 내 흑인들의 경험의 우화라고 할 수 있는, 조엘 챈들러 해리스(Joel Chandler Harris)의 '리머스 아저씨(Uncle Remus)' 이야기를 참고해 볼 때, 억압받는 자들이 '은신'한 채로 다른 다양한 생존 전략을 펼치는 것을 알 수 있다.

74   Walker, *The Battered Woman Syndrome*, p.33.

75   Ellen Pence, Domestic Abuse Intervention Project, interview, Feb. 12, 1991.

76   "L.I. Man Kills Estranged Wife; Commits Suicide," *New York Times*, Dec. 28, 1988, p.B2.

77   Eric Schmitt, "L.I. Man Fatally Shoots Wife, Then Himself," *New York Times*, Dec. 30, 1988, p.B1.

78   Dan Fagin, Phil Mintz, "Stabbing Survivor Shot to Death on L1; Ex-Spouse Sought," *Newsday*, Jan. 4, 1989, p.7; Eric Schmitt, "Suffolk Woman Being Protected Is Shot to Death," *New York Times*, Jan. 5, 1989.

79   Kinsey Wilson, Joshua Quittner, "Wife-Slay Suspect Found Dead," *Newsday*, Jan. 7, 1989, p.5; "Man Found Dead in His Car Was Wanted in L.I. Killing," *New York Times*, Jan. 7, 1989, p.30.

80   "Husband Slays Wife in LI Murder-Suicide," *Newsday*, Dec. 30, 1988, p.25.

81   Sheila Weller, "...til death do us part," *Redbook*, Aug. 1989, p.137.

82   Frank Bruni, "Court-'protected' women fear for their lives," *New York Post*, Jan. 9, 1989.

83   "'My Husband Is Going to Kill Me,'" *Frontline*, PBS TV, 1988.

84   "'My Husband Is Going to Kill Me,'" *Frontline*.

85   Dick Polman, "In the shadow of violence," *Philadelphia Inquirer*, April 9, 1989, p.K1.

86   "Til Death Do Us Part," *48 Hours*, CBS TV, Feb. 6, 1991.

87   Polman, "In the shadow of violence," *Philadelphia Inquirer*, p.K1.

88   "Til Death Do Us Part," *48 Hours*.

89   "'My Husband Is Going to Kill Me,'" *Frontline*.

90   Bruni, "Court-'protected' women fear for their lives," *New York Post*.

91   Bruni, "Court-'protected' women fear for their lives," *New York Post*.

92   Jan Hoffman, "By Her Husband's Hand," *Village Voice*, Aug. 13, 1985, p.92.

93   "Til Death Do Us Part," *48 Hours*.

94   "Federal Government Increasing Focus on Violence Against Women," *NCJA Justice*

Research, Sept./Oct. 1990, p.3; Victoria A. Brownworth, "Violence Against Women on the Rise," *Philadelphia Gay News*, Aug. 17–24, 1990, p.1.

95   Brown, Senate testimony, Dec. 11, 1990. 또한 다음을 참조. Angela Browne, Kirk R. Williams, "Exploring the Effect of Resource Availability and the Likelihood of Female-Perpetrated Homicides," *Law & Society Review*, vol.23, no.1, 1989, pp.76–94.

96   Osthoff, National Clearinghouse for the Defense of Battered Women, interview, Feb. 11, 1991.

97   Browne, *When Battered Women Kill*, p.110; D. M. Moore, *Battered Women*, Beverly Hills, CA: SAGE, 1979.

98   앤절라 브라운(Angela Browne)과 커크 윌리엄스(Kirk R. Williams)에 따르면, 1980년부터 1984년 동안 미국에서 살해된 여성의 52퍼센트가 남성 배우자에 의해 살해되었다. 1984년에서 1988년까지의 영국의 살인 사건 자료는 잉글랜드와 웨일스의 여성 희생자 44퍼센트가 남성 배우자에 의해 살해되었다는 사실을 보여준다.

99   범죄학자 마빈 울프강(Marvin Wolfgang)이 1958년 필라델피아 살인 사건에 대한 유명한 연구에서 남자들이 여자들을 살해하는 놀라울 정도로 잔인한 방식에 주목했다는 사실을 상기시켜 준 법학 교수 홀리 매기건(Holly Maguigan)에게 감사를 전한다. 그 묘사를 하기 위해, 그는 '폭력적 살인'이라는, 의미가 중복적인 용어를 만들어냈다.

100 Gerald T. Hotaling, David B. Sugarman, "An Analysis of Risk Markers in Husband to Wife Violence: The Current State of Knowledge," *Violence and Victims*, vol.1 no.2, 1986, p.120.

101 Adele Shank, General Counsel to the Ohio Public Defender, interview, Feb. 14, 1991.

102 Leigh Dingerson, National Coalition to Abolish the Death Penalty, interview, Feb. 12, 1991.

103 Isabel Wilkerson, "Clemency Granted to 25 Women Convicted for Assault or Murder," *New York Times*, Dec. 22, 1990, p.1.

104 모든 데이터는 다음의 자료를 기반으로 한다. "Women and Violence," transcript of the Hearing before the Committee on the Judiciary, United States Senate, June 20, 1990, Serial No.J-101-80, Washington: U.S. Government Printing Office, 1990, p.12.

105 마지 벨마 불러드 버크 바필드의 삶과 죽음에 대한 가장 완전한 설명에 관해서는 다음을 참조. Elin Schoen, "Does This Woman Deserve To Die?" *Village Voice*, vol. XXIX no.17, June 5, 1984, pp.1, 10–20.

106 Schoen, "Does This Woman Deserve To Die?" *Village Voice*, p.12.

107 Schoen, "Does This Woman Deserve To Die?" *Village Voice*, p.13.

108 Schoen, "Does This Woman Deserve To Die?" *Village Voice*, p.13.

109 Schoen, "Does This Woman Deserve To Die?" *Village Voice*, p.14.

110 Schoen, "Does This Woman Deserve To Die?" *Village Voice*, p.14.

111 Schoen, "Does This Woman Deserve To Die?" *Village Voice*, p.14.

112 Schoen, "Does This Woman Deserve To Die?" *Village Voice*, p.14.

113 각각 수면 진정제, 항우울제, 정신 억제제를 가리키는 상표명이다.—옮긴이

114 항경련제의 상표명이다.—옮긴이

115 Schoen, "Does This Woman Deserve To Die?" *Village Voice*, p.15.

116 Schoen, "Does This Woman Deserve To Die?" *Village Voice*, p.15.

117 Schoen, "Does This Woman Deserve To Die?" *Village Voice*, p.15.

118 Schoen, "Does This Woman Deserve To Die?" *Village Voice*, p.15.

119 Schoen, "Does This Woman Deserve To Die?" *Village Voice*, p.16.

120 William E. Schmidt, "Woman Executed in United States for First Time Since 1962," *New York Times*, Nov. 3, 1984.

121 Michael Hirsley, "Female killer stirs life-or-death debate," *Chicago Tribune*, Sept. 9, 1984, p.14.

122 『롤리 뉴스 앤드 옵저버(Raleigh News & Observer)』의 편집장 클로드 시프턴(Claude Sifton)의 말로, 다음의 문헌에 인용되었다. Hirsley, "Female killer stirs life-or-death debate," *Chicago Tribune*, p.14.

123 Schoen, "Does This Woman Deserve To Die?" *Village Voice*, p.20.

124 Schmidt, "Woman Executed in United States for First Time Since 1962," *New York Times*.

125 Schmidt, "Woman Executed in United States for First Time Since 1962," *New York Times*.

126 Schmidt, "Woman Executed in United States for First Time Since 1962," *New York Times*.

127 Schmidt, "Woman Executed in United States for First Time Since 1962," *New York Times*.

감사의 말

초판 출간을 위해 사 년간 연구하며 지게 된 많은 빚에 차례로
고마움을 표한다. 매사추세츠 주 폴리버와 우스터, 델라웨어
주 뉴캐슬, 위스콘신 주, 미네소타 주, 델라웨어 주, 매사추세츠
주의 역사 협회들, 펜실베이니아주립도서관, 의회도서관,
존제이형사사법대학도서관, 코넬대학교도서관, 럿거스대학교도서관,
매사추세츠대학교 애머스트캠퍼스도서관, 스미스대학도서관,
컬럼비아대학교법학도서관. 미주리대학교법학도서관,
샌프란시스코공공도서관, 뉴욕주이타카공공도서관, 매사추세츠 주
노샘프턴의 포브스도서관, 매사추세츠 주 우스터의 미국희귀본협회,
뉴욕역사협회, 델라웨어 주의 뉴캐슬상공회의소와 같은 많은 기관의
사서와 기록 보관자에게 고맙다. 서고의 책들을 즐겁게 찾아 주고
성과가 없는 날에는 점심을 먹으러 함께 가 준 사서 바버라 시클러에게,
여성운동연맹의 도서관을 마음껏 쓰게 해 준 제인 윌리엄슨에게,
뉴욕공공도서관의 '작가의 방(The Writers Room)'에 공간을 제공해
준 애비 셰퍼 관장에게도 빚을 졌다. 또한 뉴욕공공도서관에 진 빚은
어마어마하다. (1978년부터 타자기와 칫솔을 가져다 둘 수 있게 해 준)
프레더릭 루이스 앨런 메모리얼 룸의 책상을, 인내하며 관심을 기울여
주는 직원들(특히 미국 역사와 신문 부서의)의 도움을, 어디와도 비교할
수 없는 서고를 제공해 주었다. '그 도서관'과 같은 곳은 세상 어디에도
없을 것이다. 다른 곳에서라면 이 책은 쓰지 못했을 것이다.

　『뉴욕 데일리 뉴스』의 캐럴 크레이머와 인디애나 주『라파예트
저널 앤드 쿠리어(Lafayette Journal and Courier)』의 셰리 브라운은
자신들의 파일에서 정보를 제공했고, 매사추세츠 주 대법원, 햄프셔
카운티(매사추세츠 주) 법원, 우스터 카운티(매사추세츠 주) 법원,
킹스 카운티(뉴욕 주) 법원의 서기들이 기록을 찾아 주었다. 뉴욕
검시소 소장인 독물학자 도널드 호프먼 박사는 오래된 사건을

세세히 조사하고 전문가의 의견을 제시했다. 단지 세 군데의 기관, 하버드대학교법학도서관, 예일대학교법학도서관과 펜실베이니아 주 교정국만이 도움을 주는 걸 거절했다.

도서관 안, 스스로 짊어진 고독에서 벗어나 동시대 페미니스트의 문제를 조사하러 나가는 건 신나는 일이었는데, 이 주제를 연구하는 다른 여성들이 자발적으로 내 손을 잡아 준 덕분이었다. 벳시 워리어와 델 마틴은 매 맞는 여성에 대한 관심으로 친절하게 지도해 주었다. '여성 정당방위 법 프로젝트'의 엘리자베스 슈나이더, 캐슬린 리돌피, 엘리자베스 보크낵 변호사는 열정과 도움, 그리고 방대한 정보를 제공했다.(전국의 변호사들과 협의 중인 이 프로젝트는 신체적 또는 성적인 폭행에 맞서 자신을 보호했다는 이유로 기소당하는 일에 직면한 여성을 법적으로 대변하려 귀중한 이론적 접근을 발전시키고 있다.) 매 맞는 여성들에 관한 조사를 도운 다른 이들 중에는 톰킨스 카운티(뉴욕 주) 매맞는여성특별전문회의의 리베카 앨러턴, 링컨(네브래스카 주) 학대여성특별전문회의의 조앤 던, 그리고 루스 칠더스, 베티 에벳, 마리드 용 조크, 빌 존슨, 메리 맥과이어, 버너뎃 파월, 메리 랜돌프, 루시 슬러즈버그, 셰릴 스미스, 주디 스텀, 메리 톰, 데이비드 트리벌리언, 캐럴 앤 와일즈가 있다. 샤론 위긴스, 수전 리드, 오데트 매카트니, 뉴욕 교정국은 다른 주제에 관해 정보를 제공해 주었다.

여러 법률가들이 법적인 면을 명확하게 해 주거나 정보를 찾아내는 걸 도와주었다. 펀 아델스타인(학생), 데이비드 버리스, 린다 피드닉, 존 갬스, 마크 개서크, 마틴 러스터, 제이 시거, 마틴 스톨러, 그리고 특히 수전 톤의 도움을 많이 받았다. 또한 정보, 조언 또는 도움을 준 많은 친구들이 있다. 바버라 베이더, 레이나 그린, 린다 해멀리언, 레오 해멀리언, 마빈 케이, 클로뎃 컬카니, 데이비드 로웨, 해리 모러, 엘리자베스 마이어손, 존 클레어 밀러, 린 마이어스, 필립스, 팻 새크리, 앤 서머스, 캐슬린 스웨임이다. 마거릿 컬리, 세라 호글런드, 로빈 모건은 자신들의 작업을 공유해 주었다. 린 캠벨, 엘리사 에벳, 제프리 헤싱, 메리 레아 마이어손은 초고와 그다음 원고를 비평해 주었다. 편집자 제니퍼 조세피는 내내 변치 않고 격려해 주었다.

그리고 특별한 빛들이 있다. 메이너드 캣과 빅 랜돌프, 나와 내 살인자들 옆에서 수많은 긴 밤을 같이 있어 준 두 회색 친구들에게, 내 에이전트이자 소중한 친구 프랜시스 골딘에게, 밀레이 콜로니 레지던시의 책임자로서 그곳에서 일할 수 있게 해 주고, 그곳에서 이 책을 끝냈을 때 원고를 훌륭하게 분석해 준 앤 엘런 레서에게, 언니의 스튜디오와 신랄한 비평을 제공해 준 노마 밀레이에게, 읽고, 찢어발기고, 위로해 주고, 맞서 주었던 '앨런 룸'의 단짝들인 제인 앨퍼트, 수전 브라운밀러, 낸시 밀포드, 폴라 와이데저에게, 특히 만나기 오래 전부터 나에게는 페미니즘 학문의 본보기였으며 이후 아낌없이 너그러운 동료가 되어 준 수전 브라운밀러에게, 모든 걸 읽어 주고 수많은 서투른 구절을 바로잡아 주고 한 사람이 듣고 싶어 할 수 있는 것보다 더 많은 살인담을 들어 준 조앤 실버에게, 그리고 시작될 때부터 이 책과 나와 같이 살면서 모든 페이지마다 강력한 지성을 제공해 준 앤 보언에게 고맙다.

초판이 나온 지 삼십 년이 지나, 페미니스트 프레스가 이 판본을 출판해 주었다. 페미니스트 프레스의 편집장 에이미 숄더와 이사 글로리아 제이컵스, 그리고 이 아이디어를 제공해 준 프랜시스 골딘 문학 에이전시의 내 에이전트이자 친구인 엘런 가이저에게 고맙다. 일을 진행해 준 편집 주간 진앤 패너시와 그녀의 헌신적인 팀원들, 드루 스티븐스, 케이틀린 윌리엄스, 미셸 드니스, 엘리자베스 오터, 루스 브랜디스, 그레이스 카이저, 캐서린 맨세라, 바이데히 조시에게 고맙다. 조사, 분석, 글쓰기에 대한 조언을 제공해 준 킷 그루엘, 엘리자베스 슈나이더, 수 오스토프, 발레리 마틴에게 빚을 졌다. 그리고 삼십 년 전에 처음 그랬듯, 이 프로젝트를 다시 작업할 수 있도록 오사보 섬에 안식처를 제공해 준 내 소중한 친구 엘리너 토리 웨스트에게 고맙다.

　내 친구들이 이렇게 도와주고, 격려해 주고, 마음을 다해 주었다고 탓하지 말아 주길. 이 책은 나 혼자 저지른 일이다.

감사의 말

옮긴이의 말

책 읽기를 좋아하는 만큼 번역을 좋아하지는 않는다고 말할 수밖에 없는 것은 번역과 그로부터 책을 만들어 나가는 일의 무게를 잘 알기 때문이다. 따라서 책을 번역하고 만드는 일에 동참하는 일은 나에게 여전히 낯설고, 그래서 많이 망설여진다. 좋은 기회가 생겨 내가 번역한 글들이, 어쩌면 내가 쓴 글들이 책으로 세상에 나올 수 있을 거라고 생각한 때가 종종 있었지만, 책이 만들어지는 과정을 알게 된 다음엔 내가 쓰고 번역한 글들이 어딘가에 글자로 박히는 힘든 일을 겪기보다는 배우의 입에서 휘발되기를 더 바라게 되었다. 그것 또한 그 나름대로 힘들 테지만 그래도 그러는 편이 더 좋을 것 같았다. 물론 그때가 되어 내 마음이 또 다른 투정을 늘어놓을지는 모르겠지만.

『살인하는 여자들』은 페미니스트 작가인 앤 존스가 여성 살인자들을 역사적으로 추적하며 여성에 대한 폭력이 어떻게 그들을 살인자로 만드는지 보여주는 중요한 저술이다. 방대한 사례들을 연구하며 여성 가해자들이 터무니없는 이유로 무죄 판결을 받기도 하고 한편으로는 사형당하기도 하는 상황을 세밀하게 설명함으로써 그 저변에 깔린 여성혐오가 어떻게 그들을 범죄자로 만들고 또 용서하는지를 낱낱이 파헤친다. 미국의 사례를 중심으로 다루고 있지만 지금의 한국에도 필요한 이야기라고 생각했고, 무엇보다 통계 자료를 정확하게 제시하면서 논의를 진행하는 저자의 태도가 좋았다.

이 책은 당연히 오래전에 번역되어 있을 줄 알았다. 도저히 번역된 책을 찾지 못해 열화당의 이수정 실장에게 물어봤을 때 아직까지도 번역된 적이 없다는 걸 알았고 좀 놀랐다. 좋은 번역자를 만나 책이 나오면 좋겠다고, 열화당의 이미지와는 조금 다른 책이긴 하지만 좋은 시도가 되지 않겠느냐고 몇 차례 권했다. 그 뜻에는 깊이 동감하지만 출판을 결정하기 쉽지 않은 주제와 규모라며, 고민 끝에 직접 번역을 한다면 가능하도록 해 보겠다는 의견을 주었다. 그 제안이 고맙고

반가우면서도 막상 나 역시 망설일 수밖에 없었다. 또 책을, 더구나
이렇게 두꺼운 책을 번역할 욕심을 부릴 거냐고 스스로를 다그쳤지만
이 책을 읽혀 주고 싶은 사람들이 생각났다. 그래서 이 엄청난 일을
시작하겠다고 욕심을 냈다. 책을 같이 읽고 싶은 사람들을 생각하면서,
곧 보여줄 수 있을 거라고 생각하면서, 같이 이 책에 대해 이야기하고
싶은 마음으로 책이 될 번역을 하겠다는 욕심을 또 냈다.

그리고 곧 코로나 시절이 되었다. 폭설로 모든 게 끊겨 버린 마을에
갇힌 듯 시간이 흘렀다. 바깥의 일은 취소되었고 계획은 무산되었다.
밤에 혼자 앉아서 책을 다시 읽고 한 줄씩 번역하면서 이 일을 맡길
잘했다고 생각했다. 이럴 때 책마저 없었더라면 얼마나 외로웠을까
싶어 책이 만들어지는 과정에 함께 있다는 게 처음으로 기뻤다. 그냥
읽었을 때보다 더 좋은 책이었다. 여성의 살인을 왜 따로 이야기해야
하는지를 다시금 생각하게 하는 저자의 질문과 그 질문을 뒷받침하는
방대한 자료들을 옮기면서 세상이 반짝, 하고 조금 밝아지는 듯했다.
그러나 옮기기에는 다른 책들보다 더 힘든 책이었다. 그냥 읽었을
때는 저자의 긴 문장들에 나오는 세심한 배려와 논리를 십분 이해할
수 있었지만 막상 옮기자니, 한국어 문장에서는 쓰지 않는 많은
접합부와 세미콜론, 콜론을 어떻게 풀어야 할지 난감했다. 그 긴
문장들을 좀 더 짧은 단문으로 만들어야 하지 않을까 내내 고민했지만
결국 작가의 문장을 되도록 그대로 옮겼다. 덧붙이고 덧붙여 가며
이어지는 긴 문장에서 작가는 좀 더 정확하게, 좀 더 구체적으로 사건을
기술함으로써 사건의 본질에 객관적으로 다가가려 애썼다. 그 의도를
옮기고 싶었고, 최선을 다했지만, 옮기는 동안 역자로서의 한계를 느낀
부분이다. 그리고 마지막으로, 인칭 대명사의 성별을 꼭 구분해 옮겼다.
한국어에서 '그'와 그보다 더욱 기이한 '그녀'라는 인칭 대명사에 대한
고민과 저항을 모르는 바는 아니지만 이 책에서 '그녀'가 '그녀'로
옮겨지고 읽히는 것은 중요하다.

책은 유럽인들이 북아메리카 대륙에 처음 정착했을 때부터
이십세기까지, 사 세기의 역사를 시간순으로 보여준다. 그 역사 속에서
동일한 노동으로 미국이라는 나라를 건설했지만 혼외아 살인자가 된

여성들, 미국이 나라의 기초를 잡아 가는 과정에서 집 안으로 몰린 채 남편을 살해한 여성들, 법의 보호를 받지 못한 채 '유혹자'를 살해한 여성들에 대해 먼저 이야기한다. 미국 초기의 사회 구조 안에서 살인을 저지르는 여성이 누구였는지를 짚어 준다.

그다음 저자는 살인을 저지른 여성들을 좀 더 입체적으로 들여다본다. 여성들은 모두 같지 않다. 저자는 사회가 여성들이 속해 있는 계급과 부여된 이미지에 따라 같은 범죄를 저지르더라도 그들을 다르게 대한다는 것을, 그 다른 처벌이 결국 모든 여성을 사회가 요구하는 자리에 묶어 둔다는 것을 보여준다. 그리고 그렇게 묶인 여성들이 고스란히 가정폭력에 노출되고 단죄된다는 사실을 지금까지의 논의를 바탕으로 상술한다. 여성이 저지른 살인이라는 일견 선정적으로 보일 수도 있는 주제를 따라가면서 지금, 그러니까 지금까지도 우리가 직면하고 있는 사회의 문제들을 펼쳐낸다.

이 모든 살인들이 너무나 흔한 이야기라는 점, 그리고 화가 날 정도로 새로운 이야기가 된다는 점이 이 책을 번역하는 이유라고 생각한다. 번역하면서 어떤 순간에는 울컥하기도 했다. 그저 나열된 이름을 그대로 옮겨 적고 있을 뿐인데도 그 이름들이 품고 있었을 절망과 고통이 글자 밖으로 나오는 것 같았다. 이미 잘 알고 있는 살인 사건인데도 완전히 새롭게 생각하게 된 경우도 있었다. 여자라서 운이 좋았다라는 흔한 비아냥이 어떤 차별과 어떤 처벌을 품고 있는지 저자는 담담하게 풀어놓는다. 그 담담한 논조를 따라가면서 최선을 다해 그대로 옮기고자 했다. 그 마음이 이 책을 읽을 모두에게 닿았으면 좋겠다.

책을 번역하면서 1862년 빅토르 위고가 『레미제라블』앞 장에 적은 서문을 종종 생각했다. 여기에 옮겨 적는다.

법률과 풍습에 의하여 인위적으로 문명의 한복판에 지옥을 만들고 인간적 숙명으로 신성한 운명을 복잡하게 만드는 영원한 사회적 형벌이 존재하는 한, 무산계급에 의한 남성의 추락, 기아에 의한 여성의 타락, 암흑에 의한 어린이의 위축, 이 시대의 이 세 가지

문제가 해결되지 않는 한, 어떤 계급에 사회적 질식이 가능한 한,
다시 말하자면, 그리고 더욱 넓은 견지에서 말하자면, 지상에
무지와 빈곤이 존재하는 한, 이 책 같은 종류의 책들도 무익하지는
않으리라.*

빅토르 위고는 사회가 만든 불합리한 제도로 생겨나는 세 가지 문제를
짚으며 점점 더 약한 존재로 문제가 악화된다고 보았다. 남성 또는
인간이 무산계급에 의해 추락한다면 여성의 경우 굶주림으로 인한
도덕적 타락을 겪고, 아이들은 무지로 인해 자라날 수 있는 기회마저
뺏겨 버린다. 『레미제라블』의 1권이 팡틴의 이야기이고 2권이 코제트의
이야기인 이유가 바로 그러하다. 이를 빌려 말하자면 앤 존스는
『살인하는 여자들』에서 살인을 저지르게 되는 여자들의 도덕적인
타락이 바로 그 사회의 체제가 문명의 한복판에 여자들이 떨어질
지옥을 만들고 형벌을 숙명으로 만들기 때문이 아닌지 물어본다.
그럴 것이다. 계속해서 차별적인 형벌과 차별적인 체계가 존재하는 한
그렇게 될지도 모른다. 그리고 우리는 아직까지도 "동일 노동에 동일한
임금", "동일 범죄에 동일 처벌"이라는 구호가 필요한 사회에 산다.
　　모든 책은 저자나 역자의 손에서 시작해 편집자의 손으로 다듬어져
독자의 읽기로 완결된다고 생각한다. 이번에도 여전히 낯설고 어려운
책 만들기에 번역으로 참여하면서 최선을 다해 맡은 일을 했다. 그리고
열화당 편집부가 내가 놓친 많은 것들을 바로잡아 주었고, 원고가 잠시
멈춰 있었던 때 다시 일으켜 세워 책으로 완성시켜 주었다. 나한비
편집자와 최영건 편집자가 아니었다면 이 책은 지금의 모습이 아니었을
것이다. 힘껏 시작했고 공들여 마무리했으니 이제 여러분의 읽기를
기다린다. 미리 고맙다.

2025년 1월
마정화

* 빅토르 위고, 정기수 역, 『레미제라블 1』, 민음사, 2012, p.5.

찾아보기

앤 존스(Ann Jones, 1937-)는 독립 연구자, 기자, 사진가이자 작가이다.
위스콘신대학교에서 역사학과 영문학으로 박사 학위를 받았고, 이후
뉴욕시립대학교에서 영어를 가르쳤으며, 매사추세츠대학교 애머스트캠퍼스에서
여성학 코디네이터로 재직했다. 여성과 사회의 약자들에 대한 깊은 관심으로 사회의
부당함을 영속화하는 역사, 사회, 정치적 구조에 관해, 특히 아프가니스탄, 아프리카,
동남아시아와 중동에서 일어난 전쟁으로 민간인이 입은 피해와 여성에게 가해진
폭력에 대해 많은 기사와 글을 썼다. 그중『겨울의 카불(Kabul in Winter)』은
아프가니스탄에서 영어 교사로 일하면서 전쟁으로 파괴된 도시에서 직접 겪은
경험을 토대로 가정 폭력과 미군의 만행에 관해 쓴 책이다. 그밖의 저서로는
『그들은 군인이었다(They Were Soldiers)』『전쟁은 끝났을 때 끝나지 않았다(War
Is Not Over When It's Over)』『러브두 부족을 찾아서(Looking For Lovedu)』
『다음번에 그녀는 죽었을 것이다(Next Time She'll Be Dead)』『사랑이 잘못되었을
때(When Love Goes Wrong)』등이 있다.

마정화(馬禎嬅)는 드라마터지, 번역가로 일하면서 연극에 관한 일을 한다.
「한여름 밤의 꿈」「작가」「햄릿의 비극」「4분 12초」「지워진 목소리, 어두운 공간」
등의 작품을 번역하거나 써서 무대에 올렸다. 역서로『래러미 프로젝트 그리고
래러미 프로젝트: 십 년 후』가 있다.

살인하는 여자들
압제를 걷어차고 나쁜 결말을 맺는
평범한 자들의 이야기

앤 존스
마정화 옮김

초판1쇄 발행일 2025년 3월 20일
발행인 李起雄 발행처 悅話堂
경기도 파주시 광인사길 25 파주출판도시
전화 031-955-7000 팩스 031-955-7010
www.youlhwadang.co.kr yhdp@youlhwadang.co.kr
등록번호 제10-74호 등록일자 1971년 7월 2일
편집 이수정 나한비 최영건 디자인 염진현
인쇄 제책 (주)상지사피앤비

ISBN 978-89-301-0806-5 93330